E-Prime
从入门到精通

冯成志 /主编

E-Prime
CONG RUMEN DAO JINGTONG

北京师范大学出版集团
BEIJING NORMAL UNIVERSITY PUBLISHING GROUP
北京师范大学出版社

图书在版编目(CIP)数据

E-Prime 从入门到精通/冯成志主编. —北京：北京师范大学出版社，2017.9(2024.8 重印)
（心理学研究方法丛书）
ISBN 978-7-303-22688-7

Ⅰ.①E… Ⅱ.①冯… Ⅲ.①实验心理学—应用软件 Ⅳ.①B841.4-39

中国版本图书馆 CIP 数据核字(2017)第 208038 号

图书意见反馈：gaozhifk@bnupg.com　010-58805079
营销中心电话：010-58802755　58800035
北师大出版社教师教育分社微信公众号　京师教师教育

出版发行	北京师范大学出版社　www.bnupg.com
	北京市西城区新街口外大街 12-3 号
	邮政编码：100088
印　刷	北京虎彩文化传播有限公司
经　销	全国新华书店
开　本	787 mm×1092 mm　1/16
印　张	33.75
字　数	740 千字
版　次	2017 年 9 月第 1 版
印　次	2024 年 8 月第 3 次印刷
定　价	68.00 元

策划编辑：何　琳		责任编辑：王星星
美术编辑：焦　丽		装帧设计：焦　丽
责任校对：陈　民		责任印制：马　洁

版权所有　侵权必究
反盗版、侵权举报电话：010-58800697
北京读者服务部电话：010-58808104
外埠邮购电话：010-58808083
本书如有印装质量问题，请与印制管理部联系调换。
印制管理部电话：010-58806364

前　言

党的二十大报告指出，"加快建设国家战略人才力量，努力培养造就更多大师、战略科学家、一流科技领军人才和创新团队、青年科技人才、卓越工程师、大国工匠、高技能人才"。本教材编写团队以党的二十大报告精神为指引，紧紧围绕培养什么人、怎样培养人、为谁培养人这个根本问题，努力提高教材质量，注重学生创新精神和实践能力的引导和培养，促进学生的全面发展，使之更好地适应、推动时代发展。

E-Prime 是美国 PST(Psychology Software Tools)公司开发的一套针对心理与行为实验的计算机化的实验设计、生成和运行软件，可以说是目前集成化程度最高的心理学软件工具包，其中集成了实验设计(E-Studio)、实验运行(E-Run)、数据分析(E-DataAid)和数据合并(E-Merge)及修复(E-Recovery)功能，是心理学研究工作者常用的心理学实验设计和开发工具。目前全球有 60 多个国家的 5000 多个机构或实验室在使用 PST 公司开发的硬件或软件系统，用户已经超过 10 万人。

E-Prime 能呈现文本、图像、视频和声音或者多种刺激的任意组合，提供了详细的时间信息和事件细节(包括呈现时间、反应时间、按键值等)，可导出为文本格式的原始数据供进一步分析。E-Prime 易学易用，功能强大，实验生成快速且精确。其最大的优势在于设计实验时，只需选取所需的实验功能图标，然后用鼠标把图标拖动到实验程序内，就能在很短的时间内建立复杂的实验程序。用 E-Prime 设计并运行的实验，其刺激呈现及反馈信号的时间精度达到了毫秒级。为了提高反应精度，PST 还开发了串口反应盒(Serial Response Box)，将按键反应通过串口直接传入计算机，延时几乎为零，大大降低了使用普通键盘作为反应设备的时间延迟，还有诸如 Chronos 多功能反应刺激设备、Celeritas 光纤响应系统等。

E-Prime 提供了 E-Basic 脚本嵌入功能，为实验设计提供了极大的灵活性，具有少量编程经验的使用者都可以很快入门，也可以使用 Windows API 函数实现更多的功能。

除此之外，E-Prime 能与许多心理学研究中的新设备(诸如 ERP、Eye Tracker、fMRI)相结合，通过提供扩展包可以非常便捷地与 SMI、Tobii 眼动仪、NeuroScan、BP 脑电设备、fMRI(功能性磁共振成像)以及 BIOPAC 电生理系统结合使用，也支持包括操纵杆、并口设备或网络接入端口的新外设。

目前最新的 E-Prime 版本为 3.0 Beta 版，但功能相对完善且使用较多的 E-Prime 版本仍为 2.0 版本，因此本书是基于 E-Prime 2.0 版本编写的。欢迎使用本教材的教师、学生提出宝贵意见。由于作者水平有限，恳请读者对书中不足批评指正，以便能更好地加以完善，也希望此教程能够帮到你！

另外，感谢方晓彬、刘恒越、朴雪梅、宋爽同学为书稿所做的校订工作。

冯成志
fengchengzhi@suda.edu.cn
2024 年 8 月

目 录
CONTENTS

第 1 章 实验设计基础知识 /1
  1.1 变量与控制 /1
  1.2 实验设计前需考虑的问题 /2
  1.3 实验的计算机化 /3
  1.4 实验设计细节 /5
  1.5 实验内容 /9
  1.6 其他需考虑的问题 /10
  1.7 数据的统计分析 /12

第 2 章 E-Prime 简介 /13
  2.1 基本操作 /14
  2.2 基本术语 /17
  2.3 实验设计环节 /18

第 3 章 数据处理 /44
  3.1 数据合并 /44
  3.2 数据分析 /51

第 4 章 数据收集 /67
  4.1 菜单介绍 /67
  4.2 工具栏 /68
  4.3 运行脚本 /69
  4.4 数据恢复 /69

第 5 章 E-Studio 介绍 /71
  5.1 界面介绍 /71
  5.2 菜单介绍 /86
  5.3 实验控件 /92

第 6 章 E-Prime 计时精度 /131
  6.1 计时问题 /132

6.2 获取高精度计时 /138
6.3 如何实现关键时间事件的精确计时 /145

第 7 章 E-Basic 编程 /158

7.1 为什么使用 E-Basic /158
7.2 E-Basic 简介 /159
7.3 与 E-Prime 对接 /160
7.4 脚本编写步骤 /164
7.5 初级编程 /167
7.6 中级编程 /181
7.7 高级编程 /187
7.8 程序调试 /193
7.9 E-Basic 函数及方法 /193
7.10 两个常用数据结构 /256
7.11 设备相关数据结构 /257
7.12 E-Basic 常量 /259

第 8 章 E-Prime 实验设计模式 /264

8.1 单一模式 /264
8.2 串行模式 /266
8.3 交叉模式 /269
8.4 嵌套模式 /270
8.5 平衡模式 /271
8.6 不同模式的比较（颜色偏好） /274

第 9 章 E-Prime 实验设计示例 /284

9.1 选择反应时 /284
9.2 色词 Stroop /288
9.3 双任务 /291
9.4 条件化运行 /296
9.5 实验特殊处理 /298
9.6 ITI 的设置 /313
9.7 反应分支 /315
9.8 按键平衡 /317
9.9 条件化指导语 /320
9.10 目标词与干扰词的混合抽取 /322
9.11 随机生成数学题 /325

9.12 延长反应接收时间 /327

9.13 移动窗口技术 /330

9.14 内隐联想测验 /332

9.15 N-Back 实验(字母) /335

9.16 视觉搜索 /339

9.17 杯子任务 /344

9.18 闪烁的星号 /346

9.19 动画设计 /350

9.20 利用鼠标选择目标 /357

9.21 鼠标跟踪 /371

9.22 显示倒计时时钟(区组间休息) /385

9.23 API 的使用 /387

9.24 问卷调查 /397

9.25 单项选择与多项选择 /403

9.26 多目标追踪 /408

9.27 运动能力测试 /418

9.28 接收中文答案 /420

9.29 利用回显输入答案(数字广度) /431

9.30 文本文件的读写 /433

9.31 按键特殊处理 /436

9.32 阶梯法 /443

9.33 特殊刺激 /445

9.34 拉丁方实验 /457

9.35 鼠标控制的图像缩放 /460

9.36 反馈学习 /468

第 10 章 常用的 E-Objects 对象 /472

10.1 画布对象 /472

10.2 颜色对象 /473

10.3 时钟对象 /473

10.4 循环对象 /473

10.5 调试对象 /473

10.6 显示对象 /474

10.7 回显对象 /474

10.8 固定序列 /475

10.9 列表对象 /475

10.10 输入掩码 /475
10.11 键盘反应数据 /475
10.12 鼠标反应数据 /476
10.13 偏移对象 /476
10.14 顺序对象 /476
10.15 样本对象 /477
10.16 时间抽样 /477
10.17 E-Prime 中常用的对象继承关系 /477

第 11 章 常见问题 /479

11.1 如何设置刷新频率 /479
11.2 如何采集按键释放事件 /480
11.3 如何中断一个实验 /481
11.4 如何对小数进行四舍五入 /481
11.5 如何在实验中获取被试反应数据 /481
11.6 如何在实验中将信息记录到数据文件 /482
11.7 如何将实验结果写入文本文件 /482
11.8 如何让被试输入字符串 /482
11.9 如何解决 "Correct Response is not part of Allowable" /484
11.10 如何解决 "Value contains releases and Device is not accepting releases" /484
11.11 如何解决 "Cannot load Bitmap file... Invalid file" /484
11.12 在幻灯对象中为什么图片没有显示出来 /484
11.13 如何引用图片 /484
11.14 如何理解双缓冲机制 /485
11.15 赋值语句 Set 和 "＝" 号有什么区别 /485
11.16 E-Basic 代码中 c 表示什么 /486
11.17 函数与过程有什么区别 /486
11.18 如何获取试次序号 /487
11.19 如何在实验前检测系统运行的程序 /487
11.20 如何表示日期值 /487
11.21 如何在幻灯对象中画线 /487
11.22 如何记录更多的被试信息 /488
11.23 E-Basic 代码会影响实验吗 /489
11.24 直接绘制和缓冲绘制有区别吗 /490
11.25 为什么使用 SetAttrib 设置属性引用无效果 /492
11.26 如何快捷创建过程对象 /492

11.27　如何快捷创建嵌套列表　/493

　　11.28　如何创建平衡模式　/494

　　11.29　键盘按键键值与字符 ASCII 码相同吗　/494

　　11.30　如何计算数学表达式的结果　/494

　　11.31　列表对象的 Reset 和 Terminate 有什么区别　/494

　　11.32　什么情况下使用 Reset at beginning of each Run　/495

　　11.33　键名区分大小写吗　/495

　　11.34　如何获取某个列表的行数(水平数)　/495

　　11.35　如何获取某个列表的试次数　/495

　　11.36　如何保存某个实验界面　/496

　　11.37　如何在中断实验时不显示提示对话框　/496

　　11.38　ByRef 和 ByVal 有什么区别　/497

　　11.39　如何设置实验运行的优先级　/498

　　11.40　为什么实验只运行了 1 个试次　/498

　　11.41　方法调用时如何省略某个参数　/499

　　11.42　Public，Private，Global 有什么区别　/499

　　11.43　如何理解变量的作用域　/500

　　11.44　怎么可以使用相同的名称　/500

　　11.45　文献中如何引用 E-Prime　/501

第 12 章　E-Prime 3.0 预览　/502

　　12.1　界面变化　/503

　　12.2　功能变化　/506

　　12.3　新功能程序示例　/514

附录 1　E-Basic 中的关键字　/520

附录 2　键盘按键键值　/521

附录 3　Color 对象颜色名称及 RGB 分量值　/522

附录 4　错误代码　/524

参考文献　/528

第1章 实验设计基础知识

1.1 变量与控制

1.1.1 自变量和因变量

在设计 E-Prime 实验程序时，需要定义自变量和因变量。因变量是测量或反应结果，如反应时和正确率等。自变量是由实验者操纵的影响因素或条件，一般包括两个或两个以上的水平，如刺激的类型、刺激呈现时间的长短、刺激之间的时间间隔（如 SOA、ISI）等。如果是被试内实验设计，则每个被试需要在所有自变量水平条件下完成整个实验（但要注意平衡顺序效应）；如果是被试间实验设计，则被试只完成某个实验条件，不同的实验条件由不同的被试来完成。当然一个实验中可能包含 2 个或以上的自变量，即多自变量实验设计，实验的复杂程度会随自变量个数的增加而增加。

1.1.2 混淆变量

混淆变量是指那些与自变量存在关联的会导致因变量发生变化或者掩盖自变量影响作用的影响因素。举例来说，研究者考察两种教学方法的优劣，一种条件是早上 8:00 在某班级采用教学方法 A，另一种条件是上午 10:00 在另一班级采用教学方法 B。假设发现期末考试时采用方法 B 的班级学生平均成绩显著优于采用方法 A 的班级。能够得出方法 B 优于方法 A 的结论吗？不能！出现这种情况可能是因为早上 8:00 班级学生没有 10:00 班级学生头脑更清醒。那么如果没有发现显著差异，是否说明两种教学方法一样呢？不能！可能实际上方法 A 比方法 B 好，是因为方法 A 充分调动了学生的积极性，消除了 8:00 班级学生头脑欠清醒的影响。当然还有其他的影响因素可能使两种方法有差异或无差异。

1.1.3 控 制

控制就是要消除混淆变量对实验结果或因变量的影响。比如，在上面的例子中，控制班级的授课时间使两个班级的授课时间一样。再比如，视觉实验中要注意控制因为被试观察距离的不同导致的视觉刺激的有效大小不同的现象，可以通过使用下巴托使所有被试眼睛距离屏幕的远近一样。再比如，如果性别是混淆变量，就要使不同条件下的被试性别比例相同。

如果要使不同条件下的男女比例相同，则性别也可视作一个自变量，如果实验采集了被试的性别，则后期可以分析是否存在性别差异。把某些混淆变量纳入自变量来考虑不但可以让我们控制其混淆作用，还可以检查其影响作用。

在心理学实验中，顺序效应是经常需要考虑的一类混淆变量。当需要被试按序完成不同的实验条件时，就不得不考虑实验顺序影响。通常有两种解决策略，即采用平衡技术或随机化处理。如果实验条件过多（如一个自变量包含许多水平），可以采用拉丁方平衡。不论采用哪种解决顺序效应的策略，实验数据都应该记录条件的顺序值，以便后期检验被试是否因接受不同实验顺序而影响了结果。

1.2 实验设计前需考虑的问题

实验开始前，有许多问题值得仔细考虑，如支付被试的报酬、需要的被试数量、实验的时间、拟采用的数据分析方法等。实验设计未雨绸缪是有必要的，进行深入的考虑可以避免浪费精力，增加获得可解释或可发表实验结果的概率。

1.2.1 实验目的是什么

明确实验假设，也就是期望的自变量对因变量的影响形式。例如，反应时随着干扰字母与目标字母距离的增加而减少。实验假设可能来自某个理论，也可能来自先前研究的拓展或者来自个人的观察。在探索性研究中，问题可能是关于某个现象的本质，或者某个现象发生的条件。可能并不是要检验某个理论是否成立，而是要清楚描述某个现象。在验证性研究中，研究的问题往往是验证某个理论，如果实验结果符合由某理论推导而来的假设，则验证了某个理论；如果不符合实验预期，则说明理论是不完整的，有缺陷。不论什么类型的研究，都要有一定的创新性。

1.2.2 如何回应问题

无论是探索性研究还是验证性研究，要回答的问题越明确越好。只有这样，才能运用具体的实验设计来回答所提出的问题。要明确因变量随自变量的变化会发生怎样的变化。在验证性研究中，要明确因变量在自变量不同水平间的差异。例如，反应时随着自变量水平值的强度而变化（减少或增加）。在探索性研究中，自变量变化时，因变量如何变化可能就无法精确地描述，最基本的是自变量变化时，因变量也应变化，只是变化形式不明确。

1.2.3 如何分析数据

在收集实验数据前，了解实验采用的数据分析方法非常重要。因为比较是科学问题的核心。研究的关键在于比较因变量指标在自变量不同水平间是否存在显著差异。为了避免实验结束后发现某个关键变量未记录而懊悔或者没有适当的统计方法可用，在收集数据前，先画个与假设相符或不符时实验结果的草图，特别是利用预实验的数据绘制误差图可以帮助你决定实验效应的可能大小以及需要的被试数量。一般而言，如果两个均值间相差两个标准误，则得到显著性差异的可能性就会非常大。

1.2.4 采用何种实验任务

首先要仔细阅读相关的文献资料，特别是要厘清前期理论的发展，做好文献综述任务。还要特别关注一下实验方法部分，这可以让你想到没有考虑到的问题或者省去预实验。如果有采用相似实验方法的研究文献，与相关文献作者探讨实验设计也值得尝试。

1.3 实验的计算机化

一旦充分考虑了你希望回答的问题，并且规划好了如何来回答你的问题，你就可以着手进行实验设计了。

1.3.1 实验程序设计

实验程序设计采用自下而上、化整为零的方法。一开始，不需要准备好完整的实验刺激材料和指导语。通常只需要少量刺激材料满足最低要求即可（如每种水平下准备一个刺激），如果是图片材料，你甚至都无须制作实验材料，随便找些图片就可以。当基本的试次运行符合要求，数据采集正确后再考虑替换或添加刺激材料，加入其他自变量、指导语等细节部分。

1.3.2 预实验

当实验程序设计好后，要进行预实验。首先你最好亲自耐着性子从头至尾完成整个实验。你可能会发现先前没有注意到的错误，或者发现实验时间太长，需要分成几段来完成。不要期望被试去完成连你自己都没有耐心完成的实验。这一点很重要，特别是当实验程序是由他人根据你的要求而设计的时候。其次，找两至三个被试完成实验，可以是实验助理、同事、学生，他们可能也会发现一些潜在的问题，让他们报告实验中存在的问题或感觉不是很好的地方，并且允许他们在实验过程中胡乱按键，以检查实验程序是否会因此而崩溃或记录错误，因为你无法保证正式实验中被试完全按照规则来反应而不发生错误按键行为。预实验中使用的计算机要与正式实验中使用的计算机相同，以免因显示尺寸大小或图形适配器的不同而影响实验结果。

预实验数据收集后，要进行完整的数据分析，尽管依据少量被试的实验结果不可能达到统计效力的要求，但可以检查实验程序是否完整地记录了所需要的变量信息。还要考虑你所采用的统计分析软件所支持的数据格式，绝大多数统计程序都可以读取以制表符(tab)、空格或逗号分隔的 ASCII 文本文件。[注意：统计分析时使用的数据是每个被试某种实验条件下的平均值（如平均反应时或平均正确率），而非单个试次的反应时，否则你的自由度会非常大。]

1.3.3 正式实验

正式实验开始后，刚开始少量被试完成实验时也要询问他们是否理解指导语，有无感觉不寻常之处，以及实验中所采用的反应策略等。有时被试在理解实验时会加入实验者并不想要的要求特征（demand characteristics）。如果预实验是由实验助理、同事或受过训练的研究生来完成的，则有可能因为知识诅咒而忽视指导语或实验过程中的某些问题，但这些问题可能会让被试产生困惑。还要注意分析被试的实验数据，主要看有没有变异较大的数据或较高的错误率，如果有，可能是因为某种条件的设置不恰当或者是被试没有按照指导语的要求进行反应。

1.3.4 让被试熟悉环境

在完成计算机化的实验时，要确保被试的舒适度，如果研究对象是年龄较大的被试，还要考虑他们的计算机技能。如果研究对象是患有心理疾病的被试，陌生的环境会严重影响被试的能力或注意力集中程度。在正式收集数据前，让被试花些时间练习以便熟悉实验任务和环境。如果研究对象是儿童，更要让他们弄清楚指导语的含义，使用反应盒会比使用有100多个按键的键盘更妥当。

1.3.5 数据采集地点

大多数情况下我们在实验室环境下收集实验数据，但有时可能需要被试在医院或其他环境下完成实验。你要考虑以下问题。

1.3.5.1 外部噪声

尽可能避免外界的干扰（如噪声）对被试的影响。如果必须在嘈杂的环境下完成实验，可使用噪声发生器来掩蔽外部声响。如果几个被试同时完成实验，要考虑使用隔板或帘布来分隔，这在一定程度上能防止被试相互交谈，减少相互影响。

1.3.5.2 照明条件

要注意不要让强光打在显示器上，使被试有耀眼的感觉，当计算机屏幕上的刺激较暗时影响会更大，如同你在太阳光底下看手机，无法辨识清楚。要注意调节好显示器的亮度和对比度，光线充足时调节好的显示器在光线较暗时呈现的刺激会显得特别亮。

1.3.5.3 计算机设备

将计算机主机或地板上的插线板放置得离被试越远越好，因为被试的膝盖、脚等可能会触碰到电源开关而重启电脑，另外主机风扇的嗡嗡声太近也会干扰被试。

1.3.5.4 舒　适

如果被试需要较长时间来完成实验，就要给被试配置一把舒适的椅子，椅子的高度或靠背最好能调节，室温也要控制适当，以感觉舒适为宜。

1.3.5.5 多个被试同时实验

当有多台相同配置的电脑，需要多个被试同时实验时，如果被试统一开始实验，则可以口头向他们陈述指导语要求，如果被试不统一开始实验，则可以将指导语呈现在计算机屏幕上，一定不要忽视对指导语的要求。如果实验中使用了听觉刺激材料或使用了音调作为错误提示，被试可能会对声音感到困惑，使用头戴式耳机可避免此问题。

1.3.5.6 恰当的反应设备

实验通常情况下会使用键盘作为反应装置，一般会限定少数几个按键作为反应键。被试常常被按键弄晕，如果被试反应前需要查看按键肯定会影响反应时。当实验环境较暗时，定位按键更困难，特别是对于儿童被试，因此使用反应盒会更好。

1.3.5.7 对反应时的考虑

一个实验通常包含一个或多个区组（block）。每个试次会呈现至少一个刺激，然后采集被试的反应时。试次会根据自变量的水平（或水平组合）而变化呈现的刺激。一般主因变量是反应时（RT），准确性是次因变量，反应时和准确性作为单个试次记录，在数据分析时一定要将每种试次类型的正确反应时进行平均。

反应时会受很多因素的影响，在设计实验程序时要充分考虑这些影响因素。反应时的定义是从刺激呈现开始至检测到被试反应那一刻的时间间隔，而非从刺激呈现结束开始计时。影响反应时的一个重要因素就是被试所需的反应。假设实验需要被试进行二择一的迫选反应：一种反应设置是要求按数字键"1"或"2"，另一种反应设置是让被试向"左"或"右"推动操作杆。由于后一种情况下操作杆的机械阻力较大，或者移动的距离较大（判断被试将操作杆推向左或右的阈值较按键压下的距离大），抑或两种反应设置下使用了不同的反应肌肉，后者记录的反应时通常比前者记录的反应时长。不同实验的结果就受反应设备的影响。即使使用相同的反应装置（如键盘），如果设置的按键不同（一个实验中使用"1"和"2"，另一个实验中使用"f"和"j"），也可能会影响反应时。当然如果比较相同反应设备下不同实验条件下的反应时差异，应该没有差别，它所影响的只是总的反应时的长短，可视为系统性误差。在比较不同实验时，关键看反应时的差异是否具有相同的表现形式。

反应时也可以采用其他定义方式。例如，运动反应时的定义会以肌电信号作为计时起点。正是由于反应时有不同的定义方式，实验会采用不同的反应设备，因此在研究报告中（一般在实验过程部分）准确而清晰地加以描述至关重要。反应时又被分为简单反应时和选择反应时，简单反应时是对单一刺激进行单一的反应，只涉及对呈现刺激的反应，而不涉及对呈现刺激的判断和区分；选择反应时指对不同刺激做不同的反应，要求被试根据不同的刺激类型恰当地选择做出何种反应。由于研究中简单反应时使用很少，因此反应时通常指选择反应时，除非特别声明。

1.4 实验设计细节

假设你要研究刺激呈现位置对反应时的影响。当刺激呈现在视野的中央凹时，被试视知觉最清晰，随着刺激位置偏离中央凹，视敏度急剧下降，但是否会影响反应时呢？在一个实验中，反应时和准确性作为因变量指标，自变量为刺激位置和为补偿外围视野视敏度而设置的刺激大小。选择字母作为刺激材料，随机呈现在中央注视点左右两侧（−16，−8，−4，−2，0，2，4，8，16），字母大小随着距离中央凹的远近而调整。所选用的字母为 C，G，O 和 Q，如此选择是因为 C 和 G 以及 O 和 Q 在视觉特征上很相似，这样就使辨别任务比较难，一种反应按键对应字母 C 和 O，另一种反应按键对应 G 和 Q。（你考虑下为什么使用 4 个字母而非 2 个字母呢？）

1.4.1 单个试次的设计

反应时实验通常包含一个或多个区组，不同试次呈现不同的刺激，试次往往包含相同的成分，如都包含一个注视点（如十字、星号），目的是吸引被试的注意力，让被试在试次开始前知晓应该注视的位置。试次的开始可以由被试根据自己的准备状态而控制，也可以由计算机控制自动开始下一试次。后者通常需要一个试次开始的提示信号，以便被试做好反应准备。有时使用注视点作为试次开始的信号，有时使用音调或其他信号。

试次开始后刺激开始呈现前，通常有短暂的时间间隔，此间隔长度在不同试次间可以固定不变或随试次而变化。对于选择反应时任务，此时间间隔常常是固定的。延迟结束后，开始呈现刺激材料。许多实验中可能仅有单一的刺激呈现，有时会呈现许多干扰项或者有启动刺激等。无论哪种情况，反应时的计时都是从关键刺激开始呈现的那一刻算起。关键刺激是指决定反应的呈现刺激，刺激呈现的时间长短（在计算机屏幕上显示多长时间才消失）需要加以控制，如果在刺激呈现期间眼动会影响实验结果，刺激呈现就要非常短（如 100 毫秒），因为从刺激呈现开始到启动一次眼动大约需要 200 毫秒的时间，如果刺激呈现时间非常短（如 100 毫秒），被试在未来得及眼动的情况下，刺激就消失了，这样就可避免被试因眼动而带来的影响。另一个问题是要不要给被试设置反应窗，即允许被试在多长时间内做出反应。反应时间窗的长短取决于实验任务的难度水平，如果实验任务很简单，则反应窗较短，否则较长。如果被试在反应窗内没有做出反应，则视为超时（timeout）。

被试做出反应后，特别是在练习阶段，一般要给出正确与否和/或反应时长短的反馈信息。被试一般会意识到自己做出了错误的反应，如果你想强调正确反应的重要性，则可以进一步给出正确与否的反馈信息。通常反应时实验会向被试强调反应速度，因此反馈给被试反应时长短的信息就很重要，这样可以让被试来监控自己的成绩。

1.4.2 相关时间术语

ITI（inter-trial interval）是指从某个试次结束到下个试次开始之间的时间间隔。如果试次开始的时间由被试来控制（如按空格键开始新试次），则 ITI 由被试来控制。如果 ITI 是重要的实验参数，则需要由计算机或实验人员来控制而不能由被试自定步调控制。

有的实验中一个试次中不止包含一种刺激，如一个为启动刺激，一个为探测刺激，或者是判断相继呈现的两个刺激的属性是否相同等，此时涉及一个时间参数，即刺激呈现之间的时间间隔，有的用 ISI（inter-stimulus interval）来表示，是指从第一个刺激消失（offset）到第二个刺激出现（onset）之间的时间间隔；有的用 SOA（stimulus onset asynchrony）来表示，是从第一个刺激出现（onset）到第二个刺激出现（onset）之间的时间间隔。

1.4.3 刺激位置和大小

如果被试的视敏度对实验结果有影响，则需要控制实验中刺激材料的呈现大小和位置等。实验往往在屏幕中央呈现注视点，一方面为描述实验参数（如距离、位置）提供一个基点；另一方面用作被试注视位置的定位点。由于刺激大小和位置受观察距离（被试眼睛距离屏幕的远近）的影响，需要使用观察罩或下巴托使视角固定。有时为防止被试转动眼球使刺激呈现在其中央凹，可使刺激呈现时间较短(150毫秒以下)。

实验要求被试在试次开始前注视十字注视点，同时让刺激随机呈现在注视点左右两侧，这样可以有效地规避被试注意力不集中的问题。如果被试采用猜测策略，随便按键，被试的错误率会暴露出问题。

1.4.4 试次分组

整个实验往往需要分成几个区组。如果实验耗时较长，最好将实验分成区组以便让被试在实验过程中有休息的时间。对于多自变量的实验设计（如 $m \times n$ 的实验设计），需要考虑是在一个区组中随机呈现不同实验条件的组合，还是在一个区组中只呈现一种实验条件。例如，在研究选项数对反应时影响的实验中，一种情况是四个按键对应4个字母(four-choice)，另一种情况是只有两个字母(two-choice)。如果是区组内随机，则两种情况随机呈现，即二选一和四选一随机出现；如果是分成不同区组，则一个区组内只有二选一设置，另一个区组内只有四选一设置。后者在实验中要注意消除顺序效应。

通常而言，反应时随着选项数量的增加而增加。如果被试在一个区组中进行"二选一"选择反应任务，在另一个区组中完成"四选一"选择反应任务，结果应该是后者的反应时长些。但如果采用随机呈现，即将"二选一"和"四选一"混在一起，结果就不一定了。当被试无法预知接下来的试次是属于"二选一"还是"四选一"的任务时，他们可能使用最大备选项策略，即将所有试次都视作包含4种可能反应，这样可以减少记忆负荷。如此一来，就掩盖了选项数不同导致的反应时差异。换句话说，实验结果可能依赖于实验设计是区组呈现还是随机呈现。

区组呈现和随机呈现刺激的选择取决于被试在实验过程中是否会采取不同的反应策略。在上述随机呈现情况下，被试会采用忽略反应选择是"二选一"还是"四选一"，把"二选一"视作"四选一"来简化反应策略。如果实验任务是考察反应选项数目的影响，显然区组呈现刺激所获得的结果更符合实际情况。

如果采用区组呈现，就需要考虑顺序效应的平衡。对于上面的区组呈现而言，可以让一半被试先完成"二选一"实验任务，再完成"四选一"实验任务，另一半被试反之。平衡可以在一定程度上消除由一种设置到另一种设置的后续效应(carry over effect)。

一些混淆变量也常常通过平衡技术来去除其影响。比如，刺激到反应键的映射，如果对字母C和O进行辨别反应。让一半被试按键1对应字母C，按键2对应字母O；另一半被试按键1对应字母O，按键2对应字母C。这样就可以避免由反应本身所带来的反应时差异。有时这种情况简记为左右手平衡。我们设想另一种情况，也是对字母 C 和字母 O 进行辨别反应，但考察的自变量是字母的尺寸(大 vs 小)。如果在尺寸大小之间字母 C 和字母 O 出现的概率是一致的，此时就可以不用平衡，因为在比较大小之间的反应时时，相同尺寸下字母 C 和字母 O 的反应时会加起来求均值。

1.4.5 区组内试次顺序

如果单个区组中呈现所有试次类型，通常采用随机的方式来呈现。但随机可能带来一个问题，假如一个区组内包含 100 个试次，且只有两种试次类型(每种类型重复 50 次)，尽管采用了随机化，但一种类型连续出现七八次的情况会时有发生。这种情况会有什么影响呢？人们对随机的理解自然是序列重复长度较短，不同试次类型交错呈现，但实际情况并非如此，因此被试会陷入赌徒谬论。如果一种试次类型持续出现 6 次，被试会期望接下来出现的试次为另一种试次类型，或者被试可能认为这种试次类型出现的概率大而期望其再次出现。无论何种情况，如果被试的预期正确，则会使反应加快和提高准确率；如果预期错误，则会使反应变慢和增加错误率。

1.4.6 试次数量

为什么不让被试对每种刺激只反应一次，用单个试次的反应时作为相应条件的指标呢？虽然这样可以节省时间，但忽视了除自变量外由其他因素导致的反应时的变异。反应时会随试次而变化，这种变化可能是由注意力集中程度或肌肉的准备状态引起的。被试在完成实验时，注意力很难持续均匀地保持。如同你在上课时，注意会不时地游移。某个试次开始了，但被试注意力并没有集中在实验任务上，这就会导致反应时较长。这种不专心情况会发生所有刺激类型上，通过多次反应求平均可以抵消少量试次的影响，并不会产生严重影响。另外，每次反应都是对相应条件"真反应时"的估计，由于上述原因，估计值并不可靠。通过多次平均可以获得反应时真值的良好估计值。随着试次数量的增加，估计值就会越来越逼近"真值"。一般而言，每种条件下重复 15～30 次就可以达到比较理想的效果，或者说个别异常值的影响就可忽略不计。

1.4.7 被试间设计和被试内设计

被试间设计是不同的被试完成自变量不同的水平测试，如上述的"二选一"和"四选一"反应时任务，被试要么完成"二选一"任务，要么完成"四选一"任务，而非两者都完成。被试内设计则需要每个被试完成自变量的所有水平，此时每个被试既要完成"二选一"任务，又要完成"四选一"任务(不论是随机方式还是区组方式)。

那么，应该选择哪种实验设计呢？假如实验者想考察酒精对反应的影响，选取了 20 名被试。实验者让 10 名被试在醉酒状态完成实验任务，10 名被试在清醒状态下完成实验任务，此时为被试间设计。如果让 20 名被试既在清醒状态完成实验任务，又在醉酒状态下完成实验任务，即为被试内设计。被试内设计由于每组 20 名被试，样本量较大，其统计效力会较高。两种设计下的统计方法也有不同，前者要采用独立样本 T 检验，后者要采用配对(相关)样本 T 检验。如果实验者将醉酒程度进行细分，则前者需要采用单因素方差分析，后者则需要采用重复测量方差分析。

如果能够采用被试内设计最好不过，一方面可以避免个体间差异，另一方面又可以增加样本量。

但被试内设计也有局限性。在上面的实验中，实验者可以让被试在醉酒状态下完成实验，几天后在清醒状态下再完成实验，两者间的相互影响较小。同样也可以让被试分时段完成"二选一"和"四选一"实验任务。但许多情况下，被试内设计需要确保不同实验条件间不存在后续效应（carry-over effect）。当比较两种训练方式对无意义图形的命名效果时，如果采用被试内设计，当发现第二种训练方式的效果好时，此结果是由于训练方式的原因导致的还是仅仅由于后者包含了额外的学习所致的，就很难说清楚。这种情况下，采用被试间设计更合适。再如，如果所考察的自变量属于被试变量（被试属性，如性别、种族等），很显然也只能采用被试间设计。

总之，只有当自变量的一个水平对其他水平不会产生后续效应时，采用被试内设计才是合适的，如果这个前提不能满足，就需要采用被试间设计。同样的，在被试内设计中，如果随机化呈现不同条件的试次也存在类似的后续效应，这就需要将试次按照类型进行区组化处理。但如果区组化也无法解决后续效应问题，就只能采用被试间设计了。

1.5　实验内容

一个实验会由一个或多个区组组成。每个区组又包含一定数量的试次。如果实验特别长，则可以分成不同的实验周期（session），每个实验周期包含一个或多个区组。这种情况下，不同的实验周期间对区组平衡可能是必要的。一个实验常常由指导语和练习试次开始。当实验结束时，也常常给被试呈现包括被试询问环节。

1.5.1　指导语

指导语的目的是告诉被试实验过程中所发生的一些细节，如呈现什么样的刺激、刺激呈现在什么位置、对应的正确反应键是什么，等等。在反应时研究中，指导语中往往强调被试在保持准度的前提下要尽快反应。准度一般要求达到90%，当然要视具体的实验内容而定。如果实验持续时间较长，建议被试中间进行适当休息。如果试次的启动由被试控制，则休息也由被试根据具体情况来控制。否则，在区组间穿插些休息环节会比较恰当。其目的是让被试不至于由于眼睛干涩或心理疲劳等而出现反应时变异较大或错误率较高的现象。

1.5.2　练　习

被试对于要完成的实验任务往往不熟悉，需要通过练习阶段熟悉实验流程。首先被试要掌握刺激与按键反应的对应关系。在实验开始阶段，他们的反应会比较慢，错误会较多，因为他们识别刺激后需要思考所按之键。一段时间后，被试就会变得越来越熟练，反应加快，错误减少。因此，在正式收集数据前，需要让被试进行适当练习，这样可以降低反应时的变异。练习的次数可以由预实验来决定。当被试练习时，主试在边上观察被试的行为反应，确保被试真正理解实验任务。如果他们错误过多，可以让他们放慢反应速度。一旦被试清楚地理解实验任务，就可以鼓励他们加快反应。每个试次结束或区组结束后提供反应时和正确(率)的反馈信息有助于被试在速度与准确率之间做出权衡。

如果实验只有一个实验周期，往往需要一个区组的练习。如果实验持续几个实验周期，每个实验周期进行适当的练习也有必要。如果刺激类型或反应设置在区组间变换，每个区组前被试也要适当练习。

1.5.3 询　问

实验结束后，对被试进行询问也是不容忽视的一个环节。一方面，告诉被试与实验假设相符的实验结果应该是什么情况，同时给被试呈现个人实验结果，可以进行对比和向被试解释原因。另一方面，可以获取被试在实验过程中的个人经验和评价信息，这些内容有时可能会揭示出实验者没有考虑到的被试的反应策略或者实验设计上存在的缺陷。

1.6　其他需考虑的问题

1.6.1　速度—准确性权衡

在以反应时为因变量的研究中，研究者会比较在自变量不同水平间的反应时差异。研究者最不愿看到的结果就是 A 条件下的反应时显著快于 B 条件，但 A 条件下的错误率也显著高于 B 条件。因为被试可能在 A 条件下以牺牲准确率换取反应速度。如果两种条件下反应时无显著差异，而正确率有显著差异，则可能被试以牺牲准确率来保持同样的反应速度。幸运的是，大多数情况下，某种条件下反应时短，错误率也低；反应时长，正确率也高。指导语中需要向被试强调快速反应但不要牺牲准确率，以使所有条件下的错误率都比较低。

1.6.2　刺激—反应一致性

许多反应时研究中，刺激和反应之间的联结是随意安排的，如当屏幕上呈现 S 时按"←"，呈现 H 时按"→"，或者呈现 H 时按"←"，呈现 S 时按"→"。但有时刺激和反应之间的映射并不是任意的。假如呈现的字母刺激是 L 和 R，而非 S 和 H。如果 R 对应"←"，L 对应"→"，因为 L 与"左"对应，R 与"右"对应，因此被试的反应时可能会比较长，错误率会较高。任何时候，只要某个刺激暗含某种反应倾向(如 L 和 R 暗含左右反应)，就存在刺激—反应一致性问题。

实验中，每种刺激类型常常等概率呈现。因为刺激呈现的概率相同，可以避免被试猜测。有时一种刺激呈现的概率较大，会影响反应时和错误率。通常，对呈现概率较大的刺激的反应速度较快，错误率较低。假设 H 呈现的概率为 80%，S 呈现的概率为 20%，被试会更多地预期接下来出现的刺激为 H，因此就会倾向于做好与 H 对应的按键反应准备。但如果呈现的刺激是 S，被试要克服这种反应倾向，会导致反应变慢和较大错误的可能性。因此，当随机呈现刺激时，尽可能地使刺激等概率呈现，而要避免非等概率的情况，除非不等概率是研究的一部分。

1.6.3 反应数量

反应时会随着反应数量的增加而增加。希克(Hick)和海曼(Hyman)在 20 世纪 50 年代就发现反应时与反应项之间呈指数关系(见图 1-1)。

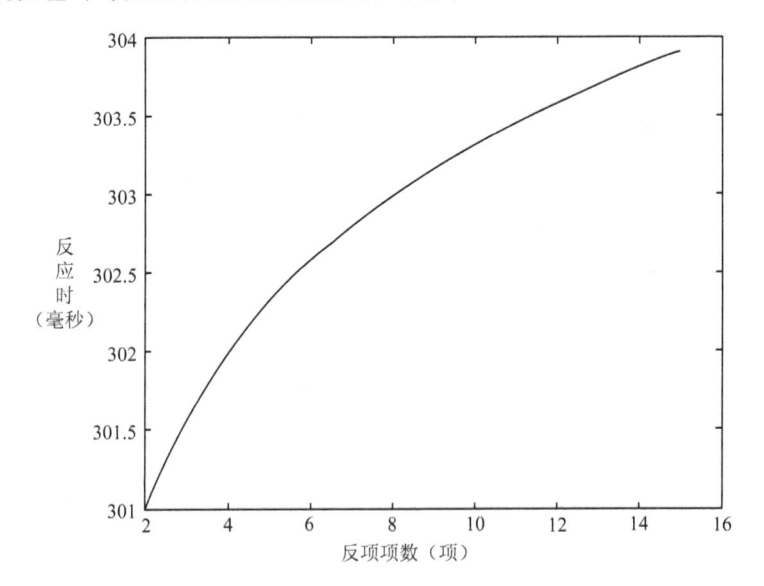

图 1-1 反应项数与反应时的关系

从图 1-1 中可以看出,当反应数量变大时,反应时增加的幅度减小。因此,当考察不同实验的实验结果时需要注意这一点,如果反应数量不同,反应时就不能够直接进行对比。

1.6.4 刺激强度与对比度

当照明条件较低时,刺激的强度对反应时的影响较大,刺激强度一旦达到一定程度(清晰可见),再提高刺激强度对反应时的影响并不大。对于对比度亦如此。低强度和低对比度,包括刺激呈现时间过短,都会造成材料受限的显示(data-limited display)。在控制刺激强度和对比度时,需要考虑房间的环境光,一个在正常光照条件下非常弱的刺激,在关闭房间灯光和遮蔽窗户时可能会变得非常强。如果实验中采用快速呈现的显示设置,要仔细考虑对环境光的控制。另外,环境光还可能导致强光反射现象,实验者需要防止这种情况的出现。

1.6.5 刺激位置

刺激在屏幕上呈现的位置也会影响反应时和错误率。当刺激远离中央凹时(大约注视点 2°视角范围),视敏度急剧下降。一个人在中央凹具有 20/20 的视力,当偏离注视点 2.5°时,视力仅为 20/80,当偏离 10°时,视力下降至 20/300。当观察距离是 57 厘米时,1 厘米大约相当于 1°视角,如果字母呈现在距离注视点 2.5 厘米处,刺激就很难被看清。如果实验中刺激呈现位置不固定,就需要平衡或随机化刺激落在视网膜上的位置,否则反应时的差异可能并非由刺激本身引起。刺激的相对大小与观察距离有密切关系，如果相对大小需要考虑，就要使用下巴托来固定被试眼睛距离屏幕的远近。在实验方法部分要换算成视角来交代刺激的尺寸和观察距离等信息。

$$Visual\ Angel = 57.3 \times \frac{W}{D}$$

其中 W 为刺激显示的宽度，D 为观察距离，两者的测量单位要相同。

1.7 数据的统计分析

通常情况下采用方差分析来比较自变量不同水平下的平均反应时。需要注意的是同一水平(条件)下的反应时加以平均后再进行比较，有些错误的做法会直接比较不同条件下单个试次的反应时。对于被试内变量要使用重复测量方差分析，如果实验中既包含被试内变量又包含被试间变量，则要使用混合设计的方差分析。在字母识别实验中，有两个自变量：一个是字母呈现位置，有 6 个水平(0，1，2，4，8 和 16)；另一个是字母大小是否根据视敏度进行校正，有两个水平(是/否)。在分析反应时，首先汇总计算每个被试 12 种条件下的平均反应时，然后通过多因素方差分析来检验统计显著性。

除分析反应时外，还要同时分析正确率或错误率。通常，反应快且错误率低才够理想。如果反应快，但错误率高，就要考虑速度-准确率权衡问题。大多数情况下，对反应时的分析只考虑正确反应情况下的反应时，尽管不同实验所设定的正确率标准不同，但通常需要将错误率明显较高的被试的数据剔除，这种情况可能是被试没有正确理解指导语或者无法完成实验任务所致。实验前先设定最大错误率标准或者通过预实验来考察这一问题，这样不至于因被试的数据不符合实验预期结果而(人为性地)误剔除。

另一个需要考虑的是极端值或异常值，通常是反应时非常大的值。这些极端值或异常值往往因被试一时的不专心或困惑而产生，在分析反应时之前需要将其剔除，通常采用"三标准差法则"。所谓三标准差法则，是指将反应时小于平均反应时三倍标准差以下的反应试次和反应时大于平均反应时三倍标准差以上的反应试次剔除。平均反应时和标准差既可以是所有被试反应时的平均值及标准差，也可以是单个被试的平均反应时及标准差，后者说明被试间的反应时差异较大或者说明当被试间的反应时差异较大时三标准差法则采用独立标准，否则采用共同标准。

使用重复测量方差分析时，通常假设所有配对条件间的协方差是相等，但实测数据并非如此，此时需要使用 Greenhouse-Geiser 或 Huynh-Feldt 方法对自由度进行校正，用校正后的 p 值来衡量统计显著性。

第 2 章 E-Prime 简介

E-Prime 是用于心理学行为研究的集成化的实验生成系统。它采用图形化用户界面，通过简单的拖放操作来完成实验设计。从实验设计到数据采集和分析整个过程只需几小时就可以完成。全球有超过 60 多个国家 10 万多名使用者。E-Prime 能够提供毫秒级别的计时精度，还提供了与 ERP(事件相关电位)、fMRI(功能性磁共振成像)和眼动设备连接的端口，可以满足入门者和高级用户设计简单或复杂实验的需求。E-Prime 是用于帮助研究者便捷高效地开发实验设计的交互式的集成化工具包，能够以随机或固定的序列呈现文本刺激、图片刺激和声音刺激，不仅包含计算机化的实验设计，还包含数据收集和分析功能，特别适合心理学初学者使用。

E-Prime 2.0 版本有单机版和网络版两种。单机版又分专业版和标准版。专业版的功能支持、售后服务年限和价格不一样，具体功能的不同可以参阅 E-Prime 网站的相关介绍。

与 E-Prime 1.X 版本相比，E-Prime 2.0 主要增加了两个 E-Object：一个是 MovieDisplay 对象，支持动态影像实验材料的播放；一个是 SoundIn 对象，支持录音功能，以记录被试口头报告的内容。

此外，E-Prime 2.0 还有一个重要的改善，就是支持 Unicode 和国际字体，这也为中文用户带来了福音和极大的方便。因为之前的版本不支持中文，不能在 E-Prime 实验设计中直接输入中文，否则存盘时会出错。中文实验材料只能输入在脚本文件中。

E-Prime 允许收集多种反应输入设备的输入，如 PC 键盘、鼠标、反应盒，以及连接外部设备的端口。这些设备在将被试的反应传导到 E-Prime 的过程中都有一定的延迟，即存在设备相关的系统误差。在对时间精度要求不高的情况下，这些都是可以作为反应输入设备的。但通常情况下，同一实验应该采用同一种输入设备，而且根据不同的时间精度要求选择合适的输入设备。事实上，这些设备的时间分辨率有较大的差异：键盘的延迟大约在几毫秒到几十毫秒，鼠标的延迟和变化范围更大，PST 公司的 SRBox 的延迟较低，端口设备的延迟则取决于所连接的外部设备。因此，反应时实验最好采用键盘或 SRBox，ERP 与 fMRI 有关的实验最好采用 SRBox，采用外部设备的实验最好先进行该设备时间分辨率的测试。另外，尽管同一种设备的延迟相差不大，但仍有可能存在某个特定设备有较大延迟，如某个键盘的按键弹簧失灵等，因此，实验前的设备测试不可忽视。

E-Prime 开发工具包包括下列应用程序：

(1)E-Studio

通过拖放操作来设计和修改实验程序，生成 E-Basic 脚本文件(ebs)，E-Prime 的文件扩展名为 es。

（2）E-Run

运行 E-Studio 生成的 ebs 文件，来呈现实验刺激，收集实验数据（数据文件扩展名为 edat）。

（3）E-Merge

合并数据文件（edat，emrg）。

（4）E-Recovery

将 E-Run 文本文件转换成 edat 文件。

（5）Factor Table Wizard

创建刺激列表（Excel 表格，文件扩展名为 xls）。

在设计 E-Prime 实验程序时，主要使用的 E-Studio 工具界面，如图 2-1 所示，详细内容参见第 5 章。

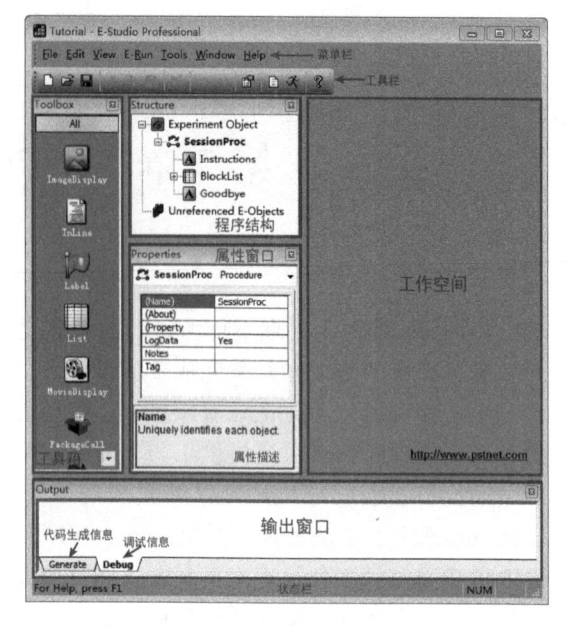

图 2-1 E-Studio 界面

在使用 E-Prime 时，绝大部分操作是基于鼠标来设计的，因此在学习 E-Prime 之前应首先掌握鼠标的使用，掌握了基本的鼠标操作，您会发现设计实验程序非常容易，首先在 E-Prime（E-Studio）中打开示例程序 BasicRT，从菜单 File→Open 打开 Samples\BasicRT 目录下的 BasicRT 实验程序（见图 2-2、图 2-3）。

图 2-2 文件打开窗口

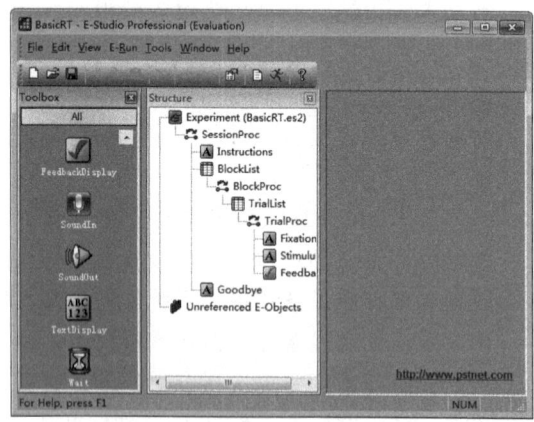

图 2-3 打开 BasicRT 程序后的界面

2.1 基本操作

2.1.1 单击鼠标

用食指快速地按一下鼠标左键，马上松开。单击鼠标左键一般用于选择某个对象。还有一种单击是用中指单击鼠标右键，一般用于弹出与某个对象相关联的快捷菜单。

请在程序结构窗口将鼠标移动到 Instructions 对象上，单击鼠标左键，此时窗口内容如图 2-4 所示。如果在 Instructions 单击鼠标右键，则弹出如图 2-5 所示的快捷菜单。

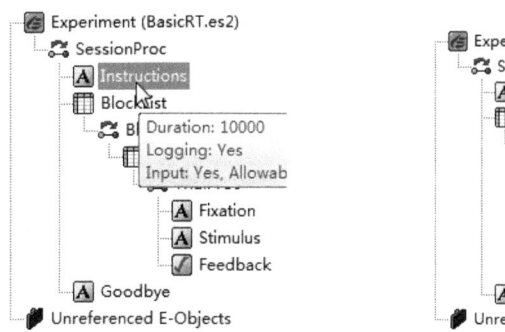

图 2-4　单击左键选择 Instructions 对象　　　图 2-5　单击右键弹出快捷菜单

2.1.2　双击鼠标

不要移动鼠标，用食指快速地按两下鼠标左键，马上松开。双击操作一般用于打开某个对象。

在程序结构窗口中双击 Instructions 对象，则在工作空间中打开 Instructions 对象（见图 2-6）。在 E-Prime 中，如果慢双击鼠标左键（先后两次单击，第一次单击选择对象），则可以更改对象的名称（见图 2-7）。

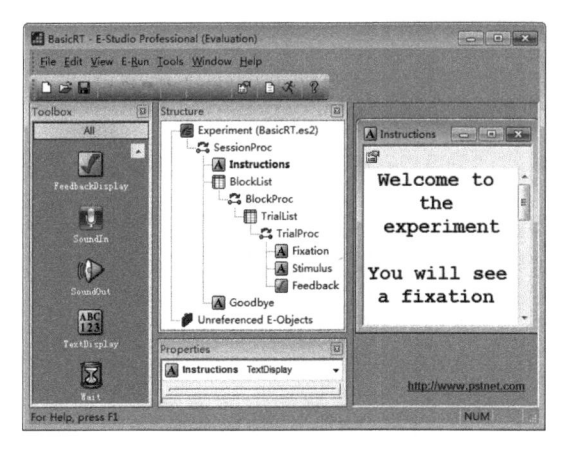

图 2-6　双击打开 Instructions　　　图 2-7　慢双击修改名称

2.1.3　拖动鼠标

先移动光标到待移动对象，按下左键不要松开，通过移动鼠标将对象移到预定位置，然后松开左键，这样您可以将一个对象由一处移动到另一处。

现在请双击打开 TrialProc 过程对象，在 TrialProc 窗口内的 Instructions 对象按下鼠标左键拖动鼠标，来调整 Instructions 对象的位置，然后松开鼠标左键（见图 2-8）。还有一种拖动操作就是按下控制键后拖动对象的操作，在 E-Prime 中按下 Ctrl 键，然后再拖动某个对象则复制该对象(见图2-9)。

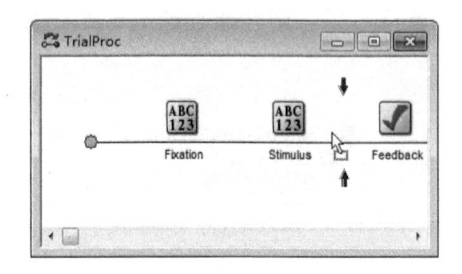

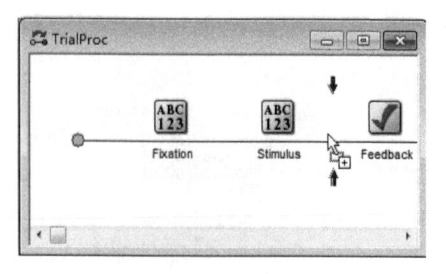

图 2-8　对象拖动操作　　　　　　　图 2-9　对象的拖动复制

在E-Prime中除拖动操作可移动或复制对象外,还可以引用或填充属性值。例如,将某个属性变量从属性变量窗口拖到Stimulus对象中(Alt＋1打开属性变量窗口,双击打开Stimulus对象),其操作过程如图2-10所示。也可以将属性变量直接拖到属性窗口的某个栏目中(见图2-11)。

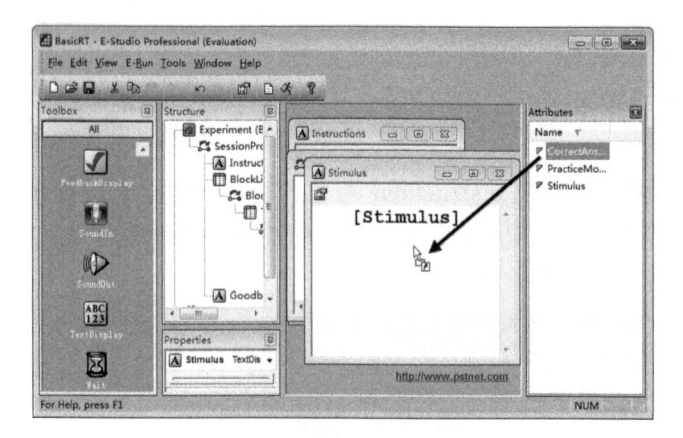

图 2-10　拖动设置属性

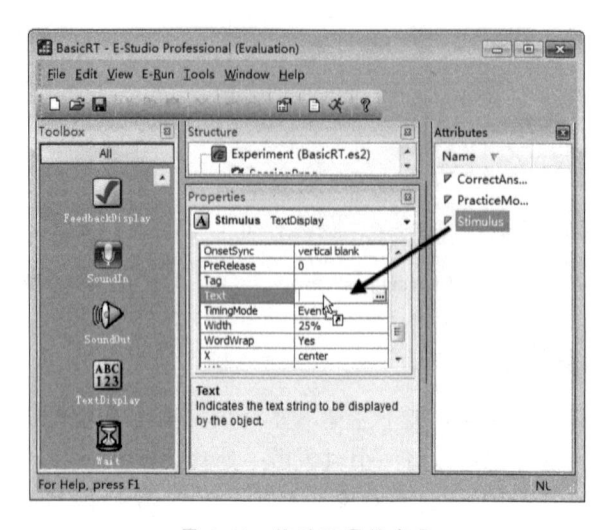

图 2-11　拖动至属性窗口

2.2 基本术语

2.2.1 实验控件与对象

工具箱中的对象称为实验控件，程序结构窗口或过程窗口中的内容称为对象。它们是工具箱中实例化的实验控件。在面向对象的编程中，通常把用类（实验控件）创建对象的过程称为实例化。比如，TextDisplay 是一个实验控件，它包含许多可以设置的属性，如呈现的文本、字体的大小、颜色等。当这些属性设置了具体的值后（有些属性提供了默认值，有些属性则必须指定），就完成了实例化。

2.2.2 属　性

在 E-Prime 中，每个对象都有不同的属性，有些属性属于固有属性，如每个对象都有个名称，这样利用对象名称就可以使用某个对象。尽管属性值可以变化，但这些属性是固定的，不可以变更属性的名称。有些属性可由实验设计人员添加或自定义，这些属性也与某个对象相关联，最常用的是列表对象的自定义属性，如图 2-12 所示，其中 ID、Weight、Procedure 和 Nested 属于列表对象 TrialList 的固有属性，而 Stimulus 和 CorrectAnswer 属于自定义属性。根据实验需要还可以添加更多的自定义属性。还有一类是在 E-Basic 代码中定义的属性，称为属性变量（更多内容参见第 7 章）。

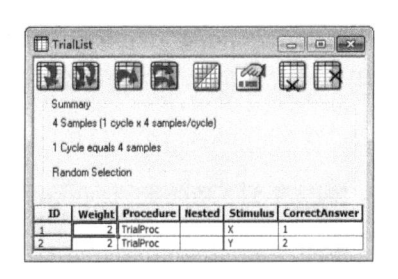

图 2-12　列表对象的自定义属性

2.2.3 属性对话框

在 E-Prime 中设置对象的属性时，既可以利用属性对话框交互式地设置，也可以利用代码来设置。其中利用图 2-13 所示的属性对话框进行设置是最常用的设置方式。

在图 2-13 的示例属性对话框中，我们把顶端的，如 Common, General, Frame 等称为选项卡，一个选项卡可以称为一个属性页面，每个选项卡下集合了功能相近的属性。例如，在 Frame 选项卡下，包括文本对象的大小、位置和边框属性信息。在设置这些属性时，既可以从下拉列表中选择给定的属性值，也可以直接在其中输入所需的属性值。

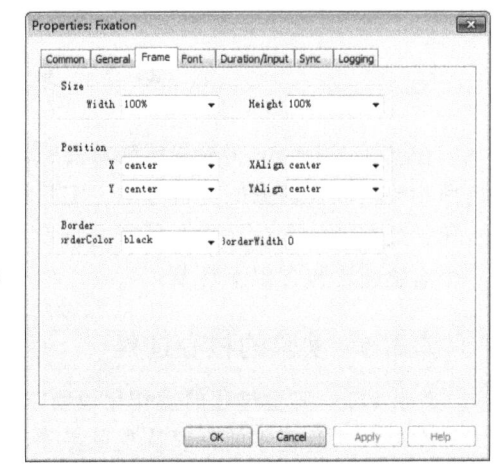

图 2-13　属性对话框示例

2.2.4 标　签

E-Prime 界面还使用了标签对显示内容分类，其作用与属性对话框中的选项卡相同，E-Studio 中有三处使用了标签，第一处是输出窗口（Alt＋3）中的 Generate 标签和 Debug 标签（见图 2-14）。第二处为脚本编辑窗口（Alt＋5）中的 User 标签和 Full 标签（见图 2-15）。第三处为反馈对象或幻灯对象中的标签（见图 2-16），只不过在反馈对象中的标签不可以增加、删除或更名，是固定的 Correct，Incorrect，NoResponse 和 Pending 四个标签，而幻灯对象中的标签（SlideState）可以增加或删除，也可以重命名。还有一处在 E-Basic 帮助窗口中，此处不再赘述。（注意：工具箱中有个实验控件也称为标签控件，起辅助程序流程跳转作用，为区别可称为跳转标签。在 E-Basic 代码中也可以定义跳转标签。）

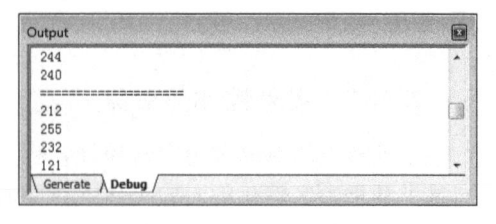

图 2-14　输出窗口中的标签

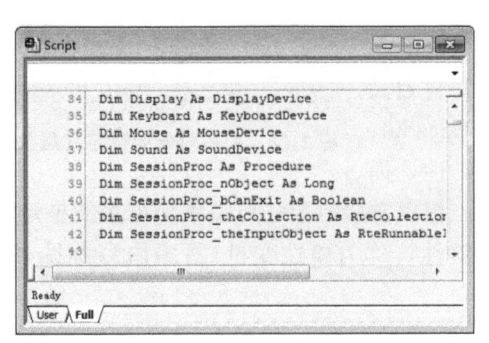

图 2-15　脚本编辑窗口中的标签　　　　图 2-16　反馈对象中的标签

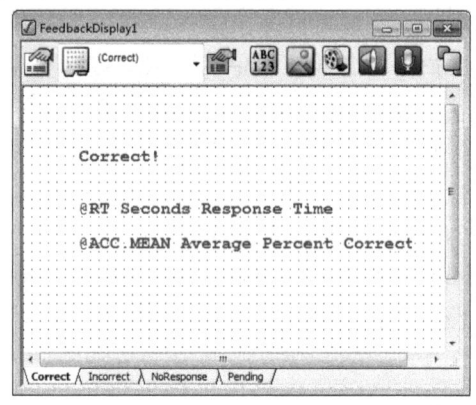

2.3　实验设计环节

在设计 E-Prime 实验程序前，要明确操纵的变量有哪些，实验的过程是什么，收集哪些数据以及数据的分析方法。实验程序设计包括一系列环节，每个环节包括一些步骤。最有效的方法是逐个环节进行设计并测试，确保该环节正确后进入下一环节。一个实验通常包含以下环节。

2.3.1　实验的核心过程

2.3.1.1　实验过程的操作化说明

在设计实验程序前，要认真思考你的实验假设，即自变量如何影响因变量或者说因变量在自变量不同水平间有什么不同。例如，在词汇判断实验中，实验者可能呈现一些词或非词，然后记录被试对词和非词进行分类判断的快慢。实验者要考察的问题可能是：识别词是否要比非词快。针对这样一个实验，你要在心里或纸上写下具体过程的草稿。对于词汇判断实验可以这样写：

  实验要测量词汇判断时间。自变量是呈现的字符串（词或非词）。先在屏幕中央呈现注视点"＋"1秒，然后在屏幕中央呈现词语2秒。当被试做出判断时，刺激消失。需要被试尽快做出词或非词的判断，如果是词要求被试按"z"键，如果是非词则按"/"键。因变量是反应时和准确率。字符串（词或非词）按照随机顺序以黑色呈现在白色背景上。

2.3.1.2 创建实验程序目录并启动 E-Studio

在 D 盘或其他盘符下创建实验程序目录（一般硬盘 C 分区是系统分区，不建议在 C 盘下建立目录），如 D：\MyExperiments\LexicalDecision，你还可以在目录名上加上实验程序的版本号，如 LexicalDecision01。启动 E-Studio（见图 2-17），选择 Blank (Professional) 并确定，将实验程序保存在 LexicalDecision 目录下，命名为 LexicalDecision01.es2。

图 2-17　E-Studio 启动界面

2.3.1.3 明确核心实验设计

词汇判断实验中自变量是字符串（词或非词），因此刺激就是字符串（词或非词），被试快速对字符串进行词和非词的分类判断，词按"z"，非词按"/"。

词汇判断实验可以用表 2-1 来展现核心内容。

表 2-1　基本设计列表

Condition	Stimulus	CorrectResponse
Word	cat	z(小写形式)
NonWord	jop	/

在实验程序设计初始阶段，首先实现基本的设计，如本例中有一个自变量，包含两个水平（词和非词），然后确定每个水平下呈现的刺激和对应的正确反应。基本设计完成后，可以再添加更多的自变量（如词频、启动）或更多的刺激和相应的正确反应。

在 E-Prime 中，通过列表对象来实现，在程序结构中用鼠标双击 SessionProc，然后从工具箱中拖入 List 对象，在对象属性栏中将 Name 由 List1 改为 DesignList（见图 2-18），在 SessionProc 窗口或程序结构中双击列表对象 DesignList（见图 2-19），单击依次添加 Condition，Stimulus 和 CorrectResponse 属性（见图 2-20），单击增加一行，然后根据表 2-1 输入相应内容（见图 2-21）。（注意：输入正确按键"/"时要输入为{/}，并且字母按键要以小写形式输入，否则无法反应或报错。）

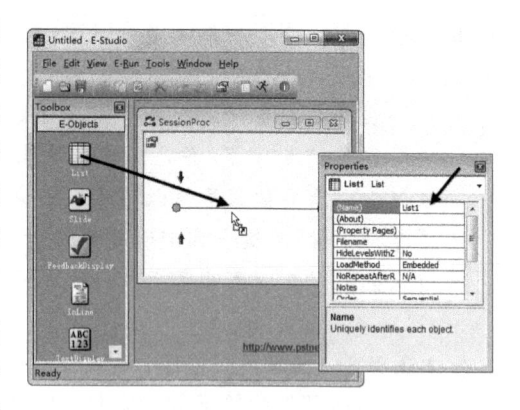

图 2-18 添加 List 对象

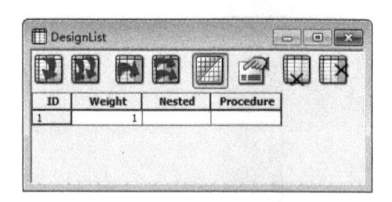

图 2-19 List 对象设置

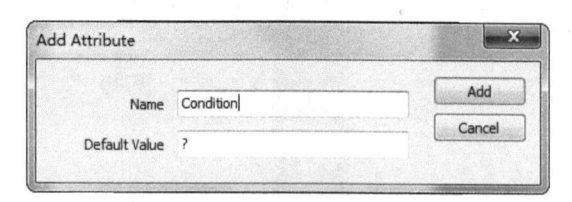

图 2-20 添加属性

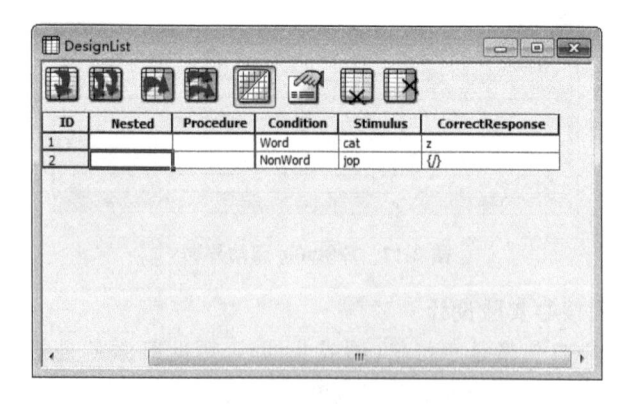

图 2-21 List 对象实现基本设计

2.3.1.4 明确核心实验过程

核心实验过程是包含最简约的不同实验条件、所呈现的刺激以及反应设置的可重复的最小单元。核心实验过程往往定义试次的顺序，一般通过图示化的方式来表征事件序列，包含事件序列和事件连接。在词汇判断实验中，首先呈现注视点"＋"1 秒，之后呈现字符串 2 秒，然后采集被试判断的反应（见图 2-22）。

图 2-22 E-Prime 核心过程示例

在 E-Prime 中将 Procedure 对象拖到 DesignList 对象中的 Procedure 栏(见图 2-23),并将过程对象的名称更改为 TrialProc(修改方法和列表对象 List1 的更名相同),或者在 Procedure 栏下的单元格内直接输入 TrialProc,系统会提示"TrialProc 不存在,是否创建?"选择"是"即可创建该过程。

2.3.1.5 设置试次的属性

在程序结构中双击 TrialProc,从工具箱拖入两个文本对象,并分别更名为 Fixation 和 Stimulus(见图 2-24)。

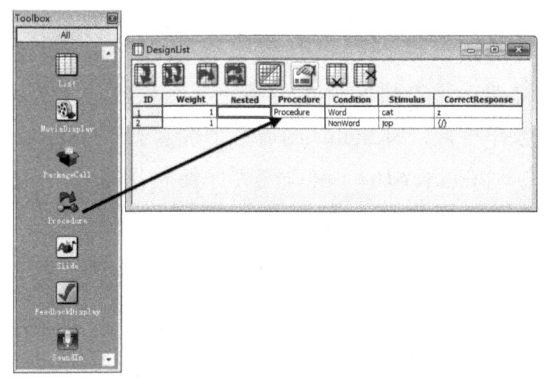

图 2-23 添加试次过程

E-Prime 为每个刺激提供了许多默认属性(如字体式样、字体颜色、背景色、位置、持续时间等),但你必须设置没有默认值和需要变更的属性。根据词汇判断实验的以下信息整理文本对象属性(见表 2-2)。

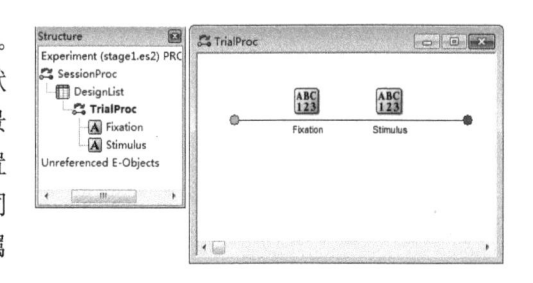

图 2-24 添加试次对象

表 2-2 文本对象属性

对象	固定属性	变化属性
Fixation	文本:"+"(需设置) 呈现位置:屏幕中央(默认值) 持续时间:1 秒(默认值) 前景色:黑色(默认值) 背景色:白色(默认值)	
Stimulus	呈现位置:屏幕中央(默认值) 持续时间:2 秒(需更改) 输入按键:z 和/(需设置) 反应方式:输入即终止 前景色:黑色(默认值) 背景色:白色(默认值)	字符串(如 cat,jop 等) 正确反应键:z 或/

文本刺激是词和非词,以黑色随机呈现在白色背景上。先向被试呈现注视点"+" 1 秒,然后呈现字符串 2 秒,被试尽快判断字符串是词还是非词,按键"z"和"/"分别对应词和非词,被试做出反应后刺激消失(终止)。

在 TrialProc 窗口或程序结构中双击 Fixation，在弹出的窗口中输入"＋"（见图 2-25）。

接下来，我们看如何设置变化的属性，由于每个试次字符串是随机呈现的，因此字符串的设置就不能像 Fixation 的设置那样直接输入，此时需要使用 DesignList 中的属性 Stimulus，要引用该属性，需要将其放在[]中。某个试次会从列表对象选择一行，Stimulus 的属性值会替换[Stimulus]。

在 TrialProc 窗口或程序结构中双击 Stimulus，在弹出的窗口中输入[Stimulus]（见图 2-26）。

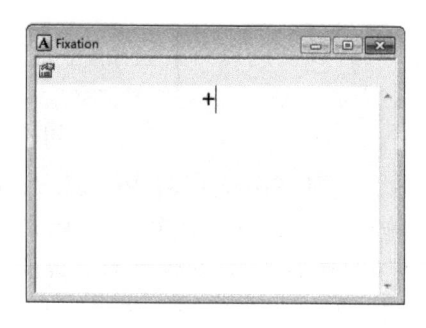

图 2-25　设置注视点

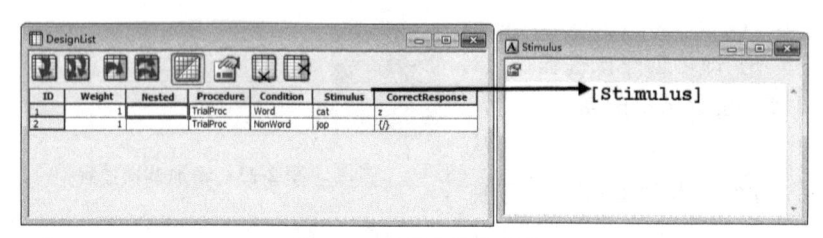

图 2-26　设置变化的属性

表 2-2 中 Stimulus 的属性还有需要更改和设置的内容，在 Stimulus 窗口中单击左上角的图标，选择 Duration/Input 选项卡，首先选择 Add…按钮，在弹出的 Add Input Device 窗口中选择 Keyboard，然后根据图 2-27 进行设置，注意 Correct 栏也是引用的 DesignList 对象中的 CorrectResponse 属性值。

2.3.1.6　明确要记录的数据

实验者还要考虑需要记录哪些变量。对于词汇判断实验，所需要记录的指标包括被试对字符串进行判断时所按的反应键、反应时、反应的正确性，即某个试次被试按的是"z"键还是"/"键，反应时是多少，反应是否正确（正确为 1，错误为 0）。

图 2-27　Stimulus 属性设置

在图 2-27 中将 Data Logging 栏设置为 Standard 即可满足要求，计算机会记录 RESP（反应）、RT（反应时）、ACC（正确性）和其他一些指标（包括一些可能有用的时间报告）。在 E-Prime 中，计算机也可以记录所有对象的所有信息，但这样做会增加数据分析时的变量数。每运行一个试次可能要记录上百个变量，但它们大多数不会用到。因此实验者要明确数据分析时使用的关键数据，这可以很轻松地通过对象属性窗口中的 Logging 选项卡来设置（见图 2-28），通过鼠标选中或取消相应属性即可。

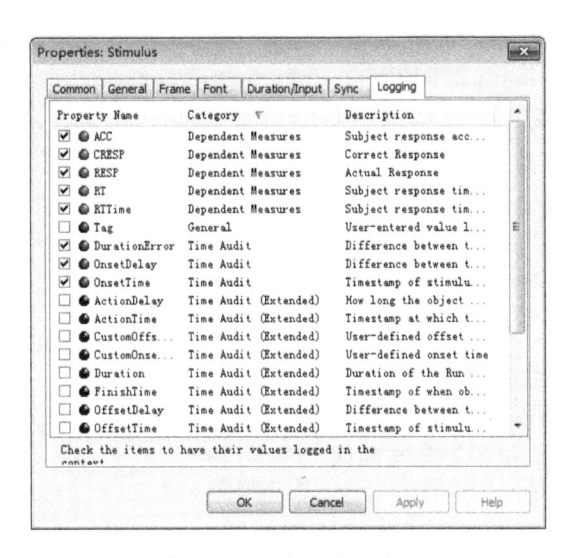

图 2-28　设置记录的数据

2.3.1.7　运行验证核心实验流程

到目前为止，实验所需的核心环节已经实现。运行实验程序来检验是否如你所愿。单击工具栏▣图标运行实验程序（如果实验程序编译正确，则在输出窗口中显示"Successfully"字符，如图 2-29 所示；如果编译错误，会出现错误提示窗口，并且定位到脚本中出错的位置），要求输入被试编号和实验周期编号，取默认值即可。程序运行过程大致如图 2-30 所示，按下反应键"z"或"/"后，文本刺激会消失。

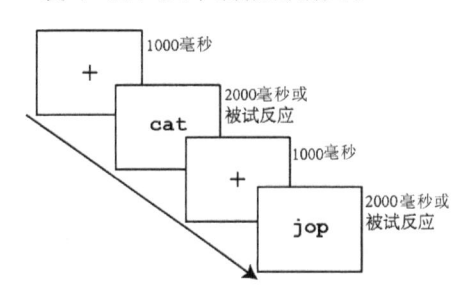

图 2-29　输出信息示例　　　　图 2-30　核心实验过程流程

另外，需要注意的是被试并非总是按你所想的那样进行按键反应。比如，被试按的不是你设置的有效反应按键，或者被试在规定时间内没有做反应等。在验证核心实验流程中，作为一个实验程序设计者就要充分考虑这种可能的情况（本示例中并没有区分这两种情况），查看程序是否仍然能够正常运行。

2.3.1.8　检验数据记录是否正确

只有把所需要的数据记录下以便进行数据分析，一个实验程序才是有用的。回到词汇判断实验中，自变量是词（Word）和非词（NonWord），因变量是反应键、反应时和准确性。

选择菜单 Tools→E-DataAid 选项，并打开记录的数据文件 lexicaldecision01-1-1.edat2（数据文件命名规则为：实验程序名-被试编号-session 编号）。检查数据分析用的自变量和因变量是否完备，从图 2-31 中可看到实验记录了字符串类型（Word 和

NonWord)、字符串内容、正确反应键、被试反应键(Stimulus.RESP)、反应时(Stimulus.RT)和准确性(Stimulus.ACC),当然计算机还记录了很多其他信息,对于当前的数据分析而言,它们是不重要的。

由于计算机记录了很多信息,查看你所需要的信息就不太方便,你可以通过 E-DataAid 工具栏 图标来控制显示的数据列(见图 2-32),左侧列表是隐藏不显示的列,右侧列表是按照顺序显示的列,通过 <Remove 可以将要隐藏的列从右侧选到左侧,通过 Move UP 和 Move Down 按钮可以调整列顺序或者直接使用 Alphabetize> 按钮按字母排序(调整顺序也可以直接在 E-DataAid 窗口中拖动某列)。

除检查数据文件中是否包含自变量和因变量数据列外,还要检查记录的反应时大小是否合理,计时精度是否理想等。

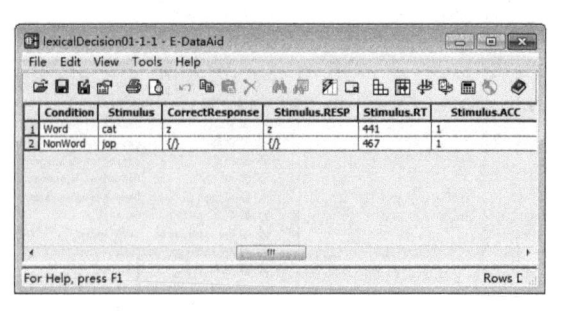

图 2-31　E-DataAid 窗口

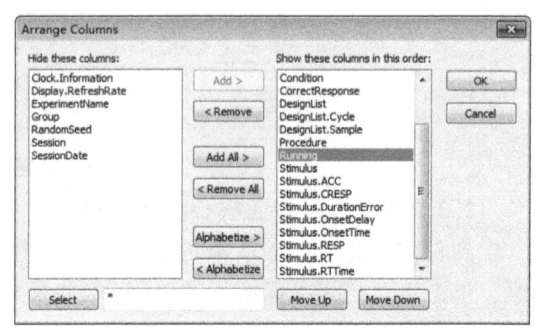

图 2-32　数据列调整窗口

2.3.2　试次过程的细化

本环节将增加让被试控制实验开始的界面,并在注视点和刺激界面中增加按键反应提示,以及启动刺激和反馈。

2.3.2.1　添加 GetReady 界面

在程序结构栏中双击 TrialProc,然后从工具箱中将 TextDisplay 拖到 TrialProc 上,并将其名称更改为 GetReady(见图 2-33)。在 TrialProc 窗口或程序结构栏中双击 GetReady,在其中输入"按空格键开始",然后单击窗口左上角属性图标,在 Duration/Input 属性页面中设置 Duration 为 −1(infinite),Data Logging 为 Standard,添加 Keyboard 输入设备,并将 Allowable 设置为{SPACE}(见图 2-34)。

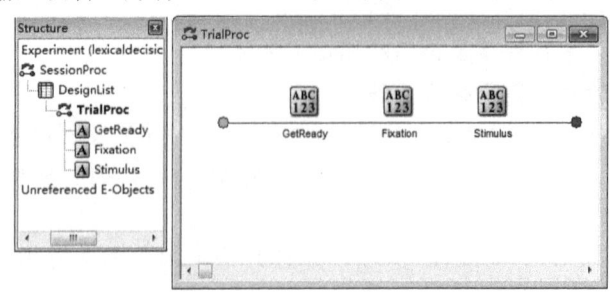

图 2-33　添加 GetReady 界面

图 2-34　GetReady 界面及属性设置

2.3.2.2　添加反应提示

在 TrialProc 窗口或程序结构栏中双击 Fixation，在注视点前添加 6 个空行，在注视点后添加 4 个空行，然后输入图 2-35 中的反应提示。在程序结构栏中选中 Stimulus，然后在对象属性中单击 ... 按钮打开 Property Pages 窗口（见图 2-36），将 Height 属性设置为 25%（见图 2-37），这样呈现的字符串会覆盖先前呈现的注视点，但不会覆盖反应提示信息。

图 2-35　编辑 Fixation 文本对象 　　　　图 2-36　打开 Stimulus 属性窗口

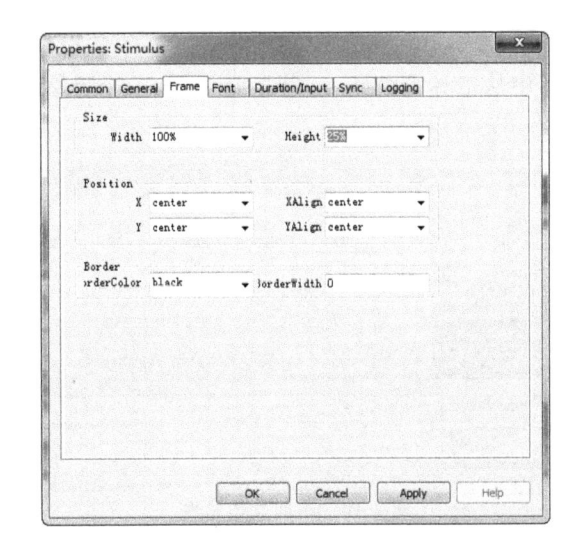

图 2-37　Stimulus 属性窗口 Frame 选项卡

2.3.2.3 添加 Prime 界面

在 TrialProc 窗口的 Fixation 和 Stimulus 间拖入一个 TextDisplay 对象,并将其名称改为 Prime,然后双击 Prime,在其中输入[PrimeType],PrimeType 是将要在 DesignList 中定义的一个新属性,单击左上角的属性图标,在 Frame 属性页面中将 Height 属性改为 25%(见图 2-38),使其不遮挡反应提示信息。在 DesignList 中增加一列属性 PrimeType,并在其下的单元格内输入 Word 和 Nonword(见图 2-39)。

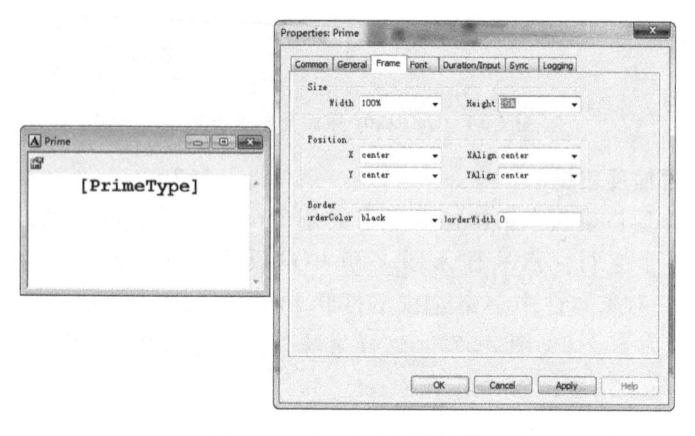

图 2-38 Prime 及属性设置

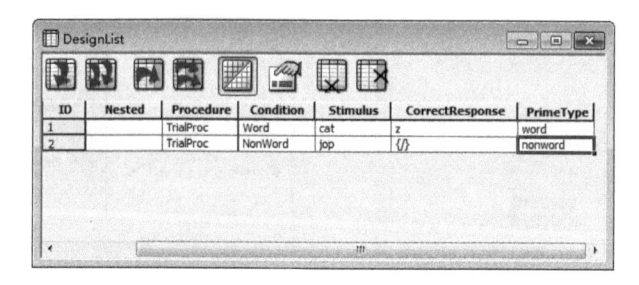

图 2-39 添加 PrimeType 属性及属性值

2.3.2.4 添加反馈

在 TrialProc 窗口中从工具箱中拖入 ✓ 图标,增加一个反馈事件,并将其名称更改为 Feedback(见图 2-40)。

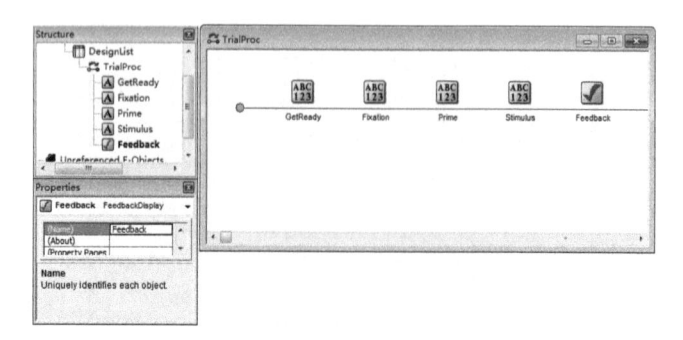

图 2-40 添加反馈事件

在 TrialProc 窗口中双击 Feedback 图标，打开 Feedback 设置窗口，使用系统默认的反馈文本，然后单击左上角属性图标，在属性设置窗口中将 Input Object Name 设置为 Stimulus 对象（见图 2-41），即根据对字符串的判断反应进行反馈提示，其中包括准确性（ACC）、将无反应输入视为错误（Incorrect）以及正确反应和错误反应的反应时。

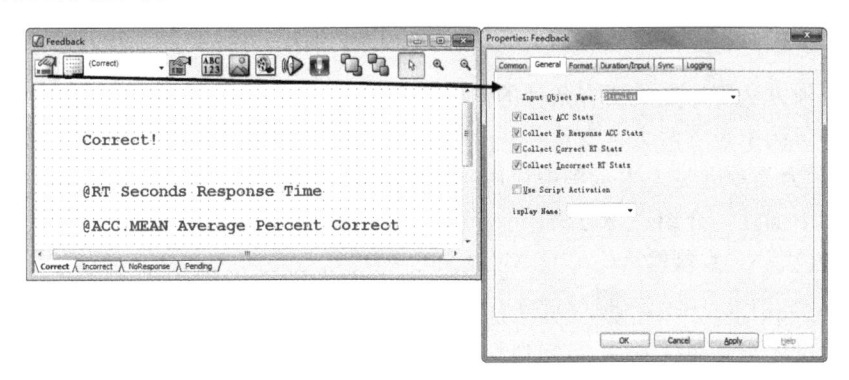

图 2-41　反馈设置

2.3.2.5　验证实验流程

保存实验，单击工具栏图标编译并运行实验程序，检查是否达到预期的效果。注意还要检验例外情况（如正确反应、错误反应、无效反应和没有反应等状态），此时实验流程如图 2-42 所示。

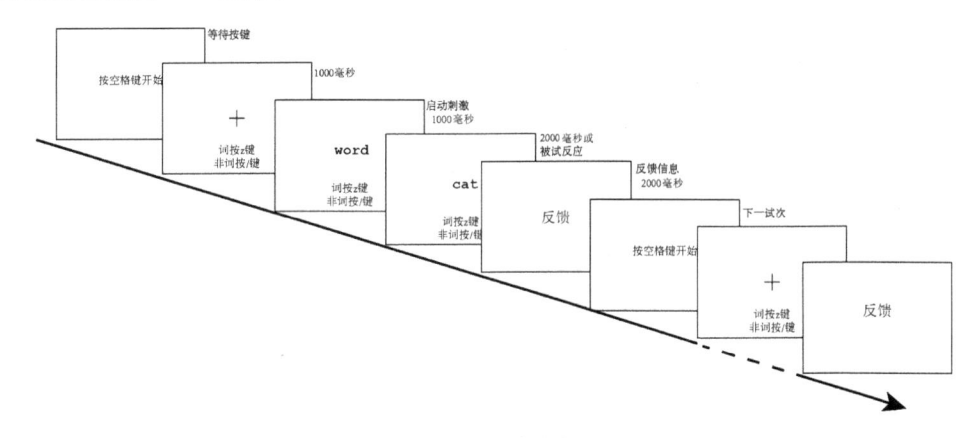

图 2-42　实验流程图

2.3.3　完善列表对象

目前列表对象 DesignList 中只设置了两个要判断的字符串，下面我们将添加完整的刺激列表并且设置试次数量和抽样方法。

2.3.3.1　添加所有条件

在程序结构栏中双击 DesignList 对象，然后双击 Condition 标题，将其更名为 ProbeType（见图 2-43），选中某列，用鼠标拖动标题栏调整列顺序（拖动过程中在列间会出现一条红色标记线）。

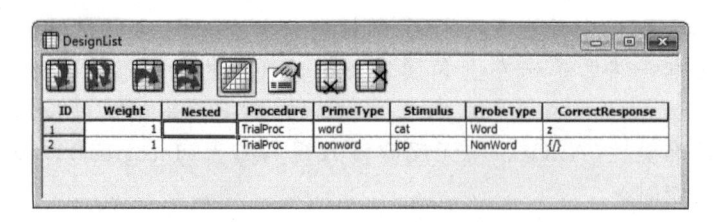

图 2-43　DesignList 标题调整

有三种方法可以完成所有条件的设置，不同的方法适用不同的情况。至此，你应该清楚本示例中包含两个自变量：一个是启动类型（两种条件），一个是刺激类型（两种条件）。为简单起见，本示例中使用 4 个刺激（两个词：cat 和 dog，两个非词 jop 和 fuame），下面逐一介绍三种方法。

（1）方法一：直接输入

在 DesignList 中单击 图标添加 6 行，然后添加相应内容即可（见图 2-44），在输入时可以使用复制（Ctrl＋C）和粘贴（Ctrl＋V）功能，此方法适用于条件较少（通常少于 10）时。

图 2-44　添加 DesignList 列表属性值

（2）方法二：使用嵌套列表（Nested List）

嵌套列表可以将刺激根据类型进行单独组织，本示例中刺激类型有 Word 和 NonWord 两类，可以为它们单独构建两个列表用于存放词和非词刺激。首先将实验程序保存，然后另存为 lexicaldecision02.es2，调整 DesignList，保留 4 行，选中多余的 4 行，通过 图标将它们删除，同样通过 图标来删除 Stimulus 列，然后按照图 2-45 来设置相应内容。注意在 Nested 栏输入 WordList 和 NonWordList 时会询问是否添加列表对象，选择"是"。

图 2-45　添加 Nested 列表对象

在程序结构栏中双击 WordList，采用前面的方法增加 Word 属性列，同样在 NonWordList 中增加 Word 属性列，并根据图 2-46 所示添加相应内容。

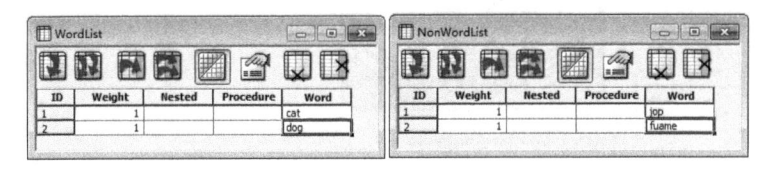

图 2-46　WordList 和 NonWordList 列表

如果此时运行实验程序，会出现如图 2-47 所示的运行错误，因为 DesignList 中的 Stimulus 属性已经被删除，所以修改 TrialProc 中的 Stimulus 对象，将原先的 [Stimulus]修改为[Word]，此时再运行实验程序就不会报错。但你会发现，在前面的方法一中有 8 个试次，但这儿只有 4 个试次，只要将 DesignList 中的 Weight 栏中数字 1 更改为 2 即可。使用嵌套方式的逻辑是：实验程序首先在 DesignList 中根据指定的抽样方法（顺序选择、随机选择等）选择一行，如果 Nested 属性中有内容，则从嵌套列表对象中根据指定的抽样方法选择其中一行返回给 DesignList，假如在 DesignList 中选择了第一行，则调用 WordList，如果在 WordList 中选择了第二行，则返回 dog，这个试次就会呈现字符串 dog。方法二的好处是可以为每个嵌套的列表指定不同的抽样方法。

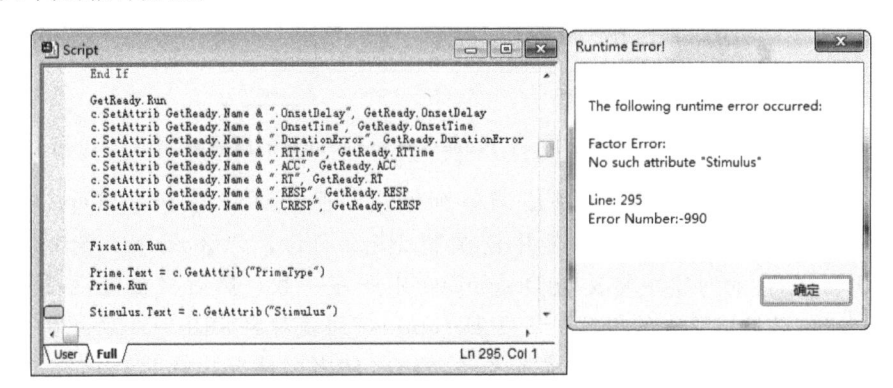

图 2-47　错误提示（左侧窗口指示脚本代码错误处）

（3）方法三：使用因素表格向导

在 E-Studio 中打开 lexicaldicision01.es2 实验程序，并将其另存为 lexicaldecision03.es2。在系统菜单 E-Prime 2.0 菜单栏中选择 Factor Table Wizard，会打开 Excel 程序（注意要启动宏内容），单击 Create New Factor 按钮，在因素名称栏中输入 PrimeType，包含 2 个水平（Word 和 Nonword）（见图 2-48）。用同样的方法创建 ProbeType 因素，包含 2 个水平（Word 和 NonWord），同时增加一列 CorrectResponse，创建 Stimulus 因素，包含 4 个水平（cat, dog, jop 和 fuame）。

此时，在 Excel 表格左下端会生成 3 张表格，分别是 PrimeType，ProbeType 和 Stimulus，输入图 2-49 中的相应内容，单击左侧功能列表中的 Cross Factors 按钮，则生成三个因素的交叉列表（见图 2-50，2×2×4＝16 行），借助于 Excel 可以对表格

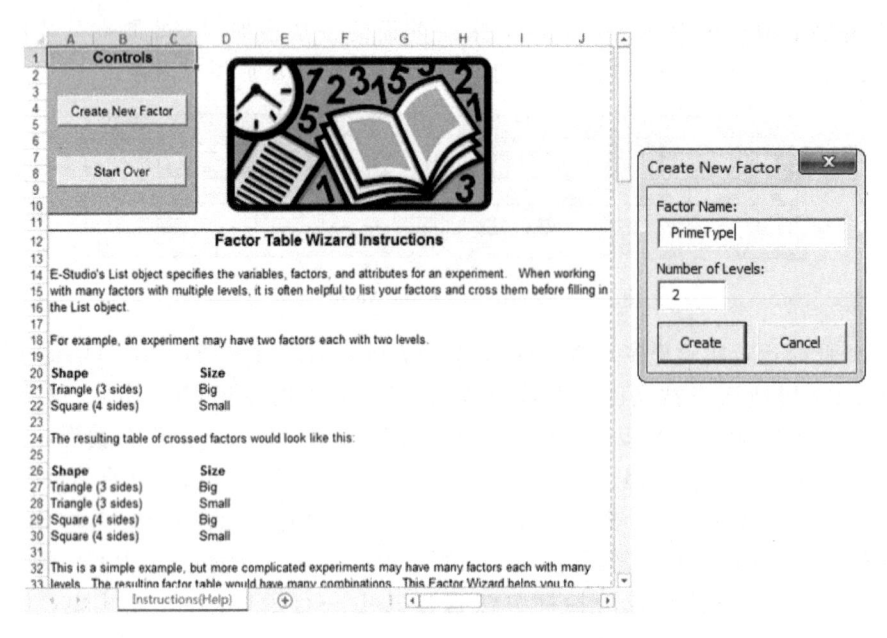

图 2-48 Factor Table Wizard 向导

图 2-49 PrimeType，ProbeType 和 Stimulus 的属性值

进行内容编辑、行列增删、排序或调整列顺序。根据对应的 ProbeType 类型在 Stimulus 列输入相应的字符串，并且调整 PrimeType，ProbeType，Stimulus 和 CorrectResponse 的列顺序使其与 DesignList 中顺序一致，然后将相应栏目复制到 DesignList 中替换掉原来的内容，最后 DesignList 列表对象如图 2-51 所示。方法三适用于实验中包含多个自变量或实验条件（组合）较多的情况，借助于 Factor Table Wizard 就可以方便快捷地生成因素交叉表。

图 2-50 生成因素交叉表

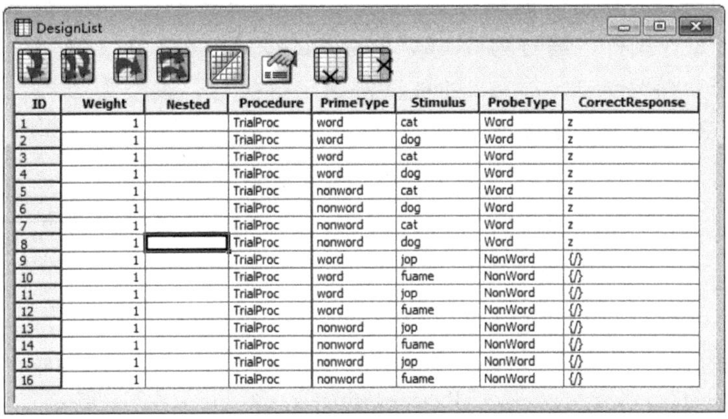

DesignList

ID	Weight	Nested	Procedure	PrimeType	Stimulus	ProbeType	CorrectResponse
1	1		TrialProc	word	cat	Word	z
2	1		TrialProc	word	dog	Word	z
3	1		TrialProc	word	cat	Word	z
4	1		TrialProc	word	dog	Word	z
5	1		TrialProc	nonword	cat	Word	z
6	1		TrialProc	nonword	dog	Word	z
7	1		TrialProc	nonword	cat	Word	z
8	1		TrialProc	nonword	dog	Word	z
9	1		TrialProc	word	jop	NonWord	{/}
10	1		TrialProc	word	fuame	NonWord	{/}
11	1		TrialProc	word	jop	NonWord	{/}
12	1		TrialProc	word	fuame	NonWord	{/}
13	1		TrialProc	nonword	jop	NonWord	{/}
14	1		TrialProc	nonword	fuame	NonWord	{/}
15	1		TrialProc	nonword	jop	NonWord	{/}
16	1		TrialProc	nonword	fuame	NonWord	{/}

图 2-51　数据替换后的 DesignList 列表

2.3.3.2　设置权重

通过改变 DesignList 列表对象中 Weight 属性值可以变化某个试次的频数，其默认值为 1，即每个试次出现一次，如图 2-52 所示，将 NonWord 类型的 Weight 属性值更改为 2，这样就会有 12 个试次，NonWord 和 Word 类型的比例为 2∶1。

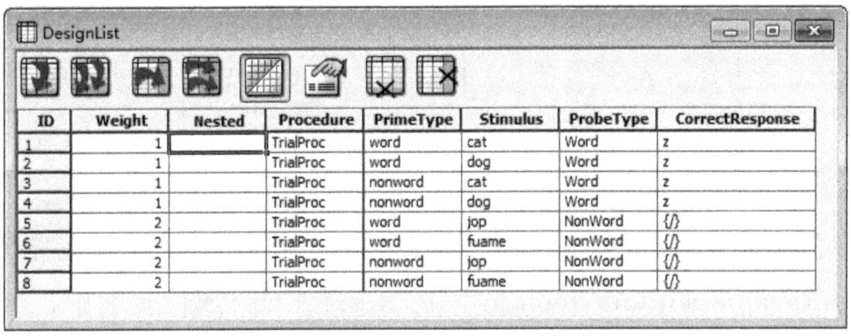

DesignList

ID	Weight	Nested	Procedure	PrimeType	Stimulus	ProbeType	CorrectResponse
1	1		TrialProc	word	cat	Word	z
2	1		TrialProc	word	dog	Word	z
3	1		TrialProc	nonword	cat	Word	z
4	1		TrialProc	nonword	dog	Word	z
5	2		TrialProc	word	jop	NonWord	{/}
6	2		TrialProc	word	fuame	NonWord	{/}
7	2		TrialProc	nonword	jop	NonWord	{/}
8	2		TrialProc	nonword	fuame	NonWord	{/}

图 2-52　设置权重

2.3.3.3　设置抽样方法和终止条件

抽样方法决定实验运行时试次顺序或条件顺序，E-Prime 中提供了多种抽样方法，包括 Sequential（顺序抽样，以列表对象中行顺序为准）；Random（without replacement）（非替换性随机抽样，类似于日常生活中的抓阄）；Random with replacement（替换性随机抽样，被随机抽到的元素再放回到样本池中）；Counterbalance（平衡抽样，用于在被试间、实验周期间或组间进行平衡）①；Offset（偏移抽样，某固定顺序的起始位置在被试间、实验周期间或组间不同，抽样到顺序末尾时回顺序首部，假如共有 6 种条件，起始位置是 3，则依次 4，5，6，1，2）；Permutation（排列抽样，根据一定算法生成所有条件组合，其顺序如同偏移抽样，起始位置在被试间、实验周期间或组间不同，由于条件组合量呈级数增长，如 5 种条件会有 120 种组合，6 种条件则有 720 种组合，该方法适用于条件较少时）。不同抽样方法示例参见表 2-3，表中后面三列是根据被试编号进行的抽样，对于平

① 注意：在平衡抽样时，各种条件的权重值必须为 1，否则会报错。

衡抽样，因为有三种条件，则编号为 1，4，7 的被试按第 1 行执行，编号为 2，5，8 的被试按第 2 行执行，编号为 3，6，9 的被试按第 3 行执行；对于排列抽样，因为有 6 种组合，编号为 1，7，13 的被试按第 1 行执行，编号为 2，8，14 的被试按第 2 行执行，依此类推（参见 8.5）。

表 2-3 不同抽样方法

Sample	Selection					
	顺序抽样 Sequential	非替换性随机抽样 Random (without replacement)	替换性随机抽样 Random with replacement	平衡抽样 Counter-balance	偏移抽样 Offset	排列抽样 Permutation
1	A	B	B	Sub 1＝A	Sub 1＝ABC	Sub 1＝ABC
2	B	C	C	Sub 2＝B	Sub 2＝BCA	Sub 2＝ACB
3	C	A	B	Sub 3＝C	Sub 3＝CAB	Sub 3＝BCA
4	A	C	C	Sub 4＝A	Sub 4＝ABC	Sub 4＝BAC
5	B	A	B	Sub 5＝B	Sub 5＝BCA	Sub 5＝CAB
6	C	B	A	Sub 6＝C	Sub 6＝CAB	Sub 6＝CBA

在 DesignList 列表对象中单击 图标打开属性页，在 Selection 属性页面中将抽样方法设置为 Random without replace，在 Reset/Exist 属性页面中，将 Exit List 条件设为：After 2 cycles (24 samples)，因为在 DesignList 中有 12 行，随机抽取 12 次后重置样本池，2 个周期（cycle）后退出，这样共运行 24 个试次（见图 2-53）。

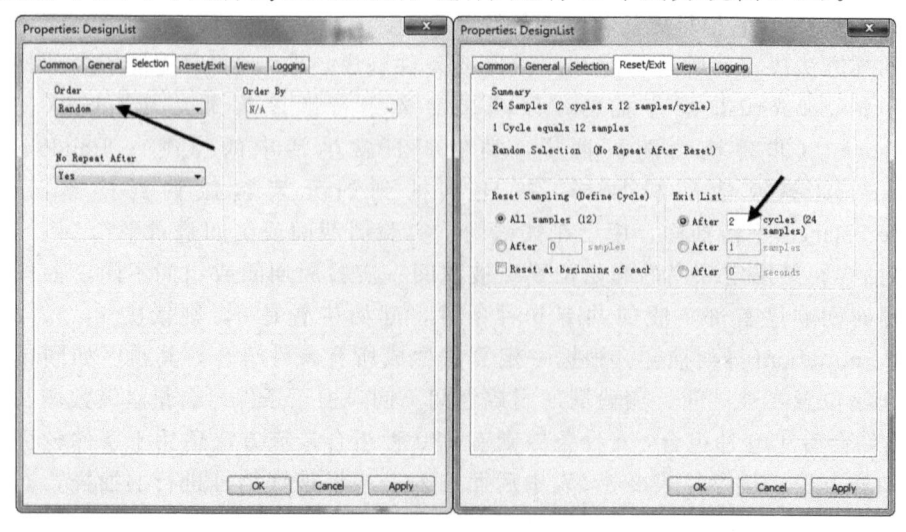

图 2-53 设置抽样方法和终止条件

2.3.3.4 测试实验程序

编译并运行实验程序，试次顺序应该是随机，记录的数据中应该有 24 行，NonWord 类型(16 行)应该是 Word 类型(8 行)的两倍。

2.3.4 添加区组条件

本示例中我们将增加区组条件，在前面的示例中启动刺激（Prime）的呈现时间为 1000 毫秒，下面将把启动刺激的呈现时间修改为 500 毫秒和 100 毫秒两个区组。

从工具箱拖一个列表对象到程序结构栏中，并将其更名为 BlockList(见图 2-54)。

2.3.4.1 添加 BlockProc 过程

在程序结构栏中双击 BlockList 打开列表对

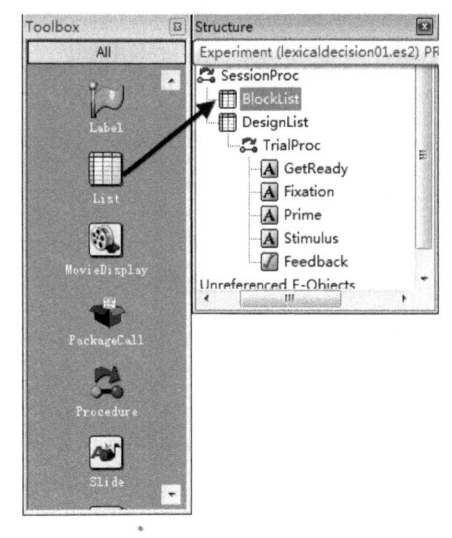

图 2-54 添加 BlockList 对象

象窗口，在 Procedure 属性栏输入 BlockProc，当询问是否增加过程时选择"是"，再通过 图标添加 PrimeDuration 属性列，通过 图标增加一行，并将属性值设置 100 和 500(见图 2-55)。

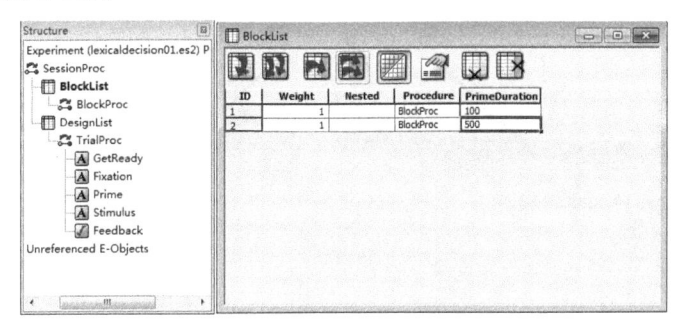

图 2-55 添加 BlockProc 过程对象

2.3.4.2 设置 BlockList 对象的抽样方式

参照图 2-53 将抽样方法设置为 Random(非替换性随机抽样)。

2.3.4.3 将 DesignList 移入 BlockProc 过程中

在程序结构栏中双击 BlockProc 打开 BlockProc 窗口，将 DesignList 拖到 BlockProc 窗口中（见图 2-56），并将 SessionProc 下的 DesignList 对象删除（在程序结构栏中选择 DesignList 对象然后按 Delete 键或在 DesignList 对象上单击鼠标右键，在弹出的菜单中选择 Delete）。

2.3.4.4 添加区组指导语

从工具箱中拖动 TextDisplay 对象到

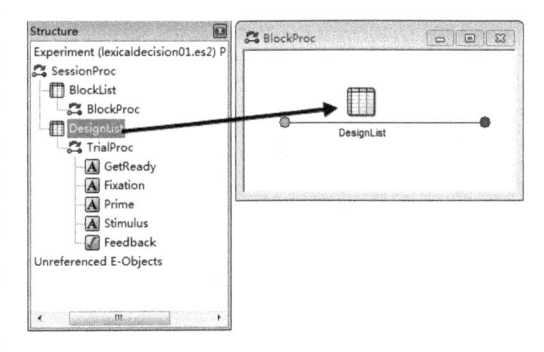

图 2-56 在 BlockProc 对象中添加 DesignList 列表

BlockProc 窗口中，并在 BlockInstructions 窗口中输入图 2-57 所示的文本内容，然后参照图 2-34 将 BlockInstructions 对象的呈现时间设置为－1（infinite），并添加 Keyboard 输入设备，将 Allowable 设置为{SPACE}。

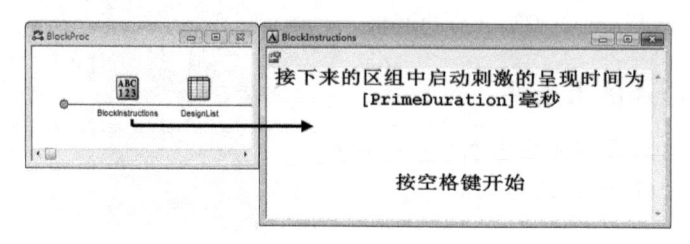

图 2-57　添加区组指导语

2.3.4.5　添加实验指导语和结束语

从工具箱中拖两个 TextDisplay 对象至 SessionProc 窗口中，将它们分别命名为 Instruction 和 GoodBye，并编辑两个 TextDisplay 对象（见图 2-58），再参照图 2-34 将 Instruction 对象的呈现时间设置为－1（infinite），添加 Keyboard 输入设备，将 Allowable 设置为{SPACE}。对于 GoodBye 对象，将呈现时间设置为 5000 毫秒，这样试次结束 5 秒后自动退出实验程序。

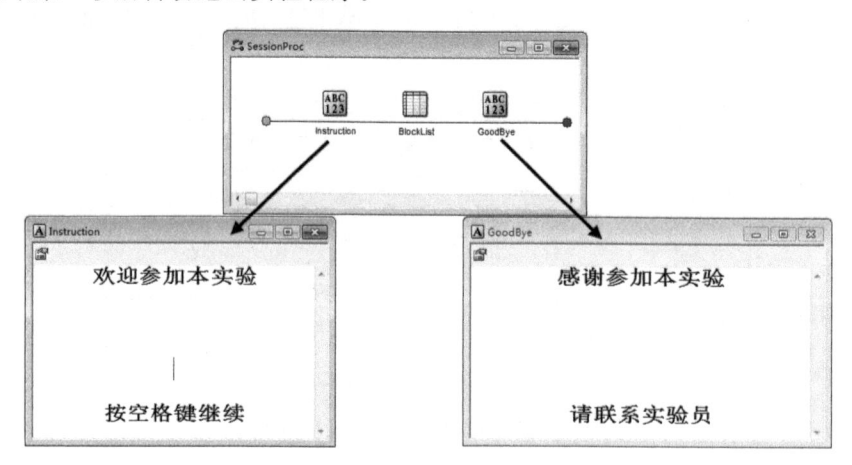

图 2-58　添加指导语和结束语

2.3.4.6　在 TrialProc 中引用 PrimeDuration 属性值

在程序结构中双击 Prime 对象，打开属性窗口，在 Duration/Input 选项卡下将 Duration 属性修改为［PrimeDuration］（见图 2-59），在 Data Logging 中选择 Time Audit Only。

2.3.5　添加练习环节

在正式实验前让被试进行练习，不但可以让被试熟悉实验流程，还可以在正式实验前让被试的反应达到一定的标准。比如，只有被试练习环节的正确率在 80％以上，才进入正式实验环节。

图 2-59　引用 PrimeDuration

2.3.5.1　复制 BlockList 列表对象

一般而言，练习试次和正式实验试次的流程完全相同或仅有少许不同，这样就可以利用已完成的正式实验试次快速建立练习区组。

选择菜单 View→Browser(或直接按 Alt＋2)打开对象浏览窗口，在 Browser 窗口选中 BlockList 对象，单击鼠标右键，从弹出的菜单中选择 Copy(或直接按 Ctrl＋C)进行复制，然后再在 Browser 窗口单击右键，从菜单中选择 Paste(或按 Ctrl＋V)粘贴到浏览窗口中，当询问是否同时额外粘贴子对象时，选择"否"(见图 2-60)，粘贴后的 PracticeBlockList 对象会出现在程序结构栏中未引用对象(Unreferenced E-Objects)节点下，再选中粘贴后的 BlockList1 对象，单击鼠标右键，从菜单中选择 Rename(或按 F2)，将其更名为 PracticeBlockList，上述操作也可以直接在程序结构窗口中进行。

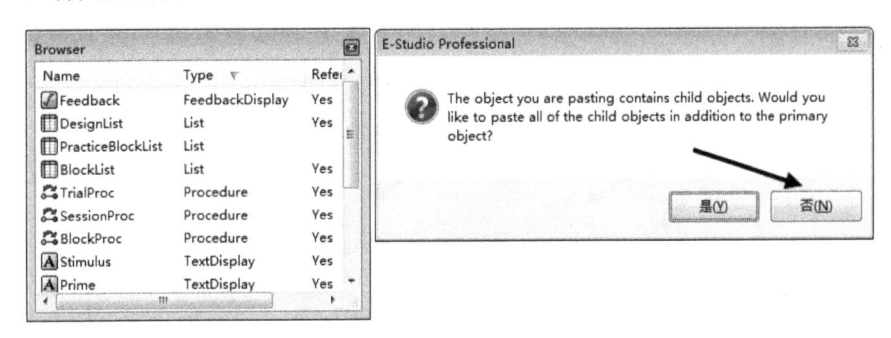

图 2-60　对象浏览窗口

打开 SessionProc 窗口，将 PracticeBlockList 从程序结构栏中移入其中(见图 2-61)，如果是在程序结构窗口进行粘贴可省略此步骤。

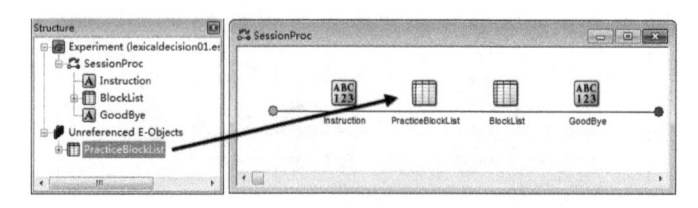

图 2-61 添加 PracticeBlockList 对象

2.3.5.2 添加 PracticeMode 属性

为了便于在记录的数据中区分某个试次的数据是练习试次还是正式实验试次，要为 PracticeBlockList 和 BlockList 均添加一个属性用来标记试次类型，首先在 PracticeBlockList 中删除一行（见图 2-62），然后分别为 PracticeBlockList 和 BlockList 添加 PracticeMode 属性列，并将属性值分别设置为 practice 和 real（见图 2-63）。

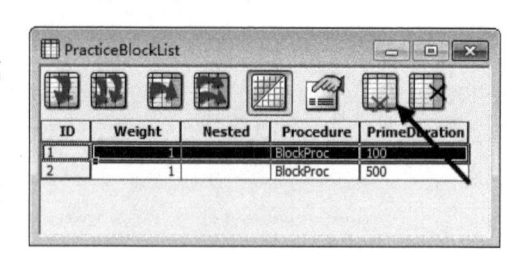

图 2-62 列表对象行删除操作

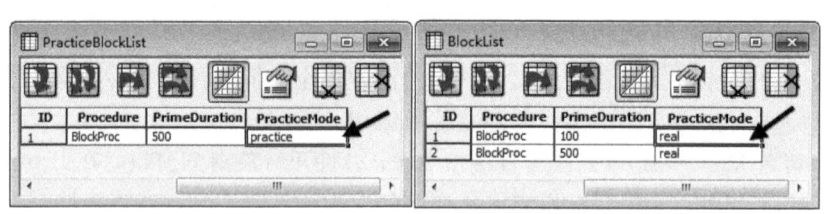

图 2-63 设置 PracticeMode 属性值

2.3.5.3 用脚本控制练习

被试在练习结束后，如果准确率达到要求（如准确率≥80%），则进入正式实验部分，如果未达到要求，则进行再次练习，这时需要使用脚本来控制。

在 SessionProc 窗口从工具箱中移入 InLine 对象，并将其更名为 CheckAccuracy，再从工具箱中移入一个 Label 对象（见图 2-64），该跳转标签对象用于标记实验流程位置，实验程序可根据需要跳转至该标签处开始执行。

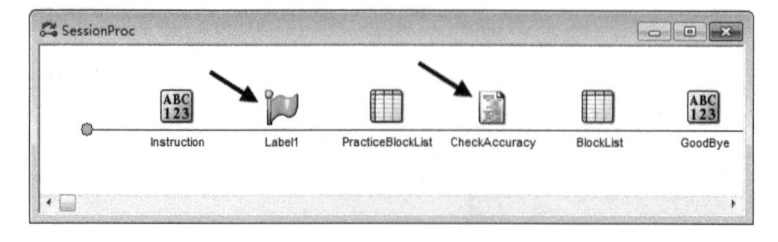

图 2-64 添加内嵌代码对象和跳转标签对象

双击 CheckAccuracy 打开内嵌代码对象，在其中输入图 2-65 中的 E-Basic 代码。

上述代码的作用是判断练习结束后的平均正确率，如果达到 80%，则显示某些信息，进入正式实验部分；如果未达到 80%，则提示被试需要重新练习（有关 E-

图 2-65 CheckAccuracy 内嵌代码

Basic 的内容请参见第 7 章）。为了告诉被试是否达到准确率要求，在 SessionProc 窗口插入一个 TextDisplay 对象，将其放置在 CheckAccuracy 之后，并命名为 EndPrac（见图 2-66），文本内容在内嵌代码中设置，我们只需将 EndPrac 的呈现时间修改为 3000 毫秒即可。

图 2-66 添加 EndPrac

2.3.6 计时设置和提前终止

至此，词汇判断实验程序已基本完成，但我们还需要检查计时精度是否合乎要求。E-Prime 提供了多种计时模式，主要有两种：事件模式（Event Mode）和累积模式（Cumulative Mode）。前者的作用是保证刺激呈现的持续时间，但如果刷新延迟，会延长 ISI；后者的作用是确保从某个刺激开始到下个刺激出现之间的 ISI，如果有延迟，则缩短中间的空闲时间以确保 ISI。同时要检查刺激对象属性页中 Duration/Input 选项卡下的 Data Logging 设置是否恰当，如本示例中 E-Prime 对象的 Data Logging 使用了 Time Audit Only（见图 2-59），这样就可以记录启动刺激的 OnsetTime、OnsetDelay 和 DurationError 等信息。

另外，E-Prime 实验程序一经运行，就会从头运行至结尾，特别是在程序测试或调试阶段，常常在某个环节满足了设计要求时需要提前终止实验程序，而无须全部运行或反应一遍，以节省程序开发时间。

E-Prime 允许使用 Ctrl＋Alt＋Shift 组合键来中途结束实验程序，我们还可以以内嵌代码的方式通过检查 Ctrl＋Shift 组合键状态来结束实验。如果按下 Ctrl＋Shift 组合键，则函数 GetUserBreakState 返回 1，否则为 0。通过检测 GetUserBreakState 状态值可以控制实验流程。如果要终止 DesignList 列表对象中试次的执行，使用 DesignList.Terminate 代码即可。如果包含多个 Block，则后续 Block 也停止执行；如果要不影响其他区组，需要使用 SetUserBreakState 函数将状态值设置为 0，否则当 Ctrl＋Shift 组合键按下后，GetUserBreakState 函数的返回值会一直保持。

两种方式的区别是：Ctrl＋Alt＋Shift 由 E-Prime 系统控制，会终止整个实验的运行，且在终止前的反应数据不会保存；而 Ctrl＋Shift 需要通过内嵌代码来控制，可以只终止当前的 Block，而后续 Block 继续执行，反应数据会保存。你可以比较下两种终止方式。

打开 lexicaldecision03.es2 实验程序，在 TrialProc 窗口中 Feedback 之后插入一个 InLine 对象，并改名为 TerminateTrialProc（见图 2-67）。打开 TerminateTrialProc 对象，在其中输入以下代码（见图 2-68）。

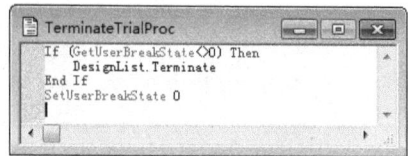

图 2-67　插入内嵌代码对象 TerminateTrialProc　　　　图 2-68　添加终止代码

2.3.7　测试实验程序

当实验程序设计完成后,需要将整个实验完整地测试一遍来发现潜在的问题,检查的问题通常有以下几种。

2.3.7.1　反应键

被试通常不会每个试次都能做出正确反应,因此需要检验正确的反应、错误的反应、按键不是有效按键和被试在有效时间内没有做出反应的情况。

2.3.7.2　数据记录

数据记录要借助于 E-DataAid,检查是否记录了所有条件下的反应数据,检查数据记录是否完整,数据是否合理;检查试次序号和区组序号以及有关实验周期的相关信息(如被试编号、实验周期序号等)。

2.3.7.3　时间精度

检查事件的响应时间是否恰当,具体内容可参见第 5 章。

2.3.7.4　预实验

由于程序开发者熟悉实验流程,在正式收集实验数据前需要找一些被试完成实验。程序开发者设置的指导语,各被试理解起来可能有出入,如果某种情况下被试的反应时过长,准确率过低,则有可能被试没有很好地理解指导语,或者指导语不完整。让被试报告从指导语或实验流程中发现的问题或者直接询问被试一些问题也有助于检查被试是否真正理解了指导语。例如,"当出现某某刺激时,应该按哪个键?"

2.3.8　运行实验程序

E-Prime 实验程序既可以在 E-Studio 中通过 图标直接运行,也可以使用 E-Run 来运行脚本,在 E-Studio 中每次运行实验程序时都会生成相应的 E-Basic 代码脚本(扩展名为 ebs2),或者通过 E-Run 菜单下的 Generate(Ctrl＋F7)来生成。当需要在多台计算机上运行实验程序时,直接运行实验脚本文件即可,在这些计算机上也不需要安装完全的 E-Prime 实验程序,只需要在安装时选择 Subject Station 选项,仅安装 E-Run 子程序即可。

在 E-Studio 中由于代码脚本每次运行实验时都会重新生成,因此不要直接编辑代码脚本文件。

2.3.9 基本数据分析

2.3.9.1 数据合并

由于每个被试的数据都会单独保存在一个文件中，因此数据分析前，首先要将多个被试的实验数据通过 E-Merge 进行数据合并，从系统菜单 E-Prime 中选择 E-Merge 或者在 E-Studio 中的 Tools 菜单下选择 E-Merge，E-Merge 窗口中会出现快速导航对话框（见图 2-69）。

先从左侧目录树结构中选择被试数据所在的目录，在文件列表中选择要合并的数据文件，单击合并（Merge...）按钮，有两个数据合并选项：Standard Merge（标准合并）和 Recursive Merge（递归合并）（见图 2-70）。

图 2-69　E-Merge 对话框

图 2-70　数据合并选项

常用的是标准合并，只要选择需要合并的数据文件（事先将同一实验的数据文件复制到某个目录下），然后指定合并后保存的目标文件（扩展名为 emrg2）即可完成合并。对于递归合并（也要先在目录树结构中选择数据所在目录），除当前目录下的数据文件外，还会同时合并当前目录下所有子目录中的数据文件，在递归合并选项窗口中（见图 2-71），可以指定数据类型（edat2，emrg2，edat2；emrg2，edat，emrg，edat，emrg，edat2；emrg2；edat；emrg，其中 edat 和 emrg 是版本 1 中的数据文件和合并文件扩展名），以及指定合

图 2-71　递归合并选项

并状态，有三个选项：Never merged（未合并过的数据）、Already merged（已经合并过的数据）和 All specified files regardless merge status（忽略合并状态，合并指定类型的所有文件）。

数据合并后还要检查是否合并正确，有没有遗失数据，是否有编号重复的被试。如果实验数据由几个助手来收集，在实验前要协调好被试编号，如果每人都从 1 号开始编起，后面处理数据就比较麻烦，假如有 3 个助手分别收集数据，第 1 个助手的被试编号可以设定在 101～199、第 2 个助手的被试编号可以设定在 201～299，第 3 个助手的被试编号可以设定在 301～399。

2.3.9.2 数据分析和导出

E-DataAid 既可以浏览单个被试的数据，也可以浏览合并后的数据，还可以进行简单的数据分析和操作。

在 E-DataAid 中打开合并后的数据文件，选择菜单 File→Export... 或直接单击 图标，可以导出供 StatView、SPSS、Excel 等应用程序使用的数据文件，其中 Other 选项可以手工格式化导出的数据（见图 2-72）。

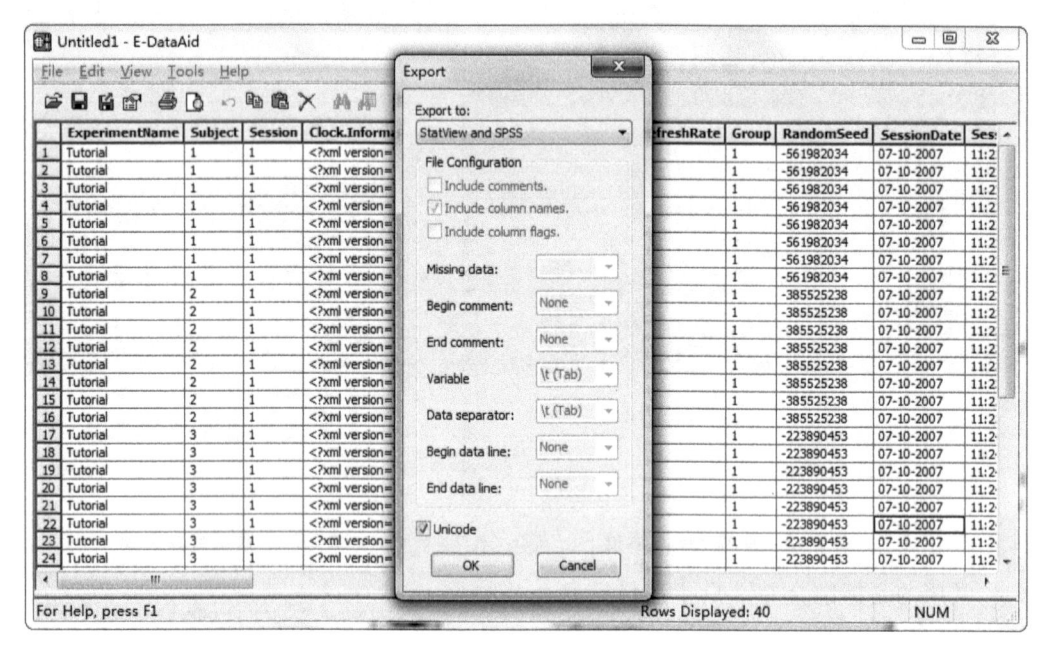

图 2-72　数据导向

如果需要只导出部分数据，可以通过菜单 Tools→Arrange Columns... 和 Filter... 先选择和筛选要显示的数据（见图 2-73），前者控制显示的数据列，后者控制要显示的行，再进行数据导出，数据列选择的方法参见图 2-32。

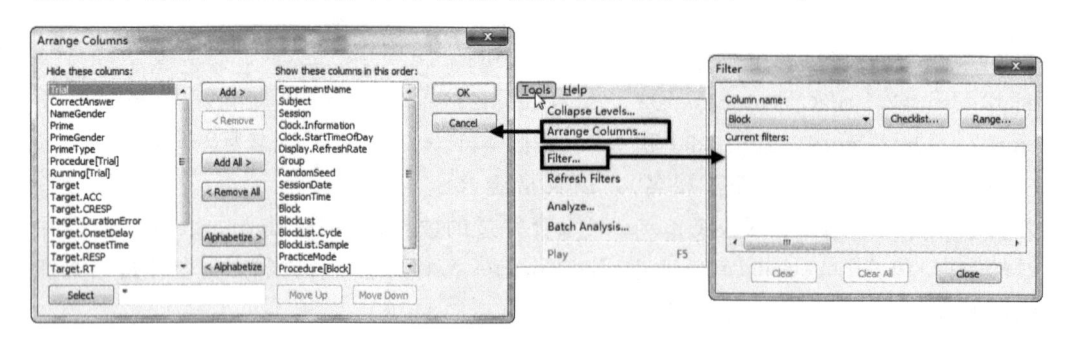

图 2-73　数据列选择和筛选

在筛选数据时，首先选择筛选的列名称，然后单击 Checklist... 按钮，从中勾选需要显示的内容，如图 2-74 中要显示男性被试的数据，则勾选 male，也可以单击 Range... 按钮，指定显示范围，如选择反应时在 200～1500 毫秒的数据等。

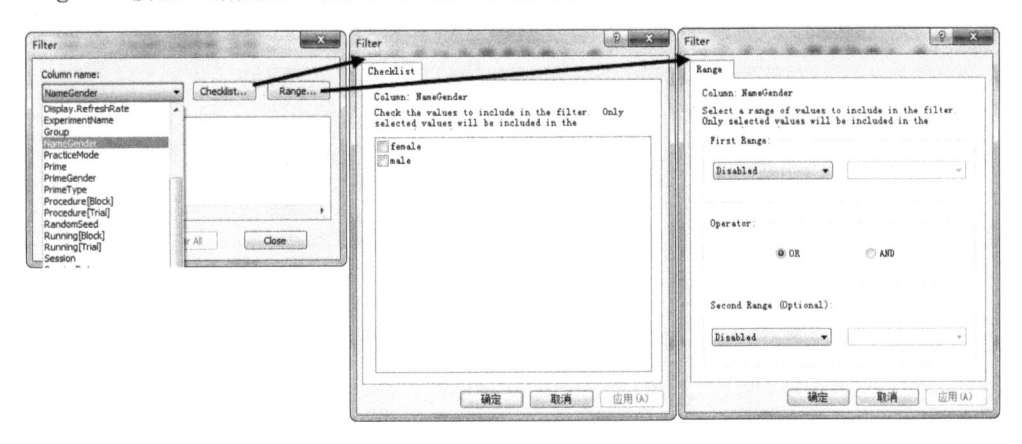

图 2-74　数据筛选窗口

E-DataAid 提供了一些简单的描述性统计功能，选择菜单 Tools→Analyze 或单击工具栏上的图标，打开分析窗口（见图 2-75）。窗口左侧 Variables 栏为变量列表，右侧 Rows 和 Columns 栏用于控制统计表格的行、列分类，Data 栏用于设置汇总的数据变量，操作的方法是直接用鼠标将需要的变量从变量栏拖入指定位置即可，如果要删除已拖入的某个变量，选中后用鼠标将其拖回到变量栏即可，行、列栏和数据栏都可以放置多个变量内容。双击数据栏中某个变量，可以选择汇总项：Total（总和）、CountNum（数值型计数值）、Count（计数）、CountNull（缺失值计数值）、Mean（均值）、VarP（总体方差）、VarS（样本方差）、StdDevP（总体标准差）、StdDevS（样本标准差）、Min（最小值）、Max（最大值）、SumSqrs（平均和）、Median（中位数）、StdErrP（总体标准误）、StdErrS（样本标准误）。如果变量是数值型的，在行、列栏双击该变量可以控制具体分组（具体参见 3.2.5.2）。

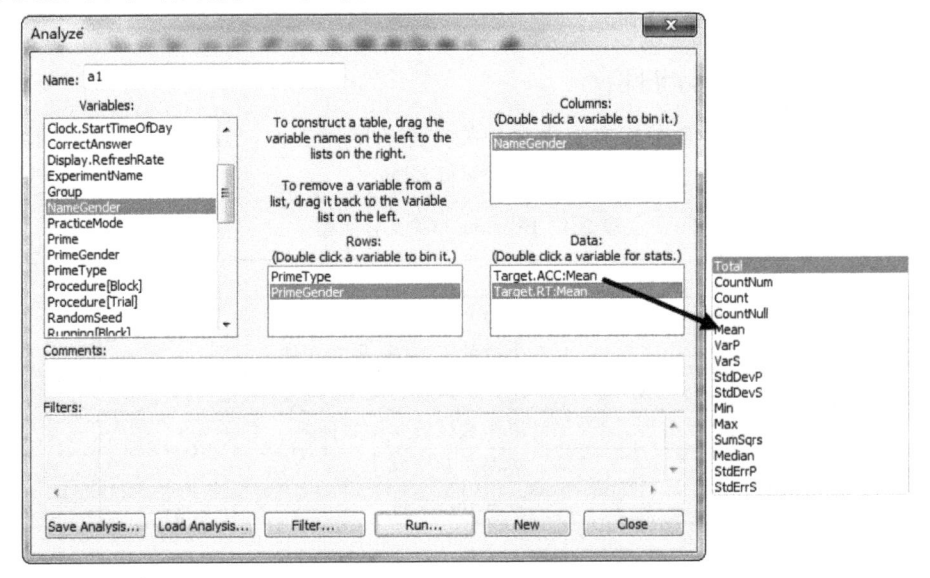

图 2-75　数据分析窗口

设定分析的内容后，可以选择 Save Analysis... 按钮将分析过程保存为扩展名是 anl 的分析文件，以后可以通过 Load Analysis... 按钮来加载该分析文件，单击 Run... 按钮会执行当前分析过程，生成数据分析表格（见图 2-76）。

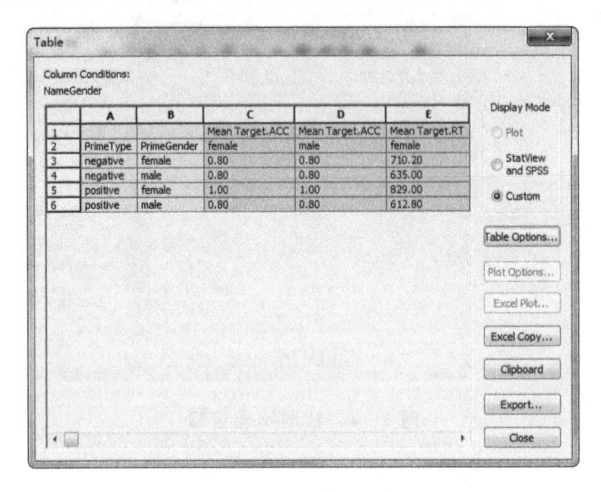

图 2-76 数据分析结果

在数据分析表中，选择 Excel Copy... 可以直接将其复制到 Excel 中（见图 2-77），也可以通过 Export... 按钮来导出（见图 2-72）或通过 Clipboard 将其直接复制到粘贴板中，按钮 Table Options 用于控制表格格式。

图 2-77 复制到 Excel 中的内容

2.3.10 实验程序归档

实验完成后，要注意做好实验程序相关文件的归档工作，以便重复实验、检查和与其他研究者合作，表 2-4 列出了相关的文件类型。

表 2-4 E-Prime 相关文件类型

文件类型	描述
XXX.es2	实验文件
XXX.ebs2	生成的 E-Basic 脚本文件
BMP，WAV，TXT 等	图片、声音、文本刺激材料
XXX.edat2	单个被试的实验数据
XXX.emrg2	数据合并文件
XXX.anl	数据分析文件

为了便于研究者之间分发实验程序，对实验程序中涉及的因素、水平等进行注释可以避免误解或供以后回忆使用。E-Prime 涉及的每个对象的属性页的 Common 选项卡下都有一个 Notes 项，可以在其中进行相关注解。文章发表后也要至少保存数据文件 5 年，以供其他研究者检查或使用，在保存数据文件时要注意保存完整的原始数据，注意不要隐藏列或筛选数据。

　　为了再次分析实验数据，建议备份生成的图表以及在 E-DataAid 中使用的数据分析文件。

第 3 章 数据处理

E-Prime 提供了用于数据管理和分析的工具 E-Merge 和 E-DataAid。E-Merge 用于将单个被试的数据合并到一个数据文件中；E-DataAid 可以浏览和编辑数据，进行描述性统计和绘制图形，也可以将数据导出为可供其他程序使用的数据格式。

3.1 数据合并

3.1.1 E-Merge 简介

3.1.1.1 菜单介绍

相关菜单介绍，见表 3-1 至表 3-3。

表 3-1 File 菜单及功能

命令	快捷键	功能	菜单
Open	Ctrl+O	使用 E-DataAid 程序打开选定的文件，如果没有选中文件或文件无效，则此命令不可用	Open　　　　Ctrl + O Merge...　　　Ctrl+M Set as Target　Ctrl+T Properties　　Alt+Enter Exit
Merge...	Ctrl+M	将一个或多个数据文件合并到目标文件中	
Set as Target	Ctrl+T	将某个文件设为目标文件，如果文件无效，则此命令不可用	
Properties	Alt+Enter	显示选中文件的属性对话框。如果文件无效，则此命令不可用	
Exit		退出 E-Merge 程序	

表 3-2 Edit 菜单及功能

命令	快捷键	功能	菜单
Undo Merge	Ctrl+Z	撤销上一次的合并操作，只支持一次撤销，如果没有可撤销的操作，命令无效	Undo Merge　　　Ctrl+Z Select Unmerged　Ctrl+U Select All　　　　Ctrl+A
Select Unmerged	Ctrl+U	选择文件列表中没有合并过的实验数据文件	
Select All	Ctrl+A	选择当前目录下所有数据文件（包括合并后的数据文件）	

表 3-3 View 菜单及功能

命令	快捷键	功能	菜单
Toolbar		控制是否显示工具栏	
Status Bar		控制是否显示状态栏	
Quick Reference...		显示快速帮助对话框	
Refresh	F5	刷新文件列表	
Filter...		显示文件过滤对话框	
Options...		显示配置对话框	
Folder Tree	Alt+0	激活目录视图	
File List	Alt+1	激活文件列表视图	
Merge Log	Alt+2	激活合并日志视图	

3.1.1.2 视图介绍

目录视图显示计算机目录树形结构图(见图 3-1)，单击田号可展开目录下的子目录，选中某个目录，文件列表视图中会实时更新所包含的符合过滤条件的文件列表（见图 3-2）。

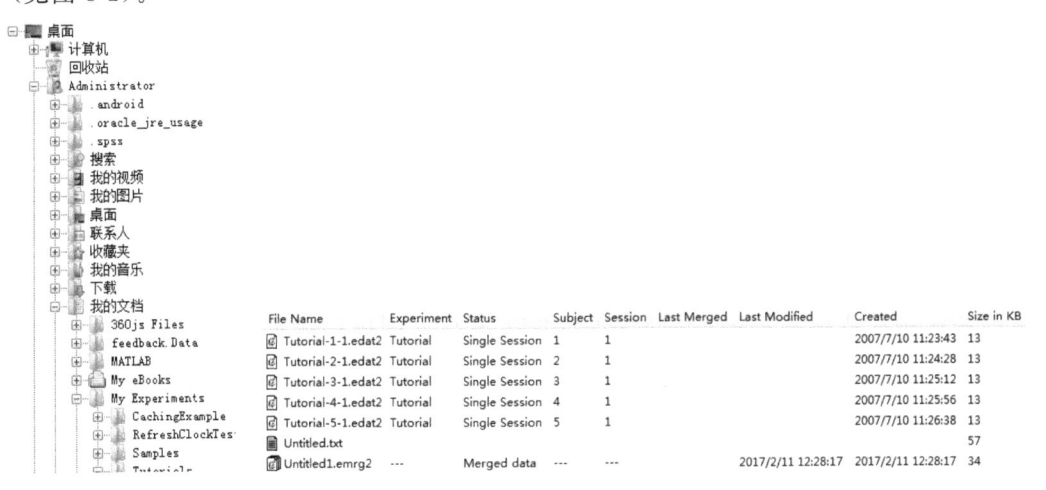

图 3-1 目录视图   图 3-2 文件列表视图

文件列表视图显示当前目录下的文件，其中 Experiment 列标记了某数据文件是哪个实验中的数据；Status 列标记某数据文件是单个被试的实验数据，还是合并后的数据；Subject 列和 Session 列分别标记被试的编号和实验周期编号。文件图标亦有不同含义：表示未合并且未修改的数据文件；表示未合并但有修改的数据文件；表示被合并过的数据文件；表示合并过但有修改的数据文件；表示目标数据文件(数据被合并到其中)；表示其中包含多个实验周期的数据文件；表示非 E-Prime 数据文件。

每次执行合并操作，系统都会在合并日志窗口中显示详细的合并操作信息。其中会显示合并结果，合并操作中出现的警告信息等（见图 3-3）。

图 3-3　合并日志视图

3.1.2　数据合并介绍

E-Merge 是数据合并程序，E-Prime 会为每个被试生成一个数据文件（扩展名为 edat 或 edat2）。在数据分析前，需要将多个被试的数据合并在一起，以提高数据分析效率。合并后的文件扩展名为 emrg 或 emrg2。借助于 E-DataAid 就可以对合并后的数据进行分析（见图 3-4）。

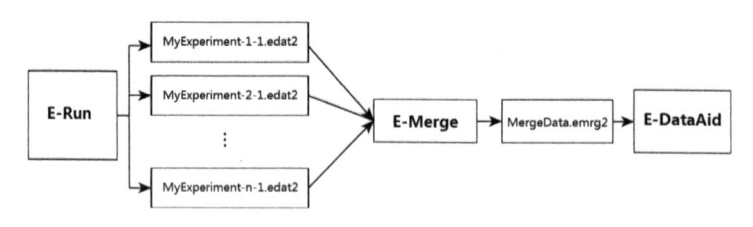

图 3-4　数据处理流程

3.1.3　数据文件组织

在合并数据文件前，应该将被试的数据文件复制到一个目录或子目录下，并结合数据的需要来组织数据文件。比如，一个实验的所有数据文件可以都放在一个目录下，也可以根据分组条件放在不同子目录下（见图 3-5）。

放在单个目录下　　　　放在不同子目录下

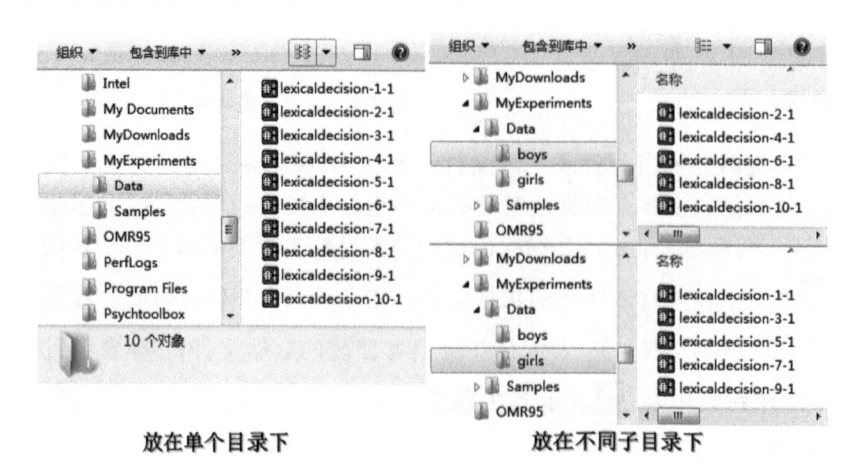

图 3-5　数据文件的组织

3.1.4 合并

E-Merge 提供了两个合并选项：标准合并（Standard Merge）和递归合并（Recursive Merge）。Standard 选项用于合并单个目录下的数据文件，也是最常用的选项。Recrusive 选项用于合并不同子目录下的数据文件，这样可以同时合并多个目录，而无须多次执行标准合并操作。一个好的习惯是在数据合并前先对数据文件进行备份。

3.1.4.1 标准合并

首先在目录结构中选择数据文件所在目录，此时会在右侧的文件列表中显示目录下的所有文件；在文件列表中选择要合并的数据文件（在选择数据文件时可利用 Shift 键帮助连续选择，或 Ctrl 键帮助间隔选择）。

（1）打开目录

如图 3-5 所示，选中数据文件所在目录后，目录下的数据文件会显示在文件列表中。

（2）选择文件

当需要合并的数据文件显示在文件列表中后，选择要合并的文件即可。如果要合并没有合并过的文件，单击工具栏上的 Select Unmerged 图标或从 Edit 菜单下选择 Select Unmerged(Ctrl+U)即可。如果合并当前目录下的所有数据文件（包括 edat 和 emrg，不论其先前是否合并过），从 Edit 菜单下选择 Select All(Ctrl+A)即可。也可以使用鼠标结合 Shift 键或 Ctrl 键选择数据文件，按住 Shift 键，再鼠标单击第一个文件，然后再单击最后一个文件，即可选择连续文件；按住 Ctrl 键可以用鼠标实现非连续文件的选择。如果按住 Ctrl 键再用鼠标单击某个选中的文件可以取消选中状态，选中后文件会高度显示。

可使用过滤功能来限制文件列表中数据文件的显示，如果只显示 edat 数据类型，从菜单 View 下选择 Filter...选项或单击工具栏上的 Filter 图标，在过滤窗口中指定过滤条件（如 *.edat，*号为通配符，表示扩展名为 edat 的所有文件）即可（见图 3-6）。

图 3-6 文件过滤对话框

也可以同时过滤多种类型数据文件，如 lex*.edat；lex*.emrg，过滤条件之间用分号隔开，其中 lex*.edat 表示以 lex 字符打头的扩展名为 edat 的所有文件。

数据文件合并的先后顺序与文件列表中的排列顺序一致，默认情况下数据文件按名称排序，由于文件名称是按照字符顺序排列的，因此编号为 10 的被试的数据文件会排在编号为 2 的被试的前面。如果要改变文件的排列顺序，可以用鼠标单击文件列表的列标题，连续单击某个列标题，可在升序和降序间切换。比如，要按照被试编号升序排列，单击列标题"Subject"即可，直到被试序号以升序排列为止。

（3）执行合并操作

当单击工具栏上的 Merge 或 File 菜单下的 Merge(Ctrl+M)执行标准合并时，程序会提示用户指定合并后的目标文件名及保存目录。如果指定的目标文件不存在，则询问是否创建新文件，单击 Yes 按钮则创建目标文件并进行合并，然后会显示合并操作结果。合并操作结果的详细信息会记录到合并日志中，通过菜单 View→Merge Log（Alt＋2）可以查看日志内容（见图 3-7）。

图 3-7　合并日志

注意：文件合并时，E-Merge 会检查数据文件，如果发现两个文件相同，在合并时会只保留一份文件中的数据内容，但合并结果的信息仍会显示两个文件都合并了，你可以将数据文件复制几份，进行合并验证。

在文件列表中，文件的图标会反映某个文件的状态（目标文件、已合并过或未合并过等），对于合并后的数据文件，文件图标会打上一个绿色"√"标记，如果你修改过某个数据文件中的数据，在文件列表的 Status 栏上会用"＊＊＊"标注。目标文件的图标会打上"◎"标记。

3.1.4.2　递归合并

在递归合并时，只要先选择数据文件所在目录（一般是包含数据文件的上一级目录），而无须在文件列表中指定合并文件，递归合并选项会提示用户指定文件选择准则。

在左侧目录结构视图中选择包含数据的父目录，文件列表中是否显示数据文件取决于父目录下是否有数据文件。

选择递归合并选项后，需要指定数据文件选择准则（见图 3-8），在合并时父目录（当前选中的目录）及所有的子目录中满足准则的所有文件都会被合并。选择准则包括两项内容：一是文件类型，二是合并状态，两个条件是"与"的关系，即只有既符合类型要求又符合状态要求的数据文件才会被合并。文件类型的指定和使用过滤功能时的指定方法相同。合并状态有三个选项：Never merged（未合并过的数据）、Already merged（已经合并过的数据）和 All specified files regardless merge status（忽略合并状态，合并指定类型的所有文件）。

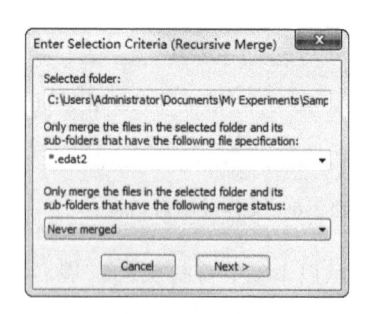

图 3-8　递归合并文件选择
准则设置窗口

单击 Next＞按钮后，与标准合并时相同，提示指定目标文件的名称和保存目录，单击 OK 执行合并操作。最后系统会显示合并操作结果信息并且根据合并状态更改文件图标，同样如果不同目录下有相同的数据文件，也只合并一份。

3.1.4.3 撤销合并

在合并操作会话过程中，你可以撤销最近一次的合并操作，只需从工具栏中选择 Undo Merge 或从菜单 Edit 中选择 Undo Merge(Ctrl+Z)选项即可。注意只能撤销上一级合并操作。撤销后文件和图标的状态也会恢复，如果不可撤销，工具栏和菜单项中的 Undo Merge 会不可选。

3.1.5 合并冲突

E-Merge 可以合并不同实验中的数据文件，但数据结构可能不同(如不同实验程序中定义的对象名或属性名不同)，在合并时也可能发生读取冲突或不小心合并了相同的数据文件(如备份的数据文件也参与了合并操作)等。

3.1.5.1 变量名、层级名和类型冲突

在数据合并时，有两个准则：①数据文件中变量名和层级名不能相同，同一文件中不同层级的名称亦不能相同；②同一文件中一个变量只能存储一种数据类型。如果违反了上面的准则，E-Merge 就不能对它们进行合并。

图 3-9 数据合并冲突

E-Prime 中的对象有不同的层级(如实验周期、区组和试次等)，层级名称除实验周期外，都可以根据需要进行修改，如果一个文件中二级名称为"Sections"，三级名称为"Questions"，被合并到二级名称为"Blocks"和三级名称为"Trials"的目标文件中时，E-Merge 会尝试将"Sections"更名为"Blocks"，将"Questions"更名为"Trials"，合并到目标文件中，可如果被试合并的文件中恰好有一个变量其名称也为"Trials"，就会出现变量名称与层级名称相同，进而出现数据合并冲突(见图 3-9)。

此时，E-Merge 提供了三种选择：①Skip this file and continue with the merge operation(跳过此文件，继续合并)；②Stop the merge operation at this point(停止，不再继续合并)；③Stop and undo the entire merge operation(停止并撤销合并操作)。

违反第二条准则的情况非常少，E-Run 在记录数据时，除 subject 和 session 作为数字外，其他数据项都以字符形式加以记录。只有一种可能，那就是在 E-DataAid 中创建了一个整型或浮点型变量，且目标文件中已经有同名的字符型变量。

当出现合并冲突时，需要将变量名或层级名进行重命名，然后再进行合并操作。

3.1.5.2 数据重复

另一种冲突情况就是将同一数据进行重复合并。E-Run 会根据日期、时间和机器码为每个数据文件生成一个唯一的 128 位的标识符，E-Merge 使用这个具有唯一性的标识符来进行数据比较，如果两个文件的标识符相同，就表明它们是重复性数据。如果重复则覆盖原来的数据，在合并日志中会显示覆盖信息。还有一种比较常见的情况，当使用相同的被试编号和相同的实验周期序号时，尽管数据不同，但在合并时也会出现问题。E-DataAid 的注释(annotation)功能使用实验名称、被试编号和实验周期序号来标注。当上述信息相同时，就很难跟踪时间报告。E-Run 通过数据文件命名

机制来避免出现这种冲突，在命名数据文件时使用实验程序名＋被试编号＋实验周期序号作为文件名称。在同一目录下，如果出现相同的文件名，系统会给出警告信息（见图 3-10）。

但如果是在不同的目录下或不同的机器上采集被试的数据，仍可能出现相同被试编号的问题。E-Merge 在合并操作前会进行检查，如果发现存在冲突，E-Merge 提供了 4 个选项供操作（见图 3-11）。①Skip this file and continue with the merge operation（跳过该文件，继续后面的合并）；②Merge the sessions into the target file（强行合并）；③Stop the merge operation at this point（停止，不再继续合并）；④Stop and undo the entire merge operation（停止并撤销合并）。

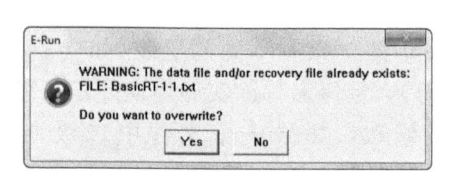

图 3-10　数据文件存在时的警告窗口 　　图 3-11　被试编号等相同时的冲突选项

如果选择第 2 项，需要在 E-DataAid 中立即进行修改避免数据分析错误。即使用户修改了实验名称、被试编号和实验周期序号，E-Merge 也能识别是否是重复数据。

3.1.5.3　文件共享冲突

如果 E-Merge 无法打开或读取数据文件（如其他程序打开了数据文件），此时 E-Merge 会弹出一个对话框让用户选择继续执行的操作（见图 3-12）。

E-Merge 提供了三个选项供操作：①Skip this file and continue with the merge operation（跳过此文件，继续合并）；②Stop the merge operation at this point（停止，不再继续合并）；③Stop and undo the entire merge operation（停止并撤销合并）。

如果文件被其他程序（如 E-DataAid）打开，则先在其他程序中关闭；如果文件没打开，则在 E-DataAid 中尝试打开，如果 E-DataAid 无法打开，

图 3-12　共享冲突提示对话框

说明数据文件损坏，可以使用 E-Recovery 程序利用 E-Run 生成的文本文件进行数据恢复（参见 4.4）。

默认情况下，E-Run 在生成数据文件的同时，会在相同目录下生成一个文本文件。但如果用户删除了文本文件，或在 Experiment 属性窗口的 Data File 选项卡下选中了 Remove the E-Recovery text data file after the experiment finished 选项，文件就无法进行恢复。

3.1.6 合并历史

对于单个数据文件，文件名就包含了数据的一些信息，如实验名称、被试编号、实验周期序号等。这些信息会显示在文件列表相应栏目下，但合并后的数据文件就没有办法通过文件名或文件列表来查看（见图 3-13）。

图 3-13 E-Merge 中文件列表视图

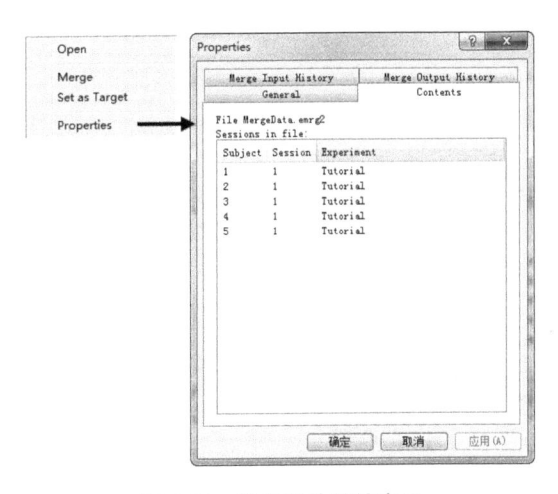

图 3-14 数据文件属性窗口

一种方法是使用 E-DataAid 打开合并文件，在 E-Merge 文件列表中的合并文件名上单击鼠标右键，从菜单中选择 Open 命令。另一种方法是从快捷菜单中选择 Properties 命令（见图 3-14）。

在数据文件属性窗口中，有 4 个选项卡：General 属性页面给出文件的基本信息（如类型、版本号、状态、文件位置和大小，以及创建时间、修改时间和一些属性项）；Contents 属性页面给出了其中包含的被试编号、实验周期序号和实验程序名信息；Merge Input History 属性页面给出了何时合并的某个数据文件信息；Merge Output History 属性页面给出了被合并到其他目标文件中的相关信息。

3.2 数据分析

3.2.1 E-DataAid 简介

E-DataAid 是 E-Prime 的数据编辑和分析工具。E-Run 生成的数据文件或 E-Merge 合并后的文件都可以用 E-DataAid 程序打开，以进行浏览、编辑和分析。E-DataAid 与电子表格应用程序的格式非常相似，每一列代表一个变量，每一行代表一个试次的相关数据（见图 3-15）。

E-DataAid 提供了许多电子表格程序中的常用命令（如查找、替换、填充）和功能（如移动、取消隐藏栏目）。E-Prime 实验程序系统为什么会提供这样一个工具呢？①简化电子表格，直接面向数据核心；②编辑数据时保持其完整性；③快速得到描述性统计结果；④可导出常用统计软件包使用的数据格式。

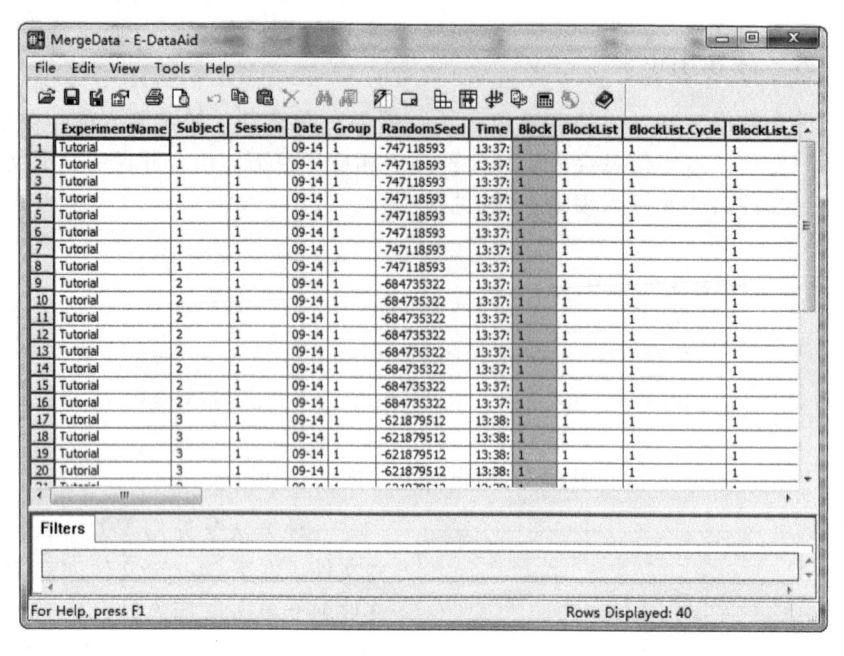

图 3-15　E-DataAid 程序窗口

3.2.1.1　菜单介绍

具体相关菜单介绍，见表 3-4 至表 3-7。

表 3-4　File 菜单及功能

命令	快捷键	功能	菜单
Open...	Ctrl＋O	使用 E-DataAid 程序打开选定的文件，如果没有选中文件或文件无效，则此命令不可用	
Admin Open...		以管理员身份打开数据文件	
Close		关闭打开的文件，但不退出程序	
Save	Ctrl＋S	以当前的文件名保存数据文件	
Save As...		显示另存为对话框，保存文件	
Import		导入使用其他程序收集的数据	
Export...		将数据导出，供其他软件使用	
Print Setup...		设置打印机属性	
Print Preview		数据打印预览	
Print...	Ctrl＋P	打印数据	
Properties		显示当前数据文件的属性对话框	
File Security...		设置文件保护，只有以管理员身份打开数据文件时，此命令才可用	
Change Password...		设置密码	
最近文件列表			
Exit		退出 E-DataAid 程序	

表 3-5 Edit 菜单及功能

命令	快捷键	功能
Undo	Ctrl+Z	撤销操作
Copy	Ctrl+C	复制选中的内容
Paste	Ctrl+V	粘贴剪贴板中的内容
Delete	Ctrl+D	删除选中的内容
Select Column	Ctrl+L	选择一列
Find...	Ctrl+F	查找
Replace...	Ctrl+H	替换
Fill Down		使用选中区域的第一个单元格的内容填充以下单元格
Add Variable...		添加变量
Rename Variable...		变量重命名，不可重命名实验周期层级的变量（如 Subject，Session）

表 3-6 View 菜单及功能

命令	功能
Toolbar	显示工具栏
Status Bar	显示状态栏
Hide Columns	隐藏选中的列
Unhide Columns	显示隐藏的列
Restore Column Order	恢复列顺序为缺省顺序
Restore Spreadsheet	清除过滤设置、取消列隐藏，恢复列顺序
Display Annotations...	显示注释对话框
Options...	显示配置对话框，可以设置字体、颜色以及数据修改后是否提醒用户添加注释等

表 3-7 Tools 菜单及功能

命令	快捷键	功能
Collapse Levels...		折叠某个层级以下的内容
Arrange Columns...		列布局
Filter...		数据过滤
Refresh Filters		刷新过滤设置
Analyze...		显示分析对话框
Batch Analysis		批分析
Play	F5	播放 WAV 音频文件

3.2.1.2 工具栏介绍

具体工具栏介绍见表 3-8。

表 3-8 工具栏按钮功能介绍

工具按钮	命令	工具按钮	命令
	打开(Open)		替换(Replace)
	保存(Save)		恢复表格(Restore Spreadsheet)
	导出(Export)		显示注释(Display Annotations)
	属性(Properties)		折叠层级(Collapse Levels)
	打印(Print)		列布局(Arrange Columns)
	打印预览(Print Preview)		过滤(Filter)
	撤销(Undo)		刷新过滤(Refresh Filters)
	复制(Copy)		分析(Analyze)
	粘贴(Paste)		播放(Play)
	删除(Delete)		帮助(Help)
	查找(Find)		

3.2.2 简化数据

E-DataAid 打开数据文件后，会包含记录的大量数据信息，你可能被它吓倒了。其中除对象的属性和因变量外，还记录了列表和过程对象属性的许多变量，这些信息对验证程序的结构非常重要。但在数据处理环节，这些信息就没有多大用途，给用户浏览数据带来不便。E-DataAid 提供了一些方法来简化数据。

3.2.2.1 数据折叠

E-Prime 实验数据采用了分层结构（见图 3-16），最高层为实验周期层级(Session)，然后是较低层级（如 Block，Trial 和 Sub-Trial），低层级共享高层级的信息。

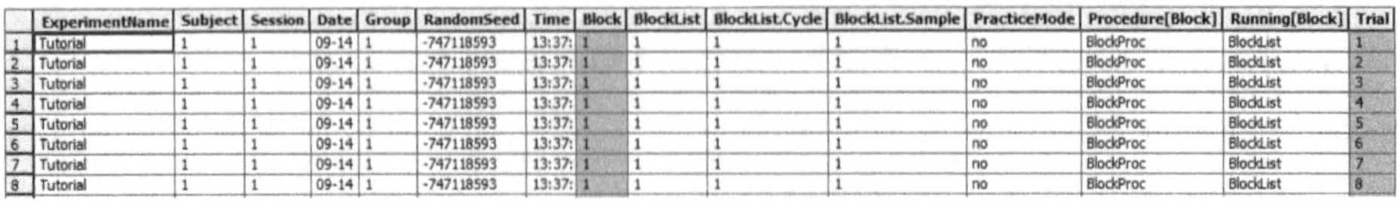

	ExperimentName	Subject	Session	Date	Group	RandomSeed	Time	Block	BlockList	BlockList.Cycle	BlockList.Sample	PracticeMode	Procedure[Block]	Running[Block]	Trial
1	Tutorial	1	1	09-14	1	-747118593	13:37:	1	1	1	1	no	BlockProc	BlockList	1
2	Tutorial	1	1	09-14	1	-747118593	13:37:	1	1	1	1	no	BlockProc	BlockList	2
3	Tutorial	1	1	09-14	1	-747118593	13:37:	1	1	1	1	no	BlockProc	BlockList	3
4	Tutorial	1	1	09-14	1	-747118593	13:37:	1	1	1	1	no	BlockProc	BlockList	4
5	Tutorial	1	1	09-14	1	-747118593	13:37:	1	1	1	1	no	BlockProc	BlockList	5
6	Tutorial	1	1	09-14	1	-747118593	13:37:	1	1	1	1	no	BlockProc	BlockList	6
7	Tutorial	1	1	09-14	1	-747118593	13:37:	1	1	1	1	no	BlockProc	BlockList	7
8	Tutorial	1	1	09-14	1	-747118593	13:37:	1	1	1	1	no	BlockProc	BlockList	8

图 3-16 E-Prime 数据中层级关系的表征

例如，图 3-16 中 Trial 层级具有相同的来自 Block 层级的数据（如 Block，PracticeMode 列）；同样 Block 层级具有相同的来自 Session 层级的数据（如 Session 和 Subject 信息），因此 PracticeMode 只在 Block 层级上变化，而在较低的层级上重复。

（注意：图 3-16 只显示了一个 Block 的数据）

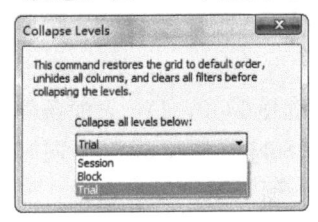

图 3-17　层级折叠对话框

当检查最低层级的数据时，高层级数据重复没有问题，可如果只想检查某个高层级的信息，显示这些信息的唯一值就会比较方便，也就是对低层级的数据信息进行折叠。从工具栏选择图标或选择菜单 Tools→Collapse Levels... 都会打开层级折叠对话框（见图 3-17）。

选择不同层级进行数据过滤后，就会影响数据显示的列数，如在 Block 层级，Trial 层级的数据不会显示。

3.2.2.2　列布局

E-DataAid 可以移动、隐藏列或取消隐藏列。在移动列位置时，先用鼠标单击列标题，选中要移动的列，然后在该列标题上按下鼠标左键并左右移动鼠标，此时会出现一红色竖线，表示松开鼠标左键后列所在的位置。从菜单 View 下选择 Hide Columns 或 Unhide Columns 可以隐藏选中的列或显示隐藏的列。还有一种比较便捷的隐藏方式，就是在列标题上单击鼠标右键，从菜单中快速选择 Hide 命令来隐藏当前列。

E-DataAid 提供了更快捷的列布局命令，选择工具栏上的图标或从 Tools 菜单中选择 Arrange Columns... 命令，打开列布局对话框（见图 3-18）。

在图 3-18 对话框中，左侧为隐藏的列，右侧为数据窗口显示的列，从列表中选中一个或多个（Shift 键或 Ctrl 键）变量后，通过 Add 和 Remove 按钮进行显示和隐藏控制。如果需要隐藏的列较多，可通过 Remove All 按钮先清

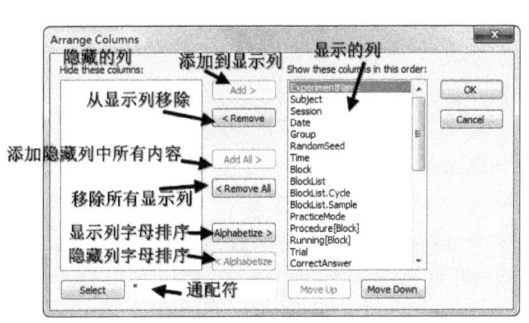

图 3-18　列布局窗口

空显示列表，再从隐藏列中选择添加到显示列中的列。为了便于浏览变量名称，该对话框提供的 Alphabetize 按钮能够让变量名按字母顺序排序。通过 Move Up/Down 按钮来调整数据窗口中显示列的顺序，在选择列时还可以使用通配符（如"b＊"）来进行。列布局获得的新数据表可以让用户将注意力集中在最重要的数据上。

3.2.2.3　行过滤

有时，一些试次的数据不需要包含在数据分析中，如练习试次的数据或反应错误的试次以及反应时为极端值的数据等。E-DataAid 提供了数据过滤功能，只需单击工具栏上图标或从菜单 Tools 选择 Filter... 即可打开过滤设置窗口（见图 3-19），通过过滤设置，数据表只显示满足过滤条件的数据，在数据分析、复制或导出数据时，隐藏的数据不会包含在内。

图 3-19　数据过滤窗口

过滤条件有两种设置方式：清单过滤（Checklist）

和范围过滤(Range)，且多种过滤条件可以叠加，它们之间是逻辑"与"的关系。清单过滤方式适用于离散值的过滤，筛选正确反应的试次、某些区组或某些被试的数据等。首先在列名称下拉列表中选择过滤使用的变量(此处为 Subject)，然后单击 Checklist... 按钮，在清单列表中选择过滤值(见图 3-20，此处选择 1，3，5)，过滤条件设定后，在图 3-19 的 Current filters 文本框中会显示过滤条件(Subject=1，3，5)，同时过滤条件也会出现在图 3-15 中的过滤栏内。也可以直接在列标题上单击鼠标右键，然后从菜单中选择 Filter... 命令打开过滤窗口。

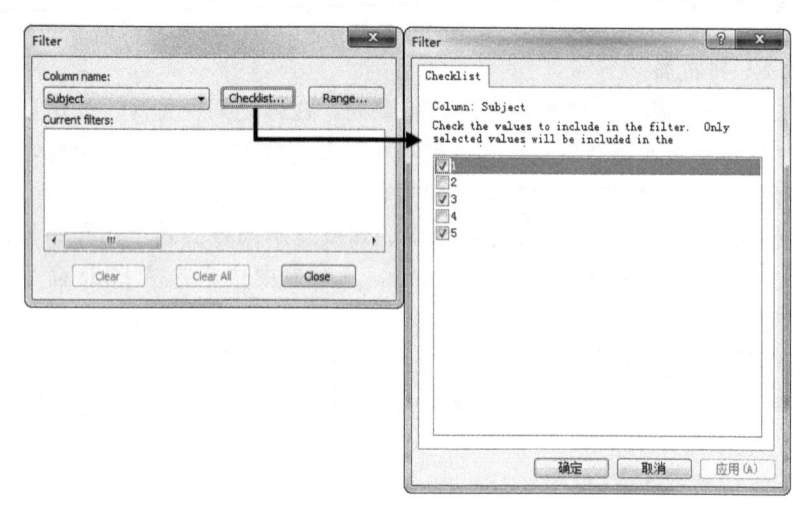

图 3-20　清单过滤方式

范围过滤适用于连续值的过滤。例如，要筛选出反应时为 400~1000 毫秒的数据，首先要过滤变量(Target.RT)，再单击 Range... 按钮弹出范围设置对话框(见图 3-21)，将第一个条件设置为≥400，第二个条件设置为≤1000，两个条件之间是逻辑"与"(AND)的关系，组合起来就是：400≤Target，RT≤1000。

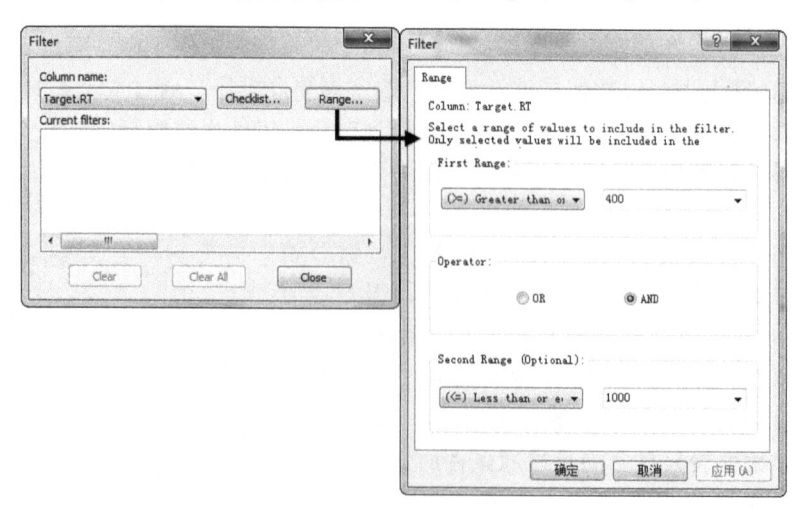

图 3-21　范围过滤操作对话框

在设置范围条件时，两个条件之间还可以是逻辑"或"(OR)的关系，表示任何一个条件满足都会显示。左侧的两个下拉框内是逻辑比较符，其含义如表 3-9 所示。

表 3-9　过滤窗口比较符

逻辑比较符	含义
=	等于
！=	不等于
＜	小于
＜=	小于等于
＞	大于
＞=	大于等于

注：Disable 表示不设置。

右侧也是两个下拉框，展开会显示不同的变量值列表，可以帮助你了解变量值的最小值和最大值。

当数据文件中包含许多数据时，Checklist 和 Range 对话框会很长时间才显示，因为 E-DataAid 会搜索过滤变量的前 32767 个唯一值，然后将它们填充到两个对话框中的列表清单或下拉框内。此时你可以选择 View 菜单下的 Options... 选项，在对话框的 Filters 属性页面下，取消"Display values in drop-down lists of Range filter"，此时 Range 对话框中右侧不再显示下拉框，而改为文本框(见图 3-22)。

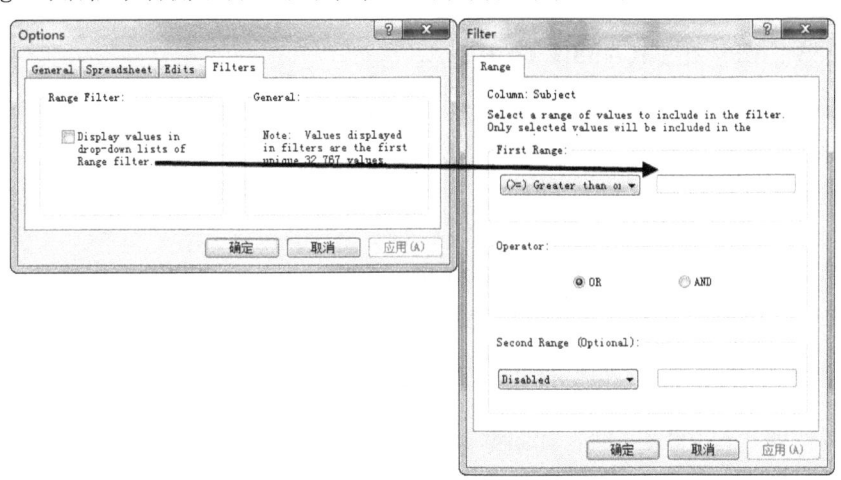

图 3-22　E-DataAid 选项对话框

E-DataAid 通过视觉线索来提醒用户数据使用了过滤条件，首先数据窗口中过滤列标题的背景色是白色而非灰色，行号是非连续的(见图 3-23)；其次在数据窗口下方的 Filters 标签内会显示过滤条件，状态栏上会显示未隐藏的行数(见图 3-24)(注意：当重新

图 3-23　过滤后的数据窗口

打开数据文件时，状态栏上显示的行数仍为所有行，因为关闭数据文件时，过滤条件并不保存）。要清除过滤条件，在过滤窗口中选择某个条件，单击 Clear 按钮；如果要清除所有过滤条件，则单击 Clear All 按钮（见图 3-25）。

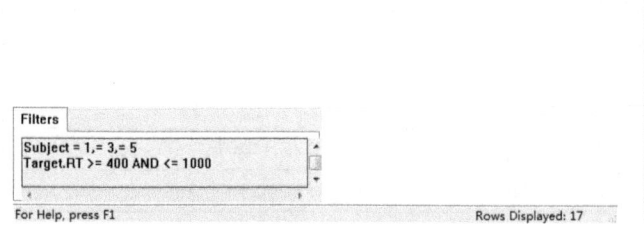

图 3-24 过滤信息

图 3-25 清除过滤条件

3.2.2.4 恢复数据表

有时需要将表格恢复为初始格式（首次打开时的显示格式），在 E-DataAid 中保存数据文件时，列布局信息也同时保存（但不保存行过滤信息），可以通过工具栏上 图标或 View 菜单下的 Restore Spreadsheet 命令来恢复数据表，包括清除过滤条件、显示所有列、列顺序按照以下顺序排列（缺省顺序）布局：①系统变量（实验名，Subject，Session）；②按字母顺序排列的实验周期层级变量；③第二层级（如 Block）变量（字母顺序）；④第三层级（如 Trial）变量（字母顺序）；⑤第 n 层级变量（可以到 10 级，字母顺序）。

3.2.3 审计跟踪（Audit Trail）

E-DataAid 不仅是一个电子表格程序，还可以作为研究者的记事本来使用，可以用颜色标记数据的修改，为数据文件的每次修改加注释和备注等，这样就可以跟踪数据的编辑操作。

3.2.3.1 编　辑

要编辑某个单元格，只需单击该单元格，然后输入新数值即可，修改过的数据会用红色标记。当一个值是许多单元格的公有值时（如被试编号、区组编号等），只需修改一处，其他值也会变化，这是其他电子表格程序不具备的功能。这一特性不仅可以节省时间，还可以保证数据的统一性，减少错误的发生。如果有重复编号的被试，使用这一特性就非常方便。[注：如果修改过数据，在合并数据时，文件列表中 Status 栏会显示"＊＊＊"标记（参见 3.1.4.1）。]

3.2.3.2 注　释

每次修改数据文件，E-DataAid 都会向数据文件中写入注释信息，描述修改的内容，作为一条修改记录。下面的修改项：改变数值、重命名变量、创建新变量、添加备注、导入数据或合并数据等都会作为修改记录。单击工具栏上 图标或 View 菜单下的 Display Annotations 选项，可打开注释信息窗口（见图 3-26）。

默认情况下，注释信息按时间降序排列，单击标题栏可以对注释信息进行排序。其中 Text 列描述了修改内容，如合并后的数据文件名称，以及修改的原始值和新值等。还可以对注释信息进行过滤，如果只显示某类信息，可选择 Show 下拉框中某项

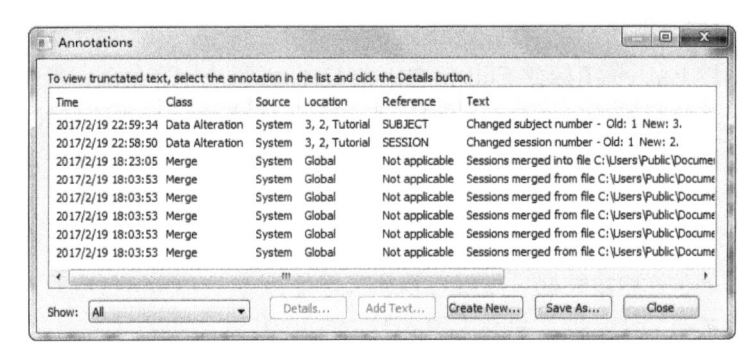

图 3-26 注释信息窗口

内容：①All（所有信息）；②Comments（用户备注）；③Data Alterations（数据修改）；④Import Annotations（数据导入信息）；⑤Merge Annotations（数据合并信息）。

3.2.3.3 备 注

E-DataAid 可以为数据文件添加备注信息，如为某个特殊被试或某个过程添加备注信息等。在注释信息窗口（见图 3-26）单击 Create New... 按钮，会显示如图 3-27 所示的对话框，在其中输入备注信息后，注释信息窗口会将用户的备注视为一条注释记录。

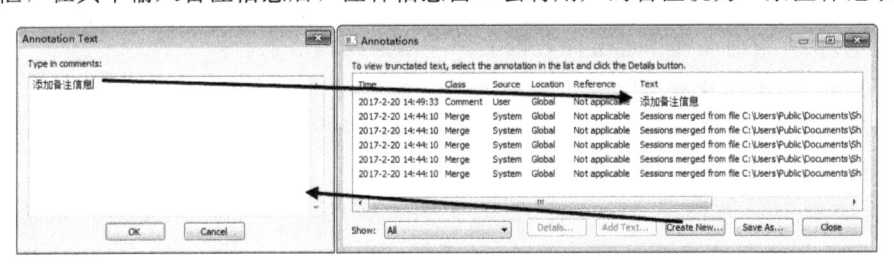

图 3-27 添加备注信息

对于已有的注释信息，也可以对其添加备注，在注释信息窗口中选择一条记录，然后单击 Add Text... 按钮，即可添加备注内容。

3.2.4 数据编辑

3.2.4.1 编辑单元格

编辑单个单元格的内容，只需在其内输入新值，然后回车即可。为了保护数据的结构，E-DataAid 不允许用户编辑实验周期层级以下的层级值，这些不能编辑的单元格以灰色背景显示，如图 3-16 中的 Block 和 Trial 列。如果其他单元格也是灰色背景，说明研究者为这些值设置了安全限制（只读属性）。

像其他电子表格应用程序一样，E-DataAid 提供了常用的命令，如查找、替换、填充、复制和粘贴等功能。

单元格的内容经过编辑后，以红色加以标记，并且向文件中添加修改注释信息。即使采用全部替换（Replace All）命令，E-DataAid 也会为每个修改的单元格添加一条修改注释记录，以便于跟踪对数据文件的操作。这会使注释信息很多，你可以使用 3.2.3.2 中的方法来筛选需要的注释信息。

3.2.4.2 删除数据

使用工具栏上的 ✖ 图标或 Edit 菜单下的 Delete(Ctrl＋D)命令，可以删除单元格的数据，被删除的数据使用红色的 NULL 标记，同时添加每个删除的注释信息。（注意：通过命令执行的删除操作与直接按键盘上的 Del 删除键不同，使用键盘上的删除键是将字符内容清空。）

E-DataAid 不允许删除整行或整列数据，可以使用 3.2.2 中的隐藏或过滤方法来简化数据。如果非要删除数据，可以将数据文件导出为 E-Prime 格式的文本文件，然后编辑导出的文本文件，再重新导入到 E-DataAid 中（参见 3.2.9）。

3.2.4.3 重命名变量

当需要修改变量名称时，首先选中修改列，然后从 Edit 菜单下选择 Rename Variable... 命令或在列标题上单击鼠标右键，从快捷菜单中选择 Rename Variable... 命令（见图 3-28）。

然后在弹出的对话框中输入新的名称，变量的名称要遵从命名规则（参见 7.3.4.2），不可以使用已有的变量名，重命名后的变量名以红色标记（但修改后的层级变量名仍显示为黑色），重命名操作也会向数据文件中添加注释信息。

图 3-28　变量重命名

3.2.4.4 添加变量

有时需要为数据文件添加变量（如对口头报告的后期编码），通过菜单 Edit→Add Variable... 可打开变量添加窗口（见图 3-29），输入变量名（参见 7.3.4.2），选择变量层级和数据类型（字符型、整数还是小数），新的变量会出现在表格最后一列，新变量以红色标记，变量值自动填充为"NULL"，同时记录一条变量添加注释信息。当修改或输入变量值时，程序会根据变量层级自动填充（最低层级时不会自动填充，参见 3.2.2.1）。

图 3-29　变量添加窗口

3.2.4.5 撤销编辑

E-DataAid 允许用户撤销从文件打开到文件关闭期间所做的修改，同时注释信息也会被撤销。只需单击工具栏上 ↶ 图标或 Edit 菜单下的 Undo(Ctrl＋Z)命令即可。（注意：E-DataAid 中撤销操作，只撤销编辑操作，而不会撤销隐藏或列宽度调整等操作。）

3.2.5 数据分析

分析命令（Analyze）可以创建汇总表格和图形。选择工具栏上 📊 图标或 Tools 菜单下的 Analyze... 命令打开分析窗口（见图 3-30）。

图 3-30　数据分析窗口

数据分析窗口左侧为变量列表（隐藏列并不影响列表内容），用鼠标将左侧列表中需要的变量名拖入相应栏目即可。行、列栏一般用于分类变量（如被试、性别、实验条件等），汇总栏用于放置要统计的变量（如反应时、正确率）。假如，要汇总每个被试对不同性别名字的平均反应时，则可以将 Subject 拖入行栏目，将 NameGender 拖入列栏目，将 Target.RT 拖入汇总栏，然后单击 Run... 按钮，得到汇总表格（见图 3-31）。

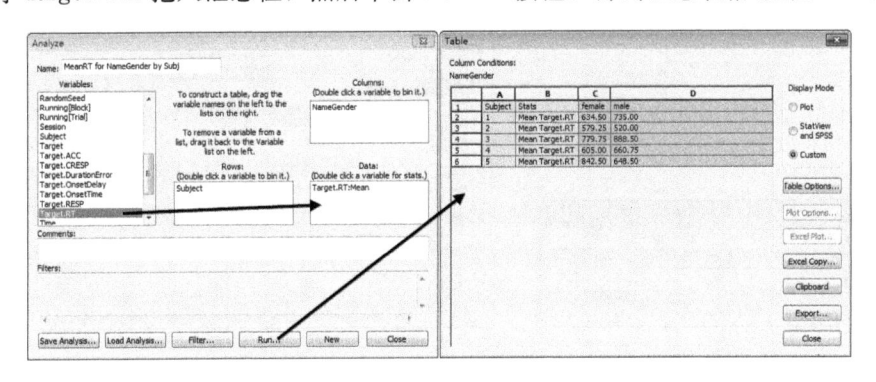

图 3-31 统计操作示例

如何重新进行分析？可以单击 New 按钮，或者将不需要的变量从行、列栏或汇总栏去除，用鼠标将其拖回到左侧变量列表中即可移除，你还可以用鼠标将变量在不同栏目间移动。

3.2.5.1 统计指标

默认情况下，将变量移入到汇总栏目时，会统计其平均值，E-DataAid 支持 15 种不同的统计项（见表 3-10）。

表 3-10 统计指标及含义

统计指标	定义
Count	汇总数据个数（缺失字符不统计）
CountNull	缺失项数
CountNum	数值项数
Max	最大值
Mean	平均值
Median	中位数
Min	最小值
StdDevP	总体标准差
StdDevS	样本标准差
StdErrP	总体标准误
StdErrS	样本标准误
SumSqrS	均方和
Total	总和
VarP	总体方差
VarS	样本方差

要改变统计项只需在汇总栏目双击某个变量，从弹出的统计选项窗口中选择某个

指标即可(见图 3-32)。

如果统计多项内容,在汇总栏加入多个变量即可。例如,统计反应时均值、个数和标准差,可以按照图 3-33 来设置。

图 3-32　统计指标选项

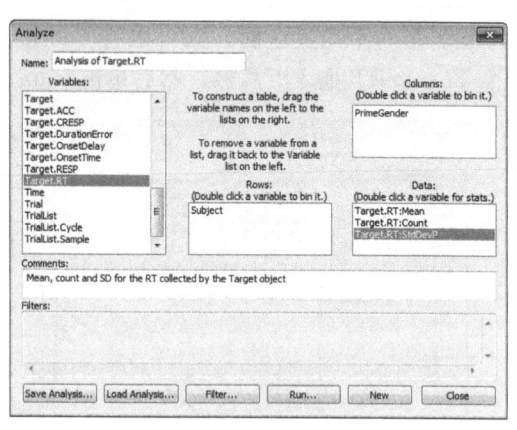

图 3-33　数据分析示例

3.2.5.2　变量分组

有时需要对变量进行分组,如想看反应时的分布情况,就可以将反应时以 100 毫秒为间距进行分组。行、列栏目中的任何数值型变量都可以进行分组,在行、列栏内的变量名上双击鼠标会打开分组对话框(见图 3-34)。

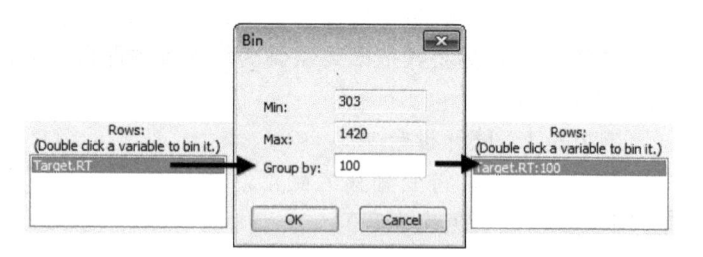

图 3-34　分组设置

在其中的 Group by 栏内输入 1~32767 的一个值作为分组依据,1 相当于不分组,此处输入 100,单击 OK 按钮后,在变量名后会显示分组值。

图 3-35 显示了将反应时以 100 毫秒为间距分组后,不同反应时段内的正确反应次数,注意此处使用了过滤来限定只汇总反应正确的试次(Target.ACC=1)。

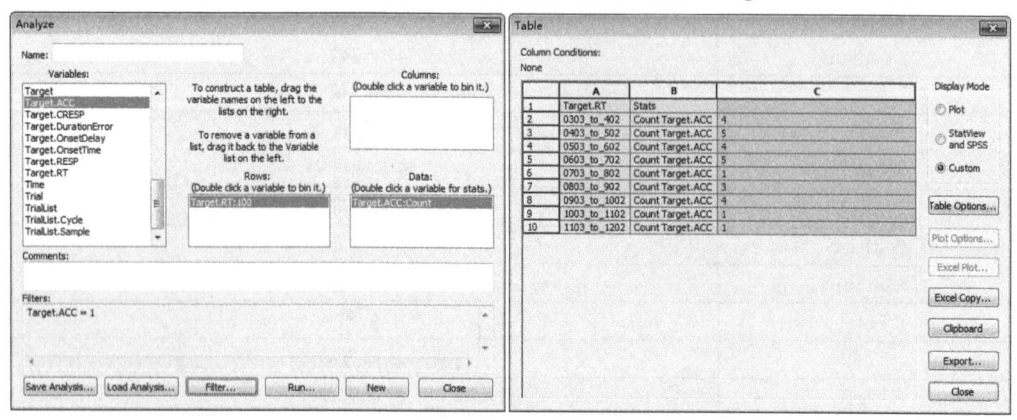

图 3-35　不同反应时段的正确反应次数

3.2.5.3 执行分析

分析设置好，单击 Run 按钮即可进行分析，E-DataAid 会以表格的形式显示汇总结果。可以将统计结果复制到剪贴板，导出到文本文件，复制到 Excel 中。

3.2.5.4 保存分析

当分析参数设置好后，可以将其保存下来，再次使用时就无须重新设置。单击 Save Analysis... 按钮，完成保存。如果你已经给分析起了名称，保存时会自动使用该名称作为分析文件名，否则需要指定文件名称，分析文件的扩展名为 ANL。在保存时与分析相关的一些配置（如过滤条件、表格样式等）也会一并保存下来。

3.2.5.5 加载分析

分析保存后，要重新执行分析操作，必须通过 Load Analysis... 按钮选择先前保存的分析文件，单击 Run 按钮即可重新分析。

3.2.5.6 成批分析

E-DataAid 还可以同时执行先前保存的多个统计分析文件，使用 Tools 菜单下的 Batch Analysis 命令，在成批分析对话框中（见图 3-36），通过 Add Files 和 Remove File 按钮可以加载或移除某个分析文件，通过 Save Batch 和 Load Batch 可以将成批分析保存下来（扩展名为 bat）或加载某个批处理分析。

成批分析可以让你一次性完成几个分析，而无须在分析窗口中一个个完成。Excel 按钮可以直接将统计结果导出到 Excel 中，每个统计一张表格，Export 按钮可以将统计结果导出到一个文本文件中。

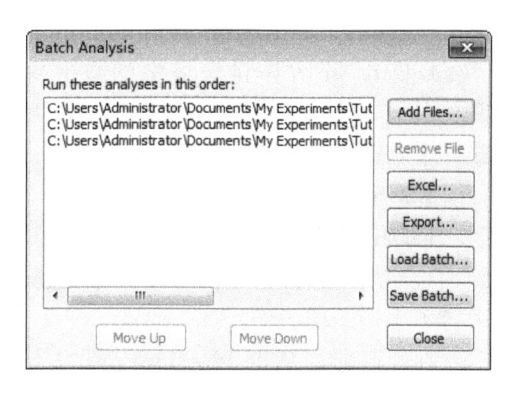

图 3-36 成批分析对话框

3.2.6 统计结果应用

统计表格生成后，可以将其复制到剪贴板、导出为文本或 Excel 文件，或者绘图。

3.2.6.1 格式化表格

执行统计分析后，统计表格以默认格式呈现。所有的行、列变量均单独占一行或一列，统计指标在行方向上延伸，同一个变量的所有统计指标排列在一起，而不是同一指标连续排列，数据的小数有效位数为 2 位。E-DataAid 提供了类似于 SPSS 中表格托盘的功能选项，来控制表格的显示格式。单击 Table Options 按钮，打开表格选项对话框（见图 3-37）。

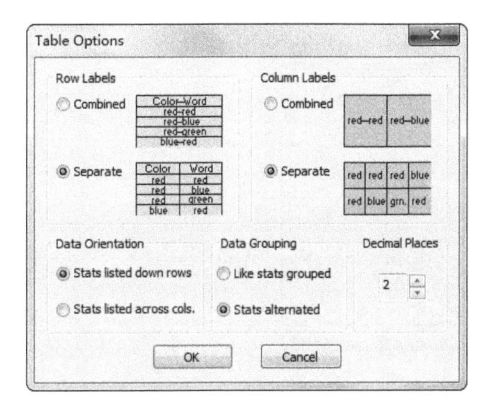

图 3-37 表格选项

改变这些选项可以使输出格式兼容其他

统计软件，行标签（Row Labels）或列标签（Column Labels）均有两个选项：Combined（组合式）和 Separate（独立式），对话框中图示化的格式很直观地显示了行、列标签的排列。Data Orientation 控制统计指标是在列方向延伸还是在行方向延伸，Data Grouping 控制统计指标分组排列还是交替排列，Decimal Places 控制小数位数。如果想使表格以 SPSS 和 StatView 软件中的格式呈现，可直接在统计表格中选择 StatView and SPSS 选项。

3.2.6.2 复制表格

E-DataAid 允许将表格复制到剪贴板（单击 Clipboard 按钮，然后就可以将表格粘贴到 Word 或 PowerPoint 中）或直接复制到 Excel（单击 Excel Copy 按钮，同时打开 Excel 应用程序）中。

3.2.6.3 导出表格

E-DataAid 允许将表格中的数据导出为文本文件、StatView 和 SPSS 可读取的文件，以及 Excel 格式文件或其他自定义的格式文件（见图 3-38）。

3.2.6.4 绘　图

E-DataAid 支持对单个变量的一个统计指标的简单绘图，如果当前的表格内容支持绘图操作，则 Plot 等按钮可选，否则表示当前表格内容不支持绘图操作。

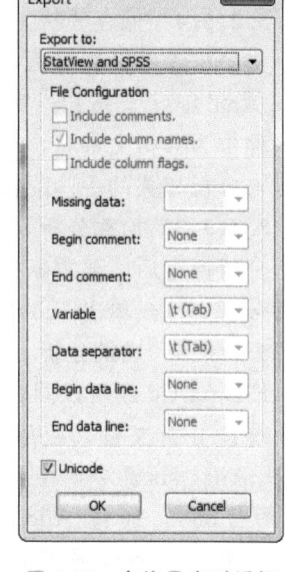

图 3-38　表格导出对话框

在绘图前，单击 Plot Options 按钮，可打开绘图选项对话框（见图 3-39）：在 Type 下拉框选择图表类型——Column（柱形图）和 Line（线条图）；Orientation 栏用于控制图例，选择 Column 则使用列标签作为图例，选择 Row 则使用行标签作为图例（见图 3-40、图 3-41）。其他可以设置的内容有：Y 轴的取值范围，X 轴标题和图表标题。最后单击 Excel Plot 按钮完成绘图操作，如果已经打开了 Excel 应用程序，则会添加一张表格；如果没有打开，则会打开 Excel 同时创建一个工作簿。

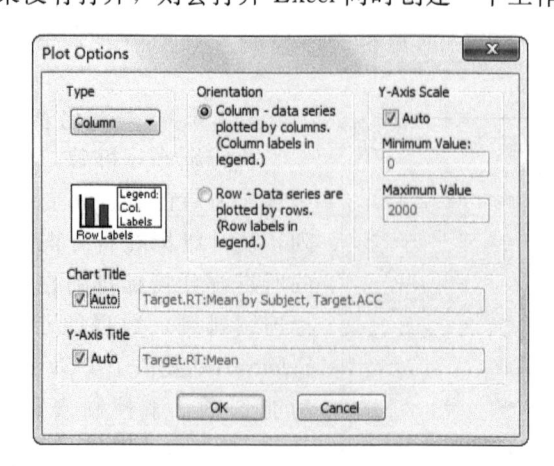

图 3-39　绘图选项对话框

图 3-40 柱形图示例

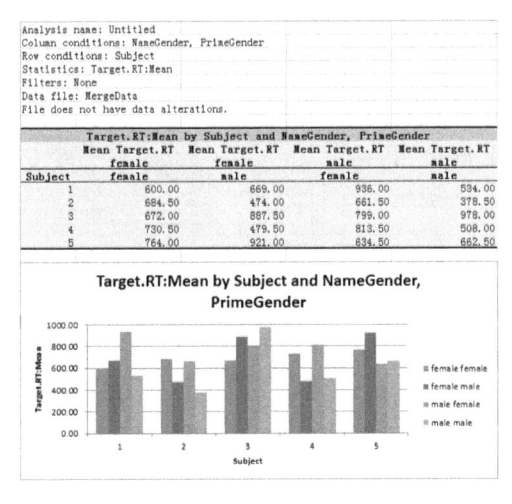

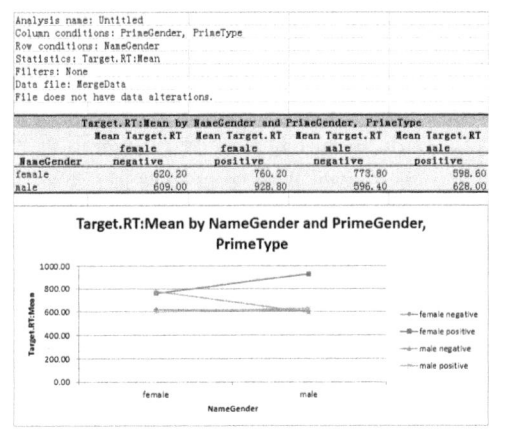

图 3-41 线条图示例

3.2.7 数据保护

E-DataAid 提供了安全机制以防误编辑或其他人浏览数据，但 E-DataAid 的安全功能有限，也只有在装有 E-DataAid 的机器上使用时才能体现其安全性。

对数据文件加保护或移除保护包括以下几个步骤：

①作为管理员登录计算机；
②修改 E-DataAid 数据保护密码；
③以管理员身份打开数据文件；
④对数据文件进行保护操作（加保护和移除保护）。

3.2.7.1 以管理员身份登录电脑

只有以管理员身份登录电脑，才能够使用 E-DataAid 的数据保护功能。

3.2.7.2 修改密码

当 E-DataAid 安装后，默认的数据保护密码为 admin，你可以修改此密码。选择 File 菜单下的 Change Password 命令，在弹出的对话框中（见图 3-42）输入旧密码，然后输入新密码，如果旧密码输入正确，两处新密码输入一致，则密码修改成功。

图 3-42 密码修改对话框

3.2.7.3 以管理员身份打开文件

使用 File 菜单下的 Admin Open 命令而非 Open 命令打开文件，会弹出密码对话框（见图 3-43），在其中输入 E-DataAid 数据保护密码（初始密码为 admin），然后选择要打开的数据文件。

3.2.7.4 设置安全限制

通过 Admin Open 命令打开数据文件后就可以修改安全限制，选择 File 菜单下的 File Security 命令，打开

图 3-43 密码对话框

如图 3-44 所示的对话框。在安全设置对话框中，你可以对数据文件中的每个变量施加安全限制，有 4 个级别：No Security(无限制)，Disallow edits(不允许编辑，只读)，Hide data(隐藏数据，但变量名可见)，Hide name(隐藏变量，整列不可见)。一般情况下，常用操作为设置只读属性(选择 Disallow All Edits 按钮)和清除安全保护(选择 Clear All Security 按钮)，只有保存数据并使用普通打开命令重新打开数据文件时，才会出现安全保护的效果。图 3-44 下方的三个选项分别为：是否允许用户创建备注，是否允许查看备注，是否允许查看系统注释信息。

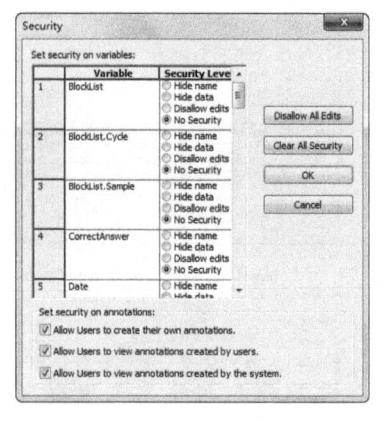

图 3-44　安全设置对话框

3.2.8　数据导出

E-DataAid 只能进行有限的描述性统计，研究者通常需要使用专业的统计软件(如 SPSS，OriginLab，SigmaStat 等)进行统计分析。E-DataAid 提供了可导出为其他数据格式的功能。在图 3-35 表格对话框中选择 Export 按钮，会弹出表格导出对话框(见图 3-38)，除常用的格式外(如 Excel，SPSS 和 StatView)，还支持自定义格式(Other)，你要了解其他软件所支持的文件导入格式，然后才能有效使用这一功能。(注意：Excel 格式是一个标准化导出项，大多数统计软件包都支持导入 Excel 格式文件。)

3.2.9　数据导入

E-DataAid 支持导入 MEL 和 PsyScope 格式数据和从 E-DataAid 中导出的 E-Prime 格式文本数据。

第 4 章 数据收集

实验程序编写好后，就可以收集预实验或正式实验的数据了。一般情况下在 E-Studio 中直接运行实验程序即可进行数据采集。你也可以在电脑上只安装数据收集的程序 E-Run，如图 4-1 所示，在安装时选择 Subject Station 选项即可。

从 E-Prime 程序组或 E-Studio 中的 Tools 菜单中可以选择 E-Run 应用程序。如果要使用 E-Run，则需要在 E-Studio 中生成脚本程序（ebs），然后在 E-Run 中打开生成的脚本程序。在 E-Run 脚本窗口中使用了语法着色功能：绿色表示注释语句，蓝色表示关键字，黑色表示语句，紫红色表示字符串。

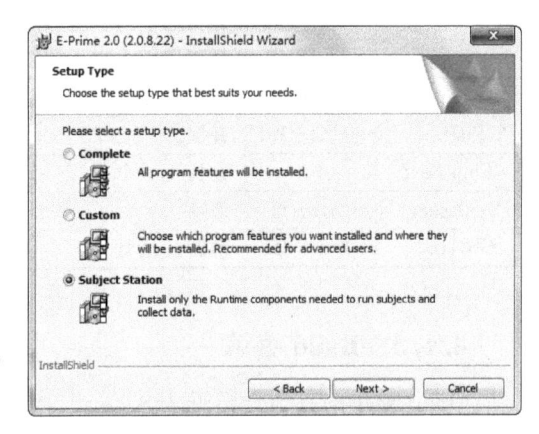

图 4-1 E-Run 安装选项

在 E-Run 程序中按快捷键 F7 即可运行实验程序。

4.1 菜单介绍

4.1.1 File 菜单

File 菜单的具体介绍见表 4-1。

表 4-1 File 菜单及功能

命令	快捷键	功能	菜单
New	Ctrl+N	创建一个新的实验程序	
Open...	Ctrl+O	选择打开已有实验程序	
Save	Ctrl+S	保存当前实验程序	
Save As...		将实验程序另存为一个新文件	
Print...	Ctrl+P	打印脚本代码	
Print Preview		打印预览	
Print Setup...		打印设置	
最近文件列表		最近打开的实验程序，可直接单击打开相应实验程序	
Exit		退出 E-Run 程序	

4.1.2 Edit 菜单

Edit 菜单的具体介绍见表 4-2。

表 4-2 Edit 菜单及功能

命令	快捷键	功能	菜单
Undo	Ctrl+Z	撤销上次编辑	
Redo	Ctrl+Y	重做	
Cut	Ctrl+X	剪切选中内容至剪贴板	
Copy	Ctrl+C	复制选中内容至剪贴板	
Paste	Ctrl+V	从剪贴板中将内容粘贴在当前光标处	
Find...	Ctrl+F	查找	
Find next	F3	查找下一个	
Replace...	Ctrl+H	替换	
Go To...	Ctrl+G	跳转到某行	

4.1.3 Build 菜单

Build 菜单的具体介绍见表 4-3。

表 4-3 Build 菜单及功能

命令	快捷键	功能
Compile	Ctrl+F7	编辑脚本
Run	F7	运行脚本

4.2 工具栏

具体工具栏见图 4-2。

图 4-2 E-Run 工具栏

工具栏上的图标分别对应的功能依次为：新建、打开、保存、剪切、复制、粘贴、撤销、重做、查找、替换、编译、运行、标记（取消标记）、跳到下一标记、跳到前一标记、删除所有标记、帮助。完整的 E-Run 界面见图 4-3。

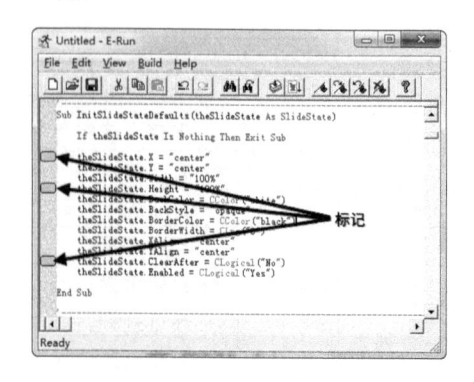

图 4-3 E-Run 界面

4.3 运行脚本

打开由 E-Studio 生成的脚本文件(扩展名为 ebs 或 ebs2,见图 4-4),然后单击运行按键或按 Ctrl+F7 快捷键,如果实验程序脚本没有错误,就可以运行了。

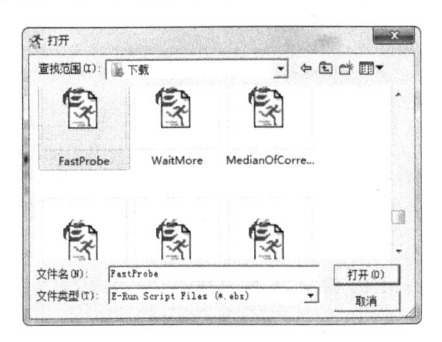

图 4-4 脚本文件打开窗口

4.4 数据恢复

E-Run 在执行实验时,会将数据记录到文本文件中,实验结束后再将文本文件转换为 E-Prime 数据文件,但有时由于实验中途退出,没有将记录的文本文件转换为 edat 数据文件或者 edat 文件损坏等,需要根据记录的文本文件恢复成电子表格式的 edat 文件,以方便 E-DataAid 程序进行数据分析。

从 E-Prime 程序组中选择 E-Recovery 菜单或者在 E-Studio 中选择 Tools 菜单下的 E-Recovery,打开 E-Recovery 对话框(见图 4-5)。

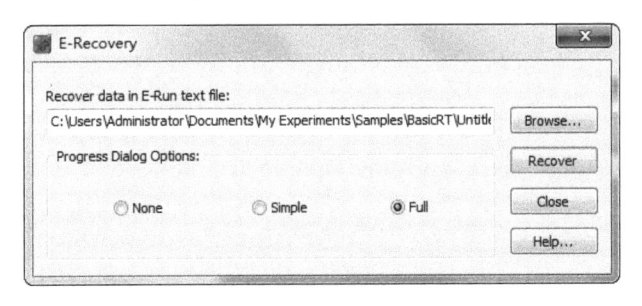

图 4-5 E-Recovery 对话框

在 E-Recovery 对话框中,单击 Browse... 按钮可打开要恢复的文本数据文件,单击 Recover 按钮即可完成数据文件的恢复。你还可以选择是否显示恢复进程对话框,None 表示不显示恢复进程,Simple 表示显示简单的信息,Full 表示显示完整的信息。如果文本文件所在目录下有同名的 edat 文件,则显示是否覆盖的对话框(见图 4-6)。数据恢复完毕后会显示信息对话框,确认即可。

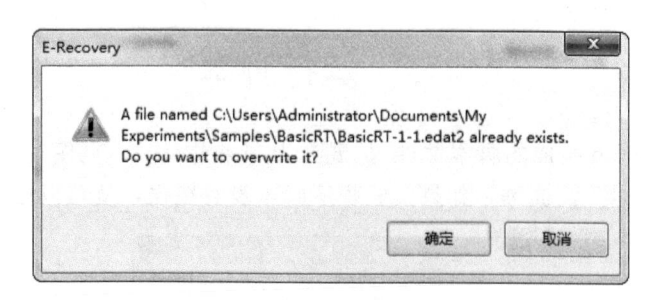

图 4-6　覆盖确认对话框

在 E-Studio 中可以控制文件转换为 edat 数据文件后，是否删除文本格式数据文件（参见 5.3.2.3）。建议你保留文本格式数据文件，需要时可以通过 E-Recovery 来恢复。

当你在 E-DataAid 中打开恢复的数据文件后，程序会向数据文件中添加一条注释信息，表明从哪个文本文件中恢复而来，以便区分由 E-Run 生成的数据文件和由 E-Recovery 恢复的数据文件（见图 4-7）。

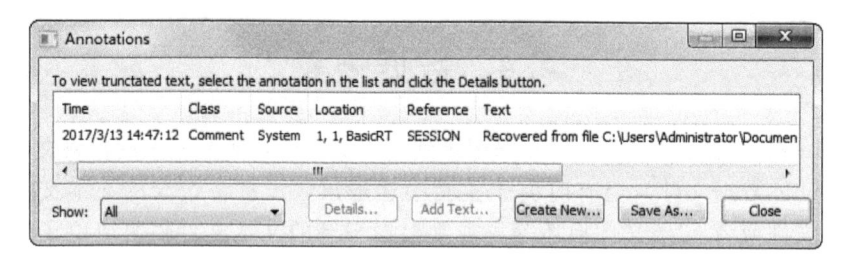

图 4-7　注释信息窗口

第 5 章 E-Studio 介绍

E-Studio 是用于设计实验的工具。E-Studio 提供了图形化界面来设计实验，只需通过鼠标将对象拖放到程序流水线上，然后设置对象的属性就可以完成实验设计。其界面与其他应用程序一样，包括菜单、工具栏和状态栏。在 E-Studio 中，一次只能打开一个实验程序，但在程序内可同时打开多个窗口。

E-Studio 中功能相近的命令以菜单形式（见图 5-1）加以组织。例如，Edit 菜单下有典型的剪切(Cut)、复制(Copy)和粘贴(Paste)命令。命令通过鼠标单击来选择和执行。同时提供了加速键（在菜单命令中带有下划线的字母为加速键，同时按下 Alt 键和下划线字母）和快捷键（又称为"热键"），快捷键一般为组合键，需要在按下 Ctrl，Shift 或 Alt 键的同时按下一个其他键（如 Ctrl+C 等于复制命令），使用快捷键时不需要先打开一个菜单。如果菜单后面有省略号(...)，表示选择该命令后会弹出一个对话框，对话框中包含执行命令时所必需的一些选项信息。对于许多对象 E-Studio 也提供了快捷菜单，在这些对象上单击鼠标右键会弹出快捷菜单，然后单击某菜单项选择某个命令(Esc 键可以取消快捷菜单)。菜单有两种状态：激活状态和失效状态。激活状态下菜单名称为黑色，表示命令可用；失效状态下菜单名称为灰色，表示命令不可用（可用条件不满足）。

图 5-1 菜单及工具栏

5.1 界面介绍

如图 5-2 所示，E-Studio 初始界面主要包括工具箱窗口(Toolbox)、程序结构窗口(Structure)、属性窗口(Properties)、输出窗口(Output)和工作空间。除工作空间外，这些窗口都可以通过 View 菜单来打开或关闭，也可以用鼠标来调整它们的大小和位置。

5.1.1 工具箱

工具箱中显示了当前注册的所有实验控件（见图 5-3），工具箱中的上、下箭头按钮可以滚动显示不可见的实验控件，在图 5-35 中可对实验控件进行配置。各个实验控件的含义具体参见 5.3。

在工具箱内单击鼠标右键会弹出相关联的快捷菜单（见图 5-4），其中的 Captions 用于控制是否显示实验控件的标题，Large Icons 控制图标的大小。

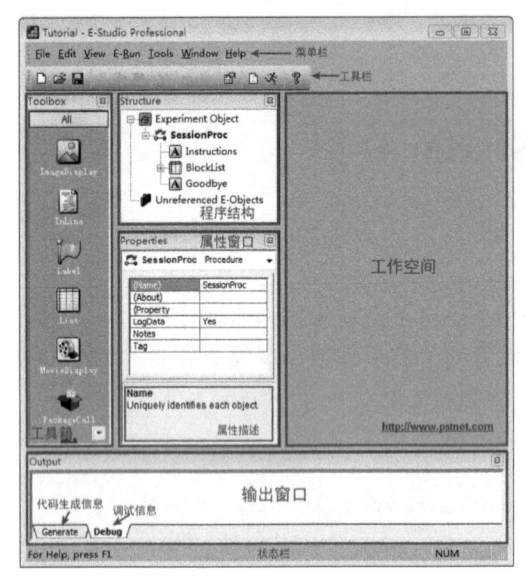

图 5-2　E-Studio 界面　　　　图 5-3　工具箱　　图 5-4　工具箱快捷菜单

5.1.2　程序结构窗口

程序结构窗口(见图 5-5)以树形结构表征实验中相关的事件,以及事件之间的层级关系(Experiment→Session→Block→Trial…),便于用户全局把握实验程序的框架结构。在程序结构中会显示所有的实验控件,包括实验中使用的和未被引用的对象。未被使用或引用的控件会出现在 Unreferenced E-Objects 节点下。同一个控件可被多次引用,如某个文本控件既在练习试次中使用,又在正式实验试次中使用。

在 E-Studio 中设计实验程序时,用户大部分时间会使用程序结构视图进行。将鼠标移到某个实验控件上时,会显示控件属性的快捷提示(包括持续时间、数据记录和反应输入信息)。在某实验控件上单击鼠标右键,则弹出快捷菜单(见图 5-5),其中包含一些常用命令,如剪切(Cut)、复制(Copy)、粘贴(Paste)和删除(Delete)。

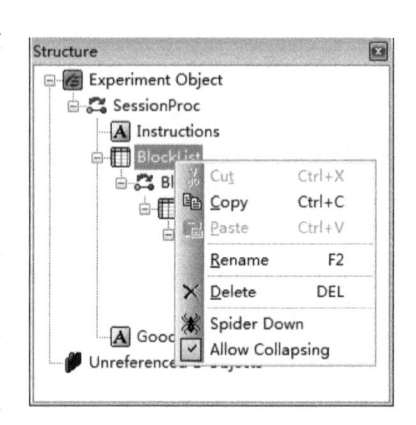

图 5-5　程序结构窗口及快捷菜单

5.1.2.1　树形视图的折叠

程序结构窗口类似于资源管理器中的目录结构,单击控件左侧的"＋"或"－"可以展开或折叠某节点。在快捷菜单(见图 5-5)中,Allow Collapsing 开关项控制是否可以折叠,如果取消该选项,则始终展开层级结构,其中的 Spider Down 可使当前节点层级下的所有内容展开(见图 5-6)。

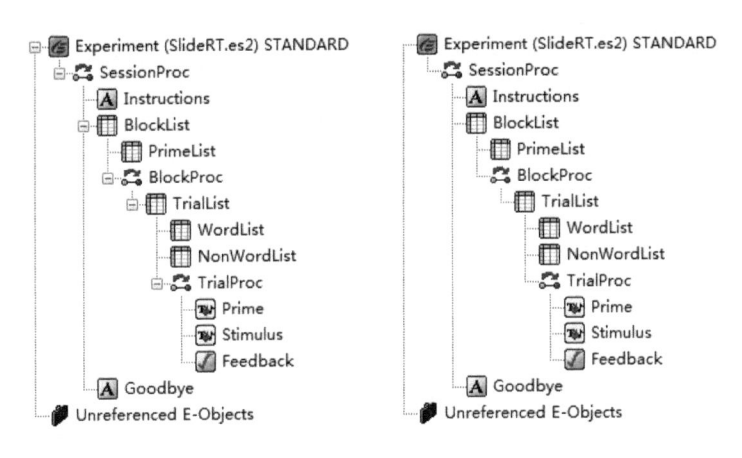

允许折叠　　　　　　　　　不允许折叠

图 5-6　两种折叠模式比较

5.1.2.2　添加对象

在程序结构视图中双击某个对象，可在工作空间中打开对象窗口。如果要打开一个对象的新实例，将工具箱中某个对象的图标拖到工作空间（此时对象出现在结构视图中的 Unreferenced E-Objects 节点下）或结构视图中某个位置。在结构视图中，当拖入某个对象控件到父节点上时，会在工作空间中自动打开父节点对象窗口，此时将对象控件拖到对象窗口中某个位置即可。

（1）方式一：直接引用添加到程序结构中

第一步：将鼠标置于工具箱中要添加的实验控件上（见图 5-7）。第二步：按下鼠标左键不放，移动鼠标至程序结构某个过程对象上（见图 5-8）。第三步：当指示箭头标识的位置正确时，松开鼠标左键（见图 5-9）。

如果要在对象中间插入，同样根据指示箭头确定的位置来定位插入点（见图 5-10）。

图 5-7　选择实验控件　　　　　　　　图 5-8　确定插入位置

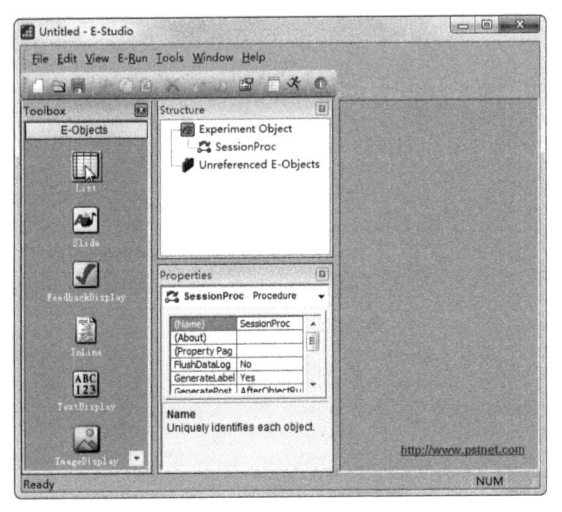

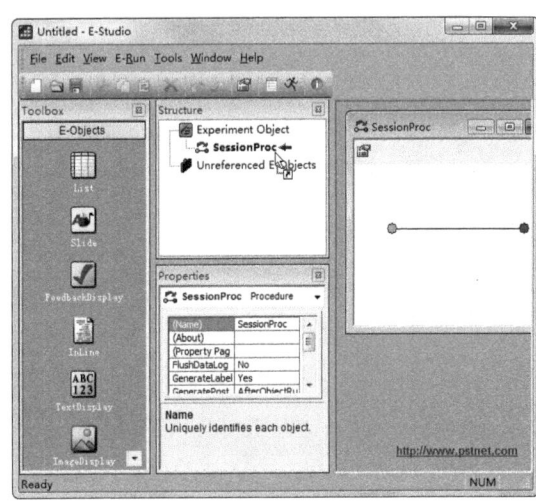

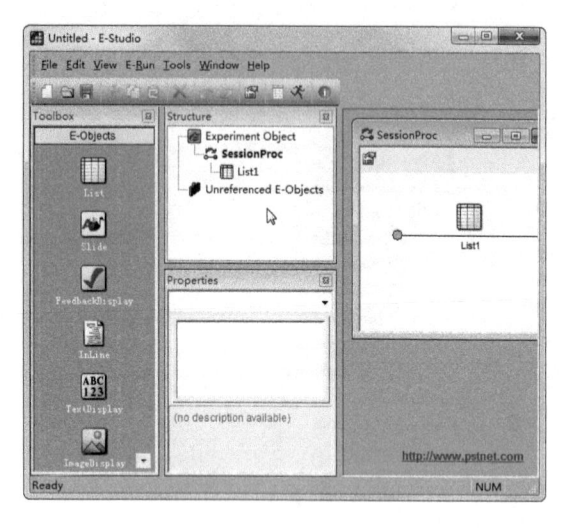

图 5-9　对象插入示例

图 5-10　插入位置定位

(2) 方式二：在过程对象窗口插入对象

第一步：将鼠标置于工具箱中需要插入的实验控件上（见图 5-11）。第二步：按下鼠标左键不放，移动鼠标到过程对象窗口中（见图 5-12）。第三步：当出现指示箭头时松开鼠标左键，即可完成对象添加（见图 5-13）。

如果要在过程对象窗口的对象中间插入对象，根据指示箭头确定位置后松开鼠标左键即可（见图 5-14）。

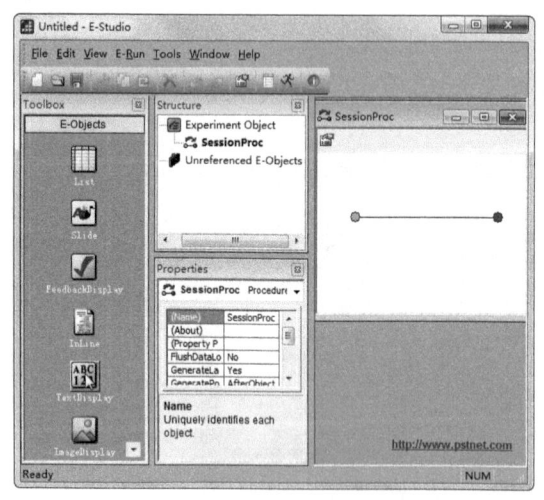

图 5-11　选择插入的实验控件

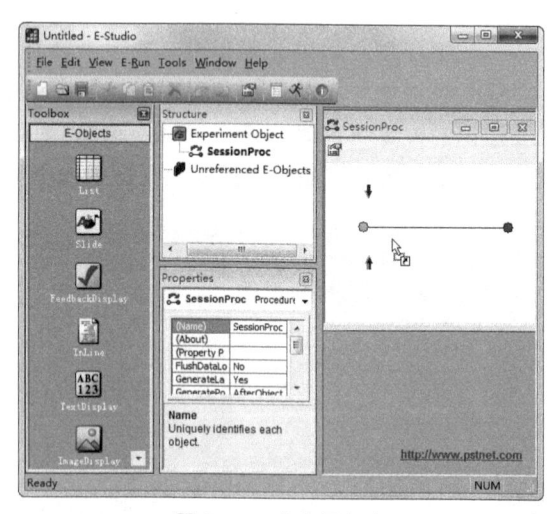

图 5-12　确定插入点

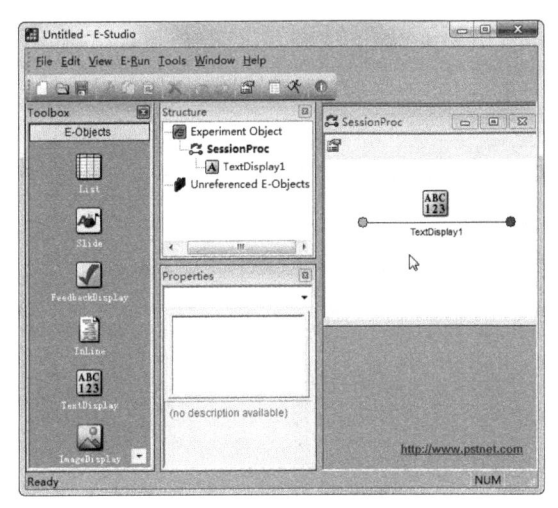

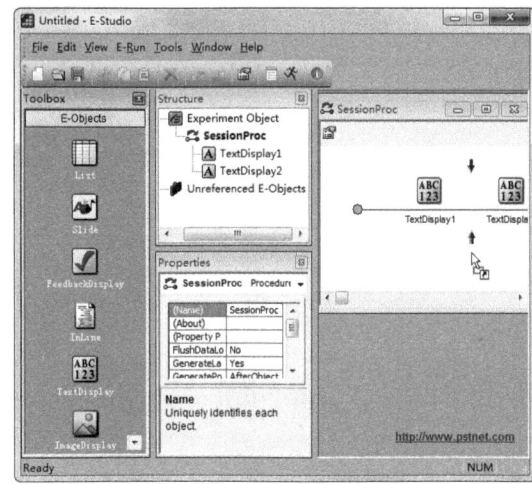

图 5-13　添加对象的过程对象窗口

图 5-14　确定对象间的插入点

(3)方式三：幻灯对象中对象的添加

第一步：在要插入的对象上单击鼠标左键(见图 5-15)。第二步：移动鼠标至适当位置(见图 5-16)。第三步：在某个位置处再次单击鼠标左键，放置要插入的对象(见图 5-17)。

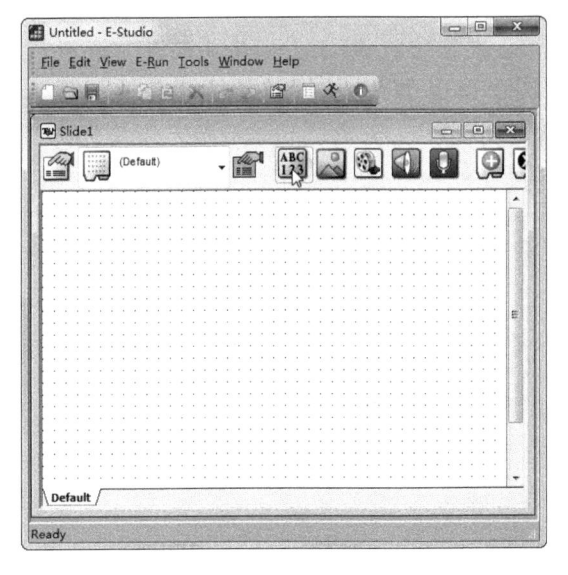

图 5-15　选择插入的子对象

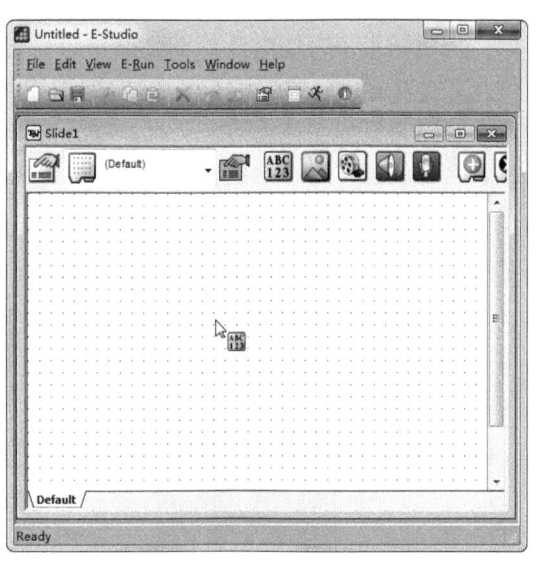

图 5-16　定位对象插入位置

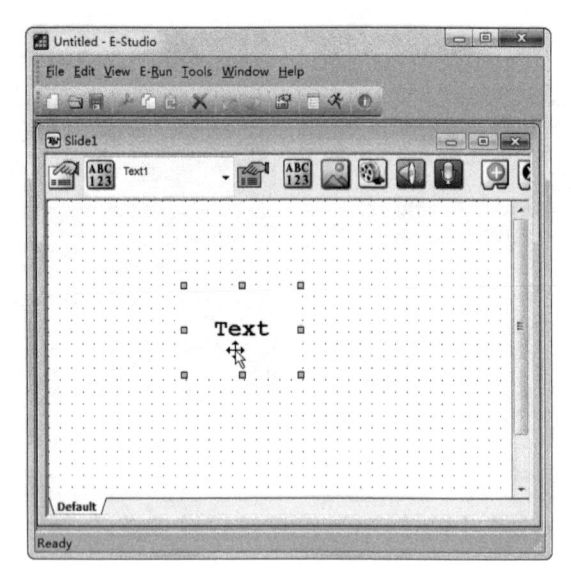

图 5-17 放置插入对象

如果要添加幻灯状态对象(SlideState)，需要通过幻灯对象工具栏上的 按钮实现。

(4)方式四：过程对象的添加

第一步：将鼠标置于工具箱过程对象上(见图 5-18)。第二步：按下鼠标左键不放，并拖动鼠标至列表对象 Procedure 栏(见图 5-19)，注意此时鼠标光标的变化。第三步：当鼠标光标出现"＋"时，释放鼠标左键(见图 5-20)，此时列表对象中加入了默认名称的过程对象，更改过程对象名称即可(参见 5.1.2.3)。

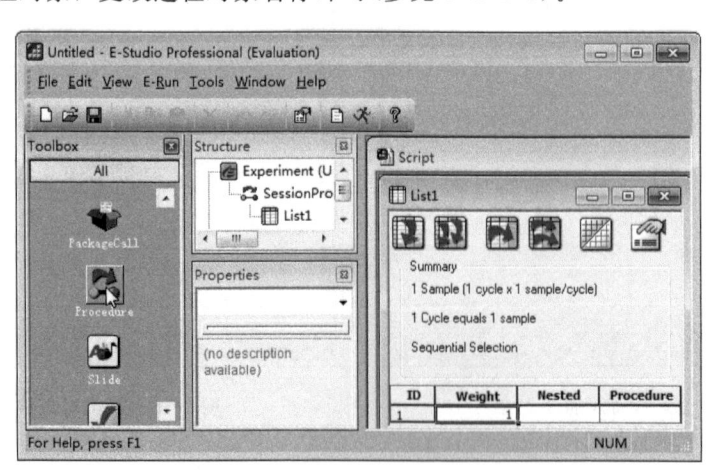

图 5-18 选择过程对象

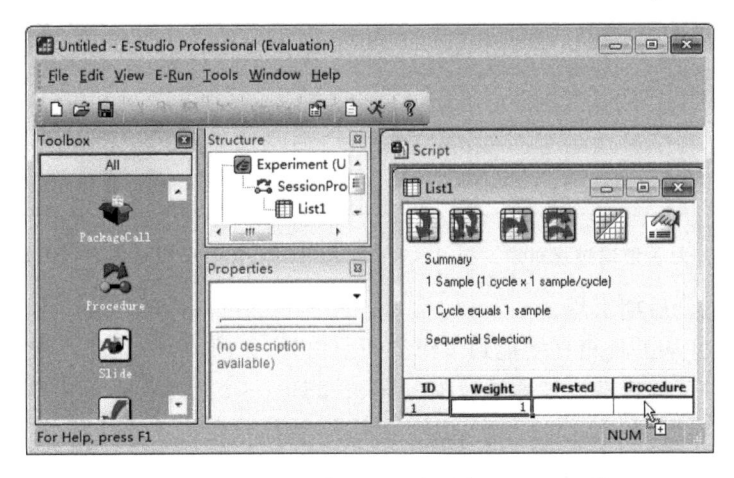

图 5-19　将过程对象拖至列表对象 Procedure 栏

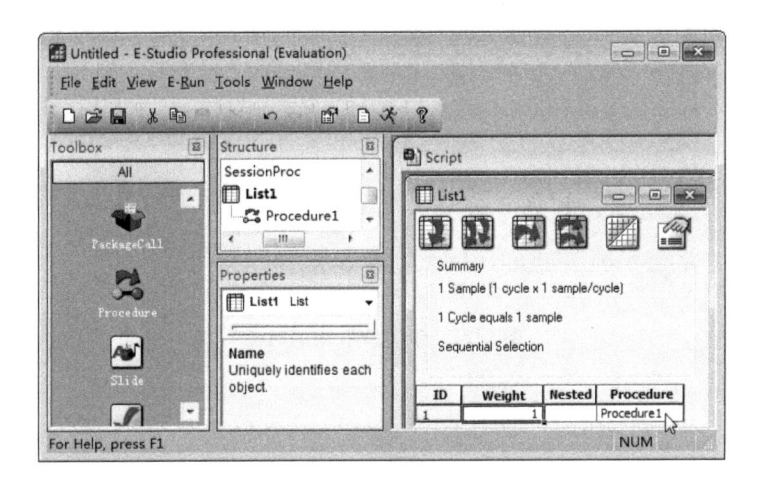

图 5-20　加入过程对象的列表对象

也可以直接在列表对象的 Procedure 栏输入过程对象名称(见图 5-21)，当询问是否创建过程对象(见图 5-22)和是否作为缺省值(见图 5-23)时，选择"是"。

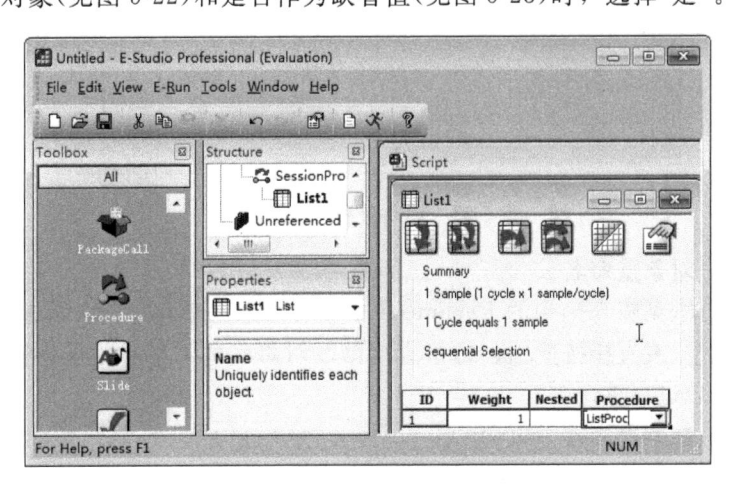

图 5-21　直接输入过程对象名称

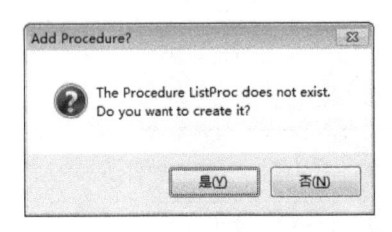

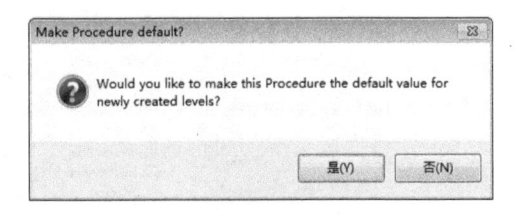

图 5-22　是否创建过程对象　　　　图 5-23　是否将过程对象作为缺省值

(5) 方式五：后期引用

将实验控件从工具箱直接拖到工作空间空白处（见图 5-24），即可在 Unreferenced E-Objects 节点下创建默认名称的对象（见图 5-25）。

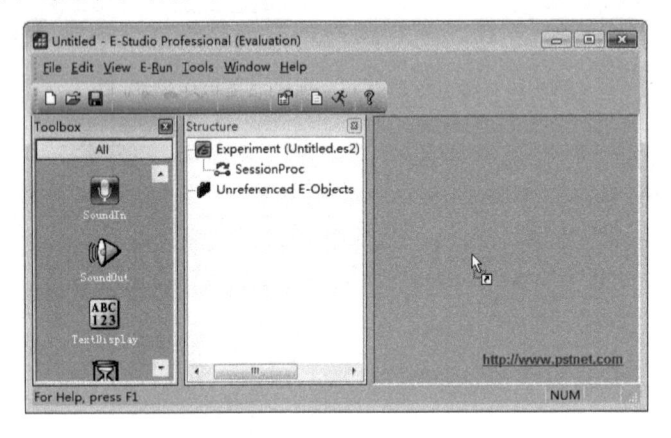

图 5-24　创建待引用的对象

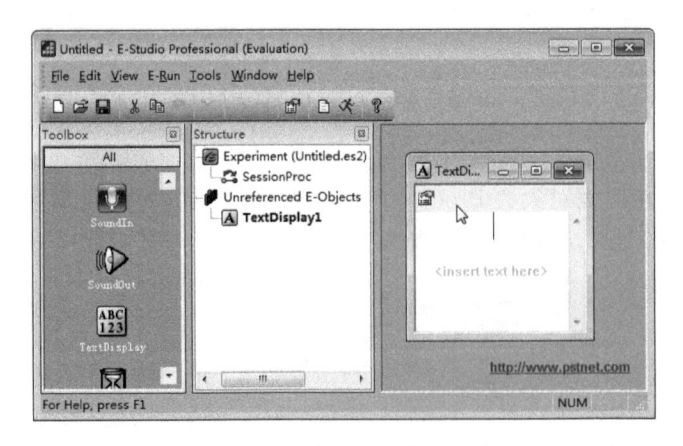

图 5-25　后期引用对象的创建

5.1.2.3　对象重命名

在快捷菜单（见图 5-5）中的 Rename 命令可对对象重命名，或者选中某个控件后，再次单击该控件（或直接按 F2 键）即可直接修改对象名称，在对象属性窗口中或在对象窗口中都可以进行重命名。

(1) 方式一：程序结构中重命名

表 5-1 展示了如何在程序结构中重命名。

表 5-1　程序结构中重命名示例

步骤	操作	图示
1	用鼠标选中对象	
2	按 F2 功能键（或再次单击）	
3	输入新名称	
4	回车或在其他位置单击鼠标	

（2）方式二：在过程对象中重命名

表 5-2 展示了如何在过程对象中重命名。

表 5-2　在过程对象中重命名示例

步骤	操作	图示
1	用鼠标选中对象	
2	按 F2 功能键	
3	输入新名称	
4	回车或在其他位置单击鼠标	

（3）方式三：在属性窗口中重命名

表 5-3 展示了如何在属性窗口中重命名。

表 5-3　在属性窗口中重命名示例

步骤	操作	图示
1	在程序结构中用鼠标选中对象	
2	在属性窗口中单击（Name）栏	

续表

步骤	操作	图示
3	修改或输入新名称	
4	回车或在其他位置单击鼠标	

（4）方式四：在对象的属性对话框中重命名

表5-4展示了如何在对象的属性对话框中重命名。

表5-4 在对象的属性对话框中重命名示例

步骤	操作	图示
1	用鼠标双击打开需更名的对象	
2	在对象窗口内单击属性按钮	
3	在Common选项卡下修改Name属性	
4	单击OK按钮	

（5）方式五：幻灯对象中子对象的重命名

必须借助属性窗口或属性对话框来实现。参见方式三和方式四。

5.1.2.4 删除对象

如果要删除某个控件的引用，选中后按Del键或从快捷菜单（或Edit菜单）中选择Delete命令，即可以删除引用关系。程序结构视图中的对象只是某个对象的链接，删除操作只是移除链接，实际的对象并没有被删除，这样可以不影响其他的引用关系。如果在视图中删除了对某个对象的所有引用关系（链接），该对象会被移到Unreferenced E-Objects节点下，如果后面的设计过程中需要继续使用该对象，只需将其添加到层级结构中的某个位置。但如果删除在Unreferenced E-Objects节点下的某个对象，则该对象会被彻底删除。如果在对象浏览器（见图5-31）中删除某个对象，该对象的所有引用关系及对象本身均会被删除。需要注意的是在幻灯对象中如果删除其中的子对象，该子对象并不会被移到Unreferenced E-Objects节点下，而是会被彻底删除。

(1)方式一：在程序结构中删除对象

表 5-5 展示了如何在程序结构中删除对象。

表 5-5　在程序结构中删除对象示例

步骤	操作	图示
1	用鼠标选中要删除的对象	
2	按键盘上删除键或从工具栏中选择删除按钮（或从快捷菜单中选择 Delete）	
3	删除的对象出现在 Unreferenced E-Objects 节点下	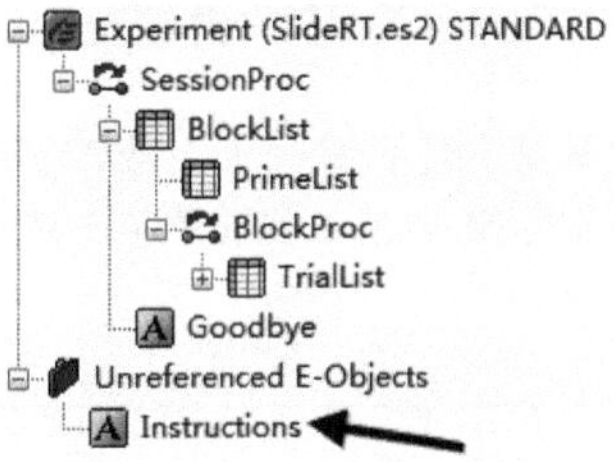

(2)方式二：在过程对象中删除对象

表 5-6 展示了如何在过程对象中删除对象。

表 5-6　在过程对象中删除对象示例

步骤	操作	图示
1	用鼠标选中要删除的对象	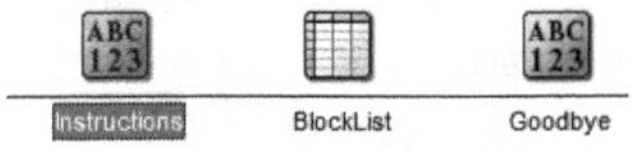
2	按键盘上删除键或从工具栏中选择删除按钮（或从快捷菜单中选择 Delete）	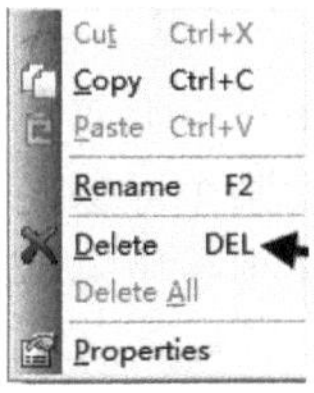
3	删除的对象出现在 Unreferenced E-Objects 节点下	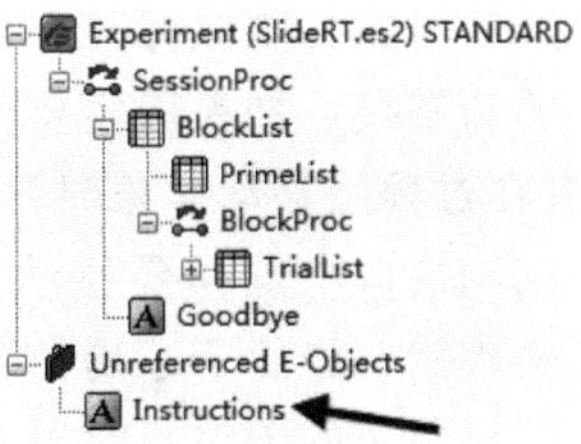

(3)方式三：在对象浏览窗口中删除对象

表 5-7 展示了如何在对象浏览窗口中删除对象。

表 5-7 在对象浏览窗口中删除对象示例

步骤	操作	图示
1	在 View 菜单下选择 Browser 或按 Alt＋2 快捷键打开对象浏览窗口	
2	用鼠标选中要删除的对象	如上图
3	按键盘上删除键或从工具栏中选择删除按钮（或从快捷菜单中选择 Delete）	
4	在警告对话框中选择"是"	

注意：对象将被直接删除，而不会移到 Unreferenced E-Objects 节点下。

(4)方式四：在幻灯对象中删除子对象

选择要删除对象，按键盘上的 Delete 键（或工具栏及快捷菜单中的 Delete 项）。如果要删除幻灯状态(SlideState)对象，则需通过幻灯对象工具栏上的 按钮实现。

5.1.2.5 移动对象

在结构视图中可以通过鼠标拖放来移动某个对象，也可以在工作空间中打开的某个过程窗口中移动某个对象的位置。为了帮助用户准确定位，在结构视图中移动某个对象时，会同时出现一个 箭头标识对象的新位置。如果在过程对象窗口中移动某个对象，会出现一对箭头标识对象的新位置。如果移动无效，即无法在某个位置或对象上放置某个对象，则鼠标光标会变为" "。在过程间移动某个对象时会创建一个对该对象的新链接，如果确实要移动某个对象，此时需要同时按住 Shift 键来移动（注意：只有在过程间移动对象时，才需按住 Shift 键）。

在程序结构窗口中选择要移动的对象，按下鼠标左键不放，将鼠标拖至某个位置，根据箭头指示，当位于适当位置时松开鼠标即可（见图 5-26）。

移动幻灯对象中的子对象时，在某个对象上按下鼠标左键不放，然后移动鼠标，此时会出现一个虚线框表示松开鼠标左键后对象的新位置（见图 5-27）。

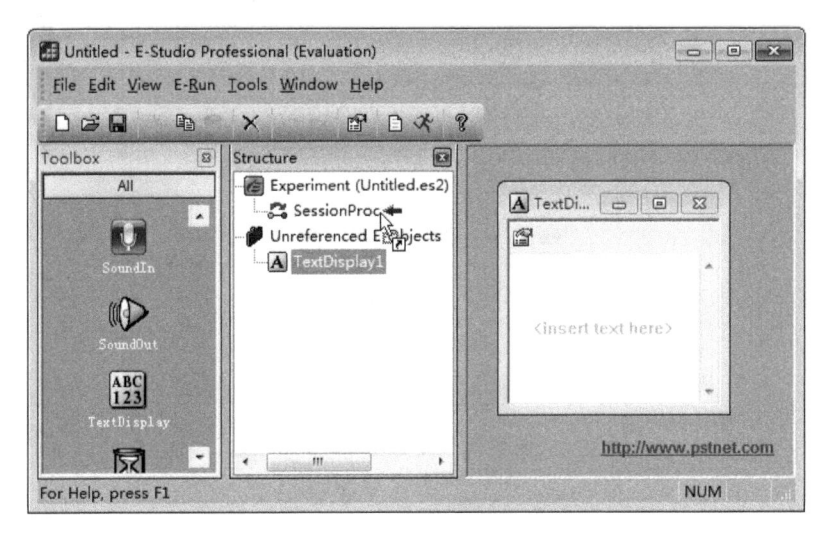

图 5-26　对象在程序结构窗口中的移动

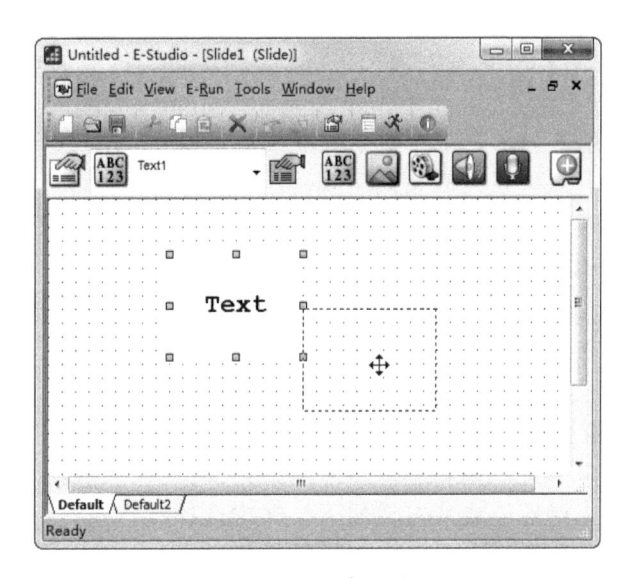

图 5-27　对象移动

5.1.2.6　复制对象

在程序结构视图中，按住 Ctrl 键，再移动某个对象时可复制该对象，新对象会使用"原对象名 N"来命名，其中"N"是自动加 1 后的一个整数（如 Fixation，Fixation1，Fixation2…），以保证名称的唯一性。当在程序结构视图中使用快捷菜单中的复制和粘贴命令操作时，新对象会出现在粘贴时选中对象的上方（如果某个位置不适合放置某个对象，则粘贴命令无效）。在对象浏览窗口中也可以通过快捷菜单的复制和粘贴命令来完成，但粘贴后的对象会出现在 Unreferenced E-Objects 节点下。

在程序结构视图或过程对象窗口中，按住 Ctrl 键后，用鼠标移动某个对象可以实现快捷复制（见图 5-28）。（注意：鼠标光标右下角出现的"＋"复制标识。）

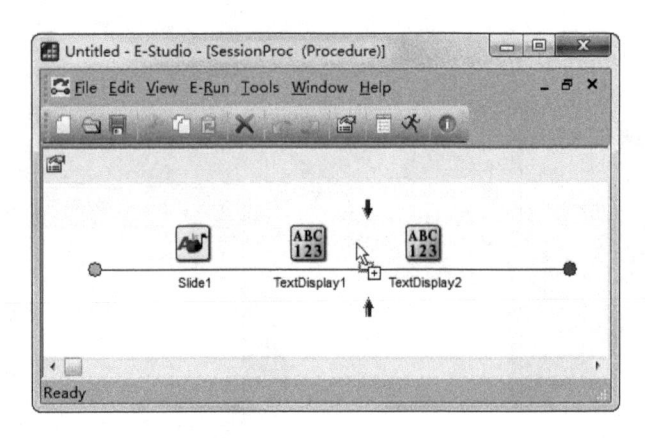

图 5-28 对象的快捷复制

或者选择某个待复制的对象后，从快捷菜单或工具栏中选择复制将其复制到粘贴板，然后再将其粘贴到某个位置（如果位置不合适，再移动对象即可）。

5.1.3 对象属性窗口

对象属性窗口用于显示与某个对象关联的属性及属性值（见图 5-29），以两栏列表格式呈现。左栏为对象的属性，右栏为对应的属性值（与 VisualBasic 等程序开发环境下的格式一致）。属性名按字母顺序排列（常用属性会显示在前面），当选中不同对象时（既可以在程序结构视图或对象窗口中选择某对象，也可以在对象属性窗口顶部下拉列表中选择某对象），对象属性窗口中的内容会相应变化。

在对象属性窗口中可以编辑修改对象属性，单击某个属性后直接输入属性值或从右栏的下拉框中选择适当的属性值。在对象属性窗口的底部同时会显示属性的描述信息，单击鼠标右键该区域会出现快捷菜单，从中选择是否显示属性描述信息。

图 5-29 对象属性窗口

还可以将属性变量作为对象属性值，此时需要将属性变量名置于［］中（如［Stimulus］），这样对象的某个属性值就不是固定的，而是在程序运行时，由引用的属性变量的内容决定。

5.1.4 属性变量窗口

属性变量窗口可使用 View 菜单下的 Attribute(Alt＋1)打开，其显示所有列表对象中用户定义的属性变量（见图 5-30）。属性变量通常是自变量和控制变量（如实验条件、刺激、正确反应值等），单击属性变量窗口中的 Name 可切换属性变量的排序方式（升序或降序）。

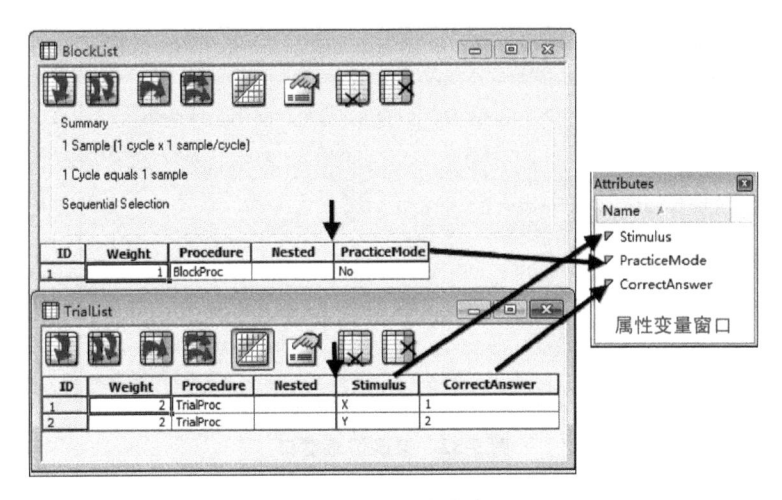

图 5-30　属性变量窗口

可以将属性变量窗口的变量拖放到实验中不同的地方（如列表对象单元格内、对象属性列表中、属性页面中等），此时属性变量自动置于[ ]内，并用蓝色显示，表示属性是由实验运行时属性变量的当前值确定的。

5.1.5　对象浏览窗口

对象浏览窗口显示实验程序中创建的控件实例，通过 View 菜单中的 Browser（Alt＋2）命令打开。窗口列表中有三栏内容：对象名（Name）、对象类型（Type）和引用与否（Referenced）。如果程序中还未使用某个创建的对象，则 Referenced 栏为空白，该对象会出现在程序结构视图中的 Unreferenced E-Objects 节点下（见图 5-31）。

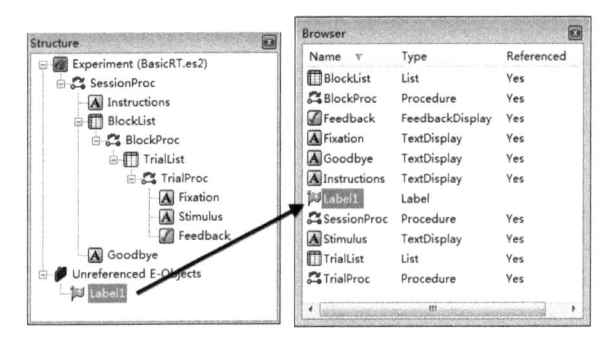

图 5-31　对象浏览窗口

在对象浏览窗口中可以进行复制、粘贴、删除和重命名操作。在执行上述操作时，可以使用快捷菜单方式，也可以将某个对象拖到实验流程中的某个位置。如果要复制某个对象，按住 Ctrl 键的同时拖动对象即可。（注意：在对象浏览窗口中删除某个对象时，对象本身会被永久删除，当然对象的所有引用关系也会被删除。）

5.1.6　脚本窗口

默认情况下，脚本窗口不显示，通过 View 菜单下的 Script（Alt＋5）可打开脚本窗口。如果生成脚本代码时有脚本错误或编译错误程序会自动打开脚本窗口，并且将光标自动定位在错误代码处，同时显示错误信息窗口（见图 5-32）。

脚本窗口包括两个标签：User 和 Full，右下角会显示光标行、列位置。只有生成脚本代码后，Full 标签下才会显示完全脚本代码，否则会显示"Unable to display

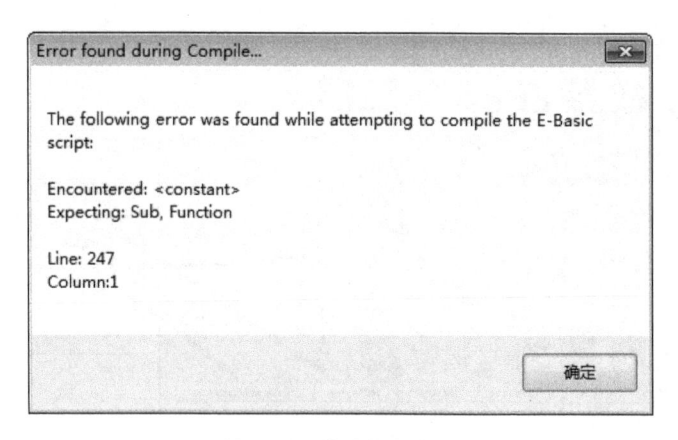

图 5-32 错误信息窗口

the script contents",其内容为只读属性,不可编辑。User 标签下显示或输入全局变量和用户定义的子程序。脚本窗口的代码进行了着色处理,注释信息为绿色,关键字为蓝色,语句为黑色,常量为橘色,字符为紫红色,内置函数名或子程序名为灰色等。

使用脚本窗口中的快捷菜单可以进行剪切(Cut)、复制(Copy)、粘贴(Paste)、查找(Find)、Replace(替换)和行定位操作,还可以给光标所在位置加书签(Toggle Bookmark),也可以使用快捷键(Ctrl+F2)来设置书签,这样通过快捷键(F2)就可以快速在书签间跳转(见图5-33)。

5.1.7 输出窗口

输出窗口也包括两个标签:Generate 和 Debug,分别用于显示生成 E-Basic 脚本代码时的反馈信息和错误信息或调试信息(由 Debug.Print 输出,参见 7.4.6)。输出窗口中的快捷菜单可以进行信息复制、查找和清除操作。

图 5-33 脚本窗口快捷菜单

5.2 菜单介绍

5.2.1 File 菜单

具体菜单介绍见表5-8。

表 5-8　File 菜单及功能

命令	快捷键	功能	菜单
New...	Ctrl+N	创建一个新的实验程序	
Open...	Ctrl+O	选择打开已有实验程序	
Save	Ctrl+S	保存当前实验程序	
Save As...	F12	将实验程序另存为一个新文件	
Send...		打开邮件客户端，将当前实验程序发送到邮箱中（需要安装电子邮件程序，否则无法发送邮件）	
最近文件列表		最近打开的实验程序，可直接单击打开相应实验程序	
Exit	Alt+F4	退出 E-Studio 程序	

5.2.2　Edit 菜单

具体菜单介绍见表 5-9。

表 5-9　Edit 菜单及功能

命令	快捷键	功能	菜单
Undo	Ctrl+Z	撤销上一次操作	
Redo	Ctrl+Y	重复上一次操作	
Cut	Ctrl+X	剪切，放入剪贴板	
Copy	Ctrl+C	复制到剪贴板	
Paste	Ctrl+V	在当前光标处插入剪贴板中的内容	
Rename		对象重命令	
Delete	DEL	删除选中的对象	
Experiment...	Ctrl+E	打开实验对象的属性页面	
Properties...	Alt+Enter	打开当前对象的属性页面	

5.2.3 View 菜单

View 菜单下包含 E-Studio 中可查看各种窗口的列表，当打开某个窗口后会在菜单命令左侧打"√"标记（见表 5-10）。

表 5-10 View 菜单及功能

命令	快捷键	功能	菜单
Attributes	Alt+1	当前程序中定义的属性列表窗	
Browser	Alt+2	当前程序中所有对象（引用和未引用）的浏览窗口	
Output	Alt+3	状态信息输出窗口	
Properties	Alt+4	当前选中对象的属性设置窗口	
Script	Alt+5	脚本窗口（显示用户脚本和由 E-Studio 生成的脚本）	
Structure	Alt+6	实验中对象的层级结构窗口	
Toolbox	Alt+7	左侧的工具箱（对象控件）窗口	
Full Screen		使工作空间全屏显示（按 Esc 键退出全屏显示）	
ToolBar		位于顶部的工具栏窗口	
Status Bar		位于底部的状态栏窗口	

5.2.4 E-Run 菜单

具体菜单介绍见表 5-11。

表 5-11 E-Run 菜单及功能

命令	快捷键	功能	菜单
Generate	Ctrl+F7	根据当前设置生成 E-Basic 脚本，默认配置下先保存再编译，可在 Tools 菜单下通过 Options 命令修改配置	
Run	F7	生成脚本、编译程序然后运行脚本	

5.2.5 Tools 菜单

具体菜单介绍见表 5-12。

表 5-12 Tools 菜单及功能

命令	功能	菜单
E-Run	运行 E-Run 程序	E-Run E-DataAid E-Merge E-Recovery Codec Config SoundTester Windows Device Manager Sound Control Panel Joystick Control Panel Reset Utility Windows Options...
E-DataAid	运行 E-DataAid 程序	
E-Merge	运行 E-Merge 程序	
E-Recovery	运行 E-Recovery 程序	
Codec Config	解码器配置	
SoundTester	声音测试	
Windows Device Manager	打开设备管理器	
Sound Control Panel	打开声音控制面板	
Joystick Control Panel	打开游戏杆控制面板	
Reset Utility Windows	恢复窗口大小及位置	
Options...	E-Studio 配置窗口	

下面我们介绍 Options 菜单包含的功能。

常规(General)选项卡下可以设置打开文件的初始路径，单击 Browse... 按钮选择初始目录或将全路径名粘贴到初始路径文本框中。还有一些用于控制是否生成脚本前先保存文件和编译脚本的开关以及窗口位置的开关(见图 5-34)。

图 5-34 配置窗口中常规选项卡

结构(Structure)选项卡下可设置是否显示程序结构窗口和是否折叠树形结构。

对象属性(Properties)选项卡下可设置是否显示属性窗口以及属性的描述性信息。

工具箱(Toolbox)选项卡可添加和移除某个实验控件，缺省时显示所有实验控件，同时可以设置工具箱的一些属性(如是否大图标显示，是否显示控制标题，是否显示工具箱等，见图5-35)。

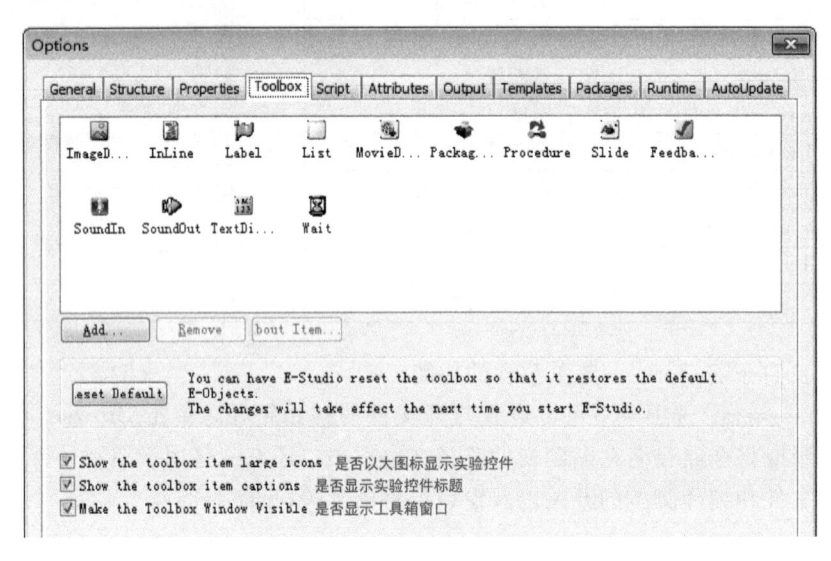

图 5-35　配置窗口中工具箱选项卡

脚本(Script)选项卡下控制是否进行语法着色，即用不同颜色显示脚本中不同的代码成分；是否使用自动补全功能，即当输入关键字的前几个字母时，自动筛选相匹配的关键字(见图5-36)。

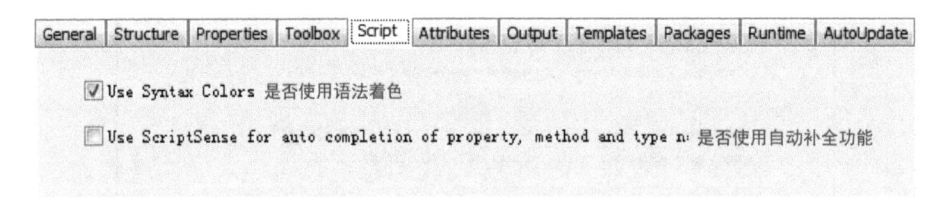

图 5-36　配置窗口中脚本选项卡

属性变量(Attributes)选项卡控制是否每次打开 E-Studio 程序时显示属性窗口以及是否显示重复的属性(重复的属性是指多个列表对象中使用了相同的属性名称)。如果显示重复的属性，属性窗口中会显示属性及包含该属性的列表对象；如果取消显示，则只显示唯一的属性名称。

输出(Output)选项卡可设置是否显示输出窗口以及是否每次生成脚本前先清除调试信息。

模板(Templates)选项卡控制在新建实验程序或打开 E-Studio 时是否显示程序模板对话框(见图5-37)以及模板文件搜索路径，可通过图5-38中 ⊡ ✕ ↑ ↓ 等按钮添加、删除搜索目录或调整搜索顺序。

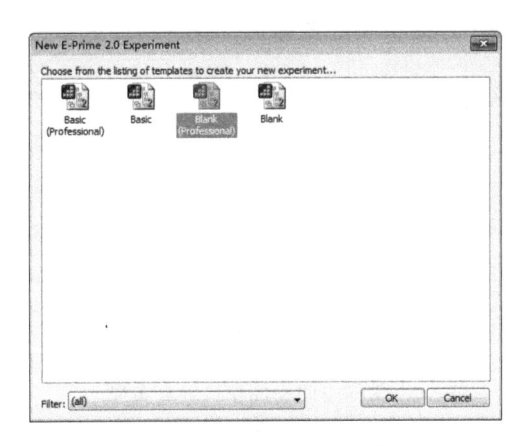

图 5-37　模板选择对话框

图 5-38　配置窗口中模板选项卡

程序包(Packages)选项卡控制程序包文件搜索目录及相应的选项。

运行(Runtime)选项卡下主要控制在实验程序运行和结束后大写锁定键和数字锁定键的作用状态，每种状态下有 4 个选项：缺省(Default)使用实验中的设置、使锁定键在实验运行或结束时处于开(On)或关(Off)状态、不改变其状态(Ignore，即忽略程序中的设置)(见图 5-39)。当使用笔记本电脑进行实验时，由于数字键与其他键共享，建议将数字锁定键设置为关闭状态。

图 5-39　配置窗口程序包选项卡

自动更新(AutoUpdate)选项卡可设置是否检查自动更新,以及检查的周期等。

5.2.6 Windows 菜单

具体菜单介绍见表 5-13。

表 5-13　Windows 菜单及功能

命令	功能
Cascade	工作空间中的窗口层叠布局
Tile Horizontally	工作空间中的窗口水平布局
Tile Vertically	工作空间中的窗口垂直布局
Close All	关闭工作空间中所有窗口

5.2.7 Help 菜单

具体菜单介绍见表 5-14。

表 5-14　Help 菜单及功能

命令	功能
Help Topics	打开 E-Studio 的在线帮助
PST on the Web...	在浏览器中打开 PST 网页
E-Basic Help	打开 E-Basic 脚本语言的在线帮助
About E-Studio...	显示应用的版本号和序列号等授权信息

如果你需要 PST 的技术支持,需要提供有效的序列号,同时该窗口中的 Tech Support 按钮弹出的对话框,可以生成技术信息报告、更新硬件密钥并进行 DirectX 诊断等。

5.3　实验控件

实验控件(E-Objects)是设计一个实验的"积木",如同七巧板拼图一样,利用这些积木就可以搭建不同建筑或拼出不同图形,只需将实验控件从工具箱中拖放到结构视图、程序流水线或工作空间中。实验控件是某类对象的抽象物,在实验中加入的实验控件称为对象实例,对象实例就是具体物。每个对象都有不同的属性,只有设置对象的属性才能将其实例化。比如,汽车是一个抽象物,你要指定汽车的品牌、型号,才能将汽车实体具体化。对象的属性在属性窗口或属性页面中进行设置(如汽车车身颜色、座椅数、驱动方式等)。表 5-15 介绍了实验控件及其功能。

表 5-15 实验控件及功能简介

实验控件	图标	类型	描述
Experiment 实验对象		流程控制	系统自动创建，负责初始化变量、启动信息和设备属性等，每个实验必须有一个实验对象，该对象不可删除和移动
Procedure 过程对象		流程控制	用于控制事件系列，除非使用标签跳转，否则按顺序执行。一个实验中会包含多个过程（如实验周期，区组，试次等）
InLine 内嵌代码对象		流程控制	用于插入用户代码，为用户提供灵活的实验控制，可设置属性变量值
List 列表对象		抽样	E-Prime 中的关键对象，用于组织实验材料和实验条件，在其中可定义属性变量
TextDisplay 文本对象		刺激	用于呈现文本刺激
ImageDisplay 图片对象		刺激	用于呈现 BMP 等格式的图片刺激，一次只能显示一张图片
Slid 幻灯对象		刺激	用于呈现多种视觉刺激（文本、多张图片或文本＋图片等）或同时呈现文本、图片和音频刺激，其中的刺激对象称为子对象
MovieDisplay 视频对象		刺激	用于呈现视频刺激
SoundOut 音频对象		多媒体	用于呈现音频刺激
Wait 等待对象		时间/同步	使实验暂停一定时间或收集被试反应
SoundIn 音频输入			采集音频反应
FeedbackDisplay 反馈对象		其他	继承于幻灯对象，根据被试的反应呈现相应反馈信息，有对应不同反馈条件的子对象
Label 跳转标签对象		流程控制	标记跳转位置，用于控制反应结束的流程走向，只能用于过程内，而无法从一个过程跳转到另一过程
PackageCall 程序包对象		流程控制	集成化的程序包，其中包含功能化的代码段，提高代码重复利用效率

E-Prime 中每个对象实例都要有唯一的名称，在创建新的对象实例时，其默认名称格式为：ObjectTypeN，其中 N 是从 1 开始的一个整数（如 TextDisplay1，TextDisplay2，TestDisplay3…）。对象的命名规则与 E-Basic 中变量的命名规则相同，必须以字母打头，中间不能含有空格和"/ ＊ ＆ _ ˆ()[]{} ＄ ＃ ＠ ％ － ＋"。具体限制如下：

①不能为空；
②以字母开头；
③可使用 a～z，A～Z，0～9 字母或数字组合；
④长度不超过 80 个字符；
⑤不能与设备名（如 Keyboard）或设备类型（如 KeyboardDevice）冲突；
⑥不能同名；
⑦不能与实验控件名称相同（如 TextDisplay，Wait 等）；
⑧不能以"c"命名（字符"c"在 E-Prime 中表示上下文对象）。

5.3.1 标准属性页面

每个对象都有相应的属性窗口和属性页面。当对象打开时，一般其左上角会有一个属性按钮，在工具栏或快捷菜单中也可以找到 Properties 命令，如果单击属性窗口右栏中的…按钮也会打开属性页面。

相对于对象属性窗口，属性页面界面更友好，将相关的属性分组显示在不同的选项卡（Tabs）中。对于大多数对象来说，有 5 个常用的选项卡：Frame，Duration/Input，Sync，Logging 和 Common。

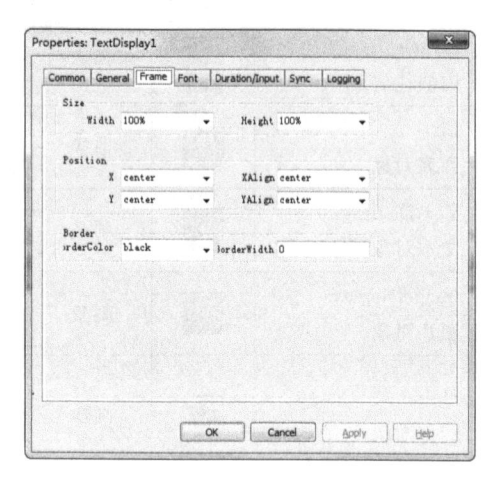

图 5-40 Frame 选项卡窗口

5.3.1.1 Frame 选项卡

Frame 选项卡（见图 5-40）用于设置视觉刺激在屏幕上呈现时矩形显示区域的属性，包含的属性项如表 5-16 所示。

表 5-16 Frame 选项卡属性含义

属性项	可能值	含义
Width	像素值（如 10），相对于屏幕宽度的比例值（如 10%），属性变量	显示区域的宽度（百分比、像素值或引用属性值）
Height	像素值（如 10），相对于屏幕高度的比例值（如 10%），属性变量	显示区域的高度（百分比、像素值或引用属性值）
X	位置（left, center, right），像素值（如 10），相对比例值（如 10%，自屏幕左侧算起），属性变量	显示区域水平基准点：left（屏幕左侧）、center（屏幕中央）、right（屏幕右侧）、百分比或像素值
Y	位置（top, center, bottom），像素值（如 10），相对比例值（如 10%，自屏幕顶端算起），属性变量	显示区域垂直基准点：top（屏幕顶端）、center（屏幕中央）、bottom（屏幕底端）、百分比或像素值
XAlign	left, center, right	显示区域的水平对齐方式：left（左对齐）、center（水平居中）、right（右对齐）

续表

属性项	可能值	含义
YAlign	top, center, bottom	显示区域的垂直对齐方式：top(顶部对齐)、center(垂直居中)、bottom(底部对齐)
BorderColor	颜色值(如"255, 0, 0")、颜色名(如 black, maroon, lime)、属性变量	边框颜色：一种方式是从下拉列表中选择某颜色，另一种方式是直接输入代表颜色的 RGB 分量，如"255, 0, 0"为红色等。注意颜色分量之间要用逗号(英文状态)隔开，或者引用属性值
BorderWidth	像素值(如 10)、相对比例值(如 10%)、属性变量	边框宽度：以像素为单位，或引用属性值

注：屏幕左上角坐标像素值为(0, 0)。

不同属性效果如图 5-41 所示。

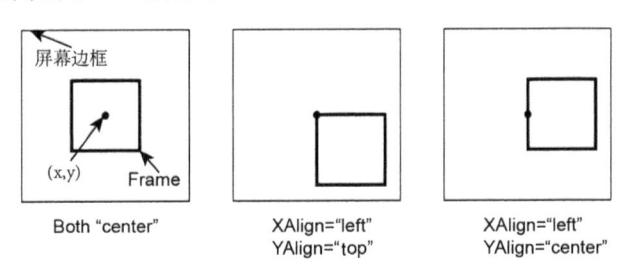

图 5-41 不同属性效果示意图

5.3.1.2 Duration/Input 选项卡

该选项卡是刺激控件常用的属性设置窗口(见图 5-42)。用于设置刺激的持续时间、输入反应和数据记录内容，其中输入掩码用来设置被试反应和相关属性。既可以为不同的刺激使用不同的输入设备，如将鼠标和键盘均作为输入设备，鼠标的反应对应某种刺激，键盘的反应对应另一种刺激，也可以为同一刺激控件添加多种输入设备。

当创建一个新的刺激控件后，E-Studio 并不会为其自动添加输入设备。如果要收集被试的反应数据，则首先要选择 Add...

图 5-42 Duration/Input 选项卡

图 5-43 添加输入设备对话框

按钮来添加输入设备(见图 5-43)(其中输入设备的选项数与系统安装的输入设备数有关，在 Edit 菜单下通过 Experiment 菜单项添加输入设备会更新此处的输入设备选项数)，选择其中的 Keyboard 或 Mouse 作为输入设备，然后对每个输入设备设置相应的输入掩码。通过 Remove

按钮可以移除某个输入设备,你也可以将某个输入设备前的核选框☑取消,使该输入设备不起作用。Duration/Input 包含的属性如表 5-17 所示。

表 5-17 Duration/Input 属性含义

项目	可能值	含义
Duration	整数值或属性引用,如 1000 或 [DurationTime]	刺激持续时间,以毫秒为单位:-1/infinite(永久)、指定数值或引用属性值
Timing Mode	Event、Cumulative 或 Custom	计时模式:Event,相对单个事件计时,当刺激有延迟时,不影响刺激呈现持续时间。Cumulative,相对一组事件保持计时状态,刺激持续时间会包含延迟时间。假如一个试次中包含三个连续呈现的文本刺激,每个持续 1000 毫秒,如果第 2 个文本有 15 毫秒的呈现延迟,当采用 Event 模式时,总持续时间为 3015 毫秒(1000 + 15 + 1000 + 1000),而如果采用 Cumulative 模式,则总持续时间为 3000 毫秒(1000+15+985+1000)。如果想使每个刺激呈现固定时间,则采用 Event 模式。如果想使整个试次呈现时间相近,则采用 Cumulative 或 Custom(自定义)
Data Logging	None、Standard、Response Only、Time Audit Only、Custom	数据记录:None,不记录。Standard,标准模式,因变量+时间标记,包括 ACC,CRESP,RESP, RT, RTTime。Response Only,只记录因变量,包括 ACC,CRESP,RESP,RT,RTTime,DurationError,OnsetDelay,OnsetTime。Time Audit Only,只记录时间标记,包括 DurationError,OnsetDelay,OnsetTime。Custom,自定义,在 Logging 属性页面中选择要记录的项目。
PreRelease	整数值(如 100)	当前对象结束关键动作后用于准备下个对象的预留时间,以毫秒为单位或引用属性值
Device(s)	Keyboard、Mouse、Serial Response Box(安装反应盒后显示)、Port Device(安装后显示)	设置输入设备:可以通过 Add 和 Remove 按钮添加或删除输入设备,可以使用键盘、鼠标、反应盒或接口设备
Allowable	字母数字、功能键、属性引用或{ANY}{ALPHA}{NUMBER}	设置有效的反应键:字符数字值、功能键或引用属性值,使用{ANY}表示任意键,{ALPHA}表示任意字母键,{NUMBER}表示任意数字键。如果指定功能键或某个特殊键要使用{}将其括起来,如{F1}或{SPACE},"12"表示有效按键为数字键 1 和 2
Correct	字母数字或属性引用	正确反应键:字母数字或引用属性值

续表

项目	可能值	含义
Time Limit	(same as duration)（如持续时间等同）、(infinite)（不限时长）、整数值、属性引用	允许反应的时间：选项和设置方法与 Duration 相同，默认值为与持续时间相同
End Action	(none)、Terminate、Jump	输入后的结束动作：none(不结束)、Terminate(终止)、Jump(跳转)。注意：当 Time Limit 属性值超过持续时间(Duration)时，如果设置了 End Action 为 Terminate，那么终止运行的对象可能是正在运行的对象，而非输入采集对象
Jump Label	字符型标签	跳转至某个标签对象(Label)：当接收到某个输入时跳转至某个标签对象(需要在 End Action 中设置为 Jump)。注意：跳转标签并不依赖所设置的输入掩码，只是用于初始化和更新跳转目标地，也不依赖于设置跳转标签的对象，在程序中任何地方都可以使用跳转标签标注目标地

如果需要接收被试的字符串输入或者需要接收多个按键反应，可以通过设备的高级属性来设置，选择 Advanced 按钮（只有添加输入设备并选中后该按钮才有效）弹出对话框（见图 5-44）。General 选项卡的属性如表 5-18 所示。

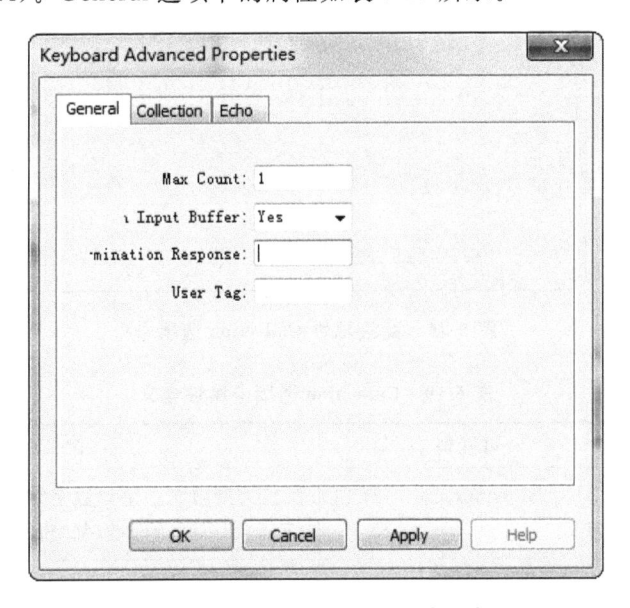

图 5-44　高级属性 General 选项卡

表 5-18　General 选项卡属性含义

项目	可能值	含义
Max Count	整数值（如 5）	可接收的最大反应次数，往往与 Termination Response 属性连用
Flush Input Buffer	Yes，No	是否清除先前的反应输入，如果设置为 No，由于之前可能存在输入反应，反应时会为负值。
Termination Response	字母数字键	在反应次数达到最大值前，终止输入的反应键（如当按回车时，结束字符串输入可设为{ENTER}）
User Tag	字符串	用户定义的字符标记，可与对象一同记录到数据文件中

Collection 选项卡主要针对键盘输入设备（见图 5-45），可以在采集反应输入时进行一些输入限制，但不管 Collection 选项卡中如何限制，通过脚本仍可以获得所有反应。Collection 选项卡的属性如表 5-19 所示。

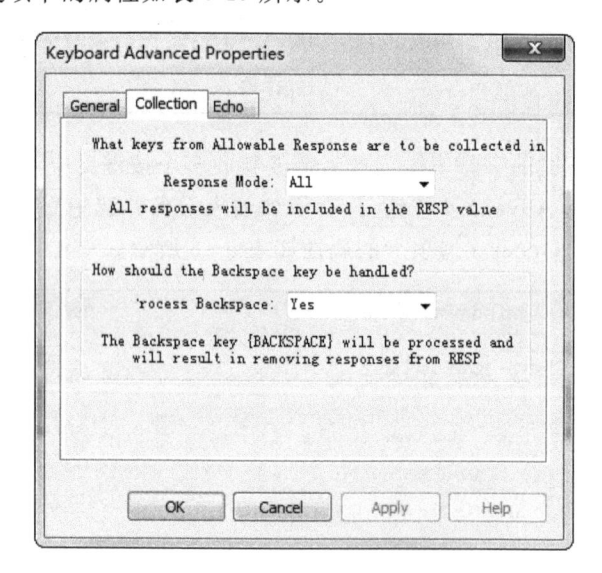

图 5-45　高级属性 Collection 选项卡

表 5-19　Collection 选项卡属性含义

项目	可能值	含义
Response Mode	All，Alphanumeric，属性引用	反应类型限制：字母数字键，不包含功能键（如{F1}）和一些特殊键（如{SPACE}）
Process Backspace	Yes，No	如果选择 Yes，Backspace 键会删除前一个输入字符；如果选择 No，Backspace 被视为一次反应（注意：只有在 Allowable 属性中包含了 Backspace 键时，此项才可选）

如果需要将被试的输入回显在视觉显示器（屏幕）或反应盒（SRBOX）指示灯上，可在 Echo 选项卡中进行设置（见图 5-46）。单击 Add... 按钮，从弹出的对话框中选择相应的回显设备添加到列表中，然后再在列表中选中该回显设备，单击 Edit... 按钮弹出回显设置对话框（见图 5-47）。

图 5-46　Echo 选项卡

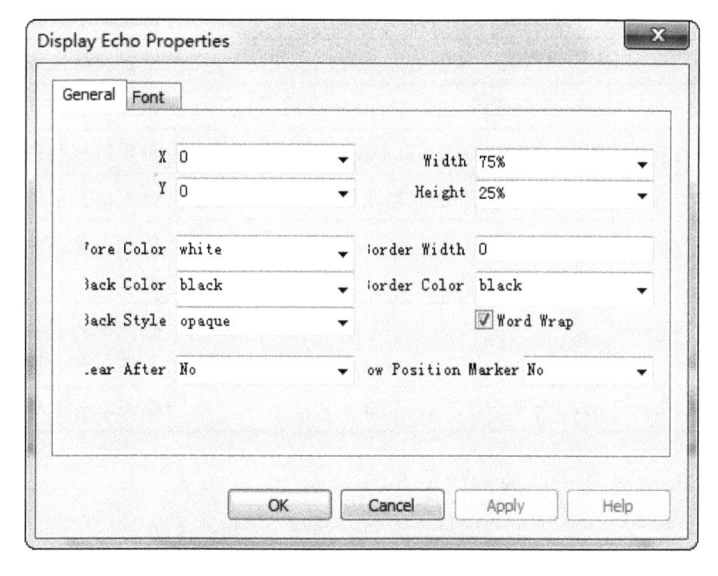

图 5-47　回显设置 General 选项卡

在显示器回显属性设置窗口中，可以控制回显内容在屏幕上的属性，如位置、颜色等（见图 5-47），字体属性等（见图 5-48）。

回显设置 General 选项卡的属性如表 5-20 所示。

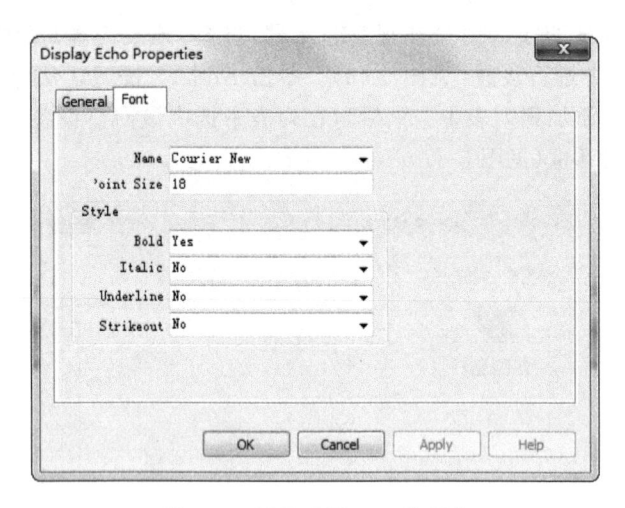

图 5-48　回显设置 Font 选项卡

表 5-20　回显设置 General 选项卡的属性含义

项目	可能值	含义
X，Y	像素值(如 10)、百分比(如 10％)或属性引用	设置 X、Y 基准点
Width	像素值(如 10)、百分比(如 10％)或属性引用	设置回显区域的宽度
Height	像素值(如 10)、百分比(如 10％)或属性引用	设置回显区域的高度
Fore Color	RGB 颜色值、颜色名称或属性引用	设置回显文本的颜色
Back Color	RGB 颜色值、颜色名称或属性引用	设置回显区域的背景色
Back Style	Opaque(不透明)、Transparent(透明)	设置背景样式
Border Width	像素值(如 10)、百分比(如 10％)或属性引用	设置边框线条的粗细
Border Color	RGB 颜色值、颜色名称或属性引用	设置回显区域的边框颜色
Clear After	Yes，No	控制对象结束时是否清除回显区域
Word Wrap	选中、未选中	控制输入宽度超出回显区域宽度时是否换行
Show Position Marker	Yes，No	是否显示输入位置提示符(＿)

回显设置 Font 选项卡的属性如表 5-21 所示。

表 5-21　回显设置 Font 选项卡的属性含义

项目	含义
Name	字体名称，从下拉列表中选择
Point Size	字体大小，整数值

续表

项目		含义
Style	Bold	是否粗体：**Bold**/Bold(Yes，No 或引用属性值)
	Italic	是否斜体：*Italic*/Italic(Yes，No 或引用属性值)
	Underline	是否加下划线：<u>Underline</u>/Underline(Yes，No 或引用属性值)
	Strikeout	是否加删除线：~~Strikeout~~/Strikeout(Yes，No 或引用属性值)

如果回显设备是反应盒，属性如表 5-22 所示。

表 5-22　反应盒回显属性含义

项目	可能值	含义
Lamp Mode	Normal	键按下灯亮，松开时灯灭
	Toggle	键按下灯亮，再次按下时灯灭，如此切换
	Sticky	键按下灯亮，并一直保持
Clear After	Yes，No	控制对象结束是否清除信号灯

5.3.1.3　Sync 选项卡

Sync 选项卡用于设置刺激呈现(Onset)和消失(Offset)时是否与屏幕刷新同步(见图 5-49)。默认情况下，刺激呈现时与屏幕刷新同步，但消失时不同步。

Sync 选项卡的属性如表 5-23 所示。

图 5-49　Sync 选项卡窗口

表 5-23　Sync 选项卡的属性含义

项目	含义
Onset Sync	设置刺激出现时的同步方式，计算机在屏幕上绘图时，是从上到下、从左到右来依次绘制每个屏幕的像素点的，绘制过程是一行一行地绘制，每当绘制完一行，就引发一个水平中断(horizontal blank interrupt)，当所有的行都被绘制，引发一个垂直中断(vertical blank interrupt)。设置为 vertical blank 确保屏幕上的所有刺激一次性显示，而不会出现撕裂现象。默认值为 vertical blank
Offset Sync	设置刺激消失时的同步方式，选项含义同上，默认值为 none

5.3.1.4　Logging 选项卡

Logging 选项卡用于设置计算机记录的对象属性(见图 5-50)，单击每个属性前的核选框可选中(☑)或取消(☐)记录该属性至数据文件中。在 Duration/Input 选项卡中可直接在 Data Logging 栏中选择所记录的数据信息(参见 5.3.1.2)，每项属性的含义见表 5-24。

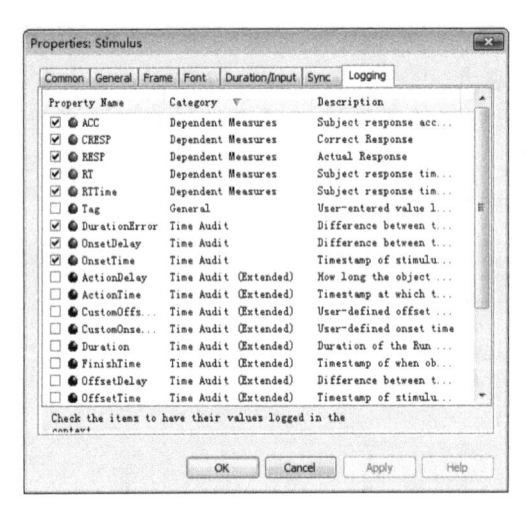

图 5-50　Logging 选项卡窗口

表 5-24　Logging 选项卡的属性含义

项目	类别	含义
ACC	因变量	通过比较 RESP 和 CRESP 属性值反映当前试次是否反应正确(取值为 0 和 1，1 表示反应正确)
CRESP	因变量	正确反应值
RESP	因变量	实际反应值(单个反应输入或多个反应输入)
RT	因变量	反应时
RTTime	因变量	自实验开始起的时间

续表

项目	类别	含义
Tag	通用	与对象相关的字符标记
DurationError	时间报告	持续时间属性与实际持续时间的差值
OnsetDelay	时间报告	刺激呈现时间延迟值
OnsetTime	时间报告	开始呈现时的时间戳
ActionDelay	时间报告(扩展)	对象执行关键动作所需的时间
ActionTime	时间报告(扩展)	对象完成关键动作的时间戳
CustomOffsetTime	时间报告(扩展)	当自定义计时时目标消失时间
CustomOnsetTime	时间报告(扩展)	当自定义计时时目标呈现时间
Duration	时间报告(扩展)	对象持续时间(毫秒)
FinishTime	时间报告(扩展)	对象执行完运行后的时间戳
OffsetDelay	时间报告(扩展)	对象消失时间延迟值
OffsetTime	时间报告(扩展)	对象消失时的时间戳
PreRelease	时间报告(扩展)	当前对象结束关键动作后用于准备下个对象的预留时间
StartTime	时间报告(扩展)	对象执行距运行开始时的时间戳
TargetOffsetTime	时间报告(扩展)	目标消失时的时间戳
TargetOnsetTime	时间报告(扩展)	目标出现时的时间戳
TimingMode	时间报告(扩展)	计时模式

5.3.2 实验对象

实验对象(Experiment Object)在程序结构栏中以 图标显示。当创建一个新的实验程序时，系统会自动创建一个实验对象，作为程序结构视图中的第一个对象(实验程序名称会显示在括号中)，你不能删除或移动该对象，每个 E-Prime 实验程序必须有一个实验对象。

实验对象的界面通过一组选项卡允许用户设置实验的全局属性，如屏幕的分辨率、音频参数和可用的输入设备等。用户也可以设置实验程序启动时的信息(如收集被试编号、实验周期编号等)以及所要记录的特殊信息等。双击程序结构中的 可以打开实验对象属性对话框或直接按 Ctrl＋E 打开。

5.3.2.1 General/Notes 选项卡

General 选项卡主要用于设置一些与实验程序相关的信息，如作者信息、实验研究的简单介绍(见图 5-51)；Notes 选项卡用于设置和一些相关的实验备注信息。

5.3.2.2 Startup Info 选项卡

Startup Info 选项卡用于定义实验中收集的被试信息内容(见图 5-52)。缺省时，实验程序运行前会收集被试编号和实验周期编号以及信息确认对话框。在 Startup Info 选项卡中你可以增加、减少信息项或修改信息内容，设置是否提供信息缺省值或是否显示信息确认对话框。但被试编号和实验周期参数不能取消，所设置的相关信息在记录时被视为实验周期水平，即它们的值在一个实验周期内不会改变。Startup Info 选项卡的属性如表 5-25 所示。

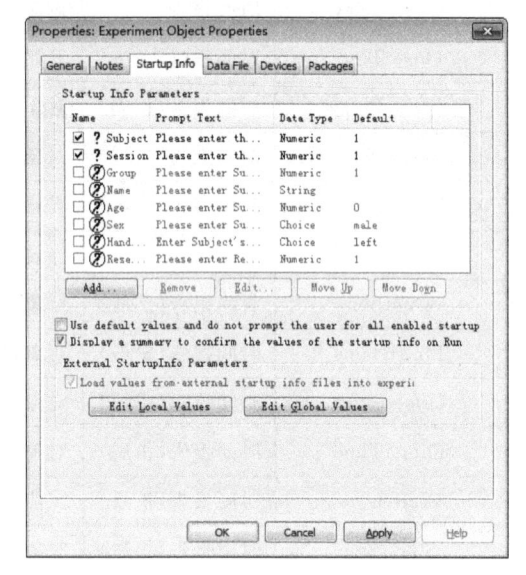

图 5-51　实验对象 General 选项卡　　　　　图 5-52　实验对象 Startup Info 选项卡

表 5-25　Startup Info 列表字段含义

项目	含义
Name	项目名称
Prompt Text	提示信息
Data Type	数据类型
Default(optional)	缺省值

Startup Info 选项卡，通过项目名称前的复选框可以控制是否记录某项信息。项目名称前的"?"标记用于控制是否呈现信息设置对话框，如果是 ⊘ 标记，则不呈现信息设置对话框，但会将缺省值信息记录到数据文件中。

例如，如果一个实验在不同地点采集数据，那么将地点信息设置为以缺省值方式记录，这样就不需在每次实验程序启动时输入和确认地点信息。

图 5-52 中列出了常用的信息项目，除被试编号和实验周期外，还有分组编号（Group）、姓名（Name）、年龄（Age）、性别（Sex）、优势手（Handedness）和研究者编号（ResearchID）。如果需要记录上述相应的信息，只需选中复选框即可。如需在实验运行前设置上述信息，则单击"?"取消 ⊘ 标记，如果不取消，则记录缺省值。

如果要定制相应的参数，选中某个项目后，单击 Edit 按钮或直接双击某个项目会弹出如图 5-53 所示的对话框。你可以修改提示信息（Prompt）、选择是否在实验启动时进行设置(Prompt the use for this startup info parameter)等。

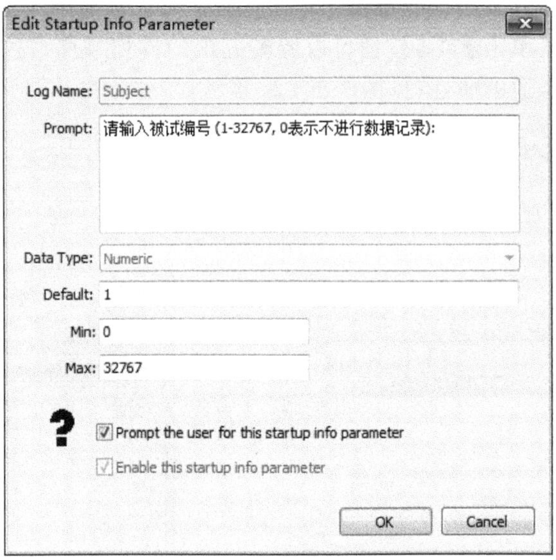

图 5-53　参数编辑对话框

如果需要的记录信息项没有在图 5-52 中列出，你可以单击 Add... 按钮进行自定义(见图 5-54)，其中可以设置记录的变量名(Log Name)、提示信息(Prompt)、数据类型(Data Type)、缺省值(Default)等相关信息。其中的两个复选框分别表示：是否在实验启动时设置该参数(Prompt the user for this startup info parameter)和是否记录所添加的自定义信息(Enable this startup info parameter)。如果要移除某个信息项目，选中后单击 Remove 按钮即可。移除后的信息项，如果再次使用则需通过 Add... 按钮来自行添加并设置相关内容，所以尽可能不要移除，只需取消变更名称前的复选框即可达到同样的效果。

图 5-54　自定义参数对话框

在设置自定义参数时，还有一种数据类型是 Choice（见图 5-55），此时在实验运行前可能通过列表的方式来选择变量值。单击 按钮可以添加列表选项，单击 按钮可以删除某列表选项，单击 或 按钮可以调整选项的排列顺序。这样在实验运行时就可以直接选择被试合适的属性（见图 5-56）。

图 5-55　Choice 数据类型的设置　　　　图 5-56　被试信息列表选择

5.3.2.3　Data File 选项卡

Data File 选项卡用于设置记录到数据文件中的变量信息以及一些信息设置，还可以自定义用于标记不同层级的变量名（见图 5-57）。E-Prime 保存数据时有两个步骤：首先写入到文本文件中，然后在实验结束后将文本文件转换为 edat 格式（参见 4.4）。Data File 选项卡的属性见表 5-26。

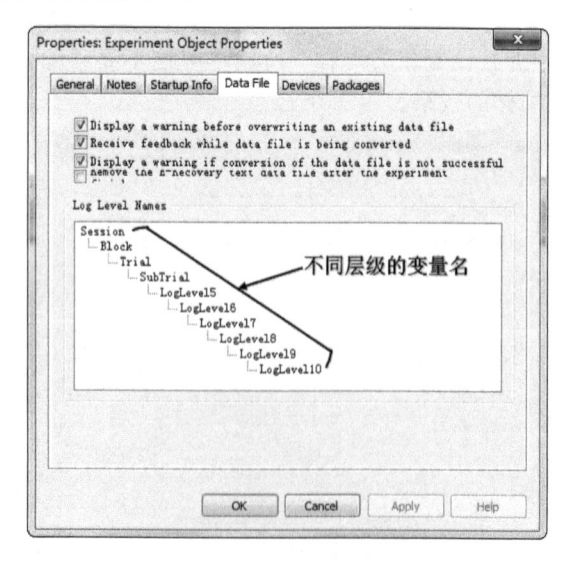

图 5-57　Data File 选项卡

表 5-26 Data File 选项卡的属性含义

项目	含义
Display a warning before overwriting an existing data file	如果存在同名的数据文件，是否显示警告信息
Receive feedback while data file is being converted	数据转换成功后是否显示反馈（只有当转换一个非常大的数据文件时才会显示反馈窗口）
Display a warning if conversion of the data file is not successful	当数据文件格式转换失败时是否显示警告信息
Remove the E-Recovery text data file after the experiment finishes	数据文件成功转换后是否删除文本文件
Log Level Names	允许用户指定不同层级的变量名，如果要修改层级名称，选中某个层级名称后再次单击或按 F2 键，即可修改

在重命名层级名称时，需要遵循以下规则：

①不能对实验周期进行重命名。
②名称不能为空。
③名称必须以字母开头。
④可以使用的字符包括大小写的英文字母和数字以及下划线和点号(.)。
⑤长度不可超过 80 个字符。
⑥不能与设备或设备类型名称冲突（如 Keyboard，KeyboardDevice）。
⑦不能与工具箱中的控件名称相同（如 TextDisplay，Wait 等）。
⑧不能与实验程序中定义的对象名称相同。

5.3.2.4　Devices 选项卡

Devices 选项卡用于设置实验开始前需要初始化的硬件设备（见图 5-58）。缺省情况下，在创建新的实验程序时会使用键盘、鼠标、音频输出和显示器设备（单击设备名称前复选框可以选择是否使用某个设备）。只有激活某个设备才能在实验中使用该设备。例如，如果要使用反应盒，则必须激活 SRBOX（如果你没有安装 SRBOX，则不会显示在列表中）。

单击 Add 按钮可以添加某个设备（见图 5-59），可以添加的设备有游戏杆（Joystick）、并口设备（ParallelPort）、串口设备（Serial）、扩展槽（Socket）、端

图 5-58　Devices 选项卡

口（Port）、反应盒（SRBOX）和声音捕获（SoundCapture）等。单击 Remove 按钮可以移除选中的某个设备。

如果要修改某个设备的属性，选中该设备后单击 Edit 按钮会弹出设备属性编辑对话框（见图 5-60）。例如，你可以输入设备显示器的名称，如果计算机连接了多个显示器可以指定显示器的编号（Display Index）、显示器默认的背景颜色（Default Background Color）、是否使用显示器当前桌面的分辨率（Match desktop resolution at runtime）或直接设置实验运行时显示器的分辨率，包括宽度（Width）、高度（Height）和颜色位数（Color Bit Depth）。其他设备的参数信息见表 5-27。

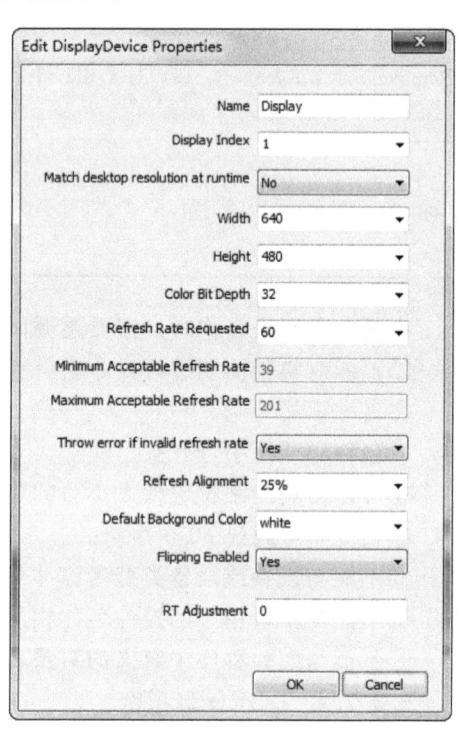

图 5-59　设备添加对话框　　　　图 5-60　显示器属性设置对话框

表 5-27　不同设备的属性含义

设备	属性	可能值	含义
音频输出（Sound）	Channels	1，2	单声道还是立体声
	Samples	11025，22050，44100	采样频率（kHz）
	Bits Per Sample	8，16	每个采样数据的位数

续表

设备	属性	可能值	含义
反应盒 (SRBOX)	Collection Mode	Presses Only, Releases Only, Presses and Releases	反应类型, 按键按下有效还是松开有效等
	Port	1, 2, 3, 4	设备安装的端口
	Band Rate	9600, 19200	波特率
	CPS	800, 600	每秒字符传输率
	Configuration	Standard, BRU Right Only, BRU Left Only, BRU Unique, BRU Duplicate	一般使用 Standard 选项
	Emulate Device	(none), Keyboard, Mouse, Port	设备模拟, 允许将反应盒的按键操作输入到其他设备的缓冲区
串口 (Serial)	Com Port	1, 2, 3, 4	通信端口
	Bits Per Second	110, 300, 600, 1200, 2400, 4800, 9600, 14400, 19200, 2800, 38400, 57600, 115200, 128000, 256000	传输率
	Data Bits	5, 6, 7, 8	每字节传输的位数
	Parity	None, Even, Odd, Mark, Space	一般设置为 None 即可
	Stop Bits	1, 1.5, 2	停止位, 常用设置为 1
鼠标 (Mouse)	Collection Mode	Presses Only, Releases Only, Presses and Releases	反应类型, 鼠标按下有效还是松开有效等
	Open Mode	Direct, Emulate	是使用鼠标的硬件加速特性(Direct)还是标准的 Windows 特性(Emulate)采集鼠标事件, 一般使用 Direct 选项, 对于触摸屏则使用 Emulate 选项
	Show Cursor	Yes, No	是否显示鼠标光标
	Emulate Device	(none), Keyboard, Port	是否将鼠标操作输入到其他设备缓冲区
键盘 (Keyboard)	Collection Mode	Presses Only, Releases Only, Presses and Releases	反应类型
	Caps Lock	On, Off	是否打开大小写锁定键
	Num Lock	On, Off	是否打开小数字键盘
	Emulate Device	(none), Mouse, Port	可以模拟其他设备输入

续表

设备	属性	可能值	含义
端口(Port)	Collection Mode	Presses Only, Releases Only, Presses and Releases	反应类型
	Address	0：MAX_LONG	端口地址，可以使用十进制或十六进制表示
	Size	8, 16, 32	一次从端口中读取数据的位数
	Invert	No, Yes	是否颠倒从端口读取的数据
	Mask	MAX_LONG_MAX_LONG	掩码，该参数值与读取的数据进行位与运算，如果设为0，则使检测到的数据无效；如果设为－1（缺省值），则对读取的数据没影响
	Emulate Device		允许模拟其他设备的输入

5.3.2.5 Packages 选项卡

Packages 选项卡允许安装 E-Prime 程序包，可以将脚本代码或例程加载到实验程序中来使用（参见 5.3.14）。如果要使用其他的程序包，则必须通过 Packages 选项卡先进行安装。通过选项卡中 Add 和 Remove 按钮进行安装和移除操作。

5.3.3 过程对象

心理学实验中，通常包括许多不同层级的过程，如实验周期、区组和试次等过程。E-Prime 中提供的过程对象就是用来组织一系列事件的实验控件，除非使用跳转控制机制，否则事件的发生依照先后顺序进行。

过程对象窗口中包含一个过程流水线（timeline），将对象拖放到流水线，对象的先后排列顺序决定事件发生的先后顺序。

在图 5-61 中，流水线上包含三个对象，对象从左到右的排列顺序就是事件的发生顺序。首先会呈现指导语对象（Instructions），然后是列表对象（BlockList），最后呈现结束语对象（Goodbye）。

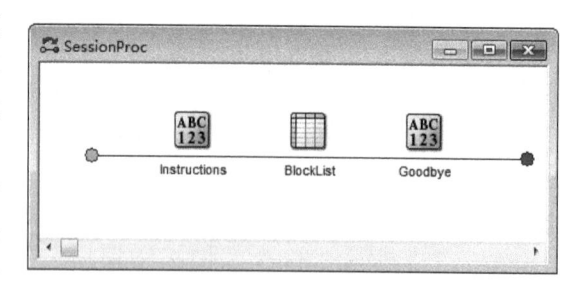

图 5-61 过程对象窗口

过程中可以嵌套其他过程对象，但你不能直接将过程对象从工具箱中拖放到过程流水线上，而必须借助列表对象来引用。例如，在图 5-62 中，BlockList 列表对象中运行 BlockProc 过程，BlockProc 过程又通过 TrialList 列表对象运行 TrialProc 过程；而 BlockList 列表对象又包含在 SessionProc 过程中，因此 SessionProc 过程中嵌有 BlockProc 过程，BlockProc 过程中又嵌有 TrialProc 过程。

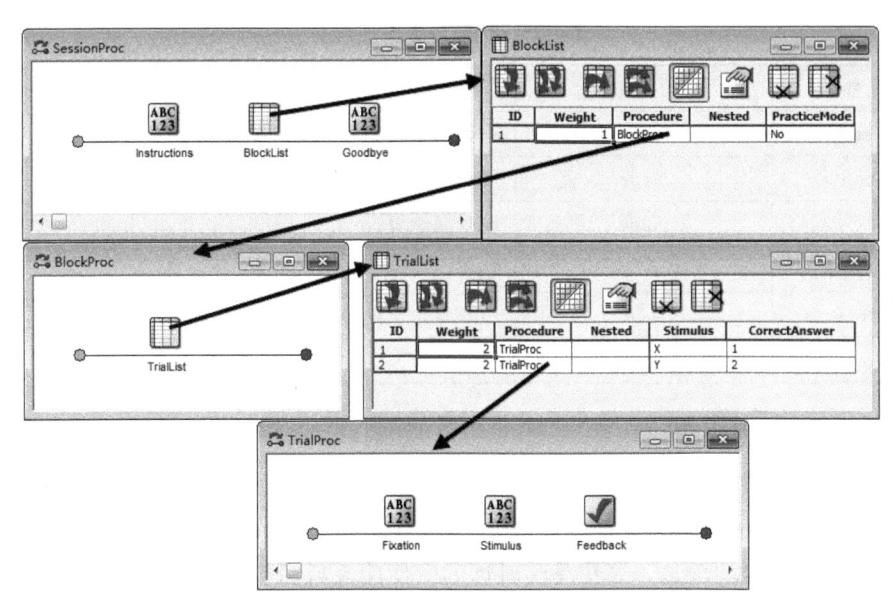

图 5-62 过程对象的嵌套

如同其他对象，过程对象也有相应的属性，在属性窗口中单击属性页面（Property Pages）字段中的...按钮，会弹出相应的过程属性对话框（见图 5-63）。其中包含两个选项卡：Common 和 General。Common 选项卡中可以设置过程对象的名称、标记和备注信息。General 选项卡可控制是否记录当前过程的相关数据。

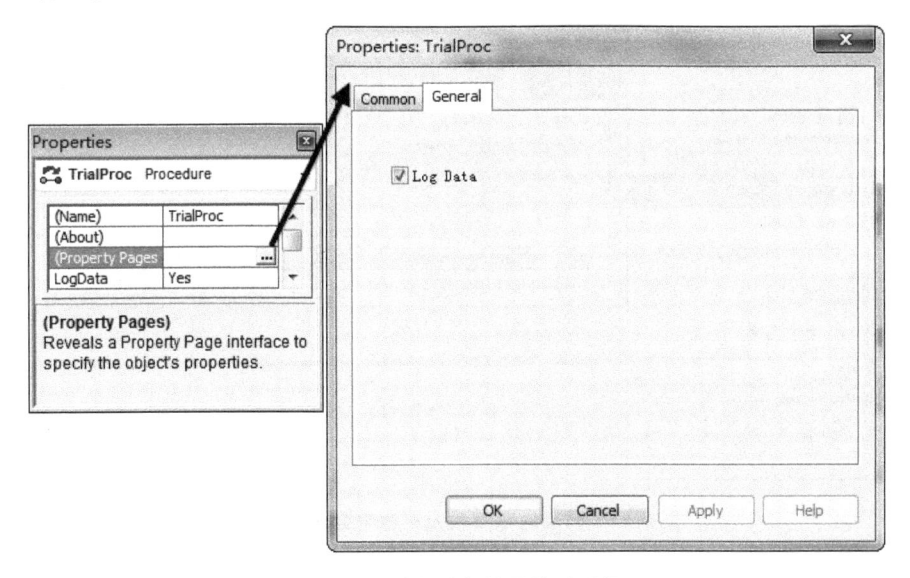

图 5-63 过程对象的属性对话框

图 5-63 左侧的过程属性窗口包含属性项，详细介绍如表 5-28 所示。

表 5-28　过程对象属性列表

属性	可能值	含义
(Name)	字符	过程对象的名称或标记
(About)	None	可设置过程对象的版本信息
(Property Pages)	None	设置属性页
LogData	Yes, No	是否记录过程相关的数据
Notes	字符	用户自定义的备注信息
Tag	字符或属性引用	用户自定义的相关信息

5.3.4　列表对象

列表对象是 E-Prime 中关键的实验控件，主要用于组织实验内部的数据，特别是实验中的自变量和水平组合（见图 5-64）。在 E-Prime 中自变量称为属性，在编程语言中，"变量"有特定的含义，往往是临时性的，使用完后回收为其分配的内存，且不会记录到数据文件中，而属性变量则会记录到数据文件中。

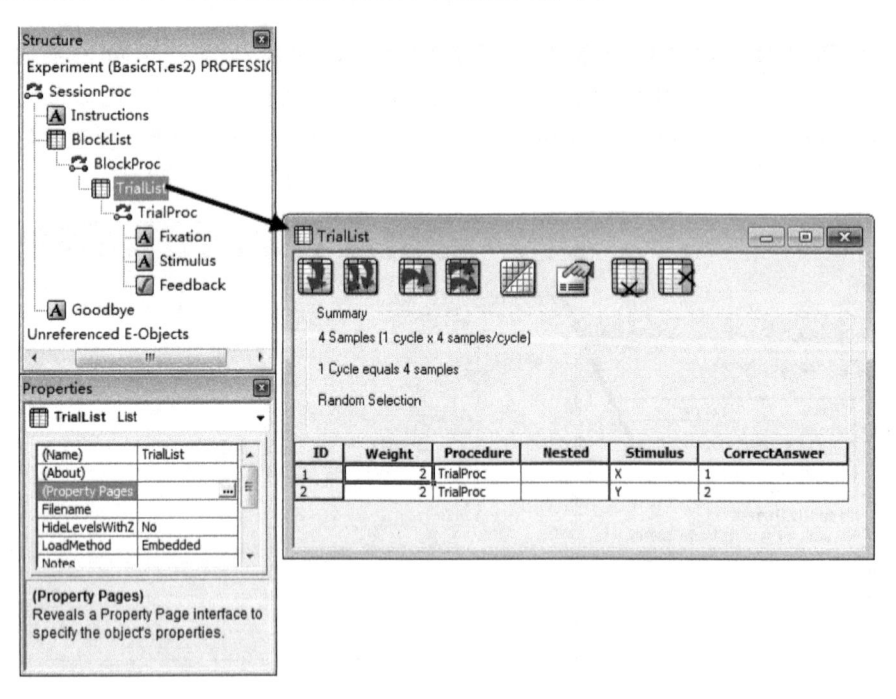

图 5-64　列表对象属性及列表对象编辑窗口

将列表对象从工具箱中拖放到程序结构视图中或某个过程对象中即可创建一个列表对象。双击已有的列表对象会在工作空间中打开列表对象编辑窗口（见图 5-64）。在列表对象编辑窗口的标题栏中会显示列表对象的名称，其中工具按钮的含义如表 5-29 所示。

表 5-29　工具栏各按钮的含义

工具图标	含义
	在列表底部添加一行
	在列表底部添加多行
	在列表右侧添加一列
	在列表右侧添加多列
	是否显示汇总信息（开关按钮）
	打开列表对象的属性页对话框
	删除选中的行，只有至少一整行被选中时才会激活该按钮（用鼠标单击列序号选中某行，配合 Shift 键和 Ctrl 键可选中多行），删除前呈现确认对话框
	删除选中的列，至少有一列被选中才会激活该按钮（用鼠标单击属性名选中某列，配合 Shift 和 Ctrl 键可选中多列），删除前呈现确认对话框

Summary 栏显示列表中包含的总样本数、每个循环的样本数和样本选择的方法是随机选择还是顺序选择（见图 5-65）。

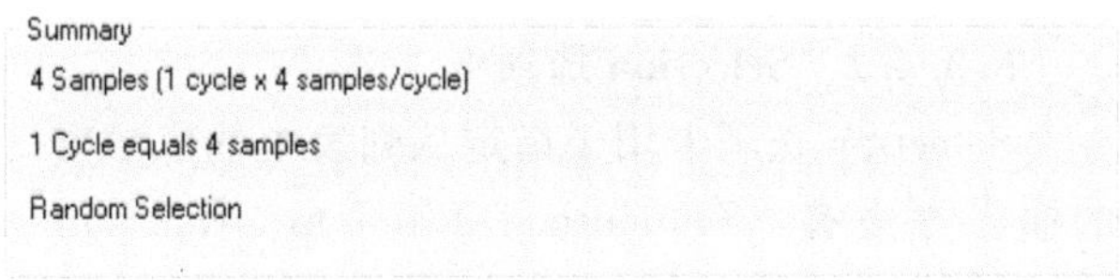

图 5-65　Summary 信息栏

在电子表格中，除行号变量 ID，还有三个系统定义的列表对象属性：Weight，Procedure 和 Nested（见表 5-30）。这三个属性不能被删除，但可以被隐藏，与用户定义的对象属性之间用蓝色竖线分隔。

表 5-30　电子表格常用列属性

属性	描述
ID	行号，你可以选中某行后用鼠标拖动来调整行的排序
Weight	权重，某行的重复次数，如果设置为 0，则该行内容用灰色显示，表示未使用，在属性页中可以隐藏未使用的行
Procedure	过程对象名称，指定程序运行，当某行被选中时调用或执行的某个过程
Nested	嵌套列表，允许一个列表对象引用其他列表对象及其属性值，适用于不同条件使用不同的刺激和属性或一个试次中需要从多个列表中进行抽样的情况。假如要从两个列表对象中抽样，只需将列表对象名称输入 Nested 列（对象名称之间用逗号分隔）

电子表格支持像 Excel 一样的常规操作，如复制、粘贴、剪切、自动完成和自动填充操作。

5.3.4.1　General 选项卡

General 选项中主要设置列表对象的加载方式，默认的加载方式为 Embedded，选项卡中各项内容含义如表 5-31 所示。

表 5-31 General 选项卡不同项目的含义

项目		含义
Load Method	Embedded（嵌入式，缺省方式）	在脚本中列表对象使用"DataSections"存储列表中的属性值，位于完整脚本的后面。嵌入式既可以减小脚本大小，也可以加快对象初始化过程
	Script（脚本式）	列表对象中属性值被加载到 E-Basic 脚本文件（ebs2）中，运行使用 List.AddLevel, List.AddAttrib 和 List.SetAttrib 填充列表，列表中包含的属性和水平越多，此种方式在对象初始化时耗时越长
	File（文件式）	从指定的文本文件中加载列表内容，文本文件中必须用制表符分隔，需要包含属性变量名，程序会自动创建图形界面中未定义的属性，如果选择此方式，需要指定文本文件，且列表中的内容会被忽略（灰色显示）
Filename	Existing filenames（txt）	当使用文件加载方式时，指定加载的文本文件

5.3.4.2 Selection 选项卡

Selection 选项卡用于指定从列表中抽取数据的方法。从 Order 下拉列表可以选择的抽样方法有：Sequential、Random、Random with replacement、Counterbalance、Offset 和 Permutation。各项具体含义如表 5-32 所示。

表 5-32 Selection 选项卡项目的含义

抽样方式（Order）	描述	排序依据（Order By）	No Repeat After
顺序抽样（Sequential）	按照列表中先后顺序选取	不可用	不可用
非替换性随机抽样（Random）	根据内部随机种子随机选取，属于非替换性随机抽样	不可用	当列表随机打乱后，控制两次随机排序间是否有重复项，如果选择 Yes，则表示当前随机排序的第一项与前一次随机排序的最后一项不同（这是 2.0.10.X 版本中的新选项）
替换性随机抽样（Random with replacement）	替换性随机抽样，可能有的水平被抽中多次，而有的水平一次也未被抽中	不可用	不可用

续表

抽样方式 （Order）	描述	排序依据 （Order By）	No Repeat After
平衡抽样 （Counterbalance）	根据 Order By 栏指定的内容进行平衡。比如，在被试间进行平衡，则不同被试运行不同水平，如果被试数量大于水平数，则取余后再选择水平	Subject, Session, Group	不可用
偏移抽样 （Offset）	首先按水平数创建一个顺序序列(1，2，3…n)，然后从某个预先确定的偏移点选取（如 3），然后依次递增，当增至序列尾值时，则回至序列首值。假如排序依据为 Subject，当被试数量大于水平数时，取余后再计算偏移点	Subject, Session, Group	不可用
排列抽样 （Permutation）	首先生成所有水平组合，然后再按照偏移抽样的方法进行选取，参见表 2-3	Subject, Session, Group	不可用

5.3.4.3 Reset/Exit 选项卡

Reset/Exit 选项卡设置重置抽样和退出列表的条件（见图 5-66）。

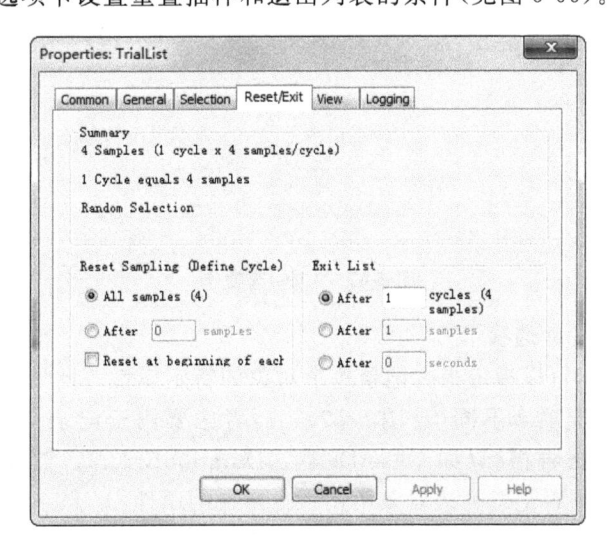

图 5-66 Reset/Exit 选项卡

表 5-33 显示了 Reset/Exit 选项卡项目的含义。

表 5-33　Reset/Exit 选项卡项目的含义

项目	描述	
Summary	汇总当前属性设置	
Reset Sampling（Define Cycle）	All samples	每个水平选择一次后重置抽样池
	After（user defined）samples	当抽样次数达到一定数量后，重置抽样池
	Reset at beginning of each Run	每次运行前重置抽样池，如果列表对象在实验中多处使用，此设置非常有用
Exit List	After（user defined）cycles	运行指定的循环次数后退出列表
	After（user defined）samples	运行指定的次数后退出列表
	After（user defined）seconds	运行指定的时间（以秒为单位）后退出列表

5.3.4.4　View 选项卡

View 选项卡控制是否显示系统属性以及是否隐藏权重值（重复次数）为 0 的行，只需在图 5-67 中选择或取消某个复选框即可。尽管系统属性无法删除，但可以通过 View 选项卡来隐藏这些属性。

图 5-67　View 选项卡

5.3.4.5　Logging 选项卡

Logging 选项卡可以指定是否记录每个对象的特定属性。此处的 Logging 选项卡与采集被试输入的选项卡不同（见图 5-50）。后者主要用于记录一些因变量指标（如 RT、ACC）和计时报告指标（如 OnsetDelay、DurationError）。而此处的 Logging 选项卡主要用于控制是否记录列表对象中用户自定义的属性。

缺省时，所有的属性都被记录到数据文件中，如果某个属性你不感兴趣，则可以将其关闭。但建议你记录所有数据以防在数据分析时才发现某个需要的属性未被记录，尽管记录的数据内容会比较多，但在 E-DataAid 工具中可以使用过滤功能将不需要的变量过滤掉。

5.3.4.6 列表对象属性窗口

列表对象的窗口中包含的属性见表5-34。

表5-34 列表对象属性

属性	可能值	描述
(Name)	字符	列表对象名称
(About)	None	版本信息
(Property pages)	None	显示属性页面
Filename	String	指定加载的制表符分隔的文本文件
Hide Levels With Zero Weight	Yes，No	是否显示权重值为0的行
Load Method	Embedded，File，Script	指定列表数据加载方式，见表5-31
Notes	字符	用户自定义的备注信息
Order	Sequential，Random，Random with Replacement，Counterbalance，Offset，Permutation	抽样方法，参见表5-32
Order By	N/A，Subject，Session，Group	排序依据
Reset Every Run	Yes，No	每次运行前是否重置抽样池
Tag	Alphanumeric	用户自定义信息

5.3.5 文本对象

文本对象用于组织向被试呈现的文本内容。文本对象采用所见即所得来模拟显示器，及时更新用户所设置的文本属性(如文本颜色、对齐方式等)。从工具箱中将TextDisplay拖放到工作空间中可以创建一个新的文本对象，对于已有的文本对象，在程序结构视图中选中后，在属性窗口中会显示相应的属性，双击会打开文本对象编辑窗口(见图5-68)。

在文本对象编辑窗口中可以直接输入显示文本或使用属性变量中的属性值，此时需要将属性名称置于[]内(如[Stimulus])。实验运行时会从列表对象中查找属性Stimulus，然后将找到的属性值用作显示内容。你可以借助文本对象的属性窗口或属性对话框设置显示的文本特性(见表5-35)。

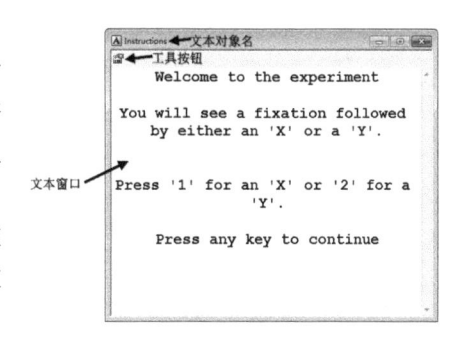

图5-68 文本对象编辑窗口

表 5-35 文本属性窗口项目含义

项目	可能值	描述
(Name)	字符	文本对象名
(About)		显示 About 对话框
(Property Pages)		打开属性对话框
AlignHorizontal	Left, Center, Right, 属性引用	水平对齐方式
AlignVertical	Top, Center, Bottom, 属性引用	垂直对齐方式
BackColor	RGB 颜色值、颜色名称或属性引用	设置文本的背景色
BackStyle	Opaque(不透明)、Transparent(透明)	背景式样
BorderColor	RGB 颜色值、颜色名称或属性引用	边框颜色
BorderWidth	像素值、百分比或属性引用	边框粗细
ClearAfter	Yes, No	显示结束后是否清除对象
Data Logging	None, Standard, Response Only, Time Audit Only, Custom	指定记录的数据项,见 5.3.1.4
Duration	infinite、数值(毫秒)、属性引用	文本呈现的持续时间
FontBold	Yes, No, 属性引用	是否加粗
FontItalic	Yes, No, 属性引用	是否斜体
FontName	下拉列表中选择可用字体名称	字体名称
FontSize	整数值(如 10, 12)	字体大小
FontStrikeout	Yes, No, 属性引用	是否加删除线
FontUnderline	Yes, No, 属性引用	是否加下划线
ForeColor	RGB 颜色值、颜色名称或属性引用	文本颜色
Height	像素值、百分比或属性引用	文本显示区域的高度
JumpLabel	字符或属性引用	当结束动作设置为 Jump 时,指定跳转的标签
Notes	字符	用户自定义的备注信息
OffsetSync	(none),Vertical blank	文本消失时的同步方式
OnsetSync	(none),Vertical blank	文本呈现时的同步方式
PreRelease	数值或属性引用	为初始化下个对象预留的时间
Tag	字符或属性引用	定义记录的标记
Text	字符或属性引用	屏幕上显示的文本内容
TimingMode	Event, Cumulative, Custom	计时模式
Width	像素值、百分比或属性引用	文本显示区域的宽度
WordWrap	Yes, No	文本超出显示区域宽度时是否换行
X	Left, Center, Right, 像素值、百分比或属性引用	水平对齐基准点
XAlign	Left, Center, Right	水平对齐方式
Y	Top, Center, Bottom, 像素值、百分比或属性引用	垂直对齐基准点
YAlign	Top, Center, Bottom	垂直对齐方式

图 5-69　文本对象属性对话框
——General 选项卡

在 General 选项卡中的 Text 框内可以直接输入文本或引用属性变量,其中 WordWrap 复选框表示文本内容是否换行,Display Name 用于指定呈现文本的显示器名称,如果只安装了一台显示器,则可以省略。其他属性以及 Font 选项卡和 Frame 选项卡中的属性可参照表 5-35 进行设置。

5.3.6　图片对象

图片对象用于向被试显示图片刺激,但图片的格式可以是位图(BMP)文件,也支持 JPG,JPEG,GIF,PNG,TIF,TIFF,EMF 和 WMF 格式的图片文件。图片对象一次只能显示一张图片(见图 5-70),幻灯对象(Slide)可以同时显示多种刺激。图片对象的创建方式与文本对象的创建方式相同。图 5-71 是使用属性变量的图片对象窗口。

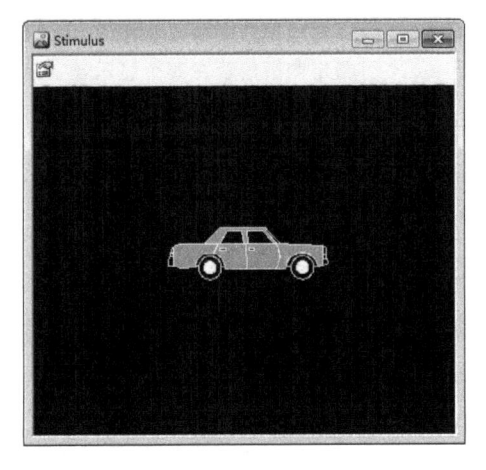

图 5-70　图片对象编辑窗口　　　　图 5-71　使用属性变量的图片对象窗口

General 选项卡及其属性见图 5-72、表 5-36。

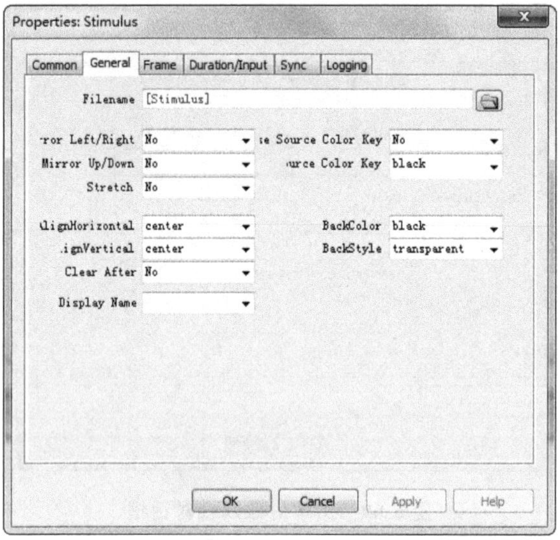

图 5-72　图片对象编辑窗口——General 选项卡

表 5-36　图片对象编辑窗口——General 选项卡属性

项目	可能值	描述
FileName	字符或属性引用	指定显示的图片名称。注意：属性和常量可以拼接使用，如[filename].bmp，这样在列表对象中就无须输入图片的扩展名
Mirror Left/Right	Yes, No 或属性引用	是否水平镜像
Mirror Up/Down	Yes, No 或属性引用	是否垂直镜像
Stretch	Yes, No 或属性引用	是否拉伸
AlignHorizontal	Left, Center, Right 或属性引用	水平对齐方式
AlignVertical	Top, Center, Right 或属性引用	垂直对齐方式
ClearAfter	Yes, No	图片呈现结束后是否清除
Display Name	Display 1……[n]	指定刺激显示在哪个显示器，默认为主显示器
Use Source Color Key	Yes, No	是否使用源颜色键
Source Color Key	RGB 颜色值、颜色名称或属性引用	设置源颜色键，用于透明化处理
BackColor	RGB 颜色值、颜色名称或属性引用	背景色
BackStyle	Opaque, Transparent	背景式样

注意：在设置图片名称时，E-Studio 自动使用相对路径，如果没有指定路径名称，则在当前目录下查找图片文件，如没找到会出现警告提示（Warning：unable to find file!）或运行时出现错误提示（Unable to load image file）。如果需要指定路径，由于反斜杠"\"在 E-Basic 中作为转义符使用，将反斜杠后面的第一个字符识为特殊字符。例如，"\t"表示制表符，"\n"表示换行，因此如果要表示路径，则需使用斜杠"/"

或两个反斜杠"\\",如 C:/My pictures/Redcar.bmp 或 C:\\My pictures\\Redcar.bmp。

5.3.7 幻灯对象

幻灯对象用于呈现多种视觉刺激(如文本、多张图片或文本+图片)或同时呈现文本、图片和音频,用途非常广泛。幻灯对象集合了多个 SlideState 对象来组织刺激材料,每个 SlideState 对象控制一组刺激的呈现,其中可包含多种刺激,为实验设计提供了很大的灵活性(见图 5-73)。父对象 Slide 负责对象的持续时间、反应的采集和对象的终结,SlideState 对象和子对象可单独进行属性设置。

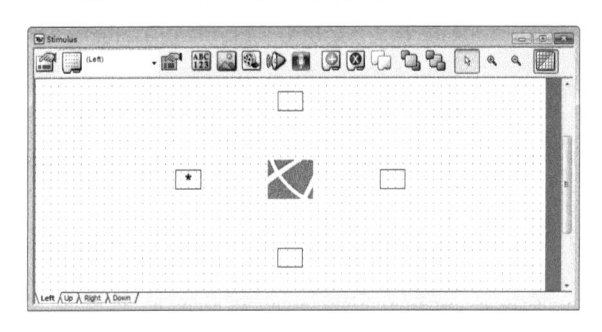

图 5-73 幻灯对象编辑窗口

幻灯对象工具按钮如表 5-37 所示。

表 5-37 幻灯对象工具按钮

工具按钮	功能描述
	幻灯对象属性页面
(Left)	下拉列表选择 SlideState 对象或其中子对象
	SlideState 对象或子对象属性页面
ABC 123	将幻灯文本对象置于幻灯对象上用于显示文本内容
	将幻灯图片对象置于幻灯对象上用于呈现图片内容
	将幻灯视频对象置于幻灯对象上用于呈现视频内容
	将幻灯音频对象置于幻灯对象上用于呈现音频内容
	将幻灯音频反应对象置于幻灯对象上用于采集音频输入
	添加 SlideState 对象(最多添加 10 个)

续表

工具按钮	功能描述
	删除 SlideState 对象
	克隆 SlideState 对象
	如果多个对象重叠，将选中的子对象置于前端
	如果多个对象重叠，将选中的子对象置于后面
	子对象选择模式，选中的对象四周出现大小调整控制点
	放大模式，单击显示区域可放大窗口显示内容
	缩小模式，单击显示区域可缩小窗口显示内容
	是否在对象显示区域呈现网格

5.3.7.1 幻灯对象属性对话框

General 选项卡用于设置激活的 SlideState 对象，可从下拉列表中选择已有的 SlideState 对象或使用属性变量动态变换实验运行时呈现的刺激内容。Display Name 设置呈现刺激的显示器名称(可从下拉列表中选择)(见图 5-74)。

5.3.7.2 SlideState 对象

SlideState 对象用于设置和组织呈现的刺激，每个 SlideState 对象均有自己独立的属性，只需单击幻灯对象编辑窗口底部的标签(Left Up Right Down)或从工具按钮((Left))中选择，即可显示某个 SlideState 对象(见图 5-75)。

图 5-74　幻灯对象属性对话框——General 选项卡　　　图 5-75　SlideState 窗口

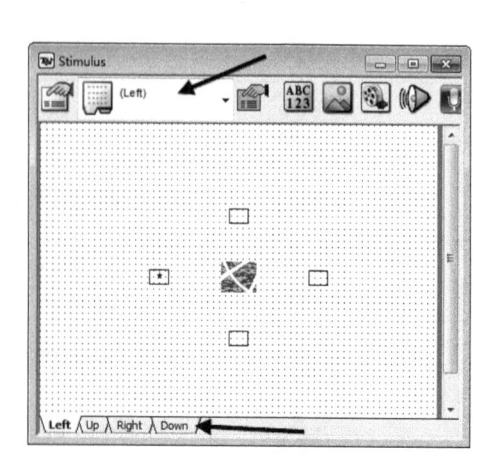

如果要在 SlideState 对象中放置刺激对象，选中窗口中的工具按钮（无法将工具箱中的实验对象置于 SlideState 中），然后在显示区域内适当位置单击鼠标即可置入某种刺激对象，也可以在显示区域内单击鼠标右键从快捷菜单中选择相应的对象（见图 5-76）。置入的对象四周会有大小调整控制点，大小调整和位置变更与 Word 中图形对象的操作方法相同，也可以在其属性对话框中交互式设置（见图 5-77）。

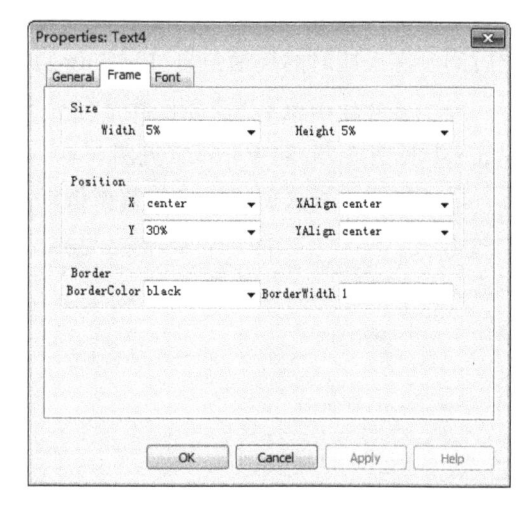

图 5-76　快捷菜单　　　　　　　　图 5-77　子对象属性对话框

5.3.7.3　属性窗口

属性窗口中显示的内容会随选中的对象（幻灯对象、SlideState 对象或子对象）而变化。

5.3.7.4　子对象

每个 SlideState 对象中可包含各种子对象，如文本（SlideText）、图片（SlideImage）、视频（SlideMovie）等。不同的子对象有不同的属性，可单独设置。这些子对象的属性与工具箱中对应的实验控件相同。

5.3.8　反馈对象

反馈对象继承自幻灯对象，但专门用于呈现反馈信息（见图 5-78）。反馈对象本质上是幻灯对象，会包含一组 SlideState 对象和相应的子对象，反馈对象可定制不同类型的反馈内容。反馈对象与幻灯对象的不同之处在于需要根据采集的被试反应来呈现相应的反馈信息，因此反馈对象会与其他对象交互获取输入信息，然后对输入信息进行评估（如反应正确还是错误，反应时的长短等）并呈现适当的反馈信息。

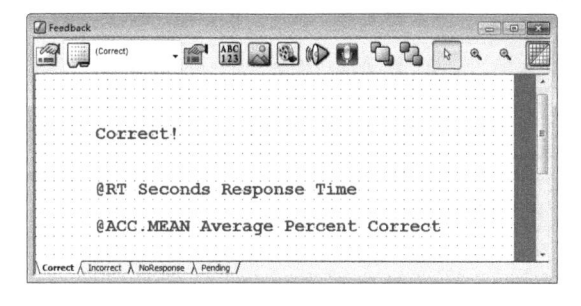

图 5-78　反馈对象编辑窗口

你可以对比图 5-78 和图 5-73，它们本质上并没有不同，都包含几乎完全相同的工具按钮，但在反馈对象中有固定的 SlideState 对象（Correct、Incorrect、NoResponse 和 Pending），不可以删除这些对象，也不可以增加 SlideState 对象，每个 SlideState 都对应一种与某个刺激对象相关联的反应状态，需要在相应的状态下设置反馈信息。例如，Correct 用于设置当被试做出正确反应时的反馈信息，而 Incorrect 用于设置当被试反应错误时的反馈信息，NoResponse 用于设置当被试在规定时间没有反应时的反馈信息（Pending 目前未使用）。

在工具按钮中单击 [icon] 可打开反馈对象属性对话框，其中有两个不同的选项卡：General（见图 5-79）和 Format（见图 5-80）。前者用于设置反应关联对象和数据采集信息，后者用于设置反馈信息中的数据格式。

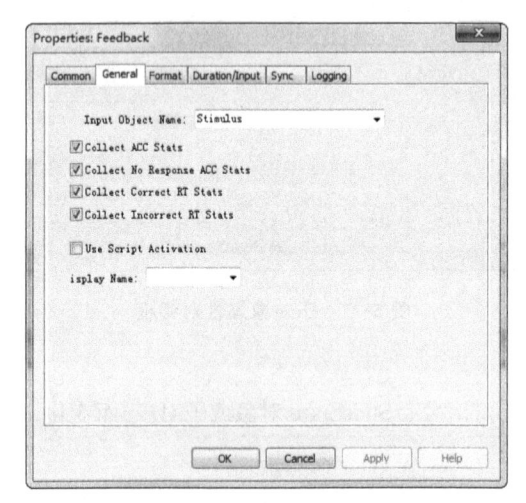

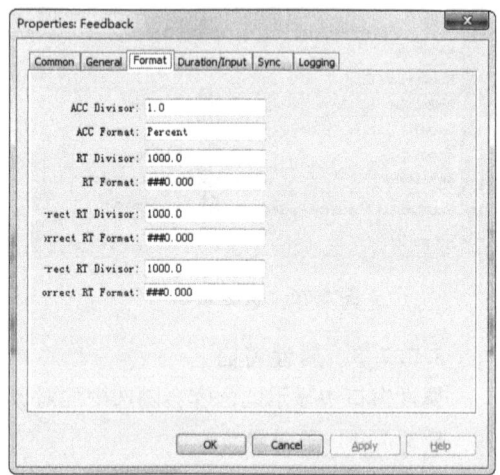

图 5-79　反馈对象属性对话框
——General 选项卡

图 5-80　反馈对象属性对话框
——Format 选项卡

General 选项卡和 Format 选项卡的属性见表 5-38、表 5-39。

表 5-38　General 选项卡属性含义

项目	含义
Input Object Name	设置基于哪个刺激对象的反应输入和反应时等内容进行反馈
Collect ACC Stats	是否采集准确率
Collect No Response ACC Stats	是否采集规定时间内未反应的数据
Collect Correct RT Stats	是否采集正确反应的反应时数据
Collect Incorrect RT Stats	是否采集错误反应的反应时数据
Use Script Activation	是否使用自定义脚本代码来记录
Display Name	反馈信息呈现在哪个显示器上，如果只有一个显示器可省略

表 5-39　Format 选项卡属性含义

项目	可能值	含义
ACC Divisor	数值型（如 1）	ACC 除数
ACC Format	百分比（Percent）	以百分比格式显示正确率
RT Divisor	数值型（1000）	RT 除数，因为记录反应时的单位为毫秒，除以 1000 后转换为以秒为单位
RT Format	数值型（###0.000）	保留 3 位小数
Correct RT Divisor	数值型（1000）	正确反应时除数
Correct RT Format	数值型（###0.000）	保留 3 位小数
Incorrect RT Divisor	数值型（1000）	错误反应时除数
Incorrect RT Format	数值型（###0.000）	保留 3 位小数

如果在反馈信息呈现相应的统计信息，可以使用的宏名称，如表 5-40 所示。假如要在反馈中呈现当前的平均反应时信息："平均反应时为××××秒"。就可以设置为："平均反应时为 @RT.MEAN 秒"。其他反馈信息的设置方法类似。

表 5-40　反馈对象可使用的宏名称

宏名称	含义
@ACC.MEAN	平均正确率
@ACC.N	准确性的观察值个数
@ACC	准确性的单个观察值
@RT.MEAN	平均反应时
@RT.MIN	反应时最小值
@RT.MAX	反应时最大值
@RT.STDDEVP	反应时的总体标准差
@RT.STDDEVS	反应时的样本标准差
@RT.N	反应时的观察值个数
@RT	反应时的单个观察值
@CorrectRT.MEAN	正确反应的平均反应时
@CorrectRT.MIN	正确反应时的最小值
@CorrectRT.MAX	正确反应时的最大值
@CorrectRT.STDDEVP	正确反应时的总体标准差
@CorrectRT.STDDEVS	正确反应时的样本标准差
@CorrectRT.N	正确反应时的观察值个数

续表

宏名称	含义
@IncorrectRT.MEAN	错误反应的平均反应时
@IncorrectRT.MIN	错误反应时的最小值
@IncorrectRT.MAX	错误反应时的最大值
@IncorrectRT.STDDEVP	错误反应时的总体标准差
@IncorrectRT.STDDEVS	错误反应时的样本标准差
@IncorrectRT.N	错误反应时的观察值个数

5.3.9 内嵌代码对象

内嵌代码对象(InLine)用于在实验中插入 E-Basic 脚本，常常用在需要灵活控制实验的范式中。在 E-Prime 程序组下或 E-Studio 的 Help 菜单上有 E-Basic 语言的在线帮助(见图 5-81)，你可以通过在线帮助学习和了解 E-Basic 的语法。

在内嵌代码对象编辑窗口(见图 5-82)中可根据需要直接输入 E-Basic 脚本，所输入的脚本在编译时会插入 E-Basic 文件中(扩展名为 es2)，插入位置由其在程序结构中的位置决定。E-Basic 脚本代码使用高亮显示，不同颜色表示的含义如表 5-41 所示。

图 5-81　E-Prime 程序组　　　　图 5-82　内嵌代码对象编辑窗口

表 5-41　脚本颜色含义

颜色	类型	含义
绿色	备注	使用撇号(')加备注信息
蓝色	关键字	由 E-Basic 识别的关键字
黑色	语句	脚本语句
紫红色	字符	置于双引号内的字符串
灰色	函数	函数
橙色	常量	用户定义的常量

5.3.10 音频输出对象

音频输出对象用于呈现预先录制后数字化的声音，音频文件的格式须为 WAV 或 MP3 格式，且与声音输出设备的属性相匹配。对音频输出对象的编辑只能通过属性对话框或属性窗口来进行(见图 5-83)，其中 General 选项卡主要用于设置音频输出的一些属性，各属性的含义见表 5-42。

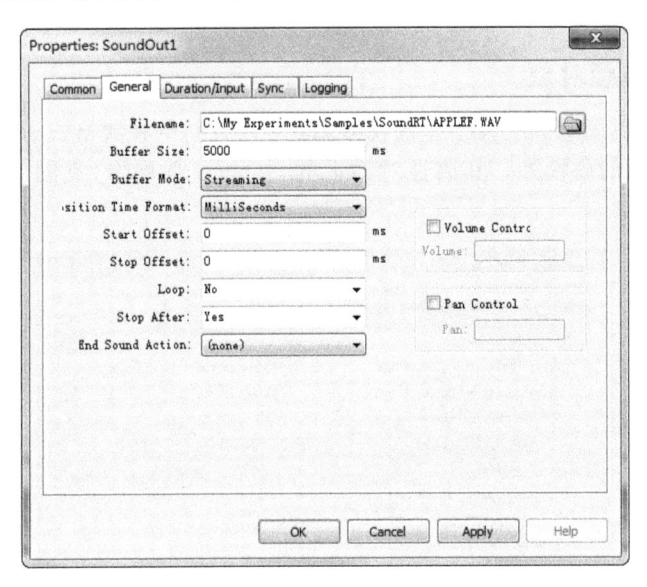

图 5-83 音频输出对象属性对话框
——General 选项卡

表 5-42 General 选项卡属性的含义

属性	可能值	含义
Filename	字符串或属性引用	指定音频输出对象加载的音频文件
Buffer Size	整数值	指定声音缓冲区最大值(以毫秒为单位)
Buffer Mode	Buffered, Streaming	指定缓冲模式
Position Time Format	MilliSeconds, MicroSeconds, Bytes	时间单位：MilliSeconds(毫秒)、MicroSeconds(微秒)、Bytes(字节)
Start Offset	整数值或属性引用	指定声音播放的起始点(时间单位)
Stop Offset	整数值或属性引用	指定声音播放的结束点(时间单位)
Loop	Yes, No	是否在起始点和结束点之间循环播放
Stop After	Yes, No	音频输出对象结束后是否继续播(完)，如音频还未播放完，被试按键反应终止了音频对象后，是否继续播放完毕
End Sound Action	(none), Terminate, Jump	结束动作：是终止还是跳转
Volume Control	Yes, No	是否控制音量大小

续表

属性	可能值	含义
Volume	－10000 至 0	音量大小值
Pan Control	Yes, No	是否控制平衡，用于设置左右耳音量相对大小
Pan	－10000 至 10000	相对音量值

5.3.11 视频对象

视频对象（MovieDisplay）用于呈现视频刺激，所支持的视频格式为 *.mpeg、*.avi、*.wmv。除常用的属性外，其属性对话框的 General 选项卡（见图 5-84）所包含的属性及含义见表 5-43。

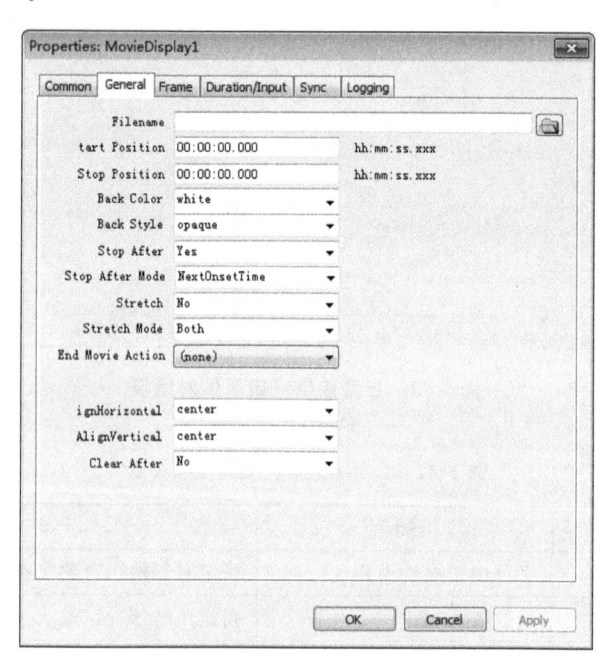

图 5-84 MovieDisplay 属性对话框

表 5-43 MovieDisplay 属性对话框中 General 选项卡各项的含义

属性	可能值	含义
Filename	字符串或属性引用	指定视频对象加载的视频文件
Start Position	时间值	指定开始播放位置，其格式为：hh:mm:ss.xxx
Stop Position	时间值	指定播放结束位置，其格式为：hh:mm:ss.xxx
Back Color	颜色值	
Back Style	Opaque 或 Transparent	透明或不透明

续表

属性	可能值	含义
Stop After	Yes，No	试次结束时，是否结束播放
Stop After Mode	NextOnsetTime，OffsetTime	结束模式，是下次呈现时还是消失时结束
Stretch	Yes，No	是否拉伸视频
Stretch Mode	LeftRight，UpDown，Both	水平拉伸、垂直拉伸或两个方向都拉伸
End Movie Action	None，Terminate，Jump	结束播放后的动作
AlignHorizontal	Left，Center，Right	水平对齐方式
AlignVertical	Top，Center，Bottom	垂直对齐方式
Clear After	Yes，No	结束后是否清除对象

5.3.12 等待对象

等待对象(Wait)用于将程序暂停一段时间。期间也可以采集被试的反应而无须呈现刺激。如果要设置等待对象的相关参数，可在其属性窗口中或通过双击等待对象在打开的属性对话框中进行设置，其属性均为常见属性，可参见 5.3.1。

5.3.13 跳转标签对象

跳转标签对象用来标记程序流水线上的某个位置，用于其他对象作为跳转标签使用(在 Duration/Input 中将 End Action 设置为 Jump)。需要注意跳转只能在单个流程内进行，无法从一个过程跳到另一个过程之中。使用时只需将其拖放到某个过程中的恰当位置即可。

5.3.14 程序包对象

程序包是组块化、功能化的 E-Basic 脚本，可以方便多个实验程序使用，从而避免复制、粘贴和插入脚本代码。程序包对象实际上是扩展名为 epk 的文本文件，只有在程序中安装了程序包文件才可在实验中使用(如何安装程序包参见 5.3.2.5)。

5.3.15 脚本对象

脚本对象(Scripting)与实验对象不同，它没有图形化用户界面或属性对话框进行交互式属性设置。所有的属性和方法需要在内嵌代码对象或脚本窗口中通过代码语句设置和使用。其中常用的对象有以下几种。

5.3.15.1 画布对象

画布对象(Canvas)通过代码来应用，支持所有的图形绘制操作。例如，画线、画圆、画矩形等。

5.3.15.2 汇总对象

汇总对象(Summation)通过收集观测值，汇总测量的数据，如最小值、最大值、平均值、标准差或方差等。例如，如果要监测一个区组的正确率，可以使用汇总对象来跟踪单个观测值，然后计算所需的统计指标。

5.3.15.3 调试对象

调试对象(Debug)封装了一套调试机制。例如，Debug.Print 可以在输出窗口中的 Debug 标签下打印调试信息，以便在开发实验程序时验证和检测计时精度、抽样顺序等。

第 6 章　E-Prime 计时精度

E-Prime 实验系统已经在英特尔公司生产的奔腾(Pentium)、赛扬(Celeron)处理器和 AMD 公司生产的速龙(Athlon)处理器上进行过计时精度测试,如果处理器的速度达到 120 兆赫以上,计时精度可达到毫秒级。

当使用常用桌面计算机和操作系统时,影响 E-Prime 计时精度的严重问题是计算机系统负责控制整个电脑,有时会阻断 E-Prime 读取内置的石英钟。E-Prime 使用高优先线程来尽可能减少此类事件的影响,通过结构化的实验可以降低虚拟内存的交换和中断事件。对于性能配置比较好的计算机,计时丢失发生的概率小于 0.05%,在抢占式多任务操作系统环境下,此概率不会为 0。

对于大多数实验而言,比较罕见的 5ms 的时间误差基本可以忽略,E-Prime 在数据记录中提供计时报告选项,研究者可以检查计时报告数据,如果有必要可剔除有影响的试次。E-Prime 实验系统经过大量测试发现平均误差值小于等于 0.5 毫秒(石英钟本身的精度为 0.15 毫秒),键盘输入的延迟范围在 6.5~7.5 毫秒。

研究者配置和测试计算机系统以确保实验过程中的计时精度是非常必要的。E-Prime 提供了一个诊断程序来评估计时精度和计算机软硬件性能,可以检验视频系统的垂直中断和刷新能力,一些软硬件配置可能不支持毫秒级计时或可靠的刷新,因此在实验前必须对计算机系统的性能进行检测,以便对计算机配置进行更改。

E-Prime 能够满足初级和高级计时要求。首先研究者要清楚实验的计时精度达到何种要求,知道如何查看数据来检验关键环节的计时精度。

不同的实验范式对计时精度的要求会有不同。例如,

单一刺激的反应:从刺激开始呈现到被试反应之间的计时是关键环节。

序列事件:在注视点→探测刺激→掩蔽刺激事件序列中,ISI 和刺激持续时间是关键环节。

可变时间范式:从探测刺激到掩蔽刺激间的时间间隔可变,以得到某个心理物理函数。

重复的序列事件:在持续绩效任务中所呈现的长系列刺激,要确保没有时间累积错误,以便与脑电设备的计时相匹配。

快速事件序列:刺激在快速呈现时(如持续时间只有 12 毫秒),需要使垂直刷新与图像缓冲同步。

E-Prime 能够记录和分析时间数据,如果需要使用高级计时方法,研究者分析和报告计时精度非常关键。

6.1 计时问题

由于现在心理学实验常常借助于计算机来完成，但计算机的计时精度并没有达到理想程度，且不同计算机系统间又存在较大差异，因此对于心理学研究者而言，了解计算机计时方面的知识非常重要。

目前市场上有许许多多的计算机硬件和设备驱动程序，每天都有新的硬件和软件推出，一些硬件并不能达到专业心理学研究的时间精度要求，它们往往是出于商业目的来优化硬件性能，实时显示并不一定是硬件和软件研发者关注的重点问题。你所使用的计算机可能是厂家预先配置的或某人安装了某个后台程序的，这都可能使计时性能下降。E-Prime 提供了相关工具来检验计算机的计时精度是否理想。

许多研究者都致力于提升计算机实验的计时精度，但随着计算机硬件和操作系统的复杂化，评估计算机的计时精度变得越来越困难。随着计算机多任务操作系统的出现，能力的提升（如网络通信和资源共享、数据交换和并行处理等）和虚拟任务的增加（如虚拟内存管理，底层硬件命令被层层的虚拟设备驱动包裹而无法直接获取硬件等），要达到精确计时和验证精度就需要加倍努力。

如果你需要计时精度在 1 毫秒以下，那么没有一台现代运行桌面操作系统的个人电脑能满足此要求。操作系统本身就要占用时间，即便某程序能达到微秒级，也只有在计算机处理器没有占用时钟的情况下才能完成，但显然这是不可能的。

例如，假设某个软件程序尝试连续读取能每毫秒更新一次的硬件时钟。如果程序连续读取时钟 10 秒（10000 毫秒），那么所读取的时钟值应该变化了 10000 次，相邻读数的差值应为 0 或 1（如果该软件程序连续读取间隔正好为 1 毫秒，则差值为 1；如果连续读取间隔在 1 毫秒以下，则差值为 0），但实际上在当前的操作系统上你会发现有时相邻的两个读数间的差值会大于 1 毫秒。假设硬件时钟是独立连续运行的，出现上面现象的原因只能是软件程序在读取时钟时被阻止了，而时钟仍在继续，这样就错过了某些时间值，发生这种情况的概率被称为嘀嗒丢失率（miss tick rate），连续两次读取时钟的时间间隔称为最大嘀嗒丢失时长（maximum miss tick duration）。

现代多任务操作系统不允许独占式连续运行任何线程，因为操作系统需要周期性执行关键功能（如虚拟内存管理），没有应用程序能够达到 0 的嘀嗒丢失率，或者说不发生嘀嗒丢失现象。例如，Windows 操作系统的内存回收机制会时不时从内存中移除一个应用程序的部分内容来查看该应用程序是否需要这部分内容以便释放计算机系统内存空间，这一操作本身就会导致应用程序的计时延迟。E-Prime 通过管理或减少与操作系统的交互，尽可能降低嘀嗒丢失现象，丢失率在 0.05% 以下，从而确保计时精度和数据的有效性。

在 E-Prime 中，所谓的毫秒级计时精度，是指以下方面：

①计时精度的标准差小于 0.5 毫秒；

②从能够读取时钟到记录时间在 1 毫秒内完成，能检测所发生的错误，方差不超过 1 毫秒，为研究者提供识别和滤除错误计时数据的方法；

③全屏下刷新时的丢帧率不超过 0.01%，且能够检测丢帧现象。

1毫秒的时间误差对于反应时是可以忽略不计的。

计算机记录的时间方差＝人的反应时方差＋软件计时测量方差

举例来说，人们典型的反应时为 600 毫秒，标准差为 150，那么方差为 22500，如果计算机的处理速度为 120 兆赫，在大多数硬件和软件配置下，E-Prime计时测量方差为 1，由测量方差所引起的误差只占 0.00444%。

有关计时还需要考虑以下问题。

6.1.1 错误的设备参数

对于心理学计算机实验，显示器有三个指标非常重要。一是刷新频率。刷新频率代表了屏幕图像每秒重绘多少次，也就是每秒屏幕刷新的次数。刷新率越高，图像就越稳定，图像显示就越自然清晰，视疲劳越轻微。二是分辨率。分辨率是指单位面积显示像素的数量。液晶显示器的物理分辨率固定不变，对于 CRT 显示器而言，调整电子束的偏转电压，可以改变不同的分辨率。但液晶显示器要通过运算来模拟显示效果，而实际上的分辨率并没有改变。由于并非所有的像素同时放大，就存在缩放误差。当液晶显示器使用非标准分辨率时，文本显示效果就会变差，文字的边缘就会被虚化。三是颜色位数。颜色位数又称色彩深度，取决于显卡的性能和设置，色彩深度指标反映了显示器能够显示的色调有多少，颜色位数的值越高，就越可能真实地还原亮部及暗部的细节。颜色位数以二进制的位(bit)为单位，用位的多少表示色彩数的多少。色彩深度是用"n 位颜色"(n-bit color)来说明的。若色彩深度是 n 位，即有 $2×n$ 种颜色选择，储存每像素所用的位数就是 n。目前几乎所有显示器的色彩位数都达到了 24 位或 32 位，可以生成真彩色的图像。色彩位数高，可得到的色彩动态范围更大，显示器对颜色的区分就能够更加细腻。

当刺激显示时间非常短时，刷新频率会影响刺激质量和真正的持续时间，研究者可通过计算机的控制面板或 Windows 桌面属性来查看显示器刷新频率和分辨率。在显示器不同的分辨率下，显示器的刷新频率会有不同，如液晶显示器通常报告刷新频率为 60 赫兹，但分辨率为 800×600 时，实际刷新频率为 60.3 赫兹，误差为 0.50%；分辨率为 1280×1024 时，实际刷新频率为 75.3 赫兹，误差为 20.32%。20%的误差意味着当刷新频率为 60 赫兹时，计算机连续刷新 60 次，持续时间应该为 1000 毫秒，但实际上是 797 毫秒左右，相差大约 203 毫秒。对于心理学计算机实验来说，这就是非常严重的一个问题。因为根据你的实验参数，其他研究者可能无法重复你的实验结果。研究者需要提供有效的计时参数，而不能依靠硬件厂商的说明书。

如果实验中设置的分辨率和颜色位数与计算机桌面的属性不同，E-prime 会强制进行显示模式转换，显示硬件会强行改变刷新频率来适应新的显示参数。E-Prime 中提供了测量和报告显示系统刷新频率等属性的机制。在每个实验开始前，E-Prime 都会测量并记录这一属性(数据文件中的变量名为 Display.RefreshRate)。

6.1.2 刺激持续时间与预期不同

心理学计算机实验中最严重的问题是当计算机系统本身需要时间来完成某些操作时实验会在你没有觉察到时暂时中断，这严重影响了计时精度。当使用计算机时你可能遇到过此种情况，移动鼠标或光标时没反应，等一会儿又好了，严重时会提示程序无响应，需要重新启动程序。这种情况在实验中同样会发生。假设你要连续显示 36 张图片，每张图片显示 200 毫秒，如果用秒表计时，你会发现图片实际显示了 300 毫秒左右，有时将近 1 秒，如果运行 5 遍，你会发现每次较长呈现时间（峰值）出现的位置都不同。

图 6-1 中显示了两个实验周期的测量时间变化情况，200 毫秒处的白色水平线表示期望的时间，第一个实验周期（实线）和第二个实验周期（虚线）显示时间的中位数大约在 305 毫秒，不规则的最长持续时间高达 934 毫秒。从图 6-1 中可以看出三处明显的问题：①持续时间的中位数比 200 毫秒长了 105 毫秒；②异常数据（峰值）表明实验被暂时中断；③异常数据（峰值）的出现不规律。

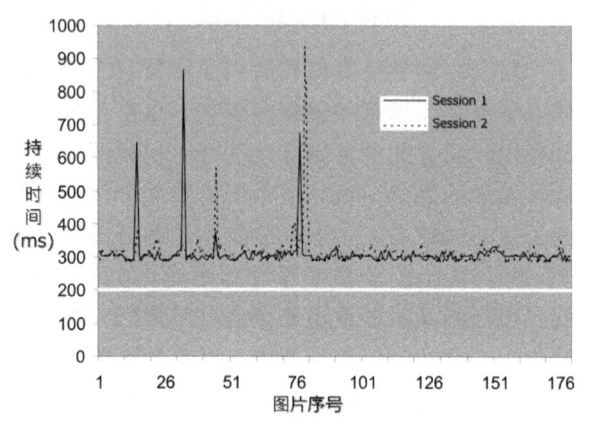

图 6-1 持续时间的变异

这样一个简单的实验任务，为什么时间差得这样离谱？只有理解发生这种现象的可能性及原因，你才能够对它加以识别并在 E-Prime 中避免它。那么上面额外的 105 毫秒的时间用在哪些环节上了呢？为了显示图片，计算机需要从硬盘存储介质上读取图片文件，准备图片的显示，将图片加载到显示缓存区，然后显示并等待 200 毫秒。因此读取图片、准备图片、复制图片大约花费 105 毫秒，这就是实际显示时间中位数约为 305 毫秒的原因。那么如何解决这一问题呢？一种策略就是在呈现当前图片的 200 毫秒时间内，就让软件来预先准备好下一张将要显示的图片。E-Prime 引入 PreRelease 概念来解决此问题，就是让当前刺激释放一些执行时间完成将要呈现刺激的准备工作（读取图片、加载到显示缓存），在预定的时间点，图片显示已经准备好，将其复制到屏幕即可，这样由图片准备工作所造成的延迟就可以大大降低甚至消除。比如，将 PreRelase 时间设为 150 毫秒，比 105 毫秒长，这样就可以消除时间延迟。

图 6-1 中的第二个和第三个问题与异常的峰值有关。为什么有些延迟特别长，并且发生不规律呢？这是由于 Windows 操作系统需要执行各种管理操作而阻止了实验程序，如当操作系统进行虚拟内存管理时需要耗费几毫秒到上百毫秒不等的时间，此类事件是不可控的，取决于当前操作系统需要执行的任务。如果你打开了一个很大的 Word 文档，就会占用计算机很多的内存空间。此时你运行实验程序，当显示第一张图片时，计算机系统尚有足够的内存空间来缓存图片，可到了第 15 张图片，计算机系统已经没有足够的内存空间来完成图片加载，此时计算机系统就会将部分 Word 文

档写入到硬盘腾出些内存空间(防止计算机崩溃),由于计算机系统对 CPU 的优先使用权,就会导致实验程序暂时性中断。接着实验程序图片加载又顺畅起来,但显示到第 33 张图片时计算机内存又不够用了,实验程序又被计算机系统的虚拟内容管理而阻止。

记住:是操作系统而不是你在控制计算机,你只是向操作系统提出控制计算机的请求。当你向操作系统提出任务请求时,操作系统可能会觉得你的任务没有其他任务更紧迫(对操作系统而言,没有什么任务比处理要导致计算机崩溃的任务更紧迫),这样你的任务请求会被搁置,等操作系统空闲了再处理你的请求,所以就会造成延迟。

首先,E-Prime 会告诉操作系统当收集数据时使用高优先权来运行 E-Prime 实验系统,这样操作系统会延迟(忽视)正常优先权的应用程序的请求。其次,E-Prime 在刺激呈现时进行预加载来缓存刺激,从而减少在运行时直接与硬盘交互。最后,E-Prime 会不断监测系统是否有延迟发生,尽管没有程序能够完全不受操作系统的影响,但 E-Prime 会记录延迟情况。PreRelease 预加载图片的特性,可以使实际的图片呈现时间均值保持在 200 毫秒左右(200.057 毫秒),并且没有异常峰值出现。

6.1.3 刷新周期

计算机显示设备(CRT 或 LCD)从左上角开始,从左至右依次绘制每个像素点,第一行绘制完成后,再从左到右绘制第二行,直至右下角最后一个像素点。绘制整个屏幕的时间称为刷新周期(refresh cycle),刷新时长一般在 10~18 毫秒。刷新周期的开始称为垂直中断事件(vertical blank),对于 CRT 显示器,指电子枪从屏幕右下角移至屏幕左上角重新开始刷新,用时称为垂直中断间隔(vertical blank interval),显卡、显示器和屏幕分辨率及颜色位数影响刷新周期,分辨率和刷新频率的调整会耗费时间且造成闪屏现象,在实验过程中不要调整这些参数。

根据刷新频率可以计算显示器的刷新时长:刷新时长(毫秒)=1000/刷新频率(赫兹)。假如显示器的刷新频率为 60Hz,则刷新时长为:1000/60=16.67 毫秒。反过来,根据刷新时长也可以计算刷新频率。比如,刷新时长为 14 毫秒,则刷新频率为:1000/14=71.4 赫兹。

在一个分辨率为 1024×768,刷新时长为 14 赫兹的 CRT 显示器上,假如呈现一个刺激序列:注视点"+"→探测刺激→掩蔽刺激,每个刺激的绘制均在垂直中断时开始,那么屏幕中央像素点(第 384 行)的显示时刻分别为 7 毫秒、21 毫秒和 35 毫秒(见图 6-2)。

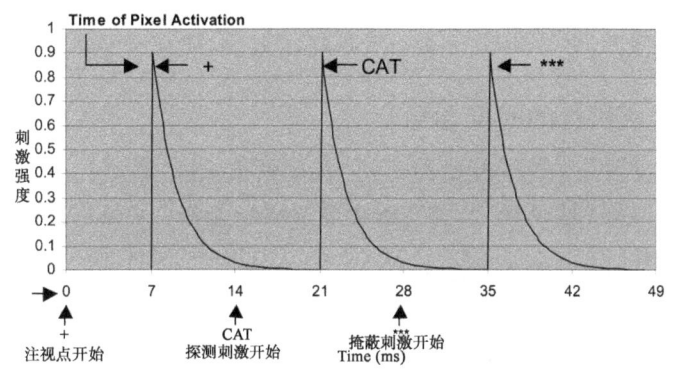

图 6-2 屏幕中央像素点强度变化

图 6-2 中的指数衰减函数显示了在 CRT 上进行实验时的实际情况，时间延迟是由于当从屏幕左上角开始刷新到屏幕正中央时用时为 7 毫秒，而强度变化是由于 CRT 显示器每个像素的持续激活时长一个周期内约为 3 毫秒（由于荧光衰减的原因）。为了能够稳定地显示，计算机需要不停地刷新屏幕，这也就是为什么刷新频率越高，图像越稳定，或者说 CRT 显示的机理逼迫计算机要快速刷新屏幕，否则屏幕就暗下去。LCD 显示器不存在荧光衰减问题（所以使用 LCD 显示，眼睛的疲劳感会降低），但仍需要持续不断照亮屏幕。所以 CRT 显示器的刷新频率通常较高（60～180 赫兹），而 LCD 显示器的刷新频率较低（60～75 赫兹）。

固定的刷新频率使得我们无法在任意时间显示或擦除图像，只有在当前刷新过程结束，下一次刷新过程开始时才能进行。假如刷新周期为 14ms，显示的变化只能在 0 毫秒，14 毫秒，28 毫秒……时（14 毫秒的整数倍）开始，而到了屏幕中央点就是 7 毫秒，21 毫秒，35 毫秒。在一个刷新周期内，有的像素可见，而有的像素由于还未刷新可能不可见，这取决于刺激在屏幕上的位置。假如呈现注视点 5 毫秒后开始呈现探测刺激"CAT"，然后 5 毫秒后呈现掩蔽刺激"＊＊＊"，那么注视点就不可见，因为在 5 毫秒时显示缓存已经被 CAT 所替代，故 7 毫秒时显示的实际是 CAT，尽管探测刺激之后 5 毫秒又请求显示掩蔽刺激，但此时已经超过一个刷新周期（15 毫秒），掩蔽刺激只能等到下一个刷新周期开始时进行，所以会在 14＋7＝21 毫秒时显示。

注意：如果刺激的位置变化一下，被试可能会看到不同的显示结果。例如，如果显示刺激呈现在屏幕靠近顶端而非中间位置，被试只能看到注视点和掩蔽刺激。因为一开始注视点会呈现，探测刺激必须在当前下次刷新时才能呈现，但在下次刷新时绘制掩蔽刺激的请求已经启动，如果显示刺激变化比刷新周期快，那么有些刺激可能根本没有呈现给被试。

另外，如果刺激呈现时间不是刷新周期的整数倍，那么刺激实际呈现时间有可能变化一个刷新周期。假设，刷新频率为 73.1 赫兹（刷新时长为 13.67 毫秒），如果刺激呈现时长为 200 毫秒，被试实际看到的刺激呈现时间为 191.3 毫秒或 205 毫秒，由于 200 毫秒呈现时间正好处于两次刷新周期（191.3 毫秒和 205 毫秒）63％处，所以，实际呈现时间为 205 毫秒的概率为 63％，为 191.3 毫秒的概率为 37％。

时长差值＝期望值－实际值下限（200ms－191.3ms＝8.7ms）
刷新次数比例＝时长差值/刷新周期（8.7ms/13.67ms＝63％）

6.1.4　对象执行的时间参数

对象的执行从 StartTime 开始至 StopTime 结束。OnsetTime 是指从实验开始至对象呈现动作的时间（时间戳），如开始在屏幕绘制刺激。OffsetTime 是指从实验开始至对象消失动作的时间（时间戳）。Duration 是 OffsetTime 和 OnsetTime 的时间差（见图 6-3）。

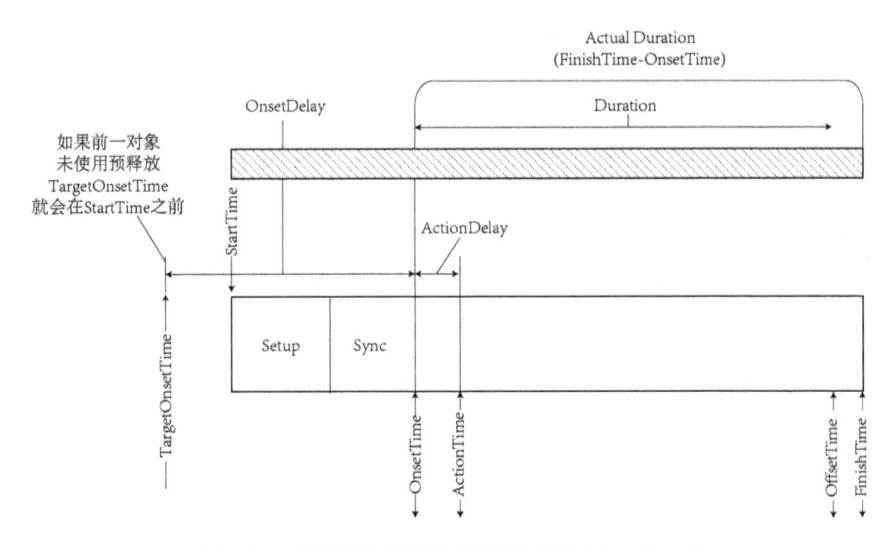

图 6-3　对象执行时间简单示意图（No PreRelease）

OnsetTime 属于关键事件，对于视觉刺激是指开始从屏幕左上角绘制的那一刻，但对于具体的刺激其呈现的时刻会有所不同。如果计算机显示器的刷新频率为 60Hz，需要 16.6666 毫秒完成整个屏幕像素的更新。因此任何显示在屏幕中心的刺激（如注视点）大约在对象 OnsetTime 之后的 8 毫秒才真正显示出来，计算机所记录的 Duration 为在刺激对象的属性对话框的 Duration/Input 选项卡下所设置的内容。实际的 Duration 并非如此，还可能受显示器类型（如 CRT 或 LCD）的影响。E-Prime 提供了 OnsetToOnset 时间参数，表示从当前对象呈现到下一对象呈现之间的时间间隔（见图 6-4）。

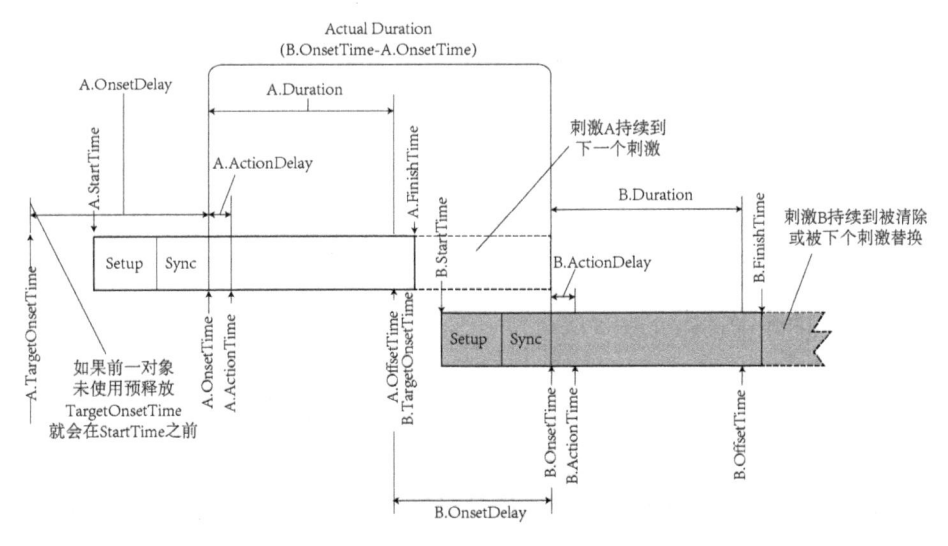

图 6-4　实际持续时间（OnsetToOnset）示意图

从 OnsetTime 到 ActionTime 之间的时间间隔应在 1 毫秒以下，否则说明你的硬件存在问题。OnsetDelay 是 OnsetTime 到 TargetOnsetTime 的时间间隔，该差值也应尽可能小。另外需要注意，如果下一刺激没有覆盖前一刺激，前一刺激会仍显示在屏幕上，OnsetToOnset 参数就不反应前一刺激的实际持续时间。

6.1.5 准确测量和报告时间信息

我们总希望计算机能够按照我们的实验设计要求来执行，但事实上很困难或根本做不到。第一，编程软件本身可能就存在这样或那样的漏洞，即便操作系统也时不时需要打补丁来封堵漏洞。第二，由于人类知觉的局限性，直接观察时很难发现计时问题。第三，使用专业的监测设备由于价格和操作复杂性问题也不现实。第四，无法获取关键变量（一次刷新开始的实际时间）。第五，程序中插入计时代码本身就会影响计时（测不准原理）。第六，当关键性计时事件发生时记录额外信息不可能。

E-Prime 中内置了对每个对象记录时间报告的功能。当显示刺激或被试反应输入时，E-Prime 记录这些事件的时间参数，把这些时间参数导出到 Excel 中就可以生成图表来检查是否存在计时问题。E-Prime 还提供了相应的程序样例来检测计算机系统的性能。

总之，使用计算机进行心理学实验时，要达到毫秒级计时精度，就要充分意识到这些问题，从而减小误差。数据收集时要时刻警惕时间精度问题。

6.2 获取高精度计时

E-Prime 不但提供毫秒级计时精度，还提供了计时报告工具。由于不同心理学实验范式对计时精度要求的关键点不同，你需要掌握如何在 E-Prime 中达到你的目的。

例如，让计算机连续呈现 10 张图片，每张呈现 100 毫秒。这样一个简单的实验流程如果不加以控制也达不到想要的效果。你可以参阅 6.1 了解其中可能存在的问题。尽管 E-Prime 提供了预加载功能，但你需要知道如何设置一些选项实现高精度计时。

实验程序的复杂性会因对计时精度要求的不同而不同。如果实验只是收集针对某刺激的反应时，那就比较简单。可如果计时涉及刺激显示间隔、短暂呈现、固定速率呈现、与外部设备同步等，就要首先理解一些有关计时的概念。只有理解这些概念，你才能掌握更多的控制计时的方法。下面介绍几种技巧。

6.2.1 使用 PreRelease

计算机在呈现某些刺激前需要时间完成一些准备工作，所以在呈现当前刺激的过程中要同时完成呈现下个刺激的准备工作以避免可能的延迟。影响计时精度最常见的原因是人们常常认为准备刺激花费的时间可以忽略不计。比如，要呈现一组 18 点阵的词组，每个显示 100 毫秒。某个刺激的呈现就涉及选择刺激、生成高精度刺激、显示刺激等过程，大约需要 30 毫秒（在 120 兆赫的计算机上）。因此要延迟一段时间后才能呈现某个刺激，呈现时间（OnsetTime）是指刺激开始写入硬件的时间，反应时就是相对于呈现时间来计时的。

表 6-1 给出的是刺激准备时间对计时影响的数据。如果真的不需要准备时间，那

么每个刺激的呈现均为 100 毫秒，且没有延迟，两个刺激之间的 ISI 为 100 毫秒（第一行数据）。但事实上会需要大约 30 毫秒的准备时间，这样第一个刺激由于延迟会在 30 毫秒时才开始呈现，第二个刺激又由于延迟会在 160 毫秒时才开始呈现，这样两个刺激之间的 ISI 就成了 130 毫秒（第二行数据）；如果使用 E-Prime 中 PreRelease 功能，使计算机在呈现当前刺激的同时完成下个刺激的准备工作，那么两个刺激之间的 ISI 仍为 100 毫秒（第三行数据）。由于计算机不可能不需要准备时间，所以只有最后一行才能真正满足实验的要求。

表 6-1　不同条件下的呈现时间（假设从 0 开始计时）

刺激序列	刺激呈现时间（Onset Time）			
	1	2	3	4
假设准备时间为 0	0	100	200	300
需要 30 毫秒的准备时间	30	160	290	420
通过 PreRelease 完成刺激做准备	30	130	230	330

在 E-Prime 中，实验系统为每个刺激提供了一个 PreRelease 属性，可以在上一个事件结束前开始准备下一个事件，然后等待前一个事件结束后直接呈现刺激即可。假设在上面的例子中，将 PreRelease 的时间设置为 50 毫秒，准备时间需要 30 毫秒，所以 30 毫秒后第一个刺激呈现，当第一个刺激呈现了 50 毫秒时，就开始准备第二个刺激（需要 30 毫秒），在 110 毫秒（30＋50＋30）时，第二个刺激已经做好准备（此时第一个刺激已呈现 80 毫秒），由于第一个刺激需要持续呈现 100 毫秒，因此还需要等待 20 毫秒，第一个刺激呈现结束后，在 130 毫秒时呈现第二个刺激，依此类推。在被试看来，每个刺激均呈现了 100 毫秒，被试感觉不到准备时间或累积时间的影响。

从图 6-5 中可以看出，当使用 PreRlease 时，只要 PreRelease 时间大于准备工作所示的时间，且准备工作所需时间小于刺激持续时间就可避免延迟问题。

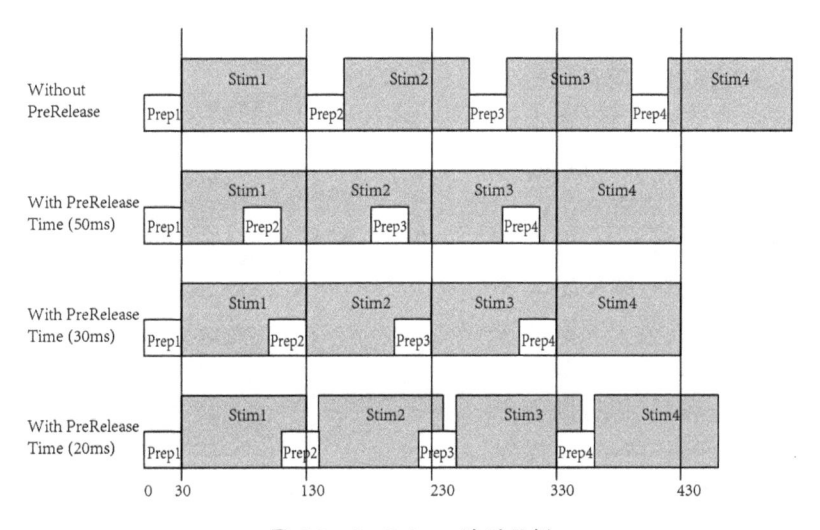

图 6-5　PreRelease 计时示例

在 E-Prime 中刺激呈现和反应处理是并列运行的。这就意味着当前刺激呈现的同时准备下一刺激，在下个刺激呈现之前的输入仍能够根据当前刺激的设置被记录。同时 PreRelease 功能还能够在一定程度上解决刺激持续时间与预期不同的问题（参见 6.1.2）。当操作系统对关键事件（如结束上个刺激、生成下个刺激、呈现下个刺激）造成延迟时，PreRelease 功能会尽可能及早地完成更多的关键操作，以便给下个刺激的准备工作释放更多时间，实验系统也将待显示的信息以离屏图像的形式准备好。

监测代码会驻留在内存并且占用极少时间，如果操作系统占用 CPU 的时间小于 PreRelease 时间，那么实验程序不会受影响。尽管操作系统也可能阻止监测代码，但由于最后阶段的关键事件用时极少，就减少了时间延迟现象。一般而言，100～200 毫秒的 PreRelease 时间对于大多数的序列呈现已经足够。

尽管 PreRelease 功能非常有效，但在使用此功能时有几个值得注意的地方。

第一，只要 PreRlease 时间小于刺激持续时间，是不是越长越好呢？比如，每个刺激呈现 1000 毫秒，要求对连续呈现刺激进行判断反应，可否将 PreRelease 时间设为 800 毫秒呢？答案是否定的，因为此时你将无法记录到被试的反应。

第二，如果使用 PreRelease 的对象在反馈对象（FeedbackDisplay）之前。例如，一个持续呈现时间为 1000 毫秒的探测刺激，其 PreRelease 时间设置为 100 毫秒，当探测刺激呈现到 900 毫秒时，反馈对象就开始进行准备工作，反馈对象会检查被试的输入和准确性，然后据此准备反馈信息（正确、不正确、无反应等），如果在此之前针对探测刺激被试没有做出反应，在 901～1000 毫秒区间内才做出反应，由于反馈对象可能已完成准备工作，显示的反馈信息会是"无反应（No Response）"，尽管记录的反应数据是正确的，但反馈给被试的信息是错误的。为了不影响反馈信息，建议将在反馈对象之前的对象的 PreRelease 时间设置为 0。尽管这样会延迟呈现反馈信息，但反馈对于实验而言不是关键事件。你也可以调整用于被试反应的时间区间，使其不与 PreRelease 区间重叠。

使用 PreRelease 功能可能影响数据记录。如果反应时间的区间比刺激持续呈现时间的区间长，或者在脚本中要使用反应数据（脚本会在 PreRelease 阶段内执行），此时不要使用 PreRelease 功能。

图 6-6 中探测刺激持续呈现 1000 毫秒，掩蔽刺激持续呈现 1000 毫秒，为了能够在探测＋掩蔽区间内接收被试的反应，反应区间就需要扩展至 2000 毫秒（反应区间大于探测刺激持续时间）。在（1）中反馈准备发生在掩蔽显示结束和反应采集完成后，反馈和数据记录正常；在（2）中除非被试在探测刺激呈现

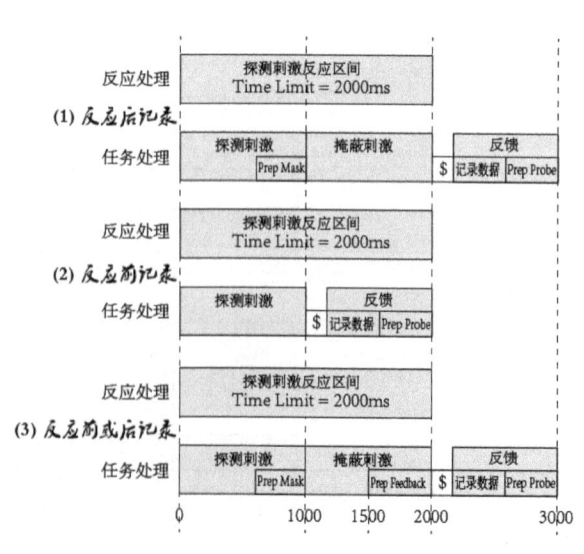

图 6-6 反应区间的扩展（$ 表示对被试输入的采集）

阶段（0～1000毫秒）做出了反应，数据能够正常记录，如果被试在1900毫秒时才做出反应，不但反馈信息不正确，且反应也无法记录下来；在（3）中，由于掩蔽刺激设置了500毫秒的PreRelease，所以在1500毫秒时，就开始反馈准备工作，如果被试在1500毫秒后做出反应，则反馈信息不正确，但能够正确记录数据。所以如果反应区间进行了扩展，要确保在反馈和数据记录之前已经完成输入采集。

第三，当使用PreRelease功能时，要确保当前刺激在所设定的持续时间内没有被清除，一个对象等待在所设定的持续时间后会自行清除。在刺激序列中，清除某个刺激常常通过绘制下个刺激来完成。如果当前对象随反应输入而结束，PreRelease效果会不理想，因为系统无法预测被试何时做出按键反应，且做出反应后当前对象已经终结，已经进入呈现下个刺激的环节，预留给准备下个刺激的时间就没有了。在大多数实验范式中，反应后不终结当前对象不存在问题，因为后面的显示往往不属于关键事件，即便是关键事件，但延迟也不会超过一个刷新周期。对于会造成问题的实验范式，不要将End Action设置为Terminate。

6.2.2 同步刷新

刺激的持续呈现时间设置为刷新时长的整数倍，才可以使刺激的呈现与刷新周期同步。根据6.1.3的知识，计算机呈现刺激可以理解为计算机以固定速度呈现一系列静态的图像帧，如同电影动画般，每一帧呈现的时间非常短（介于1/85秒与1/60秒之间），呈现时间是以刷新周期为最小单位的。

刷新周期在一个实验周期内是固定的（除非调整刷新频率，但一般不会这么做），刺激呈现与刷新周期有密切关系。首先你要决定刺激呈现时是否与屏幕刷新同步（E-Prime缺省设置为同步）。其次刺激的持续时间是刷新时长的整数倍。最后，让刺激呈现与刷新同步会导致延迟。如果要使连续呈现的三个刺激均同步于下一个刷新周期，三个刺激之间至少有一个刷新时长的时间间隔（如刷新时间为14毫秒，即使将它们的持续时间设为0毫秒，也至少需要42毫秒的时间来呈现三个刺激）。如果不同步，被试可能只看到最后一个刺激或被撕裂的图像。如果想同时呈现多个刺激，最好的方法是使用幻灯（Slide）对象，它可以使文本、图像、声音与相同的刷新周期同步。对象属性页中的Sync选项卡，可以设置是否同步。当呈现（Onset）同步属性设置为垂直中断（vertical blank）时，对象会延迟到下一个垂直中断开始时。你可以单独设置刺激呈现（Onset）和消失（Offset）的同步方式，刺激消失的默认同步方式是"无（None）"。

6.2.3 计时模式

由于操作系统对CPU的占用、刺激需要准备工作以及刷新周期的原因，在计算机实验中，计时延迟很难避免。在E-Prime中，尽管无法完全消除计时延迟，但可尽可能降低。

假设要连续呈现4个刺激，每个呈现100毫秒（见图6-5），如果在呈现第二个刺激前操作系统使实验程序暂停了20毫秒，就会出现计时错误。是让第二个刺激继续呈现100毫秒，延迟随后的刺激，还是将第二个刺激的呈现时间缩短为80毫秒，接下来的刺激仍按计划的时间来呈现？E-Prime提供了计时模式设置来处理这种情况。

E-Prime有三种计时模式。

6.2.3.1 事件模式

在事件模式(Event Mode)下，当刺激被延迟时，不会影响刺激的持续时间，但会使随后刺激的 Onset 事件出现延迟并且延迟叠加。在图 6-7 事件模式中，假设第二个刺激后有 20 毫秒的延迟，第三个刺激后有 30 毫秒的延迟，那么 5 个刺激的呈现时间分别为 0 毫秒、120 毫秒、220 毫秒、350 毫秒和 450 毫秒。最后一个刺激的呈现时间就是 450 毫秒而非计划中的 400 毫秒。

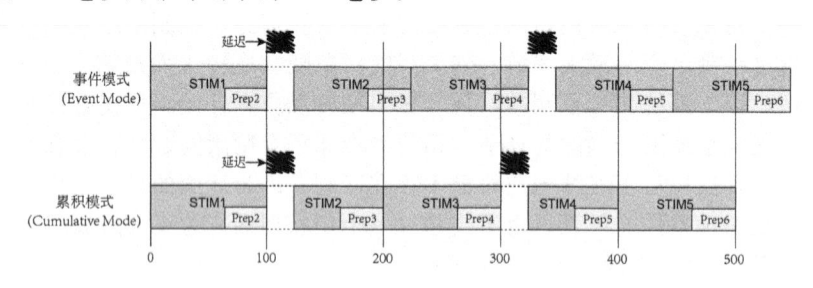

图 6-7　计时模式示意图

6.2.3.2 累积模式

在图 6-7 累积模式(Cumulative Mode)中，事件延迟会缩短刺激的持续时间，这样可以减少累积时间误差。5 个刺激的呈现时间分别为 0 毫秒、120 毫秒、200 毫秒、330 毫秒和 400 毫秒。可以看出第二个刺激的延迟并没有影响第三个刺激的呈现时间，仍是计划中的 200 毫秒。即使有两次延迟，第五个刺激的呈现时间仍是计划中的 400 毫秒。但在累积模式下，如果刺激持续时间比较短，而延迟时间比较长时(如持续时间为 14 毫秒，延迟 20 毫秒)，此时实验系统会尽可能缩短当前刺激的持续时间，剩余的时间误差通过缩短随后刺激的持续时间来实现。如果某个刺激被反应中断(如 End Action 属性设置为 Terminate)，E-Prime 会将下个刺激尽快呈现，使下个刺激的呈现时间(Onset Time)调整为反应时刻而非计划中的呈现时间，假设刺激的持续时间为 1000 毫秒，对第一个刺激被试在 650 毫秒时做出了反应，那么第二个刺激会尽可能在 650 毫秒时呈现，而非计划中的 1000 毫秒。因此建议在使用累积模式时，将 End Action 属性设置为"无(None)"。

6.2.3.3 自定义模式

自定义模式(Custom Mode)是 E-Prime 提供的一种使用 E-Basic 脚本来评估计时误差，使用算法来直接设置事件的呈现(Onset)和消失(Offset)时间的高级选项。对象的呈现和消失时间可以通过 CustomOnsetTime 和 CustomOffsetTime 属性来设置。当使用该模式时，实验系统忽略对象的持续时间(Duration)和预释放(PreRelease)属性，通过 CustomOnsetTime 和 CustomOffsetTime 两个指标确定对象的持续时间。这样可以借助 E-Prime 中 Clock.Read 指令(返回从实验开始到调用代码时的毫秒级时间)来设置探测刺激的呈现和消失时间：

```
Probe.CustomOnsetTime=Clock.Read+5000
Probe.CustomOffsetTime=Probe.CustomOnsetTime+100
```

上面两行代码的含义可以理解为探测刺激在 5 秒之后呈现，持续时间为 100 毫秒。

图 6-7 描述的是操作系统引起的延迟，但刺激呈现时间的延迟主要来自刷新周期。刺激呈现总要延迟至下次刷新时才能开始，假设刷新时长为 13.67 毫秒（刷新频率为 73.1 赫兹），每个刺激持续 100 毫秒，每个刺激可能的延迟时间为 0～13.67 毫秒（6.83±3.95 毫秒）。如果采用事件模式，第一个刺激会延迟 7 毫秒，第二个刺激在 107 毫秒时试图与刷新同步，那么当呈现 100 个刺激后，累积延迟将达到 683 毫秒，平均持续时间实际为 106.83 毫秒。如果采用累积模式，第二个刺激会在 100 毫秒时（而非 106.83 毫秒）试图与刷新同步，平均持续时间为 100 毫秒，标准差仍为 3.95。

事件模式和累积模式用于两种实验范式。如果实验要呈现单个刺激或呈现较短序列（注视点、探测刺激、掩蔽刺激），但 ITI（inter-trial interval）的变化可以接受，此时需要使用事件模式。如果实验要保证以恒定速度呈现（记忆任务中，每个刺激呈现 2 秒），应当使用累积模式。

6.2.4 时间戳

由于计时的复杂性以及不可预期的系统延迟等因素，计时错误经常容易被忽视。E-Prime 可以记录许多时间事件，有了这些时间信息，就可以利用分析软件来检查计时问题是否严重，也为我们在实验数据分析前剔除某些试次提供依据。E-Prime 对象属性页 Duration/Input 选项卡下的 Data Logging 属性中有 4 个选项（Standard，Time Audit Only，Response Only 和 Custom）控制记录的信息。

如果设置为标准（Standard），除记录常规的准确率、反应键和反应时外，还记录：

呈现时间（OnsetTime）：刺激开始呈现时的时间戳（从实验开始算起的时刻值）

呈现延迟（OnsetDelay）：实际呈现时间与目标呈现时间的差值（单位：毫秒）

持续时间误差（DurationError）：持续时间的实际值与期望值间的差值（单位：毫秒），如果被试反应中断刺激显示，记录值为－99999。

除此之外，还可以选择性记录：持续时间（Duration）、预释放时间（PreRelease）、关键行为的时间戳（ActionTime）、关键行为所需时间（ActionDelay）、对象执行时间（StartTime）、对象执行完的时间戳（FinishTime）、对象消失时间（OffsetTime）、对象消失延迟时间（OffsetDelay）、目标出现时间（TargetOnsetTime）、目标消失时间（TargetOffsetTime）和计时模式（TimingMode）。

记录上述这些信息并不会显示影响实验的运行，不便之处就是由于记录的数据列太多，数据查看和使用不太方便。

表 6-2 中刺激 1 的呈现延迟为 10 毫秒，在 6958 毫秒时呈现，最后一列给出的是刺激实际持续呈现的时间（持续时间＋呈现时间的延迟值）。在事件模式下，Duration 为 0，但呈现时间有明显延迟。

表 6-2　事件模式下记录的时间信息（PreRelease＝0）

Stimulus	Probe.DurationError	Probe.OnsetDelay	Probe.OnsetTime	ISI
1	0	10	6958	117（7075－6958）
2	0	17	7075	116（7191－7075）
3	0	16	7191	101（7292－7191）
4	0	1	7292	—

注：ISI 列由 Excel 计算得出（从一个刺激呈现到下个刺激呈现的时间间隔）。

从表 6-3 可以看出，在事件模式下，没有 DurationError，当使用 PreRelease 功能后，OnsetDelay 也由 16～17 毫秒下降到 1 毫秒以下。在使用 PreRelease 功能的累积模式下，相邻刺激的 ISI 保持恒定，但 DurationError 与 OnsetDelay 相等。

表 6-3　不同计时模式下时间信息比较

事件模式 （PreRelease Time＝0ms）			事件模式 （PreRelease Time＝30ms）			累积模式 （PreRelease Time＝30ms）		
DurationError	OnsetDelay	ISI	DurationError	OnsetDelay	ISI	DurationError	OnsetDelay	ISI
0	10	117	0	12	100	－4	4	100
0	17	116	0	0	100	－4	4	100
0	16	101	0	0	100	－4	4	100
0	1	—	0	0	—	－4	4	—

6.2.5　程序优先级

在运行 E-Prime 实验程序时，其优先权高于其他应用程序，这在一定程度上可以减少操作系统或其他应用程序可能造成的实验程序计时延迟情况。Windows 操作系统提供了改变程序优先权的机制，但不建议你更改 E-Prime 实验的优先权。如果实验程序在 120 兆赫的机器上运行，在高优先级下运行时，最大延迟约为 3 毫秒，但如果在正常优先级下运行，则平均延迟为 78 毫秒，最大可达 122 毫秒，差别非常大。另一个说明优先级差别的指标是嘀嗒丢失率（参见 6.1），在 500 兆赫的机器上，高优先级下的嘀嗒丢失率为 0.025％，可在一般优先级下，这一指标为 46.67％，增加了 1867 倍。

在高优先级下，E-Prime 会阻止其他应用程序占用处理器，以阻止它们影响实验程序。其他服务的请求可能要等到实验程序结束后才能响应，如果要更改优先级，可以使用 E-Basic 脚本命令（SetOSThreadPriority，SetPCodeSleepFrequency，SetPCodeSleepDuration）来实现。

6.2.6　时间校准

计算机硬件时钟的计时通常情况下是稳定的，由晶体振荡频率来决定，但会受晶体大小和环境温度的影响。尽管每个晶体精度非常高，但也会存在非常非常小的误差，且误差大小各不相同，两台计算机时针频率固定，但可能一台机器的时间比另一台快那么一点点，一段时间后两台机器的时间就不再同步了。比如，你将两个电子表时间调的完全相同，但过一段时间后，你发现一个比另一个慢了几秒，甚至几分钟都有可能。对于在单个计算机上完成的行为实验这不成问题，但如果两台机器需要同步时间，就可能会出现 1 秒相差 1 毫秒，一分钟后就会相差 60 毫秒，当进行 ERP 或 fMRI 实验时这就会成为严重的问题，此时需要对时间进行同步处理（至少在关键时间段）。

6.3 如何实现关键时间事件的精确计时

E-Prime 中实现关键时间事件的精确计时包括以下几个步骤。

6.3.1 测试时间精度

运行测试程序，检验系统的刷新频率和计时性能。此步骤是针对计算机配置而不是每个实验，但如果计算机的硬件或软件有了变化，就需要重新测试。记录计算机的刷新频率和丢帧率，必要时更换硬件，使计算机达到毫秒级的计时精度。

计算机配置包含几千个硬件和软件，这些硬件可能由不同的厂商生产，性能会有差异，有些计算机配置可能不支持毫秒级计时精度。如果在实验期间运行其他软件也会影响实验计时精度，有些硬件或驱动程序的漏洞也可能影响计时。比如，有的视频卡刷新频率不稳定，计算机性能测试可以使我们及早发现问题来调整计算机软硬配置。

E-Prime 提供了一些测试程序来验证系统是否支持毫秒级计时。测试程序可以运行 1 分钟、25 分钟或 24 小时来评测机器的稳定性。

6.3.2 选择计时模式

选择与实验计时要求相符的计时模式。判断实验属于哪种类型：①对单个刺激的反应；②关键序列事件；③持续时间可变的关键序列事件；④重复序列事件的累计计时；⑤快速序列刺激呈现。

不同的实验范式对计时精度要求会有不同，我们按要求分为两类：关键的(Critical)和非关键的(Non-Critical)。关键计时事件是指需要满足毫秒级精度的事件，如刺激到掩蔽间的刺激间隔就属于关键时间（否则会改变阈上/阈下知觉）；非关键计时事件是指有点延迟但问题不大的情况，如反馈呈现时间和持续时间或者大多数实验中的 ITI(Inter-Trial Interval)，尽管 E-Prime 也能够使反馈相关的关键时间达到毫秒级，但这样做实在没必要。

总之，一个实验程序中有些时间事件是关键的，有些不太重要，如指导语的准备时间占用了 14 毫秒还是 52 毫秒没有太大关系，但准备探测刺激的时间就非常关键。

计时模式的选择取决于实验程序的要求，计时精度会受刷新频率、计算机处理速度和实验程序本身的影响，如相对于文本词语，真彩色的全屏图像就需要更多的准备时间。

6.3.2.1 刷新频率和持续时间的计算

刷新频率随显卡、分辨率、颜色位数和显示器的设置而不同，刷新频率要在实验前设定，刺激呈现要同步于屏幕刷新且持续时间为刷新时长的整数倍。当在不同的计算机上运行实验时，由于显示性能的设置不同，刷新频率可能会改变，从而使刺激的呈现与初始方法不同。

表 6-4 给出了不同条件下三台计算机刺激的实际持续时间。当刷新频率为 60.15 赫兹时，刷新时长为 16.63 毫秒，故至少需要 2 个刷新周期（2×16.63 毫秒）才能使刺激至少持续 20 毫秒，误差达到 66%，从表中可以看出刺激的持续时间越长，刷新频率越高，产生的误差越小，所以当持续时间比较短（100 毫秒以下）时必须考虑刷新频率；计算机不同，刷新频率可能不同；持续时间应设置为刷新时长的整数倍，否则计算机无法满足你的要求。好的做法是将刺激持续时间设置在刷新周期整数倍以下 10 毫秒。计算机呈现刺激时可理解为以下过程：①呈现第一个刺激；②等待一段时间（持续时间）；③监测下次刷新是否开始（垂直中断）；④呈现第二个刺激。

表 6-4 不同刷新频率下刺激的持续时间

计算机	刷新频率（赫兹）	刷新时长（毫秒）	设定的持续时间		
			20	60	100
			实际持续时间		
1	60.15	16.63	33.26	66.52	116.41
2	75.07	13.32	26.64	66.60	106.56
3	85.00	11.76	23.52	70.56	105.93
		Max Error	66%	18%	16%

注：分辨率为 1028×768，颜色位数为 8。

E-Prime 中可用以下公式决定刺激的持续时间：

$$持续时间 = (刷新时长 \times 周期数) - 10$$

假如要在刷新频率为 60.15 赫兹的显示器上呈现 3 个刷新周期的刺激，此时应将刺激的持续时间设置为：

16.63ms×3−10ms=49.89ms−10ms=39.89ms≈40ms（由于 E-Prime 持续时间只能是整数值，此处四舍五入取整）。

将刺激持续时间设为 40 毫秒时（实际呈现时间仍为 49.89 毫秒），第 4 个垂直中断信号在 49.89 毫秒，这样计算机就有足够的时间监测到第 4 个垂直中断信号，从而使下个刺激的显示与刷新同步（见图 6-8）。

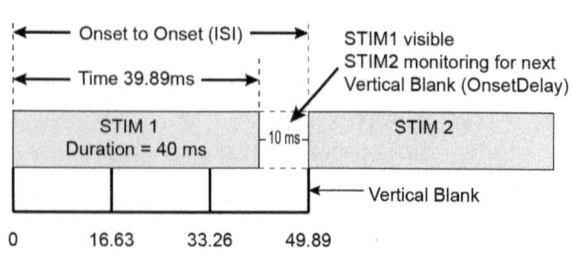

图 6-8 刺激持续时间推算

图 6-8 中系统检测到垂直中断时，持续时间计时开始，持续 40 毫秒。在事件模式下当 STIM2 同步于垂直中断时，STIM2 不会在 STIM1 结束时的 40 毫秒时开始呈现，其呈现时间会延迟至下一个垂直中断(49.89 毫秒)。采用缩短的持续时间和垂直中断同步相结合的策略可以使刺激显示更准确。即使两台计算机的显卡相同，它们的刷新率也会有出入，一台机器上同步于垂直中断的 50 毫秒的持续时间，在另一机器上可能为 49.9~50.1 毫秒。通过缩短持续时间(10 毫秒)，不同显卡间即使有变异也不可能出现垂直中断信号检出失败。如果直接将持续时间设置为期望值(刷新时长的整数倍)，下次刷新在检测前有 50% 的概率已经开始。而且不论出现什么异常情况，E-Prime 所记录的 OnsetTime 等时间信息均有助于研究者来发现问题。

当计算机的刷新频率在 75 赫兹以上，建议将持续时间设置为预期时间减去刷新时长的二分之一，即如果刷新频率为 100 赫兹，则将刺激持续时间设置为：预期时间 −10 毫秒/2。

6.3.2.2 E-Prime 自身的耗时

E-Prime 本身也要执行一个整理操作和完成数据记录的程序，同样需要耗时或引发系统事件(如内存整理)。如果 PreRelease 设置合理，通常不会造成问题。在 266 兆赫的计算机上，E-Prime 选择刺激(刺激抽样)、过程配置/调用和记录数据大约用时 10 毫秒(与刺激数量的多少、任务的复杂性有关)，如果将 PreRelease 设置为 100 毫秒，这些过程不会影响实验过程，大多数的事件记录只需 2~5 毫秒就可完成，但需要写磁盘时，这一时间就增至 20 毫秒。

6.3.2.3 计时范式

下面将描述 5 种计时范式(可以从 http://www.pstnet.com 下载)。

(1) 单刺激范式

在单刺激范式中，每次呈现单个刺激，然后准确记录从刺激呈现到消失时的时间间隔或准确记录从刺激呈现到被试做出反应的时间间隔(反应时)。其他事件为非关键计时事件。比如，向被试呈现一张图片、词语(字符)或声音刺激，然后等待一段时间或直至被试做出反应。此范式中使用事件模式(Event Mode)并且将 PreRelease 设置为 0。

呈现的单个刺激可以是文本(TextDisplay)、图片(ImageDisplay)、声音(SoundOut)或多种刺激的幻灯(Slide)对象。对象的持续时间在属性页 Duration/Input 选项卡下进行设置。反应时为从关键刺激呈现到反应的时间间隔。在样例程序 TimingParadigm1 中，Probe 为关键刺激(见图 6-9)，每个试次过程中，首先呈现指导语(Intro)，被试按空格键后呈现注视点(Fixation)并持续 500 毫秒，随后呈现探测刺激(Probe) 2000 毫秒，被试判断反应后会终结探测刺激，最后提供反馈信息(正确率和反应时等)。

其中的关键事件为准确收集被试的反

图 6-9 TimingParadigm1 程序结构

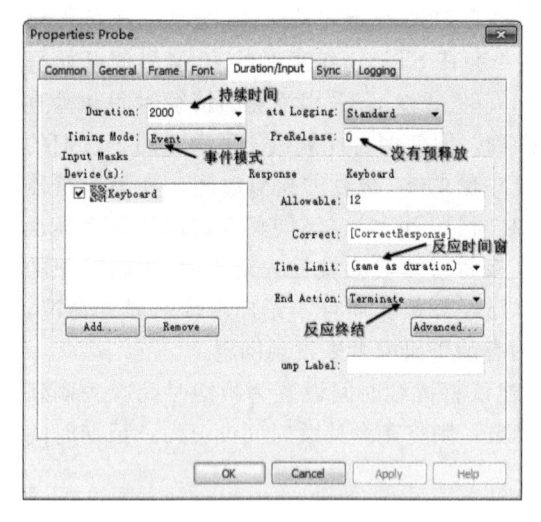

图 6-10 Probe 属性设置

应时，Probe 对象的计时模式为 Event，不设置预释放时间。输入设置中使反应窗与刺激持续时间等同，且终止显示（见图 6-10）。

数据文件中变量 Probe.RT 记录被试的反应时，注意是从刺激呈现开始，所以相对于刷新时长，刺激在屏幕上的位置越低（越靠近屏幕底部），其实际呈现的时间越晚。假如刷新时长为 16 毫秒，0 毫秒时绘制第一个像素，呈现在屏幕垂直方向 25%、50% 和 75% 处的刺激，其呈现时间分别为 4 毫秒、8 毫秒和 12 毫秒，而键盘反应的延迟大约为 5 毫秒。如果所有条件下刺激呈现位置相同，那么刺激位置的影响就非常小。PST（Psychological Software Tools）刷新检测系统可以获取屏幕不同位置的实际延迟时间。注视点的实际持续时间包括指定的 Duration 加上生成探测刺激所需的时间以及刷新同步耗时，大约为 515 毫秒（视刷新频率不同而不同）。

（2）关键序列范式

关键序列范式中，呈现一系列刺激，序列中刺激间的 ISI 需要准确计时，序列外的其他事件为非关键计时。比如，呈现注视点→探测刺激→掩蔽刺激，每个对象的持续呈现和对探测刺激的反应为关键计时事件（被试的反应可能发生在探测刺激持续时间内，也可能在其消失后），如果刺激在被试反应后消失则改变计时。其他事件（如反馈）和下个试次的准备为非关键计时事件。此范式中使用事件模式并为除最后一个事件的所有事件设置合理的 PreRelease 时间（参见 6.2.1），对象持续时间为刷新时长的整数倍。

在此处的掩蔽范式中，所有刺激的持续时间和刺激间间隔（ISI）都属于关键时间事件。注视点和探测刺激的持续时间必须为刷新频率的整数倍，为了消除刺激生成时间所引起的延迟，关键刺激（见图 6-11）需要设置预释放（PreRelease）时间来准备下个事件。

需要在注视点（Fixation）和探测刺激（Probe）对象中设置预释放时间，以便探测刺激和掩蔽刺激能够完成快速刷新，根据刷新频率计算出实际持续时间（T1）后，将持续时间设为 T1－10 毫秒（参见 6.3.2）。

假如刷新频率为 60.001 赫兹，刷新时长为 16.666 毫秒，各个刺激的属性值如表 6-5 所示。

图 6-11 TimingParadigm2 程序结构

表 6-5　不同对象的参数

对象	预期持续时间	刷新时间	指定的持续时间 Duration	计时模式 Timing Mode	预释放 PreRelease	数据记录 Data Logging
注视点（Fixation）	500	499.9	490（499.9－10）	Event	100	Time Audit Only
探测刺激（Probe）	100	99.9	90（99.9－10）	Event	100	Standard
掩蔽刺激（Mask）	1500（非关键）	1496	1500	Event	0	Time Audit Only

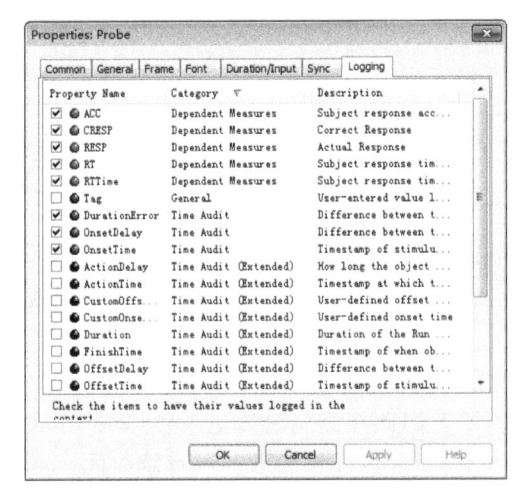

图 6-12　Standard 选项下记录的数据指标

注意：如果 PreRelease 时间大于或等于持续时间，当对象完成关键行为后马上为下个对象释放时间。本样例程序中，对探测刺激的反应为关键事件，探测刺激设置的持续时间为 90 毫秒，但其反应时间窗（Time Limit）为 2000 毫秒。当被试做出反应后，程序会终止反应时刻所呈现的刺激（此情况下为掩蔽刺激）。

Data Logging 属性用于设置记录的数据项。对于不需要反应的关键时间事件，选择 Time Audit Only，只记录 OnsetDelay，OnsetTime 和 DurationError。当设为 Standard 选项时，除记录前面的指标外，还记录 RT（反应时）、RTTime（反应时间戳）、ACC（反应准确性）、RESP（反应键）、CRESP（正确按键）指标（见图 6-12）。

表 6-6 显示了样例程序 TimingParadigm2 所记录的数据内容，使用 E-DataAid 可进行数据分析。

表 6-6　TimingParadigm2 实验数据

Trial	Fixaion OnsetDelay	Fixaion OnsetTime	Probe OnsetDelay	Probe OnsetTime	Mask OnsetDelay	Mask OnsetTime	Fix-Probe	Probe-Mask
1	6	7669	10	8169	10	8269	500	100
2	10	10985	10	11485	10	11585	500	100
3	17	13519	10	14019	10	14119	500	100
4	10	16152	10	16652	10	16752	500	100
5	14	19652	10	20152	10	20252	500	100
6	7	23069	10	23569	10	23669	500	100
7	10	26152	10	26652	10	26752	500	100

续表

Trial	Fixaion OnsetDelay	Fixaion OnsetTime	Probe OnsetDelay	Probe OnsetTime	Mask OnsetDelay	Mask OnsetTime	Fix-Probe	Probe-Mask
8	1	29335	10	29835	10	29935	500	100
9	2	32768	10	33268	10	33368	500	100
10	4	35802	10	36302	10	36402	500	100
11	12	39202	10	39702	10	39802	500	100
12	10	42368	10	42868	10	42968	500	100
13	4	45418	10	45918	10	46018	500	100
14	3	48385	10	48885	10	48985	500	100
15	9	51335	10	51835	10	51935	500	100
16	3	54401	10	54901	10	55001	500	100
Mean	7.63		10		10			
S.D.	4.62		0		0			

注意：Fixation OnsetDelay 是随机的，而 Probe OnsetDelay 和 Mask OnsetDelay 的值在 10 附近。这是由于指导语呈现后，被试按空格键继续，按键快慢不定使刷新同步的时间随机。

当注视点呈现时，已经同步于垂直中断信号，使注视点的持续时间比刷新时间小 10 毫秒（刷新 499.9 毫秒，持续时间为 490 毫秒），因此探测刺激的呈现延迟为 10 毫秒。Fix-Probe 栏为注视点实际持续时间，Probe-Mask 为探测刺激实际持续时间，两者均达到理想要求。

通过记录关键时间信息，我们可以验证实验程序是否满足时间参数要求以及差异的大小等。在文章中或实验报告中，报告实际的时间值要比报告实验程序中的参数值更重要。如果实际时间与参数值相差较大，就要仔细检查关键设置，重点检查刷新时长的计算是否正确，计时模式的设置是否正确，预释放时间是否足够，实验运行时是否有其他应用程序在运行等。

(3) 可变关键序列范式

可变关键序列范式是在关键序列范式的基础上，事件序列中的某个事件在不同试次间的持续时间是变化的（如 14 毫秒、28 毫秒或 42 毫秒）。需要使用列表对象并将持续时间设为自变量，持续时间必须设为刷新时长的整数倍。

比如，对关键序列范式稍作修改就可以测定字符呈现时长对识别正确率的影响，首先将探测刺激的持续时间设为一个自变量（ProbeDuration）加入 TrialList 中，假设刷新频率为 60.001 赫兹，刷新时长为 16.666 毫秒，刺激持续时间分别为 1，2，3 个刷新周期，根据持续时间的计算方法（参见 6.3.2.1 及表 6-7），将 ProbeDuration 变量的值设置为 7 毫秒、23 毫秒和 40 毫秒（见图 6-13）。

表 6-7 ProbeDuration 变量值

项目	条件		
刷新次数	1	2	3
刷新时间	16.667	33.332	49.998
四舍五入取整	17	33	50
取整值－10	7	23	40

图 6-13 TrialList 列表对象及 TimingParadigm3 程序结构

本示例中探测刺激对象的 Duration 属性不再是固定值，而是可以变化的 ProbeDuration 变量（见图 6-14）。每个试次中，从 TrialList 列表中选择一行，使用该行的 ProbeDuration 变量值替换探测刺激的 Duration 属性值。

如果实验后得到表 6-8，那么在实验报告中，就可以这样描述：注视点呈现 498.7 毫秒（标准差为 0.47），探测刺激的呈现时间有三个水平：16.88 毫秒、33.25 毫秒和 49.75 毫秒（标准差小于 0.5）。

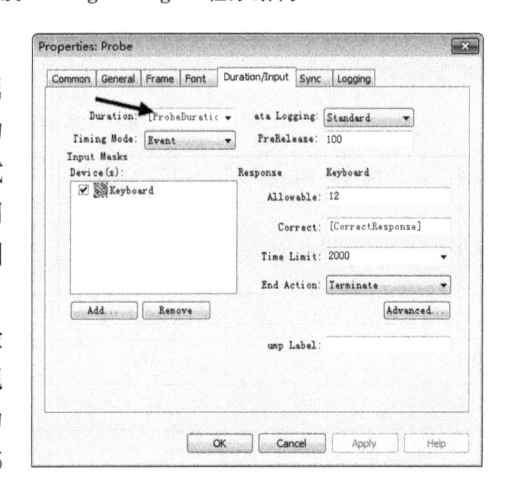

图 6-14 Probe 对象持续时间属性设置

表 6-8 不同条件下探测刺激的实际持续时间

ProbeDuration	Mean Probe-Mask	S. D. Probe-Mask	Mean Fix-Probe(S. D.)
7	16.88	0.33	
23	33.25	0.43	498.67(0.47)
40	49.75	0.43	

(4) 重复序列范式

重复序列范式中事件序列比较长，需要保证累积时间精度不产生时间偏移。比如，在持续操作任务（Continuous Performance Task）中，向被试连续呈现随机字母10分钟，每个字母持续呈现1秒，让被试对序列中出现的字母"X"做反应。即使几百个刺激后，也要保证下个字母在1000毫秒的边界处呈现（假如从0开始呈现第一个字母，那么呈现232个字母后，第233个字母要在232000毫秒时准时呈现）。另外，如果计时要与外部设备同步（如ERP或fMRI），都需要使用累积模式（Cumulative Mode），并为所有的事件设置相应的预释放时间（PreRelease），以避免第一个刺激的延迟，被试的反应也不应使刺激消失。

该范式与关键序列范式有4点不同：①关键计时事件涉及更多的对象以及刺激选择；②所有的持续时间必须固定，在试次间不能变化，被试的反应不能中止刺激；③E-Prime时钟可能需要与外部时钟同步；④可能需要同步代码使被试电脑与数据采集电脑时间同步。

为了循环呈现固定时长的序列，序列中不能有可被反应中止的对象。比如，在前面示例中试次内的指导语要移到试次外，否则会直接影响序列时间长度。探测刺激的输入结束动作（End Action）设置为None，不论被试在什么时刻反应，均在1900毫秒时呈现掩蔽刺激（见图6-15）。循环内所有对象的计时模式均设为累积模式，第一个刺激的呈现要与刷新同步（见表6-9）。

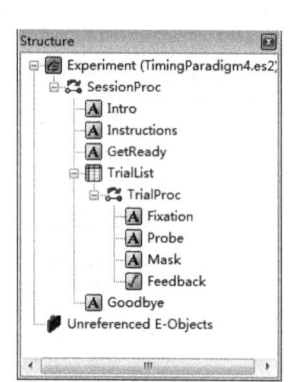

图 6-15 　TimingParadigm4程序结构

表 6-9　不同刺激对象的属性值

Object	Target Duration	Timing Mode	PreRelease	Data Logging	Onset Sync
GetReady	100(start)	Event	100(Prepare the 1st Fixation)	Time Audit Only	Vertical Blank
Fixation	500	Cumulative	200	Time Audit Only	Vertical Blank
Probe	100	Cumulative	100	Standard	Vertical Blank
Mask	1900	Cumulative	200	Time Audit Only	Vertical Blank
Feedback	1000	Cumulative	200(Prepare the next Fixation)	Time Audit Only	Vertical Blank

如果第一个注视点的呈现时间相对于整个实验记为0毫秒，那么第二个注视点的呈现时间应为3500毫秒，第三个注视点的呈现时间应为7000毫秒，依此类推。累积模式下，E-Prime通过缩短刺激的持续时间来抵消延迟对序列总时长的影响，因此刺激的持续时间会出现波动。

表6-10给出了每个事件的实际持续时间以及累积时间，累积模式的目的是尽可能减少时间偏移量，最后一列数据显示累积误差在－5～＋10毫秒（见图6-16）。由于刺激的呈现时间同步于刷新频率，所以实际持续时间在不同试次间有少许波动，但与目标时间相比均在可接受范围内。

表 6-10 计时报告分析表

单位：毫秒

试次	Fix-Probe	Probe-Mask	Mask-Feedback	Feedback-Fix	注视点呈现时刻（相对于实验开始）	期望值	累积误差
1	501	100	1901	1001	0	0	0
2	501	100	1902	1001	3503	3500	3
3	500	100	1902	986	7007	7000	7
4	500	100	1901	1000	10495	10500	−5
5	501	100	1902	1001	13996	14000	−4
6	500	100	1902	1001	17500	17500	0
7	500	101	1901	1001	21003	21000	3
8	501	100	1902	1001	24506	24500	6
9	485	100	1900	1001	28010	28000	10
10	501	100	1901	1001	31496	31500	−4
11	501	100	1902	1001	34999	35000	−1
12	500	100	1902	1001	38503	38500	3
13	500	101	1901	1001	42006	42000	6
14	501	85	1900	1001	45509	45500	9
15	500	100	1902	1001	48996	49000	−4
16	501	100	1901		52499	52500	−1
均值	499.56	99.19	1901.38	999.93			1.75
标准差	3.92	3.80	0.72	3.86			4.86

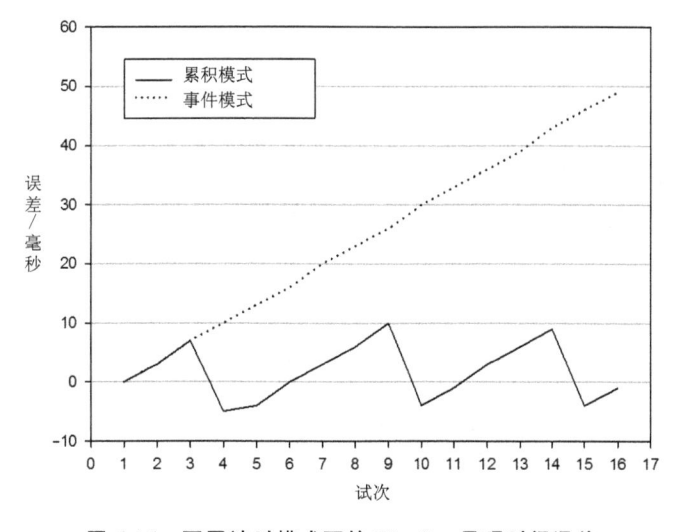

图 6-16 不同计时模式下的 Fixation 呈现时间误差

在累积模式下探测刺激持续时间的标准差为 3.80，而事件模式下的标准差为 0.25。表 6-10 中第 14 个试次中探测刺激的实际持续时间为 85 毫秒而非 100 毫秒，即如果探测刺激呈现时由于某种原因延迟了一个刷新周期就会使其持续时间缩短。如果刺激以固定的速率呈现，这种情况不可避免（参见 6.1.3）。

当使用外部数据采集硬件（如 ERP，EEG，fMRI 和眼动仪设备）信息时，需要校准被试机与外部设备的时钟，常常以一台设备的时钟为基准，对另一台设备的时钟进行对齐校准（使对应于同一个事件的两个时间对齐，如当探测刺激呈现时，一台设备的时间戳为 367943，另一设备的时间戳为 258367，在合并数据时要使这两个值对齐）。E-Prime 在实验开始时会通过向外部设备发送信号（通过 WritePort 命令）来建立共同的参照点。后期数据处理时，将两个设备的时间差值减掉，使数据流对齐共同的 0 点（参见 6.2.6）。尽管每个时钟的计时误差非常小，但如果序列较长，误差累积后的效果就非常明显。

假如在 fMRI 实验中，核磁共振扫描仪每 1.2 秒记录一次脑成像，连续记录 480 秒。如果 MRI 的时钟比 E-Prime 的时钟快 0.1%，即使一开始，两个设备的时钟已经对齐，那么 8 分钟后，E-Prime 的时钟会慢 480 毫秒。E-Prime 通过时钟缩放来调节内部时钟尺度进行事件对齐，消除时间偏移。

首先需要时间校准程序来计算缩放系数。E-Prime 和外部设备同时运行相同的一段时间，然后计算两者的比值作为缩放系统。比如，E-Prime 通过 WritePort 命令通知 EEG 设备开始采样，1000000 毫秒后 E-Prime 通知 EEG 设备采样结束，如果 EEG 时钟报告的时间值为 999457 毫秒，那么缩放系数则为：999457/1000000＝0.999457（E-Prime 中缩放系数的精度为 15 位）。得到该系数后，在实验程序中加入 InLine 对象使用以下 E-Basic 代码来设置：

```
Clock.Scale=0.999457
```

在时间校准程序中加入此代码后，可检验校准效果如何。如果两台设备在稳定的温度下运行，时间偏移问题就可以得到很好的解决，但任何一台设备发生变化，都需要重新计算缩放系数。

(5) 快速序列范式

快速序列范式与重复序列范式相似，但每个刺激持续时间非常短（如 50 毫秒），故呈现速度非常快。此范式过程中的所有事件都是关键计时事件，被试的反应不应中断刺激流。由于刺激持续时间非常短，就没有足够的预留时间（PreRelease）来完成刺激的准备工作，此时需要对涉及的刺激对象进行预加载或缓存。

快速序列范式中，刺激的呈现速度不可能超过刺激所需的准备时间（刺激准备工作没有完成也就无法呈现）。如图 6-17 所示，如果刺激的准备时间需要 38 毫秒，持续时间为 50 毫秒时，不会出现丢帧现象。但如果持续时间为 33 毫秒，由于刺激呈现需要同步于垂直中断，33 毫秒后只能同步于下一次刷新时，实际效果就与持续时间为 50 毫秒时相同。

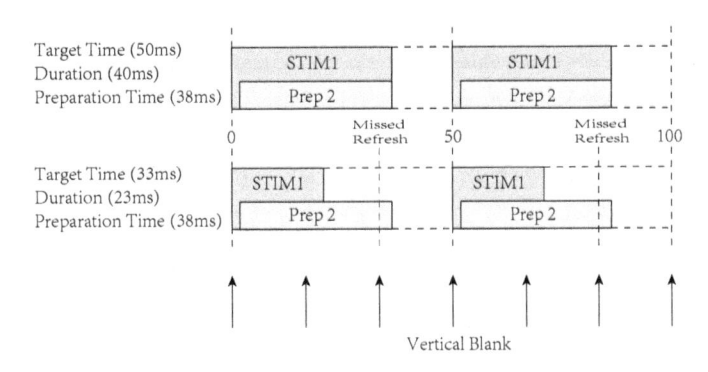

图 6-17　准备时间的限制

刺激呈现的最大速率受限于刺激的准备时间,而准备时间又受到计算机处理速度和准备任务复杂性的限制。如果要呈现图片,则涉及从硬盘中读取图片,在 266 兆赫的计算机上大约用时 30 毫秒,如果是在 120 兆赫的计算机,用时则会更长些。

E-Prime 中记录的 OnsetDelay 信息可以帮助我们检查计算机是否满足要求。如果该变量值接近 10 毫秒,表明呈现时间可与最近的刷新对齐,否则呈现时间将延后一个刷新周期,解决方法是换一台速度更快的计算机或调整刺激材料、减少准备时间。如果呈现的图片数量较少,可采用图像缓存来缩短准备时间。需要注意的是预加载图片会消耗大量内存空间,如果内存空间不足,会导致虚拟内存与硬盘的读写交换。一般情况下,只要计算机内存较大,没有其他应用程序在后台运行,预加载图片方法要比直接从硬盘读取图片文件快得多。

6.3.2.4　缓存刺激

将刺激材料从硬盘预加载到缓存中,缩短读取时间,减少刺激生成时间和操作系统可能引起的延迟。需要快速呈现序列图片刺激时,如果将序列图片预加载到显示缓存中,就可以做到每帧刷新一张图片。同样如果将声音刺激进行预缓存,计算机无须读取硬盘声音文件而能够直接播放声音刺激,从而减少延迟。缓存刺激还可以减少系统进行内存分配操作时的耗时,从而减少操作系统引用的时间延迟。

6.3.2.5　检查时间信息

测试实验程序,检查记录的时间信息(持续时间、呈现时间、呈现延迟、刷新频率等)。不论是由于编码错误、计算机硬件漏洞,还是由于计算机配置不良、网络堵塞等原因造成的计时问题,在数据分析之前首先检查下计算机的计时精度是否满足要求都是非常重要的。

大多数刺激显示条件下(持续时间大于 100 毫秒),只要将呈现与刷新同步,E-Prime 一般都会精确呈现刺激,E-Prime 提供的时间报告能帮助我们检查和分析计时错误。只要刺激实际持续时间与期望值的差值在 1 个刷新时长范围内,就已经达到所使用计算机计时精度的上限。

对于多数刺激,其实际持续时间并不是在数据文件中所记录的 Duration 值,而是两个刺激的呈现时间差(OnsetTime)。例如,如果呈现注视点、探测刺激和掩蔽刺激,就可以利用 Excel 或其他统计软件,计算出以下时间间隔:

Fixation_To_Mask＝Mask.OnsetTime－Fixation.OnsetTime（注视点到掩蔽刺激呈现间隔）
Fixation_To_Probe＝Probe.OnsetTime－Fixation.OnsetTime（注视点到探测刺激呈现间隔）
Probe_To_Mask＝Mask.OnsetTime－Probe.OnsetTime（探测刺激到掩蔽刺激呈现间隔）

有了这些数据就可以与期望值进行比较分析，以查验是否满足要求。

6.3.2.6 预实验

收集和分析时间数据，然后检查关键时间事件。

6.3.3 关闭不需要的服务

在 E-Prime 实验程序运行期间，后台程序可能会与实验程序冲突或取得计算机的控制权，因此后台程序和服务运行得越少越好。使用 Windows 系统提供的 MSCONFIG 可以关闭后台程序和服务。

如图 6-18 所示，在计算机系统菜单的运行窗口中输入 MSCONFIG，然后回车，弹出系统配置窗口（见图 6-19）。

图 6-18 运行 MSCONFIG

图 6-19 系统配置窗口

在常规选项卡下选择诊断启动选项，然后切换到服务选项卡（见图 6-20），如果是 E-Prime 2.0 则从中选择 HASP License Manager 和 Plug and Play 服务，单击"确定"按钮后计算机会询问是"马上重启"还是"退出不重启"。重启后系统仅加载基本设备和服务，如果要恢复系统的缺省配置，只需重新运行 MSCONFIG，在启动选择栏（见图 6-19）选中正常启动即可。

6.3.4 其他建议

①在收集数据时断开计算机网络。
②选择适当的计时模式（Event 或 Cumulate）。
③程序要包含练习试次，这样可以让操作系统从硬盘中（如果需要）加载刺激并保存在缓存中。
④尽可能使用 TopOfProcedure 选项以便在非关键性时间加载媒体文件。

图 6-20　系统配置服务选项卡

⑤如果没问题，尽可能将 PreRelease 设置为 same as duration；如果 Duration 为 0 毫秒，不要使用 PreRelease，不要将 PreRelease 设置的比对象的持续时间长；如果对象是过程中的最后一个刺激或者下一刺激是 InLine、PackageCall 或 FeedbackDisplay 控件，使用 PreRelease 要当心。

⑥对于视觉刺激使用 Canvas 对象时，先绘制到缓冲画布，再复制到主画布。

⑦使用 DisplayDevice.FlippingEnabled=yes 避免直接向屏幕上绘制刺激（见图 5-60）。

⑧使用 RefreshAlignment（见图 5-60）。

⑨可能的情况下，不要使用整个屏幕，在 E-Prime 2.0 页面大小中将缺省值设为屏幕宽和高的 75%。许多情况，刺激不会占据整个屏幕，选择合适的页面大小。

⑩显示器不要与桌面分辨率匹配（见图 5-60）。

⑪不要使用 ClearAfter 属性，在 E-Prime 2.0.10.X 中已经不建议使用该属性，因为它会要求计算机绘制空白行来清除屏幕，假设显示器分辨率为 1024×768，就要绘制 768 行空白内容，会耗费"许多"时间；如果要清除前面的内容，可以在其后加入一个空白的或页面足够的文本对象。

⑫对于声音或视频刺激需要安装解码器（如 K-Lite Codec Pack）以及最新版本的 DivX（一款数字视频软件）。

⑬运行 E-Studio 菜单 Tools 下的 Codec Config 功能来确认使用的 API 配置。

⑭使用最新版本的驱动程序（包括串口反应盒、解码器和 E-Prime）。

第 7 章 E-Basic 编程

7.1 为什么使用 E-Basic

在 E-Studio 中图示化的实验程序最终会转换为 E-Basic 脚本，由于 E-Studio 过于程式化，就降低了 E-Prime 实验程序的灵活性，E-Basic 可以满足用户的不同要求。不论你的编程基础如何，所有 E-Prime 使用者都要充分利用 E-Studio 图形化界面来开发实验程序，而不是直接写 E-Basic 脚本。E-Studio 可以实现大多数实验任务，许多用户可能根本用不到 E-Basic。在 E-Studio 中通过鼠标来拖放相应控件到流程线要比通过代码来实现方便快捷得多。E-Basic 为 E-Prime 提供了扩展功能，如同在微软的 Office 办公系统软件中使用 Visual Basic 功能一样。E-Basic 本身可能用途不大，但当与 E-Studio 和 E-Run 结合使用时，就增强了 E-Prime 的灵活性。

比如，E-Basic 通过几行代码就可以让实验程序实现，当练习试次的正确率达到一定标准后退出练习环节进入正式实验：

```
'如果正确率在 80% 以上则退出练习
If PracticeProp.Mean < .80 Then
    PracticeResults.Text = "Your accuracy for the practice" & "trials was " & _
    CStr(PracticeProp.Mean) * 100 & "%.\n\nYou must achieve 80% accuracy in order to" & _
    "continue with the experimental trials.\n\n Press" & " the spacebar to repeat the practice trials."
Else
    PracBlockList.Terminate
    PracticeResults.Text = "Your accuracy for the practice" & "trials was " & _
    CStr(PracticeProp.Mean) * 100 & "%." & "\n\n Press the spacebar to continue"
End If
```

在编写 E-Basic 代码前，先来学习一些基本知识。实验任务的复杂性决定了脚本代码的复杂性和代码量。对于有编程经验的用户只需几分钟或几小时就可实现的功能，没有编程经验的用户可能需要花上一天或更长时间。用时长短取决于编程经验、技巧和任务本身。比如，编写新的软件开发工具包（Software Development Kit, SDK）需要由专业软件工程师来完成。

如果你有 Basic 语言、C 语言、Pascal 语言等编程经验，对本章的学习会觉得比较简单。如果没有任何经验，建议你学习一门编程课程或通过示例程序来逐渐掌握。

E-Basic 与 Visual Basic 宏语言非常相似，你不妨学习一些 Basic 程序语言（VBA）的编程知识。另外，E-Basic 在线帮助（在 Help 菜单下）也非常有用，查看生成的脚本文件可以快速了解一些对象的属性、方法等。

不论编程经验如何，建议你按照以下基本步骤来编写代码（见图 7-1）。

在功能设计阶段需要仔细规划你想要的结果，程序员通常借助流程图来实现某个功能，这一过程需要逻辑思维。一个任务（或功能）可以拆分为几个子任务（或子功能），每个子任务可通过代码片断来逐个实现，不要将整个功能一次性解决，要一步步来。某个代码片断编写好后，进行测试，发现问题要立即解决。代码的调试也有一定的技巧（参见 7.8）。总之确保某个功能正确无误后，再编写下一个代码片断，是一个好习惯。

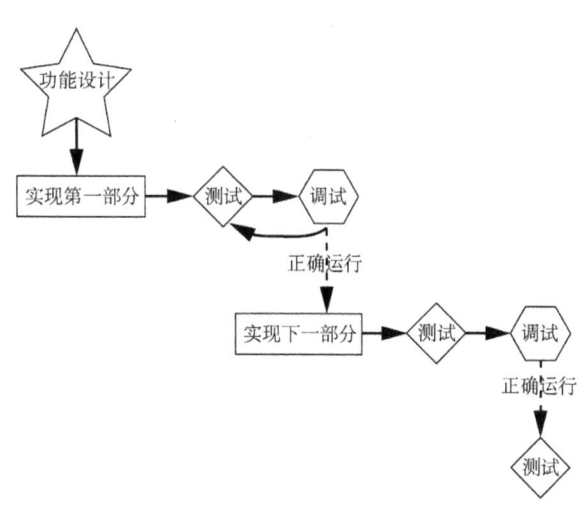

图 7-1　代码编写流程

7.2　E-Basic 简介

E-Basic 是标准化的面向对象的程序语言，与 VBA 几乎完全相同。有超过 800 个命令可供使用，一些命令是为行为研究专门开发的。E-Basic 增强了 E-Studio 的功能，整个实验的脚本代码可由 E-Studio 生成（只需单击工具栏上 图标或选择 E-Run 菜单下的 Generate 命令即可）。不建议你直接编辑所生成的脚本文件，因为每次运行实验程序都会重新生成脚本代码，这样就会覆盖你的修改内容，但阅读脚本文件有助于对 E-Basic 的学习和掌握。在 E-Studio 中可以通过内嵌代码对象（InLine）或在脚本窗口中的 User 标签下输入 E-Basic 代码。用户编写的脚本语句通常放置在三个地方：①在某个过程中所嵌入的 InLine 对象内（常用于控制实验流程或获取某些信息）；②在脚本窗口中 User 标签下；③在整个实验开始处的 InLine 对象内（常用于设置某些全局变量）。

7.2.1　语　法

E-Basic 是面向对象的编程语言，每个对象都有对应的一些属性和方法。代码中所有的对象均以 object.property 或 object.method 形式出现，其中"object"表示对象的名称，圆点（.）后的内容表示该对象的某个属性或方法。

对象（Object）是 E-Basic 中的核心成分，一个对象是封装了数据和例程的一个单元。特定对象集结了不同的属性和功能，E-Studio 中的对象有文本对象（TextDisplay）、幻灯对象（Slide）和列表对象（List）等。

假如有一个 TextDisplay 对象 Instructions（从名称上看就知道是用于指导语），那么：

Instructions.Text="Welcome to the experiment"

这样就可以设置指导语的内容，Text 是 TextDisplay 对象的一个属性，E-Basic 代码通过 object.property(Instructions.Text)形式既可以获取某个属性值，也可以设置某个属性。

除了引用对象的属性外，还可以使用隶属于某个对象的方法，有两种形式：object.command 和 object.function。前者表示某个对象能够执行的动作，即命令。一个命令可以有参数，也可以无参数，如 object.Clear，表示清除某个对象，不需要参数；而画布对象(Canvas)的 Rectangle 命令则需要参数来指定矩形的位置和大小，每个对象类型所拥有的命令不同。后者是带有返回值的命令称为函数，使用 object.function 表示，同样可以有参数也可以无参数。例如，object.Mean 表示返回一组数据的平均值。而 GetPixel 函数则需要提供坐标值来返回指定位置的颜色值。

7.2.2 帮　助

E-Studio 中提供了 E-Basic 在线帮助（菜单 Help→E-Basic Help），帮助窗口包括目录、索引和搜索选项卡（见图 7-2）。

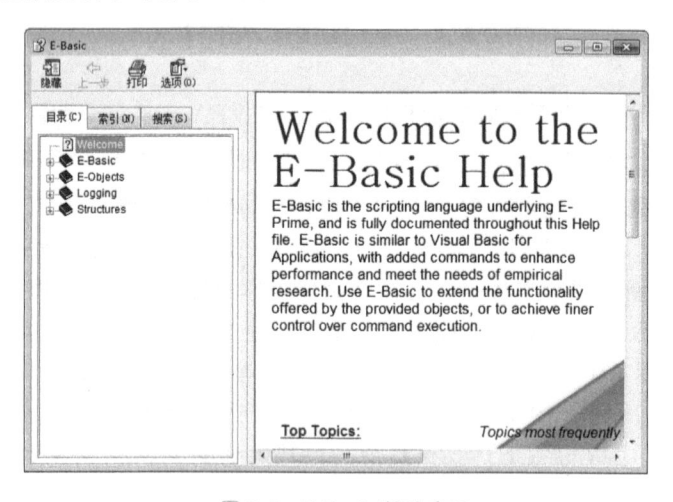

图 7-2　E-Basic 帮助窗口

目录选项卡下以树形结构呈现相关主题的帮助内容。索引选项卡下按照字母顺序列出了 E-Basic 中相关的主题或命令，也可以通过搜索选项卡来快速查找某个内容。

7.3　与 E-Prime 对接

在开始编写 E-Basic 脚本前，我们先了解下 E-Basic 和 E-Prime 中的信息是如何管理的。在 E-Basic 中，数据和例程被封装为对象。例如，对于试次而言，列表对象就封装了刺激、自变量等数据和使用这些数据的过程（TrialProc）。

图 7-3 中 TrialList 对象的每一行称为一个具有特定属性的范例/实例（exemplar）。箭头标记（在 E-Prime 中用蓝色竖线隔开）处右侧每一列称为对象属性，其中 Stimulus 和 CorrectAnswer 属性包含试次级别的信息，如呈现的刺激内容（Stimulus）、用于准确性计分的正确按键信息等。箭头标记左侧是列表对象的固定栏目，其中过程（Procedure）列表示作用于相关属性的例行程序，此处使用的是 TrialProc 试次流程、呈现注视点、刺激（X 或 Y）以及反馈信息。

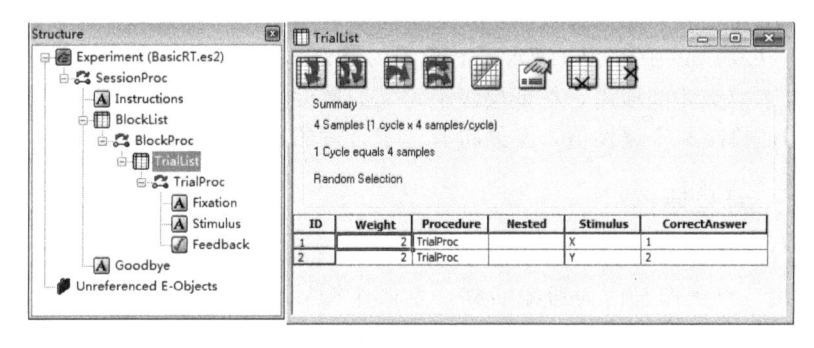

图 7-3　TrialList 列表对象固定属性与自定义属性的分隔

当实验运行时，从列表对象 TrialList 中选择某个范例（整行），然后根据相应属性（刺激为 X 或 Y，正确按键为 1 或 2）执行例行程序，这样试次级别的信息和相应例程被封装在列表对象 TrialList 中，同样区组级别的信息和相应例程会被封装在 BlockList 列表对象中。

7.3.1　上下文

实验信息和相应例程组合成上下文对象。上下文中，对象按层级加以组织。这种级别化的结构有两个特性：①低层级对象可继承高层级对象的信息或在低层级层次上修改高层级对象的信息（从上至下）；②对属性的搜索从当前层级开始反向搜索（从下至上），直至定位到搜索内容。

在心理学实验中，一个完整的实验过程可能包括几个实验周期，如被试分几天来完成同一个实验，每天完成一个实验周期；一个实验周期又分为几个区组，如练习区组和正式实验区组；一个区组中包含数量不等的试次（Trial）；每个试次又可能细分为不同的子试次（Sub-Trial）（见图 7-4）。

如果在区组层级上定义了某个属性，在区组及以下层级上都可以使用该属性值。如果要调用该属性值，E-Prime 首先在当前层级查找，然后循次向上，如

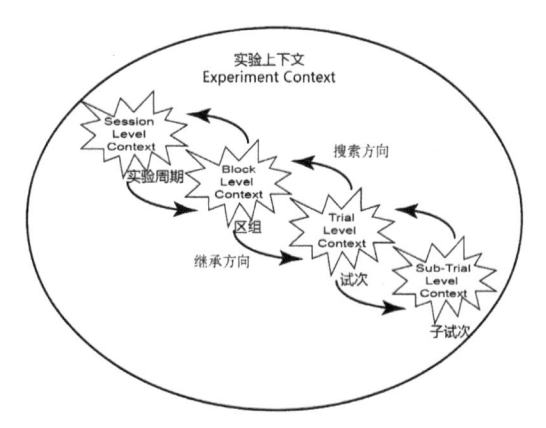

图 7-4　实验上下文层级关系

果都没有找到，实验程序就会报错。假如一个实验中包含几个区组，每个区组的指导语不同（如呈现的刺激和反应规则相同，但查找的目标不同），此时可在区组层级上定义一个 Instructions 属性，因为它的内容会随区组而变化。该属性的使用可能发生在试次层级上，即在每个试次开始前向被试呈现指导语来提醒实验任务，在试次层级上对指导语的引用（[Instructions]）就继承了区组层次上的属性。E-Prime 会首先在试次层级上查找该属性，没有找到时，再在区组层级上查找，在区组层级上找到后则引用属性值并停止查找。

属性与变量不同，属性往往用于定义实验条件并且在默认情况下在实验数据中会记录属性值（E-Prime 中也可以指定不需记录的属性）。某个层级上定义的属性，只有该层级及以下层级才能使用，在低层级上定义的属性值对高层级而言是不可见的，因此为了引用或修改某个属性值，必须将其置于合适的层级内。

7.3.2 对象属性

对象属性（Object Properties）是与对象关联的数据项。对象属性可使用点操作符（.）加以引用，点操作符前为对象名称，点操作符后为属性名称，这样在 E-Basic 脚本中就可以修改对象的属性值。例如，下面的代码将 Stimulus 对象的 Text 属性设置为"X"：

```
Stimulus.Text = "X"
```

并非所有的对象属性都可以修改，有些属性是只读的，只能获取它们的属性值。在 E-Basic 帮助中可找到某个特定对象的所有属性列表。

7.3.3 对象方法

对象除具有特定属性外，还具有执行一定动作的方法。对象方法（Object Methods）的调用也是使用点操作符，根据方法是否有返回值，又可以分为命令（commands）和函数（functions）两类。

7.3.3.1 命令

命令（Commands）可以带参数，也可以不带参数，如下面的命令表示运行 Stimulus 对象：

```
Stimulus.Run
```

在 E-Basic 帮助中可找到某个特定对象的所有方法列表。

7.3.3.2 函数

函数（Functions）也会执行一定的操作，但会返回操作后的结果。例如，计算一组数值的平均数。

7.3.4 变量定义及初始化

7.3.4.1 变量的定义

变量与属性（attribute）不同，它们与上下文无关，且有一定的存活周期（使用范围），不具有上下文的层级关系。变量通常是局部性的，在变量的作用域之外不再使用（内存回收），但在脚本窗口 User 标签下定义的变量属于全局变量（其作用域为整个实验程序，即整个实验范围内都可以使用）。

在过程、子程序或函数内定义的变量属于局部变量，它们只在过程内、子程序中或函数内可使用，在上述对象的外面不可见，当作用域结束后，变量自动销毁（过程执行完后，变量就不存在了）。例如，在试次层级上定义的变量，在试次过程完成后，变量就失效了，变量内容也不会自动记录到数据文件中。如果需要记录到数据文件中，则必须将其设置为属性。

全局变量需要在脚本窗口的 User 标签下使用 Dim 来定义，其初始化可在层级结构中的某个内嵌代码对象(InLine)中进行。整个实验范围内都可以使用全局变量，只有在实验结束后，全局变量才失效，在使用变量时要遵循先定义再使用的原则。

7.3.4.2 变量的命名

每个变量都有一个名称，变量的名称必须以字母打头，名称中可包含字母、数字和下划线等（注意对象名称不能使用下划线）。变量名中不能包含标点符号，但感叹号"！"可出现在变量名中间，但不能作为第一个或最后一个字符，当感叹号是变量名的最后一个字符时，用于指定变量的类型。变量名的长度不能超过 80 个字符，不能使用 E-Basic 中的保留字作为变量名（参见附录 1：E-Basic 中关键字），因为它们已经有特殊含义。

下面是变量名的命名规则：
①必须以字母打头。
②可以使用数字但不能作为第一个字符。
③不能使用标点符号，但可以使用下划线和感叹号。
④非法字符有：@＃＄％^＆*(){}－＋[]＝＞＜～'：;。
⑤不能使用空格。
⑥最大长度为 80 个字符。
⑦相同作用域内变量名不能重复。
⑧不能与关键字（保留字）重复。
⑨不能使用"\"，大多数编程语言中，"\"作为转义符使用，如在 E-Basic 中"\n"表示换行。
⑩可以使用中文作为变量名（但不建议）。

只要遵从上述原则，你可以使用任何字符组合作为变量名，但强烈建议你使用一些逻辑清晰的名称（对应的英文单词），这样可以增加代码的可读性。比如，变量名"subject_birthdate"要比"xvariable"清晰得多。对于计数变量常常使用 i，j，k 来表示。

7.3.5 脚本窗口与内嵌代码

在 View 菜单下可通过 Script 菜单项（或 Alt＋5）打开脚本窗口，脚本窗口左下角有两个标签 User 和 Full。Full 标签下是生成的整个实验的脚本代码，只能浏览不能在其中进行修改。User 标签下允许用户输入脚本代码，其中可以定义全局变量。在

User 标签下输入的代码会被整合到 Full 标签下的代码中。

在 User 标签下可以定义函数和子程序，与全局变量相同，其中定义的函数或子程序可在实验的任何层级使用。如果不在 User 标签下定义函数或子程序，会与 E-Prime 自动生成的过程代码冲突，因此不要在内嵌代码对象（InLine）中定义子程序。

内嵌代码对象允许用户在实验中插入所需的代码片断，生成整个实验的脚本时同样会将此代码片断整合到所有代码中。代码片断在整个代码中的位置与内嵌代码对象在实验结构中的位置有关。假如一个内嵌代码对象由试次过程调用，代码片断就会插入到试次过程运行处。

7.4 脚本编写步骤

脚本编写一般遵循以下步骤。

7.4.1 脚本功能和使用位置

这一步需要用户明确脚本要完成什么任务以及什么时候执行任务。假如研究者要从 1～499 中随机选择一个数字作为试次中的显示刺激，其功能就是选择一个随机数，因为生成的随机数将作为显示刺激，那么代码要放置在试次过程中刺激显示之前。

7.4.2 插入内嵌代码对象

一旦确定了代码位置，就可以插入一个内嵌代码对象。比如，在上面的例子中，可以在 TrialProc 过程中将内嵌代码对象作为第一个事件。实际上将内嵌代码对象放置在刺激呈现事件之前都可以，但最好是将其与试次中的关键事件（如 Fixation-Stimulus-Feedback）分开，而不要混在中间。

双击插入的内嵌代码对象 GetRndNum，输入需要的代码：

```
c.SetAttrib "Stim", Random(1,499)
```

上面的代码中使用函数 Random 从 1～499 中随机选择某个数值，然后通过 SetAttrib 命令将随机数保存在 Stim 属性中，供后面使用。

7.4.3 确定作用域

在 E-Prime 实验程序中，变量或属性具有一定的生命周期，如果它们只在一个试次内使用，在试次层级上声明为局部变量并进行初始化即可。比如，下面的内嵌代码对象（InitializeArray）中，变量 i 被声明为局部变量：

```
Dim i As Integer
Dim arrValue(6) As Integer
For i=0 To 5
    arrValue(i)=i
Next i
```

如果将该对象置于试次过程中，在试次过程结束后，变量 i 和 arrValue 会被释放，变得不再可用。如果一个变量需要在多个过程间存取（如系列区组的正确率和平均反应时等），就需要将其定义为全局变量，如记录实验总试次数的变量 g_nTotalTrial 的定义。

不能在 User 标签下直接初始化全局变量，而要在内嵌代码对象中进行。通常将全局变量的初始化作为实验周期过程（SessionProc）的第一个事件。当需要更新全局变量的值时，插入一个内嵌代码对象（TotalTrialCount）到指定的过程中作为第一个事件，然后输入以下代码并保存变量值：

```
g_nTotalTrial=g_nTotalTrial+1
c.SetAttrib "TrialCount", g_nTotalTrial
```

7.4.4 设置和引用变量值

如果要保存变量值，必须将变量值作为属性存入实验的上下文中。否则，变量值只是临时性的，过程结束后变量值就不可用了。例如，列表对象中定义了一个名为"Stim"的属性，该属性值作为显示刺激，每个试次的 Stim 属性值均自动记录到数据文件中。如果要将一个临时性变量值记录到数据文件中，或供其他对象使用，则需要通过 c.SetAttrib 命令将变量值存入实验的上下文中。在上面的代码例子中，g_nTotalTrial 变量值被设置为 TrialCount 属性值，如同在列表对象中定义的属性一样，通过[TrialCount]就可以引用该变量值，同时该值会被自动记录到数据文件中。

同样，实验上下文中的属性值可通过命令 c.GetAttrib 在脚本代码中获取。例如，实验需要根据不同条件呈现不同范围内的随机数。"Condition"是列表对象中的一个属性，根据该属性中所设置的条件通过代码生成满足要求的随机数，代码如下：

```
Select Case c.GetAttrib("Condition")
    Case "below500"
        c.SetAttrib "Stim", Random(101,499)
    Case "above500"
        c.SetAttrib "Stim", Random(501,899)
    Case Else
        MsgBox "Bad Condition:" & c.GetAttrib("Condition")
End Select
```

注意上面代码中的"Else"条件，在编写代码时，特别是在条件分支中，一定要遍及所有的可能性。如果在输入 Condition 的属性值时非常细心，那么 Else 条件分支就没有必要。但加入 Else 分支，就可以在 Condition 属性值输入错误时呈现一个对话框告诉实验员发生了什么情况。

内嵌代码对象 GiveRTFeedBack 根据被试的反应快慢呈现不同的反馈信息，这里就不需要在 E-Studio 中为文本对象 WorkFaster 设置内容。

```
If Stimulus.RT>1000 Then
    WorkFaster.Text="请反应快些"
Else
    WorkFaster.Text="干得非常好"
End If
```

7.4.5　代码调用

当变量值作为属性进入实验的上下文后，在相同的作用域内，其他对象就可以获取该变量值(属性值)。例如，在试次过程开始处生成随机数后，文本对象就可以引用这个属性值作为显示刺激，引用时将属性名置于[]内即可。许多属性也可以通过代码来修改，如更改显示对象在屏幕上的呈现位置，就可以使用 TextDisplay1.X=100 将文本对象 TextDisplay1 的水平位置设在 100 像素处。(注意：刺激在屏幕上的对齐方式不同会影响显示效果，可能是文本左边缘显示在 100 像素处，也可能是文本中央或文本右边缘显示在 100 像素处)。

7.4.6　调　试

Debug 命令对于跟踪问题、验证变量/属性值等非常有用。当使用 Debug 对象的打印(Print)方法时，会在输出窗口中的 Output 标签下显示打印的信息。

比如，下面的代码会在 Output 窗口中打印所呈现的刺激信息(其中"&"是连接符，将其左右内容拼接为一个字符串)：

```
Debug.Print "Stim=" & c.GetAttrib("Stim")
```

利用 Debug.Print 还可以监测计时和反应。例如：

```
Debug.Print "Stimulus Onset=" & Stimulus.OnsetTime & "\t" & "Stim=" & _
    c.GetAttrib("Stim") & "\t" & "Response=" & Stimulus.RESP & "\n"
```

你可以将输出窗口中的信息复制粘贴到 Excel 中进行分析，来检查计时事件是否准确。

在设计和测试实验程序时，调试对象(Debug)非常有用，当程序经过完全测试后，只需将调试对象的 Enabled 属性设置为"false"(Debug.Enabled=false)就可以使调试功能不再影响实验运行时的数据收集和计时精度(在实验开始处的内嵌代码对象中设置)。

最后一个调试方法就是为脚本代码加注解。尽管这种方式不是一个诊断性方法，但在调试期间(特别是当脚本代码比较复杂时)不论对于程序设计者本人，还是其他使用实验程序的人员都非常有好处。给代码加注解并没有标准的格式，但应该简要描述某代码片断的功能。在 E-Basic 中，使用撇号(')或 Rem 进行注解，如：

'生成随机数
Rem 生成随机数

7.4.7 测　试

实验程序编制完成后，需要在收集实验数据前进行完整测试。可借助于 Debug 对象将关键信息输出到 Output 窗口中，检查是否记录了必需的变量内容、数值的范围是否正确、抽样是否正确等（参见 2.3.7）。

7.5　初级编程

7.5.1　算术运算符

算术运算符是用来进行数据项之间的数学运算的，E-Basic 中使用的算术运算符有以下几种。

＋：加法运算，如 $7+8=15$。
－：减法运算，如 $27-15=12$。
＊：乘法运算，如 $7*3=21$。
/：除法运算，如 $72/5=14.4$。
^：乘方运算，如 $3^2=9$。
\：整除运算，如 $5\backslash 2=2$。
Mod：求余运算，如 7 Mod 3＝1

7.5.2　逻辑操作符

逻辑操作符是用于判断和比较的数学符号，根据逻辑判断结果来完成不同的任务。在 E-Basic 中的逻辑比较见表 7-1。

表 7-1　逻辑比较符

逻辑比较符	含义	样例	结果
＞	大于	5＞3	真
＜	小于	5＜3	假
＝	等于	5＝3	假
＞＝	大于等于	5＞＝3	真
＜＝	小于等于	5＜＝3	假
＜＞	不等于	5＜＞3	真
Like	字符串通配	"abcdefg" Like "de"	真
Is	对象引用比较		

逻辑比较符不仅可用于简单的数学表达式，还常用在复杂的逻辑运算表达式中，此时逻辑操作符计算两个表达式的结果，然后根据逻辑运算符所表示的逻辑关系决定最终的结果为真(true)还是假(false)(见表7-2)。

表 7-2　逻辑运算符

逻辑运算符	为真的条件	举例	解释	结果
And 与	两边都为真	5＞2 And 6＋3＝9	两侧都为真	真
		3＊3＝9 And 7＜6	左侧为真，右侧为假	假
		3＊3＞9 And 7＜6	两侧均为假	假
Or 或	任何一边为真	5＞7 Or 8＊2＝16	左侧为假，右侧为真	真
		8＜4 Or 3＞6	两侧均为假	假
		5＜7 Or 8＊2＝16	两侧均为真	真
Xor 抑或	只有一边为真	3＋2＝5 Xor 5＋5＞10	左侧为真，右侧为假	真
		3＋2＝5 Xor 5＋5＝10	两侧均为真	假
		3＋2＜5 Xor 5＋5＞10	两侧均为假	假
Not 非	假	Not 7＜5	Not 后逻辑表达式为假	真
		Not 7＞5	Not 后逻辑表达式为真	假
Eqv 等价	两个操作数相同，结果才为真	True Eqv False		假
		True Eqv True		真
Imp 蕴含	第一个操作数为真，第二个操作数为假时，结果才为假，其余都为真	True Imp False		假
		False Imp False		真

7.5.3　运算规则

在 Basic 语句中，表达式运算时，运算符有一定的优先级，而不仅仅是数学中所说的先乘除后加减。优先级由高到低排列如下：

①括号()：由最内层逐渐向外层脱括号，同一层内由左至右，如(2＋7)＊6－(4－8)，先(2＋7)，再乘6，然后是(4－8)，最后两项结果相减。

②函数，如 Sqr(var)。

③乘方^。

④－(取负)。

⑤乘除(＊，/)。

⑥整除(\)。

⑦求模(Mod)。

⑧加减(＋，－)。

⑨字符串拼接符(&)。
⑩关系(=,<>,>,<,<=,>=)。
⑪字符或对象比较(Like,Is)。
⑫逻辑非(Not)。
⑬逻辑与(And)。
⑭逻辑或(Or)。
⑮其他逻辑操作符(Xor,Eqv,Imp)。

7.5.4 流程控制

流程控制是编程语言中的核心成分。通常有两种流程控制：条件语句和循环语句。

7.5.4.1 条件语句

条件语句根据所满足的不定条件执行不同的功能(代码)。在行为研究中经常使用条件分支，根据某个条件的真/假进入不同分支。常用的条件语句有以下几种。

(1) If...Then 语句

If...Then 语句是所有逻辑的基础，如果满足什么条件，那么就怎样。它也是最常用的条件语句，只有 If 后面的条件满足(除非有 Else)，才会执行 If 和 End If 之间的代码。最简单的形式为：

```
If 条件表达式 Then
    条件表达式为真时执行的代码
End If
```

注意：Then 和 If 在同一行，如果要换行，需要在末尾加上下划线(_)，End If 是关键语句，表示 If 语句的结束，如果整个 If 语句写在一行内，则 End If 必须省略，否则会报错。例如，

```
一行内的 If 语句：
Dim a As Integer
a=12
If a>10 Then MsgBox "A is greater than 10."


Rem 常规 If 语句：
Dim a As Integer
a=12
If a>10 Then
    MsgBox "A is greater than 10."
End If
```

(2) If...Then...Else 语句

可理解为：如果满足什么条件，那么就怎样，否则就怎样。显然是在有两个选择的情况下来应用。比如，

```
Dim a As Integer
a=12
If a>10 Then
    MsgBox "A 大于 10"
Else
    MsgBox "A 不大于 10"
End If
```

If...Then 语句可以嵌套使用，这样可以处理更多的分支情况。例如，

```
Dim a As Integer
a=12
If a>10 Then
    MsgBox "A 大于 10"
Else
    If a<10 Then
        MsgBox "A 小于 10"
    Else
        MsgBox "A 等于 10"
    End If
End If
```

此时要注意 If 与 End If 的对应关系，还可以使用 ElseIf 选项：

```
Dim a As Integer
a=12
If a>10 Then
    MsgBox "A 大于 10"
ElseIf a<10 Then
    MsgBox "A 小于 10"
Else
    MsgBox "A 等于 10"
End If
```

(3) Select Case 语句

当有多种分支时使用 Select Case 语句更方便，其语法为：

```
Select Case 变量
Case 条件 1
条件 1 满足时执行的代码语句
Case 条件 2
条件 2 满足时执行的代码语句
Case Else
当前面条件都不满足时执行的代码语句
End Select
```

在 Select Case 结构中可以使用条件表达式作为条件分支,另外,可以满足的分支没有数量限制,Else 分支并不是必写项。同样要注意使用 End Select 来结束 Select Case 语句。

```
Select Case WeekDay(Date)
Case 1,2,3,4,5
    Debug.Print "Workday"
Case 6,7
    Debug.Print "Holiday"
End Select
```

上面示例代码中,根据函数 WeekDay 判断当天日期是星期几(返回 1~7 的数值),与 Case 关键字后面的值进行比较,如果匹配,则执行后面的语句,直到遇到下一个 Case 关键字,然后程序跑到 End Select 后面的语句。Case Else 语句的代码段是可选的,当前面的 Case 值都不符合表达式的值时才执行。如果多个 Case 值均符合表达式,则只执行与第一个 Case 匹配的代码段。

7.5.4.2 循环语句

当一段代码需要多次运行时,循环语句非常有用。E-Basic 中提供了三种循环语句(见表 7-3)。

表 7-3 循环语句类型

循环类型	功能
Do...Loop	重复执行代码直至条件为真
For...Next	重复执行代码一定的次数
For Each...Next	对集合中的每个对象重复执行代码

(1)Do...Loop 循环

E-Basic 中还有一些 Do...Loop 语句的变型结构(见表 7-4)。

表 7-4　Do...Loop 变型语句

语句	描述
Do...Loop	重复执行代码段（循环体）
Do While...Loop	只有当条件为真时才重复执行代码，前测试循环语句
Do Loop...While	先执行代码一次，然后重复执行直至条件为假
Do Until...Loop	只有当条件为假时才重复执行代码
Do...Loop Until	先执行代码一次，然后重复执行直至条件为真

Do While... Loop 循环

Do While...Loop 是最常用的 Do...Loop 变型语句，可理解为只要条件满足就执行循环体（见图 7-5）。基本语法为：

```
Do While 条件
    条件为真时执行的代码（循环体）
Loop
```

E-Basic 在解析代码时，当遇到 Do While 关键字时会判断条件的逻辑值，如果为真就执行相关代码；当遇到 Loop 关键字时会再次判断条件的逻辑值，如果为真，则再次执行代码，如果为假，则终止循环立即执行 Loop 后面的语句。理论上循环的次数没有限制。

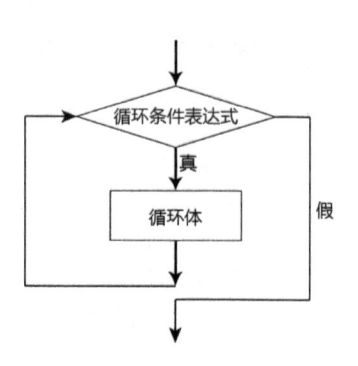

图 7-5　Do While...Loop 循环结构流程图

```
Rem 输出 1～5 的算术平方根：
Dim x As Long
x=1
Do While x<=5
    Debug.Print Sqr(x)
    x=x+1
Loop
```

上面的示例代码中，x 为循环变量，首先要初始化，循环变量在循环体内需要根据条件进行更改。①首先，x 值初始化为 1；②判断循环条件表达式（x<=5）是否为真，如果为真则执行循环体；③在循环体内，对 x 的值进行加 1 运算，并输出 x 的平方根；④程序跳至②，重新判断循环条件是否为真；⑤当循环体执行了 5 次后，此时循环变量 x 的值为 6，当跳至步骤②时，循环条件表达式为假，此时循环结束。

Do...Loop While 循环

Do...Loop While 语句与 Do While...Loop 唯一的不同在于条件出现的位置，Do While...Loop 是先判断条件再决定代码运行与否；而 Do...Loop While 是先执行一遍再判断是否再次执行，即 Do...Loop While 语句至少执行一次循环体，即可理解为执行循环体直到条件不成立(见图 7-6)。基本语法为：

```
Do
    条件为真时执行的代码(循环体)
Loop While 条件
```

Do...Loop While 循环结构常用在循环体内需要设置条件中使用的某个值或者当执行某个动作的对象至少有 1 个元素时的情况。总之，如果循环体需要至少执行一次时，Do...Loop While 循环结构非常适合。

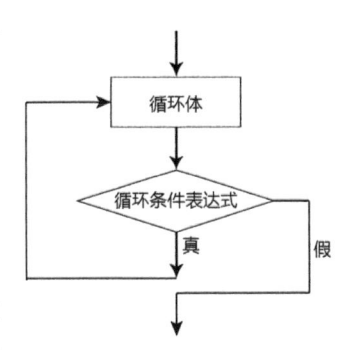

图 7-6 Do...Loop While 循环结构流程图

```
Rem 生成一个介于 1 到 100 的随机奇数：
Dim a AsInteger
Do
    a=Random(1,100)
Loop While a Mod 2＝0
Debug.Print a
```

上面的示例代码中，首先定义一个长整型的变量 a，在循环体内生成一个介于 1 到 100 的随机数，并将其赋给变量 a，然后在 Loop While 的语句中判断 a 能否被 2 整除(Mod 是求余数)。如果是偶数，则再次生成随机数；如果是奇数，则跳出循环输出变量 a 的值。

Do Until...Loop 循环

Do Until...Loop 循环结构与 Do While...Loop 相同，都是先进行条件判断，再决定是否执行循环体。如果为假，则执行循环体；如果为真，则跳出循环(见图 7-7)。基本语法为：

```
Do Until 条件
    条件为假时执行的代码(循环体)
Loop
```

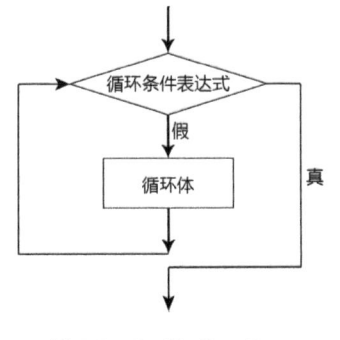

图 7-7 Do Until...Loop 循环结构流程图

```
Do Until Random(1,100) Mod 2＝0
    Debug.Print "偶数"
Loop
```

上面的示例中当生成的随机数为偶数时，则循环输出"偶数"字样。

Do...Loop Until 循环

Do...Loop Until 循环结构与 Do...Loop While 相同，也是循环体至少执行一次，当条件不再成立时，则跳出循环（见图7-8），基本语法为：

```
Do
    条件为假时执行的代码（循环体）
Loop Until 条件
```

```
Rem 生成一个介于1到100的随机偶数：
Dim a AsInteger
Do
    a=Random(1,100)
Loop Until a Mod 2＝0
Debug.Print a
```

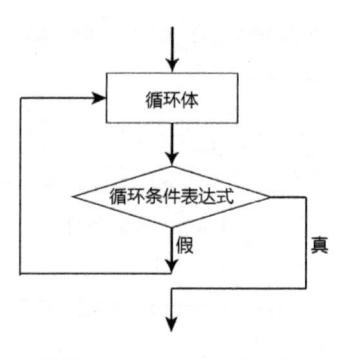

图 7-8 Do...Loop Until 循环结构流程图

利用任何一种Do...Loop循环形式，都可以实现相同的功能效果，这取决于你的编程风格和习惯。

退出循环体

有时Do...Loop循环结构可能无法满足要求。例如，需要在循环体内某处直接退出循环(Exit Do)，此时通常需要嵌套If...Then...End If或Select Caset条件语句来实现。

```
Do While 条件1
    If 条件2 Then
        Exit Do
    End If
    条件1为真时执行的代码
Loop
```

如果条件1成立，则重复执行循环体。在循环体内，如果条件2满足，则跳出循环体（不再执行End If后面循环体内的语句）。Exit Do还可以让我们不用手工注释整个循环结构，来帮助程序的调试。

对于Do...Loop无限循环，在使用时也必须结合Exit Do嵌套If...Then...End If或Select Case条件语句，有了Exit Do就可以不用使用Do...Loop的变型语句实现同样功能。

```
Do
    代码段1
    If 条件 Then
        Exit Do
    End If
```

代码段 2
Loop

当需要执行循环体内的部分代码，而不是所有代码时，这种结构非常有用，上面的伪代码中，当条件满足时，代码段 1 会（已）执行，但不再执行代码段 2。

（2）While...Wend 循环

While...Wend 循环在条件为真时执行循环体，流程图参见图 7-5。基本语法为：

```
While 条件
    条件为真时执行的代码（循环体）
Wend

Dim x as Integer
x＝1
While x＜5
    x＝x＋1
    Debug.Print Sqr(x)
Wend
```

上面的示例代码中，首先将变量 x 初始化为 1，然后开始循环。如果变量 x 的值小于 5，则执行循环体：将 x 值加 1，输出 x 的平方根。

（3）For...Next 循环

当已知循环体的执行次数时，使用 For 循环就比较方便。根据循环变量的起始值和结束值来重复循环，起始值或结束值可以是整数、变量或表达式。基本语法为：

```
For counter＝起始值 To 结束值 [Step increment]
    [statements]
    [Exit For]
    [statements]
Next [counter [,nextcounter]...]
```

当循环开始时，首先将变量 counter 设置为起始值，执行到 Next 语句时，循环变量 counter 的值加 1（Step 后面的 increment 值可以改变每次增加的值）。当变量 counter 的值等于结束值时终止循环，接着执行 Next 后面的代码。在使用 For 循环时，除非有特殊原因，否则要将循环变量设为：1 To n。尽管 Next 后面的循环变量名不是必需的，但写上循环变量名会使代码解析更简单。不要在循环体内更改循环变量的值，除非需要提前终止循环（此时可将循环变量设置为结束值）。For 循环特别适合于数组（参见 7.7）。

与 Exit Do 相似，在循环体内可以使用 Exit For 来提前结束循环，这通常也要结合 If...Then...End If 或 Select Case 条件语句来使用。

```
Dim x as Integer
For x=1 to 10
    Debug.Print Sqr(x)
Next x
```

上面的示例代码中，输出 1~10 的平方根，如果 For 语句后面增加 Step 2，则输入 1~10 奇数的平方根。

```
Dim x as Integer
For x=1 to 20
    Debug.Print Sqr(x)
    If Sqr(x)>3 Then Exit For
Next x
```

上面的示例代码中，输出 1~20 的平方根，但如果平方根大于 3，则终止循环（注意此处使用了 If 语句的简写形式。）

也可以使起始值大于结束值，但需要使用 Step 关键字，指定增加的步幅值为负数。例如，

```
Dim x as Integer
For x=10 To 1 Step -1
    Debug.Print x^2
Next x
```

上面的代码会输出 10~1 的平方，即 100、81、64…

For...Next 循环语句还可以嵌套使用。例如，

```
For i=1 To 10
    For j=1 To 10
    Next j
Next i
```

下面是另一种写法，将索引变量放在一起：

```
For i=1 To 10
    For j=1 To 10
Next j, i
```

在采用第二种写法时，要注意 Next 语句对索引变量的先后顺序有要求，即内层循环的索引变量在前，外层循环的索引变量在后。

(4) For Each...Next 循环

For Each...Next 循环与 For...Next 循环相似，主要区别是用于集合的每个元素，而不是指定循环次数。基本语法为：

```
For Each variable In 集合
    循环体
Next variable
```

示例代码：

```
Dim x(4) as Integer
Dim i as Integer
For i=1 To 4
    x(i)=i^2
Next i
For Each i In x
    Debug.Print i
Next i
```

上面的示例代码中，首先定义变量 i 和包含 4 个元素的数组变量 x，然后通过 For...Next 循环对数组元素赋值为循环变量 i 的平方，然后利用 For Each...Next 循环输出数组 x 中的元素值。

7.5.4.3 跳转语句

在脚本代码中可以使用跳转语句 (GoTo) 从一个位置跳转到某个标签指示位置，对于控制流程的走向非常有用。跳转语句也称作无条件转移语句，用于改变程序流向（见图 7-9）。

在行为研究，有时需要被试做出正确反应后，实验程序才继续进行（如内隐联想测验），如果被试进行了错误反应就需要回到实验流程的前面，直到被试正确反应，此时使用跳转语句就非常方便。

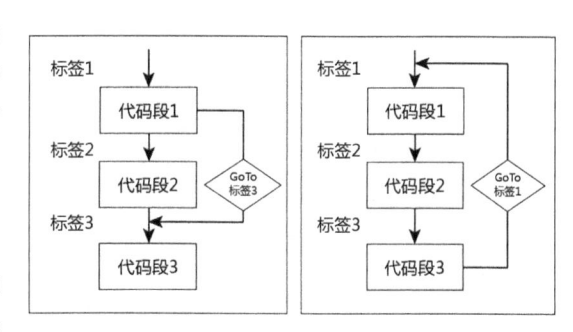

图 7-9 GoTo 语句流程示意图

示例代码：

```
Dim answer As String
LabelB:
answer=AskBox("请输入一个字母:")
If answer="a" Then
    Goto LabelA
```

```
Else
    MsgBox "字母输入错误,请重试!"
    Goto LabelB    'Ask for another letter
End If
LabelA：
MsgBox "OK!"
```

在上面的示例代码中，首先通过 AskBox 函数接受被试的输入，如果被试输入的不是字母"a"，则通过跳转语句跳转到 LabelB 处，要求被试继续尝试；如果输入正确，则跳转至 LabelA 处继续执行后面的代码。

7.5.5 样例代码

在开始添加用户代码前，有必要先理解基本的编程概念。在开始学习更高级的内容前，建议你先掌握本节中的样例代码，也请将下面的代码手工输入 E-Prime 中，然后运行验证。

7.5.5.1 样例1：Hello World

创新一个新的实验程序，在 SessionProc 中加入一个内嵌代码对象，然后在其中输入以下代码（见图 7-10）。

```
' The following statement will display a dialog box on the screen with the text "Hello World."
' By Default, an OK button is also displayed.
MsgBox "Hello World"
```

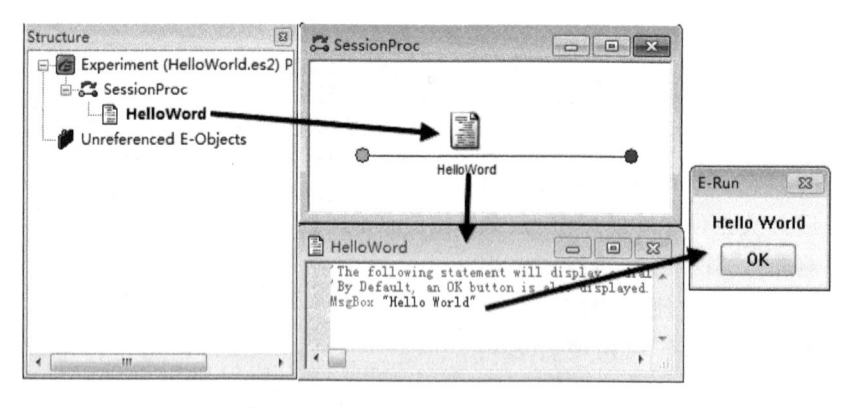

图 7-10 显示 Hello World 信息窗口

7.5.5.2 样例2：设置属性

E-Basic 中的 SetAttrib 方法用于创建一个属性并赋值，供需要时引用该属性。E-Basic 中的"c"是被定义的上下文对象。SetAttrib 是上下文对象的一个方法，使用点操作符就可以调用 SetAttrib 方法（c.SetAttrib），将属性 TotalTrial 的值设置为 10 的代码如下：

```
' Set TotalTrial=10
c.SetAttrib "TotalTrial," 10
```

一旦在上下文中定义了某个属性，该属性值会被自动记录到数据文件中，需要时可使用该属性值（如通过 TextDisplay 对象进行显示或作为其他对象的属性值等）。在不同层级上定义的属性具有不同的作用域，如果 TotalTrial 在区组层级上定义，则在区组和以下层级上均可使用，即低层级的上下文能够继承高层级的上下文，但高层级的上下文不能继承低层级的上下文，也就是反向继承不可以（见图 7-4）。

在引用某个属性前，必须先对其定义，否则就会出现运行错误，提示某个属性不存在。比如，在试次层级上定义的属性，当试图在区组层级上引用时就会发生错误。

7.5.5.3 样例 3：获取属性值

上下文对象的 GetAttrib 方法可以获取某个已经存在的属性值（c.GetAttrib）。下面的代码中呈现刺激"X"或"Y"，通过代码根据呈现的刺激来控制刺激的颜色，如果当前刺激为"X"，则将文本对象的颜色设置为绿色；如果当前刺激为"Y"，则将文本对象的颜色设置为蓝色。

```
'获取"Stimulus"的属性值并设置显示颜色：
If c.GetAttrib ("Stimulus")="X" Then
    TextDisplay.ForeColor=CColor("Green")
ElseIf c.GetAttrib ("Stimulus")="Y" Then
    TextDisplay.ForeColor=CColor("Blue")
End If
```

7.5.5.4 样例 4：全局变量

实验中有时需要计算被试在整个实验中的统计指标（如平均正确率、平均反应时等），或在运行一定数量的区组（Block）或试次后计算这些指标。一种方法是使用反馈对象（FeedbackDisplay）来自动汇总；另一种方法是使用 Summation 对象，可以在不需要向被试呈现反馈信息时得到这些指标。

下面的代码中，定义两个全局变量：一个是 Summation 类型的 PracticProp，用于存储被试的准确率；一个是用于试次计数的整型变量 TrialCount。

```
变量定义：
Dim PracticeProp As Summation
Dim TrialCount As Integer
```

在脚本窗口的 User 标签下定义好全局变量后，在引用前必须对它们进行初始化。在实验周期中插入一个内嵌代码对象，该对象可以插入到引用前的实验流程中的任何位置，但最好将全局变量的初始化操作作为实验周期过程的第一个事件。

对两个全局变量进行如下初始化：

```
' Initialize Summation Variable
Set PracticeProp = New Summation
' Initialize TrialCount Variable
TrialCount = 0
```

初始化完成后，就可以对变量进行重新赋值或加以引用，由于全局变量的上下文属于最高层级，因此可以在程序中的任何地方来引用。下面的代码演示，如何对两个变量进行赋值，计数变量 TrialCount 每次加 1，汇总变量 PracticeProp 收集被试对某个刺激（Stimulus）反应的准确性，因此含有下面代码的内嵌对象应该插入试次层级中文本对象 Stimulus 后（见图 7-11）。

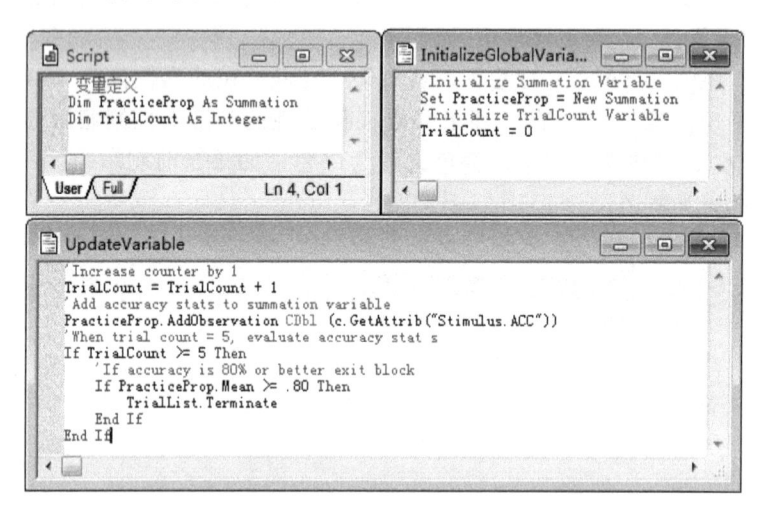

图 7-11 脚本窗口 User 标签及内嵌代码对象

'计数加 1：
TrialCount = TrialCount + 1
'添加准确性至汇总变量中：
PracticeProp. AddObservation CDbl（c. GetAttrib("Stimulus. ACC")）
'当被试完成 5 个试次后，评估准确率，如果在 80％ 以上就不用再练习：
If TrialCount >= 5 Then
    ' If accuracy is 80% or better exit block
    If PracticeProp. Mean >= .80 Then
        TrialList. Terminate
    End If
End If

7.5.5.5　样例 5：局部变量

在整个实验中都可以引用全局变量，也可以在某个层级（如 Block 或 Trial 层级）定义局部变量。下面的代码段中在试次层级上下文中定义了记录被试输入答案的 strAnswer 变量，将被试输入的答案赋值给变量，然后将变量值再赋值给对象

RecallStim 的 RESP 属性。

```
'通过 AskBox 采集被试反应：
Dim strAnswer As String
strAnswer＝AskBox（"请输入回忆词："）
RecallStim.RESP＝strAnswer
RecallStim.CRESP＝c.GetAttrib("CorrectAnswer")
```

7.5.5.6 样例 6：属性传值

在列表对象中定义的属性（Attributes）也可以在过程中通过 c.GetAttrib 方法获取，并将变量值赋给某个对象。例如，为了变化每个试次呈现的刺激内容，需要在列表对象中输入刺激的属性（如文本、图片文件名称或声音文件名称）。

下面的示例是 Stroop 实验任务，每次呈现一个不同颜色的词，让被试命名。列表对象（见图 7-12）中 Word 属性是呈现的文本内容，Ink 属性是文本显示颜色的 RGB 值，为了变换每个试次呈现文本的颜色，在试次过程中插入一个内嵌代码对象，然后使用以下代码将每个范例中的 Ink 属性值转换为颜色对象后作为前景色赋给 Stimulus 对象：

```
Stimulus.ForeColor＝CColor(c.GetAttrib("Ink"))
```

ID	Weight	Nested	Procedure	Word	Color	Congruency	Ink	Answer
1	3		TrialProc	red	red	congruent	255,0,0	red
2	1		TrialProc	red	green	incongruent	0,255,0	green
3	1		TrialProc	red	blue	incongruent	0,0,255	blue
4	3		TrialProc	green	red	congruent	255,0,0	red
5	1		TrialProc	green	green	incongruent	0,255,0	green
6	1		TrialProc	green	blue	incongruent	0,0,255	blue
7	3		TrialProc	blue	red	congruent	255,0,0	red
8	1		TrialProc	blue	green	incongruent	0,255,0	green
9	1		TrialProc	blue	blue	incongruent	0,0,255	blue

图 7-12 Stroop 任务 TrialList 列表对象

7.6 中级编程

7.6.1 变 量

关于变量还有许多要学习的知识。我们一步步来介绍有关变量的知识以免使你晕头转向。对于中级程度的编程，你会经常使用变量。下面将介绍变量的声明和操作。

7.6.1.1 数据类型

当使用 Dim 来声明一个变量时，除了我们前面讲到的变量的命名规则外，还有许多需要掌握的内容。比如，需要指定变量的数据类型：

```
Dim subject_dob As Date
```

上面语句不仅声明了变量 subject＿dob，而且还指定其类型为日期型（Date）。

E-Basic 中有许多不同的数据类型(见表 7-5)。

表 7-5 数据类型描述

数据类型	描述
Boolean	布尔型，True 为 1，False 为 0
Integer	整型(整数)，表示的数值范围为－32768～32767
Long	长整型(整数)，表示的数值范围为－2147483648～2147483647
Single	单精度型(小数)，7 位有效位数：负数介于－3.402823E＋38～－1.401298E－45，正数介于 1.401298E－45～3.402823E＋38
Double	双精度型(小数)，15～16 位有效位数，负数介于－1.797693134862315E＋308～－4.94066E－324，正数介于 4.94066E－324～1.797693134862315E＋308
Currency	货币型，表示的数值范围为(小数点左侧 15 位，右侧 4 位)－922337203685477.5808～922337203685477.5807
Date	日期型，表示日期和时间
Object	对象型，表示使用对象链接与嵌入技术(OLE，Object Linking and Embedding)引用某个对象的变量
String	字符型，表示最大长度为 327676 的字符串
Variant	可变型，用于声明可存储不同数据类型的变量
User-Defined	自定义型

变量类型确定后，将只能用于存储指定类型的信息。E-Basic 不会根据需要对数据类型自动转换。但有时需要将一种数据类型转换成另一个数据类型，E-Basic 提供了一些函数用于不同数据类型间的转换(见表 7-6)。

表 7-6 数据类型转换函数

函数	描述
CCur	将表达式转换为货币型
CBool	将表达式转换为布尔型
CDate，CVDate	将表达式转换为日期型
CDbl	将表达式转换为双精度型
CInt	将表达式转换为整型
Chr，Chr＄，ChrB，ChrB＄，ChrW，ChrW＄	返回 ASCII 对应的字符
CLng	将表达式转换为长整型
CSng	将表达式转换为单精度型
CStr	将表达式转换为字符型
Cvar	将表达式转换为可变型

续表

函数	描述
Hex，Hex$	返回某个数值对应的16进制数
Str，Str$	返回表示某个数值的字符内容
备注：带有$字符的函数返回类型为字符型，否则其等价函数返回类型为可变型	

7.6.1.2 声明多个变量

E-Basic 中，在声明或定义变量时，可以使用一个 Dim 语句在一行内声明多个变量，但需要为每个变量指定变量类型，没有指定类型的变量会被声明为可变型（Variant）。下面的代码中，将变量 subject_dob 声明为日期型，j 和 k 声明为整型，stimulus 和 recall 声明为字符型。

```
Dim subject_birthdate As Date
Dim j As Integer, k As Integer
Dim stimulus As String, Dim recall As String
```

在一行内声明多个变量节省了代码空间，但也增加了犯错的概率。一种解决办法就是在一行内不要声明不同类型的变量，这样可以减少犯错的可能性。

在定义变量时，还可以使用类型声明符而省略 As Type 子语句。例如，Dim i% 与 Dim i As Integer 功能相同。类型声明符及对应关系为：%→Integer，&→Long，♯→Double，！→Single。

7.6.1.3 初始化和赋值

变量声明后，在使用前要进行初始化，初始化通常是赋给变量一个初始值，采用"变量名＝表达式"完成。例如，将计数变量 j 初始化为 1。

```
j=1
```

对于字符型变量，在初始化时需要将字符内容置于双引号内（英文下的双引号""），例如，

```
Dim stringVal As String
stringVal="This is the value of the string. "
```

如果字符长度超过一行，或者为增加代码的可读性，需要将字符分成多行时，需要使用"&"符号来拼接，在拼接字符内容时，不会包含换行标记，如果要加入换行标记，则通过转义符"\n"来实现。例如（注意"&"符号后面"_"的使用），

```
stringVal="This is the value of a very long string " &_
"extending over more than one line. The " &_
```

```
"individual parts will be joined to form " & _
"a continuous display. " & _
"\n\nThis will be displayed two lines lower"
```

变量也可用在赋值语句表达式中，即将已有变量的值赋给其他变量。例如，

```
Dim i As integer, j As Integer, k As Integer
k=5
i=10
j=k*i
```

上面的代码中变量 k 和 i 的值分别为 5 和 10，j＝k * i 语句中，首先计算表达式 k * i 的结果(50)，然后将其赋给变量 j。

变量也可用在命令或函数中，如前面定义的字符型变量 stringVal 可以作为参数传给 MsgBox 命令，来显示字符变量中的内容。

```
MsgBox stringVal
```

在 E-Basic 中还可以使用其他数值，八进制的表示为在数值前加上"&O"，如 &O36(8 进制的表示结果在 E-Prime 中有错误)；十六进制的表示为在数值前加上"&H"，如 &HDC，还可以将十六进制等转换为十进制的某种类型，如 &HFF!。如果要表示日期值，则将日期格式置于♯♯中间，如♯1/1/97♯。

7.6.1.4 常　量

常量是指内容不会变化的量。当然使用变量也可以存储不需变化的内容，E-Basic 中使用 Const 关键字来定义常量。与变量的定义不同，在声明常量时可以立即指定其内容。例如，

```
Const speed_of_light As String="Really, really fast!"
Const exercise As Boolean=True '变量 exercise 为布尔常量(True)
```

7.6.2　子过程

子过程是一个大型程序中的某部分代码，由一个或多个语句块组成。它负责完成某项特定任务，而且相较于其他代码，具备相对的独立性。子程序定义好后，就可以在内嵌代码对象中通过 Call 命令来调用。子程序的定义需要使用 Sub...End Sub 语句。例如，用某种颜色清除画布(Canvas)对象的背景。子程序的格式如下：

```
[Private | Public] [Static] Sub name[(arglist)]
    [statements]
End Sub
```

其中 Private 或 Public 指定子过程是私有的还是公有的，Static 指定是否为静态子过程。Arglist 表示参数列表，最大支持 30 个参数，如果使用参数，格式如下：

[Optional] [ByVal | ByRef] parameter[()] [As type]

关键字 Optional 表示参数是可选项，ByVal 和 ByRef 指定子过程调用时参数采用传值还是传地址形式。

样例：清除屏幕

```
'将屏幕背景清为彩色：
Dim cnvs As Canvas
Sub ClearToColor(ByVal colorString As String)
    cnvs.FillColor=CColor(colorString)
    cnvs.Clear
End Sub
```

上面的代码中，子程序 ClearToColor 将 cnvs 画布对象的填充颜色设为某种颜色，然后执行清除命令(Clear)。子程序的定义需要在脚本窗口 User 标签下进行。

```
'将屏幕背景清为黑色,并绘制 10 个不同尺寸圆
Dim I,x,y,rad As Integer
Set cnvs=Display.Canvas    '对象初始化
ClearToColor("Black")    '调用子程序
x=50
y=100
For i=1 To 10    'For 循环,循环 10 次
    cnvs.Pencolor=CColor("white")    '设置画笔颜色
    cnvs.Fillcolor=CColor("white")    '设置填充颜色
    rad=Random (3, 20)    '生成随机尺寸
    x=x+50    '改变 x 坐标
    cnvs.Circle x, y, rad    '在指定位置(x,y)画圆
Next I
Sleep 1000    '暂停 1 秒
```

上面的代码中，首先初始化画布对象 cnvs，然后调用先前定义的子程序 ClearToColor 将屏幕清为黑色，然后在屏幕上绘制 10 个不同尺寸的圆。

当一组代码需要重新使用时，将其定义为子程序，既可以提高编程效率，也可以预防错误，降低代码维护的成本。

7.6.3 函　数

函数和子程序相似，但函数要返回一个结果。子程序完成任务后不向调用程序报告任何内容，而函数通常完成计算后要报告结果。函数的定义使用 Function...End Function 语句。其格式如下：

[Private | Public] [Static] Function name[(arglist)] [As ReturnType]
　　[statements]
End Sub

参数列表 arglist 的格式如下，最多支持 30 个参数：

[Optional] [ByVal | ByRef] parameter [()] [As type]

下面的代码定义了函数 DoMean，它接收两个输入参数 total 和 count，表示总和和个数，两个数值相除，则得到平均值，但同样需要在脚本窗口中 User 标签下来定义。

样例：求平均

```
Function DoMean(total As Double, count As Integer) As Double
    DoMean=total/count
End Function
```

由于函数定义在 User 脚本窗口中进行，在整个实验过程中，都可以调用函数 DoMean。下面的代码首先利用 Random 函数生成 5 个随机数，然后累加得到总和并将其存入变量 total 中，接着使用 DoMean 函数求得平均值，并通过 MsgBox 函数显示结果。

```
Dim total As Double '定义变量 total 为双精度型
Dim count,I,next_val As Integer
total=0 '初始化
count=5
For i=1 To count 'For 循环,循环次数为 5
    next_val=Random (1, 20) '生成介于 1~20 的随机数
    MsgBox "Value #" & i & ": " & next_val '显示生成的随机数
    total=total+next_val '结果累加
Next i
MsgBox "The total is " & CStr(total) & " \n" & _
"The count is " & CStr(count) & " \n" & _
"The mean is " & DoMean (total, count) '显示总和、个数和平均值
```

7.7 高级编程

在高级编程部分，我们将介绍数组和自定义数据类型的使用。

7.7.1 数　组

任何编程语言中都有数组这一标准数据结构，单个变量可以存放数字、日期和字符串之类的单个实体，而数组可以保存一组相关的数据。假设用变量 Salary 保存工资，但如果要存放 16 个员工的 16 份工资，可以声明诸如 Salary1，Salary2，…，Salary16 的 16 个变量，也可以声明一个具有 16 个元素的数组。

7.7.1.1　数组的定义

数组名称的命名规则和单个变量的命名规则相同，具体的数组元素可用索引来区分。数组可以是任何数据类型，但只能存放一种数据类型，既定义的数组要么存放数字，要么存放字符，不能同时存放数字和字符，但可以使用可变型（Variant）来解决这一问题。需要注意的是，由于可变型中可以存放不同类型的数据，而不同类型的数据耗用的计算机内存不同，因此计算机会为可变型数据类型分配最大的内存空间，所以可变型数据类型的数组会非常消耗内存。

在使用数组前，与变量相同，要先定义并初始化。数组的定义必须使用 Dim 语句来声明，如

```
Dim Salary() As Single
```

注意：在数组名后面使用括号来表示定义的是数组变量而非单个变量。如果括号内是空的（没有数字），则表示定义的数据是动态数组，即数组中包含的元素个数不固定；如果括号中包含数字，如 Salary(15)，则为固定数组，即数组中元素个数是固定的（16 个，注意数组索引值从 0 开始计数）。

程序中还可以使用 ReDim 语句多次改变动态数组的大小和维度（注意不能改变固定数组的大小），如

```
ReDim Salary(100)       '数组包含 101 个元素,索引从 0 开始
ReDim Salary(1 To 100)  '数组包含 100 个元素,索引从 1 开始,指定索引的下限和上限
```

当使用 ReDim 调整数组的大小和维度时，原数组中的元素会被删除，如果要保留原数组中的内容，则在调整数组大小和维度时使用 Preserve 关键字。

```
ReDim Preserve Ages (100)


Dim i As Integer
```

```
Dim ab() as Integer    '定义动态数组
ReDim ab(5)    '指定数组大小
For i=1 To 5    '对数组赋值
    ab(i)=i
Next i
ReDim Preserve ab(2 To 6)    '使用 Preserve 关键字
For i=2 To 6
    Debug.Print ab(i)    '输出 2、3、4、5、0
Next i
ReDim ab(7)
For i=0 To 7
    Debug.Print ab(i)    '输出 0、0、0、0、0、0、0、0
Next i
```

上面的代码中，首先声明动态数组 ab，然后将其元素个数调整为 6 个，通过 For 循环为后面 5 个元素赋值，再使用 Preserve 关键字调整数组大小（5 个元素），此时原数组中后面 4 个元素的内容保留。

还可以定义多维数组。例如，

```
Dim ab(4,5) As Integer
```

数组 ab 包含 30 个元素，表示 5×6 的二维数据。

动态数组不能作为自定义数据类型的成员，也不能通过 ReDim 语句改变其在 Dim 语句中声明的数据类型，在赋值或使用前必须使用 ReDim 语句指定数组大小。

7.7.1.2 数组索引

除非特别指定，数组中的元素索引从 0 开始，即引用数组中第 1 个元素时，需要使用 0 作为索引值。如果一个数组中包含 10 个元素，定义时在括号中输入 9（括号中值默认为最大索引值），而非 10，如

```
Dim arrResponses(9) As String
```

如果要引用数组中的某个元素，直接使用变量名加脚标（将索引值置于括号中）即可。例如，

```
Dim a(10) As Integer
a(1)=12    '直接给（第二个）元素赋值
x=a(1)    '将元素值赋给其他变量
x=10 * a(1)    '将元素用在表达式中
```

对于多维数组，要分别指定各个维度的索引值，索引值间用逗号（,）分隔，如

Dim ab$_{(4,3,5)}$ As Integer
ab$_{(0,0,0)}$ = 15

7.7.1.3 数组赋值

数组定义后，数据元素还没有初始化，即其中没有包含有效的信息。在使用数组前，必须给数据元素赋值，数组元素使用如下格式进行赋值：

ArrayName$_{(Index)}$ = Expression

如果要赋给数组连续值，最有效的方法是使用 For...Next 循环语句来控制。

```
Const Size As Integer=10    '定义常量 Size
Dim a(Size-1) As Integer    '定义包含 10 元素的数组 a
Dim x As Integer, i As Integer   '定义变量 x 和 i,x 的默认值为 0
For i=0 To Size-1
    a(i) = x               '将 x 的值赋值给数组元素
x=x+1   'x 加 1 操作
Next i
'最后 10 个数据元素分别为:0,1,2,3,4,5,6,7,8,9
```

多维数组常使用嵌套的 For...Next 循环赋值。

```
Dim x,i,j,k As Integer
Dim a(10,7,9) As Integer    '定义包含 11×7×9=880 个元素的三维数组
    For i=0 To 10
    For j=0 to 7
        For k=0 to 9
            a(i,j,k) = x
            x=x+1
            Debug.Print a(i,j,k)
        Next k
    Next j
Next i
```

7.7.2 自定义数据类型

E-Basic 允许用户根据需要自行定义数据类型，自定义数据类型对于组织不同类型的相关数据非常有用。可以使用 Type...End Type 语句来定义。

例如，要绘制一个颜色网格，每个单元格有不同的颜色，此时就可以用自定义来表征单元格对象的数据类型，首先来规划单元格对象的属性，每个单元格有颜色属性和表示单元格位置的行号和列号属性，还可以给单元格加上一个编号属性，其定义

如下：

```
Type CellInfo '自定义数据类型 CellInfo
    nID As Integer '单元格编号
    nColor As Long '单元格颜色
    nRow As Integer '单元格行号
    nColumn As Integer '单元格列号
End Type
```

自定义数据类型完成后，就可以使用 Dim 语句来定义变量，自定义数据类型的使用就与 E-Basic 内置的数据类型（如 Integer，String 等）的使用一样，自定义数据类型的属性使用点操作符来引用。例如，

```
Dim CurrentCell As CellInfo
CurrentCell.nID=12
CurrentCell.nRow=2
CurrentCell.nColumn=3
CurrentCell.nColor=CColor("Blue")
```

7.7.3　Switch 语句

语法：Switch(condition1，expression1 [，condition2，expression2... [，condition7，expression7]])。

功能：返回与第 1 个为真的条件对应的表达式。

示例代码：

```
Dim strMessage As String
Dim strResult As String
Dim nResult As Long
TryAgain:
strResult=InputBox("输入一个数字:")
If IsNumeric(strResult) Then
    nResult=CLng(strResult)
    strMessage=Switch(nResult<=10,"小于等于 10", _
        nResult<=100,"小于等于 100", _
        nResult>100,"大于 100")
Else
    MsgBox "必须是数字"
    Goto TryAgain
End If
MsgBox strMessage
```

7.7.4 IIf 语句

语法：IIf(expression, truepart, falsepart)。

功能：表达式 expression 的值如果为 True，返回 truepart；如果为假，返回 falsepart。IIf 语句是以下 If 语句的简写式：

```
If expression Then
    Variable=truepart
Else
    Variable=falsepart
End If
```

示例代码：

```
Debug.Print IIf(Hour(Now())>12,"下午","上午")
```

7.7.5 递 归

在编写函数或过程时，E-Basic 支持递归运算，即在函数或过程定义体内调用函数或过程自身。计算机编程中，递归指的是一个过程、函数不断引用自身，直到引用的对象已知。使用递归解决问题，思路清晰，代码少。但使用递归算法要耗用更多的栈空间，所以在堆栈尺寸受限制时（如嵌入式系统或者内核态编程），应避免采用。所有的递归算法都可以改写成非递归算法。

例如，求解汉诺塔的递归过程代码如下：

```
Sub Hanoi(n As Integer,x As String,y As String,z As String)
    If n<>1 Then
        Hanoi n-1,x,z,y
        Debug.Print x & "->" & z
        Hanoi n-1,y,x,z
    Else
        Debug.Print x & "->" & z
    End If
End Sub
```

如果使用 Hanoi 3,"a","b","c" 进行调用，则输出如下汉诺塔的解决过程(a, b, c 分别表示汉诺塔的 3 根柱子)：

```
a->c
a->b
```

c—>b
a—>c
b—>a
b—>c
a—>c

7.7.6 样例程序

7.7.6.1 条件分支

根据被试的反应决定运行的过程，假如程序中有个采集被试反应的对象 subject 以及两个列表对象 List1 和 List2，使用 If...Else...End If 就可以进行分支控制，如

```
'如果被试输入1,则执行过程1,否则执行过程2
If subject.RESP="1" Then
    List1.Run
Else
    List2.Run
End If
```

7.7.6.2 数 组

创建一维数据、赋值，然后获取数组元素值用于显示。

```
Dim WordList(4) As String    '定义包含5个元素的字符数组
Dim i As Integer
WordList(0)="Every"
WordList(1)="good"
WordList(2)="boy"
WordList(3)="does"
WordList(4)="fine"
For i=0 To 4
    MsgBox WordList(i)       '对话框显示数组元素字符内容
Next i
```

7.7.6.3 调 试

使用 Debug.Print 验证记录的准确性数据项(采集被试反应的对象为 StimDisplay)：

```
Debug.Print StimDisplay.RESP & "\t" & StimDisplay.CRESP & "\t" & StimDisplay.ACC
```

注意：" \ t"表示制表符。

7.8 程序调试

在生成脚本代码或运行实验程序时都可能出现程序错误。生成脚本代码时，在输出窗口（通过菜单 View→Output 或快捷键 Alt＋3 来打开）中会显示生成过程中的状态信息。如果脚本没有错误，会在输出窗口 Generate 标签下显示 Successfully 字样。当出现错误时，会弹出一个错误报告对话框（见图 7-13），对话框中会告诉你错误内容和错误在代码中的位置（行/列位置）。

错误信息同样也会输出到 Output 窗口中的 Debug 标签下（显示 Compile Error 字样），同时在脚本窗口中，光标会自动定位到错误代码处。

如果在运行实验程序时出现错误，呈现错误报告（见图 7-14）的同时会在输出窗口显示 Runtime Error 字样，光标也会自动定位到错误位置。

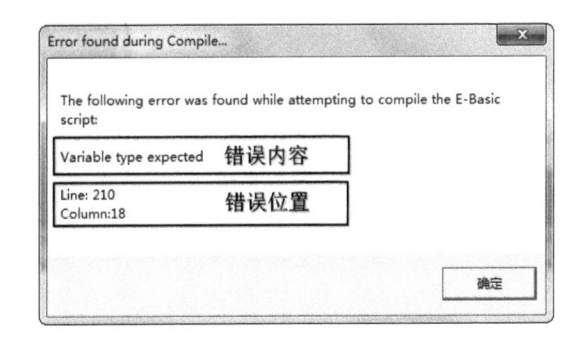

图 7-13 编译时错误报告　　　　图 7-14 运行时错误报告

调试技巧：
①在列表随机化前，先采用固定顺序来验证刺激抽样。
②小步骤扩展实验程序，逐渐添加实验功能。
③在运行时使用 Debug.Print 命令输出验证信息至 Output 窗口中。
④在内嵌代码对象中使用 Display.Canvas.Text 命令和 Sleep 命令来显示调试信息，且无须被试输入使程序继续。
⑤使用 MsgBox 命令显示信息（但需要被试干预信息窗口）。
⑥将某些关键信息设为属性（Attributes），以便显示出来或记录到数据文件中供调试分析用。
⑦在脚本代码中使用注释来标明代码段的功能。

7.9 E-Basic 函数及方法

7.9.1 数学运算类

7.9.1.1 求绝对值
语法：Abs(expression)。

功能：返回数学表达式 expression 的绝对值，需要注意如果将结果赋给可容纳数值范围小的变量，会导致溢出错误。

示例代码：

```
Abs(15-17) '返回 2
```

下面代码会出现溢出错误，因为整数型的数值范围介于－32768～32767（见图 7-15）：

```
Dim i As Integer
i=Abs(-4590*39)
```

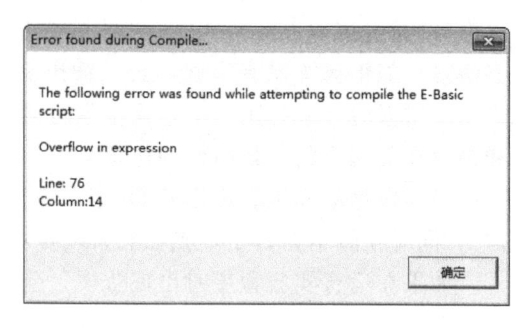

图 7-15　溢出错误

7.9.1.2　正弦/余弦函数

语法：Sin(number)或 Cos(number)。

功能：返回双精度型（Double）的正弦或余弦值，其中 number 参数为弧度而非度。可使用如下代码转换：

弧度＝度数＊Pi/180（其中 Pi 是 E-Basic 表示圆周率的常量）

示例代码：

```
Sin(35*Pi/180)
```

7.9.1.3　自然指数

语法：Exp(number)。

功能：返回自然数 e 的指数（number）值，参数取值介于 0～709.782712893，e＝2.71828。

示例代码：

```
Exp(12.40)    '返回 242801.617498324
```

7.9.1.4　开平方

语法：Sqr(number)。

功能：返回数值 number 的平方根，参数 number 必须大于等于 0。

示例代码：

```
Dim x,sx#
For x=1 To 10
    sx#=Sqr(x)
Next x
```

表 7-7 是对数学函数的介绍。

表 7-7 数学函数

函数	举例	功能
Abs	Abs(-77.99)	求绝对值
Atn	Atn(1.0)	反正切(返回弧度值)
Cos	Cos(Pi/4)	余弦(单位：弧度)
Exp	Exp(3.0)	自然指数
Log	Log(19.26)	自然对数，参数须大于 0
Sgn	Sgn(-77.99)	符号，返回值 1 表示大于 0，-1 表示小于 0
Sin	Sin(Pi/3)	正弦(单位：弧度)
Sqr	Sqr(100.45)	平方根
Tan	Tan(Pi)	正切(单位：弧度)

7.9.2 数据类型转换类

7.9.2.1 获取字符 ASCII 码

语法一：Asc(string)。

语法二：AscB(string)。

语法三：AscW(string)。

功能：返回字符串 string 中首个字符的 ASCII 码。在单字节系统中，返回值为 0~255，在 MBCS 系统中返回值为-32768~32767。其中 AscW 函数适用于双字节字符（如中文、日文等）。

代码示例：

```
Dim s As String, message as String
Dim i as Integer
message=ebCrLf
s=InputBox("请输入英文字符串","输入字符串")
If s="" Then End
For i=1 To Len(s)
    message=message & Asc(Mid$(s,i,1)) & ebCrLf
Next i
MsgBox "字符串对应 ASCII 为:" & message
```

7.9.2.2 颜色转换

语法一：CColor(stringcolorname)。

语法二：CColor(stringRGB)。

功能：将字符型颜色名或字符型 RGB 值转换为相应的颜色。E-Prime 中常用的颜色名称如图 7-16 所示。还可以直接使用 RGB 值来指定某种颜色，其格式为："r, g，b"，如"255，0，0"表示红色。

代码示例：

```
Dim cnvs as Canvas
Set cnvs=Display.Canvas
cnvs.TextColor=CColor("red")
cnvs.Text 10,10,"Red"
Sleep 500
cnvs.TextColor=CColor("0,0,255")
cnvs.Text 10,100,"Blue"
Sleep 500
```

图 7-16　常用颜色名称

7.9.2.3　取　整

语法一：Fix(number)。

语法二：Int(number)。

功能：返回参数 number 的整数部分，其中 Fix 函数直接舍弃小数部分，而 Int 函数返回小于参数的整数值，因此两者对于负小数的返回结果不同，Int 函数返回值比 Fix 函数返回值小 1。

7.9.2.4　数值转换为字符

语法：CStr(expression)。

功能：返回数学表达式运算结果的字符型内容。注意该函数在返回转换数值时并不返回正数的前导空格（与 Str 函数不同），并且能够识别所设置的千分位和小数位的分隔符。另外，该函数还可以将逻辑型结果转换为 True 或 False，将日期型数据转换为短日期格式字符串。

示例代码：

```
Dim i
For i=1 To 255
    Debug.Print CStr(i^2)
Next
Debug.Print(Date)
```

7.9.2.5　字符转换

语法：Str[$](number)。

功能：返回数值 number 的相应字符串内容，但包含正数的前导空格，参数也可以是逻辑型或日期型内容。

示例代码：

```
Debug.Print Str(-4^2)
Debug.Print Str(Exp(10))
```

7.9.2.6 字符转换为数值

语法：Val(string)。

功能：将字符型表达式转换为数值型。注意：只转换表达式中第 1 项数值内容，参数类型也可以是数学表达式，此时返回表达式计算结果的字符内容。如果字符参数中没有数值内容，则返回 0。

示例代码：

```
Debug.Print Val("17+18")  '返回 17
Debug.Print Val(17+18)    '返回 35
```

表 7-8 总结了数据类型的转换方法。

表 7-8 数据类型转换方法

函数	举例	功能
Asc，AscB，AscW	Asc("a") AscW("中")	返回字符串中第一个字符的 ASCII 码，如果是英文字符，三个函数功能相同，但如果是双字节字符(如中文)，则需要使用 AscW 函数
CBool	CBool(15>4)	将表达式转换为布尔型，返回 True 或 False。如果表达式为 Null 或不能将表达式转换为布尔型时会报错；CBool 函数将数值型转换为布尔型时，0 值转换为 False，非 0 值转换为 True，Empty 被视为 False；如果表达式为字符串，则尝试将字符串转换为数值型，然后再将数值型转换为布尔型
CColor	CColor("blue") CColor("0, 0, 255")	将字符内容转换为颜色
CColorPalette		
CCur	CCur(100.44)	将参数转换为货币型
CDate，CVDate	CDate(#1/1/1994#) CDate("February 1, 1994")	将参数转换为日期型，如果无法转换则报错
CDbl	CDbl(123.44 * 100)	转换为双精度型
Chr[$]、ChrB[$]、ChrW[$]	Chr(67) Chr$(13)+Chr$(10)	将 ASCII 码转换为字符，其中 ChrW[$]可转换双字节码，Chr(9)表示制表符，Chr(13)+Chr(10)表示回车换行符，Chr(26)表示文件结尾符，Chr(0)表示 Null
CInt	CInt(50+43.7)	将参数转换为整型，转换前进行四舍五入，范围为-32768~32767
CLng	CLng(123.776 * 100)	将参数转换为长整型，转换前进行四舍五入，范围为-2147483648~2147483647
CLogical	CLogical(15>3) CLogical("15>3")	转换为逻辑型

续表

函数	举例	功能
CSng	CSng(100)	转换为单精度型，负数范围为 -3.402823E+38~-1.401298E-45，正数范围为 1.401298E-45~3.402823E+38
CStr	CStr(100+79)	转换为字符串，与 Str 函数不同之处在于返回的字符串没有引导空格
CStrings	Option CStrings On | Off	是否使用 C 语言风格转义字符 \r 表示回车，等同于 Chr$(13) \n 表示换行，等同于 Chr$(10) \a 表示鸣钟，等同于 Chr$(7) \b 表示退格，等同于 Chr$(8) \f 表示换页，等同于 Chr$(12) \t 表示制表符，等同于 Chr$(9) \v 表示垂直制表符，等同于 Chr$(11) \0 表示 Null，等同于 Chr$(0) \" 表示双引号，等同于 Chr$(34) \\ 表示斜杠，等同于 Chr$(92) \? 表示问号 \' 表示单引号(') \xhh 十六进制，等同于 Chr$(Val(&Hhh)) \ooo 八进制，等同于 Chr$(Val(&Oooo))
CVar	CVar(4 & "four is enough")	转换为可变型
CVErr	CVErr(2046)CVErr("2046")	转换为错误，错误代码的范围为 0~65535
Fix	Fix(-19923.45)	返回数值的整数部分
Hex[$]	Hex(97)Hex("97")	转换为十六进制数
Int	Int(177.3645)	返回数值的整数部分
IsDate	IsDate("1/1/2017")	如果表达式能够转换为日期型，返回 True，否则返回 False
IsNumeric	IsNumeric(&H46A) IsNumeric(&O74) IsNumeric(763.5)	如果表达式能够转换为数值，则返回 True，否则返回 False
Oct[$]	Oct(97)Oct("97")	转换为八进制数
RGB	RGB(255, 0, 0)	将 r, g, b 指定的三个颜色分量转换成颜色
Str[$]	Str(100.22)	转换为字符串
Val	Val("15+9")	扫描字符串，将第一个非数字之前的内容转换为数值，如果没有字符串没有数字，则返回 0

7.9.3 字符操作类

7.9.3.1 查找字符串

语法一：InStr([start,] search, find [, compare])。

语法二：InStrB([start,] search, find [, compare])。

功能：返回字符串 search 中出现 find 子字符串的首字符位置。

参数含义如下：

start：整型，指定查找的起始位置，范围为 1～32767，如果省略此参数，从开始(start=1)处查找。

search：字符型，被查找项。

find：字符型，查找项。

compare：整型，0 表示大小写敏感；1 表示大小写不敏感(忽略大小写)，如果省略此参数，则大小写敏感性由 Option Compare 设置决定。如果没有 Option Compare 语句，则为大小写敏感。注意：如果省略了参数 start，此参数必须省略。

注意：如果 search 或 find 为 Null，则返回值为 Null，如果 start 为 Null。会发生运行错误。如果 compare 参数为其他值(非 0 或 1)，会发生运行错误。如果 search 参数为 Empty，返回值为 0。如果 find 参数为空，返回值为 start。如果参数 start 大于字符串 search 的长度，返回值为 0。如果 start 小于等于 0，会发生运行错误。

InStr 和 InStrB 在查找操作时分别依据字符和字节数据，即在 InStr 函数中，start 参数表示字符位置，返回值也为字符位置；而 InStrB 函数中，start 参数表示字节位置，返回值也为字节位置。

7.9.3.2 截取字符串

语法一：Mid[$](string, start [, length])。

语法二：MidB[$](string, start [, length])。

功能：在字符串 string 中从 start 开始处截取一定长度(length)的字符串，返回一定长度的字符串(Mid 和 Mid$)，返回类型为字符串，或一定长度的字节数(MidB 和 MidB$)，返回类型为可变型(Variant)。

参数含义：

string：字符型，字符串。

start：整型，指定开始截取的位置，如果此参数大于字符串的长度，则返回 0。

length：整型，返回的长度，如果省略此参数，则返回从开始处(start)到结尾的所有内容。

注意：如果 string 为 Null，则返回 Null。

7.9.3.3 字符串分隔项数

语法：ItemCount(text$ [, delimiters$])。

功能：返回 text 文本中由分隔符 delimiters 分隔的项数。

参数含义：

text：字符型，被分隔的字符串。

delimiters：字符型，分隔符。

例如：

n＝ItemCount(text＄,"\")

7.9.3.4 字符串分隔项

语法：Item＄(text＄,first[,[last][,delimiters＄]])。

功能：返回字符串 text 中由 delimiters 分隔符分隔的从 first 到 last 之间的所有项。

参数含义：

text＄：字符型，被分隔的字符串。

first：整型，指定起始项，如果此参数大于字符串 text 中包含的项数，则返回 0 长度的字符串。

last：整型，指定结束项，如果此参数大于 text 中包含的项数，则返回从 first 到结尾的所有项；如果省略此项，只返回由参数 first 指定的项；如果此参数为 Null，返回"Invalid use of Null"错误。

delimiters＄：字符型，指定分隔符，默认分隔符为逗号(,)。

注意：如果 first 参数小于 1，返回空字符串；如果 last 参数小于 first 参数，则交换两个参数。

例如：

ilist＄="1,2,3,4,5,6,7,8,9,10,11,12,13,14,15"
slist＄="1/2/3/4/5/6/7/8/9/10/11/12/13/14/15"
list1＄=Item＄(ilist＄,5,12)
list2＄=Item＄(slist＄,2,9,"/")

7.9.3.5 格式化字符串

语法：Format[＄](expression[,[format][,[firstdayofweek][,firstweekofyear]]])。

功能：将表达式 expression，按照指定的格式化符 format 进行格式化，其中 Format＄函数返回字符串结果，Format 函数返回可变型字符。在 E-Basic 中该函数只检测表达式中前 255 个字符内容。参数 firstdayofweek 用于指定一周的第一天，默认值为 ebSunday，参数 firstweekofyear 指定一年的第一周，默认值为包含 1 月 1 日的一周为第一周。后面两个参数只有格式化日期表达式时才有用。其中可使用的格式化符及其含义如下所示：

①♯：表示一个数字位。♯的个数决定了显示区段的长度，如果要显示的数值的位数小于格式字符串指定的区段长度，则该数值靠区段的左端显示，多余位不补 0。如果要显示的数值的位数大于指定的区段长度，则数值照原样显示，但小数部分则根据显示位数进行四舍五入，如 Format(24.56,"♯♯♯.♯♯♯")

②0：与♯功能相同，只是多余的位以 0 补齐，如 Format(24.56,"000.000")

③,：逗号。在格式字符串中插入逗号起到"分位"的作用，即从小数点左边一位

开始,每3位用一个逗号分开。逗号可以放在小数点左边的任何位置(不要放在头部,也不要紧靠小数点)。

④％:百分号。通常放在格式字符串的尾部,用来输出百分号。

⑤$:美元符号。通常作为格式字符串的起始字符,在所显示的数值前加上一个"$"。

⑥+:正号。使显示的正数带上符号,"+"通常放在格式字符串的头部。

⑦-:负号。用来显示负数。

⑧E+(E-):用指数形式显示数值。两者作用相同。

⑨"<":将字符转换为小写形式。

⑩">":将字符转换为大写形式。

示例代码1:

```
Dim MyTime,MyDate,MyStr
MyTime=#17:04:23#
MyDate=#January 27,1993#
'以系统设置的长时间格式返回当前系统时间。
MyStr=Format(Time, "Long Time")
'以系统设置的长日期格式返回当前系统日期。
MyStr=Format(Date, "Long Date")
MyStr=Format(MyTime, "h:m:s")    '返回 "17:4:23"。
MyStr=Format(MyTime, "hh:mm:ss AMPM")    '返回 "05:04:23 PM"。
MyStr=Format(MyDate, "dddd, mmm d yyyy")    '返回 "Wednesday, Jan 27 1993"。
'如果没有指定格式,则返回字符串。
MyStr=Format(23)    '返回 "23"。
'用户自定义的格式。
MyStr=Format(5459.4, "##,##0.00")    '返回 "5,459.40"。
MyStr=Format(334.9, "###0.00")    '返回 "334.90"。
MyStr=Format(5, "0.00%")    '返回 "500.00%"。
MyStr=Format("HELLO", "<")    '返回 "hello"。
MyStr=Format("This is it", ">")    '返回 "THIS IS IT"。
```

示例代码2:

```
Dim da$,ti$,a#,message$
a=1199.234
message="Some general formats for '" & a# & "' are:" & ebCrLf
message=message & Format$(a#,"General Number") & ebCrLf
message=message & Format$(a#,"Currency") & ebCrLf
message=message & Format$(a#,"Standard") & ebCrLf
message=message & Format$(a#,"Fixed") & ebCrLf
message=message & Format$(a#,"Percent") & ebCrLf
message=message & Format$(a#,"Scientific") & ebCrLf
```

```
message=message & Format$(True,"Yes/No") & ebCrLf
message=message & Format$(True,"True/False") & ebCrLf
message=message & Format$(True,"On/Off") & ebCrLf
message=message & Format$(a#,"0,0.00") & ebCrLf
message=message & Format$(a#,"##,###,###.###") & ebCrLf
MsgBox message
da$=Date$
message="Some date formats for '" & da$ & "' are:" & ebCrLf
message=message & Format$(da$,"General Date") & ebCrLf
message=message & Format$(da$,"Long Date") & ebCrLf
message=message & Format$(da$,"Medium Date") & ebCrLf
message=message & Format$(da$,"Short Date") & ebCrLf
MsgBox message
ti$=Time$
message="Some time formats for '" & ti$ & "' are:" & ebCrLf
message=message & Format$(ti$,"Long Time") & ebCrLf
message=message & Format$(ti$,"Medium Time") & ebCrLf
message=message & Format$(ti$,"Short Time") & ebCrLf
MsgBox message
```

7.9.3.6 大小写转换

语法：LCase[$](string)或UCase[$](string)。

功能：将字符参数 string 转换为大写(UCase)或小写(LCase)形式。

示例代码：

```
LCase("How are you?")
UCase("I am Fine!")
```

7.9.3.7 从左侧或右侧截取字符

语法一：Left[$](string, length)或Right[$](string, length)。

语法二：LeftB[$](string, length)或RightB[$](string, length)。

功能：返回字符串 string 的左侧(Left)或右侧(Right)指定长度 length 的字符内容，其中 LeftB 或 RightB 函数返回字节内容。如果 length 参数大于或等于 string 中的字符数或字节数，则返回所有内容。

示例代码：

```
Left$("You may go first",10)
```

7.9.3.8 生成空格

语法：Space[$](number)。

功能：返回一定数量 number 的空格字符内容。

示例代码：

Space(15)

7.9.3.9 字符串比较

语法：StrComp(string1，string2 [，compare])。

功能：比较字符串 string1 是否与 string2 相同。如果两个字符串相同，则返回值为 0；如果 string1 大于 string2，则返回值为 1；如果 string1 小于 string2，则返回值为 -1。参数 compare 可指定是否忽略大小写(0 表示大小写不同，1 表示忽略大小写)，如果省略该参数，则使用 Option Compare 当前的设置，即如果 Option Compare 设置为 Binary，则大小写不同(A 与 a 不同)；如果设置为 Text，则忽略大小写(A 与 a 视为相同)。

示例代码：

```
Dim a$,b$,d$,e$,r%
a="This string is UPPERCASE and lowercase"
b="This string is uppercase and lowercase"
e="This string"
d="This string is uppercase and lowercase characters"
r=StrComp(a,b,0) '返回-1
r=StrComp(a,b,1) '返回 0
r=StrComp(e,d,0) '返回-1
r=StrComp(e,d,1) '返回-1
```

7.9.3.10 字符转换

语法：StrConv(string，conversion)。

功能：根据转换规则 conversion 对字符串 string 进行转换。参数 conversion 的含义如表 7-9 所示。

表 7-9 参数 conversion 的含义

常量	对应值	含义
ebUpperCase	1	转换为大写
ebLowerCase	2	转换为小写
ebProperCase	3	将单词的首字母转换为大写，其他小写
ebWide	4	转换为宽字符
ebNarrow	8	转换为窄字符
ebKatakana	16	转换为片假名
ebHiragana	32	转换为平假名
ebUnicode	64	转换为 Unicode 码
ebFromUnicode	128	转换为 MBCS

示例代码：

```
Dim a
a="hOw are yOU"
Debug.Print StrConv(a,ebUpperCase) '返回 HOW ARE YOU
Debug.Print StrConv(a,ebLowerCase) '返回 how are you
Debug.Print StrConv(a,ebProperCase) '返回 How Are You
Debug.Print StrConv(a,ebNarrow) '返回 h O w  are  y O U
Debug.Print StrConv(a,ebWide) '返回 hOw are yOU
```

7.9.3.11 去除空格

语法一：Trim[$](string)。
语法二：LTrim[$](string)。
语法三：RTrim[$](string)。
功能：去除字符串 string 中左端、右端或两端的空格。
示例代码：

```
Dim a
a="   how are you   "
Debug.Print LTrim(a) '返回"how are you   "
Debug.Print RTrim(a) '返回"   how are you"
Debug.Print Trim(a) '返回"how are you"
```

7.9.3.12 析取单词

语法：Word$(text$, first[, last])。
功能：从文本 text 中析取由 first 和 last 参数指定的单词文本，单词的分隔符可以是空格、制表符、标点符号及行尾符。
示例代码：

```
Dim s$,r$
s$="My last name is Williams; Stuart is my surname."
r$=Word$(s$,5,6) '返回 Williams; Stuart
```

7.9.3.13 字符串长度

语法：Len(expression)或 LenB(expression)。
功能：返回字符型表达式 expresson 中字符或字节长度，或数学表达式 expression 中变量类型的字节数(整型为 2 字节，长整型为 4 字节，浮点型为 4 字节，双精度型为 8 字节，货币型为 8 字节等)。
示例代码：

```
Dim i%,b&
Debug.Print Len("Try it!") '返回 7
Debug.Print LenB("Try it!") '返回 14
Debug.Print Len(i) '返回 2
Debug.Print Len(b) '返回 4
```

7.9.3.14 字符串匹配

语法：expression Like pattern。

功能：判断 expression 是否符合匹配模式 pattern，如果匹配则返回 True，否则返回 False。字母大小写敏感性由 Option Compare 语句控制。可以使用以下通配符：

①？：表示单个字符。

②＊：表示一个或多个字符。

③＃：表示任何数字。

④[range]：表示字符是否在由 range 指定的范围内，如果表示 26 个大写字母，则可以使用[A－Z]来表示，同样数字也可以用[1－5]表示 1～5 的范围；

⑤[! range]：表示字符是否不在 range 指定的范围内。

表 7-10 为字符串匹配举例。

表 7-10 字符串匹配举例

字符串	返回 True	返回 False
EBW	E＊W 或 E？W	E＊B
BasicScript	B＊[r－t]icScript	B[r－t]ic
Version	V[e]？s＊n	V[r]？s＊N
2.0	＃.＃	＃＃＃或＃？[! 0－9]
[ABC]	[[]＊]	[ABC]或[＊]（因为[]作为范围界定符使用）

表 7-11 显示了字符操作方法。

表 7-11 字符操作方法

方法	功能
&	拼接字符串
Format[$]	格式化字符串
InStr[B]	返回字符串中某个字符串首次出现的位置
Item $	返回分隔字符串从开始值到结束值之间的项目
ItemCount	返回分隔字符串包含的项目数
LCase[$]	转换为小写
Left[$]，LeftB[$]	从左侧截取字符内容
Len[B]	字符串长度
Like	判断字符串是否与某个模式匹配

续表

方法	功能
Line $	返回从开始行到结束行之间的字符内容
LineCount	返回文本中包含的行数
LSet	左对齐字符串
LTrim[$]	去除字符串左侧空格
Mid[$],MidB[$]	从字符串中间截取一定数量的字符
Option Compare	设置字符比较方式（文本、二进制）
Option CStrings	设置是否使用 C 语言风格的转义符
Right[$],RightB[$]	从右侧截取字符串
RSet	右对齐字符串
RTrim[$]	去除字符串右侧空格
Space[$]	生成一定数量的空格
StrComp	字符串比较，0 表示相等，1 表示字符串 1 大于字符串 2，−1 表示字符串 1 小于字符串 2
StrConv	根据转换参数进行字符转换
String[$]	将字符串重复一定次数
Trim[$]	去除字符串两侧的空格
UCase[$]	转换为大写
Word $	返回字符串是某个单词或指定范围内的单词
WordCount	返回文本中的单词数

7.9.4 变量控制类

7.9.4.1 获取数组维度数

语法：ArrayDims(arrayvariable)。

功能：返回数组变量 arrayvariable 包含的维度数。

示例代码：

```
Dim a $ (4,3)
Debug.Print ArrayDims(a) '返回 2
```

7.9.4.2 维度上下限

语 法：UBound（ArrayVariable [, dimension]）或 LBound（ArrayVariable [, dimension]）。

功能：返回数组变量 ArrayVariable 指定维度的上限或下限值。

示例代码：

```
Dim a(5 To 12)
Dim b(2 To 100,9 To 20)
Dim uba,lbb
uba=UBound(a)
lbb=LBound(b,2)
```

7.9.4.3 数组排序

语法：ArraySort array。

功能：对数组 array 按照由小到大排序。如果是字符型数据，按照字母顺序排序，如果是数值型数组，则按数值大小排序。

示例代码：

```
Dim f$()
FileList f$,"c:\*.*"
ArraySort f$
```

7.9.4.4 变量名称

语法：TypeName(varname)。

功能：返回变量 varname 的类型名称，返回值为：

①Integer：整型变量。
②Long：长整型。
③Single：单精度型。
④Double：双精度型。
⑤Currency：货币型。
⑥Date：日期型。
⑦Boolean：逻辑型。
⑧Error：错误值。
⑨Empty：未初始化。
⑩Null：无效值。
⑪Object：OLE 对象。
⑫Unknown：未知的 OLE 对象。
⑬Nothing：未初始化的对象。

7.9.4.5 变量类型的缺省定义

语法：

DefInt letterrange：定义整数型。

DefLng letterrange：定义长整数型。

DefStr letterrange：定义字符型。

DefSng letterrange：定义单精度型。

DefDbl letterrange：定义双精度型。

DefCur letterrange：定义货币型。

DefObj letterrange：定义对象型。
DefVar letterrange：定义可变型。
DefBool letterrange：定义逻辑型。
DefDate letterrange：定义日期型。
功能：快捷定义不同类型的变量。
示例代码：

```
DefStr a－l '将 a～l 的变量定义为字符型
DefLng m－r '将 m～r 的变量定义为长整型
DefSng s－u '将 s～u 的变量定义为单精度型
DefDbl v－w '将 v～w 的变量定义为双精度型
DefInt x－z '将 x～z 的变量定义为整型
```

表 7-12 介绍了各个变量的控制方法。

表 7-12　变量控制方法

方法	功能
＝	将表达式的值赋给某个变量 a＝"This is a string" b＝100 c＝1213.3443
ArrayDims	返回数组的维度数
ArraySort	按升序排列单维数组
Const	定义常量，如 Const a＝5
DefBool、DefCur、DefDate、DefDbl、DefInt、DefLng、DefObj、DefSng、DefStr、DefVar	指定未定义的或未明确类型的变量的类型，如 DefStr a－b 表示所有以 a 字母或 b 字母开头的变量被视为字符型变量。DefType 语句只影响 E-Basic 的编译，而对代码的运行无影响，由于不能在函数或子过程中使用该语句，因此也就无法在内嵌代码对象中使用，这些语句已经过时
Dim	定义局部变量。例如， Dim i As Integer　（变量 i 定义为整型） Dim l&　　　　　（长整型） Dim s As Single　（单精度型） Dim d＃　　　　　（双精度型） Dim c＄　　　　　（字符型） Dim MyArray(10) As Integer　（包含 10 个元素的整型数组） Dim MyStrings＄(2, 10)　（定义两维字符型数组） Dim Filenames＄(5 to 10)　（定义包含 6 个元素的字符数组，下标从 5 开始） Dim Values(1 to 10, 100 to 200)　（定义两维可变型数组，包含 1010 个元素）
Erase	删除数组内的元素

续表

方法	功能
Global	定义全局变量，与 Dim 语句相似
IsEmpty	判断某变量是否是未初始化的可变型变量
IsError	判断是否是用户定义的错误值
IsMissing	判断某个传递的函数参数是否缺失
IsNull	判断某个可变型变量是否为无效值
IsObject	判断某个可变型变量是否包含一个对象
LBound	返回数组某维度的下标
Let	为某个变量赋值，如 Let a＝"Soochow"
Option Base	设置所有数组变量的下标起始值，默认值为 0，Option Base 0 | 1
Private	定义私有变量，与 Dim 语句相似
Public	定义公共变量，与 Dim 语句相似
ReDim	重定义数组的维度，除非使用 Preserve 关键字，否则数组中原有内容被删除，一个数组可以重定义多次
Set	为某个变量设置值

Type	自定义数据结构类型，如
	Type Person
	  FirstName As String * 20
	  LastName As String * 40
	  Age As Integer
	End Type

TypeName	返回变量的名称
UBound	返回数组某维度的上标
VarType	返回表示数据类型的代号： 0 ebEmpty 未初始化 1 ebNull 无效数据 2 ebInteger 整型 3 ebLong 长整型 4 ebSingle 单精度型 5 ebDouble 双精度型 6 ebCurrency 货币型 7 ebDate 日期型 8 ebString 字符型 9 ebObject OLE 对象 10 ebError 用户定义错误 11 ebBoolean 布尔型 12 ebVariant 可变型 13 ebDataObject 非 OLE 对象

7.9.5 刺激控制类

7.9.5.1 获取属性名称

语法：Context.GetAttribNames arrAttribNames，bCurrentLevelOnly。

功能：获取上下文中属性名称，参数 arrAttribNames 为存放属性名称的字符型数组；bCurrentLevelOnly 可只获取代码所在层级上下文中的属性名称。

示例代码：

```
Dim an() As String
Dim i As Integer
c.GetAttribNames an,True
For i=0 To UBound(an)
    Debug.Print an(i)
Next
```

7.9.5.2 获取属性值

语法：Context.GetAttrib strAttribName。

功能：获取由 strAttribName 指定的属性值。

示例代码：

```
c.GetAttrib("CorrectAnswer")
```

7.9.5.3 判断属性是否存在

语法：Context.AttribExists strAttribName，bCurrentLevelOnly。

功能：判断(当前层级上下文)是否存在由 strAttribName 指定的属性，如果存在返回真，否则返回假。

示例代码：

```
Debug.Print "当前水平下属性'Subject'是否存在：" & c.AttribExists("Subject",True)
```

7.9.5.4 设置属性值

语法：Context.SetAttrib strAttribName，strAttribValue。

功能：将属性 strAttribName 的值设为 strAttribValue，如果属性不存在，则创建。注意：属性名和属性值均为字符型。

示例代码：

```
If c.GetAttrib("Stimulus")="X" Then
    c.SetAttrib "Stimulus", "Boy"
Else
    c.SetAttrib "Stimulus", "Girl"
End If
```

表 7-13 列举了刺激控制方法。

表 7-13　刺激控制方法

方法	语法	功能
CellSpec.Add	CellSpec.Add cellSpec CellSpec.Add factor, strLevel	添加一个 CellSpec 对象或向列表中添加一个水平
Context.Add	Context.Add factorSpace	添加一个列表对象
Context.AttribExists	Context.AttribExists strAttribName, bCurrentLevelOnly	判断是否存在某个属性变量
Context.GetAttrib	Context.GetAttrib strAttribName	获取某个属性值
Context.GetAttribNames	Context.GetAttribNames arrAttribNames, bCurrentLevelOnly	获取上下文中的属性列表
Context.GetCellSpec		获取 CellSpec 对象,该方法是内部调用,用户无须直接调用
Context.GetLevel		获取当前水平的序号
Context.GetLevelName		获取水平名称
Context.GetLogLevelName	Context.GetLogLevelName nLevel	获取指定的水平的名称
Context.Log		执行数据记录操作
Context.LogHeader		记录数据文件头,无须直接调用
Context.PopFrame		上移文件记录水平,假如当前为 Block 层级,使用该方法后,则移到 Session 层级
Context.PushNewFrame		下移文件记录水平,假如当前为 Block 层级,使用该方法后,则移到 Trial 层级
Context.SetAttrib	Context.SetAttrib strAttribName, strAttribValue	设置某个属性变量的属性值,如果没有找到属性变量,则创建
Context.SetAttribAtSource	Context.SetAttribAtSource strAttribName, strAttribValue	与 Context.SetAttrib 功能相同,不同之处在于只影响定义属性值的 FactorSpace 对象
Context.SetLogLevelName	Context.SetLogLevelName nLogLevel, strLogLevelName	无须直接调用,系统自动根据实验对象属性对话框中的设置来记录不同层级的名称

续表

方法	语法	功能
Context.Update		将某个添加的列表对象更新到当前上下文中
Deletion.Count		获取 Deletion 对象中的记录数
Factor.AddLevel	Factor.AddLevel level	向列表对象中添加一个水平值
Factor.GetAttrib	Factor.GetAttrib level, AttributeName	获取列表中指定水平的属性值
Factor.Load		列表对象加载属性信息，仅用于加载方法（LoadMethod）为 ebLoadMethodEmbedded 或 ebLoadMethodFile 时
Factor.LoadMethod		设置列表对象的加载方法，可使用的参数有 ebLoadMethodEmbedded（默认方法），将列表对象中数据嵌入到脚本代码中；ebLoadMethodFile，从指定的文件中加载数据；ebLoadMethodScript，直接使用脚本来加载数据（如 AddLevel, AddAttrib 等）
Factor.SetAttrib	Factor.SetAttrib nLevel, strAttribName, strAttribValue	设置列表对象某个属性的水平值
Factor.SetNested	Factor.SetNested nLevel, strNestedValue	设置列表对象指定水平的嵌套对象
Factor.SetProc	Factor.SetProc nLevel, strProcName	设置列表对象指定水平的过程对象
Factor.SetWeight	Factor.SetWeight nLevel, nWeightValue	设置列表对象指定水平的权重（重复次数）
FactorSpace.AddAttrib	FactorSpace.AddAttrib strAttribName, bLogFlag	列表对象添加某个属性，bLogFlag 参数指定是否记录该属性至数据文件中
FactorSpace.GetAttrib	FactorSpace.GetAttrib cellSpec, AttributeName	获取指定属性的信息
FactorSpace.GetAttribLogFlag	FactorSpace.GetAttribLogFlag strAttribName	返回指定的属性是否记录到数据文件中（True 或 False）

续表

方法	语法	功能
FactorSpace. GetCurrentAttrib	strAttribValue＝FactorSpace. GetCurrentAttrib（strAttribName）	获取列表对象指定的属性值
FactorSpace. GetNextAttrib	strAttribValue＝FactorSpace. GetNextAttrib(strAttribName)	获取指定属性的下个属性值
FactorSpace. GetPrevAttrib		获取指定属性的上个属性值
FactorSpace. GetProc	strProcName＝FactorSpace. GetProc(cellSpec)	获取指定单元的过程名称
FactorSpace. PeekAttrib	strAttribValue＝FactorSpace. PeekAttrib(strAttribName，nPeekAhead)	获取指定属性的某个位置的属性值
FactorSpace. Reset		当列表对象结构发生变化后,使用该方法进行重置后,结构变化才生效
FactorSpace. SetAttribLogFlag	FactorSpace. SetAttribLogFlag strAttribName，bLogFlag	设置是否将某属性记录到数据文件中,其中参数 bLogFlag 为逻辑值(True 或 False)
FactorSpace. SetProc	FactorSpace. SetProc strProcName FactorSpace. SetProc cellSpec，strProcName	设置所有水平或某个水平的过程对象
FactorSpace. SetNested	FactorSpace. SetNested cellSpec，strNestedValues	设置某个水平的嵌套对象
FactorSpace. Size	nSize＝FactorSpace. Size()	获取列表对象的水平数
FactorSpace. Terminate		终止某个列表对象
Order. Advance		
Order. Count		获取列表对象中所有行
Order. GetCurrent		获取当前单元对象
Order. GetFactorSpace		获取与 Order 关联的 FactorSpace 对象
Order. GetNext		获取下一个单元对象
Order. GetPrevious		获取前一个单元对象
Order. IsEmpty	bEmpty＝Order. IsEmpty	判断序列对象是否为空

续表

方法	语法	功能
Order.PeekAhead	Set theCellSpec=Order.PeekAhead (nPeek)	获取序列对象中由 nPeek 指定的单元格
RteRunnableObject.Run		运行某个 Display 对象

7.9.6 图形操作类

7.9.6.1 画布复制

语法：Canvas.Copy srcCnvs, srcRect, destRect, flag。

功能：将源画布(srcCnvs)矩形区域(srcRect)中的内容复制到当前画布对象的矩形区域(destRect)内，在复制时可使用的 flag 的参数值如下：

ebEffectNone：复制时不使用效果。

ebEffectSourceColorKey：复制时使用源颜色(将源颜色作为透明色)。

ebEffectMirrorLeftRight：复制时左右镜像。

ebEffectMirrorUpDown：复制时上下镜像。

示例代码：

```
Dim cnvs As Canvas '定义画布
Set cnvs=Display.Canvas '引用显示画布
Dim x, y, i, carlength As Integer
x=10
y=150
carlength=250
Dim offScreenCnvs As Canvas '定义画布
Set offScreenCnvs=Display.CreateCanvas '创建画布
offScreenCnvs.Clear
offScreenCnvs.SourceColorKey=CColor("black") '设置源颜色为黑色
Dim carRect As Rect
carRect.Left=0
carRect.Right=carlength
carRect.Top=0
carRect.Bottom=150
cnvs.LoadImage "bluecar.bmp" '加载图片
Sleep 2000
offScreenCnvs.Copy cnvs, carRect, carRect '复制
Dim destRect As Rect
destRect.Left=x
destRect.Right=x+carlength
destRect.Top=y
destRect.Bottom=y+150
```

```
cnvs.FillColor=CColor("blue")
For i=1 to Display.XRes-carlength
    cnvs.clear
    Display.WaitForVerticalBlank
    cnvs.Copy offScreenCnvs, carRect, destRect, ebEffectSourceColorKey '透明复制
    x=x+1
    destRect.Left=x
    destRect.Right=x+carlength
    Sleep 20
Next i
```

7.9.6.2 加载图片

语法：Canvas.LoadImage x。

功能：将图片呈现在屏幕上或进行图片预加载。由于从硬盘加载图片需要时间，并且图片呈现位置不可控，不建议当前画布直接使用此方法，可创建一个离屏画布，再使用此方法。

示例代码：

```
Dim cnvs As Canvas
Dim offScreenCnvs As Canvas
Set cnvs=Display.Canvas
Set offScreenCnvs=Display.CreateCanvas
Dim src As Rect
Dim dest As Rect
src.Left=0
src.Top=0
src.Right=Display.XRes
src.Bottom=Display.YRes
dest.Left=0
dest.Top=0
dest.Right=Display.XRes/2
dest.Bottom=Display.YRes/2
cnvs.Text Display.XRes/2, Display.YRes/2, "Loading image..."
Sleep(3000)
offScreenCnvs.FillColor=CColor("Blue")
offScreenCnvs.Clear
offscreenCnvs.LoadImage "RedCar.bmp"
cnvs.Text Display.XRes/2, Display.YRes/2, "Copying image..."
cnvs.Copy offScreenCnvs, src, dest
Sleep 3000
```

7.9.6.3 判断点是否在矩形内

语法：bIsInRect=PointInRect(point，rect)。

功能：判断某个 point 是否在矩形 rect 内，返回值为逻辑型（True 或 False）。Point 是一种数据结构，其中有两个字段 x 和 y 表示点的坐标。

示例代码：

```
Mouse.ShowCursor True

Dim rcUpperLeft As Rect '定义矩形变量
rcUpperLeft.Left=0 '设置矩形坐标
rcUpperLeft.Top=0
rcUpperLeft.Right=Display.XRes/2
rcUpperLeft.Bottom=Display.YRes/2

Dim rcUpperRight As Rect
rcUpperRight.Left=(Display.XRes/2)+1
rcUpperRight.Top=0
rcUpperRight.Right=Display.XRes
rcUpperRight.Bottom=Display.YRes/2

Dim rcLowerLeft As Rect
rcLowerLeft.Left=0
rcLowerLeft.Top=(Display.YRes/2)+1
rcLowerLeft.Right=(Display.XRes/2)+1
rcLowerLeft.Bottom=Display.YRes

Dim rcLowerRight As Rect
rcLowerRight.Left=(Display.XRes/2)+1
rcLowerRight.Top=(Display.YRes/2)+1
rcLowerRight.Right=Display.XRes
rcLowerRight.Bottom=Display.YRes
Dim ptCurrent As Point
Mouse.GetCursorPos ptCurrent.x, ptCurrent.y '获取鼠标光标位置

Dim strQuadrant As String
If PointInRect(ptCurrent, rcUpperLeft) Then '判断光标是否在某个矩形内
    strQuadrant="Upper Left"
ElseIf PointInRect(ptCurrent, rcUpperRight) Then
    strQuadrant="Upper Right"
ElseIf PointInRect(ptCurrent, rcLowerLeft) Then
    strQuadrant="Lower Left"
ElseIf PointInRect(ptCurrent, rcLowerRight) Then
```

```
        strQuadrant="Lower Right"
Else
        strQuadrant=""
End If
Dim strUserMessage As String
If Len(strQuadrant)>0 Then
        strUserMessage="The mouse cursor is in the " & strQuadrant & " part of the screen"
Else
strUserMessage="The mouse cursor is off the screen!"
End If
Display.Canvas.Clear
Display.Canvas.Text 0,100,strUserMessage
Sleep 2000
```

7.9.6.4 图像保存

语法：Canvas.SaveImage strFilename [,rcBounds]。

功能：将画布中指定区域中的当前内容保存到图片文件中，参数 strFileName 指定保存的文件名称，rcBounds 指定画布中的区域，如果省略此参数，则保存整个画布内容。

示例代码：

```
Dim rcBounds As Rect
rcBounds.Left=Display.XRes/4
rcBounds.Top=Display.YRes/4
rcBounds.Right=Display.XRes-(Display.XRes/4)
rcBounds.Bottom=Display.YRes-(Display.YRes/4)
'区域保存
Display.Canvas.SaveImage "screen25Percent.bmp",rcBounds
'保存整个屏幕
Display.Canvas.SaveImage "screenAll.bmp"
```

7.9.6.5 绘制文本

语法：Canvas.Text x,y,str。

功能：在屏幕上指定坐标(x,y)处绘制文本内容(str)。

示例代码：

```
Dim cnvs As Canvas
Set cnvs=Display.Canvas
cnvs.TextBackColor=CColor("red")
cnvs.TextColor=CColor("blue")
cnvs.Text Display.XRes/2,Display.YRes/2,"Get Ready!"
```

7.9.6.6 绘制模式

语法：Canvas.ROPMode=mode。

功能：参数 mode 有两个选项：ebROPModeCopy 和 ebROPModeMerge。前者是替换模式，即替换掉屏幕上相应区域的像素；后者为叠加模式，即将绘制内容与屏幕上已有内容进行叠加。例如，如果某个矩形区域为红色，使用 ebROPModeMerge 模式时，如果再绘制一个绿色矩形，则显示结果为黄色矩形，因为红色和绿色进行了混合（见图 7-17）。

表 7-14 列举了图形操作方法。

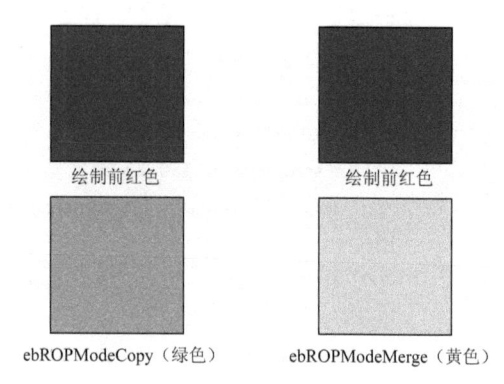

图 7-17 ROPMode 效果示例

表 7-14 图形操作方法

方法	功能
Canvas.Arc	画弧：Canvas.Arc x, y, r, startAngle, endAngle
Canvas.CalculateTextSize	计算文本绘制区域大小：Canvas.CalculateTextSize strText, nWidth, nHeight
Canvas.Chord	绘制弦：Canvas.Chord x, y, r, startAngle, endAngle
Canvas.Circle	画圆：Canvas.Circle x, y, r
Canvas.Clear	使用 FillColor 颜色清除
Canvas.Copy	复制区域：Canvas.Copy srcCnvs, srcRect, destRect
Palette.GetEntries	获取调色板入口：GetEntries nBase, nCount, arrEntries, nOffset
Canvas.GetPixel	获取位置像素的颜色：Canvas.GetPixel(x, y)
Canvas.Line	画线：Canvas.Line x1, y1, x2, y2
Canvas.LineTo	从当前位置画线至：Canvas.LineTo x, y
Canvas.LoadImage	加载某个 BMP 图片文件：Canvas.LoadImage imgName
Canvas.MoveTo	将画笔移到某个位置：Canvas.MoveTo x y
Canvas.Oval	画椭圆：Canvas.Oval x, y, w, h
Canvas.Pie	画扇形：Canvas.Pie x, y, r, startAngle, endAngle
PointInRect	判断点是否在区域内：bIsInRect=PointInRect(point, rect)
Canvas.Polygon	画多边形：Canvas.Polygon arrPoint, count
Canvas.Rectangle	画矩形：Canvas.Rectangle x, y, w, h
Canvas.RoundedRectangle	画圆角矩形：Canvas.RoundedRectangle x, y, w, h, ew, eh
Canvas.SaveImage	将画布中的内容保存到图片文件中：Canvas.SaveImage strFilename, rcBounds
Palette.SetEntries	设置调色板入口：SetEntries nBase, nCount, arrEntries, nOffset
Canvas.SetPixel	设置某位置像素点：Canvas.SetPixel x, y, color
Canvas.Text	绘制文本：Canvas.Text x, y, str

示例代码(新建一个实验程序,在 SessionProc 中插入一个内嵌代码对象 Inline1,然后在其中输入下面代码运行,另外参见 9.19.1):

```
Dim cnvs As Canvas    '定义画布变量
Dim offScreenCnvs As Canvas
Set offScreenCnvs=Display.CreateCanvas '创建缓冲画布
Set cnvs=Display.Canvas
Dim XRes,YRes As Integer
Dim i,x,y,r,startAngle,endAngle As Integer
Dim centerX,centerY As Integer
Dim ew,eh,w,h,lngth As Integer
Dim rad As Integer
Dim nWidth As Long,nHeight As Long
Dim src As Rect,dest As Rect
Dim P(6) as Point '定义数组,类型为点

XRes=Display.XRes '使用显示设置的水平分辨率
YRes=Display.YRes '使用显示设置的垂直分辨率
'——————————————————————————————————
cnvs.FillColor=CColor("white")
cnvs.Clear
'画线
For i=1 To 3
    cnvs.Line XRes*i/4,0,XRes*i/4,YRes
Next i
For i=1 To 2
    cnvs.Line 0,YRes*i/3,XRes,YRes*i/3
Next i
cnvs.PenWidth=2 '设置线宽
cnvs.PenColor=CColor("blue") '设置画笔颜色
cnvs.MoveTo XRes/8,YRes/6 '设置画笔起点
For i=1 To 2 '生成两个随机点
x=Random(1,XRes/4) '生成随机 X
y=Random(1,YRes/3) '生成随机 Y
cnvs.LineTo x,y '画线到 x,y
Next i
cnvs.LineTo XRes/8,YRes/6  '封闭三角形
Sleep 1000 '暂停 1000 毫秒
'——————————————————————————————————
'画扇形
r=50 '半径
startAngle=25 '起始角
endAngle=60 '结束角
```

```
cnvs.PenWidth="4"
cnvs.Pie XRes * 3/8, YRes/6, r, startAngle, endAngle
```

```
'画弧
cnvs.PenWidth=5
cnvs.PenColor=CColor("255,0,0") '红色
cnvs.Arc XRes * 5/8, YRes/6, 50, 0, 180
cnvs.PenColor=CColor("blue")
cnvs.Arc XRes * 5/8, YRes/6, 50, 180, 0
```

```
'计算文本显示宽度和高度
cnvs.FontSize=10
cnvs.CalculateTextSize "This is a test string", nWidth, nHeight
Debug.Print "The width needed at 10 point font is: " & nWidth
cnvs.FontSize=72
cnvs.CalculateTextSize "This is a test string", nWidth, nHeight
Debug.Print "The width needed at 72 point font is: " & nWidth
```

```
'画六边形
r=30
centerX=XRes * 7/8
centerY=YRes/6
' Draw a six-sided polygon
cnvs.PenColor=CColor("blue")
cnvs.PenWidth=5
P(0).x=centerX
P(0).y=centerY-2*r
P(1).x=centerX+r
P(1).y=centerY-r
P(2).x=centerX+r
P(2).y=centerY+r
P(3).x=centerX
P(3).y=centerY+2*r
P(4).x=centerX-r
P(4).y=centerY+r
P(5).x=centerX-r
P(5).y=centerY-r
cnvs.Polygon P, 6
for i=0 to 5
Debug.Print P(i).x & " " & P(i).y
next
Sleep 1000
```

'画弦
rad＝50
cnvs.PenWidth＝5
cnvs.PenColor＝CColor("255,0,255")
cnvs.chord XRes/8－rad/10, YRes/2, rad, 150 , 30
Sleep 1000

'画点
x＝XRes/4＋10
y＝YRes/2
r＝10
While x＜XRes/2
cnvs.SetPixel x, y, CColor("255, 0, 0")
x＝x＋10
Sleep 100
Wend
x＝XRes/2－15
cnvs.FillColor＝cnvs.GetPixel(x, y)
cnvs.circle x, y, r '画圆
Sleep 2000

'画矩形
h＝80 '高
w＝100 '宽
x＝XRes＊5/8－w/2
y＝YRes/2－h/2
cnvs.PenColor＝CColor("green")
cnvs.PenWidth＝"10"
cnvs.Rectangle x, y, w, h
Sleep 1000

'画圆
rad＝50
cnvs.PenWidth＝5
cnvs.PenColor＝CColor("0,255,0")
cnvs.Circle XRes＊7/8, YRes/2, rad
Sleep (1000)

'画椭圆
cnvs.PenWidth＝5
cnvs.PenColor＝CColor("255,0,0")
cnvs.Oval XRes/8－40, YRes＊5/6－30, 80, 60
Sleep 1000

```
'————————————————————————————
'画圆角矩形
h=80
w=120
x=XRes*3/8-w/2
y=YRes*5/6-h/2
ew=30
eh=30
' Draw a Rectangle in green
cnvs.PenColor=CColor("blue")
cnvs.PenWidth="10"
cnvs.RoundedRectangle x, y, w, h, ew, eh
Sleep 1000
'————————————————————————————
'图像复制
'定义源区域
src.Left=0
src.Top=0
src.Right=XRes/4
src.Bottom=YRes/3
'————————————————————————————
'定义目标区域
dest.Left=XRes*3/4
dest.Top=YRes*2/3
dest.Right=XRes
dest.Bottom=YRes
cnvs.FontSize=10
cnvs.Text XRes/2+10, YRes*5/6, "Loading image..."
Sleep(2000)

offScreenCnvs.FillColor=CColor("Blue")
offScreenCnvs.Clear
offscreenCnvs.LoadImage "bluecar.bmp"

cnvs.Text XRes/2+10, YRes*5/6, "Copying image..."
cnvs.Copy offScreenCnvs, src, dest
Sleep 1000
'将画布内容保存到图像文件中
cnvs.SaveImage "tmp.bmp"
Sleep 1000
```

程序运行结果如图 7-18 所示。

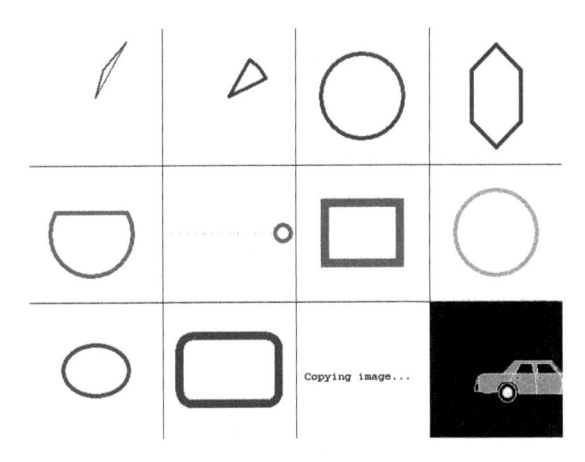

图 7-18　绘图操作示例

7.9.7　显示控制类

7.9.7.1　添加回显信息

语法：EchoClient.AddEchoData strData。

功能：将字符信息添加到回显区域。

示例代码：

```
Dim theEchoClient As DisplayDeviceEchoClient
Set theEchoClient=Display.EchoClients.CreateEchoClient("5%","5%","75%","25%")
theEchoClient.ForeColor=CColor("white") '回显区域字符设为白色
theEchoClient.BackColor=CColor("black") '回显区域背景色设为黑色
theEchoClient.BackStyle="opaque" '背景式样
theEchoClient.BorderColor=CColor("red") '边框颜色
theEchoClient.BorderWidth=CLng("2") '边框宽度
theEchoClient.FontName="Courier New" '字体
theEchoClient.FontSize="18" '18 点阵大小
theEchoClient.FontBold=CLogical("Yes") '粗体
theEchoClient.FontItalic=CLogical("No") '不是斜体
theEchoClient.FontUnderline=CLogical("No") '不加下划线
theEchoClient.FontStrikeout=CLogical("No") '不加删除线
theEchoClient.ShowPositionMarker=CLogical("No") '不显示位置标记
theEchoClient.ClearAfter=CLogical("No") '不清除
theEchoClient.WordWrap=CLogical("Yes") '换行
'theEchoClient.Enabled=True
theEchoClient.AddEchoData "D"
Sleep 500
theEchoClient.AddEchoData "O"
Sleep 500
theEchoClient.AddEchoData "G"
```

Sleep 500
theEchoClient.Detach '移除并释放空间

7.9.7.2 创建画布

语法：Set CanvasName=Display.CreateCanvas(memory，width，height)。

功能：创建指定大小的画布，参数 memory 的有效取值为：ebCanvasMemoryAny（首先使用视频缓冲，如果不可用，则使用系统缓冲）、ebCanvasMemoryVideo（使用视频缓冲）、ebCanvasMemorySystem（使用系统缓冲），参数 width 和 height 用于指定区域大小。

示例代码：

```
Dim cnvs As Canvas
Dim offScreenCnvs As Canvas
Set cnvs=Display.Canvas            '引用显示器画布
Set offScreenCnvs=Display.CreateCanvas  '创建画布（离屏）
Dim src As Rect
Dim dest As Rect
src.Left=0 '指定矩形参数
src.Top=0
src.Right=Display.XRes
src.Bottom=Display.YRes
dest.Left=0
dest.Top=0
dest.Right=Display.XRes/2
dest.Bottom=Display.YRes/2
cnvs.Text Display.XRes/2,Display.YRes/2,"Loading image..." '显示文本信息
Sleep(3000)
offScreenCnvs.FillColor=CColor("Blue") '指定填充色
offScreenCnvs.Clear
offscreenCnvs.LoadImage "bluecar.bmp" '加载图片
cnvs.Text Display.XRes/2,Display.YRes/2,"Copying image..." '显示文本信息
cnvs.Copy offScreenCnvs,src,dest '从离屏画布中指定区域复制到当前画布中目标区
Sleep 3000
```

7.9.7.3 获取单击对象

语法：SlideState.HitTest(x，y)。

功能：获取 x，y 坐标（通常为鼠标单击位置坐标）处的幻灯状态中的子对象（如 SlideText、SlideImage）。

示例代码：

```
Mouse.ShowCursor True '显示光标
```

```
Dim theState As SlideState
Set theState=SlideStimulus.States("Default") '引用名为 Default 的 SlideState 对象
Dim ptMouse As Point '定义点类型
Dim strHit As String
Mouse.GetCursorPos ptMouse.x, ptMouse.y '获取鼠标光标位置
strHit=theState.HitTest(ptMouse.x, ptMouse.y) '获取鼠标单击位置对象
If strHit="Text1" Then '如果对象名为 Text1
    MsgBox "Correct!"
    SlideStimulus.ACC=1
ElseIf strHit <> "Text1" Then
    MsgBox "Incorrect."
    SlideStimulus.ACC=0
End If
```

7.9.7.4 等待下次刷新

语法：DisplayDevice.WaitForVerticalBlank。

功能：在执行下一条语句前，等待下一次刷新开始。

示例代码（新建一个实验程序，插入一个 ImageDisplay 对象并加载一张图片）：

```
Dim cnvs As Canvas
Set cnvs=Display.Canvas
Dim x, y, i, carlength As Integer
x=10
y=150
carlength=250
Dim offScreenCnvs As Canvas
Set offScreenCnvs=Display.CreateCanvas
offScreenCnvs.Clear
offScreenCnvs.SourceColorKey=CColor("black")
Dim carRect As Rect
carRect.Left=0
carRect.Right=carlength
carRect.Top=0
carRect.Bottom=150
ImageDisplay1.Draw
Sleep 2000
offScreenCnvs.Copy cnvs, carRect, carRect
Dim destRect As Rect
destRect.Left=x
destRect.Right=x+carlength
destRect.Top=y
destRect.Bottom=y+150
```

```
cnvs.FillColor=CColor("blue")
For i=1 to Display.XRes-carlength
    cnvs.clear
    Display.WaitForVerticalBlank
    cnvs.Copy offScreenCnvs, carRect, destRect, ebEffectSourceColorKey
    x=x+1
    destRect.Left=x
    destRect.Right=x+carlength
    Sleep 20
Next i
```

表 7-15 列举了显示控制方法。

表 7-15 显示控制方法

方法	功能
EchoClient.AddEchoData	向回显区域添加回显字符信息
EchoClient.Detach	从回显客户端管理器（EchoClientManager）中移除某个回显客户端并释放占用的系统资源
DisplayDevice.CalcActualRefreshRate	计算屏幕刷新周期和垂直中断时长等
DisplayDevice.CalculateRefreshRate	重新计算屏幕刷新周期
DisplayDevice.Canvas	指向屏幕页面画布的引用
Slide.Clear	幻灯对象中激活的 SlideState 对象执行清除操作
SlideState.Clear	运行结束后是否清除显示区域
SlideVisualStim.Clear	SlideVisualStim 是 SlideText 和 SlideImage 的基类，SlideVisualStim.Clear 用于清除显示区域
StimDisplay.Clear	清除显示区域（不一定是整个屏幕），如果 BackStyle 属性设为不透明，则使用 BackColor 中的颜色值清除，如果为透明，则不清除
DisplayDevice.CreateCanvas	创建屏幕缓冲页面的画布
DisplayDeviceEchoClientCollection.CreateEchoClient	创建回显区域
SRBoxDeviceEchoClientCollection.CreateEchoClient	创建一个 SRBoxDeviceEchoClient 对象
DisplayDeviceEchoClient.Draw	刷新回显客户端
Slide.Draw	刷新幻灯对象中激活的 SlideState 对象
SlideVisualStim.Draw	绘制幻灯对象中的某个视觉刺激 SlideText 或 SlideImage
SlideState.HitTest	获取指定坐标位置处的对象名称
ImageDisplay.Load	图片对象加载图片文件至缓冲区

续表

方法	功能
SlideImage.Load	SlideImage 对象加载图片文件至缓冲区
DisplayDevice.Open	使用指定的参数打开设备，可以使用的设备有：DisplayDevice，KeyboardDevice，MouseDevice，PortDevice，SerialDevice，SoundDevice，SRBoxDevice，每种设备的参数使用不同的结构，包括：DisplayDeviceInfo，KeyboardDeviceInfo，MouseDeviceInfo，PortDeviceInfo，SerialDeviceInfo，SoundDeviceInfo，SRBoxDeviceInfo
DisplayDevice.Close	关闭设备
DisplayDevice.Palette	返回显示设备的调色板，只支持 256 色
DisplayDevice.WaitForVerticalBlank	下次刷新开始时再执行下条语句
DisplayDevice.FlippingEnabled	决定是直接绘制刺激到屏幕还是使用页面翻转技术。如果使用翻转技术，则需要预释放一定时间完成翻转操作
DisplayDevice.RefreshAlignment	设置刷新对齐，参数为字符型百分数，如果显示器刷新频率为 60 赫兹，将参数设为 25%，则刺激会提前大约 4.1666 毫秒绘制

7.9.8 随机类

7.9.8.1 数组随机

语法：RandomizeArray array[，nLowerBound，nUpperBound]。

功能：对数组 array 指定区间内（nLowerBound，nUpperBound）的元素进行随机排序，如果省略后面的参数，则对所有元素随机化。

示例代码：

```
Dim myStrings(8) As String
myStrings(0)="THE"
myStrings(1)="QUICK"
myStrings(2)="BROWN"
myStrings(3)="FOX"
myStrings(4)="JUMPS"
myStrings(5)="OVER"
myStrings(6)="THE"
myStrings(7)="LAZY"
myStrings(8)="DOG"
RandomizeArray myStrings

Dim myIntegers(5) As Integer,i%
For i=0 To 5
```

```
            myIntegers(i)=i
Next i
RandomizeArray myIntegers，1，4
```

7.9.8.2 获取区间内随机数

语法：Random(*min*，*max*)。

功能：返回由 min 和 max 参数指定的封闭区间内的一个长整型的随机数。

示例代码：

```
Random(0,100)
```

7.9.8.3 获取随机小数

语法：Rnd[(*number*)]。

功能：生成一个 0～1 的随机小数，参数 number 的含义如下：

小于 0：返回相同的随机值。

等于 0：返回上一次产生的随机值。

大于 0：返回下一个随机值。

示例代码：

```
r=Rnd(1)
```

表 7-16 列举了随机控制方法。

表 7-16 随机控制方法

方法	功能
PRNG.GetNext	获取下一个伪随机数(0.0～1.0)
PRNG.GetPrev	获取前一个伪随机数
PRNG.GetSeed	获取随机数种子
PRNG.Random	根据指定的区间生成一个随机数
PRNG.Reset	重置随机数种子
PRNG.SetSeed	设置随机数种子(长整型)
Random	生成指定区间的一个随机数
Randomize	设置随机数种子，如果没有提供参数，则使用系统时钟值
RandomizeArray	随机化数组
Rnd	返回一个随机小数；参数值小于 0 时，返回相同值；等于 0 时，返回前一个随机数；大于 0 时，返回下一个随机数

7.9.9 计时类

7.9.9.1 读取计算机时钟

语法一：Clock.Read。
语法二：Clock.ReadMillisec。
语法三：Clock.Read10thMillisec。
语法四：Clock.Read100thMillisec。
语法五：Clock.Read1000thMillisec。
语法六：Clock.ReadMicrosec。

功能：读取自实验运行以来的时间信息，不同方法获取的时间单位不同，Clock.Read 和 Clock.ReadMillisec 功能相同，Clock.Read1000thMillisec 和 Clock.ReadMicrosec 功能相同。该函数返回值受 Scale 方法的影响。

示例代码：

```
Debug.Print Clock.Read
Clock.Scale=0.5
Debug.Print Clock.Read
Clock.Scale=2
Debug.Print Clock.Read
```

7.9.9.2 设置计时尺度

语法：Clock.Scale [=scale]。

功能：更改时间尺度，如果 scale 值小于 1，则加速实验运行；如果大于 1，则减速实验运行。比如，将 scale 值设为 0.5 时，如果刺激呈现时间设为 1000 毫秒，其实际呈现时间则为 500 毫秒。尽管此方法主要用于与外部进行计时同步，但可用来缩短调试期间的实验运行时间。

示例代码：

```
Debug.Print Clock.Read
Clock.Scale=0.5
Debug.Print Clock.Read
Clock.Scale=2
Debug.Print Clock.Read
```

表 7-17 列举了计时类方法。

表 7-17 计时类方法

方法	功能
GetNextTargetOnsetTime	获取下个目标呈现的时间戳（单位：毫秒）
GetOSThreadPriority	获取 E-Run 程序的系统优先权

续表

方法	功能
Clock.Read	读取自实验运行以来的时间值（单位：毫秒），等同于 ReadMillisec
Clock.Read1000thMillisec	读取自实验运行以来的时间值（单位：千分之一毫秒），等同于 ReadMicrosec
Clock.Read100thMillisec	读取自实验运行以来的时间值（单位：百分之一毫秒）
Clock.Read10thMillisec	读取自实验运行以来的时间值（单位：十分之一毫秒）
Clock.ReadMicrosec	读取自实验运行以来的时间值（单位：微秒），等同于 Read1000thMillisec
Clock.ReadMillisec	读取自实验运行以来的时间值（单位：毫秒），等同于 Read
SetNextTargetOnsetTime	设置下个目标呈现的时间戳（单位：毫秒）
SetOSThreadPriority	设置 E-Run 程序的系统优先权
SetPcodeSleepDuration	设置 E-Run 将控制权归还系统前的暂停时间，实验启动后的默认值为 10 毫秒，该参数会影响计时精度，但在触摸屏设备上需在反应采集前使用该方法，以便收集反应数据，数据采集结束后，需要立即将参数设置为较小值，以避免出现高延迟
SetPcodeSleepFrequency	设置 E-Run 将控制权归还系统前所执行的操作数，默认值为-1（表示 E-Run 不主动归还控制权），其他值则表示 E-Run 以固定间隔归还控制权给操作系统（参见 SetPcodeSleepDuration）

7.9.10　操作符类

表 7-18 列举了 E-Prime 中的操作符。

表 7-18　E-Prime 中的操作符

数学运算符	含义	逻辑比较符	含义	逻辑运算符	含义
－	减号	>	大于	And	与
＋	加号	<	小于	Or	或
*	乘号	>=	大于等于	Xor	异或
/	除号	<=	小于等于	Not	非
^	乘方	<>	不等于	Eqv	等价
\	整除	=	等于	Imp	位运算
				Mod	求余数

7.9.11　对象控制类

表 7-19 列举了对象控制方法。

表 7-19　对象控制方法

方法	功能
CreateObject	创建一个 OLE 对象
GetObject	返回指向某个对象的 Object
Is	判断对象是否属于某个类别
Nothing	无效对象

7.9.12　对话框类

7.9.12.1　确认对话框

语法：AnswerBox(prompt [, [button1] [, [button2] [, [button3] [, [title] [, helpfile, context]]]]]])

功能：确认提示信息(prompt)，参数 title 为对话框的标题字符串，helpfile 为帮助文件，同时需要设置 context 参数来指定帮助文件中的相关主题。Button1~3 为对话框按钮文本字符，该函数返回用户单击的按钮序号 1，2，3。

示例代码：

r% = AnswerBox("Copy files?","Save","Restore",Cancel)（见图 7-19）

图 7-19　确认对话框

7.9.12.2　输入对话框

语法一：AskBox[$](prompt $ [, [default $] [, [title $] [, helpfile, context]]])。

语法二：InputBox[$](prompt [, [title] [, [default] [, [xpos], [ypos] [, helpfile,context]]]])。

功能：根据提示信息(prompt)输入相应内容，参数 default 为缺省答案，title 为对话框标题，helpfile 为帮助文件，context 为相关联的帮助文件中的主题 ID，xpos 和 ypos 指定对话框左上角坐标，返回输入的内容。

示例代码：

图 7-20　输入对话框

s$ = AskBox$("请输入你的姓名:")（见图 7-20）

s$ = InputBox$("File to copy:", "Copy", "sample.txt")（见图 7-21）

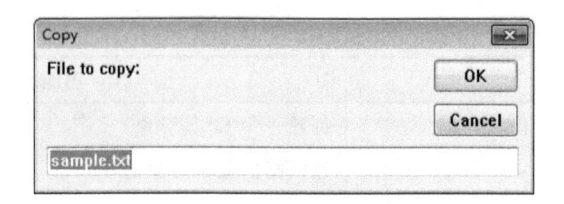

图 7-21　输入对话框

7.9.12.3　密码对话框

语法：AskPassword[$](prompt$ [, [title$] [, helpfile, context]])。

功能：密码录入对话框，返回输入密码信息，与 AskBox[$] 不同之处在于，隐藏用户输入的信息。

示例代码：

　　　　s$ = AskPassword$("请输入密码:")（见图 7-22）

图 7-22　密码对话框

7.9.12.4　信息对话框

语法：MsgBox prompt [, [buttons] [, [title] [, helpfile, context]]]。

功能：显示相应的信息(prompt)，参数 title 指定对话框标题，helpfile 指定帮助文件，context 指定帮助文件中相关联的主题 ID。参数 buttons 指定预定义的按钮，表 7-20 中的值可以组合使用。例如，0+4+32+256 表示对话框中显示问题图标，包括 Yes 和 No 两个按钮，并且 No 按钮为默认按钮。

表 7-20　按钮 buttons 参数值

常量	值	描述
ebOKOnly	0	只显示 OK 按钮
ebOKCancel	1	显示 OK 和 Cancel 按钮
ebAbortRetryIgnore	2	显示 Abort，Retry 和 Ignore 按钮
ebYesNoCancel	3	显示 Yes，No 和 Cancel 按钮
ebYesNo	4	显示 Yes 和 No 按钮
ebRetryCancel	5	显示 Retry 和 Cancel 按钮
ebCritical	16	显示 Stop 图标
ebQuestion	32	显示问题图标
ebExclamation	48	显示感叹号图标
ebInformation	64	显示信息图标
ebDefaultButton1	0	第 1 个按钮为默认按钮(回车选中的按钮)
ebDefaultButton2	256	第 2 个按钮为默认按钮
ebDefaultButton3	512	第 3 个按钮为默认按钮
ebApplicationModal	0	挂起当前程序，直至对话框关闭
ebSystemModal	4096	挂起所有程序，直至对话框关闭

函数的返回值如表 7-21 所示。

表 7-21　不同按钮的返回值

常量	值	描述
ebOK	1	单击 OK 按钮的返回值
ebCancel	2	单击 Cancel 按钮的返回值
ebAbort	3	单击 Abort 按钮的返回值
ebRetry	4	单击 Retry 按钮的返回值
ebIgnore	5	单击 Ignore 按钮的返回值
ebYes	6	单击 Yes 按钮的返回值
ebNo	7	单击 No 按钮的返回值

示例代码：

MsgBox "The result is："& (10 * 45)（见图 7-23）

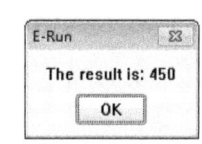

图 7-23　信息对话框

7.9.12.5　进度信息框

语法：Msg.Open prompt，timeout，cancel，thermometer [，XPos，YPos]。

功能：打开(进度)信息框，其中参数 prompt 指定提示信息，timeout 指定信息框消失前等待的时间(以秒为单位)，如果该参数为 0，则不自动消失；参数 cancel 为逻辑型，如果为真，则显示 Cancel 按钮；参数 thermometer 指定是否显示进度条，通过指定 Msg.Thermometer 属性值(进度百分比)可更新进度；参数[Xpos，YPos]指定对话框左上角坐标位置，如果省略，则信息框显示在屏幕中央。必须使用 Msg.Close 关闭先前的信息框。一次只能创建一个进度信息框。

注意：如果单击 Cancel 按钮，会显现错误对话框(错误代码：18)，另外参数 timeout 设置后并不会使信息框在指定时间内保持显示，仍需使用 Sleep 函数使信息框保持一定时间，参数 timeout 只决定信息框什么时间消失，只有信息框保持在屏幕上时，此参数才有效果。

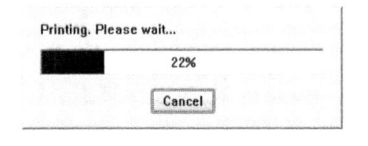

图 7-24　进度信息框

示例代码：

```
Mouse.ShowCursor True
Dim x%
Msg.Open "Printing.Please wait...",2,True,False
Sleep 5000
Msg.Close
Msg.Open "Printing.Please wait...",0,True,True
For x=1 to 100
    Msg.Thermometer=x
    Sleep 100
```

```
Next x
Sleep 1000
Msg.Close(见图 7-24)
```

另外，借助于 Msg.Text 属性，在更新进度时，还可以实时更改文本信息：

```
Dim i%
Msg.Open "Reading Record",0,True,False
For i=1 To 100
Sleep 100
Msg.Text="Reading record " & i
Next i
Msg.Close
```

7.9.12.6 文件打开对话框

语法：OpenFileName＄[([title＄ [，[extensions ＄] [，helpfile，context]]])]。

功能：获取打开的文件名，参数 title 指定对话框的标题，extensions 指定文件类型，如果省略该参数，则显示所有文件。

示例代码：

　　s＄=OpenFileName＄("Open Picture"，"Text Files：*.TXT")(见图 7-25)

图 7-25 文件打开对话框

7.9.12.7 文件保存对话框

语法：SaveFileName＄[([title＄ [，[extensions＄] [helpfile，context]]])]。

功能：显示文件保存对话框，指定保存的文件名，参数 title 指定对话框标题，extensions 指定文件类型，如果省略该参数则列表中显示所有文件。

示例代码：

　　s＄ = SaveFileName＄("Save Picture"，"All Files：*.BMP，*.WMF；Bitmaps：*.BMP；Metafiles：*.WMF")(见图 7-26)

图 7-26 文件保存对话框

7.9.12.8 列表选择对话框

语法：SelectBox([title]，prompt，ArrayOfItems [，helpfile，context])。

功能：将数组（ArrayOfItems）中的内容作为列表内容，参数 title 指定对话框标题。函数返回选中项的索引值。

示例代码：

```
Dim a$()
FileList a$
result% = SelectBox("Picker","Pick a file:",a$)（见图 7-27）
```

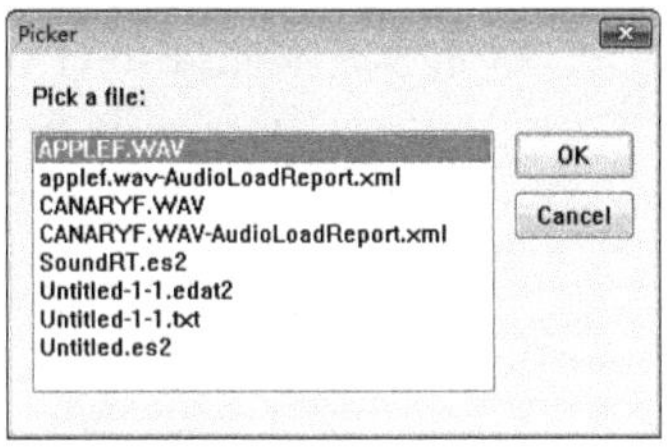

图 7-27　列表选择对话框

7.9.12.9　弹出菜单

语法：PopupMenu(MenuItems$())。

功能：显示弹出菜单，菜单项由数组 MenuItems 指定。

示例代码 1（菜单项为当前运行的应用程序）：

```
Dim a$()
AppList a$
w% = PopupMenu(a$)
```

示例代码 2（新建一个实验程序，在 SessionProc 中插入一个 InLine 对象，然后在其中输入以下代码）：

```
Dim a$()
Dim s$,f$,e$,result%,r%
s$ = AskBox$("请输入你的姓名:")
MsgBox "你叫:" & s$
s$ = AskPassword$("请输入密码:")
MsgBox "输入的密码为:" & s$
s$ = InputBox$("文件复制:","复制","sample.txt")
f$ = OpenFileName$("打开文件","Text Files:*.TXT")
If f$ <>"" Then
    Open f$ For Input As #1
    Line Input #1,s$
    Close #1
    MsgBox "文件中的第一行为 " & f$ & " is " & s$
End If
e$ = "所有文件:*.BMP,*.WMF;位图文件:*.BMP;图元文件:*.WMF"
f$ = SaveFileName$("图片保存",e$)
If Not f$ = "" Then
    MsgBox "你选择将文件保存为:"+f$
Else
    MsgBox "你取消了操作"
```

```
End If
FileList a$
result% = SelectBox("选择","选择一个文件:",a$)
If Not result% = -1 then
    Msgbox "你选择了: " & a$(result%)
Else
    Msgbox "你取消了操作"
End If
r% = AnswerBox("文件复制?","保存","恢复","取消")
Select Case r%
Case 1
    MsgBox "文件将被保存"
Case 2
    MsgBox "文件将被恢复"
Case Else
    MsgBox "操作取消"
End Select
```

7.9.13 音频控制类

7.9.13.1 创建缓冲区

语法：SoundDevice.CreateBuffer(bufferParameters)。

功能：根据 SoundBufferInfo 类型参数创建缓冲区(SoundBuffer)。

示例代码(其中 SoundBufferInfo 参见 7.11.6)：

```
Dim NewBuffer As SoundBuffer
Dim GenericSoundBufferInfo As SoundBufferInfo
GenericSoundBufferInfo.MaxLength = 5000
GenericSoundBufferInfo.VolumeControl = CLogical("no")
GenericSoundBufferInfo.PanControl = CLogical("no")
Set NewBuffer = Sound.CreateBuffer(GenericSoundBufferInfo)
NewBuffer.Filename = "APPLEF.WAV"
NewBuffer.Load
NewBuffer.Play
```

7.9.13.2 获取音频输出缓冲集合

语法：SoundOut.Buffers

功能：获取音频输出对象的缓冲集合。

示例代码：

```
Display.Canvas.Clear
```

```
Display.Canvas.Text 0,0,"播放声音……"
Sleep 1000
Dim theBuffer As SoundBuffer
Set theBuffer=AuditoryStimulus.Buffers(1)
AuditoryStimulus.Play
Sleep 1000
theBuffer.Play
Sleep 1000
```

表 7-22 列举了音频控制方法。

表 7-22 音频控制方法

方法	功能
SoundBuffer.Load	加载指定的音频文件至缓冲区
SoundBuffer.Play	播放音频文件
SoundBuffer.Pause	暂停播放
SoundBuffer.Continue	恢复播放(注意：当音频文件正在播放或已停止时此命令无效)
SoundBuffer.Stop	停止播放
SoundDevice.CreateBuffer	创建缓冲区
SoundDevice.Open	打开音频设备
SoundOut.Play	进行音频异步播放，该方法执行后，过程中后续对象继续运行。如果设置了 StartOffset=0，则从开始处播放；如果设置了 StopOffset=0，则播放至文件尾，否则播放到终止点即结束(即使设置的持续时间小于 StopOffset-StartOffset 差值)。该方法与 SoundOut.Run 方法不同，SoundOut.Run 不是异步播放，受 Duration 参数和 StopAfter 参数的影响；需要将 SoundBuffer.EndSoundAction 设置为"none"
SoundOut.Run	播放音频对象，由于所有对象都支持 Run 方法，只有运行对象结束后(持续时间－预释放时间结束后)，才会返回执行权，其结束动作可以使用 Jump 或 Terminate。如果 SoundBuffer.Loop=True，播放会一直持续，直到使用 SoundOut.Stop 方法来停止；如果 StopAfter=True，持续时间结束或播放至终止点时均会停止；如果 StopAfter=False，播放至终止点时会停止或用 Stop 方法直接停止
SoundOut.Stop	停止音频播放，如果当前没有播放内容，则忽略该方法；用于停止 SoundOut.Play 方法；当 SoundBuffer.Loop = True 或 SoundBuffer.StopAfter = False 时，使用该方法可停止 SoundOut.Run 启动的音频播放
Slide.Play	播放当前激活的 SlideState 对象中的音频输出对象

续表

方法	功能
Slide.Stop	停止当前激活的 SlideState 对象中的音频输出对象
SlideState.Play	播放 SlideState 对象中的音频内容，SlideState 对象并没有直接呈现音频刺激的功能，需要在其中置入一个 SlideSoundOut 对象
SlideState.Stop	停止 SlideState 对象中的音频内容
SlideSoundOut.Play	异步播放某个 SlideSoundOut 音频对象
SlideSoundOut.Stop	停止某个 SlideSoundOut 音频对象

示例代码 1（运行时新建一个实验文件，插入一个音频输出对象和内嵌代码对象，将音频输出对象的名称改为 AuditoryStimulus）：

```
Display.Canvas.Clear
Display.Canvas.Text 0, 0, "Check buffer status and " & "pause/continue buffer..."
Sleep 1000
Dim i As Integer
i = 25
Set AuditoryStimulusSoundBuffer = AuditoryStimulus.Buffers(1)
AuditoryStimulusSoundBuffer.Filename = "applef.wav"
AuditoryStimulusSoundBuffer.Load
AuditoryStimulusSoundBuffer.Play
Display.Canvas.Text 5, i, "开始播放……"
Sleep Random (250, 500) 'start playing file for random amount of time
i = i + 20
PlayFile:
Select Case AuditoryStimulusSoundBuffer.Status
Case ebBufferStatusPlaying 'if playing, then pause
    Display.Canvas.Text 10, i, "播放暂停……"
    AuditoryStimulusSoundBuffer.Pause
    Sleep 1000
    i = i + 20
    GoTo PlayFile
Case ebBufferStatusPaused 'if paused, then play
    Display.Canvas.Text 10, i, "继续播放……"
    AuditoryStimulusSoundBuffer.Continue
    Sleep 1000
    i = i + 20
    GoTo PlayFile
Case ebBufferStatusStopped 'if finished, then exit
    Display.Canvas.Text 5, i, "播放结束"
    GoTo EndPlayFile
```

```
End Select
EndPlayFile：
Sleep 2000
```

示例代码 2（运行时新建一个实验文件，并插入一个音频输出对象和内嵌代码对象，将音频输出对象的名称改为 AuditoryStimulus）

```
Display. Canvas. Clear
Display. Canvas. Text 0，0，"播放部分内容,然后停止……"
Sleep 1000
AuditoryStimulus. Play
Display. Canvas. Text 10，25，"播放前 250 毫秒……"
Sleep 250
AuditoryStimulus. Stop
Display. Canvas. Text 10，50，"播放结束"
Sleep 2000
```

示例代码 3（新建一个实验文件，插入一个幻灯对象，然后在幻灯对象中插入一个 SlideSoundOut 对象，再插入一个内嵌代码对象，输入以下代码，上面对象均使用缺省名称）：

```
Dim x As SlideSoundOut
Set x＝CSlideSoundOut(Slide1. States(_Slide1. ActiveState). Objects ("SoundOut1"))
Display. Canvas. Text 10，25，"播放 250 毫秒后结束"
x. Play
Sleep 250
x. Stop
Sleep 1000
```

7.9.14　编译控制类

7.9.14.1　常量定义

语法：♯Const constname＝expression。

功能：定义可在条件化编译语句或♯Const 中使用的常量。

7.9.14.2　条件化编译

语法：

```
♯If expression Then
    [statements]
[♯ElseIf expression Then
    [statements]]
```

```
[#Else
    [statements]]
#End If
```

功能：根据条件表达式的真假决定是否编译代码段。

示例代码：

```
#Const SUBPLATFORM="NT"
#Const MANUFACTURER="Windows"
#Const TYPE="Workstation"
#Const PLATFORM=MANUFACTURER & " " & SUBPLATFORM & " " & TYPE
#If PLATFORM="Windows NT Workstation" Then
    MsgBox "Running under Windows NT Workstation"
#End If
```

表 7-23 列举了编译控制方法。

表 7-23 编译控制方法

方法	语法	描述
#Const	#Const constname=expression	所定义的常量，用在 #Const 或 #If...Then...#Else 语句中
#If...Then...#Else	#If expression Then 　[statements] [#ElseIf expression Then 　[statements]] [#Else 　[statements]]# End If	编译器根据条件选择编译内容表达式为任何有效的 E-Basic 布尔型逻辑表达式，可以使用以下操作符：＋，－，＊，/，\，^，＋（unary），－（unary），Mod，&，=，<>，>=，>，<=，<，And，Or，Xor，Imp，Eqv
Inline	Inline name [parameters] anytextEnd Inline	定义内联函数，由于省去了函数调用时间，内联函数能够提高函数的执行效率，适用于函数体内代码较少的情况，否则会使代码膨胀
Option Default	Option Default type	声明变量或函数反应值的缺省类型，不能将该语句放在函数或子例程中，目前支持的类型仅为 Integer
Option Explicit	Option Explicit	需要使用 Dim，Public，Private 或 Declare 显式声明变量和外部调用的过程，默认情况下 E-Basic 隐式声明变量
()		用于表达式中或参数传递，如 i=(1+2)*3

续表

方法	语法	描述
—	Text1_Text2	用于连接多行输入的语句（适用于一行内容较多时），如 i＝5＋6 & _ 'Continue on the next line. ＋4

7.9.15 数据记录类

7.9.15.1 向汇总集合添加观测值

语法：Summation.AddObservation val。

功能：将观测值 val 添加到集合中，以便对集合中的观测值进行汇总。

示例代码：

```
Dim CorrectTimes As Summation '定义变量
Set CorrectTimes＝New Summation '初始化
If TextStimulus.ACC＝1 Then '如果反应正确
    CorrectTimes.AddObservation TextStimulus.RT '添加反应时
End If
Debug.Print CorrectTimes.Mean '显示正确反应的平均反应时
```

7.9.15.2 从集合中移除某个观测值

语法：Summation.RemoveObservation val。

功能：将集合中的观测值 val 移除。

示例代码：

```
Dim CorrectTimes As Summation
Set CorrectTimes＝New Summation
CorrectTimes.AddObservation TextStimulus.RT
If TextStimulus.ACC＝0 Then
    CorrectTimes.RemoveObservation TextStimulus.RT
End If
Debug.Print CorrectTimes.Mean
```

表 7-24 列举了数据记录方法。

表 7-24 数据记录方法

方法	功能
Summation.AddObservation	添加一个观测值到集合中
Summation.RemoveObservation	从集合中移除一个观测值，需要指定移除的内容
Summation.Min	统计最小值

续表

方法	功能
Summation.Max	统计最大值
Summation.Mean	统计平均值
Summation.N	观测值个数
Summation.StdDevP	总体标准差
Summation.StdDevS	样本标准差
Summation.VarP	总体方差
Summation.VarS	样本方差
Summation.Total	总和
Summation.Reset	移除集合中所有观测值
DataFile.Open	打开数据文件，E-Studio 会自动生成创建、打开数据文件的代码
DataFile.Close	关闭数据文件，E-Studio 会自动生成关闭数据文件的代码
DataFile.Convert	数据文件转换，可以使用的参数为 ebProgressNone，ebProgressSimple 或 ebProgressVerbose，E-Studio 会自动生成文件转换的代码
DataFile.Flush	将缓存内的数据存入硬盘，在计时精度要求较高的关键试次开始前使用
FeedbackDisplay.Reset	将反馈对象的 ACCStats，RTStats，CorrectRTStats 和 IncorrectRTStats 统计结果重置为 0

7.9.16 日期时间类

7.9.16.1 当前日期

语法一：Date[$][()]。

语法二：Date[$]=newdate。

功能：返回系统当前日期，其中 Date 返回日期型数据，Date$ 返回短日期格式（取决于系统设置），或者将系统当前日期设定为某个日期。

7.9.16.2 日期增加

语法：DateAdd(interval, number, date)。

功能：在指定的日期上(date)增加一定的时间(number)，增加的单位由参数 interval 设置。其中 interval 可取值为："y"（表示天数），"yyyy"（表示年），"d"（表示天），"m"（表示月），"q"（表示季度），"ww"（表示星期），"h"（表示小时），"n"（表示分），"s"（表示秒），"w"（表示工作日）；"y""d""w"表示的含义相同。

7.9.16.3 日期差值

语法：DateDiff(interval, date1, date2 [, [firstdayofweek] [, firstweekofyear]])。

功能：返回两个日期 date1 和 date2 的差值，参数 interval 的含义与 DateAdd 函数中的含义相同。

参数 firstdayofweek 表示一周的第一天，默认星期日为一周的第一天，可以使用的常量有 ebUseSystem（0）、ebSunday（1）、ebMonday（2）、ebTuesday（3）、ebWednesday（4）、ebThursday（5）、ebFriday（6）、ebSaturday（7）；参数 firstweekofyear 表示一年中的第一周，默认情况是 1 月 1 日所在的星期作为第一周，可能使用的常量有 ebUseSystem（0）、ebFirstJan1（1）、ebFirstFourDays（2）、ebFirstFullWeek(3)。

代码示例：

```
Dim today$, NextWeek, DifDays#, DifWeek#, s$
today$ = Format(Date$,"Short Date")
NextWeek = Format(DateAdd("d", 14, today$),"Short Date")
DifDays# = DateDiff("d", today$, NextWeek)
DifWeek# = DateDiff("w", today$, NextWeek)
s$ = today$ & "和" & NextWeek & "相差" & DifDays# & _
"天或" & DifWeek# & "周"
Debug.Print s$
```

7.9.16.4　计时器

语法：Timer。

功能：返回自午夜时分至当前经过的秒数（长整型）。

示例代码：

```
Dim start As Long, total As Long
start = Timer
MsgBox "Click the OK button, please."
total = Timer - start
MsgBox "The elapsed time was: " & total & "seconds."
```

表 7-25 列举了日期时间函数。

表 7-25　日期时间函数

方法	举例	功能
Date	"今天是:" & Date	返回系统当前日期（日期格式取决于系统设置），直接赋值给 Date 可更改当前日期，如 Date="1/1/95"

续表

方法	举例	功能
DateAdd	DateAdd("m", 2, Date$)	返回加上一定时间后的日期值，其语法为：DateAdd(interval, number, date) 其中 interval 可取以下值： "y"表示天数 "yyyy"表示年 "d"表示天 "m"表示月 "q"表示季度 "ww"表示星期 "h"表示小时 "n"表示分钟 "s"表示秒 "w"表示工作日
DateDiff		返回两个日期的差值，其语法为： DateDiff(interval, date1, date2 [, [firstdayofweek] [, firstweekofyear]])。 参数 firstdayofweek 表示一周的第一天，默认星期日为一周的第一天，可以使用的常量有 ebUseSystem(0), ebSunday(1), ebMonday(2), ebTuesday(3), ebWednesday(4), ebThursday(5), ebFriday(6), ebSaturday(7); 参数 firstweekofyear 表示一年中的第一周，默认情况是 1 月 1 日所在的星期作为第一周，可能使用的常量有 ebUseSystem(0), ebFirstJan1(1), ebFirstFourDays(2), ebFirstFullWeek(3); interval 参数参考 DataAdd 函数
DatePart		返回某个日期时间的年、月、日等，其语法为： DatePart(interval, date [, [firstdayofweek] [, firstweekofyear]]), interval 参数参考 DataAdd 函数
DateSerial	DateSerial(1997, 9, 4)	根据参数指定的年、月、日返回日期，其语法为：DateSerial(year, month, day), 如果指定的参数是无效的，该函数会进行计算以返回合法的日期，如 DateSerial(1998, 2, 31)返回 1998—3—3
DateValue	DateValue(Date)	返回日期值
Day	Day(Date)	返回日期值中代表的日
Hour		返回时间值中的小时
Minute		返回时间值中的分钟
Month		返回日期值中的月份
Now		返回当前日期中的时间

续表

方法	举例	功能
Second		返回时间中的秒
Time[$]		返回当前的时间,可以直接赋值给 Time 来变更当前时间
Timer		返回从午夜开始经过的秒数
TimerSerial	TimeSerial(11：36：45)	根据参数指定的小时、分和秒返回时间,其语法为：TimeSerial(hour, minute, second)
TimeValue		返回时间值
Weekday		返回日期值中的工作日
Year		返回日期值中的年份

7.9.17 错误处理类

7.9.17.1 获取错误描述信息

语法：Err.Description [=stringexpression]。

功能：设置或获取错误描述信息。

示例代码：

```
Dim x As Integer
On Error Resume Next
x=InputBox("Type in a number")
If Err.Number <>0 Then
    MsgBox "The following error occurred: " & Err.Description
    x=0
End If
MsgBox x
```

7.9.17.2 获取错误行号

语法：Erl[()]。

功能：获取最近错误所在行号。

示例代码：

```
Dim i As Integer
On Error Goto Trap1  '如果发生错误,则跳转到 Trap1 标签处
i=3277       '产生溢出错误,因为超过整数能够存储的数值范围
i=i+1
GoTo GoOn  '没有错误则跳转到 GoOn 标签处
Trap1:
```

```
MsgBox "Error on line: " & Erl
GoOn:
Debug.Print "No Error Found"
```

7.9.17.3 抛出异常

语法：Err.Raise number [, [source] [, [description] [, [helpfile] [, helpcontext]]]]。

功能：根据相应参数抛出指定编号的异常，其中参数 number 是必需项，指定错误编号，E-Prime 已经预定义了 0~1000 的错误编号；source 为对象描述字符串，即由哪个对象抛出的异常，如果省略则为代码对象；description 指定错误描述文本；helpfile 指定扩展名为 HLP 的错误帮助文件；helpcontext 指定在帮助文件中相应的上下文。

示例代码：

```
Dim x As Variant
On Error Goto TRAP
x = InputBox("Enter a number:")
If Not IsNumeric(x) Then
    Err.Raise 3000,,"Invalid number specified","WIDGET.HLP",30
Else
    GoTo GoOn
End If
TRAP:
MsgBox Err.Description
GoOn:
```

表 7-26 列举了错误处理方法。

表 7-26 错误处理方法

方法	含义
Err.Clear	清除 Err 对象的属性
Err.Description	设置或获取错误描述：Err.Description [=stringexpression]
Erl	获取最近错误处的行号
Error[$]	模拟某种代码的错误：Error errornumber
Err.HelpContext	设置或获取帮助上下文：Err.HelpContext [=contextid]
Err.HelpFile	设置错误帮助文件
Err.LastDLLError	返回上次发生的错误
Err.Number	设置或获取错误代码：Err.Number [=errornumber]
On Error	发生错误时的动作：On Error {Goto label	Resume Next	Goto 0}

续表

方法	含义
Err.Raise	生成一个错误：Err.Raise number [, [source] [, [description] [, [helpfile] [, helpcontext]]]]
Resume	结束某错误继续运行：Resume {[0] | Next | label}
Err.Source	设置或获取错误源：Err.Source [=stringexpression]

7.9.18 端口类

7.9.18.1 读取端口

语法：nValue=ReadPort(nAddress)。

功能：从端口地址 nAddress 中读取值。

示例代码：

```
Hex(ReadPort(&H378))
```

7.9.18.2 写端口

语法：WritePort nAddress，nValue。

功能：向端口地址 nAddress 写入值 nValue。

示例代码：

```
WritePort &H378,3
```

表 7-27 列举了端口操作方法。

表 7-27　端口操作方法

方法	含义
SerialDevice.FlushInputBuffer	刷新串口设备输入缓存
SerialDevice.FlushOutputBuffer	刷新串口设备输出缓存
SerialDevice.Open	打开串口设备：SerialDevice.Open info
SerialDevice.Peek	返回串口设备中下一字节数据，但不从输入队列中移除 strValue=SerialDevice.Peek()
SerialDevice.ReadBytes	从串口设备读取字节：nRead=SerialDevice.ReadBytes(arrData, nCount)
SerialDevice.ReadInteger	从串口设备读取整型：nRead=SerialDevice.ReadInteger(nData)
SerialDevice.ReadLong	读取长整型：nRead=SerialDevice.ReadLong(nData)
SerialDevice.ReadString	读取字符串：nRead=SerialDevice.ReadString(strData, nCount)

续表

方法	含义
SerialDevice.WriteBytes	向串口设备中写入字节：SerialDevice.WriteBytes arrData, nCount
SerialDevice.WriteInteger	写入整型：SerialDevice.WriteInteger nData
SerialDevice.WriteLong	写入长整型：SerialDevice.WriteLong nData
SerialDevice.WriteString	写入字符串：SerialDevice.WriteString strData, nCount
WritePort	写入端口地址：WritePort nAddress, nValue
ReadPort	读取端口地址：nValue＝ReadPort(nAddress)

7.9.19 文件操作类

7.9.19.1 文本打开

语法：Open filename $ [For mode] [Access accessmode] [lock] As [#] filenumber [Len=reclen]。

功能：以指定的模式 mode 打开由参数 filename 指定的文件以便读或写。

参数 mode 的取值含义如下：

Input：打开已存在的文件（文件必须存在）以读取其中的内容，此时参数 accessmode 必须为 Read。

Output：打开或创建文件以写入内容，如果文件已经存在会舍弃其中已有内容，此时参数 accessmode 必须为 Write。

Append：打开或创建文件以写入内容，如果文件已经存在，则保留内原有内容，此时参数 accessmode 必须为 Read Write。

Binary：以二进制方式打开或创建一个文件。

Random：以随机方式打开或创建一个文件，如果以随机方式打开，用参数 reclen 指定文件分隔的区块长度。

参数 accessmode 的取值含义如下：

Read：读模式。

Write：写模式。

Read Write：读写模式。

参数 Lock 的取值含义如下：

Shared：共享模式，其他进程也可以读写此文件。

Lock Read：读锁定模式，其他进程可写但不可读。

Lock Write：写锁定模式，其他进程可读但不可写。

Lock Read Write：独占模式，其他进程不可读写。

示例代码：

```
Open "test.dat" For Append Access Write Lock Read Write as #3
Close
```

7.9.19.2 向文件中写数据

语法：Print [#]filenumber,[[{Spc(n) | Tab(n)}][expressionlist][{; | ,}]]

功能：在将文件编号指定的文件中写入数据。

示例代码：

```
Open "test.dat" For Output As #1
i% = 10
s$ = "This is a test."
Print #1,"The value of i=";i%,"the value of s=";s$
```

7.9.19.3 从文件中读取一行

语法：Line Input [#]filenumber, variable。

功能：从文件编号指定的文件中读取一行数据到变量 variable 中。

示例代码：

```
Line Input #1,lin$
```

7.9.19.4 文件尾

语法：EOF(filenumber)。

功能：判断是否到达文件尾，参数 filenumber 在文件打开语句(Open)中使用的文件编号。一般通过该函数判断是否继续读取文件中的内容。

表 7-28 文件操作方法

方法	语法	功能
Open	Open filename$ [For mode] [Access accessmode] [lock] As [#] filenumber [Len=reclen]	filename$ 表示要打开的文件名，文件名可以包含驱动器和目录；mode 可设置为 Input, Output, Binary, Random 和 Append；accessmode 可设置为 Read, Write 或 Read Write；lock 参数可为：Shared, Lock Read, Lock Write 或 Lock ReadWrite；filenumber 为 1～255（可用 FreeFile 函数确定可用编号）；reclen 参数指定缓冲区大小
Close	Close [[#] filenumber [,[#] filenumber]...]	关闭指定的文件，如果省略参数则关闭所有文件
Lock, UnLock	Lock [#] filenumber [, {record	[start] To end}] Unlock [#] filenumber [, {record	[start] To end}]	锁定或解锁文件
EOF	EOF(filenumber)	判断是否已经到达文件结尾
Lof	Lof(filenumber)	获取文件长度

续表

方法	语法	功能
FreeFile	FreeFile [([rangenumber])]	可用的空闲文件编号，如果rangenumber=0，返回1~255可用编号；如果rangenumber=1，返回256~511的可用编号
Get	Get [#] filenumber, [recordnumber], variable	获取随机或二进制文件中的数据
Print	Print [#] filenumber, [[{Spc(n) | Tab(n)}][expressionlist][{; | ,}]]	向文件中写入数据
Input	Input[$](numchars, [#]filenumber) InputB[$](numbytes, [#]filenumber)	从文件中读入数据
Put	Put [#] filenumber, [recordnumber], variable	向文件中写入记录
Reset		关闭所有文件，并写入缓存中的内容
Seek	Seek(filenumber) Seek [#] filenumber, position	返回文件指针位置或设置文件指针
Line Input	Line Input [#]filenumber, variable	从文件中读入一行数据
Width	Width# filenumber, width	指定行宽的列数
Loc	Loc(filenumber)	返回文件指针位置
Write	Write [#]filenumber [, expressionlist]	向文件中写入数据

7.9.20 输入设备类

7.9.20.1 获取光标位置

语法：MouseDevice.GetCursorPos xCoordinate, yCoordinate。

功能：将鼠标光标当前位置读取到变量 xCoordinate 和 yCorrdinate 中。

示例代码：

```
Dim pt As Point
Mouse.GetCursorPos pt.x, pt.y
```

7.9.20.2 显示隐藏光标

语法：MouseDevice.ShowCursor visibleflag。

功能：根据参数 visiblefalg 决定是否显示光标，如果为 True 则显示，如果为 False 则隐藏。

7.9.20.3 设置鼠标移动区域

语法：MouseDevice.SetCursorLimits leftLimit, topLimit, rightLimit, bottomLimit

功能：将鼠标的移动区域限定在由参数 leftLimit，topLimit，rightLimit 和 bottomLimit 指定的区域内。

示例代码：

```
Dim centerX%,centerY%
centerX=Display.XRes/2
centerY=Display.YRes/2
Mouse.SHowCursor True
Mouse.SetCursorLimits centerX－100，centerY－100，centerX＋100，centerY＋100
```

7.9.20.4 设置光标位置

语法：MouseDevice.SetCursorPos xPos，yPos。

功能：将鼠标光标置于由参数 xPos，yPos 指定的坐标位置处。

7.9.20.5 设置光标形状

语法：Mouse.Cursor=ntype。

功能：设置光标的形状，形状由 ntype 指定，不同形状的光标编号如表 7-29 所示。

表 7-29 光标形状

编号	描述	形状
1	标准形状（箭头）	↖
2	箭头＋沙漏	↖⌛
3	十字	＋
4	箭头＋问号	↖?
5	工字形状	I
6	斜圆	⊘
7	四方箭头	✥
8	斜箭头（东北—西南）	↗
9	上下箭头	↕
10	斜箭头（西北—东南）	↘
11	水平双向箭头	↔
12	竖直箭头	↑
13	沙漏	⌛

表 7-30 列举了输入设备操作方法。

表 7-30　输入设备操作方法

方法	功能
InputDevice.CreateInputMask	设置输入掩码
InputDevice.InsertResponse	插入反应键，不同的输入设备可用的反应键不同
Device.Open	使用相应的设备参数打开设备，可用设备有：KeyboardDevice、MouseDevice、PortDevice、SerialDevice、SoundDevice、SRBoxDevice
MouseDevice.GetCursorLimits	获取鼠标光标的限定区域
MouseDevice.GetCursorPos	获取鼠标光标的坐标位置
MouseDevice.IsCursorVisible	判断鼠标光标是否可见（True 或 False）
MouseDevice.SetCursorLimits	设置鼠标光标移动区域
MouseDevice.SetCursorPos	设置鼠标光标位置
MouseDevice.ShowCursor	显示或隐藏鼠标光标
MouseResponseData.IsButton1	如果鼠标左键压下，则返回 1
MouseResponseData.IsButton2	如果鼠标右键压下，则返回 2
MouseResponseData.IsButton3	如果鼠标中键压下，则返回 3
MouseResponseData.IsButton4	备用
MouseResponseData.IsButton5	备用
MouseResponseData.IsButton6	备用
MouseResponseData.IsButton7	备用
SRBoxDevice.Lamps	打开或关闭反应盒信号灯

7.9.21　程序控制类

7.9.21.1　是否处于反应接收

语法：InputMask.IsPending。

功能：判断当前是否处于反应接收状态，返回值为逻辑型（真或假）。在 Time Limit 参数大于 Duration 时或使用了 PreRelease（预释放）参数时该函数非常有用。如果反应结束时间未到、最大反应次数未到或结束反应未输入该函数，就返回真。

示例代码：

```
Dim keyboardMask As InputMask
Dim mouseMask As InputMask
Dim keyPending As Boolean
Dim mousePending As Boolean
Set keyboardMask = TextStimulus.InputMasks(1)
Set mouseMask = TextStimulus.InputMasks(2)
keyPending = keyboardMask.IsPending()
mousePending = mouseMask.IsPending()
Debug.Print "Keyboard Pending Status=" & "\t Mouse Pending Status=" & mousePending
```

7.9.21.2 确保表达式成立

语法：Debug.Assert expression。

功能：如果表达式 expression 为假，则抛出异常，使实验中断。

示例代码：

```
Debug.Assert TextStimulus.RT<500
```

7.9.21.3 获取当前某个对象

语法：Rte.GetObject(param1)。

功能：获取当前已经创建的某个对象(param1)，参数可以为索引值或对象名称。

示例代码：

```
Dim rteCurrent As RteObject
Dim nCount As Long
nCount=Rte.GetObjectCount()
Dim nIndex As Long
For nIndex=1 To nCount
    Set rteCurrent=Rte.GetObject(nIndex)
    If Not rteCurrent Is Nothing Then
        Debug.Print rteCurrent.Name
    End If
Next nIndex
```

7.9.21.4 获取指定位置的表达式

语法：Choose(index, expression1, expression2, …, expression13)。

功能：获取由索引值 index 指定的某个表达式。

示例代码：

```
Dim a As Variant
Dim cc As Integer
cc=2
a=Choose(cc,"Hello, world",#1/1/94#,5.5,False)
```

7.9.21.5 添加项目到集合

语法：RteCollection.Add item[, key, before, after]。

功能：向集合中添加项目。参数 item 为对象名称，key 为对象别名，可使用该参数指定移除的对象，before 指定将 item 添加到哪个项目之前(可以是索引值或对象别名)，after 指定将 item 添加到哪个项目之后(可以是索引值或对象别名)，before 和 after 两个参数不能同时指定。

```
Dim newCollection As RteCollection
Set newCollection=new RteCollection
newCollection.Add SessionProc
newCollection.Add TrialProc
newCollection.Add Instructions,2
Dim r As RteObject
Dim nIndex As Long
For nIndex=1 To newCollection.Count
    Set r=newCollection.Item(nIndex)
    If Not r Is Nothing Then
        Debug.Print "Collection object " & "#" & nIndex & ":" & r.Name
    End If
Next nIndex
```

上面的代码，输出结果为（可以看出Instructions对象添加到了第2项前面）：

```
Collection object # 1:SessionProc
Collection object # 2:Instructions
Collection object # 3:TrialProc
```

表7-31列举了程序控制方法。

表7-31　程序控制方法

方法	功能
Call	调用子过程
Choose	返回指定位置的表达式
Debug.Assert	确保某个表达式成立，否则产生错误
Debug.Print	在调试窗口中打印输出信息
Declare	声明某个过程、函数、动态链接库等
Device.Close	将指定的设备关闭
Device.GetState	返回指定设备的状态，返回值ebStateClosed(0)表示设备已关闭；ebStateOpen(1)表示设备已打开；ebStateSuspended(2)表示设备已挂起
Device.Open	打开指定的设备
Device.Resume	恢复挂起的某个设备
Device.Suspend	挂起指定的设备
DeviceManager.GetDevice	获取某个设备
DeviceManager.GetDeviceCount	获取初始化的设备数
DeviceManager.IsSuspended	判断是否所有设备被挂起

续表

方法	功能
DeviceManager.Resume	恢复所有被挂起的设备
DeviceManager.Suspend	挂起所有设备
Do…Loop	Do 循环
DoEvents	将控制权交给操作系统，允许其他应用处理键盘、鼠标
End	终止当前代码的执行
Exit Do	跳出 Do 循环
Exit For	跳出 For 循环
Exit Function	跳出函数
Exit Sub	跳出子过程
For Each…Next	重复遍历集合或数组中的各个元素
For…Next	For 循环
Function…End	函数定义
GetUserBreakState	获取用户中断状态，当按下 Ctrl＋Shift 组合键时，返回非零值
GoSub	跳转到函数或子过程内某个标签位置，利用 Return 可返回到 GoSub 处
Goto	跳转到函数或子过程内某个标签位置
If…Then…Else	If 条件分支语句
InputMask.IsPending	判断输入掩码是否挂起
InputMask.Terminate	运行结束后自动调用该方法终止输入掩码
InputMaskManager.IsPending	判断是否有被挂起的输入掩码
InputMaskManager.Reset	重置输入掩码
InputMaskManager.Terminate	终止所有输入掩码
IIF	根据条件表达式结果，返回不同内容
Main	主函数入口
Rte.GetObject	获取当前已经创建的某个对象
Rte.GetObjectCount	获取当前创建的对象数量
RteCollection.Add	向 RteCollection 对象中添加某个项目
RteCollection.Remove	从 RteCollection 中移除某个项目
RteCollection.RemoveAll	从 RteCollection 中移除所有项目
Return	返回至跳转处
Select…Case	Select 分支语句
SetUserBreakState	设置用户中断状态值

续表

方法	功能
Sleep	休眠(暂停)一定时间
Sub…End Sub	子过程定义语句
Switch	Switch 分支语句
While…Wend	While 循环

示例代码:获取设备信息(将代码粘贴到某个内嵌代码对象中运行)。

```
Dim x As Integer
Dim count As Integer
Dim dev As Device
count=Rte.DeviceManager.GetDeviceCount '获取当前配置的设置数量
For x=1 To count
    Set dev=Rte.DeviceManager.GetDevice(x) '根据索引号获取某个设备
    If Not (dev Is Nothing) Then '如果设备有效
        Debug.Print "device #" & x & "is" & dev.Name '在调试输出窗口打印相关信息
    End If
Next x
```

7.10 两个常用数据结构

7.10.1 Point(点)

用于存储坐标信息(X,Y)的数据结构,包括两个属性(字段):X 和 Y,有效取值范围为显示设备的 0~Display.XRes 或 0~Display.YRes。

示例代码:

```
Dim mPt As Point
Mouse.GetCursorPos mPt.x, mPt.y '将鼠标坐标值存储到 mPt 中
```

7.10.2 Rect(矩形)

用于存储矩形坐标信息(左上角和右上角的坐标值),包括 4 个属性(字段),分别为 Left,Top,Right 和 Bottom。矩形的宽度值为 Right-Left,高度值为 Bottom-Top。

示例代码:

```
Dim leftRect As Rect
leftRect.Left=0
```

leftRect.Top=0
leftRect.Right=Display.XRes/2
leftRect.Bottom=Display.YRes/2

7.11 设备相关数据结构

7.11.1 DisplayDeviceInfo

DisplayDeviceInfo 是执行 DisplayDevice.Open 方法时需要的参数,其中显示器属性字段有以下几种。

XRes:整数型,指定显示器水平分辨率,有效取值取决于显示适配器的驱动程序,常用取值为 640,800,1024,1280。

YRes:整数型,指定显示器垂直分辨率,有效取值取决于显示适配器的驱动程序,常用取值为 480,600,768,1024。

ColorDepth:整数型,指定颜色位数,常用取值为 8,16,24,32,值越大图像越清晰,但占用系统资源也越多。

RefreshRate:整数型,指定刷新频率,0 表示如果所设置的 XRes,YRes 和 ColorDepth 与桌面设置相同,则使用当前桌面分辨率,否则使用可用的最高分辨率。

NumPages:整数型,预留参数,必须为 0。

7.11.2 MouseDeviceInfo

MouseDeviceInfo 是执行 MouseDevice.Open 方法时需要的参数,其中的属性字段有以下几种。

OpenMode:整数型。ebmouseOpenModeDirect(0)表示直接从硬件中获取鼠标信息;ebMouseOpenModeEmulate(1)表示从操作系统获取鼠标信息,使用触摸屏幕时使用该参数。

CollectionMode:整数型。ebPressesOnly(1)表示只收集鼠标压下动作,忽略松开事件;ebReleasesOnly(2),表示只收集鼠标松开事件,忽略鼠标压下事件;ebPressesAndReleases(3),表示收集鼠标压下和松开事件。

ShowCursor:布尔型,True 表示显示鼠标光标,False 表示不显示鼠标光标。

EmulateDeviceName:字符型,NULL,"keyboard""port""SRBOX",表示模拟何种设备。

7.11.3 PaletteEntry

PaletteEntry 是调用 Palette.GetEntries 或 Palette.SetEntries 方法时使用的数据结构,属性字段有以下几种。

R:整数型,指定 R 分量,取值范围为 0~255 或 &H00~&HFF。
G:整数型,指定 G 分量,取值范围为 0~255 或 &H00~&HFF。
B:整数型,指定 B 分量,取值范围为 0~255 或 &H00~&HFF。

7.11.4　PortDeviceInfo

PortDeviceInfo 是执行 PortDevice.Open 方法使用的数据结构，属性字段有以下几种。

CollectionMode：整数型。ebPressesOnly(1)表示只收集高位(1)，忽略低位事件；ebReleasesOnly（2）表示只收集低位（0）事件，忽略高位事件；ebPressesAndReleases(3)表示收集高位和低位事件。

Address：整数型，指定端口地址。

Size：整数型，从端口中读取的字节数，取值可为 8，16，32。

Invert：布尔型。True, False, CLogical("yes")，CLogical("No")，指定是否翻转读取的数据。例如，如果读取的二进制值为 101，Invert 设置为 True，则得到的数据为 010。

Mask：长整型，默认值为－1，表示允许任何内容通过端口。

EmulateDeviceName：字符型，NULL，"keyboard""port""SRBOX"，表示模拟何种设备。

7.11.5　SerialDeviceInfo

SerialDeviceInfo 是使用 SerialDevice.Open 打开串口设备传递的数据结构，其属性字段有以下几种。

CommPort：长整型，指定打开的 COM 通信端口，取值为 1，2，3，4。

BaudRate：长整型，指定波特率，取值为 110，300，600，1200，2400，4800，9600，14400，19200，28800，38400，57600，115200，128000，256000。

DataBits：长整型，指定串口通信的数据位，取值为 5，6，7，8。

Parity：长整型，指定串口通信的奇偶校验，ebParityNo，ebParityOdd，ebParityEven，ebParityMark，ebParitySpace。

StopBits：长整型，指定串口通信的停止位，取值为 ebStopBits1_0，ebStopBits1_5，ebStopBits2_0。

7.11.6　SoundBufferInfo

在调用 SoundDevice.CreateBuffer 方法时需要传递 SoundBufferInfo 结构，其属性字段有以下几种。

MaxLength：长整型，加载到缓冲区中最大长度(以秒为单位)。

PanControl：布尔型，是否使用左右均衡(True 或 False)。

VolumeControl：布尔型，是否控制音量(True 或 False)。

7.11.7　SoundDeviceInfo

SoundDeviceInfo 是调用 SoundDevice.Open 方法时传递的数据结构，其属性字段有以下几种。

Channels：整数型，1 表示单声道，2 表示立体声(双声道)。

BitsPerSample：整数型，声音编码位数，取值为 8，16。
SamplePerSecond：整数型，声音采样率，取值为 11025，22050，44100。

7.11.8 SRBoxDeviceInfo

SRBoxDeviceInfo 是使用 SRBoxDevice.Open 方法打开反应盒设备时传递的数据结构，其属性字段有以下几种。

Model：长整型，型号，取值为 200。
Revision：长整型，版本号，取值为 1。
CommPort：长整型，COM 端口号，取值为 1，2，3，4。
BaudRate：长整型，波特率，取值为 19200，9600。
CharacterRate：长整型，字符传递率，取值为 800，1200。
Debounce：长整型，指定防反跳值，取值为 0。
Configuration：长整型，指定配置模式，取值为 ebSRBoxConfigStandard，ebSRBoxConfigBRURightOnly，ebSRBoxConfigBRULeftOnly，ebSRBoxConfigBRUUnique，ebSRBoxConfigBRUDuplicate。
CollectionMode：长整型。ebPressesOnly(1)表示只收集压下动作，忽略松开事件；ebReleasesOnly(2)表示只收集松开事件，忽略压下事件；ebPressesAndReleases(3)，表示收集压下和松开事件。
EmulateDeviceName：长整型，NULL，"keyboard""port""SRBOX"，表示模拟何种设备。

7.12　E-Basic 常量

E-Basic 定义了许多常量，可以直接使用，也可以使用其对应的数值。另外借助于 Display 和 Screen 对象还可以获取 E-Prime 实验窗口的尺寸和屏幕的分辨率。例如，Display.XRes 获取实验窗口宽度（像素），Display.YRes 获取实验窗口高度（像素）；Screen.Width 获取屏幕水平分辨率（像素），Screen.Height 获取屏幕垂直分辨率（像素）。Screen 对象的返回值不依赖于实验对象的显示器的设置，由 Windows 操作系统设置的分辨率决定。

表 7-32 列举了 E-Basic 常量。

表 7-32　E-Basic 常量列表

常量	数值	含义
ebMinimized	1	应用程序最小化状态
ebMaximized	2	应用程序最大化状态
ebRestored	3	应用程序窗口状态
True	−1	布尔真值
False	0	布尔假值

续表

常量	数值	含义
Empty	Empty	表示可变型变量未初始化
Nothing	0	表示引用对象无效
Null	Null	表示可变型变量没有包含数据
ebBack	Chr$(8)	退格符
ebCr	Chr$(13)	回车符
ebCrLf	Chr$(13) & Chr$(10)	回车换行符
ebFormFeed	Chr$(11)	换页符
ebLf	Chr$(10)	换行符
ebNullChar	Chr$(0)	表示Null
ebNullString	0	表示空指针
ebTab	Chr$(9)	制表符
ebVerticalTab	Chr$(12)	垂直制表符
ebCFText	1	文本类型
ebCFBitmap	2	图片类型
ebCFMetafile	3	图元文件
ebCFDIB	8	设备无关位图
ebCFPalette	9	调色板
ebCFUnicode	13	统一码文本
Win32	True	表示开发环境为32位Windows操作系统
Empty	Empty	
False	False	
Null	Null	
True	True	
ebUseSunday	0	使用本地设置
ebSunday	1	星期天
ebMonday	2	星期一
ebTuesday	3	星期二
ebWednesday	4	星期三
ebThursday	5	星期四
ebFriday	6	星期五
ebSaturday	7	星期六
ebFirstJan1	1	表示将包含1月1日的那个星期开始作为年份的第一周

续表

常量	数值	含义
ebFirstFourDays	2	表示将至少包含 4 天的那星期作为年份的第一周
ebFirstFullWeek	3	表示将包含完整一周的星期作为年份第一周
ebNormal	0	表示只读、归档、子目录等
ebReadOnly	1	只读文件
ebHidden	2	隐藏文件
ebSystem	4	系统文件
ebVolume	8	卷标
ebDirectory	16	子目录
ebArchive	32	文件已变化
ebNone	64	文件没有属性
ebDOS	1	DOS 系统的可执行文件
ebWindows	2	Windows 系统可执行文件
ebRegular	1	正常字体
ebItalic	2	斜体
ebBold	4	粗体
ebBoldItalic	6	斜粗体
ebIMENoOp	0	IME 未安装
ebIMEOn	1	IME 打开
ebIMEOff	2	IME 关闭
ebIMEDisabled	3	IME 失效
ebIMEHiragana	4	平假名双字节字符
ebIMEKatakanaDbl	5	片假名双字节字符
ebIMEKatakanaSng	6	片假名单字节字符
ebIMEAlphaDbl	7	双字节字母数字
ebIMEAlphaSng	8	单字节字母数字
PI	3.1415...	圆周率
ebOKOnly	0	只显示 OK 按钮
ebOKCancel	1	显示 OK 和 Cancel 按钮
ebAbortRetryIgnore	2	显示 Abort，Retry 和 Ignore 按钮
ebYesNoCancel	3	显示 Yes，No 和 Cancel 按钮
ebYesNo	4	显示 Yes 和 No 按钮

续表

常量	数值	含义
ebRetryCancel	5	显示 Cancel 和 Retry 按钮
ebCritical	16	显示停止图标
ebQuestion	32	显示问号图标
ebExclamation	48	显示感叹号图标
ebInformation	64	显示信息图标
ebApplicationModal	0	应用程序挂起模式，直到关闭对话框
ebDefaultButton1	0	第一个按钮为缺省按钮
ebDefaultButton2	256	第二个按钮为缺省按钮
ebDefaultButton3	512	第三个按钮为缺省按钮
ebSystemModal	4096	挂起所有程序，直到关闭对话框
ebOK	1	表示选择 OK 按钮
ebCancel	2	表示选择 Cancel 按钮
ebAbort	3	表示选择 Abort 按钮
ebRetry	4	表示选择 Retry 按钮
ebIgnore	5	表示选择 Ignore 按钮
ebYes	6	表示选择 Yes 按钮
ebNo	7	表示选择 No 按钮
ebWin32	2	表示 Windows 操作系统
ebLandscape	1	纵向纸张
ebPortrait	2	横向纸张
ebLeftButton	1	鼠标左键
ebRightButton	2	鼠标右键
ebHide	0	程序启动时隐藏
ebNormalFocus	1	程序启动时显示在缺省位置并获取输入焦点
ebMinimizedFocus	2	程序启动时最小化，并获取输入焦点
ebMaximizedFocus	3	程序启动时最大化，并获取输入焦点
ebNormalNoFocus	4	程序显示在缺省位置，但没有输入焦点
ebMinimizedNoFocus	6	程序最小化，但没有输入焦点
ebUpperCase	1	转换为大写
ebLowerCase	2	转换为小写
ebProperCase	3	转换为首字母大写
ebWide	4	由窄字符转换为宽字符格式

续表

常量	数值	含义
ebNarrow	8	由宽字符转换为窄字符格式
ebKatakana	16	由平假名转换为片假名字符
ebHiragana	32	由片假名转换为平假名字符
ebUnicode	64	由 MBCS 转换为统一码（Unicode）
ebFromUnicode	128	由 UNICODE 转换为 MBCS
ebEmpty	0	可变型变量未初始化
ebNull	1	可变型变量包含无效数据
ebInteger	2	可变型变量包含整数
ebLong	3	可变型变量包含长整数
ebSingle	4	可变型变量包含单精度小数
ebDouble	5	可变型变量包含双精度小数
ebCurrency	6	可变型变量包含倾向型数据
ebDate	7	可变型变量包含日期型数据
ebString	8	可变型变量包含字符型数据
ebObject	9	可变型变量包含对象
ebError	10	可变型变量包含错误
ebBoolean	11	可变型变量包含布尔型
ebVariant	12	可变型变量包含可变型数据
ebDataObject	13	可变型变量包含数据对象
ebArray	8192	任何类型的数组
ebModifierNone	0	没有切换键按下
ebModifierShift	1	Shift 键按下
ebModifierAlt	2	Alt 键按下
ebModifierControl	4	Ctrl 键按下
ebModifierCapsLock	8	CapsLock 键按下
ebModifierNumLock	16	NumLock 键按下

第 8 章　E-Prime 实验设计模式

E-Prime 可以通过组织程序结构实现心理学常用实验流程设计，包括：①单一模式；②串行模式；③分层模式；④平衡模式；⑤嵌套模式。即使只有一种设计模式也可以实现不同的实验要求，但 E-Prime 中不同的设计模式为实验设计提供了极大的便利，熟悉不同设计模式可以帮助我们高效地进行实验设计，同时也有助于我们理解不同实验设计的核心所在。其中单一模式是最基本的模式，在一个复杂的实验中，可以同时包含上述几种模式。下面我们将对每种模式进行详细说明。

8.1　单一模式

在 E-Prime 中，所谓单一模式即包含一个列表对象和一个过程对象的最简组合，如果把练习阶段考虑在内，这种模式实际上很少见。该模式的程序结构如图 8-1 所示。

单一模式的列表对象中存储了不同试次的属性信息，过程对象控制不同试次的流程。比如，要求被试判断呈现的词语是积极词还是消极词，如果不考虑练习环节，就是单一模式。

图 8-1　单一模式示意图

新建一个名为 SingleList 的实验程序，参照图 8-2 插入相应的实验控件并更名（注意：TrialProc 过程对象在 TrialList 列表对象的 Procedure 列中输入过程名时会自动创建）。在 TrialList 对象中增加 Words 和 CorrectAnswer 属性变量，并输入相应内容（Words 的属性值不具有实际意义），在 TrialList 属性对话框的 Selection 选项卡下选择 Order 下拉列表框中的 Random 选项（见图 8-3）。

图 8-2　SingleList 程序结构及列表对象

图 8-3　TrialList 属性对话框

在文本对象 Fixation 的编辑窗口中输入"＋",并将其持续时间设为 1000 毫秒,Stimulus 文本对象使用属性引用[Words],并且增加鼠标输入(见图 8-4)。最后将反馈对象关联到 Stimulus 对象上(见图 8-5)。

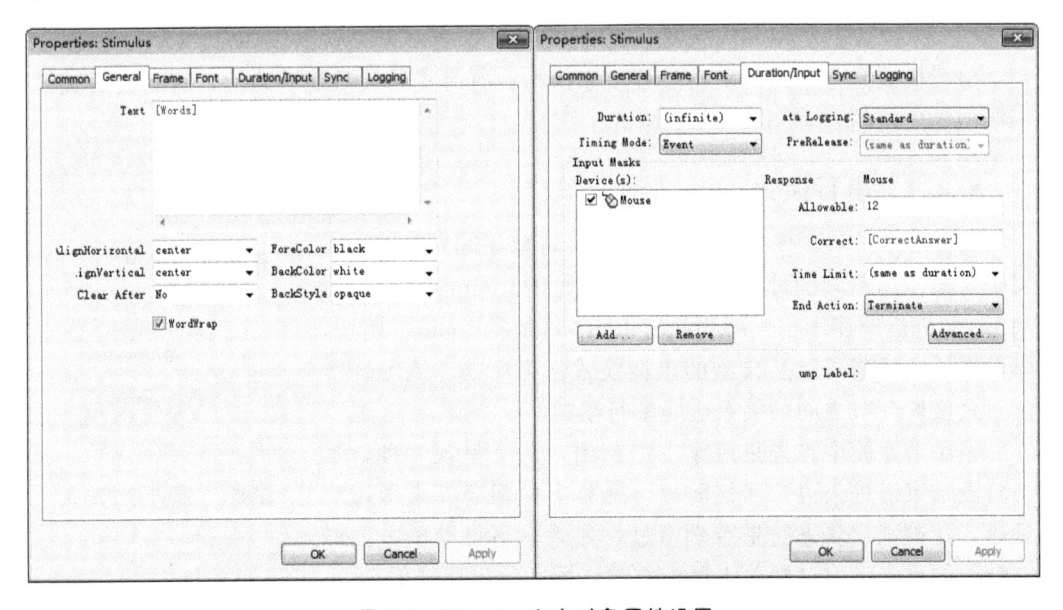

图 8-4　Stimulus 文本对象属性设置

图 8-5　反馈对象 Feedback 属性对话框

在本实验程序中每次从列表对象随机选择一行，然后根据该行的属性信息呈现相应的词语，直至被试做出鼠标按键反应（消极词左键、积极词右键），并给出相应的反馈信息（反应时和准确性）。

8.2　串行模式

串行模式是指不同的实验过程按序执行。有时先后关系是明确的，有时先后关系不明确是随机的。

8.2.1　串行模式一

如图 8-6 所示，实验包括两个列表对象 List1 和 List2，每个对象使用不同的过程（Procedure1 和 Procedure2）。List1 和 List2 先后顺序固定，即先执行 List1 再执行 List2。比如，学习再认实验范式就是典型的串行模式。再比如，练习环节和正式实验环节之间的关系也是串行模式。

本小节实验中首先呈现学习的词语，每个呈现 2 秒，学习阶段结束后进入再认回忆阶段，屏幕上呈现混有未学过的词语，让被试辨认先前是否学习过，如果学习过则单击鼠标左键，如果未学习过则单击鼠标右键，同时给出反馈信息。

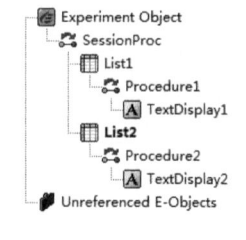

图 8-6　串行模式一

新建一个名为 SerialList 的实验程序，参照图 8-7 插入相应的实验控件并更名。在其中两个列表对象 StudyList 和 RecallList 分别增加了 Stim 和 CorrectAnswer 属性变量，并在其中输入相应的内容。在输入 StudyProc 和 RecallProc 两个过程名时，系统会询问是否创建过程对象，选择"是"即可创建相应的对象。

在 StudyProc 流水线上的文本对象 Stim1 通过引用 StudyList 中的属性变量[Stim]呈现相应的学习词语 2000 毫秒，另一个过程对象下的 Stim2 则引用 RecallList 中的属性变量[Stim]，并在其属性对话框中增加鼠标输入(见图 8-8)。

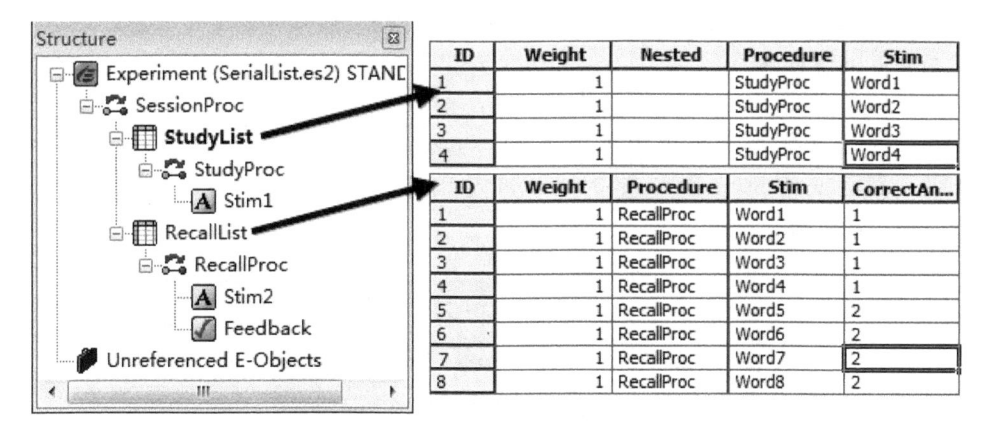

图 8-7　SerialList 程序结构及列表对象

图 8-8　Stim2 属性对话框

最后将反馈对象 Feedback 关联到 Stim2 对象上，具体操作见图 8-5 中的设置方式。

8.2.2　串行模式二

如图 8-9 所示，实验中包括一个列表对象 List1，其中使用了不同的过程对象。从列表对象对实验材料控制的角度可视为单一模式，但由于两个过程对象执行的实验任务不同,故将其作为第二种串行模式。

本实验要求被试对屏幕中央呈现的数字(1~9)进行大小和奇偶的交替判断,即如果呈现的数字比 5 小则按鼠标左键,如果比 5 大则按鼠标右键;如果是奇数则按左键,如果是偶数则按右键。

新建一个名为 SerialList1 的实验程序,参照图 8-10 插入相应的实验控件并更名。在列表对象 TaskSwitch 中增加两个属性变量 Stim 和 CorrectAnswer 分别存放呈现的数字和正确按键。

图 8-9 串行模式二

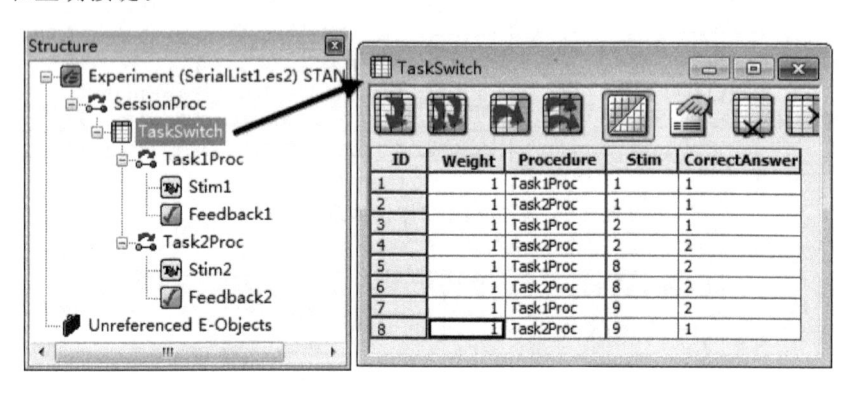

图 8-10 SerialList1 程序结构及列表对象

双击幻灯对象 Stim1,在其中插入两个 SlideText 对象,屏幕中央的 SlideText 用来显示数字,并引用属性变量[Stim]。屏幕底部的 SlideText 对象用来显示任务规则信息(见图 8-11),在其属性对话框中设置持续时间为 infinite,添加鼠标输入并设置相应的反应参数。幻灯对象 Stim2 的设置与 Stim1 类似,可参照图 8-11 进行相应设置,将反馈对象 Feedback1 和 Feedback2 分别关联到 Stim1 和 Stim2,具体操作见图 8-5 中的设置方式。

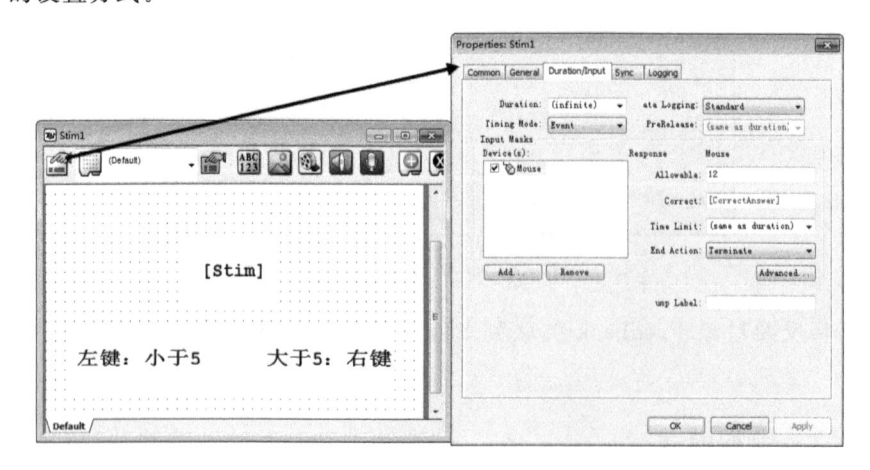

图 8-11 幻灯对象 Stim1 及其属性对话框

需要注意,本实验纯粹是从实验设计模式的角度来考虑的,并不是最好的设计模式，因为列表中不能使用随机排序方式，否则两种任务无法交替，只能使用伪随机方式手工输入或从文本文件中读取(参见 9.30.1)。

8.3 交叉模式

交叉模式适用于多自变量实验设计(见图 8-12)。比如，在 2×4 的实验设计中，我们既可以将 8 种条件组合，采用单一模式在一个列表对象中进行控制，也可以使用交叉模式在多个列表中控制。比如，在个性判断实验中，由于需要对每个人物进行同样的个性判断，可以将人物名称放在一个列表中，个性词放在一个列表中，两个列表形成交叉关系，即每个人物对应多个个性词。

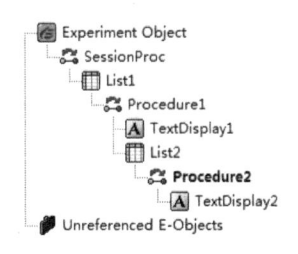

图 8-12 交叉模式

新建一个名为 CrossList 的实验程序，参照图 8-13 插入相应的实验控件并更名。在列表对象 Character 中增加的两个属性变量 Name 和 Description 中分别存放人物名称和人物的描述；列表对象 Personality 中增加的属性变量 Trait 用于存放个性词。在两个列表对象中输入相应的内容。

图 8-13 CrossList 程序结构及列表对象

两个幻灯对象的设计如图 8-14 所示。Introduction 对象中包含 3 个 SlideText 对象，分别呈现人物名称、人物描述和按键提示信息，其中人物描述信息采用了文本顶端对齐方式。Judgment 对象也包含 3 个 SlideText 对象，分别呈现姓名、特质描述及按键反应规则，在 Judgment 幻灯对象中添加鼠标输入(见图 8-15)。在 Fixation 文本对象中输入"＋"，其他属性采用缺省设置。

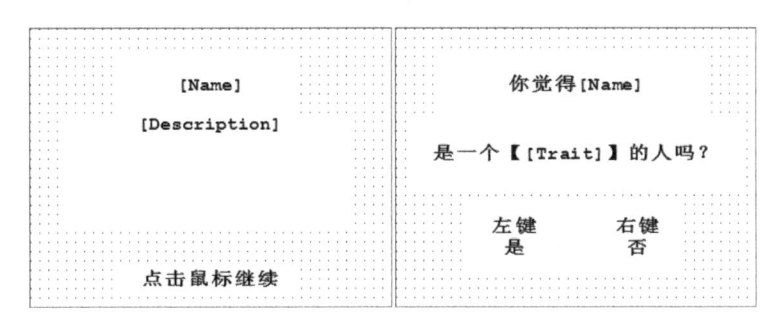

图 8-14 幻灯对象 Introduction 及 Judgment

图 8-15　Judgment 属性对话框

8.4　嵌套模式

嵌套模式是直接将其他列表对象嵌入某个控制列表中，如图 8-16 所示，List11 和 List12 分别存放刺激材料，而 List1 则直接使用 List11 和 List12 中的材料通过过程对象 Procedure1 呈现刺激。该模式适用于较为复杂的实验设计。

本实验中采用目标辨别任务，屏幕上会呈现注视点和 8 个字符，要求被试判断字符中有没有目标字符 T 或 L，如果是 T 则按鼠标左键，如果是 L 则按鼠标右键。8 个字符呈现在注视点外围的虚拟圆上，我们将构建一个列表用来存放目标字符 T 和 L 及正确按键，另一个列表用来存放干扰字符 B，P，F，E，H，K，U，R，N，J。在控制列表中对字符位置进行控制。

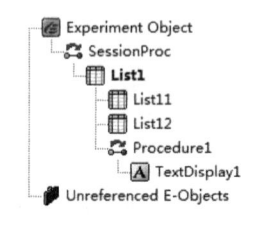

图 8-16　嵌套模式

新建一个名为 NestedList 的实验程序，参照图 8-17 插入相应的实验控件并更名。双击 TrialList 列表对象，在 Nested 栏中输入"Distractor, Target"，当询问是否创建列表对象时，选择"是"，即可创建 Distractor 和 Target 列表对象。增加 Char1～Char8 属性变量以便在呈现字符时引用。在列表对象 Target 中（见图 8-17）增加 TChar 和 CorrectAnswer 属性变量分别存放目标字符和正确按键，在列表对象 Distractor 中增加 DChar 属性变量，并输入上述干扰字符(共 10 行)，然后参照图 8-17 输入 TrialList 列表中的 Char1～Char8 各栏内容。在每一行中包括一个目标字符[TChar]和 7 个干扰字符[DChar]，通过引用 Target 列表中的 TChar 属性变量，可以在 T 和 L 间随机选择目标字符(注意：如果你的 E-Prime 是 2.0.10.x 以上版本，需要将 Target 列表对象属性对话框的 Selection 选择卡中 No Repeat After 选项设置为 No，否则由于只有两个选项，会以固定顺序呈现目标字符，即 T，L，T，L，T……或 L，T，L，T，L……）。对于干扰字符的选择使用[DChar：n]形式，即 Colon 语法，将冒号置于某个属性变量名和数字之间，表示从列表中一次抽取的实例数量。注意[DChar：0]等同于[DChar]，如果要一次性抽取两个实例，则写成[DChar：1]或者理解为除了缺省的[DChar]外，再从列表中额外抽取一个。这样可以确保抽取的干扰字符不相同。

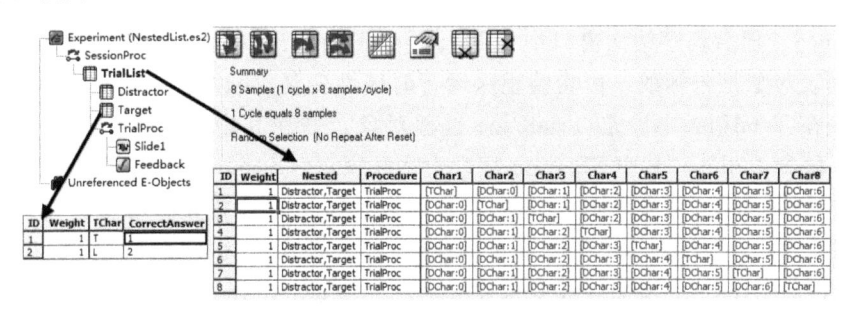

图 8-17　NestedList 程序结构及列表对象

双击 Slide1 幻灯对象，在其中放置 9 个 SlideText 对象，一个置于屏幕中央用来呈现注视点，另外 8 个置于注视点外围，用来呈现字符（见图 8-18）。呈现字符的 8 个 SlideText 对象中的 Text 属性分别引用[Char1]～[Char8]，并参照图 8-15增加鼠标输入及设置相应的参数。

最后将反馈对象 Feedback 关联到 Slide1 幻灯对象上，具体操作参见图 8-5 中的设置方式。至此，实验设计的核心步骤已经完成，你可以思考如何在字符呈现前加入注视点及 8 个占位框（持续时间 1000 毫秒）。

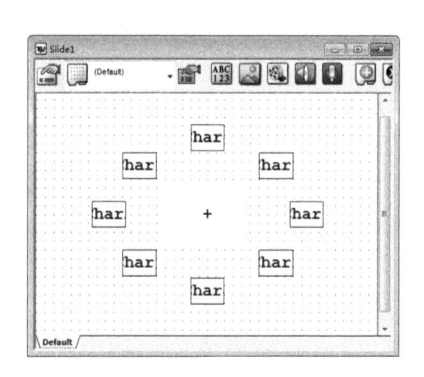

图 8-18　Slide1 幻灯对象布局

8.5　平衡模式

平衡模式一般用于控制各种顺序效应，除借助于列表的结构组织外（见图 8-19），还需要设置 List1 的抽样方式来达到实验要求。例如，反应键在被试间的平衡、内隐联想测验中相容和不相容任务的先后顺序的平衡、刺激在屏幕上呈现位置的平衡等。平衡模式通常需要多个列表存放刺激材料，然后将它们嵌套在其他列表中，而控制列表负责抽样处理。可以使用的抽样方式有完全随机抽样、平衡抽样、偏移抽样和排列抽样（后面三种抽样方式均可以在被试间、实验周期间或组间进行平衡）。

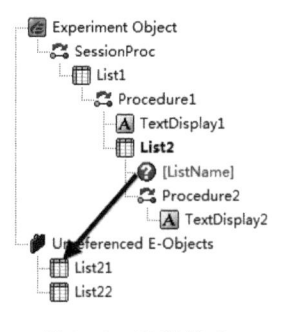

图 8-19　平衡模式

本实验中要求被试对不同频率的词语（高频词、中频词和低频词)进行分类判断,即判断词语是有生命的还是无生命的。但每种频率的词语作为一个组呈现,即呈现完某种频率的词后,再呈现另一种频率的词,需要平衡不同频率词的先后顺序,就需要将三种频率的词语分别存放在三个列表对象中,使用平衡模式进行控制。

新建一个名为 CounterBalanceList 的实验程序,其程序结构如图 8-20 所示。首先插入列表对象 BlockList,在其中增加 ListName 属性变量,并输入图中信息。建立 BlockProc 过程对象,然后在 BlockProc 中插入列表对象 TrialList,在 Nested 栏输入 [ListName],随后程序结构窗口中在 TrialList 正面会出现 ❓ [ListName]字样,表示嵌套的列表对象是未知的,由实验程序运行时属性变量 ListName 选中的列表内容确定。其次在 TrialList 中设定 TrialProc 过程对象,并在其中依次插入两个文本对象 Fixation 和 Stimulus,其中 Fixation 呈现十字注视点,Stimulus 中使用属性变量 Stim 的引用方式[Stim],并参照图 8-15 为其添加鼠标输入和设置相应参数。最后插入三个列表对象到 Unreferenced E-Objects 结点下,分别命名为 HighFreq,LowFreq 和 MidFreq。参照图 8-20 增加属性变量并输入三个列表中内容,并且将三个列表对象的抽样方式设置为 Random(见图 8-21)。

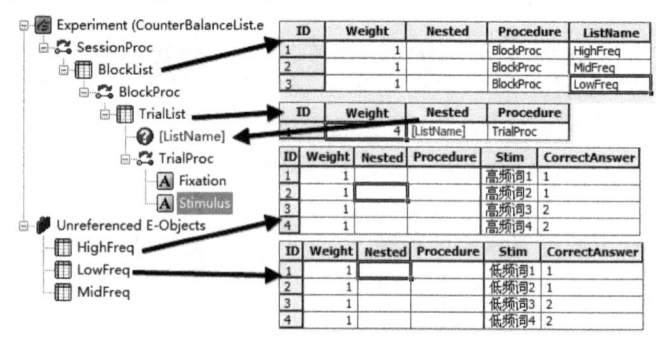

图 8-20 CounterBalanceList 程序结构及列表对象

程序运行时首先从 BlockList 列表中选择一行内容,根据选中的内容,将 ListName 指定的 Unreferenced E-Objects 结点下的列表对象嵌套到 TrialList 列表中,如选中的为 HighFreq,则呈现高频词。

接下来我们看平衡方式的设置。

8.5.1 随机抽样

在 BlockList 列表对象属性对话框的 Selection 选项卡下将 Order 设置为 Random 即可(参见图 8-21 的设置方式)。这样被试会按照高、中、低的随机顺序完成实验。如果只让被试随机完成部分内容,如只完成其中两种频率词的判断,则

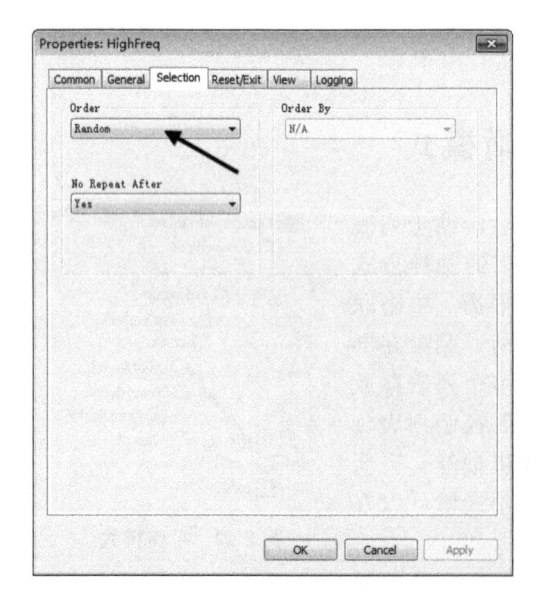

图 8-21 刺激材料的抽样方式

可将 BlockList 属性对话框中 Reset/Exit 选项卡进行如图 8-22 的设置。

8.5.2 平衡抽样

在 BlockList 列表对象的属性对话框的 Selection 选项卡下将 Order 设置为 CounterBalance，如果在被试间平衡，则选择 Order By 下的 Subject（见图 8-23）。此时根据被试的编号，每个被试只完成一种频率词的分类判断。按照 BlockList 列表的顺序：1 号被试完成高频词，2 号被试完成中频词，3 号被试完成低频词，4，5，6 号被试依次完成高、中、低频词，依此类推（参照 2.3.3.3）。

图 8-22　不完全随机抽样

图 8-23　被试间平衡设置

8.5.3 偏移抽样

在 BlockList 列表对象属性对话框的 Selection 选项卡下将 Order 设置为 Offset，并且在 Reset/Exit 选项卡下按照图 8-24 进行设置（注意：Order 不同选项间的设置会影响 Reset/Exit 设置）。这样 1 号被试按照高频、中频、低频的顺序完成实验，2 号被试则按照中频、低频、高频的顺序完成实验，3 号被试则按照低频、高频、中频的顺序完成实验，依此类推（参照 2.3.3.3）。

如果在 Reset/Exit 选项卡下将重置条件和退出条件都设为 After 1 samples（见图 8-25），则此处偏移抽样与平衡抽

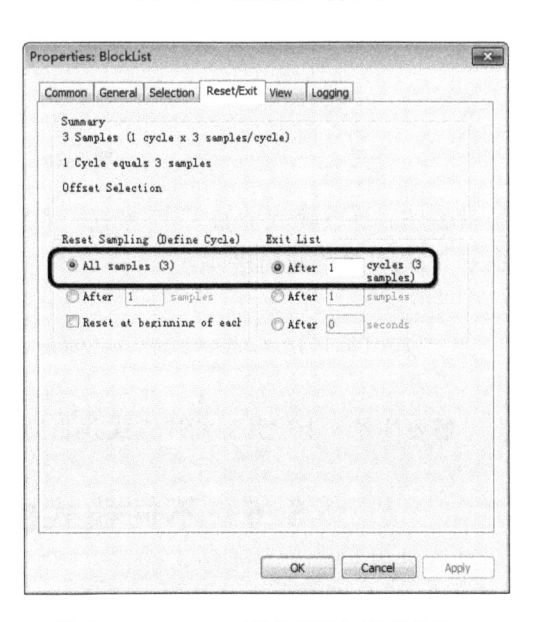

图 8-24　BlockList 列表重置和退出条件

样相同。唯一不同之处就是在偏移抽样时，可以使用 E-Basic 代码"Set BlockList.Order＝OffsetOrder(number)"来控制1号被试的起始条件，假如我们在 BlockList 前插入一个 InLine 对象，并在其中输入："Set BlockList.Order＝OffsetOrder(2)"（见图 8-26），则 1 号被试完成中频词，2 号被试完成低频词，3 号被试完成高频词，依此类推。

8.5.4 排列抽样

在 BlockList 列表对象属性对话框的 Selection 选项卡下将 Order 设置为 Permutation，则三种不同频率词首先形成各种排列，即高中低、高低中、中低高、中高低、低中高和低高中。然后根据

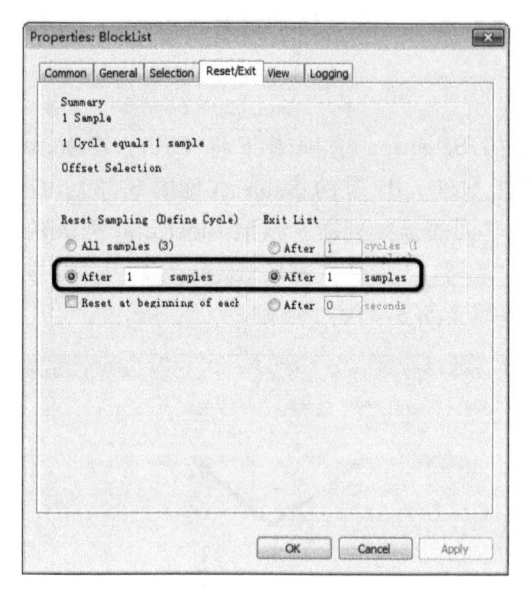

图 8-25 BlockList 列表重置和退出条件

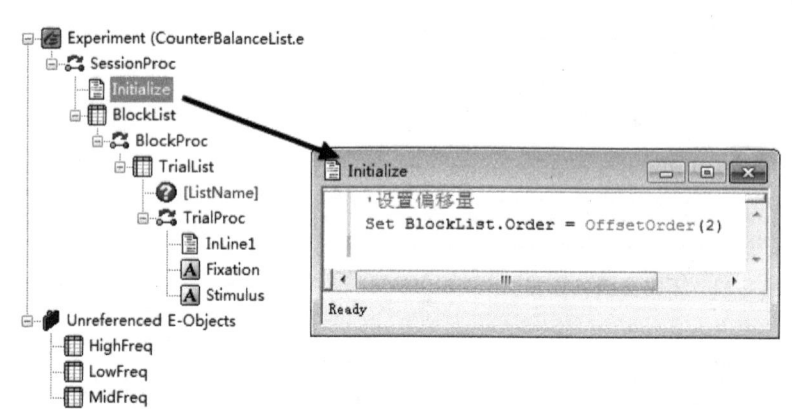

图 8-26 设置偏移量

被试编号，每个被试完成一种序列，在被试间循环（参照 2.3.3.3）。通过以下 E-Basic 语句可控制起始序列：

Set BlockList.Order＝PermutationOrder(2)

需要注意，上述几种抽样方式并非只能在平衡模式下使用。

8.6 不同模式的比较（颜色偏好）

同一个实验设计可以应用不同的设计模式来实现，它们都能达到类似的效果，但它们之间的优劣和效率不同，下面我们通过颜色偏好的对偶比较法来进行比较。

在对偶比较法中，刺激两两配对，要求被试根据某一属性对呈现的两个刺激做出属性、大小、强弱等选择。在颜色偏好实验中，要求被试在两种颜色中选择更为偏爱的一种颜色。如果考虑到呈现位置的平衡就需要呈现 n×(n-1) 次，即如果 7 种颜色，则要比较 42 次。下面我们以 4 种颜色(红、绿、蓝和黄)为例。

8.6.1 使用单一模式

基本思路：首先将 4 种颜色两两组合(见表 8-1)存放在某个列表中，通过幻灯对象来呈现多个刺激。在幻灯对象中使用两个文本对象，通过改变文本对象的背景色(引用属性变量)来呈现色块。最后显示被试对各颜色的偏好结果(每种颜色的选择次数)。

表 8-1 4 种颜色两两组合

序号	左侧色块颜色	右侧色块颜色
1	red	green
2	red	blue
3	red	yellow
4	green	red
5	green	blue
6	green	yellow
7	blue	red
8	blue	green
9	blue	yellow
10	yellow	red
11	yellow	green
12	yellow	blue

新建一个名为 ColorPreference 的实验程序，参照图 8-27 插入相应的实验控件并更名。在列表对象 TrialList 中建立 TrialProc 过程对象，并增加两个属性变量 leftcolor 和 rightcolor，分别存放左侧色块和右侧色块的颜色。

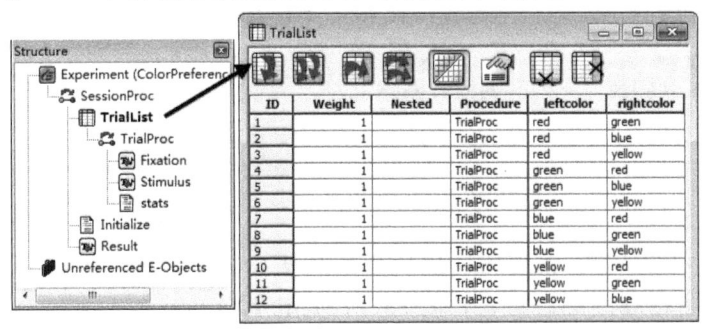

图 8-27 ColorPreference 程序结构及列表对象

列表对象 TrialList 中的内容既可以手工输入，也可以借助于 FactorTable 向导生成，通过 Create New Factor 来创建新的变量，指定变量的水平数后输入水平值（注意：如果？无法取消，设置单元格的格式，选择文本数据类型）。然后单击 Cross Factors 按钮生成交叉表（见图 8-28），然后删除左侧和右侧颜色相同的行，再将其复制粘贴到 TrialList 列表对象（也可以将相同颜色行的权重值设为 0，然后直接复制到 TrialList 列表中）。

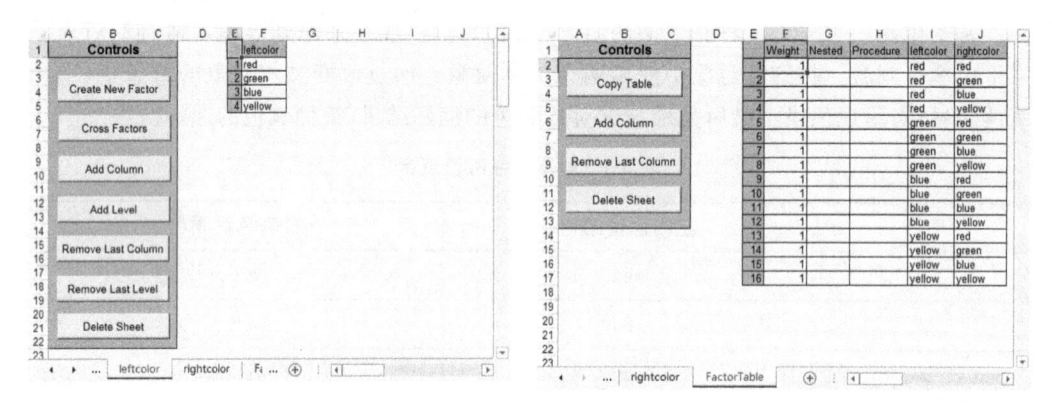

图 8-28　FactorTable 向导

双击 Stimulus 幻灯对象，参照图 8-29 插入 4 个 SlideText 对象，3 个分别用来呈现注视点和注视点两侧的色块，将左侧的 SlideText 对象的 BackColor 设置[leftcolor]，右侧 SlideText 对象的 BackColor 设置为[rightcolor]。然后根据图 8-15 为 Stimulus 增加鼠标输入及设置相应的参数。为了使 Fixation 与 Stimulus 一致，可将 Stimulus 复制粘贴为 Fixation，删除注视点左右两侧的 SlideText 对象，并将持续时间设为 1000 毫秒即可。

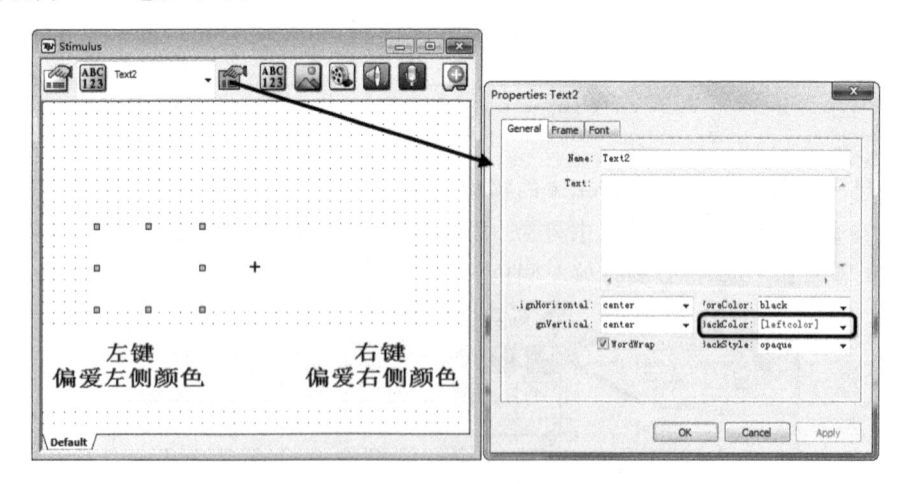

图 8-29　Stimulus 幻灯对象及子对象属性设置

为了显示汇总结果，需要将被试的选择记录下来，所以要确保在 Stimulus 属性对话框的 Logging 选项卡下选中了 RESP 项（见图 8-30）。

接下来看如何统计对每种颜色的选择次数，首先在脚本代码窗口（Alt＋5）的

图 8-30　Stimulus 的 Logging 选项设置

User 标签下定义如下全局变量(见图 8-31)。

图 8-31　定义全局变量

双击 stats 内嵌代码对象，在其中输入以下代码：

```
If c.GetAttrib("Stimulus.RESP")="1" Then '左键
    colors=c.GetAttrib("leftcolor") '获取左侧色块颜色
Else '右键
    colors=c.GetAttrib("rightcolor") '获取右侧色块颜色
End If
Select Case colors '根据选择色块的颜色，递增数组元素值
Case "red"
    colorselected(1)=colorselected(1)+1
Case "green"
    colorselected(2)=colorselected(2)+1
Case "blue"
    colorselected(3)=colorselected(3)+1
Case "yellow"
    colorselected(4)=colorselected(4)+1
```

```
End Select
For i=1 To 4 '将红、绿、蓝和黄 4 种颜色的选择次数记录到属性变量 color1,colro2,color3
和 color4 中
    c.SetAttrib "Color" & i, colorselected(i)
Next i
```

以上代码根据被试选择的偏爱颜色来累积相应颜色的选择次数。

双击幻灯对象 Result，按照图 8-32 设置，同样使用了 5 个 SlideText 对象，4 个色块的名称依次命名为 Text1，Text2，Text3 和 Text4，并且指定其背景色（BackColor）为 red，green，blue 和 yellow，幻灯对象的持续时间为 5 秒。

双击 Initialize 内嵌代码对象，在其中输入以下代码，以便在每个色块上显示选择次数。

```
Dim st as SlideText '定义临时变量
For i=1 To 4
    '获取 Default 下名为 Text1～Text4 的 SlideText 对象,并将其赋给临时变量
    Set st=CSlideText(Result.States("Default").Objects("Text"&CStr(i)))
    st.Text=colorselected(i) '指定 SlideText 的 Text 属性(显示内容)
Next i
```

图 8-32　幻灯对象 Result 的布局

至此，你可以编译运行实验程序进行测试。

8.6.2　使用交叉模式

基本思路：通过两个列表对象来实现颜色组合，每个列表对象只需存放 4 种颜色。

新建一个名为 ColorPreference1 的实验程序，参照图 8-33 插入相应的实验控件，并为两个列表对象分别增加 leftcolor 和 rightcolor 属性变量，输入 4 种颜色。在交叉

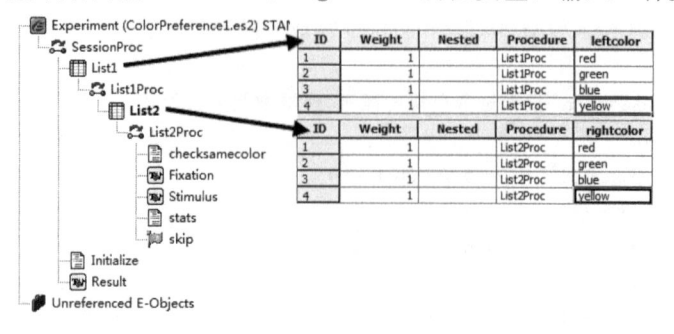

图 8-33　ColorPreference1 程序结构及列表对象

模式中由于 leftcolor 中每种颜色与 rightcolor 中的每种颜色配对，所以会出现两种颜色相同的情况（见图 8-28 中的右侧表格），所以在 List2Proc 过程中增加一个内嵌代码对象（checksamecolor）来检查颜色是否相同，如果颜色相同则跳转到 skip 标签处。其他对象的设置与 8.6.1 中完全相同。

双击 checksamecolor 内嵌代码对象，在其中输入以下代码：

```
If c.GetAttrib("leftcolor") = c.GetAttrib("rightcolor") Then
    GoTo skip
End if
```

编译运行实验，与单一模式下的实验程序 ColorPreference 对比会发现：尽管 4 种颜色进行两两组合，但左侧色块同一颜色会连续出现 3 次，这就如同嵌套的 For 循环语句，内层循环结束后，外层循环变量才会增加，即 List1 的某个颜色与 List2 中的所有颜色配对结束后，才会从 List2 抽取下一个颜色，颜色组合并没有完全随机呈现。

8.6.3　使用嵌套模式

在嵌套模式下，如果只是简单采用如图 8-34 所示的结构来组织，很难实现两两配对，尽管使用 Colon 语法每次可从 ColorList 随机选择两种不同颜色，但无法保证不同试次间选择的颜色对不同。

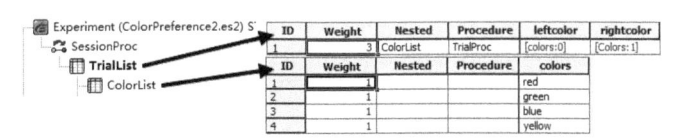

图 8-34　简单嵌套

我们在嵌套模式中借助于 E-Basic 代码来实现颜色配对。新建一个名为 ColorPreference2 的实验程序，参照图 8-35 插入相应的实验控件并更名，将列表对象 ColorPairList 嵌套在列表对象 TrailList 中，并为两个列表对象增加属性变量并输入相应的内容。列表对象 TrialList 的抽样排序设为 Sequential（选择其属性对话框的 Selection 选项卡下 Order 下拉列表中的 Sequential 选项），列表对象 ColorPairList 的抽样排序设为 Random。其中幻灯对象 Fixation，Stimulus 和 Result 及内嵌代码对象 Initialize 与 8.6.1 中的设置相同。

图 8-35　ColorPreference2 程序结构及列表对象

下面我们着重看一下 SetColor 和 stats 两个内嵌代码对象的设置。首先在脚本编辑窗口的 User 标签下输入以下代码(见图 8-31)定义全局变量。

```
Dim colors as String
Dim colorselected(1 To 4) as Integer '用于存放 4 种颜色的单击次数
Dim i as Integer
Dim st As SlideText
```

打开 SetColor，在其中输入以下代码：

```
If c.GetAttrib("leftright")="1" Then '根据 leftright 中的值决定是否交换左右颜色
    '获取 Default 下名为左右两侧的 SlideText 对象,并将其赋给临时变量
    Set st=CSlideText(Stimulus.States("Default").Objects("Text2"))
    st.BackColor=CColor(c.GetAttrib("leftcolor")) '指定 Text2 的背景色
    Set st=CSlideText(Stimulus.States("Default").Objects("Text3"))
    st.BackColor=CColor(c.GetAttrib("rightcolor")) '指定 Text3 的背景色
Else
    Set st=CSlideText(Stimulus.States("Default").Objects("Text2"))
    st.BackColor=CColor(c.GetAttrib("rightcolor")) '指定 Text2 的背景色
    Set st=CSlideText(Stimulus.States("Default").Objects("Text3"))
    st.BackColor=CColor(c.GetAttrib("leftcolor")) '指定 Text3 的背景色
End If
```

上述代码根据 TrialList 列表对象中属性变量 leftright 的值，决定是否交换 leftcolor 和 rightcolor。如果该值为 1，则不交换；如果为 2，则交换。

```
If c.GetAttrib("Stimulus.RESP")="1" Then '左键
    If c.GetAttrib("leftright")="1" Then
        colors=c.GetAttrib("leftcolor") '获取实际左侧色块颜色
    Else
        colors=c.GetAttrib("rightcolor") '获取实际左侧色块颜色
    End If
Else '右键
    If c.GetAttrib("leftright")="2" Then
        colors=c.GetAttrib("leftcolor") '获取实际右侧色块颜色
    Else
        colors=c.GetAttrib("rightcolor") '获取实际右侧色块颜色
    End If
End If
Select Case colors '根据选择色块的颜色,递增数组元素值
Case "red"
    colorselected(1)=colorselected(1)+1
Case "green"
```

```
            colorselected(2)=colorselected(2)+1
        Case "blue"
            colorselected(3)=colorselected(3)+1
        Case "yellow"
            colorselected(4)=colorselected(4)+1
    End Select
    For i=1 To 4 '将红、绿、蓝和黄 4 种颜色的选择次数记录到属性变量 color1,colro2,color3
和 color4 中
        c.SetAttrib "Color" & i, colorselected(i)
    Next i
```

以上代码的前段内容主要是根据 leftright 属性值及实际鼠标按键情况获取某侧色块的颜色，然后根据颜色递增相应的数组元素。

本实验程序纯粹是为了应用嵌套模式而进行如此设计，因此在 ColorPairList 列表中只列出了一半的颜色排列方式。

下面请你思考一个问题，为什么 TrialList 的抽样顺序设为 Sequential？如果不这样，结果会怎样？

8.6.4 使用平衡模式

新建一个名为 ColorPreference3 的实验程序，参照图 8-36 插入相应的实验控件并更名（参见 8.5），首先创建两个用于存放左右色块颜色的列表对象 HalfPair1 和 HalfPair2 置于 Unreferenced E-Objects 节点下，增加属性变量并输入相应内容。其他刺激对象的设置与 8.6.1 中的设置完全相同。

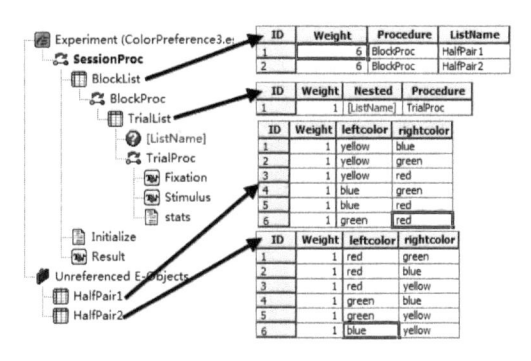

图 8-36　ColorPreference3 程序结构及列表对象

此处使用两个材料列表完全是为了演示平衡模式。

8.6.5 使用 Basic 代码进行配对

新建一个名为 ColorPreference4 的实验程序，参照图 8-37 插入相应的实验控件并更名，除列表对象 TrialList 和内嵌代码对象 FillList 外，其他对象与 8.6.1 中的设置完全相同。TrialList 列表中只有一行，只是为组织程序结构用。

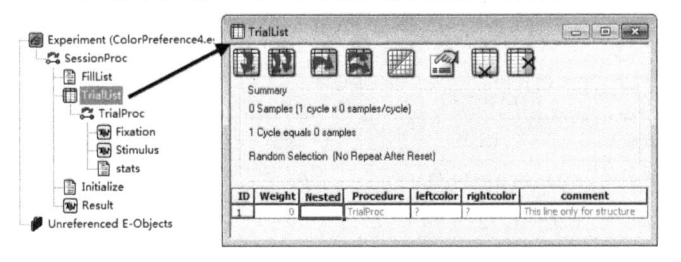

图 8-37　ColorPreference4 程序结构及列表对象

双击 FillList，在其中输入以下代码，代码的作用主要是将颜色对填充到列表对象 TrialList 中：

```
Dim i as Integer, j as Integer, k as Integer '定义索引变量
Dim colors(1 To 4) as String '定义颜色数组
colors(1)="red" '颜色数组赋值
colors(2)="green"
colors(3)="blue"
colors(4)="yellow"
k=1 ' k 变量初始化
For i=1 To 4 '外层循环
    For j=1 To 4 '内层循环
        If i<>j Then '如果 i 不等于 j,表示左右颜色不同
            If k>1 Then '因为列表中已有一行内容,当 k 值大于 1 时
                TrialList.AddLevel k '列表增加一个水平(行)
            End If
            TrialList.SetWeight Trim(Str(k)), "1" '设置权重值
            TrialList.SetProc Trim(Str(k)), "TrialProc" '设置过程对象
            '为 leftcolor 指定颜色
            TrialList.SetAttrib Trim(Str(k)), "leftcolor", colors(i)
            '为 rightcolor 指定颜色
            TrialList.SetAttrib Trim(Str(k)), "rightcolor", colors(j)
            k=k+1
        End if
    Next j
Next i
TrialList.Reset
Set TrialList.ResetCondition=Samples(TrialList.Deletion.Count) '设置重置条件
'设置终止条件,即时间达到单词的持续时间则结束列表
Set TrialList.TerminateCondition=Cycles(1)
```

8.6.6 不同方法的比较

我们将实现颜色偏好实验的几种方法进行对比，结果见表 8-2。

表 8-2 颜色偏好实验不同设计模式的比较

设计模式	列表数	材料列表行数	随机化效果	是否需要代码（如不显示结果）	代码复杂程度
单一模式	1	n(n−1)	好	不需要	简单
交叉模式	2	n, n	差	需要	较简单
嵌套模式	2	n(n−1)/2	较好	需要	复杂
平衡模式	4	n(n−1)/2, n(n−1)	好	不需要	简单
代码方式	1	1(0)	好	需要	复杂

需要说明的是，并非单一模式就是最简便的模式，只是在设计颜色偏好实验时，这种模式比较简单，对于其他类型的实验范式，其他模式可能更便捷。有时还需要将多种模式混合使用。通过不同模式间的比较，希望你能够充分理解 E-Prime 中不同设计模式的原理。

第 9 章　E-Prime 实验设计示例

本节实验示例只关注核心环节相关部分实验程序的实现，而不考虑诸如指导语、结束语等步骤的内容。

9.1　选择反应时

屏幕中央随机呈现两种刺激中的一个，要求被试根据不同的刺激做出不同的反应。

9.1.1　文本刺激

实验中随机呈现字母"X"或"Y"。如果是字母"X"，则快速按 E 键；如果是字母"Y"，则快速按 I 键。

基本思路：通过文本对象来呈现字母，由于字母是变化的，需要在列表对象增加一个属性变量来存放字母，同时为了判断被试的反应（正确/错误），还需要增加一个属性变量来存放对应的正确按键。单个试次的流程如图 9-1 所示。

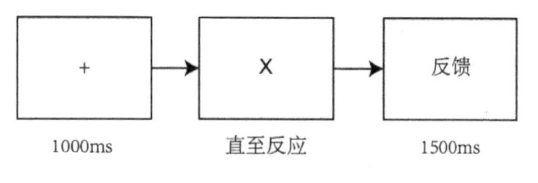

图 9-1　程序流程图

新建一名为 textrt 的实验程序，首先在 SessionProc 中插入两个文本对象 Instruction 和 Goodbye，然后在两个文本对象中间插入一个列表对象 TrialList，再在 TrialList 中按照图 9-2 添加两个属性变量 Stimulus 和 CorrectAnswer，并输入相应的内容，当询问是否创建 TrialProc 过程对象时，选择 Yes。

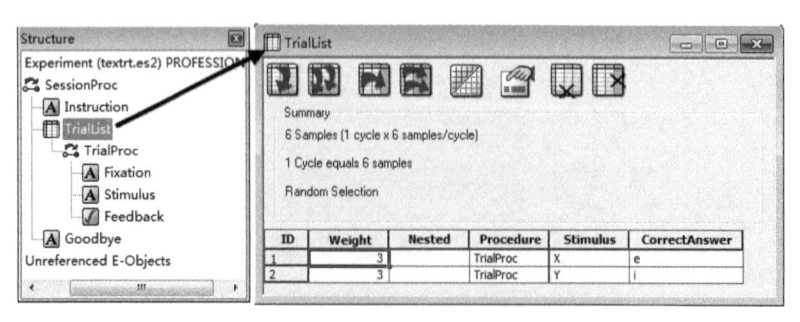

图 9-2　textrt 程序结构图及 TrialList 列表对象

在 TrialProc 过程中插入文本对象 Fixation 和 Stimulus 以及反馈对象 Feedback，接下来设置相应对象的属性。首先在 Instruction 和 Goodbye 文本对象编辑窗口中参照图 9-3 输入指导语和结束语。

图 9-3 指导语及结束语

在两个对象的属性对话框中按照图 9-4 设置，单击 Add 按钮来添加键盘输入设备。

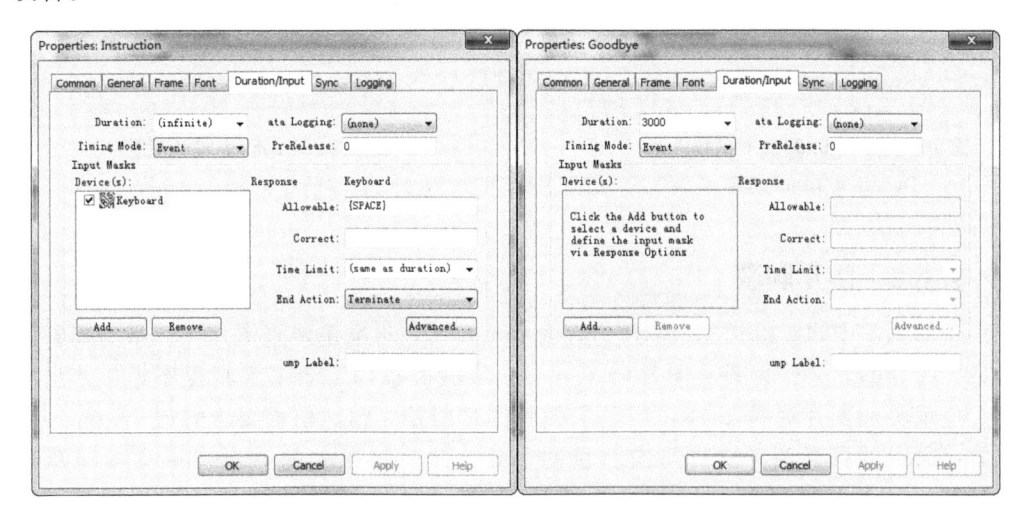

图 9-4 Instruction 和 Goodbye 的属性对话框

同样在 Fixation 文本对象编辑窗口输入注视点"＋"，在 Duration/Input 选项卡中将 Duration 设为 1000 毫秒即可，所有其他项使用默认值。在 Stimulus 文本对象中直接输入[Stimulus]或从属性变量窗口（从 View 菜单下选择 Attributes 或直接按快捷键 Alt＋1 打开）用鼠标将属性变量 Stimulus 拖入（见图 9-5）。

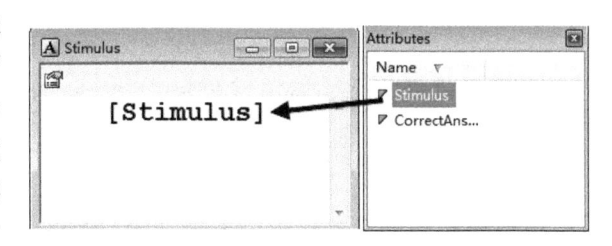

图 9-5 Stimulus 文本对象窗口

参照图 9-6 来设置 Stimulus 的相关属性，注意将 Correct 设置为属性变量[CorrectAnswer]。

最后双击 Feedback 反馈对象，在其属性对话框的 General 选项卡中将 Input Object Name 设置为 Stimulus（从下拉列表框中选择即可）（见图 9-7），至此所有内容设置完毕，保存实验程序，编译运行。

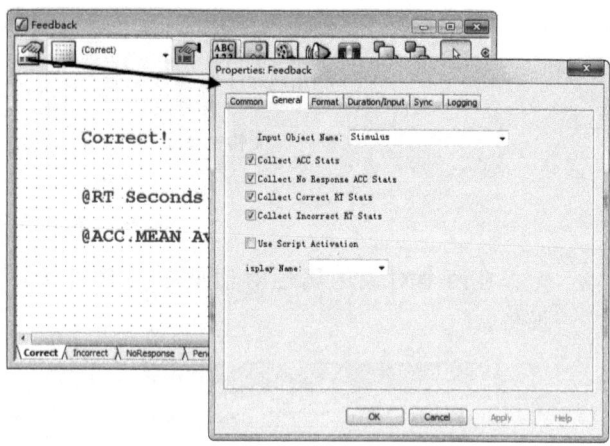

图 9-6　Stimulus 属性对话框
——Duration/Input 选项卡

图 9-7　Feedback 属性设置

9.1.2　图片刺激

将 9.1.1 中的实验程序 textrt 另存为 picturert，再准备两张图片：一张为笑脸图片（smile.jpg），一张为哭脸图片（cry.jpg）。实验要求与 textrt 实验程序相似，当屏幕上呈现笑脸图片时按 E 键，当呈现哭脸图片时按 I 键。根据要求修改 Instruction 文本对象中的指导语，使其与实验目的一致。然后将原先的 Stimulus 文本对象从 TrialProc 中删除，再在 TrialProc 中的 Fixation 和 Feedback 之间插入一个图片对象（见图 9-8），将其名称改为 Stimulus（注意：修改名称时会提示实验程序中已有重名的对象，这是因为原先的 Stimulus 文本对象删除后被移到 Unreferenced E-Objects 组中，需要将其从 Unreferenced E-Objects 中彻底删除）。

在 TrialList 列表对象中，将 Stimulus 属性列内容变更为图片名称：smile.jpg 和 cry.jpg（注意：两张图片与实验程序文件存放在同一目录下）（见图 9-9）。

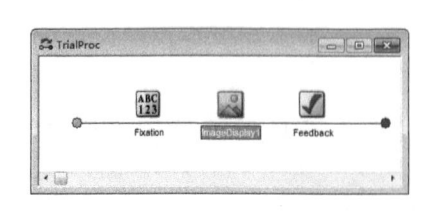

图 9-8　TrialProc 中的流水线

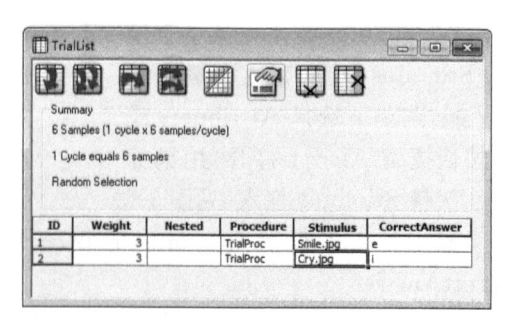

图 9-9　TrialList 列表对象

将图片对象 Stimulus 属性对话框中 General 选项卡的 Filename 属性设置为 [Stimulus]（见图 9-10），并参照图 9-6 来设置 Duration/Input 选项卡中的选项。

最后保存实验程序，编译运行。

图 9-10　Stimulus 属性对话框——General 选项卡

9.1.3　声音刺激

将实验程序 picturert 另存为 soundrt，另外准备两个声音文件：一个为男性声音文件（male.wav）；一个为女性声音文件（female.wav）。将两个声音文件与实验程序存储在相同目录下。实验要求与 picturert 相似，听到男性声音按 E 键，听到女性声音按 I 键。根据要求修改相应的指导语，在 TrialList 列表中将 Stimulus 列修改为 male.wav 和 female.wav（见图 9-11）。参照 9.1.2 中的操作过程，将原先 TrialProc 过程中的 Stimulus 对象彻底删除，然后插入一个音频输出对象（SoundOut）并更名为 Stimulus，音频输出对象的属性设置也与 9.1.2 相同，即 General 选项卡中的 Filename 属性设置为[Stimulus]，Duration/Input 选项卡的设置参见图 9-6。

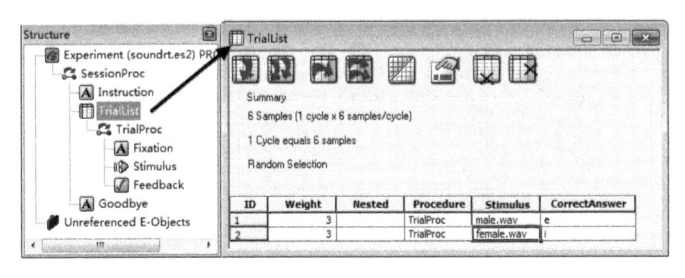

图 9-11　soundrt 程序结构及 TrialList 列表对象

最后，保存实验程序，编译并运行。

9.1.4　视频刺激

将实验程序 soundrt 另存为 moviert，另外准备两个视频文件：一个为淡入的男性人脸视频文件（male.mpg）；一个为淡入的女性人脸视频文件（female.mpg）。将两个视频文件与实验程序存储在相同目录下。实验要求与 soundrt 相似，在人脸淡入的过程中，要求被试快速判断是男性人脸还是女性人脸，如果是男性按 E 键，如果是女性则按 I 键。根据要求修改相应的指导语,在 TrialList 列表中将 Stimulus 列修改为 male.mpg 和 female.mpg。参照 9.1.2 中的操作过程,将原先 TrialProc 过程中的 Stimulus 对象彻底删除,然后插入一个视频对象(MovieDisplay)并更名为 Stimulus,视频对象的属性设置与 9.1.2 相同,即 General 选项卡中的 Filename 属性设置为[Stimulus],Duration/Input 选项卡的设置参见图 9-6。

保存并编译运行实验程序。

9.2 色词 Stroop

实验要求:在屏幕中央呈现不同颜色的色词(红、绿、蓝和 XX),其中"XX"作为中性刺激,刺激的颜色有三种 Red、Green 和 Blue,要求被试忽略文本的可能词义而对文本的颜色进行判断,如果刺激为红色则按"←",如果为绿色则按"↓",如果为蓝色则按"→",每个刺激的持续时间为 5 秒,被试反应后给出相应反馈。

9.2.1 方法一:使用单一列表

基本思路:实验中有一个自变量,即刺激和颜色的一致性,有三种条件:一致(Congrugent)、不一致(Incongrugent)和中性(Neutral)条件。从实验设计的角度将其视为有两个自变量:一个自变量为刺激文本的四种条件(红、绿、蓝和 XX),一个自变量为刺激颜色(Red、Green 和 Blue)。这样就构成 12 种条件组合,在一个列表对象中将 12 种组合全部列出即可。

新建一个名为 Stroop 的实验程序,参照图 9-12 中的程序结构插入相应的实验控件并更名,TrialList 列表对象中列出了 12 种条件组合,由于一致条件(Congrugent)的占比较不一致(Incongrugent)少,可考虑调整相应的权重值,将列表对象属性对话框中的 Selection 选项卡中的 Order 设置为 Random。

图 9-12　Stroop 程序结构图及列表对象

双击 Instructs 文本对象,在其中输入如图 9-13 所示的指导语,并将其持续时间设为 infinite,且增加键盘输入。

参照图 9-14 输入相应的 Fixation 和 Stim 两个幻灯对象的内容,并单击图中箭头指示的属性按钮,将 Fixation 的持续时间设置为 1000 毫秒,并参照图 9-15 设置 Stim 的属性,在

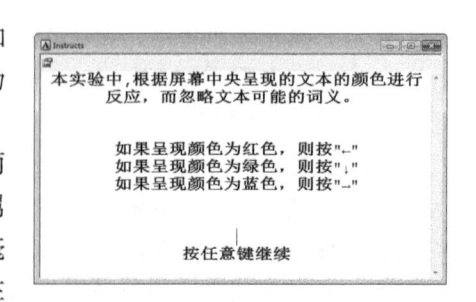

图 9-13　指导语文本对象

Allowable 中输入{LEFTARROW}{DOWNARROW}{RIGHTARROW}。

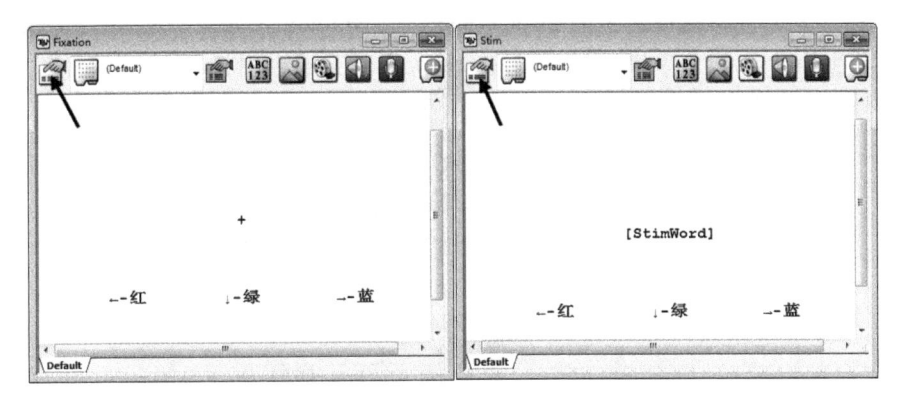

图 9-14 Fixation 和 Stim 幻灯对象

图 9-15 幻灯对象 Stim 的属性对话框

将反馈对象 Feedback 链接到 Stim 对象上，使其根据被试的反应做出反馈。保存实验程序，编译运行。

9.2.2 方法二：使用嵌套

基本思路：实验中有一个自变量，即刺激和颜色的一致性，有三种条件：一致（Congrugent）、不一致（Incongrugent）和中性（Neutral）条件。从实验设计的角度将其视为有两个自变量：一个自变量为刺激文本四种条件（红、绿、蓝和XX），一个自变量为刺激颜色（Red、Green 和 Blue）。这样就构成 12 种条件组合，可以考虑使用嵌套方式来设计，一个列表控制刺激文本，另一个列表控制刺激颜色，每种刺激可有三种颜色，将刺激颜色列表嵌套在刺激文本列表中。

新建一个名为 Stroop1 的实验程序，参照图 9-16 的程序结构插入相应的实验控件并更名，并且设置 TrialList 和 ColorList 两个列表对象的内容，将两个列表对象属性对话框的 Selection 选项卡中的 Order 均设置为 Random，如果要使每种颜色都被抽中，在 TrialList 列表对象属性对话框的 Reset/Exit 选项卡中将 Exit List 设为 After 3 cycles（见图 9-17）。

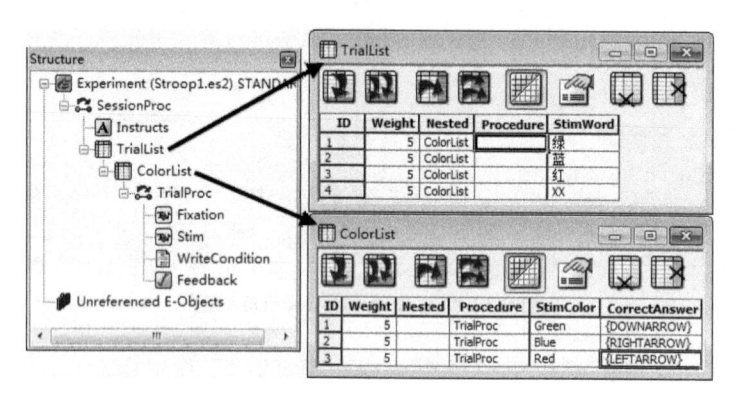

图 9-16　Stroop1 程序结构及列表对象

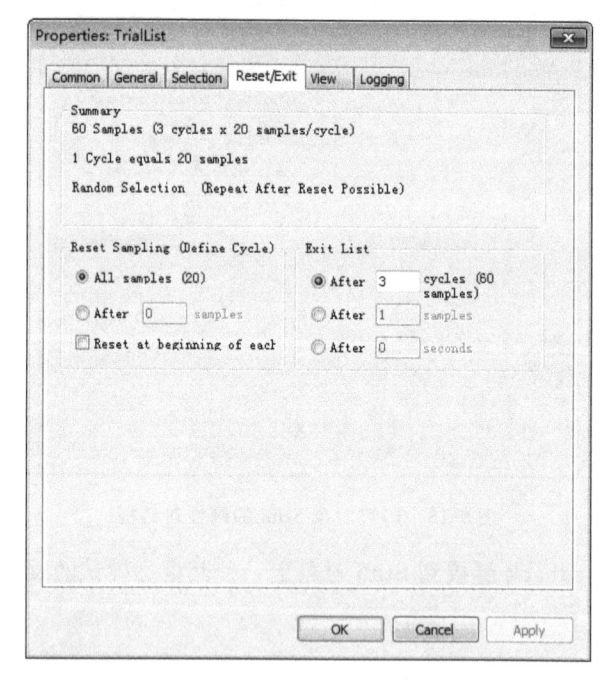

图 9-17　TrialList 属性对话框——Reset/Exit 选项卡

参照 9.2.1 中的步骤设置 Instructs，Fixation，Stim 和 Feedback，由于 TrialList 和 ColorList 列表中没有像图 9-12 中 TrialList 列表中那样设置 Condition 属性，需要在每个试次中根据呈现的刺激文本和颜色来判断试次条件，故在内嵌代码对象 WriteCondition 中输入以下代码：

```
If StrComp(c.GetAttrib("StimWord"),"红")=0 And StrComp(c.GetAttrib("StimColor"),"Red")=0 Then
```

```
        c.SetAttrib "Condition","Congrugent"
    ElseIf StrComp(c.GetAttrib("StimWord"),"绿")=0 And StrComp(c.GetAttrib
("StimColor"),"Green")=0 Then
        c.SetAttrib "Condition","Congrugent"
    ElseIf StrComp(c.GetAttrib("StimWord"),"蓝")=0 And StrComp(c.GetAttrib
("StimColor"),"Blue")=0 Then
        c.SetAttrib "Condition","Congrugent"
    ElseIf StrComp(c.GetAttrib("StimWord"),"XX")=0 Then
        c.SetAttrib "Condition","Neutral"
    Else
        c.SetAttrib "Condition","InCongrugent"
    End If
```

保存实验程序，编译运行。

如果对比下 Stroop 和 Stroop1 两个实验程序，你会发现在第一个实验程序中刺激的随机化效果不如第二个实验程序理想，由于每个组合条件重复 5 次(就会在 60 个样本间随机)，增加了连续呈现同一种颜色或同一种刺激的概率，可以考虑按照图 9-18 来安排程序结构，将 TrialList 列表对象中的权重值设为 1，增加 BlockList 列表对象，将其权重值设为 5，这样每个 Block 中是 12 种随机组合条件，降低了重复概率。

图 9-18　Stroop2 程序结构图

9.3　双任务

实验中每个试次首先呈现一个单词，持续时间为 5 秒或 10 秒，在词语持续呈现时间内，屏幕中出现 1~5 的数字，要求被试对数字"3"快速按空格键，一个 Block 结束后，要求被试按照顺序输入呈现的单词。

E-Prime 官方网站上提供了示例程序[①]，其思路是首先呈现某个单词(持续时间为 0)，记录起始时间并根据要求计算结束时间，然后使用嵌套呈现持续时间不等的数字，通过判断是否已经满足结束条件来终止当前列表对象。但实验程序中存在一个缺陷，即如果连续呈现的数字相同(都是 3)，由于数字呈现的时间不同，被试无法区分是否对其已做按键反应。我们来看下如何解决这个问题。

9.3.1　方法一：使用 No Repeat After 属性

基本思路：在高版本的 E-Prime 中列表对象的抽样属性设置中增加了 No Repeat After 选项，借助该选项可以使前后两次列表循环的试次不重复。

新建一个名为 DualTask 的实验程序，按照图 9-19 插入相应的实验控件，并命

---

① http://www.pstnet.com/support/samples.asp? Mode=View&SampleID=36

名。分别对 4 个列表对象进行编辑，在 WordList 中增加 Word 和 WordDur 属性变量，在 DigitList 中增加 Digit 和 CorrectAnswer 属性变量，在 DigitDurList 中增加 DigitDur 属性变量，并且输入相应的内容。

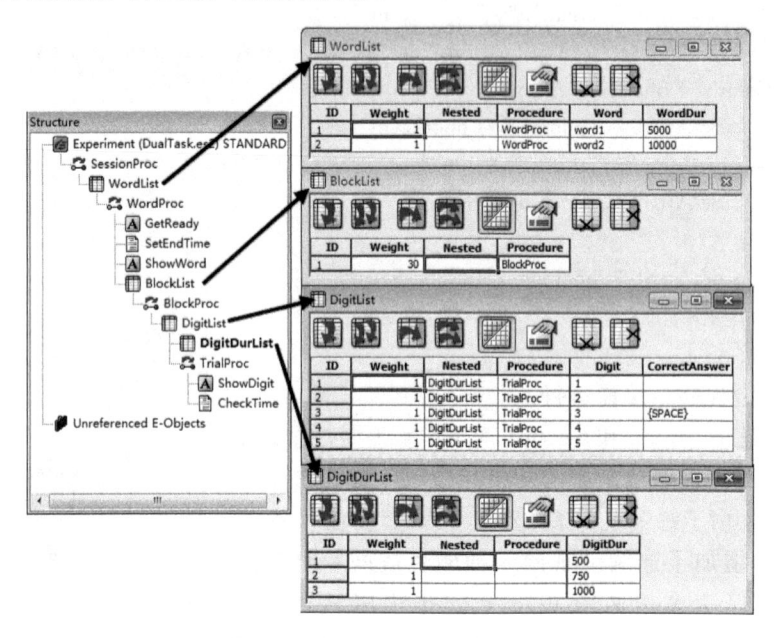

图 9-19　程序结构图及列表对象

在 BlockList 属性对话框的 Reset/Exit 选项卡中选中 Reset at beginning of each run，使其在呈现每个单词时重新抽样。在 DigitList 属性对话框的 Selection 选项卡中将 No Repeat After 设为 Yes，使相继抽样的连续刺激不重复（见图 9-20）。

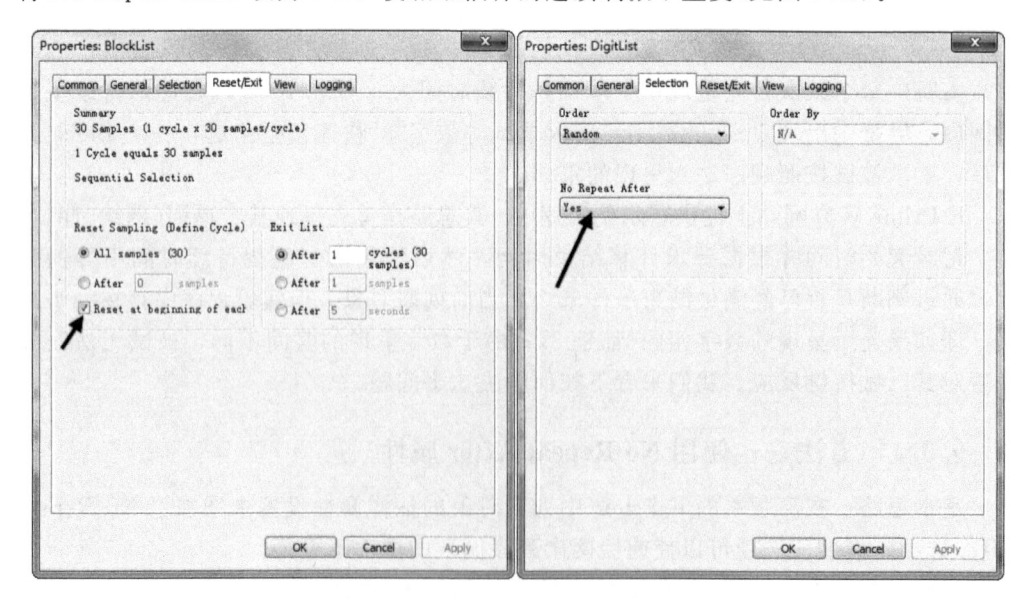

图 9-20　BlockList 及 DigitList 属性对话框

参照图 9-21 输入三个文本对象的呈现内容，对 GetReady 对象增加键盘输入，并将 Duration 设置为 infinite，Allowable 设为{SPACE}；将 ShowWord 对象的 Duration 设为 0，并参照图 9-22 来设置 ShowWord 和 ShowDigit 两个文本对象的 Frame 选项卡，主要使两个文本对象均为屏幕一半的高度，使 ShowWord 文本内容显示在屏幕上半部，ShowDigit 文本内容显示在屏幕下半部，并且两者不重叠。

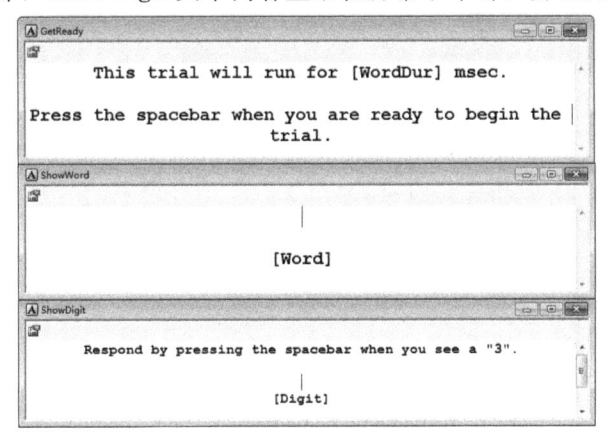

图 9-21 文本对象显示内容

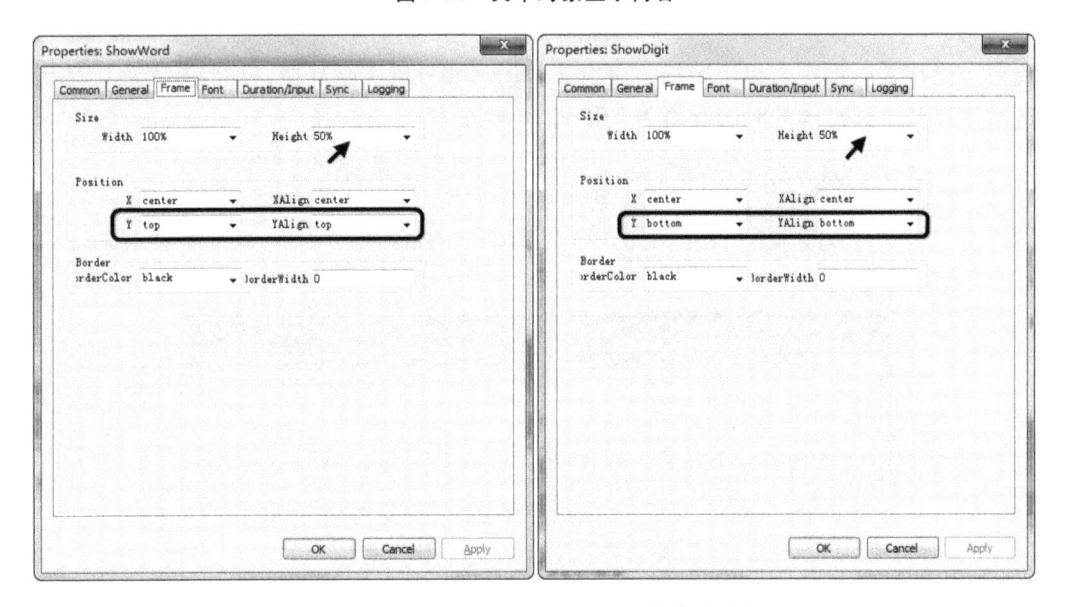

图 9-22 ShowWord 和 ShowDigit 属性对话框

参照图 9-23 设置 ShowDigit 属性对话框的 Duration/Input 选项卡。

最后我们来看下其中的两个内嵌代码对象 SetEndTime 和 CheckTime。首先在脚本窗口的 User 标签下定义两个全局变量：

```
Dim LngEndTime As Long
Dim LngStartTime As Long
```

接下来在 SetEndTime 和 CheckTime 两个内嵌代码对象中参照图 9-24 输入相应

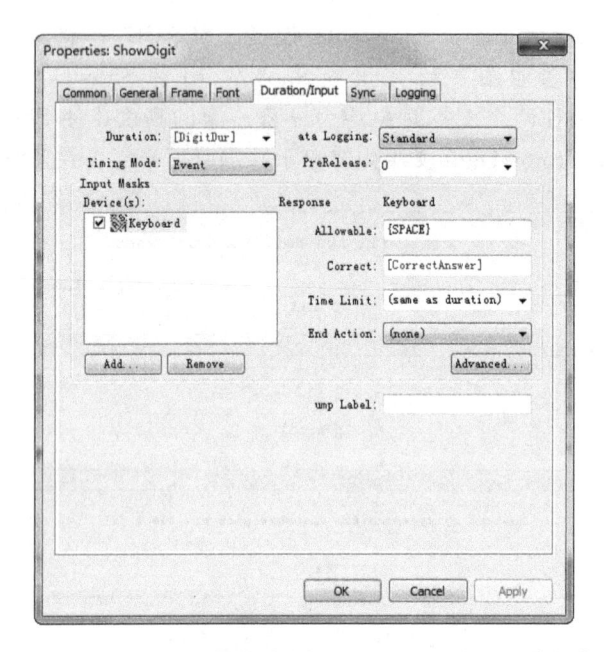

图 9-23 ShowDigit 属性对话框——Duration/Input 选项卡

代码。保存实验程序，编译运行。使用 E-DataAid 分析实验数据，检验有无连续呈现的数字以及单词持续的时间是否为 5 秒和 10 秒左右。

```
SetEndTime
LngStartTime = Clock.Read '读取时钟
'将结束时间设为开始时间+单词的持续时间
LngEndTime = LngStartTime + CLng(c.GetAttrib("WordDur"))
```

```
CheckTime
If Clock.Read >= LngEndTime Or LngEndTime-Clock.Read <= 500 Then
    '当前时间大于等于结束时间，或不足于呈现一个数字，则终止列表
    DigitList.Terminate
    BlockList.Terminate
End If
```

图 9-24 内嵌 E-Basic 脚本

9.3.2 方法二：使用 E-Basic 代码控制

基本思路：在列表对象执行前，通过代码生成不重复的刺激序列，然后将刺激再添加到列表对象中。在生成不重复刺激序列时，利用 RandomizeArray 对数组进行随机化，然后判断随机化后第一个元素是否与前一次随机结果的最后一个元素相同，如果相同，则继续随机化，直到满足条件。

新建一个名为 DualTask1 的实验程序，按照图 9-25 插入相应的实验控件并更名。其中的列表对象 DigitList 中增加了 Digit，CorrectAnswer 和 DigitDur 属性，并设置了相应的内容，在 DigitList 属性对话框 Selection 选项卡的 Order 下拉列表中选择

Sequential。

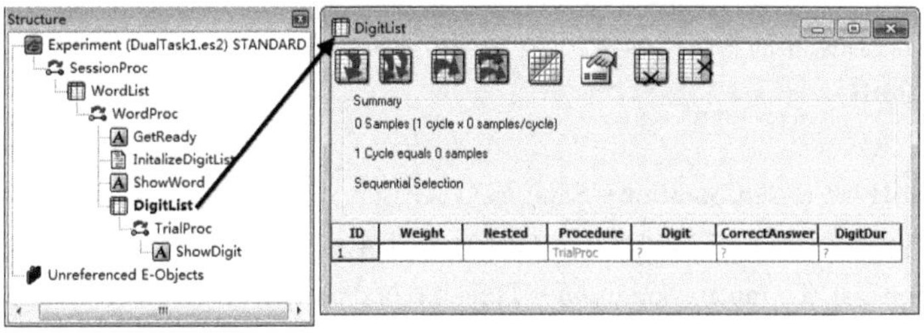

图 9-25　DualTask1 程序结构图及列表对象

WordList 列表对象和 GetReady，ShowWord 及 ShowDigit 的设置参照 9.3.1。双击 InitalizeDigitList 内嵌代码对象，在其中输入以下代码：

```
DigitList.Clear '清除列表中的内容(所有行,但列属性保持不变),低版本中没有此方法
Dim Digit(5) As Integer '定义存放 1～5 的数组,以便随机化
Dim DigitDur(3) As Integer '定义存放数字呈现时间的数组,以便随机化
Dim i As Integer , tmp As Integer
For i=1 To 5
    Digit(i)=i '初始化 Digit 数组元素
Next
DigitDur(1)=500 '初始化 DigitDur 数组元素
DigitDur(2)=750
DigitDur(3)=1000
RandomizeArray Digit,1,5 '将数组中 1～5 个元素随机排序
For i=1 To 20
    RandomizeArray DigitDur,1,3 '将数据 1～3 个元素随机排序
    DigitList.AddLevel i '列表增加一个水平(行)
    DigitList.SetWeight Trim(Str(i)),"1" '设置权重值
    DigitList.SetProc Trim(Str(i)),"TrialProc" '设置过程对象
    '设置呈现的数字,对变量 i 求模后获取数组 Digit 的元素,并将其转换为字符
    DigitList.SetAttrib Trim(Str(i)),"Digit",Trim(Str(Digit(((i-1) Mod 5)+1)))
    '设置数字持续时间,由于数组 DigitDur 每次随机,取第一项
    DigitList.SetAttrib Trim(Str(i)),"DigitDur",Trim(Str(DigitDur(1)))
    If (Digit(((i-1) Mod 5)+1) Mod 3)=0 Then '判断呈现的数字是否为 3,设置正确按键
        DigitList.SetAttrib Trim(Str(i)),"CorrectAnswer","{SPACE}"
    Else
        DigitList.SetAttrib Trim(Str(i)),"CorrectAnswer",""
    End If
DigitList.Reset '重置列表,使对列表的更改生效
If i>1 And (i Mod 5)=0 Then '判断是否已经输入 5 个元素
    tmp=Digit(5) '保存前一次随机后的最后一个数字
    Do
        RandomizeArray Digit,1,5 '随机化
```

```
            '判断前次随机最后一个数字是否与下次随机后的第一个数字相同
            Loop While tmp=Digit(1)
                '如果相同则继续随机化,直至两者不同
        End If
    Next i
    Set DigitList. ResetCondition=Samples(DigitList. Deletion. Count) '设置重置条件
    '设置终止条件,即时间达到单词的持续时间则结束列表
    Set DigitList. TerminateCondition=TimedSeconds(CLng(c. GetAttrib("WordDur"))/1000)
```

保存实验程序,编译运行。

9.4 条件化运行

有时需要被试的准确率满足一定条件才继续后面的实验内容。比如,练习阶段要求被试正确率达到 80% 才进入正式实验环节。

9.4.1 方法一:使用反馈对象

基本思路:反馈对象的 AccStats 集合属性中存放了针对关联对象的反应准确性样本,直接使用 Mean 即可获取当前的正确率。除正确率外,CorrectRTStats. Mean 还可以获取正确反应的反应时均值或错误反应的反应时均值(IncorrectRTStats. Mean)。

新建一个名为 CriterionToContinue 的实验程序,参照图 9-26 插入组织实验结构并更名对象。这是一个典型的交叉设计模式,实验任务是判断屏幕上呈现的字母,然后根据练习环节的正确率决定是否继续进行实验。为两个列表对象 BlockList 和 TrialList 增加属性变量并输入相应的内容(注意两个列表对象的抽样方式)。

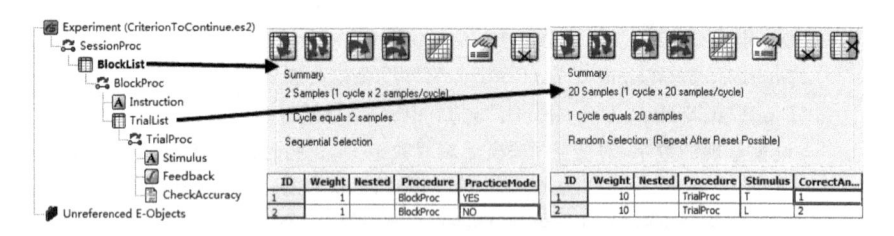

图 9-26 CriterionToContinue 程序结构及列表对象

文本对象 Instruction 和 Stimulus 的内容如图 9-27 所示,分别为两个对象设置鼠标输入,并将 Stimulus 对象的正确按键设为[CorrectAnswer]且采用 Standard 记录方式。

图 9-27 Instruction 及 Stimulus 文本对象内容

将 Feedback 反馈对象关联到 Stimulus 对象上，在 CheckAccuracy 中输入以下代码：

```
If c.GetAttrib("PracticeMode")="YES" Then '判断是否是练习模式
    If c.GetAttrib(c.GetAttrib("Running") & ".Sample")>=5 Then '如果已经练习5个试次
        If Feedback.AccStats.Mean>=0.8 Then '判断是否正确率在0.8以上
            TrialList.Terminate '中止练习,进入正式实验
        Else
            TrialList.Terminate '中止练习,此为必须
            BlockList.Terminate '中止 BlockList
        End If
    End If
End If
```

9.4.2　方法二：使用 Summation 对象

有时实验中可能不为被试提供反馈信息，此时需要将每次被试反应的准确率记录下，然后计算其正确率做出判断。

基本思路：使用 Summation 对象，将需要汇总的指标作为样本添加到 Summation 中，然后使用统计方法（如 Mean）来得到需要的指标。

将实验程序 CriterionToContinue.es2 另存为 CriterionToContinue1.es2，参照图 9-28 插入 InitVar 和 Fixation 实验控件，并删除 Feedback 反馈对象，在 Fixation 文本对象中输入"＋"注视点即可。

双击 CheckAccuracy 对象，在其中输入以下代码：

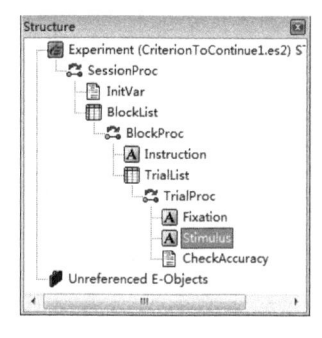

图 9-28　CriterionToContinue1 实验结构

```
If c.GetAttrib("PracticeMode")="YES" Then '判断是否是练习模式
    Accuracy.AddObservation CDbl(c.GetAttrib("Stimulus.ACC")) '将准确性添加到集合中
    If c.GetAttrib(c.GetAttrib("Running") & ".Sample")>=5 Then '如果已经练习5个试次
        If Accuracy.Mean>=.80 Then '判断是否正确率在0.8以上
            TrialList.Terminate '中止练习,进入正式实验
        Else
            TrialList.Terminate '中止练习,此为必须
            BlockList.Terminate '中止 BlockList
        End If
    End If
End If
```

上面代码中 Accuracy 变量是 Summation 类型(参见 7.9.15)，在使用前需要定义并初始化变量 Accuracy，因此在脚本窗口 User 标签下输入下面一行代码来定义全局变量 Summation。

Dim Accuracy As Summation

在 InitVar 内嵌代码对象中输入下面一行代码来初始化 Accuracy。

Set Accuracy= New Summation

9.5 实验特殊处理

9.5.1 实验条件的不同概率

本小节实验采用线索 Go/No-Go 任务，线索 Go/No-Go 任务通过抑制占优势的反应来测量冲动控制能力，在 Go/No-Go 任务的基础上，增加了 Go 或 No-Go 线索来控制优势反应，即线索提供了某个反应的概率信息，使有效线索的概率高于无效线索的概率(见图 9-29)。有效线索可以促进反应抑制，而无效线索则阻碍对反应的抑制。该任务对评估患有 ADHD 的儿童和成年人具有一定的效度，ADHD 患者比控制组被试表现出更高的错误和较慢的抑制反应。

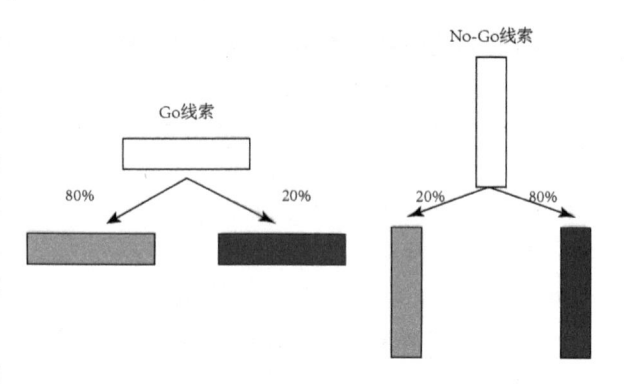

图 9-29 线索 Go/No-Go 任务中线索与目标概率

线索 Go/No-Go 实验的流程如图 9-30 所示，要求被试对屏幕上出现的绿色色块做空格键反应，蓝色色块不做反应。

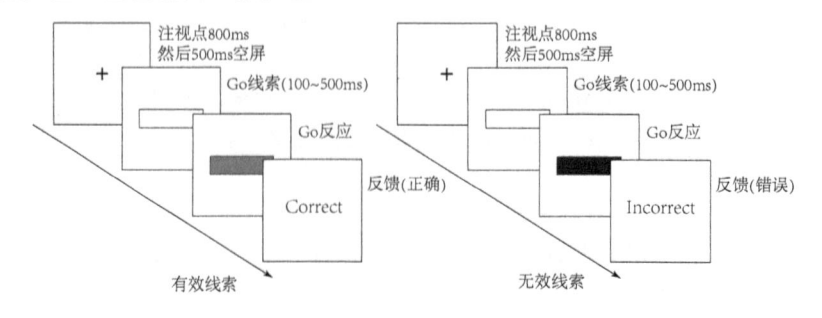

图 9-30 线索 Go/No-Go 流程示意图

基本思路：由图 9-29 和图 9-30 可以看出，线索有两种：水平 Go 和竖直 No-Go，判断的目标有 4 种条件：颜色（绿、蓝）和方向（水平、竖直），可考虑使用文本对象 SlideText 对象来呈现刺激，利用幻灯对象的 SlideState 分别设置水平和竖直条件，然后对于目标则使用 BackColor 属性加以控制。不同条件的概率，使用权重值即可轻松完成。

新建一个名为 cuegonogo 的实验程序，参照图 9-31 插入相应实验控件并更名，不同实验条件的概念主要通过列表对象 TrialList 中的权重值来控制，因为 go 线索后出现绿色色块的概率为 80%，出现蓝色色块的概率为 20%，所以将其比例设为 4∶1（列表中第 1 行和第 2 行的权重值），nogo 线索后绿色和蓝色色块之间出现的概率为 1∶4（列表中第 3 行和第 4 行的权重值）。TrialList 列表中 GoNogoCue 用来标识线索，其属性值为幻灯对象 CueVar 的 SlideState 名称，同样 BarDirection 属性值为 Target1000 幻灯对象的 SlideState 名称，属性 BarColor 用于指定色块的颜色。

图 9-31　cuegonogo 程序结构及列表对象

文本对象 Fixation1000 的持续时间为 1000 毫秒，并且在其属性对话框的 General 标签下将 Clear After 设为 Yes。等待对象 Wait500 的持续时间为 500 毫秒。幻灯对象 CueVar 的 ActiveState 属性引用列表中的［GoNogoCue］，其持续时间引用在 SetCurDuration 内嵌代码中随机设置的属性变量［CueDuration］，其中的代码为：

c. SetAttrib "CueDuration", CStr(Random(100, 500)) c. SetAttrib "CueDuration", CStr(Random(100,500))

幻灯对象 Target1000 的 ActiveState 引用列表中的［BarDirection］，BackColor 属性引用［BarColor］，持续时间为 1000 毫秒，添加只允许空格键｛SPACE｝的键盘输入，正确按键引用列表中的［CorrectAnswer］。反馈对象 Feedback 关联到 Target1000 对象上即可。

幻灯对象 CueVar 和 Target1000 的界面类似，分别呈现为水平或竖直的矩形（其大小可根据情况设定），如图 9-32 所示。

9.5.2　多种反应条件

数字—字母任务由罗杰斯和蒙塞尔提出，实验刺激由数字字母对组成（如 7G，4U），被试的任务是根据不

图 9-32　CueVar 幻灯对象 nogocue 状态界面

同的条件判断数字是奇数（3，5，7，9）还是偶数（2，4，6，8）或者字母是元音（A，E，I，U）还是辅音（G，K，M，R）。本次实验的流程如图 9-33 所示。

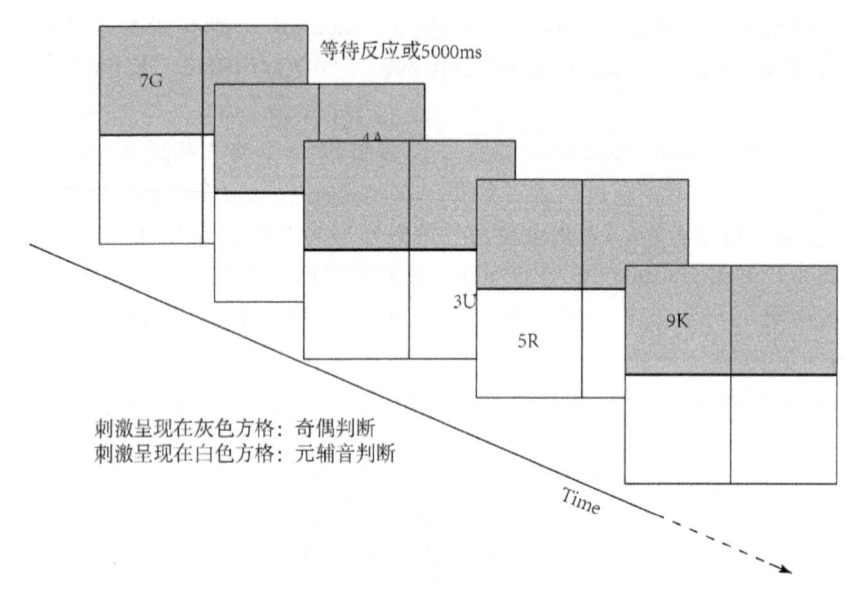

图 9-33　数字—字母任务流程

基本思路：刺激的组合呈现可以使用嵌套模式来实现，因为有多个显示对象故需要使用幻灯对象，为了避免无法区分被试是否是根据当前任务要求进行反应的，所以使用不同按键，即 D，F 对应数字奇偶判断，J，K 对应元辅音判断，正确按键就无法直接设置，需要根据被试的反应按键及相应条件进行判断。

新建一个名为 NumberLetter 的实验程序，参照图 9-34 插入相应实验控件并更名，列表对象 TrialList 中嵌套了存放数字和字母的两个列表：NumberList 和 LetterList。并且使用 Colon 语法组合所需呈现的数字字母组合，设置 4 个属性变量 Stim1～4 供幻灯对象中的 4 个文本对象引用。

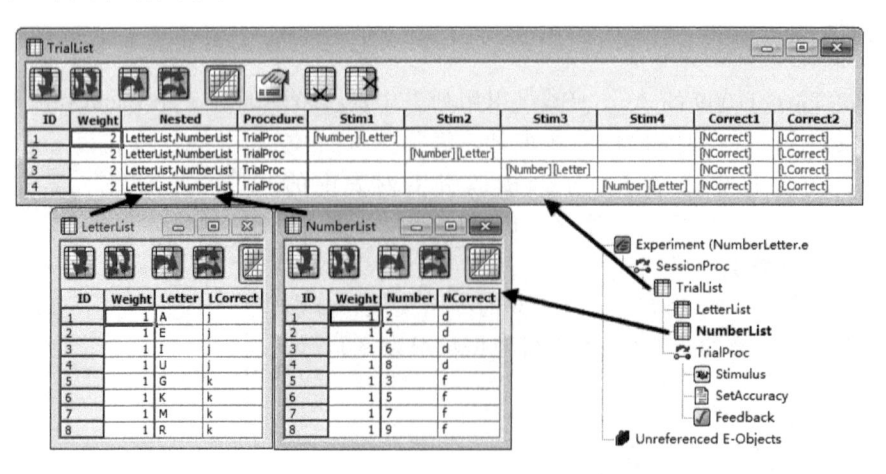

图 9-34　NumberLetter 程序结构及列表对象

幻灯对象 Stimulus 的界面布局如图 9-35 所示。使用 4 个 SlideText 对象组合成一个田字格，显示在屏幕中央，分别引用 TrialList 列表中的 Stim1～Stim4 属性变量，使其呈现时间为 infinite，并且添加键盘输入，允许的按键设为"dfjk"。反馈对象 Feedback 关联到 Stimulus 对象上即可。

在 SetAccuracy 中输入以下代码：

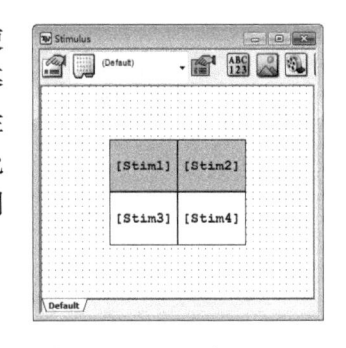

图 9-35 幻灯对象 Stimulus 界面布局

```
'根据刺激显示在哪个方格内判断引用哪一列正确按键属性
If c.GetAttrib("Stim1")<>"" Or c.GetAttrib("Stim2")<>"" Then
    '如果刺激显示在上面的灰色区,则使用D,F比较
    Stimulus.ACC=IIf(Stimulus.RESP=c.GetAttrib("Correct1"),1,0)
Else
    '如果刺激显示在下方,则使用J,K比较
    Stimulus.ACC=IIf(Stimulus.RESP=c.GetAttrib("Correct2"),1,0)
End If
```

9.5.3 实验运行指定的时间

有的实验需要限定运行的时间。比如，在规定时间内，让被试进行目标判断，通过其完成的数量和质量来评价任务绩效，由于不同的被试完成的数量不同，就不能够使用固定试次数的实验设计。

基本思路：在实验开始前通过 Clock.Read 记录起始时间，在实验过程中再通过 Clock.Read 判断是否已经到达限定时间，如果没有到达，则继续执行实验，否则终止实验。

我们以字母判断实验为例，屏幕上随机呈现单个字母，如果字母为大写则按鼠标左键，如果为小写则按鼠标右键，但限定在 3 分钟内。

新建一个名为 RunForSpecifiedTime 的实验程序，参照图 9-36 插入相应的实验控件并更名，为列表对象 TrialList 增加 Stim 和 CorrectAnswer 属性变量并输入相应的内容。

文本对象 Fixation 和 Stimulus 的持续时间均设为 0，Fixation 中只是简单地输入注视点"+"，在 Stimulus 对象中引用[Stim]，并按照图 9-37 添加鼠标输入和设置相应参数。

接下来我们看代码部分，首先在脚本编辑窗口的 User 标签下定义全局变量：

```
Dim lnStartTime As Long '存放开始时间
Dim lnEndTime As Long '存放结束时间
Dim boolBlockEnd As Boolean '记录是否终止
```

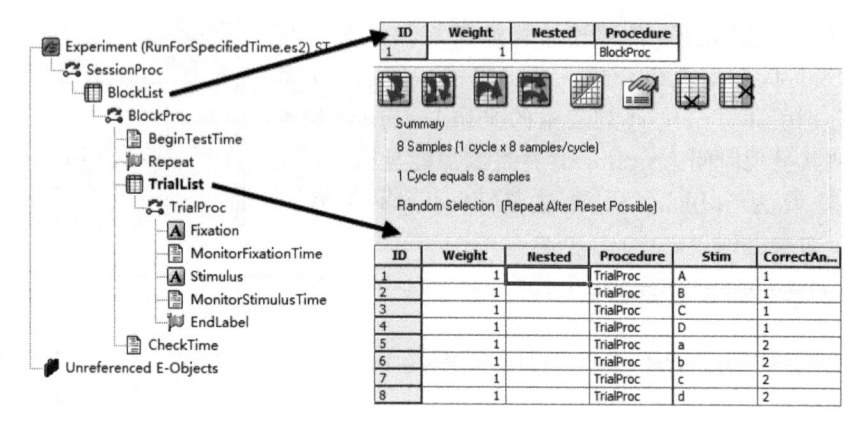

图 9-36 RunForSpecifiedTime 程序结构及列表对象

图 9-37 Stimulus 对象的属性设置

在 BeginTestTime 内嵌代码对象中输入以下代码（变量初始化及记录时间）：

boolBlockEnd＝False '将终止初始化 False
lnStartTime＝Clock. Read '记录开始时间
lnEndTime＝lnStartTime＋3＊60＊1000 '记录结束时间

在 MonitorFixationTime 内嵌代码对象中输入以下代码（判断注视点持续是否结束以及实验结束条件是否已经满足）：

Dim lnFixationStartTime As Long '定义临时变量保存开始时间
Dim lnFixationEndTime As Long '定义临时变量保存注视点结束时间

lnFixationStartTime＝Clock. Read
lnFixationEndTime＝lnFixationStartTime＋1000 '注视点呈现 1000 毫秒
Do While Clock. Read＜lnFixationEndTime '只要注视点呈现未结束
　　If Clock. Read＞＝lnEndTime Then '如果在注视点呈现时间内到达结束时间
　　　　boolBlockEnd＝True '将终止条件设为 True
　　　　Exit Do '退出 Do While 循环
　　End If
Loop
If boolBlockEnd＝True Then '如果实验结束条件满足
　　TrialList. Terminate '终止列表
　　GoTo EndLabel '不再呈现刺激
End If

在 MonitorStimulusTime 对象中输入以下代码(判断是否已经到结束时间):

```
Do While Stimulus. InputMasks. IsPending()  '只要没有接收到被试反应就持续循环
    If Clock. Read>=lnEndTime Then   '如果已经到结束时间,则退出 Do While 循环
        boolBlockEnd=True
        Exit Do
    End If
Loop
If boolBlockEnd=True Then   '如果已经结束,则终止列表
    TrialList. Terminate
End If
```

双击 CheckTime 对象,在其中输入以下代码:

```
If boolBlockEnd=False Then   '如果结束时间未到,则再次运行
    GoTo Repeat
End If
```

9.5.4 动态调整持续时间

有的实验需要根据被试反应的正误情况来增加或缩短刺激的呈现时间,即如果被试反应正确,则适当缩短呈现时间;如果被试反应错误,则适当增加呈现时间。或改变其他刺激属性(如在阶梯法的心理物理实验中测定阈值一样),也可以设定如三下一上(增一减三)的方式来变化属性值。

本次实验是词和非词判断实验:屏幕上呈现真词或假词,要求被试判断,如果是真词,则按鼠标左键,否则按鼠标右键。如果被试连续三次反应正确,则刺激呈现时间减少 200 毫秒;如果被试反应错误,则刺激呈现时间增加 200 毫秒。

基本思路:主要利用 E-Basic 代码来记录被试的反应准确性,如果连续反应正确,则减少刺激的持续时间,否则增加持续时间。

新建一个名为 ThreeDownOneUP 的实验程序,参照图 9-38 插入相应实验控件并更名,在列表对象 TrialList 中增加相应属性变量并输入相应内容。

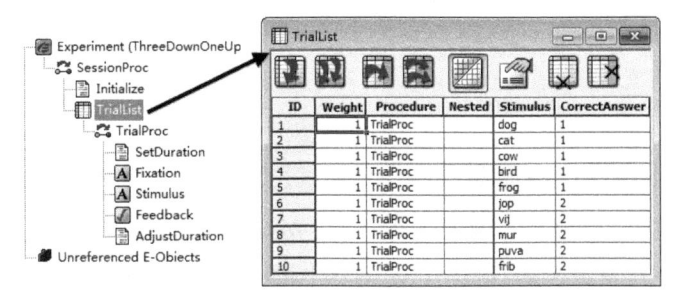

图 9-38 ThreeDownOneUp 程序结构及列表对象

文本对象 Fixation 呈现注视点"＋"1000 毫秒，Stimulus 的持续时间引用属性变量[nDuration]，并且为其添加鼠标输入和设置正确反应键，采用 Standard 记录方式即可。但在列表对象 TrialList 中并没有属性变量 nDuration，所以需要通过代码来实现。反馈对象 Feedback 采用默认设置，将其关联到 Stimulus 对象上即可。

首先在脚本编辑窗口的 User 标签下定义两个全局变量：

```
Dim nDuration As Integer '记录刺激持续时间
Dim nCorrect As Integer '记录连续正确试次数
```

然后在 Initialize 内嵌代码对象中进行变量初始化：

```
nDuration＝2000 '将持续时间初始化 2000 毫秒
nCorrect＝0 '正确反应试次初始化 0
```

再在 SetDuration 对象中将变量 nDuration 设置为当前上下文的属性变量：

```
c.SetAttrib "StimulusDuration",nDuration
```

最后在 AdjustDuration 中根据被试反应准确性（连续正确反应次数）来调整持续时间：

```
If Stimulus.ACC＝1 Then '如果被试反应正确
    nCorrect＝nCorrect＋1 '正确试次数加 1
    nCorrect＝0
    If nCorrect＝3  And nDuration＞600 Then '如果正确试次数为 3 且持续时间大于600 毫秒
        nDuration＝nDuration－200 '持续时间缩短 200 毫秒
    End If
Else
    nCorrect＝0 '反应错误则将正确次数置为 0
    If nDuration＜3000 Then '如果持续时间在 3000 毫秒以下
        nDuration＝nDuration＋200 '持续时间增加 200 毫秒
    End If
End If
```

9.5.5　再次运行错误试次

有的实验需要让被试对前面反应错误的试次再次进行反应，此时就需要根据被试反应的准确性，将错误反应的刺激信息保存下来，然后让被试再次做出反应。

基本思路：每个试次结束后，判断反应的准确性，如果被试反应正确，则将该试次的权重值（Weight）置为 0，当一个区组运行完后检查是否有错误反应的试次，如果有则再次运行，如此循环。

本次实验任务是对屏幕上呈现的元音字母按鼠标左键，辅音字母按鼠标右键。新建一个名为 RerunErrors 的实验程序，参照图 9-39 插入相应实验控件并更名。在列表对象 TrialList 中增加相应属性变量并输入相应内容。Stim 文本对象中引用[Stimulus]，然后加入鼠标输入，将 Allowable 设置为"12"，正确按键设为[CorrectAnswer]。

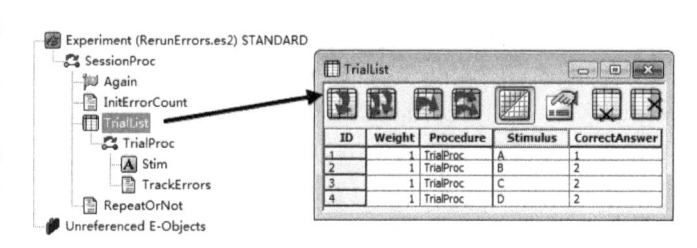

图 9-39　RerunErrors 程序结构及列表对象

首先在脚本窗口 User 标签下定义一个全局变量 g_nErrorCount，如下所示：

```
Dim g_nErrorCount As Integer
```

然后在标签对象 Again 后面的内嵌代码对象 InitErrorCount 中对变量初始化：

```
g_nErrorCount=0
```

双击 TrackErrors 对象，在其中输入以下代码：

```
If Stim.ACC=0 Then '如果反应错误
    g_nErrorCount=g_nErrorCount+1 '变量+1
Else '如果正确,将当前水平的 Weight 值设为 0
    TrialList.SetWeight CInt(c.GetAttrib("TrialList")),0
End If
```

最后在 RepeatOrNot 内嵌代码对象中输入以下代码：

```
If g_nErrorCount>0 Then '如果有错误试次
    TrialList.Reset '重置列表对象
    GoTo Again '跳转到 Again 标签处,继续执行
End If
```

现在有一个问题：如果在 TrialList 中权重值不为 1，实验程序应如何设计（如何编写代码）？

9.5.6　限制刺激连续重复

尽管 E-Prime 的列表对象可以使用不同的抽样方式，如常用的随机抽样，但也无法保证呈现我们所需的抽样结果（如连续刺激不能重复或刺激不能连续重复 3 次等）。此时可借助 E-Basic 代码来实现。

基本思路：首先将所需刺激存于某个列表中，通过 GetAttrib 方法将列表中的属性信息读取到某个数组中（由于列表中属性信息可能不止一列，可能需要自定义数据类型），再使用 RandomizeArray 方法对数组进行随机化，然后判断是否符合要求，如果不符合，则再次随机化，如此循环（直至满足要求或达到一定限制条件），将符合要求后的内容通过 SetAttrib 方法对列表进行重置，由于使用了代码来控制排序，所以列表对象的排序方式应设置为 Sequential（顺序排序）。

本次实验首先在屏幕上呈现注视点 1000 毫秒，然后出现红色或蓝色的单词，其持续时间为 1500 毫秒，要求被试对蓝色词进行真假词判断，如果为真词则按鼠标左键，如果为假词则按右键，红色词不进行判断。

新建一个名为 NoRepeatTrial 的实验程序，参照图 9-40 插入相应的实验控件并更名。其中列表对象 TrialList 增加了 3 个属性变量 StimColor，StimWord 和 CorrectAnswer，前两个作为文本对象 Stimulus 的 ForeColor 和 Text 的引用属性（见图 9-40 左下角所示），CorrectAnswer 作为 Stimulus 属性对话框中鼠标输入的正确按键引用属性。反馈对象 Feedback 关联到 Stimulus 对象。

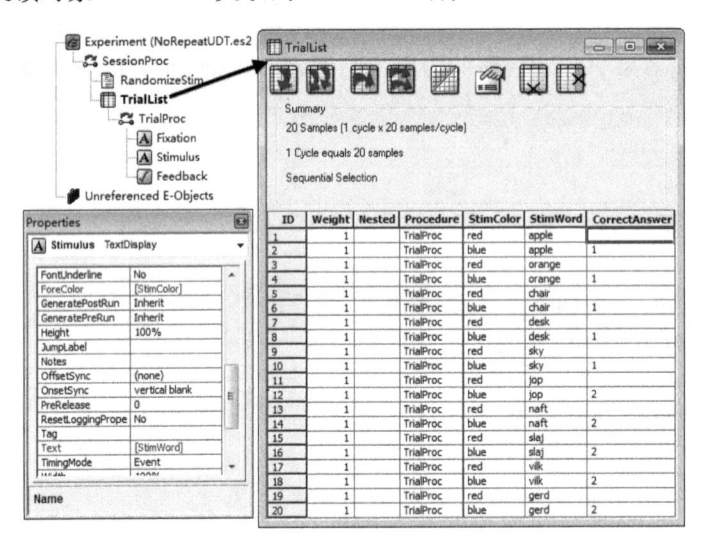

图 9-40　NoRepeatTrial 程序结构及列表对象

由于列表对象中包含多个属性，在随机时需要将一行内的属性绑定在一起，故需要自定义新的数据类型。在脚本编辑窗口的 User 标签下输入以下代码：

```
Type StimulusData
    StimWord As String '记录 StimWord 属性
    StimColor As String '记录 StimColor 属性
    CorrectAnswer As String '记录 CorrectAnswer 属性
    '如有必要，此处还可以定义更多属性
End Type
```

双击 RandomizeTrial 内嵌代码对象，在其中输入以下代码：

```
Dim arrStim(20) As StimulusData '使用新的数据类型来定义数组
Dim nCount As Integer '定义计数变量
Dim nChecked As Integer
Dim boolCriterion As Boolean '定义条件是否满足的逻辑型变量
nChecked=0
For nCount=1 To UBound(arrStim)
        arrStim(nCount).StimWord=TrialList.GetAttrib(nCount,"StimWord") '获取列
        表某水平的属性
        arrStim(nCount).StimColor=TrialList.GetAttrib(nCount,"StimColor")
        arrStim(nCount).CorrectAnswer=TrialList.GetAttrib(nCount,"CorrectAnswer")
Next nCount
Do
    boolCriterion=True
    RandomizeArray arrStim,1,UBound(arrStim) '对数组进行随机化
    nChecked=nChecked+1
    For nCount=1 To (UBound(arrStim)-1)
        If arrStim(nCount).StimWord=arrStim(nCount+1).StimWord Then '如果连续
        试次的词语相同
            boolCriterion=False '不满足条件
            Exit For '退出 For 循环
        End If
    Next nCount
Loop Until boolCriterion=True Or nChecked>200 '直至条件满足或随机次数达 200 次
For nCount=1 To UBound(arrStim)
    TrialList.SetAttrib nCount,"StimWord",arrStim(nCount).StimWord '替换成随机化
    后的结果
    TrialList.SetAttrib nCount,"StimColor",arrStim(nCount).StimColor
    TrialList.SetAttrib nCount,"CorrectAnswer",arrStim(nCount).CorrectAnswer
Next nCount
TrialList.Reset '重置列表,使之生效
```

注意:如果列表中刺激条件比较少,可能无法通过随机化满足要求的条件,此时运行实验时,程序像被卡住一样,所以设置一个随机次数上限,比较合适,此时你可以显示些提示信息告知实验人员随机化条件是否满足。另外,如果要连续运行多个区组,上面的代码并不能保证上一区组最后呈现的刺激与下一区组的第一个刺激不同,可以参见 9.3.2 中内容进行代码修改。

9.5.7 同一刺激多次反应判断

有的实验要求被试先后对同一刺激根据不同维度做判断,如屏幕上呈现数字 1,2,8,9,要求被试先对数字进行奇偶判断,再对数字进行大小判断(大于 5 还小于 5)。

基本思路:E-Prime 中的输入反应提供了高级属性(见图 9-41),将其 Max Count 设为需要的反应次数就可以接收多次反应。在等待被试反应期间,利用 IsPending 函

数在代码中检测被试的输入反应。为了准确记录反应时,刺激的持续时间需要设为 0,这样刺激一呈现,就运行后面内嵌代码对象中的脚本,每个输入掩码的结束动作需设置为"none",以防其结束或发生跳转。

新建一个名为 MultipleResponse 的实验程序,参照图 9-42 插入相应实验控件并更名,列表对象 TrialList 只增加了一个属性变量 Digit 作为 Stimulus 显示内容的引用变量,为列表对象输入相应内容。Fixation 对象比较简单,只显示注视点 1000 毫秒,Feedback 使用了幻灯对象,参照图 9-43 设置反馈内容,与前面的实验相比,我们会在代码中设置实际显示的反馈内容,4 个 SlideText 对象分别命名为 Text1~Text4。

图 9-41 鼠标高级属性

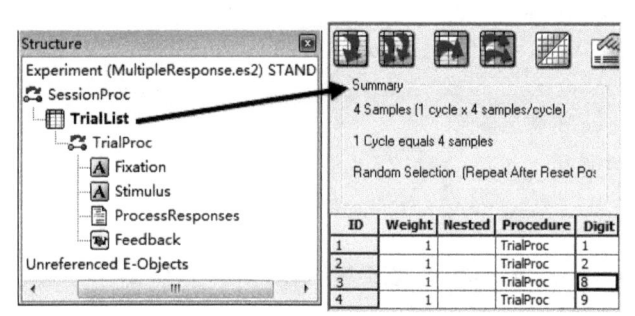

图 9-42 MultipleResponse 程序结构及列表对象

图 9-43 幻灯对象 Feedback 的设置

参照图 9-44 设置 Stimulus 的属性,注意使其持续时间(Duration)为 0,Time Limit 设为 infinite 并且结束动作设置为 none。在高级属性窗口中设置 Max Count 参数为 2(接收两次反应输入)。

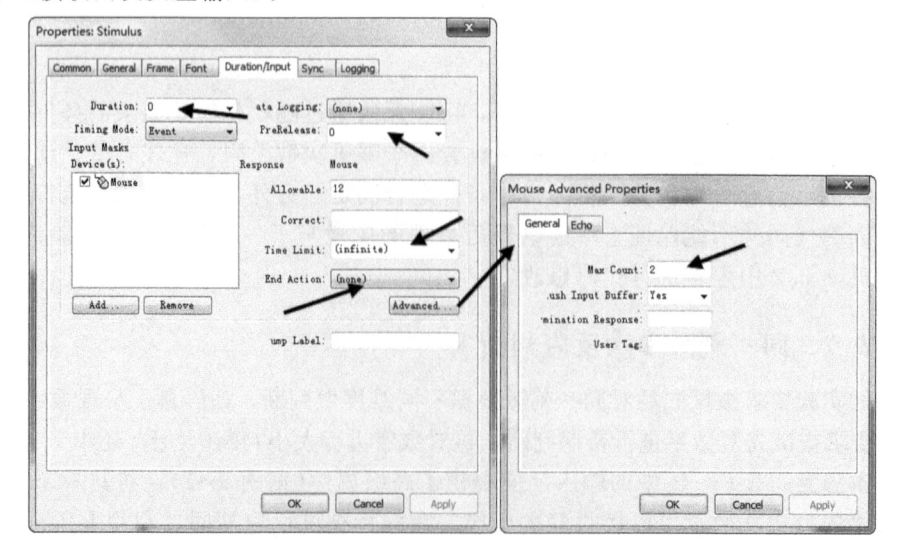

图 9-44 Stimulus 属性对话框

双击 ProcessResponses 内嵌代码对象，在其中输入以下代码：

Dim theResponseObject As RteRunnableInputObject
Set theResponseObject=CRteRunnableInputObject(Rte. GetObject("Stimulus")) '获取接收输入对象
Debug. Assert Not theResponseObject Is Nothing '确保输入对象存在
Dim nResponseCount As Long
Dim theResponseData As ResponseData
Dim i As Integer
Dim theSlide As Slide
Set theSlide=CSlide(Rte. GetObject("Feedback"))
Dim theState As SlideState
Set theState=theSlide. States. Item("Default")
Dim theSlideText(1 To 4) As SlideText
For i=1 To 4
    Set theSlideText(i)=CSlideText(theState. Objects("Text" & CStr(i)))
Next i
Do While theResponseObject. InputMasks. IsPending() Or nResponseCount<2
    If nResponseCount <>theResponseObject. InputMasks. Responses. Count Then
        nResponseCount=nResponseCount+1
        '获取反应数据
        Set theResponseData=theResponseObject. InputMasks. Responses(nResponseCount)
        If Not theResponseData Is Nothing Then   '如果反应数据存在
            c. SetAttrib theResponseObject. Name & ". RESP_" _
            & nResponseCount,theResponseData. RESP   '记录反应键
            '记录反应时
            c. SetAttrib theResponseObject. Name & ". RT" & nResponseCount,
            theResponseData. RT
            If c. GetAttrib("Digit")="1" Then '数字 1
                Select Case theResponseData. RESP
                    Case "1" '左键
                        If nResponseCount=1 Then '奇偶判断
                            theSlideText(1). ForeColor=CColor("blue")
                            theSlideText(1). Text="奇偶判断：正确"
                            theSlideText(2). ForeColor=CColor("blue")
                            theSlideText(2). Text="奇偶判断反应时:" & _
                            theResponseData. RT
                            '记录准确性
                            c. SetAttrib theResponseObject. Name & ". ACC" &
                            nResponseCount，1
                        Else '大小判断
                            theSlideText(3). ForeColor=CColor("blue")
                            theSlideText(3). Text="大小判断：正确"

```
                    theSlideText(4).ForeColor=CColor("blue")
                    theSlideText(4).Text="大小判断反应时:" & _
                    theResponseData.RT— c.GetAttrib(theResponseObject.Name
                    & ".RT1")
                    c.SetAttrib theResponseObject.Name & ".ACC" &
                    nResponseCount,1
                End If
            Case "2" '右键
                If nResponseCount=1 Then '奇偶判断
                    theSlideText(1).ForeColor=CColor("red")
                    theSlideText(1).Text="奇偶判断:错误"
                    theSlideText(2).ForeColor=CColor("red")
                    theSlideText(2).Text="奇偶判断反应时:" &
                    theResponseData.RT
                    c.SetAttrib theResponseObject.Name & ".ACC" &
                    nResponseCount,0
                Else '大小判断
                    theSlideText(3).ForeColor=CColor("red")
                    theSlideText(3).Text="大小判断:错误"
                    theSlideText(4).ForeColor=CColor("red")
                    theSlideText(4).Text="大小判断反应时:" & _
                    theResponseData.RT— c.GetAttrib(theResponseObject.Name
                    & ".RT1")
                    c.SetAttrib theResponseObject.Name & ".ACC" &
                    nResponseCount,0
                End If
            End Select
        ElseIf c.GetAttrib("Digit")="2" Then '数字2
            Select Case theResponseData.RESP
            Case "1" '左键
                If nResponseCount=1 Then '奇偶判断
                    theSlideText(1).ForeColor=CColor("red")
                    theSlideText(1).Text="奇偶判断:错误"
                    theSlideText(2).ForeColor=CColor("red")
                    theSlideText(2).Text="奇偶判断反应时:" &
                    theResponseData.RT
                    c.SetAttrib theResponseObject.Name & ".ACC" &
                    nResponseCount,0
                Else '大小判断
                    theSlideText(3).ForeColor=CColor("blue")
                    theSlideText(3).Text="大小判断:正确"
                    theSlideText(4).ForeColor=CColor("blue")
                    theSlideText(4).Text="大小判断反应时:" & _
```

```
                    theResponseData.RT＝c.GetAttrib(theResponseObject.Name
                    &".RT1")
                    c.SetAttrib theResponseObject.Name &".ACC" &
                    nResponseCount，1
                End If
            Case "2" '右键
                If nResponseCount＝1 Then '奇偶判断
                    theSlideText(1).ForeColor＝CColor("blue")
                    theSlideText(1).Text＝"奇偶判断：正确"
                    theSlideText(2).ForeColor＝CColor("blue")
                    theSlideText(2).Text＝"奇偶判断反应时:" &
                    theResponseData.RT
                    c.SetAttrib theResponseObject.Name &".ACC" &
                    nResponseCount，1
                Else '大小判断
                    theSlideText(3).ForeColor＝CColor("red")
                    theSlideText(3).Text＝"大小判断：错误"
                    theSlideText(4).ForeColor＝CColor("red")
                    theSlideText(4).Text＝"大小判断反应时:" & _
                    theResponseData.RT＝c.GetAttrib(theResponseObject.Name
                    &".RT1")
                    c.SetAttrib theResponseObject.Name &".ACC" &
                    nResponseCount，0
                End If
            End Select
        ElseIf c.GetAttrib("Digit")＝"8" Then '数字8
            Select Case theResponseData.RESP
            Case "1" '左键
                If nResponseCount＝1 Then '奇偶判断
                    theSlideText(1).ForeColor＝CColor("red")
                    theSlideText(1).Text＝"奇偶判断：错误"
                    theSlideText(2).ForeColor＝CColor("red")
                    theSlideText(2).Text＝"奇偶判断反应时:" &
                    theResponseData.RT
                    c.SetAttrib theResponseObject.Name &".ACC" &
                    nResponseCount，0
                Else '大小判断
                    theSlideText(3).ForeColor＝CColor("red")
                    theSlideText(3).Text＝"大小判断：错误"
                    theSlideText(4).ForeColor＝CColor("red")
                    theSlideText(4).Text＝"大小判断反应时:" & _
                    theResponseData.RT＝c.GetAttrib(theResponseObject.Name
                    &".RT1")
```

```
                    c.SetAttrib theResponseObject.Name & ".ACC" &
                    nResponseCount, 0
                End If
            Case "2" '右键
                If nResponseCount=1 Then '奇偶判断
                    theSlideText(1).ForeColor=CColor("blue")
                    theSlideText(1).Text="奇偶判断：正确"
                    theSlideText(2).ForeColor=CColor("blue")
                    theSlideText(2).Text="奇偶判断反应时：" &
                    theResponseData.RT
                    c.SetAttrib theResponseObject.Name & ".ACC" &
                    nResponseCount, 1
                Else '大小判断
                    theSlideText(3).ForeColor=CColor("blue")
                    theSlideText(3).Text="大小判断：正确"
                    theSlideText(4).ForeColor=CColor("blue")
                    theSlideText(4).Text="大小判断反应时：" & _
                    theResponseData.RT- c.GetAttrib(theResponseObject.Name
                    & ".RT1")
                    c.SetAttrib theResponseObject.Name & ".ACC" &
                    nResponseCount, 1
                End If
        End Select
    ElseIf c.GetAttrib("Digit")="9" Then '数字9
        Select Case theResponseData.RESP
            Case "1" '左键
                If nResponseCount=1 Then '奇偶判断
                    theSlideText(1).ForeColor=CColor("blue")
                    theSlideText(1).Text="奇偶判断：正确"
                    theSlideText(2).ForeColor=CColor("blue")
                    theSlideText(2).Text="奇偶判断反应时：" &
                    theResponseData.RT
                    c.SetAttrib theResponseObject.Name & ".ACC" &
                    nResponseCount, 1
                Else '大小判断
                    theSlideText(3).ForeColor=CColor("red")
                    theSlideText(3).Text="大小判断：错误"
                    theSlideText(4).ForeColor=CColor("red")
                    theSlideText(4).Text="大小判断反应时：" & _
                    theResponseData.RT- c.GetAttrib(theResponseObject.Name
                    & ".RT1")
                    c.SetAttrib theResponseObject.Name & ".ACC" &
                    nResponseCount, 0
```

```
                    End If
                Case "2" '右键
                    If nResponseCount=1 Then '奇偶判断
                        theSlideText(1).ForeColor=CColor("red")
                        theSlideText(1).Text="奇偶判断：错误"
                        theSlideText(2).ForeColor=CColor("red")
                        theSlideText(2).Text="奇偶判断反应时:" & _
                        theResponseData.RT
                        c.SetAttrib theResponseObject.Name & ".ACC" & _
                        nResponseCount，1
                    Else '大小判断
                        theSlideText(3).ForeColor=CColor("blue")
                        theSlideText(3).Text="大小判断：正确"
                        theSlideText(4).ForeColor=CColor("blue")
                        theSlideText(4).Text="大小判断反应时:" & _
                        theResponseData.RT- c.GetAttrib(theResponseObject.Name _
                        & ".RT1")
                        c.SetAttrib theResponseObject.Name & ".ACC" & _
                        nResponseCount，1
                    End If
                End Select
            End If
        End If
    End If
Loop
For i=1 To 4
    Set theSlideText(i)=Nothing
Next i
Set theState=Nothing
Set theResponseObject=Nothing
```

9.6 ITI 的设置

ITI(Inter-Trial Interval)是试次间的时间间隔，即上一试次结束到下一试次开始之间的时间。如果 ITI 也是实验中的一个自变量，则需要对其加以控制。一种方法是使用嵌套建立一个 ITI 的列表，另一种方法是使用随机函数。本次实验是一个简单的真假词判断实验。

9.6.1 方法一：使用嵌套

基本思路：将 ITI 的水平值存放在一个列表对象中，然后将其嵌套在试次列表中，然后某个对象引用 ITI 的水平值。

新建一个名为 InterTrialInterval 的实验程序，参照图 9-45 插入相应实验控件并更名，其中列表对象 ITIList 中属性变量 ITI 存放了不同的水平值，在 NestedTrialList 列表对象中嵌套使用 ITIList 列表，在 NestedTrialProc 过程中 Fixation 对象只是简单呈现注视点"＋"1000 毫秒，Stimulus 幻灯对象中加入一个 SlideText 对象并引用 NestedTrialList 列表中的 Stim 属性[Stim]，为幻灯对象设置鼠标输入并引用[CorrectAnswer]作为正确按键反应。将反馈对象 Feedback 关联到 Stimulus，最后在 WaitITI 文本对象中不设置任何显示内容，其持续时间（Duration）引用 NestedTrialList 列表对象中的[ITIDur]即可。

图 9-45　InterTrialInterval 程序结构及列表对象

9.6.2　方法二：使用随机函数

基本思路：利用随机函数 Random 生成一定区间内的随机数，然后将其设置为某个属性值，在 Duration 属性栏引用这个属性值即可。

新建一个名为 InterTrialInterval1 的实验程序，参照图 9-46 插入相应实验控件并更名，列表对象 RandomTrialList 增加 Stim 和 CorrectAnswer 两个属性变量分别存放呈现的刺激和对应的正确按钮，RandomTrialProc 过程中 Fixation 对象只是简单呈现"＋"注视点 1000 毫秒，Stimulus 幻灯对象中加入一个 SlideText 对象并引用 RandomTrialList 列表中的 Stim 属性[Stim]，为幻灯对象设置鼠标输入并引用[CorrectAnswer]作为正确按键反应。将反馈对象 Feedback 关联到 Stimulus，最后在 WaitITI 文本对象中不设置任何显示内容，其持续时间（Duration）引用[ITIDur]。

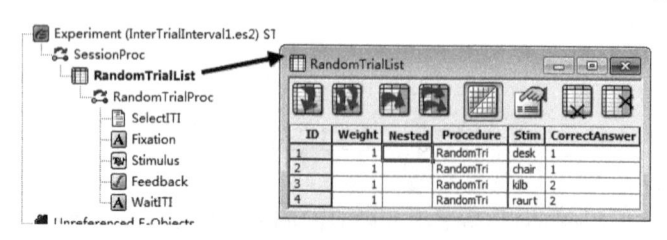

图 9-46　InterTrialInterval1 程序结构及列表对象

ITIDur 属性变量是在 SelectITI 内嵌代码对象中通过代码来实现的，其代码如下：

```
Dim nRandom As Integer
nRandom＝Random(500,2000)   '生成 500～2000 随机数
c.SetAttrib "ITIDur",nRandom '将属性 ITIDur 设置为生成的随机值
```

上述两种方法各有不同：方法一一般用于将 ITI 作为一个自变量，这样各种条件能够进行平衡；而方法二由于随机函数生成的随机值不均衡，只能起到实验控制的作用。

9.7 反应分支

根据被试的按键反应决定程序的流程走向，类似于菜单一样，选择不同选项，则执行不同过程。

基本思路：由于要改变流程走向，就需要在流程中标注程序点，使用标签对象（Label）即可实现。根据被试的按键反应，使程序控制跳转到某个位置处（标签）即可。

9.7.1 方法一：使用 GoTo 语句

根据反应按键跳转到不同标签位置，新建一个名为 ContingentResponse 的实验程序，参照图 9-47 插入实验控件并更名，为 TextDisplay1～TextDisplay3 添加些显示内容，并为 TextDisplay1 添加鼠标输入，设置有效按键为"1，2"。

在 GoToLabel1 内嵌代码对象中输入以下代码：

```
If TextDisplay1.RESP = "2" Then    '如果单击的是右
键,则略过 TextDisplay2,跳转到 Label1 处
    GoTo Label1
End If
```

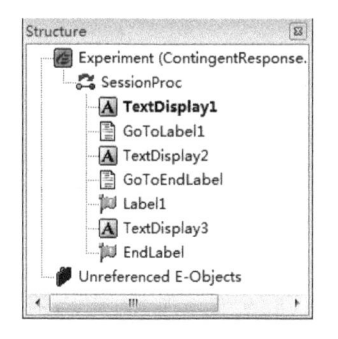

图 9-47　ContingentResponse 程序结构

在 GoToEndLabel 中输入下面代码，使 TextDisplay2 结束后略过 TextDisplay3：

```
GoTo EndLabel
```

9.7.2 方法二：使用 End Action 属性

基本思路：在刺激对象的属性对话框中可以通过将 End Action 结束动作设置为 Jump（跳转），然后指定跳转标签即可。

新建一个名为 ContingentResponse1 的实验程序，参照图 9-48 插入相应实验控件并更名，在 TextDisplay1 的属性对话框中增加鼠标输入。

如图 9-49 所示在 TextDisplay1 的属性对话框中设置按键 1（鼠标左键）的结束动作为 Terminate，

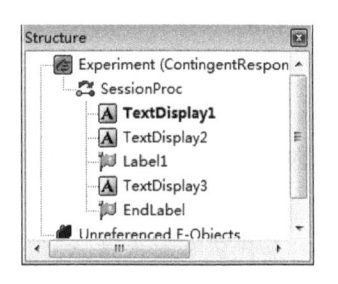

图 9-48　ContingentResponse1 程序结构

设置按键 2 的结束动作为 Jump，并指定 Jump Label 为 Label1，这样被试单击鼠标右键后会略过 TextDisplay2 对象（注意这种设置适合于刺激持续时间为 infinite 的情况，否则如果被试没有反应输入，流程走向将不起作用）。

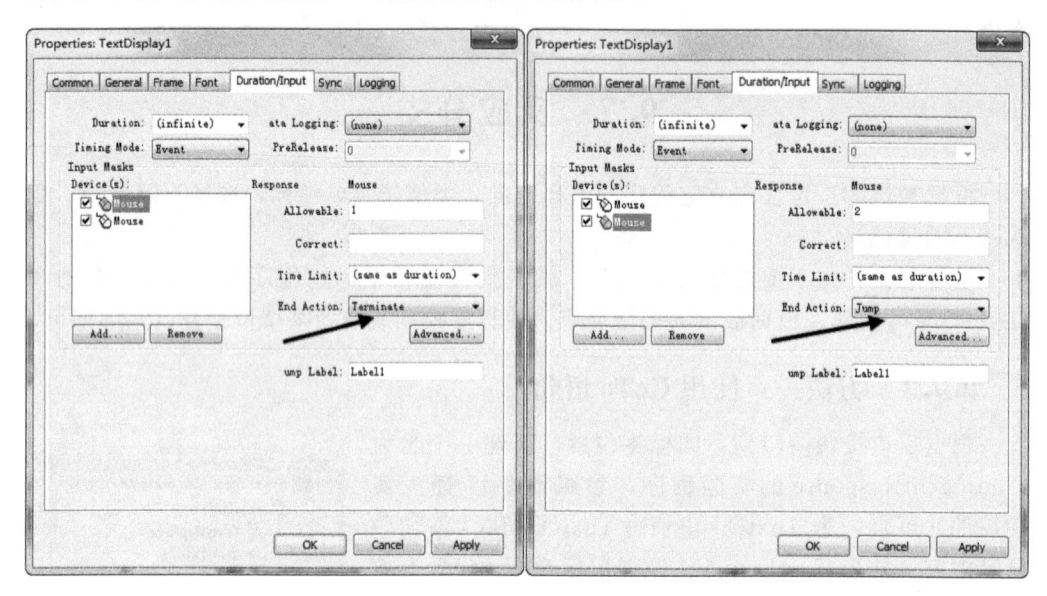

图 9-49　TextDisplay1 属性对话框的两个输入掩码

将 TextDisplay2 的结束动作设置为 Jump，并跳转到 EndLabel 处。

9.7.3　方法三：根据反应运行不同列表

基本思路：使用 E-Basic 代码根据被试的反应按键来运行不同的对象（If…Else…End If）。

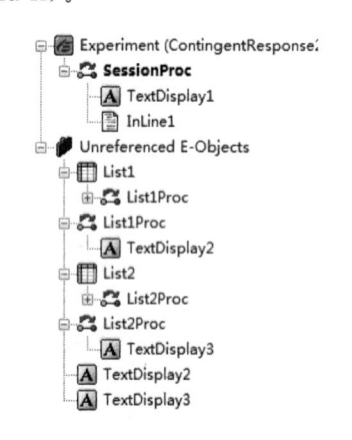

图 9-50　ContingentResponse2 程序结构

新建一个名为 ContingentResponse2 的实验程序，参照图 9-50 插入相应实验控件，在 Unreferenced E-Objects 节点下有两个未使用的列表对象 List1 和 List2 及各自的过程对象 List1Proc 和 List2Proc，你可以根据需要自己添加些内容。

双击 InLine1 对象，在其中输入以下代码：

```
IF TextDisplay1.RESP="1" Then
    List1.Run c
ElseIf TextDisplay1.RESP="2" Then
    List2.Run c
End If
```

以上代码会根据被试对 TextDisplay1 的反应输入（鼠标左键还是右键）来运行不同的列表对象。

9.8　按键平衡

实验中有时需要在被试间平衡左右反应键。假如要考察被试对红、绿色块的反应时差异，如果让被试红色用左手反应，绿色用右手反应，最后发现被试对绿色色块的反应时明显短，这一结果就包含了左右手本身反应快慢具有差异的可能性，因此需要平衡。让一半被试用左手对红色反应，右手对绿色反应；另一半被试左手对绿色反应，右手对红色反应，这样就可以平衡左右本身反应快慢对实验造成的影响。

9.8.1　方法一：使用平衡模式

基本思路：E-Prime 的列表对象本身提供了可进行被试间平衡的设计模式，直接使用即可。

新建一个名为 CounterBalance 的实验程序，参照图 9-51 插入相应实验控件并更名，列表对象 FJList 和 JFList 分别表示交换左右按键的两个列表对象，在 TrialList 对象的 Nested 栏引用 BlockList 列表中的属性变量 ListName，BlockList 的 ListName 属性变量中存放了两个列表的名称，只要在 BlockList 列表对象的属性对话框中将 Order 属性设为 Counterbalance，Order By 属性设为 Subject 即可实现被试间平衡（见图 9-52），即根据被试编号运行 BlockList 中的不同条件（行）。

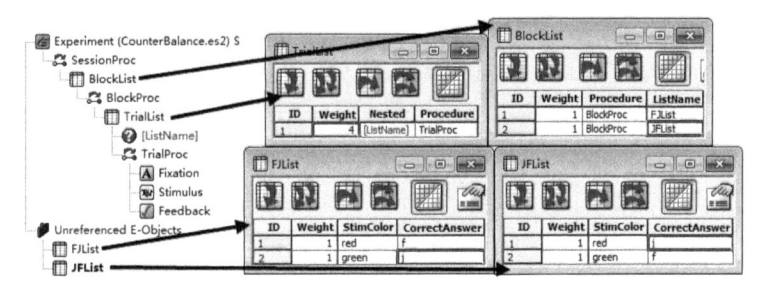

图 9-51　CounterBalance 程序结构及列表对象

图 9-52　BlockList 列表属性对话框

过程对象 TrialProc 中的控件比较简单，文本对象 Fixation 呈现注视点 1000 毫秒，在幻灯对象 Stimulus 中加入一个 SlideText 对象，其 BackColor 引用 [StimColor]，添加键盘输入，允许反应键为 f, j, 正确按键引用[CorrectAnswer]，持续时间为 infinite，反馈对象 Feedback 关联到 Stimulus 对象即可。

9.8.2 方法二：判断 Subject 属性

基本思路：直接根据被试的编号进行判断来运行相应的列表对象，因为只有两种情况，所以可通过判断被试编号的奇偶性来实现。

新建一个名为 CounterBalance1 的实验程序，参照图 9-53 插入相应实验控件并更名，两个列表对象的结构相同，只是交换了正确按键设置，同时过程对象 TrialProc 中的实验控件与方法一中完全相同。

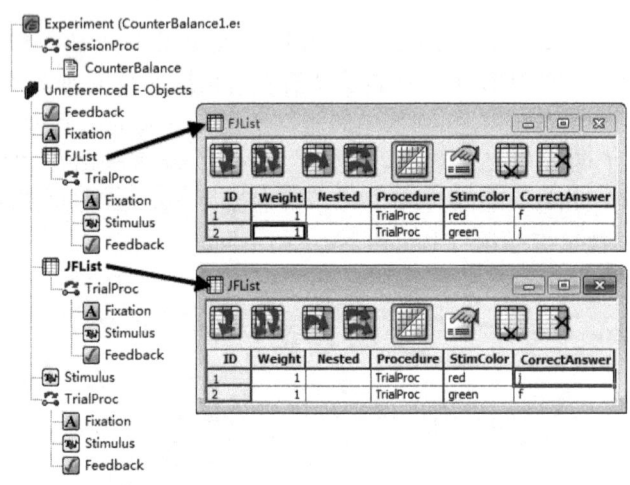

图 9-53　CounterBalance1 程序结构及列表对象

双击打开 CounterBalance 对象，在其中输入以下代码：

```
If Val(c.GetAttrib("Subject")) Mod 2=1 Then '编号为奇数
    FJList.Run c '运行 FJList
Else '偶数
    JFList.Run c '运行 JFList
    '如果有更多条件,加入更多分支即可
End If
```

9.8.3 方法三：根据编号改变权重值

基本思路：首先将不同条件的权重值设为 0，然后根据被试编号将相应条件权重值设置为需要的参数。关键是将哪个权重值设置为需要值，因为要平衡某种条件(假设有 3 个水平)，那么 1，2，3 号被试分别完成第一、第二和第三种水平条件，然后 4，5，6 号被试再依次完成第一、第二和第三种水平条件，如此循环。因此使用取余(求模)计算被试编号所要完成的实验条件(在列表中就是行号)即可。

新建一个名为 CounterBalance2 的实验程序，参照图 9-54 插入相应实验控件并更名，两个列表对象 FJList 和 JFList 以及 TrialProc 中的控件与方法一的完全相同，TrialList 列表中权重值为 0。

双击 CounterBalance 对象，在其中输入以下代码：

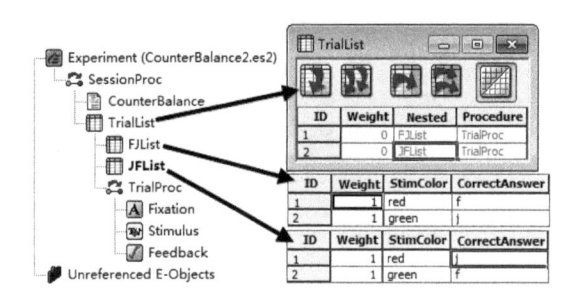

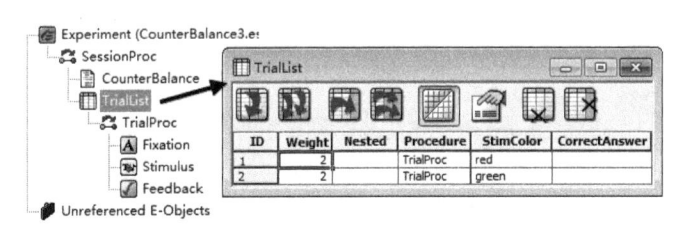

图 9-54　CounterBalance2 程序结构及列表对象

```
Dim nLevel As Integer
nLevel＝((Val(c.GetAttrib("Subject"))－1) Mod 2)＋1 '根据被试编号计算水平值(行号)
TrialList.SetWeight nLevel,2
Set TrialList.ResetCondition＝Samples(2) '根据新的权重值设置抽样重置条件
Set TrialList.TerminateCondition＝Samples(2) '根据新权重值设置结束条件
```

9.8.4　方法四：动态改变正确按键

基本思路：根据被试的编号改变正确按键的设置，即奇数被试的正确按键为 f，j，偶数被试的正确按键为 j，f。思路与方法三类似，也是先计算出某个被试的编号属于哪种实验条件，然后设置相应的正确按键。

新建一个名为 CounterBalance3 的实验程序，参照图 9-55 插入相应实验控件并更名，列表对象 TrialList 中直接设置了属性变量 StimColor 和 CorrectAnswer，但 CorrectAnswer 的属性值留空。TrialProc 过程对象中的控件设置与前面方法中的设置完全相同。

图 9-55　CounterBalance3 程序结构及列表对象

双击 CounterBalance 内嵌代码对象，输入以下代码：

```
Dim subCategory As Integer,i％,correctKey＄
subCategory＝((Val(c.GetAttrib("Subject"))－1) Mod 2)＋1 '根据被试编号生成被试分组
Select Case subCategory '根据被试编号,将变量 correctKey 赋值不同按键序列
Case 1
    correctKey＝"fj"
Case 2
```

```
        correctKey="jf"
End Select
For i=1 To TrialList.Size '根据列表对象 TrialList 中的水平值,设置正确按键
    TrialList.SetAttrib i,"CorrectAnswer",Mid$(correctKey,i,1) '设置正确按键
Next i
```

9.9　条件化指导语

有的实验给被试呈现的指导语在不同条件下（如内隐联想测验的不同阶段）或不同被试间（如为平衡按键反应，反应规则会不同）会不同。此时需要根据具体情况来设置指导语的内容。

指导语既可以以文本形式呈现，也可以以图片形式呈现或文本＋图片的组合形式呈现。一般来说，文本形式更具灵活性，修改比较方便，且在文本中可以引用属性变量的内容；而图片的内容是固定的，无法方便地更改其内容，而且要借助其他绘图工具（如 Word，画图，Photoshop，Illustrator 等）制作指导语图片。

9.9.1　方法一：属性变量存放指导语

本次实验显示练习环节和正式环节不同的指导语内容，屏幕上呈现 X 或 Y 字母。

基本思路：将不同条件下的指导语存放在列表中，然后在呈现指导语的控件中引用属性变量。

新建一个名为 Instruction 的实验程序，参照图 9-56 插入相应实验控件并更名，列表对象 BlockList 的属性变量 instruct 存放练习和正式实验的指导语，在文本对象 BlockInstruct 的显示内容中引用[instruct]。列表对象 TrialList 控制字母刺激 X 和 Y 的呈现，每个字母呈现 1000 毫秒。

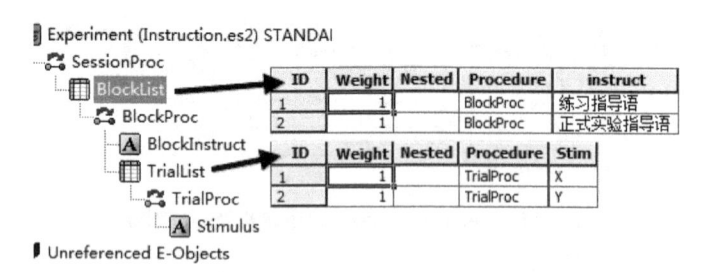

图 9-56　Instruction 程序结构及列表对象

如果需要指导语在某地方换行，文本中插入"\n"即可。例如，"实验指导语\n\n本实验为……"，表示"实验指导语"后面空 2 行。

9.9.2　方法二：属性变量存放核心内容

本次实验显示基本相同的指导语，但反应规则（按键平衡）不同，屏幕上呈现字母 X 或 Y，要求部分被试 X 按 f，Y 按 j，部分被试 X 按 j，Y 按 f。

基本思路：如果指导语的大部分内容基本相同，只是某些关键信息不同（如反应规则），则可以直接在文本对象中输入指导语的内容，核心内容存放在属性变量中，根据条件对其加以引用即可。

新建一个名为 Instruction1 的实验程序，参照图 9-57 插入实验控件并更名，本程序的结构与 9.8.1 中的结构类似，使用了平衡模式。将两个刺激列表 FJList 和 JFList 通过引用的方式嵌套在 TrialList 列表对象中，在 BlockList 列表对象中定义两个属性变量 XKey 和 YKey 用在 BlockInstruct 文本对象中。

在文本对象 BlockInstruct 直接输入指导语文本，并引用相关属性变量（见图 9-58）。

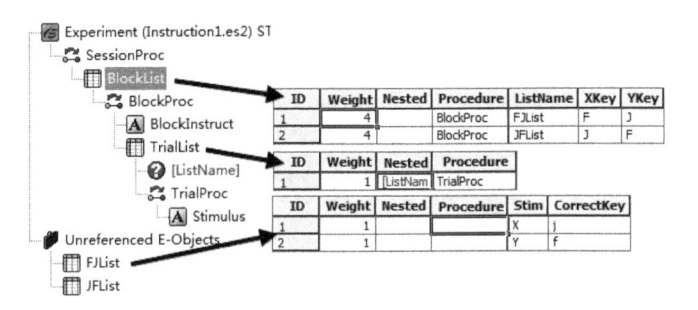

图 9-57　Instruction1 程序结构及列表对象 　　　图 9-58　BlockInstruct 对象的显示内容

9.9.3　方法三：使用条件化语句

基本思路：根据读取属性信息（如被试编号、实验周期编号等）赋值不同的指导语内容，然后显示在呈现指导语的刺激对象中。

新建一个名为 Instruction2 的实验程序，参照图 9-59 插入实验控件并更名，本实验结构与 9.8.4 中的结构类似，列表对象 TrialList 中增加的属性变量 CorrectKey 用于存放不同条件下的正确按键值。

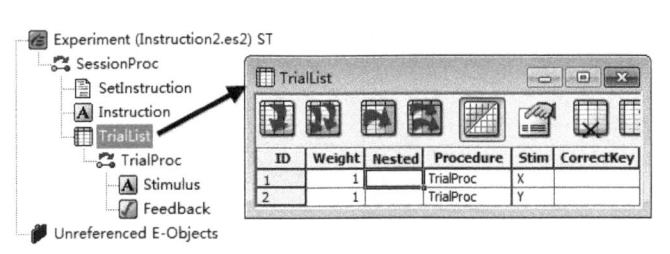

图 9-59　Instruction2 程序结构及列表对象

文本对象 Instruction 的显示内容为空，添加键盘输入，由被试控制实验的开始。在内嵌代码对象 SetInstruction 中输入以下代码：

```
Dim subCategory As Integer,i%,correctKey$
subCategory＝((Val(c.GetAttrib("Subject"))－1) Mod 2)＋1 '根据被试编号生成被试分组
Select Case subCategory '根据被试编号,将变量 correctKey 赋值不同按键序列
```

```
Case 1
    correctKey="fj"
    Instruction.Text="实验指导语\n\n出现 X 按 F,出现 Y 按 J\n\n任意键继续" '直接
    设置指导语
Case 2
    correctKey="jf"
    Instruction.Text="实验指导语\n\n出现 X 按 J,出现 Y 按 F\n\n任意键继续"
End Select
For i=1 To TrialList.Size '根据列表对象 TrialList 中的水平值,设置正确按键
    TrialList.SetAttrib i,"CorrectKey",Mid$(correctKey,i,1) '设置正确按键
Next i
```

9.10 目标词与干扰词的混合抽取

在学习与再认实验范式中,首先向被试呈现待学习的词表(目标词/旧词),然后再让被试对混入干扰词(新词)的词表进行目标词再认。

9.10.1 方法一:完全交互式设计

基本思路:构建两个列表对象,一个存放目标词,一个存放干扰词,然后将它们嵌套在学习列表和回忆列表中。

新建一个名为 StudyRecall 的实验程序,参照图 9-60 插入相应的实验控件并更名,其中 TargetList 和 DistractorList 两个列表分别存放目标词和干扰词,前者嵌套在 StudyList 和 RecallList 中,后者嵌套在 RecallList 中,根据图 9-60 中的内容增加相应的属性变量并输入相应的内容。程序结构中 Study 和 Recall 两个文本对象只是显示一些指导语信息,如要求被试记住学习的单词,由被试按空格键控制开始。而 Recall 中告诉被试如果是学习过的词(旧词)则单击鼠标左键,如果是未学习过的词(新词)则按鼠标右键。

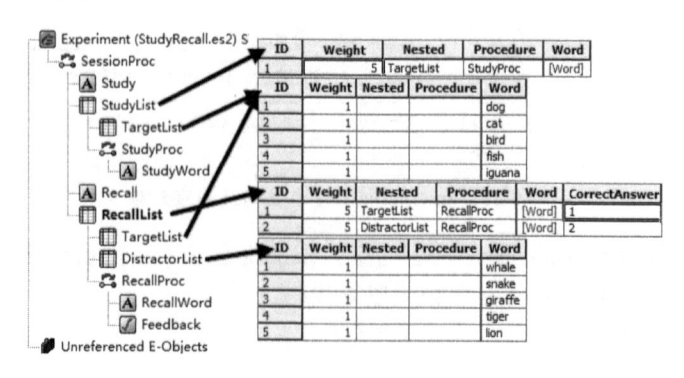

图 9-60 StudyRecall 程序结构及列表对象

文本对象 StudyWord 的持续时间为 1000 毫秒,显示内容引用 StudyList 列表中的[Word]属性;文本对象 RecallWord 的持续时间为 infinite,显示内容引用

RecallList 列表中的[Word]，并为其添加鼠标输入，设置允许的按键为"12"，正确按键设为[CorrectAnswer]。反馈对象 Feedback 关联到 RecallWord 文本对象上。

9.10.2　方法二：完全抽取

在方法一中，尽管这种交互式的设计方式可以使用学习再认范式，但由于目标词和干扰词是固定的，无法对两类词进行有效平衡，即使采用平衡模式——一半被试将 TargetList 中的单词作为目标词，DistractorList 中的单词作为干扰词，另一半被试反过来（你可以使用平衡模式设计下学习再认范式），也不能达到完全随机的效果。

基本思路：将所有单词放在一个列表中，从中随机抽取一半的单词为学习阶段的目标词，学习结束后，再对所有单词进行新旧判断，由于无法预知哪些词被抽取为目标词，也就无法提前为再认阶段设置正确按键，但可以先将所有正确按键设置为 2，在学习阶段则把抽中的单词的正确按键属性设置为 1 即可。

新建一个名为 StudyRecall1 的实验程序，参照图 9-61 插入相应实验控件并更名，列表对象 StudyList 为单词列表，其中 CorrectAnswer 属性值均为 2（鼠标右键），在 BlockList 列表中嵌套 StudyList 并使用不同的过程对象用于学习和再认（注意 BlockList 的抽样方式为 Sequential，StudyList 的抽样方式为 Random）。

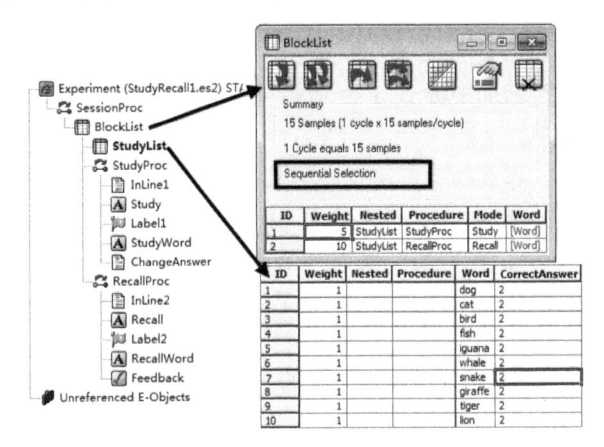

图 9-61　StudyRecall1 程序结构及列表对象

程序结构中 Study，StudyWord，Recall，RecallWord 和 Feedback 与 9.10.1 中完全相同，两个内嵌代码对象 InLine1 和 InLine2 是根据所运行的试次序号决定是否呈现相应阶段的指导语的，由于学习试次数为 5，再认试次数为 10，所以在 InLine1 中加入下面代码：

```
If c.GetAttrib("BlockList.Sample")>1 Then
    GoTo Label1
End If
```

上述代码的含义是如果试次序号大于 1 则不再显示学习阶段的指导语。在 InLine2 中输入类似的代码，分界值设定为 6（5+1），跳转到 Label2 标签处即可。

接下来要做的一件事，就是在 ChangeAnswer 中将学习过的单词的对应 CorrectAnswer 属性值设为 1，并根据条件重置列表对象，代码如下：

```
StudyList.SetAttrib c.GetAttrib("StudyList"),"CorrectAnswer","1"
```

```
    If c.GetAttrib("BlockList.Sample")=5 Then
        StudyList.Reset
    End If
```

未抽中的单词到了再认阶段其正确按键仍为"2",而被抽中的目标词其正确按键变为"1",这样再认阶段就能够根据正确按键给出正确的反馈信息。

9.10.3 方法三：不完全抽取

方法二适用于抽取所有单词进行再认测试,但如果单词列表数量大于测试数量,仍采用方法二,如将方法二中 BlockList 列表中的第二行权重值改为 8,即本意是在 5 个目标词中混入 3 个干扰词,则随机抽取无法保证 8 个试次中 5 个目标词均会被抽中。

那么如何解决这一问题呢？

基本思路：仍然可以借鉴方法二中对 CorrectAnswer 属性值的处理,即在 StudyList 列表中增加一个属性变量,用来标识是否被抽中,先将所有属性值置为 0,如果被抽中则置为 1,然后将未抽取的 2(10−8)个干扰词的权重值置为 0,使其不起作用。

将 StudyRecall1 实验程序另存为 StudyRecall2,加入属性变量 Sampled 后的 StudyList 列表及调整后的 BlockList 列表如图 9-62 所示。程序结构和 9.10.2 中相同。

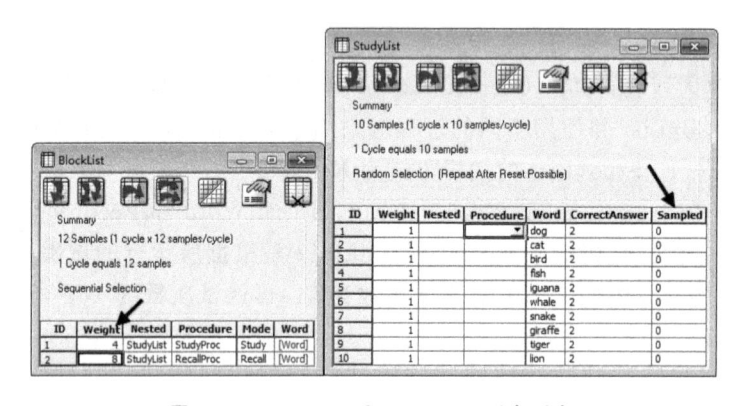

图 9-62 BlockList 和 StudyList 列表对象

需要将 InLine2 中的分界值改为 5(4+1),ChangeAnswer 中的代码变化为：

```
StudyList.SetAttrib c.GetAttrib("StudyList"),"CorrectAnswer","1" '更改正确按键
StudyList.SetAttrib c.GetAttrib("StudyList"),"Sampled","1" '更改 Sampled 属性值
Dim i As Integer,nCount As Integer
nCount=0
If c.GetAttrib("BlockList.Sample")=4 Then '如果到达最后一个学习的试次
    StudyList.Reset '重置列表
    For i=1 To StudyList.Order.Count '循环遍历列表中各行
```

```
        If c.GetAttrib("Sampled")="0" Then '如果未被抽中,抽中的属性值已改为 1
            StudyList.SetWeight i,0 '将其权重值改为 0
            nCount=nCount+1 '累计计数
            If nCount=2 Then '如果达到剔除的干扰词数,则退出 For 循环
                Exit For
            End If
        End If
    Next i
End If
```

9.11 随机生成数学题

有的实验(如计算广度工作记忆)需要被试判断算式是否成立,直接将算式添加到列表对象中是最简单的方式,但不够灵活。通过 E-Basic 代码可以方便地随机生成计算题,然后让被试输入答案或判断等式是否成立。

本次实验是在屏幕上呈现一个两位数的加减算式,要求被试判断是否成立,成立按鼠标左键,不成立按鼠标右键。

9.11.1 方法一:试次前生成

基本思路:每个试次刺激呈现前利用随机函数由代码生成,然后根据实验条件决定是加法还是减法运算以及算式成立与否。

新建一个名为 arithmatic 的实验程序,参照图 9-63 插入相应实验控件并更名,实验结构很简单,呈现注视点"+"1000 毫秒,然后出现要判断的算式,直到被试做出反应,然后根据反应结果呈现反馈信息。TrialList 列表对象中有四行,Stim 栏存放算式,plus 栏存放是否加法运算,CorrectAnswer 栏存放对应的正确答案,在代码中就要根据当前试次的 Plus 属性和 CorrectAnswer 属性生成算式。

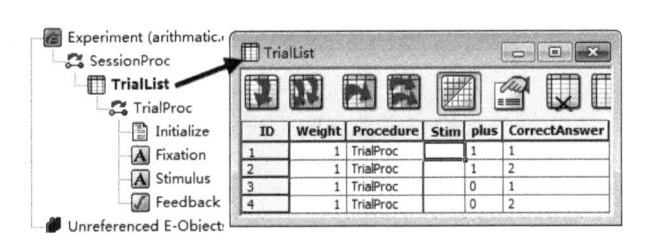

图 9-63 arithmatic 程序结构及列表对象

文本对象 Stimulus 的显示内容为空,为其添加鼠标输入,正确按键引用列表中的[CorrectAnswer],将反馈对象 Feedback 关联到 Stimulus 对象。

下面我们看在 Initialize 对象中如何生成数学算式:

```
Dim a%,b%,answer%
If c.GetAttrib("plus")="1" Then '加法
    Do
        a=Random(11,99)
```

```
            b=Random(11,99)
        Loop While Abs(a-b)<10
        answer=a+b
        If c.GetAttrib("CorrectAnswer")="1" Then '表达式成立
            c.SetAttrib "Stim",CStr(a) & "+" & CStr(b) & "=" & CStr(answer)
        Else
            '当表达式不成立时,使正确答案上下变化5
            answer=answer+IIf(Random(1,100)>50,1,-1)*Random(1,5)
            c.SetAttrib "Stim",CStr(a) & "+" & CStr(b) & "=" & CStr(answer)
        End If
    Else '减法
        Do
            a=Random(11,99)
            b=Random(11,99)
        Loop While (a-b)<10
        answer=a-b
        If c.GetAttrib("CorrectAnswer")="1" Then '表达式成立
            c.SetAttrib "Stim",CStr(a) & "-" & CStr(b) & "=" & CStr(answer)
        Else
            answer=answer+IIf(Random(1,100)>50,1,-1)*Random(1,5)
            c.SetAttrib "Stim",CStr(a) & "-" & CStr(b) & "=" & CStr(answer)
        End If
    End If
    '此处代码中设置Stimulus文本对象的显示内容
    Stimulus.Text=c.GetAttrib("Stim")
```

上面的代码在每次刺激呈现前利用随机函数生成算式,尽管计算机运行速度很快,但会导致ITI时间参数出现波动(参见11.23),在方法二看如何解决这个问题。

9.11.2 方法二:实验前生成

基本思路:在整个实验前生成所需的刺激材料,并将其存放在列表中,供显示对象直接使用。

新建一个名为 arithmatic1 的实验程序,参照图 9-64 插入相应实验控件并更名,与方法一中程序结构对比发现内嵌代码对象 Initialize 的位置发生了变化,处在 TrialList 列表对象之前,而非在列表对象的 TrialProc 过程中。Fixation、Feedback 以及 Stimulus 的设置与方法一相同,但在 Stimulus 中显示内容引用列表对

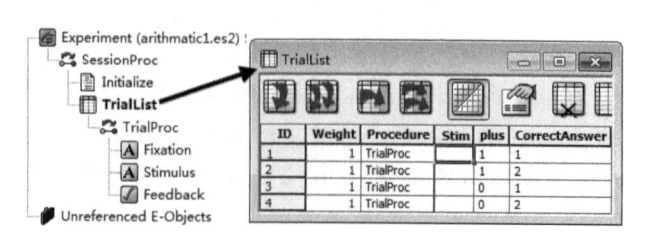

图 9-64 arithmatic1 程序结构及列表对象

象中的[Stim]属性。

Initialize 对象中的代码如下：

```
Dim a%,b%,answer%,i%
For i=1 To TrialList.Size '循环遍历 TrialList 列表
    If TrialList.GetAttrib(i,"plus")="1" Then '加法
        Do
            a=Random(11,99)
            b=Random(11,99)
        Loop While Abs(a-b)<10
        answer=a+b
        If TrialList.GetAttrib(i,"CorrectAnswer")="1" Then '表达式成立
            c.SetAttrib "Stim",CStr(a) & "+" & CStr(b) & "=" & CStr(answer)
        Else
            '当表达式不成立时,使正确答案上下变化 5
            answer=answer+IIf(Random(1,100)>50,1,-1) * Random(1,5)
            c.SetAttrib "Stim",CStr(a) & "+" & CStr(b) & "=" & CStr(answer)
        End If
    Else '减法
        Do
            a=Random(11,99)
            b=Random(11,99)
        Loop While (a-b)<10
        answer=a-b
        If TrialList.GetAttrib(i,"CorrectAnswer")="1" Then '表达式成立
            c.SetAttrib "Stim",CStr(a) & "-" & CStr(b) & "=" & CStr(answer)
        Else
            answer=answer+IIf(Random(1,100)>50,1,-1) * Random(1,5)
            c.SetAttrib "Stim",CStr(a) & "-" & CStr(b) & "=" & CStr(answer)
        End If
    End If
    '此处代码中设置 Stimulus 文本对象的显示内容
    TrialList.SetAttrib i,"Stim",c.GetAttrib("Stim")
Next i
```

上述代码通过 For 循环遍历 TrialList 列表中每一行，根据相应的加减法和正确按键生成判断的加减法等式，将其写入列表中，这样在 TrialList 列表运行前，各行的属性值都已存在，直接显示调用就可以了。

9.12 延长反应接收时间

有的实验可能只给被试呈现刺激 100～200 毫秒，然后刺激被清除，要求被试做

出反应判断。此时就不能仅仅将刺激对象（文本或图片）的持续时间设为 100～200 毫秒，否则被试可能还没有来得及做出按键反应，试次就结束了。刺激呈现结束后，需要留出更多的反应时间来接收被试的反应输入。

本次实验以 X，Y 判断为例：在屏幕上首先出现注视点"＋"1000 毫秒，然后呈现字母"X"或"Y"，其持续时间为 300 毫秒，要求被试判断，如果是字母"X"，则按鼠标左键，否则按鼠标右键。

9.12.1 方法一：标签跳转

基本思路：在字母刺激呈现 300 毫秒后，再加入一个空白的文本控件（使其呈现更长时间），如果被试在字母呈现期间做出反应则跳过随后的空白刺激。

新建一个名为 WaitMore 的实验程序，参照图 9-65 插入相应的实验控件，为列表对象 TrialList1 增加属性变量并输入相应内容。

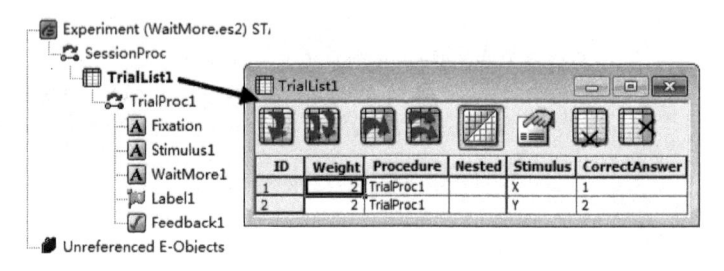

图 9-65　WaitMore 程序结构及列表对象

文本对象 Fixation 的持续时间为 1000 毫秒，Stimulus1 的持续时间为 300 毫秒，其显示内容引用[Stimulus]，并添加鼠标反应，正确按键引用[CorrectAnswer]，Time Limit 设置为 2000 毫秒，结束动作设为 Jump，跳转标签设为 Label1，具体设置参见图 9-66。文本对象 WaitMore1 的持续时间为 1700 毫秒，显示内容留空。反馈对象 Feedback1 关联到 Stimulus1 对象上。

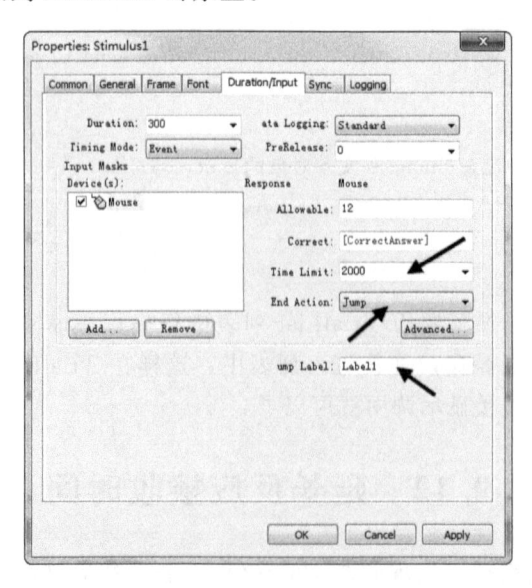

图 9-66　Stimulus1 属性对话框

9.12.2 方法二：循环等待

基本思路：如果被试在 300 毫秒内没做出反应，则通过循环等待更多的时间。

参照图 9-67 建立一个名为 WaitMore1 的实验程序，其中对象 TrialList1，Fixation 和 Feedback1 与 9.12.1 中的设置完全相同。由于不使用跳转标签，文本对象 Stimulus1 的结束动作设置为 none。文本对象 WaitMore1 与 9.12.1 中不同之处在于其持续时间，本实验中设为 0，而非 1700 毫秒。

在 IfNoInput 内嵌代码对象中输入以下代码：

```
Dim endTime As Long
endTime=Clock.Read+1700 '在当前时间基础上增加 1700 毫秒
Do
Loop Until Not(Stimulus1.InputMasks.IsPending()) Or Clock.Read>=endTime
```

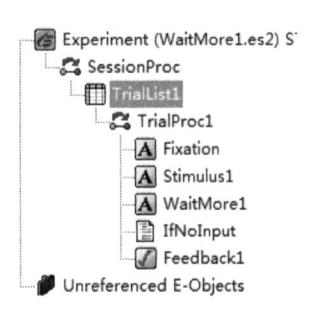

图 9-67　WaitMore1 程序结构

9.12.3 方法三：使用 Clear After 属性

基本思路：刺激对象的 Clear After 属性决定刺激结束后是否清除其内容，默认设置为 No(不清除)，其内容会一直呈现，除非被后面的刺激覆盖。如果设置为 Yes，则其内容在刺激结束后会先被清除。(注意：E-Prime 2.0.10.x 版本中已经不建议使用此属性。)

将实验程序 WaitMore1 另存为 WaitMore2，然后将程序结构中的 WaitMore1 文本对象删除，Stimulus1 的 Clear After 属性设置为 Yes(见图 9-68)。

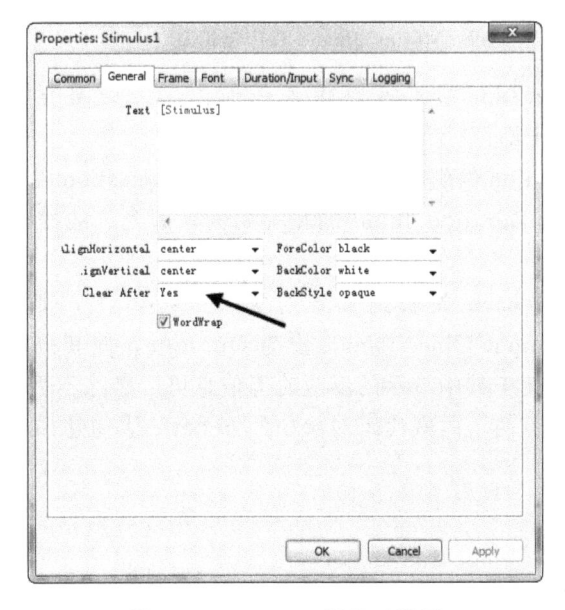

图 9-68　Stimulus1 属性对话框

9.13 移动窗口技术

实验中每次呈现一个句子中的部分信息，未显示的内容使用"※"掩蔽，按空格键显示掩蔽内容，但先前内容被掩蔽，最后呈现与句子相关的问题，要求被试判断正误。

E-Prime 官方网站上提供了示例程序[①]，其思路是将一个完整的句子拆分成几个部分存放在列表对象不同的属性变量中（如 Window1，Window2...），使用多个文本对象依次显示不同的内容，由于句子长短不一，给实验程序的扩展带来不便。

基本思路：将每个试次呈现的句子放在一个属性变量中，句子中使用分隔符进行分隔，而不是事先分隔后放在多个属性变量中，通过 E-Basic 代码来提取句子中的各项内容，且只需一个文本对象来动态变换其显示内容。

新建一个名为 MovingWindow 的实验程序，在 SessionProc 中插入一个列表对象（TrialList），并在列表对象中添加三个变量 Sentence，Question 和 CorrectAnswer，参照图 9-69 输入相应信息，注意 Sentence 列的句子中"｜"为分隔符。当提示是否创建 TrialProc 过程时，选择"是"。

在 TrialProc 过程中依次插入内嵌代码对象 Initialize、标签对象 Start、文本对象 TextStim、内嵌代码对象 Repeat、文本对象 Question 和反馈对象 Feedback（见图 9-69）。

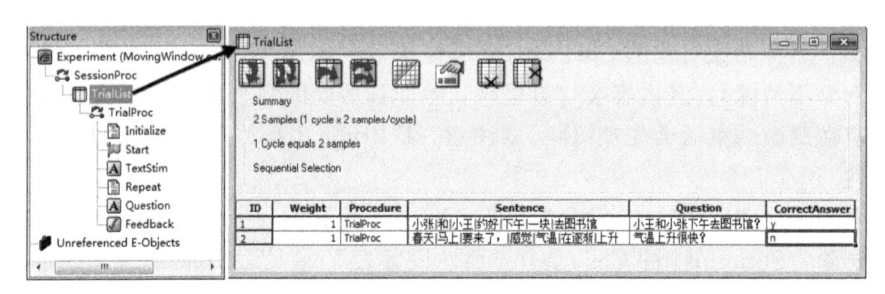

图 9-69 MovingWindow 程序结构及 TrialList 列表

在文本对象 TextStim 中不需要输入任何内容，只需要按照图 9-70 来设置 Duration/Input 选项卡即可。

在文本对象 Question 的编辑窗口中输入对变量 Question 的引用[Question]，然后按照图 9-71 设置其 Duration/Input 的相关属性，即允许的按键为"y"和"n"，用于回答问题。

将反馈对象 Feedback 关联到文本对象 Question 上，即在其属性对话框的 General 选项卡中将 Input Object Name 设为 Question，使其根据被试对问题的正误判断给出相应反馈，至于其中显示的反应时等信息可以删除不用。

接下来我们主要看两个内嵌代码对象中的 E-Basic 语句是如何进行句子拆分和控制实验流程的。

[①] http://www.pstnet.com/support/samples.asp?Mode=View&SampleID=11

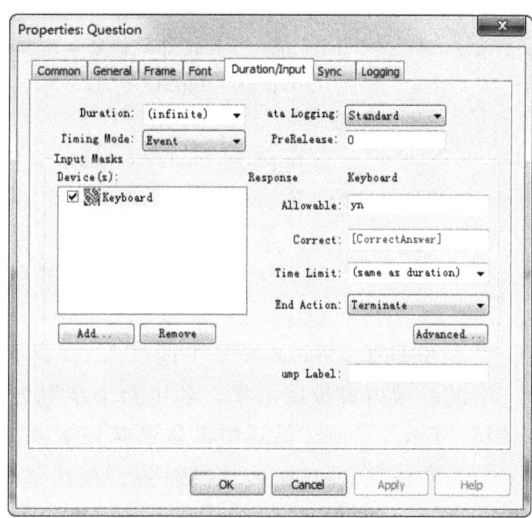

图 9-70 TextStim 文本对象的属性设置   图 9-71 Question 文本对象的属性设置

双击 Initialize 内嵌代码对象，在其中输入以下代码：

```
Dim sentence as String '定义字符变量
sentence＝c.GetAttrib("sentence") '获取属性变量 sentence 中的内容
Dim i,start,start1,phrasecount '定义几个整数变量
phrasecount＝ItemCount(sentence,"|") '判断 sentence 字符串中由分隔符"|"分隔为几项
start＝0 '变量初始化
i＝1 '变量初始化
Dim phrases(phrasecount) as String '根据字符项数定义存放字符的数组
Dim mask(phrasecount) as String '定义掩蔽字符数据
Do 'Do...While 循环
    start1＝start＋1
    start＝InStr(start1,sentence,"|") '获取分隔符的位置
    If start＞0 Then '如果找到分隔符
'截取字符串中由分隔符分隔的某项内容，将其存放到 phrases 字符数组中
        phrases(i)＝Mid(sentence,start1,start－start1)
    Else
        phrases(i)＝Mid(sentence,start1) '如果没有找到,则截取剩余的字符内容
    End If
'根据文本长度,生成掩蔽文本,由于汉字是双字节,所以使用双字节的掩蔽符
    mask(i)＝String＄(Len(phrases(i)),"※")
    i＝i＋1
Loop While start＞0
Dim tmpStr as String '定义一个临时性的字符变量,用于生成显示文本
Dim index as Integer '定义一个计数变量,控制是否呈现问题
index＝1
tmpStr＝""
```

```
        For i=1 To phrasecount
            If i=index Then '如果需要呈现文本序号,则拼接文本
                tmpStr=tmpStr & phrases(i)
            Else
                tmpStr=tmpStr & mask(i) '否则,拼接掩蔽符
            End If
        Next i
        TextStim.Text=tmpStr '将临时文本赋给文本对象,作为其显示内容
```

在 Do...While 循环中通过 InStr 函数来查找分隔符,然后通过 Mid 函数将句子中的各项内容提取出来,利用两个字符数组来存放提取出来的各项内容和相应的掩蔽符。For...Next 循环根据显示序号来拼接生成显示文本。

双击 Repeat 内嵌代码对象,在其中输入以下代码:

```
    c.SetAttrib "Text.RT" & index,TextStim.RT '记录反应时
    index=index+1 '呈现内容计数器加 1
    If index<=phrasecount Then
        tmpStr=""
        For i=1 To phrasecount
            If i=index Then
                tmpStr=tmpStr & phrases(i)
            Else
                tmpStr=tmpStr & mask(i)
            End If
        Next i
        TextStim.Text=tmpStr
        GoTo Start '如果没有显示完,则跳转到 Start 标签处
    End If
```

保存实验程序,编译运行进行测试。

9.14　内隐联想测验

内隐联想测验是应用较多的一个实验范式,我们看下如何在 E-Prime 中实现花虫联想测验。

基本思路:内隐联想测验中包括简单分类和联合分类任务,前者指概念词分类任务和属性词分类任务,后者指将概念词与属性词组合后的联合分类任务。我们可以构建四个列表对象用来存储概念词(两个类别)和属性词(两个类别)。每个类别的正确按键是一样的,但不要在上述四个列表对象中定义正确按键,因为实验过程中需要交换反应键,否则无法很好地引用列表对象。不论是概念词或属性词的分类,还是联合任务中的分类任务,其过程实质上都是一样的,只是呈现的词不同而已,因此可以使用

相同的试次过程。

为了充分利用四个词语列表对象，使用平衡模式来设计，这样只需引用不同的词语列表就可以进行不同对象的分类任务，由于简单分类任务和联合分类任务所使用的词语列表数量不同，因此两个任务分开处理，所以在实验中建立 SingleList 和 CombineList 列表对象分别控制，在 SingleList 中有两行，分别对应概念词的两个分类或属性词的两个分类，CombineList 中有四行，对应四个词语列表对象，通过权重值来对所有刺激进行抽样。

新建一个名为 IAT 的实验程序，参照图 9-72 插入相应的实验控件并更名，列表对象 BlockList 为主控制列表，按照顺序抽样，依次运行概念词分类、属性词分类、联合任务一（练习）、联合任务一（测试）、概念词分类（交换）、联合任务二（练习）和联合任务二（测试）。

BlockList 列表增加的属性变量及作用如表 9-1 所示。比如，概念词分类任务，将 List1 设为 Target1，List2 设为 Target2，Key1 设为"f"，Key2 设为"j"，那么 Target1 列表中的花朵对应正确按键 f，Target2 中的昆虫对应正确按键 j。如果将 Key1 设为"j"，Key2 设为"f"，就相当于交换了反应按键。SingleList 中只使用 List1，List2 和 Key1，Key2。

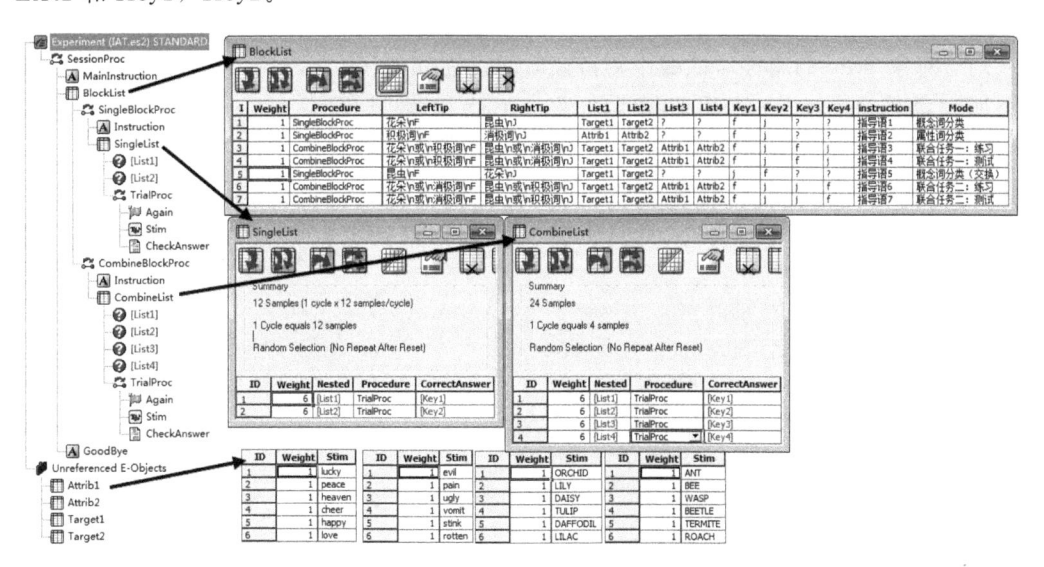

图 9-72　IAT 程序结构及列表对象

表 9-1　BlockList 列表对象属性变量

属性变量	作用
LeftTip	在屏幕左上角显示的按键提示信息
RightTip	在屏幕右上角显示的按键提示信息
List1	用于存放概念词或属性词的列表名称
List2	用于存放概念词或属性词的列表名称
List3	用于存放概念词或属性词的列表名称

属性变量	作用
List4	用于存放概念词或属性词的列表名称
Key1	与 List1 对应的正确按键
Key2	与 List2 对应的正确按键
Key3	与 List3 对应的正确按键
Key4	与 List4 对应的正确按键
Instruction	存放每个阶段的指导语
Mode	阶段信息

文本对象 MainInstruction 用来呈现整个实验的主指导语，文本对象 Instuction 引用 BlockList 中的[instruction]属性，显示每个阶段的指导语。单个试次中的 Stim 幻灯对象界面如图 9-73 所示。其中包含 4 个 SlideText 对象，左上角的 Text1 引用[LeftTip]，右上角的 Text2 引用[RightTip]，中间的 Text3 引用[Stim]，下方的 Text4 用来显示反馈信息（当被试反应错误时显示一红色的"X"）。在幻灯对象 Stim 的属性对话框中将持续时间设为 infinite，添加键盘输入，允许的反应键为"fj"，正确按键引用[CorrectAnswer]。为确保被试反应正确才结束某个试次，使用了标签 Again 标记试次流程中的某个位置。

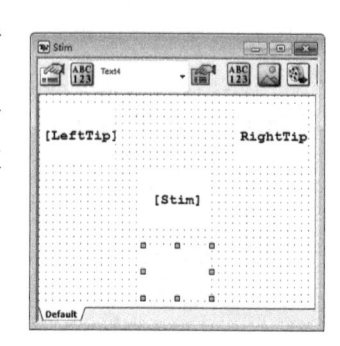

图 9-73 Stim 界面布局

双击 CheckAnswer 对象，在其中输入以下代码：

```
Dim theSlide As Slide
Dim theState As SlideState
Dim theSlideText As SlideText
Set theSlide = CSlide(Rte.GetObject("Stim"))
Set theState = theSlide.States("Default")
Set theSlideText = CSlideText(theState.Objects("Text4"))

If Stim.ACC = 0 Then
    theSlideText.ForeColor = CColor("red")
    theSlideText.Text = "X"
    theSlideText.Draw
    GoTo Again
Else
    theSlideText.Text = ""
End If
theSlideText.Draw
```

本程序中错误反应的反应时记录并不正确，请你思考如何得到从试次开始到反应正确之间的反应时？另外，本实验中也没有对被试的反应键进行平衡，你认为如何实现呢？

9.15　N-Back 实验（字母）

N-Back 任务最早由柯克纳（Kirchner）提出，他将其用于考察对快速变化信息的短时记忆能力的年龄差异。在 N-Back 任务中，被试在浏览依次呈现的刺激时，判断当前呈现的刺激是否与此前呈现过的第 n 个刺激相匹配。如果将当前刺激位置记为 m，则判断与 m－1 刺激是否相符，则为 1-Back 任务，如果是判断与 m－2 刺激是否相符，则为 2-Back 任务（见图 9-74），依此类推。以 3-back 为例，如果依次呈现下列字母，T，L，H，C，H，O，C̲，Q，L，C̲，K，L̲，H，C，Q，T，R，R，K，C，H，R，则下划线字母出现时就需要被试做出反应，因为它们与先前出现的 m-3 字母相同。

图 9-74　2-Back 任务示意图

本次 N-Back 实验范式中屏幕上呈现序列字母，要求被试判断某个字母是否与前面呈现的字母相同，如果相同则做出按键反应。根据字母与前面相同字母的间隔字母数任务分为 1-Back、2-Back 和 3-Back 实验任务（见表 9-2）。

表 9-2　N-Back 刺激示例

N-Back	试次序号	字母	是否目标 （1 为目标）
1-Back	1	'B'	0
	2	'B'	1
	3	'W'	0
	4	'N'	0
	5	'C'	0
	6	'C'	1
2-Back	1	'H'	0
	2	'N'	0
	3	'H'	1
	4	'N'	1
	5	'L'	0
	6	'S'	0

续表

N-Back	试次序号	字母	是否目标 （1 为目标）
3-Back	1	'Z'	0
	2	'N'	0
	3	'G'	0
	4	'J'	0
	5	'N'	1
	6	'C'	0

基本思路：本实验的关键是根据任务要求生成相应的刺激序列，如果在列表对象中设置固定的刺激序列，就需要刺激序列足够长，否则就会具有规律性。所以可以借助代码来实现呈现的字母序列。

9.15.1　方法一：1-Back 任务

新建一个名为 OneBack 的实验程序，参照图 9-75 插入相应实验控件并更名，TrialList 列表对象中只有一行，Stim 用于存放呈现的字母，实时生成，CorrectAnswer 为正确按键。

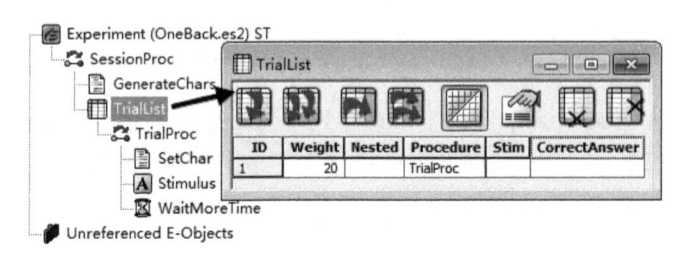

图 9-75　OneBack 程序结构及列表对象

文本对象 Stimulus 引用[Stim]属性，持续时间 200 毫秒，Time Limit 设为 1000 毫秒，并且添加键盘输入，允许按键为{SPACE}，结束动作为 none，为了 200 毫秒后清除字母，将其 Clear After（在 General 选项卡中）设为 Yes。等待对象 WaitMoreTime 的持续时间设为 800 毫秒，其他属性保持默认值。

首先在脚本编辑窗口的 User 标签下定义两个全局变量：

```
Dim stims() As String '存放字母序列
Dim wlist() As Integer '存放目标字母标识(1为需要按键的目标)
```

对象 GenerateChars 主要用来生成字母序列，其代码如下：

```
ReDim wlist(1 To 20) As Integer '显示序列为20个字母
Dim start%,i%,nTarget%,j%
start=3 '目标字母可开始的最小位置
```

```
nTarget=6 '目标字母数量
For i=1 To start-1 '将前面的字母标识为非目标
    wlist(i)=0
Next i
Dim s As Long
Do
    j=0
    For i=start To UBound(wlist) '根据目标字母数量生成标识
        If j<nTarget Then
            wlist(i)=1
            j=j+1
        Else
            wlist(i)=0
        End If
    Next i
    RandomizeArray wlist,start,UBound(wlist) '对数组 wlist 随机化
    Dim morethan2 As Boolean
    morethan2=False
    j=0
    For i=start To UBound(wlist)-1 '判断连续目标是否大于 2 个
        If wlist(i)=wlist(i+1) And wlist(i)=1 Then
            j=j+1
            If j>1 Then
                morethan2=True '连续目标大于 2 个
                Exit For
            End If
        Else
            j=0
        End If
    Next i
Loop Until Not morethan2 '只有连续目标小于 2 个时才符合条件
Dim letters As String
letters="BCDFGHJKLMNPQRSTVWXZ" '字母序列可用字符串
Dim rl(1 To Len(letters)) As Integer
For i=1 To Len(letters)
    rl(i)=i
Next i
RandomizeArray rl '随机化字符串中的字母位置
ReDim stims(1 To UBound(wlist)) As String '重定义字母序列数组
For i=1 To UBound(wlist)
    If wlist(i)=0 Then '如果不是目标,则在字符串中取一个字符填充
        stims(i)=Mid(letters,rl(i),1)
    Else
        stims(i)=stims(i-1) '如果是目标,将其设为与前一个字母相同
```

```
        End If
Next i
```

内嵌代码 SetChar 用来设置当前试次中相关的属性信息，代码如下：

```
'根据试次序号取字母序列中的字母,将其设置为 Stim 属性值
c. SetAttrib "Stim", stims(Val(c. GetAttrib("TrialList. Sample")))
'根据目标标识数组 wlist 中的数值,设置正确按键
c. SetAttrib " CorrectAnswer ", IIf ( wlist ( Val ( c. GetAttrib ( " TrialList. Sample "))) =
1,"{SPACE}","")
```

9.15.2 方法二：2-Back 任务

将 OneBack 实验程序另存为 TwoBack，所有过程相同，只需将 GenerateChars 中的代码修改为：

```
ReDim wlist(1 To 20) As Integer '显示序列为 20 个字母
Dim start%, i%, nTarget%, j%
start=3 '目标字母可开始的最小位置
nTarget=6 '目标字母数量
For i=1 To start-1 '将前面的字母标识为非目标
    wlist(i)=0
Next i
Dim s As Long
Do
    j=0
    For i=start To UBound(wlist) '根据目标字母数量生成标识
        If j<nTarget Then
            wlist(i)=1
            j=j+1
        Else
            wlist(i)=0
        End If
    Next i
    RandomizeArray wlist, start, UBound(wlist) '对数组 wlist 随机化
    Dim morethan2 As Boolean
    morethan2=False
    j=0
    For i=start To UBound(wlist)-1 '判断字母是否连续呈现
        If wlist(i)=wlist(i+1) And wlist(i)=1 Then
            j=j+1
            If j>1 Then
                morethan2=True
```

```
                    Exit For
                End If
            Else
                j=0
            End If
    Next i
Loop Until Not morethan2
Dim letters As String
letters="BCDFGHJKLMNPQRSTVWXZ" '字母序列可用字符串
Dim rl(1 To Len(letters)) As Integer
For i=1 To Len(letters)
    rl(i)=i
Next i
RandomizeArray rl '随机化字符串中的字母位置
ReDim stims(1 To UBound(wlist)) As String '重定义字母序列数组
For i=1 To UBound(wlist)
    If wlist(i)=0 Then '如果不是目标,则在字符串中取一个字符填充
        stims(i)=Mid(letters,rl(i),1)
    Else
        stims(i)=stims(i-2) '如果是目标,将其设为与前两个字母相同
    End If
Next i
```

9.16 视觉搜索

视觉搜索实验中在屏幕上呈现目标和干扰刺激,要求被试判断目标是否存在,或判断目标是什么(如 T 还是 L)。本次实验屏幕上随机呈现 4 个或 6 个字母,要求被试判断目标是 T 还是 L,如果是 T 则按鼠标左键,否则按右键,干扰刺激从 E,J,K,N,M 和 F 字母中随机选择。

9.16.1 方法一:刺激规则排列

基本思路:规则排列是指刺激在屏幕上呈现的位置具有一定的规则。比如,刺激呈现在注视点周围虚拟圆周上。可以使用幻灯对象在屏幕上规则排列 SlideText 或 SlideImage,可以事先计算出每个刺激的坐标,然后再进行布局。关键在于,由于刺激呈现数目不同,尽管可以借助 E-Prime 提供的 Factor Table Wizard 来平衡字母出现的位置,但通过代码进行随机会更方便些。

新建一个名为 VisualSearch 的实验程序,参照图 9-76 插入相应实验控件并更名,列表对象 TrialList 中嵌套了 TList 和 DList 两个存放目标刺激和干扰刺激的列表对象,在 TrialList 中增加了六个属性 c1~c6,并且使用 Colon 语法来随机选取干扰字母和目标字母。

幻灯对象 Stim 的界面如图 9-77 所示,其中包括七个 SlideText 对象,使注视点

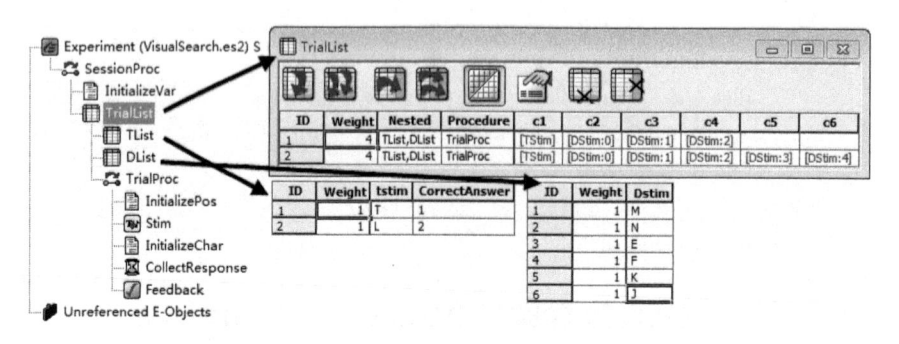

图 9-76 VisualSearch 程序结构及列表对象

居中，另外六个 SlideText 的位置随便放置（在代码中使这六个规则排列），并将它们分别命名为 Text1～Text6（注意：使 Default 页面的大小为全屏，即在其属性对话框中将 Width 和 Height 属性均设为 100%）。Stim 的持续时间为 1000 毫秒，不添加任何反应设备。

等待对象 CollectResponse 的属性设置如图 9-78 所示，用于接收被试的判断反应。

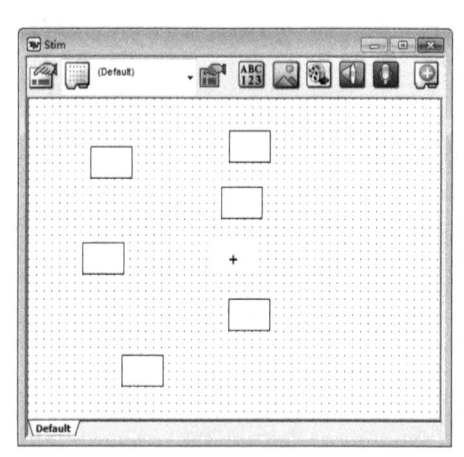

图 9-77 幻灯对象 Stim 界面布局　　　图 9-78 CollectResponse 属性对话框

在脚本编辑窗口 User 标签下完成全局变量的定义：

```
Dim ar(1 To 6) As Integer,i%
Dim theSlide As Slide
Dim theSlideState As SlideState
Dim theSlideText As SlideText
Dim cx%,cy%
```

在 InitializeVar 对象中对变量进行初始化，主要是获取屏幕中心坐标值：

cx=Display.XRes/2
cy=Display.YRes/2

在 InitializePos 对象中输入以下代码，完成对象的规则排列：

```
Set theSlide=CSlide(Rte.GetObject("Stim"))
Set theSlideState=theSlide.States("Default")
For i=1 To 6
    '根据名称引用 SlideText 对象
    Set theSlideText=CSlideText(theSlideState.Objects("Text" & CStr(i)))
    theSlideText.x=100*Cos(Pi*(30+(i-1)*60)/180)+cx '计算某个 SlideText 对象的坐标
    theSlideText.y=100*Sin(Pi*(30+(i-1)*60)/180)+cy
    theSlideText.Text="" '将其显示内容置空
Next i
theSlideState.Draw '重置 Default
```

在 InitializeChar 对象中输入以下代码实现字母的随机显示：

```
For i=1 To 6
    ar(i)=i
Next i
RandomizeArray ar '数组随机
For i=1 To 6
    '引用随机后某个对象
    Set theSlideText = CSlideText (theSlideState.Objects("Text" & CStr(ar(i))))
    theSlideText.Text=c.GetAttrib("c" & CStr(i))
'设置 SlideText 对象的显示内容
Next i
theSlideState.Draw
```

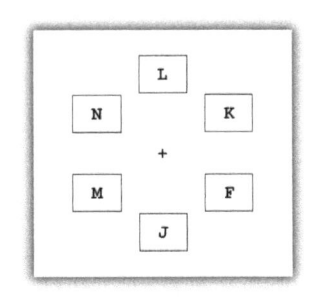

实验运行界面如图 9-79 所示。

本实验程序中使用的是固定个数的 SlideText 对象，留给你一个挑战性的任务：请参照 9.26.1 中的方法使用动态创建的方式来设置。

图 9-79　实验运行界面

9.16.2　方法二：刺激随机排列

基本思路：方法一中的刺激排列具有一定规律，如果字母很多且在屏幕上随机排列，就需要采用动态创建 SlideText 来实现，本小节采用文本绘制的方法来实现。由于字母随机呈现在不同位置，要确保字母不相互覆盖，如果目标字母被干扰字母盖住，就会影响被试的判断。首先使用随机函数根据显示区域的约束条件生成某个对象的坐标值，然后判断该坐标值是否与已有的坐标"重叠"，如果不重叠则将其加入坐标数组中，否则继续随机，直到生成满足条件的所有对象的坐标值。

新建一个名为 VisualSearch1 的实验程序，参照图 9-80 插入相应实验控件并更名，TrialList 列表中 TStim 列存放目标字母，Ds 列存放干扰字母数量，CorrectAnswer 为与目标字母对应的正确按键。

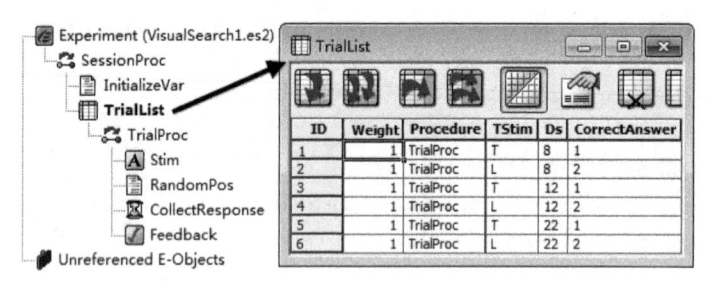

图 9-80　VisualSearch1 程序结构及列表对象

Stim 文本对象只是呈现注视点"＋"1000 毫秒，CollectResponse 及 Feedback 的设置与方法一中完全相同（见图 9-78）。在脚本编辑窗口的 User 标签下进行全局变量的定义：

```
Dim cnvs As Canvas
Dim offscr As Canvas
Dim ar(1 To 6) As Integer,i％,j％
Dim cx％,cy％,sw＆,sh＆,nw％,nh％,minx％,maxx％,miny％,maxy％,x％,y％
Dim chars(24) As String
Dim pts(24) As Point
Dim sr As Rect,dr As Rect
```

在对象 InitializeVar 中对变量进行初始化：

```
Set cnvs＝Display.Canvas
'屏幕中心点
cx＝Display.XRes/2
cy＝Display.YRes/2
'屏幕宽度
nw＝Display.XRes
nh＝Display.YRes
Set offscr ＝ Display.CreateCanvas（ebCanvasMemoryAny,nw/2,nh/2）'适用于 E-Prime 2.0.10.X 以上版本
offscr.CalculateTextSize "T",sw,sh '获取显示一个字母的宽和高
'定义源矩形区域
sr.Left＝0
sr.Top＝0
sr.Right＝nw/2
```

sr.Bottom=nh/2
'定义目标矩形区域
dr.Left=nw/4
dr.Top=nh/4
dr.Right=nw*.75
dr.Bottom=nh*.75
'随机取字母显示坐标的最小值和最大值
minx=0
maxx=nw/2-sw
miny=0
maxy=nh/2-sh
'利用Chr函数生成干扰字母
For i=65 To 88
    chars(i-64)=Chr(i)
Next i
chars(12)="Y"
chars(20)="Z"

双击RandomPos对象，在其中输入以下代码：

'将数组的第一个元素设为当前试次的目标字母
chars(0)=c.GetAttrib("TStim")
'清除缓冲画布
offscr.Clear
Dim overlap As Boolean
Dim k%
k=0
'先随机生成第1个字符显示坐标点
pts(k).x=Random(minx,maxx)
pts(k).y=Random(miny,maxy)
offscr.Text pts(k).x,pts(k).y,chars(k)
Do While k<Val(c.GetAttrib("Ds"))
    Do
        '生成一个临时坐标
        x=Random(minx,maxx)
        y=Random(miny,maxy)
        overlap=False
        '循环检查临时坐标是否与已有的坐标值重叠(要求两个字母间有4个字符的间距)
        For i=0 To k
            If Abs(pts(i).x-x)<sw*4 And Abs(pts(i).y-y)<sh*4 Then
                overlap=True
                Exit For
            End If

```
                Next i
        Loop Until Not overlap '直至生成满足条件的坐标
        k=k+1
        pts(k).x=x
        pts(k).y=y
        offscr.Text pts(k).x,pts(k).y,chars(k) '在缓冲画布中绘制符合条件的字母
    Loop
    Display.WaitForVerticalBlank
    cnvs.Copy offscr,sr,dr
```

实验运行界面如图 9-81 所示。

在随机化位置的过程中由于限定了条件，实验时间不可控，特别是当刺激数量较多时，花费的时间会更多，在时间严格控制的实验中，这是一个需要考虑的问题，有没有办法解决呢？供你思考（参见 11.23）。

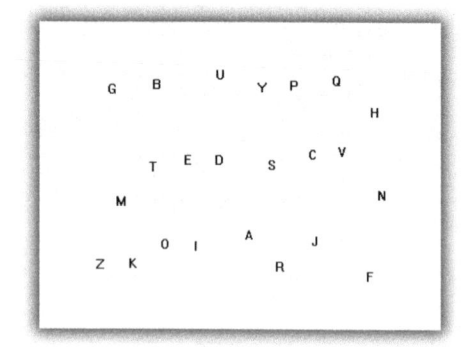

图 9-81 视觉搜索实验界面

9.17 杯子任务

杯子任务（Cups Task）是研究在风险情况下个体的决策倾向的一种实验任务。屏幕左右各呈现数量不等的杯子（2，3 或 5），要求被试选择其中的某个杯子，被试得到或损失收益的概率与杯子的选择有关（见图 9-82）。

图 9-82 杯子任务试次示例

基本思路：实验任务比较简单，从一组对象中选择某个对象，故使用幻灯对象来呈现使用，且鼠标选择比较直观。另外，从图 9-82 可以看出，一侧获益或损失概率相等，一侧为概率不等，首先想到使用 10 个属性变量（左右各 5 个杯子的情况），分别存放每个杯子的收益系数。但由于杯子数量不等，且左右杯子的收益系数具有一定的规律性（如某侧相同，另一侧最外侧杯子的系数最高），因此可考虑使用两个属性变量分别保存左右侧的收益系数。

新建一个名为 cuptask 的实验程序，参照图 9-83 插入相应实验控件并更名，列表对象 TrialList 中 Cups 属性变量为幻灯对象 Stimulus 的 SlideState 名称，在 Stimulus 的 ActiveState 中引用[Cups]，leftvalue 属性变量是左侧杯子的收益系数，rightvalue 属性变量是右侧杯子的收益系数，基数为 0.25 元。

文本对象 Fixation 显示内容为"＋"，持续时间为 1000 毫秒，幻灯对象包括三个

SlideState，名称分别为 two，three 和 five 与列表对象中 Cups 列的属性值对应，其属性对话框中 General 选项卡下的 ActiveState 引用[Cups]，并为其添加鼠标输入，持续时间为 infinite，允许按键为 1。以 five 状态对象为例（见图 9-84），界面中包括 10 个杯子（左右各 5 个 SlideText 对象）和一个用于反馈的 SlideText 对象，其名称为 Feedback，杯子对象的命名以 Text 打头，不论杯子的数量为多少，名称的数字后缀方式为：左侧名称的范围为 1~5，右侧名称的范围为 6~10。

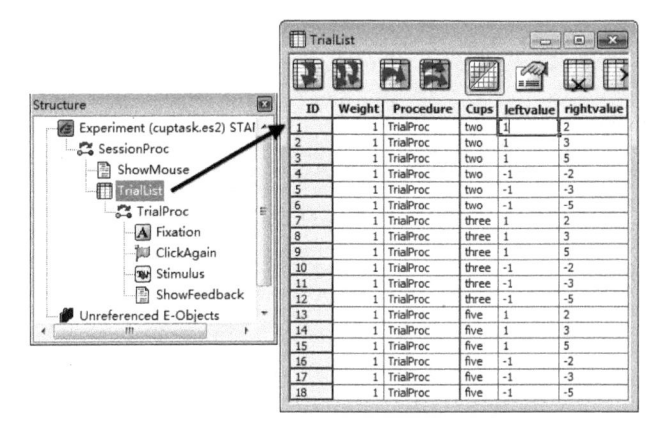

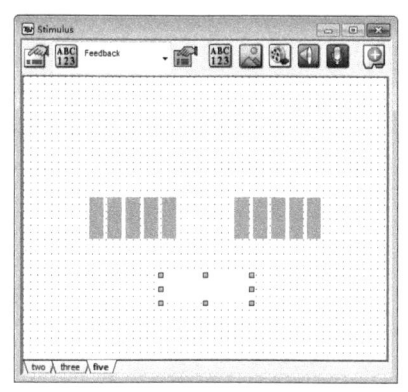

图 9-83 cuptask 程序结构及列表对象   图 9-84 幻灯对象界面

ShowMouse 对象中只有一行显示鼠标光标的代码：

Mouse.ShowCursor True

ShowFeedback 对象中根据被试的鼠标反应显示相应的反应信息，其代码如下：

Dim ptMouse As Point
Dim value As Single
Dim strHit As String
Dim theState As SlideState
Dim theFeedback As SlideText
Dim theSlideText As SlideText
Set theState＝Stimulus.States(Stimulus.ActiveState) '获取当前激活的 SlideState
Set theFeedback ＝ CSlideText (theState.Objects (" Feedback ")) ' 获 取 SlideText 对象 Feedback
Mouse.GetCursorPos ptMouse.x, ptMouse.y
strHit＝theState.HitTest(ptMouse.X, ptMouse.y) '获取鼠标单击位置的对象名称
If Left＄(strHit,4)＝"Text" Then '如果单击的是 Cup 中的某一个
　　Set theSlideText＝CSlideText(theState.Objects(strHit)) '获取单击对象
　　value＝0
　　　If Val(Mid＄(strHit,5))＜6 Then '根据单击对象判断 Gain Or Lose
　　　　value＝Val(c.GetAttrib("leftvalue"))＊.25
　　　Else

```
            Select Case c. GetAttrib("cups")
            Case "two"
                If strHit="Text7" Thenvalue=Val(c. GetAttrib("rightvalue"))*.25
            Case "three"
                If strHit="Text8" Thenvalue=Val(c. GetAttrib("rightvalue"))*.25
            case "five"
                If strHit="Text10" Thenvalue=Val(c. GetAttrib("rightvalue"))*.25
            End Select
        End If
        theFeedback. Text=CStr(value)
        theSlideText. BorderWidth=3 '显示单击对象的边框
        theState. Draw
        Sleep 1000
        theSlideText. BorderWidth=0
        theFeedback. Text=""
        c. SetAttrib "GainOrLoss",value '保存结果
    Else
        theFeedback. Text="单击杯子"
        theState. Draw
        GoTo ClickAgain
    End If
```

需要注意的是，本次实验并没有严格按照实验任务来设计实验程序，而仅仅是从程序设计的角度展开，你可以思考以下问题：如何进行有无风险的左右平衡，如何进行获益和损失分区组设计等。

9.18 闪烁的星号

实验要求：呈现一个快速闪烁的"＊"号，闪烁时间为50毫秒，"＊"的颜色在红、绿、蓝三种颜色之间快速切换，要求被试对闪烁的"＊"进行反应。如果被试没有做出反应，则"＊"一直闪烁，我们来看下如何进行这样的实验设计。

9.18.1 方法一：使用内嵌代码控制流程

由于在被试反应前星号一直闪烁，我们就无法仅通过常规的交互式设计来实现。需要借助于 E-Basic 代码来实现。

基本思路：使用一个文本对象来显示星号，在代码中控制其颜色的变换（红→绿→蓝→红……），颜色变换的控制可以通过设置一个全局变量，记录变换的次数，根据次数决定星号的呈现颜色，然后再检测被试的按键状态，决定流程的走向，如果被试没有反应，则跳转到某个标签处（文本对象前），否则结束当前试次。由于此时记录的反应时是相对于某个星号呈现时刻，而不是星号序列开始时刻，因此为了正确记录反应时，

第 9 章　E-Prime 实验设计示例 | 347

需要将反应时加上当前此次中先前呈现过的星号时间，这可以通过全局变量来实现。

新建一个名为 FlashStar 的实验程序，然后在 SessionProc 中插入一个名为 BlockList 的列表对象（见图 9-85）。在列表对象中将 Weight 设置为 2，新建 TrialProc 过程对象。

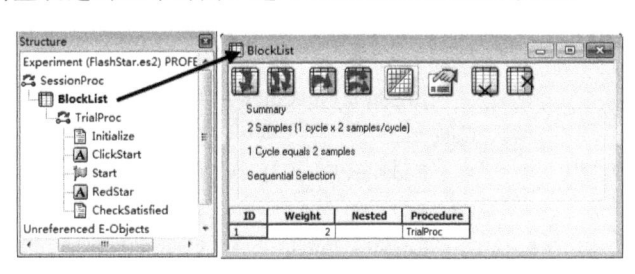

在 TrialProc 中按照图 9-85 依次插入内嵌代码对象 Intialize、文本对象 ClickStart、标签对象 Start、文本对象 RedStar 和内嵌代码对象 CheckSatisfied。接下来选择 View 菜单下的 Script 或直接按 Alt＋5 快捷键，在脚本窗口的 User 标签下输入 Global i，定义全局变量 i（见图 9-86）。在 Initialize 内嵌代码对象中输入代码进行变量初始化：

图 9-85　FlashStar 程序结构图及列表对象

图 9-86　定义全局变量

　　i＝0

双击 ClickStart 文本对象，在其中输入"单击鼠标左键开始"，然后在属性窗口的 Duration/Input 选项卡中添加鼠标设备（见图 9-87），并按照图中进行相应设置。

双击 RedStar 文本对象，在其中输入"＊"，并在 General 选项卡中将 ForeColor 设置为红色，然后参照图 9-88 进行 Duration/Input 选项卡设置。

图 9-87　ClickStart 对象属性设置 　　图 9-88　RedStar 文本对象的 Duration/Input 选项卡

双击 CheckSatisfied，在代码编辑窗口中输入以下代码：

　　i＝i＋1 '计数变量加 1

```
    If RedStar.RESP<>"1" Then '如果没有检测到鼠标左键按下(同时也起到正确按键作用)
        Select Case ((i-1) Mod 6)+1 '根据计数变量取余后的结果设置星号颜色
        Case 1,3,5
            RedStar.ForeColor=CColor("white") '将星号设为白色
        Case 2
            RedStar.ForeColor=CColor("green") '将星号设为绿色
        Case 4
            RedStar.ForeColor=CColor("blue")
        Case 6
            RedStar.ForeColor=CColor("red")
        End Select
        GoTo Start '跳转到 Start 标签处
    Else
    '对 RedStar 的 RT 属性进行修改,以便准确记录反应时
        RedStar.RT=RedStar.RT+(i-1)*50
    End If
```

保存实验程序,编译运行进行测试。

9.18.2 方法二:借助等待控件收集反应数据

基本思路:等待对象既可以使实验流程暂停,也可以添加输入设备收集被试的反应。

新建一个名为 FlashStar1 的实验程序,在 SessionProc 中插入一个名为 BlockList 的列表对象(见图 9-89),然后在列表对象中将 Weight 设置为 2,在 Procedure 列输入 TrialProc 过程对象。

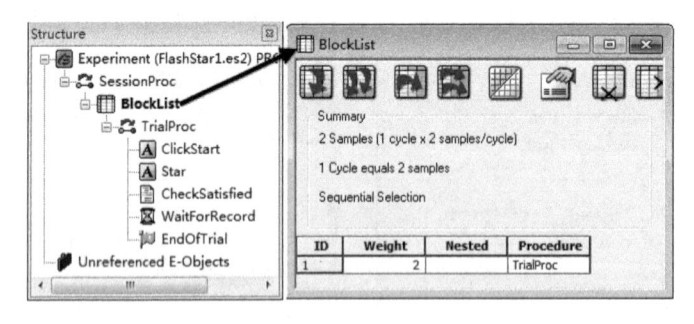

图 9-89 FlashStar1 程序结构图及 BlockList 列表对象

在 TrialProc 中按照图 9-89 依次添加文本对象 ClickStart,Star,内嵌代码对象 CheckSatisfied,等待对象 WaitForRecord 和标签对象 EndofTrial。在 ClickStart 编辑窗口中输入"单击鼠标开始",然后在其属性对话框中的 Duration/Input 选项卡中进行如图 9-90 的设置。

在 Star 编辑窗口中输入"单击鼠标结束",并将输入的文本内容下移三行,然后在其属性对话框中的 Duration/Input 选项卡中进行如图 9-91 的设置。

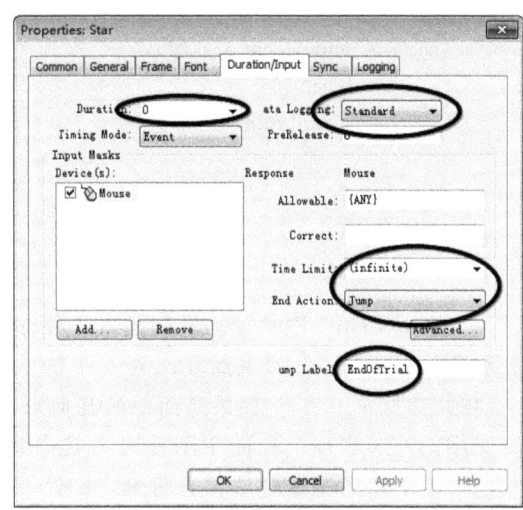

图 9-90　ClickStart 文本对象 Duration/Input 设置　　图 9-91　Star 文本对象的 Duration/Input 设置

双击内嵌代码对象 CheckSatisfied，在代码编辑窗口中输入以下代码：

```
Dim cnvs as Canvas
Set cnvs=Display. Canvas
cnvs. FontSize=24 '设置字体大小
cnvs. Text 310,225," * " '设置文本内容
Do
    Display. WaitforVerticalBlank '同步刷新
    cnvs. TextColor=CColor("blue") '设置 * 颜色
    ' cnvs. Text 310,225," * "
    Sleep 50 '暂停 50 毫秒
    Display. WaitforVerticalBlank
    cnvs. TextColor=CColor("white")
    ' cnvs. Text 310,225," * "
    Sleep 50
    Display. WaitforVerticalBlank
    cnvs. TextColor=CColor("red")
    ' cnvs. Text 310,225," * "
    Sleep 50
    Display. WaitforVerticalBlank
    cnvs. TextColor=CColor("white")
    ' cnvs. Text 310,225," * "
    Sleep 50
    Display. WaitforVerticalBlank
    cnvs. TextColor=CColor("green")
    ' cnvs. Text 310,225," * "
    Sleep 50
    Display. WaitforVerticalBlank
```

```
            cnvs. TextColor=CColor("white")
          ' cnvs. Text 310,225," * "
            Sleep 50
        Loop Until Stimulus. RT>0
```

9.19　动画设计

在 E-Prime 中实现动画刺激，一种方法是将动画内容设计为视频，然后使用视频对象(MovieDisplay)来播放；另一种方法就是使用画布对象(Canvas)通过代码来实现动画(参见 7.9.3)。如果是简单的几何形状，直接绘制即可；如果是复杂的刺激，可使用图片来实现。在使用图片时，其中有一个属性 SourceColorKey，可以指定透明色。由于使用视频对象相对简单，此处不再讨论，下面主要看第二种方式。

9.19.1　方法一：直接绘制

本次实验要求屏幕上呈现两个以不同频率闪烁的圆，一个频率为 10 赫兹，一个为 15 赫兹。

基本思路：画圆可使用 Canvas.Circle 函数，关键是圆要以不同频率进行闪烁，以 10 赫兹频率的闪烁圆为例，将其视为"呈现 50 毫秒、消失 50 毫秒、呈现 50 毫秒、消失 50 毫秒……"尽管 E-Prime 中提供了幻灯对象可以同时呈现多个刺激，但每个刺激的持续时间无法单独交互式设置。

新建一个名为 Animation 的实验程序，参照图 9-92 插入相应控件并更名，其中 Fixation 用来呈现注视点"+"，其持续时间设为 0 毫秒，等待对象 OnlyForResponse 的持续时间亦为 0 毫秒，其属性设置如图 9-92 右侧所示。

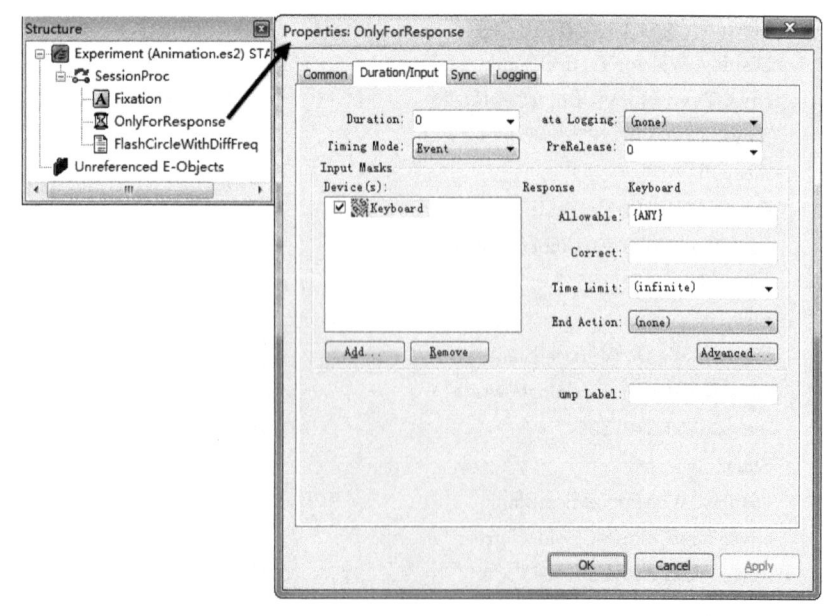

图 9-92　Animation 程序结构及等待对象的属性对话框

双击 FlashCircleWithDiffFreq 对象，在其中输入以下代码：

```
Dim cnvs As Canvas '定义画布
Set cnvs=Display.Canvas '引用显示画布
cnvs.PenColor=CColor("white") '设置画笔颜色为白色
Dim starttime As Long,i,j,oldj,oldi
starttime=Clock.Read
Do
    i=Int((Clock.Read－starttime)*20/1000)
    j=Int((Clock.Read－starttime)*30/1000)
    Display.WaitForVerticalBlank
    If i Mod 2=0 And oldi<>i Then
        cnvs.FillColor=CColor("blue") '填充色为蓝色
        cnvs.Circle Display.XRes/4 ,Display.YRes/2,50
    ElseIf i Mod 2=1 And oldi<>i Then
        cnvs.FillColor=CColor("white") '填充色为白色（相当于清除圆）
        cnvs.Circle Display.XRes/4 ,Display.YRes/2,50
    End If
    If j Mod 2=0 And oldj<>j Then
        cnvs.FillColor=CColor("blue")
        cnvs.Circle Display.XRes*3/4 ,Display.YRes/2,50
    ElseIf j Mod 2=1 And oldj<>j Then
        cnvs.FillColor=CColor("white")
        cnvs.Circle Display.XRes*3/4 ,Display.YRes/2,50
    End If
    oldi=i
    oldj=j
Loop Until OnlyForResponse.RT<>0
```

以上代码利用等待对象来收集被试的反应，如果被试按下任意键（RT<>0）则退出 Do…Loop 循环。上面的代码也只是一种实现方式，还可以有其他的代码实现方式。

9.19.2 方法二：使用图片

基本思路：设置好不同条件下的刺激属性后，在循环体内利用条件判断语句呈现不同属性的刺激对象。

新建一个名为 Animation1 的实验程序，参照图 9-93 插入相应的实验控件并更名，列表对象 TrialList 中只有一行，定义了两个存放图片名称的属性变量。OnlyForResponse 等待对象的设置如图 9-93 所示。

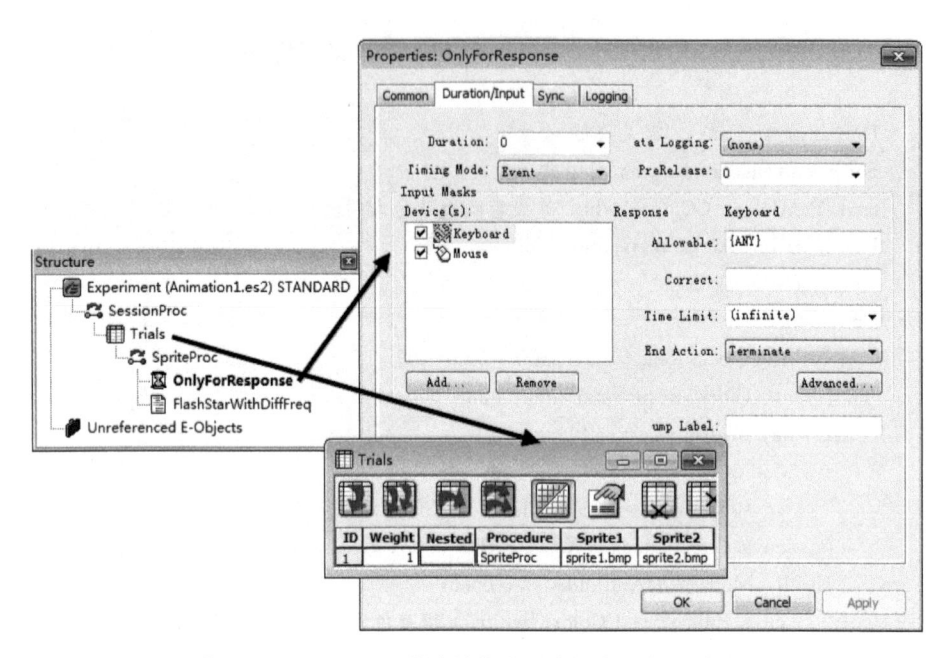

图 9-93　Animation1 程序结构及列表对象和属性对话框

双击 FlashStarWithDiffFreq 内嵌代码对象，在其中输入以下代码：

```
Dim dc As Canvas
Set dc=Display.Canvas
Dim rcFullScreen As Rect '定义全屏的矩形区域
rcFullScreen.left=0
rcFullScreen.top=0
rcFullScreen.right=Display.XRes
rcFullScreen.bottom=Display.YRes
Dim dcSprite1 As Canvas
Set dcSprite1=Display.CreateCanvas
dcSprite1.Clear
dcSprite1.SourceColorKey=CColor("blue") '设置源颜色
Dim dcSprite2 As Canvas
Set dcSprite2=Display.CreateCanvas
dcSprite2.Clear
dcSprite2.SourceColorKey=CColor("blue")
Dim nWidth As Long
Dim nHeight As Long
nWidth=78 '图片尺寸(宽度)
nHeight=78
Dim rcSprite1 As Rect '定义矩形区域
rcSprite1.left=0 '设置矩形坐标
rcSprite1.top=0
```

rcSprite1. right=nWidth

rcSprite1. bottom=nHeight

dcSprite1. LoadImage c. GetAttrib("Sprite1")

Dim rcSprite2 As Rect

rcSprite2. left=0

rcSprite2. top=0

rcSprite2. right=nWidth

rcSprite2. bottom=nHeight

dcSprite2. LoadImage c. GetAttrib("Sprite2")

Dim dcOffscreen As Canvas

Set dcOffscreen=Display. CreateCanvas

Dim x1 As Long

Dim y1 As Long

Dim rcDest1 As Rect '定义目标区域

rcDest1. left=Display. XRes/4−nWidth/2 '将目标区域居中于屏幕1/4处

rcDest1. top=Display. YRes/2−nHeight/2

rcDest1. right=Display. XRes/4+nWidth/2

rcDest1. bottom=Display. YRes/2+nHeight/2

Dim x2 As Long

Dim y2 As Long

Dim rcDest2 As Rect

rcDest2. left=Display. XRes * 3/4−nWidth/2

rcDest2. top=Display. YRes/2−nHeight/2

rcDest2. right=Display. XRes * 3/4+nWidth/2

rcDest2. bottom=Display. YRes/2+nHeight/2

Dim starttime As Long,i,j,oldj,oldi

starttime=Clock. Read

dcOffscreen. FillColor=CColor("white") '设置填充颜色

dcOffscreen. PenColor=CColor("white") '设置画笔颜色

Dim freq1,freq2

freq1=10

freq2=15

Do

    i=Int((Clock. Read−starttime) * 2 * freq1/1000)

    j=Int((Clock. Read−starttime) * 2 * freq2/1000)

    If i Mod 2=0 And oldi<>i Then

        dcOffscreen. Copy dcSprite1,rcSprite1,rcDest1,ebEffectSourceColorKey '复制图片

    ElseIf i Mod 2=1 And oldi<>i Then

        dcOffscreen. Rectangle rcDest1. Left,rcDest1. Top,nWidth,nHeight '用白色清除

    End If

    If j Mod 2=0 And oldj<>j Then

```
            dcOffscreen. Copy dcSprite2,rcSprite2,rcDest2,ebEffectSourceColorKey
    ElseIf j Mod 2=1 And oldj<>j Then
            dcOffscreen. Rectangle rcDest2. Left,rcDest2. Top,nWidth,nHeight
    End If
    Display. WaitForVerticalBlank
    dc. Copy dcOffscreen,rcFullScreen,rcFullScreen '复制离屏页面
    oldi=i
    oldj=j
Loop Until OnlyForResponse. RT <>0
```

9.19.3　方法三：键盘控制

本示例程序由被试通过左右按键控制窗口底部色块的左右水平移动，按空格键可发射彩色子弹（见图 9-94）。

基本思路：为了使按键动作能够连续控制，需要使用压下和松开动作，在实验对象中将键盘的采集模式设置为 Presses and Releases，同时还要使用缓冲画布避免屏幕闪烁。

新建一个名为 BallGame 的实验程序，参照图 9-95 插入相应实验控件并更名，首先参照图 9-96 设置实验对象的键盘采集模式。等待对象 CollectResponse 的属性对话框的设置如图 9-97 所示，其中添加了三个键盘输入，允许的按键分别为：{LEFTARROW}{－LEFTARROW}{ESCAPE}{－ESCAPE}{RIGHTARROW}{－RIGHTARROW}和{SPACE}{－SPACE}，持续时间为 0 毫秒，按键的时间限制为 Infinite。另外，注意三组键盘输入的高级属性的结束反应按键分别为{－LEFTARROW}{－RIGHTARROW}和{－SPACE}。

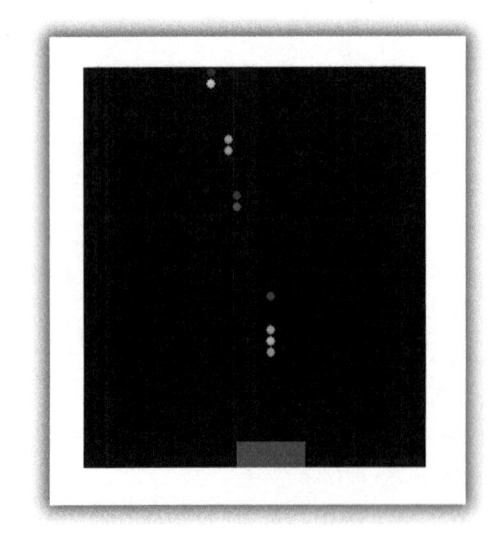

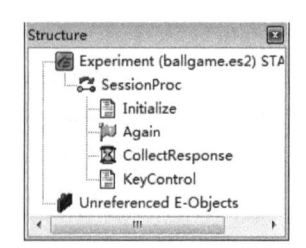

图 9-94　实验界面　　　　图 9-95　BallGame 程序结构

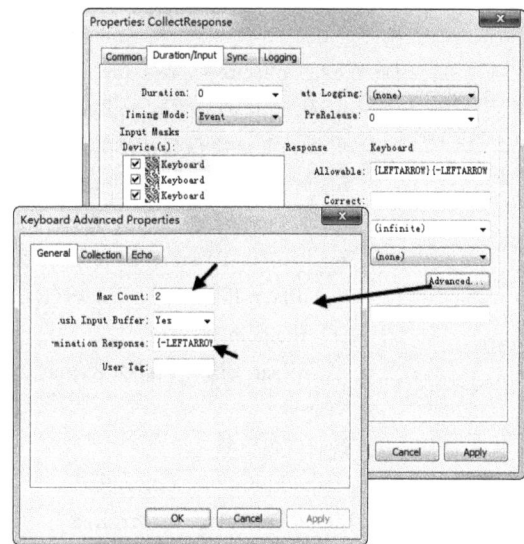

图 9-96　设置采集模式　　　　图 9-97　CollectResponse 属性对话框及键盘高级属性

内嵌代码对象 Initialize 的代码如下：

```
Dim cnvs As Canvas
Dim offscr As Canvas
Set cnvs=Display.Canvas
Set offscr=Display.CreateCanvas
Dim ww%,wh%,x%,radius%,i%
Dim srect As Rect,drect As Rect
Dim npts As Long,startpt As Long
Dim pts() As Point,pt As Point

npts=0
startpt=1
radius=4
ww=Display.XRes '获取屏幕宽度和高度
wh=Display.YRes
srect.Left=0 '源矩形区域
srect.Right=ww*.5
srect.Top=0
srect.Bottom=wh*.75
drect.Left=ww*0.25 '目的矩形区域
drect.Right=ww*.75
drect.Top=wh*.125
drect.Bottom=wh*.875
x=ww*.25-ww*0.05 '使色块位于中央
```

内嵌代码对象 KeyControl 的代码如下：

```
Do While CollectResponse.InputMasks.IsPending()
    offscr.FillColor=Color.Black
    offscr.Clear '将窗口清除为黑色
    offscr.BackStyle="Opaque"
    offscr.PenColor=Color.Black
    For i=npts To startpt Step-1 '根据可见子弹的数量绘制彩色子弹
        offscr.FillColor=CColor(Random(0,255) & "," & Random(0,255) & "," & Random(0,255))
        offscr.Circle pts(i).X,pts(i).Y,radius
    Next i
    '绘制红色色块
    offscr.FillColor=Color.Red
    offscr.PenColor=Color.Red
    offscr.Rectangle x,wh*0.7,ww*0.1,wh*0.05
    offscr.PenColor=Color.White
    offscr.BackStyle="Transparent"
    offscr.Rectangle0,0,ww*.5,wh*.75
    '将缓冲画布中的内容复制到目标区域
    cnvs.Copy offscr,srect,drect
    If CollectResponse.RESP="{RIGHTARROW}" Then '如果按下向右的键
        x=x+8 '增加色块水平坐标值
        If x>ww*.4 Thenx=ww*0.4
    ElseIf CollectResponse.RESP="{LEFTARROW}" Then
        x=x-8
        If x<0 Then x=0
    ElseIf CollectResponse.RESP="{ESCAPE}" Or CollectResponse.RESP="{-ESCAPE}"Then
        GoTo ExitWhile
    ElseIf CollectResponse.RESP="{SPACE}" Then '空格键则生成新的子弹
        pt.X=x+ww*0.05
        pt.Y=wh*0.7
        npts=npts+1
        '重定义存放点(子弹)的数组
        ReDim Preserve pts(startpt To npts) '使用下标变量的目的是不再绘制射出窗口外的子弹
        pts(npts)=pt
    End If
    For i=startpt To npts
        pts(i).y=pts(i).y-10
        If pts(i).y<3 Then startpt=startpt+1 '如果子弹的Y坐标小于3,则增加数组的下标变量
```

```
        Next i
    Loop
    GoTo Again
    ExitWhile
```

9.20 利用鼠标选择目标

实验要求：在屏幕中央首先呈现注视点"＋"1000 毫秒，随后注视点变换为指向上下左右某方向的箭头，并且上下左右各有一个占位框，目标（"＊"）会出现在其中某个框内，要求被试用鼠标快速单击出现星号的方框。

基本思路：由于需要同时呈现多个刺激，可以使用幻灯对象，在使用幻灯对象时既可以考虑使用不同的幻灯状态（SlideSate）来呈现不同条件下的目标，也可以考虑通过条件组合来控制。占位框可以考虑使用文本对象加边框的方式来实现。由于使用鼠标单击某个对象作为输入方式，就必须使用 E-Basic 代码来检测鼠标反应，而且被试可能在非目标区域单击鼠标，因此就需要通过代码计算反应时和准确性。

9.20.1 示例一：条件组合

新建一个名为 SelectTargetWithMouse 的实验程序，参照图 9-98 插入相应的实验控件并更名。在列表对象 TrialList 中增加 Up，Right，Down，Left，Stimulus 和 CorrectAnswer 属性变量，其中 Up，Right，Down，Left 组合控制目标呈现的位置，它们也是幻灯对象中相应占位框的名称。比如，图 9-98 的第一行表示目标出现在上方。Stimulus 用于变换箭头指向（使用［Stimulus］.bmp 组合出图片文件名），CorrectAnswer 的属性值要与相应的占位框的名称相同，以便在 E-Basic 代码中判断单击的对象是否正确。参照图 9-98 输入 TrialList 列表内容。

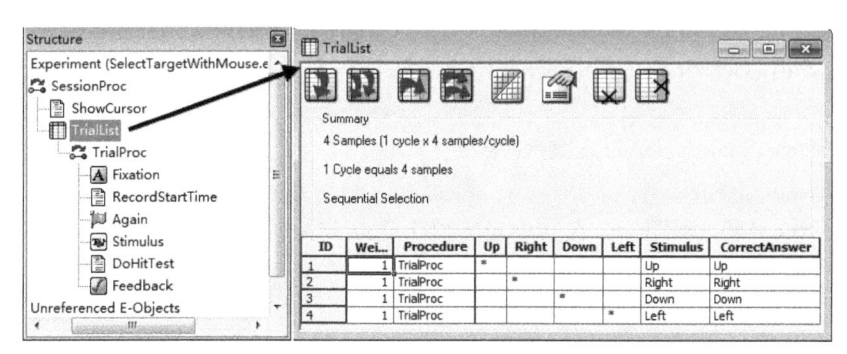

图 9-98　SelectTargetWithMouse 程序结构及列表对象

在文本对象 Fixation 中输入"＋"，将其持续时间设为 1000 毫秒，幻灯对象 Stimulus 如图 9-99 所示。在中央放置图片对象（ArrowImage），并在上下左右放置四个 SlideText 对象，并分别引用［UP］［Left］［Down］和［Right］属性变量及设置它们的边框为 1 个像素（见图 9-100）。将反馈对象 Feedback 关联到 Stimulus 幻灯对象。

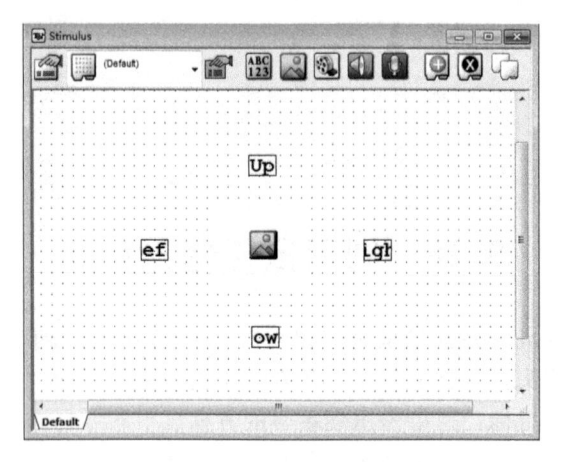

图 9-99　Stimulus 幻灯对象

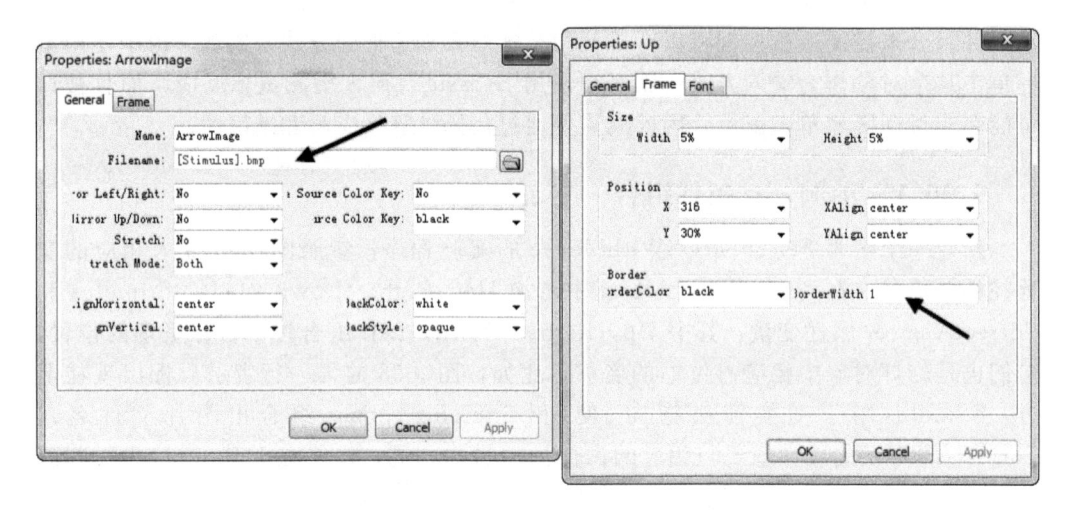

图 9-100　ArrowImage 属性对话框及 SlideText 对象的属性设置

双击 ShowCursor，在其中输入以下代码：

Mouse.ShowCursor True '显示鼠标

双击 RecordStartTime，在其中输入以下记录开始时间的代码：

Dim starttime As Long
Mouse.SetCursorPos Display.XRes/2,Display.YRes/2 '将鼠标光标置于屏幕中心
starttime=Clock.Read '读取计算机时钟值，以毫秒为单位

双击 DoHitTest，在其中输入以下代码：

Dim theState As SlideState '定义 SlideState 变量
Set theState=Stimulus.States("Default") '获取幻灯对象 Stimulus 的 Default 状态对象

```
Dim strHit As String
Dim theMouseResponseData As MouseResponseData '定义鼠标反应数据对象
If Stimulus. InputMasks. Responses. Count>0 Then '如果被试单击了鼠标
    '获取鼠标数据
    Set theMouseResponseData=CMouseResponseData(Stimulus. InputMasks. Responses(1))
    '获取鼠标单击的对象
    strHit= theState. HitTest(theMouseResponseData. CursorX，theMouseResponseData. CursorY)
    If strHit=c. GetAttrib("CorrectAnswer") Then '如果在某个目标上单击
        Stimulus. RT=Clock. Read-starttime '记录其反应时
        Stimulus. ACC=1 '将准确性置为 1
    ElseIf strHit="" Or strHit="ArrowImage" Then '如果单击屏幕中央的箭头或其他空白区域
        GoTo Again '则跳转到 Again 标签处
    Else '否则单击错误
        Stimulus. RT=Clock. Read-starttime '记录反应时
        Stimulus. ACC=0
    End If
End If
```

9.20.2 示例二：使用多个 SlideState

基本思路：将不同条件（刺激）呈现在幻灯对象不同的 SlideState 中，然后在列表对象中存放 SlideState 对象名称，只要在幻灯对象的 ActiveState 属性栏引用列表对象的属性变量即可。

方法一是在列表中通过构建四个属性变量 Up，Left，Down 和 Right 以便在幻灯对象的四个 SlideText 对象中的 Text 属性中引用。方法二使用 SlideState 对象生成多个布局，然后随机显示其中一个布局。新建一个名为 SelectTargetWithMouse1 的实验程序，参照图 9-101 插入相应的实验控件并更名。TrialList 列表对象 StateName 属性变量存放幻灯对象 SlideState 子对象的名称，Stimulus 属性变量存放中央箭头的图片名称，输入相应内容。

如图 9-102 所示，在屏幕中央放置一个名为 ArrowImage 的 SlideImage 对象，其四周分别放置名为 Up，Left，Down 和 Right 的四个 SlideText 对象，并设置其边框宽度为 1 个像素。然后将 SlideState 对象更名为 Up，再复制三次，分别命名为 Left，Down 和 Right，根据名称含义来设置对应 SlideText 对象中是否显示目标符号（"*"），最后在幻灯对象 Stimulus 的属性对话框中将 ActiveState 设为[StateName]，即根据属性变量 StateName 中的属性值来显示相应的 SlideState 对象中的内容。

其他对象的设置与 9.20.1 中的设置完全相同。保存实验程序，编译运行。

在 8.6 颜色偏好实验中，如果将每种颜色组合都在不同的 SlideState 对象中呈现，然后使用方法二中的设置方法也可以使颜色组合随机呈现，不过如果比较的颜色有 7 种，需要创建 42 个 SlideState 对象。

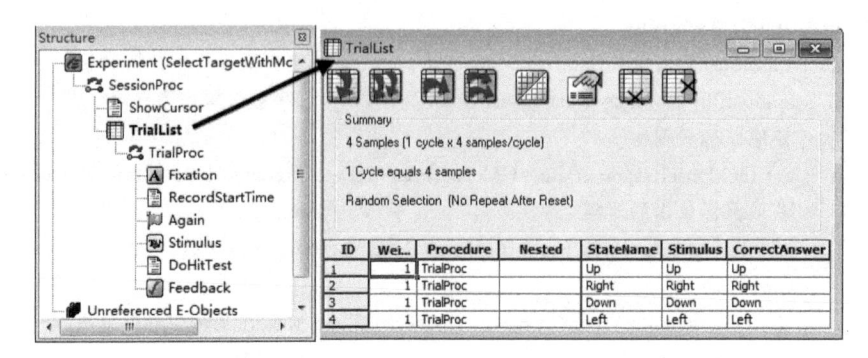

图 9-101　SelectTargetWithMouse1 程序结构及列表对象

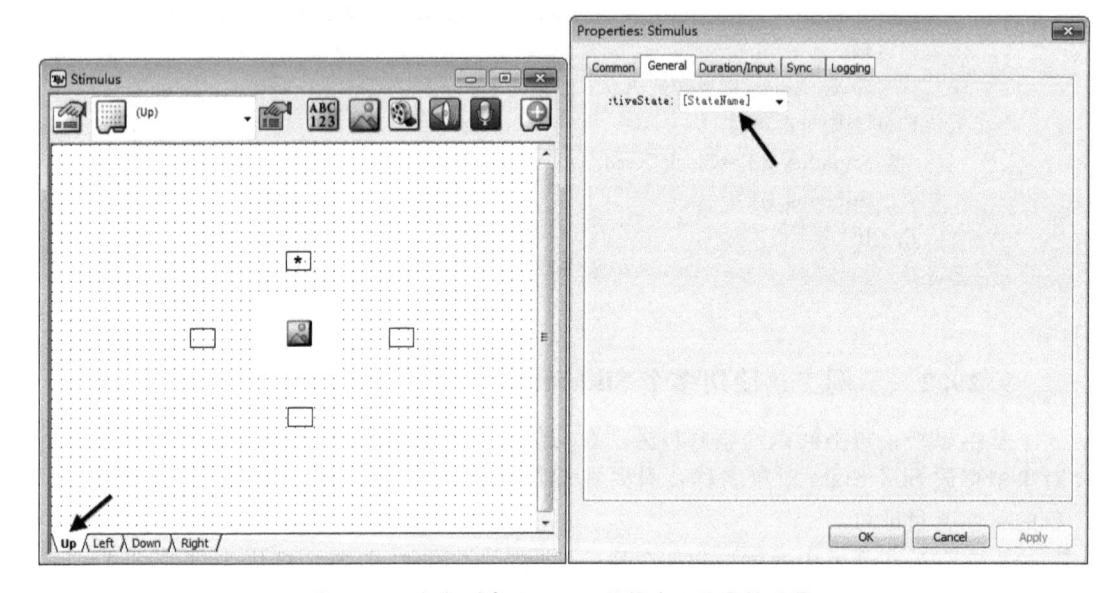

图 9-102　幻灯对象 Stimulus 编辑窗口及属性设置

9.20.3　示例三：汉诺塔

汉诺塔（又称河内塔）是一个源于印度古老传说的益智玩具（见图 9-103）。有 3 根柱子，其中左侧柱子上套有大小不同的圆盘，要求将圆盘从左侧柱子移到右侧柱子上，但在移动时，一次只能移动一个圆盘，且小圆盘上不能放大圆盘。

基本思路：为了充分利用 E-Prime 中检测鼠标单击对象的 HitTest 函数，可考虑使用幻灯对象来呈现刺激，根据汉诺塔的移动规则，大圆盘不能放在小圆盘上，需要记录

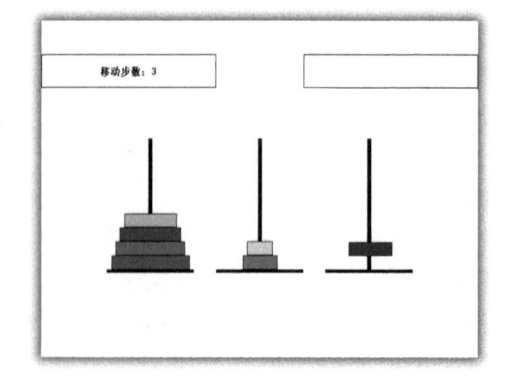

图 9-103　汉诺塔实验界面

每个柱子上的圆盘信息，判断移入的圆盘是否满足规则，可以给圆盘按照大小进行编

号，只要判断编号的大小就可以。同时使用鼠标来移动圆盘时，还要使用鼠标的压下和松开事件。

新建一个名为 HanoiTower 的实验程序，参照图 9-104 插入相应实验控件并更名，在列表对象 TrialList 中新加一个属性变量 disks 用于存放圆盘数量。程序结构也比较简单。将 TrialProc 的 GeneratePreRun 属性设为 BeforeObjectRun 以便内嵌代码对象中的代码起作用。

首先在实验对象中将鼠标设备的采集模式设为 Presses and Releases（见图 9-96），幻灯对象中的内容由代码添加子对象，并没有交互式添加任何内容，但将 Default 的页面大小均设为 100%，将幻灯对象的持续时间设为 infinite，为其添加鼠标输入，有效按键为"12"。

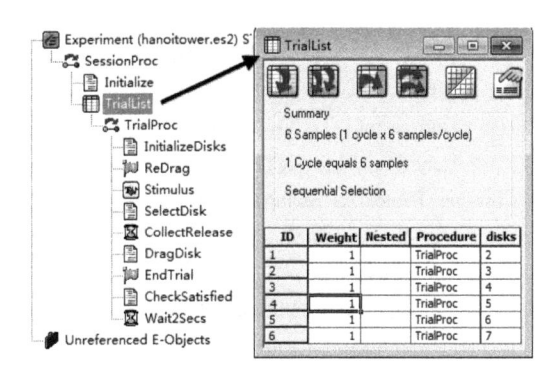

图 9-104　HanoiTower 程序结构及列表对象

等待对象 CollectRelease 的属性对话框如图 9-105 所示。另外一个等待对象 Wait2Secs 只设置了持续时间为 2000 毫秒。

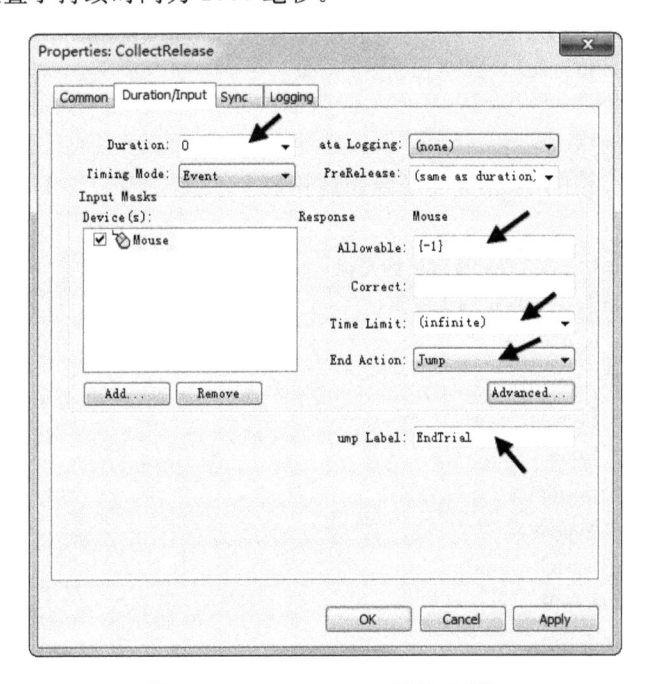

图 9-105　CollectRelease 属性对话框

接下来在脚本编辑窗口 User 标签下定义全局变量并定义自定义函数 AddSlideText 和 MoveSlideText，以简化程序代码：

```
Dim colors(1 To 7) As String
Dim sw%,sh%,index%,bar%
```

```
Dim i%,j%,dw%,dh%,steps&
Dim theMouseResponseData As MouseResponseData
Dim st As SlideText,tmpst As SlideText
Dim offsetPt As Point,ptDrag As Point
Dim cs(1 To 3) As SlideStimCollection
Dim rects(1 To 3) As Rect
Function AddSlideText(strname As String,x As Integer,y As Integer,w As Integer,h As Integer,bcolor As String) As SlideText
    Dim st As SlideText
    Set st=New SlideText
    st.Text="" '不显示文本
    st.BackColor=CColor(bcolor) '背景颜色
    st.ForeColor=CColor("black") '前景色(文本颜色)
    st.Width=w '宽度
    st.Height=h '高度
    st.x=x
    st.y=y
    st.BorderWidth=1 '边框为1
    st.YAlign="Bottom" '垂直对齐方式为底端对齐
    st.Name=strname
    Set AddSlideText=st '返回创建的对象
End Function
```

内嵌代码对象 Intialize 完成变量的初始化：

```
Mouse.ShowCursorTrue '显示鼠标光标
'颜色名称数组,用于指定圆盘的颜色
colors(1)="Red"
colors(2)="Green"
colors(3)="Blue"
colors(4)="Lime"
colors(5)="Purple"
colors(6)="Magenta"
colors(7)="Cyan"
'屏幕的宽度和高度
sw=Display.XRes
sh=Display.YRes

'定义三个柱子的矩形区域,以便在某个区域内释放鼠标时来放置圆盘
rects(1).Left=sw*0.15
rects(1).Right=sw*0.35
rects(2).Left=sw*0.4
rects(2).Right=sw*0.6
```

```
rects(3).Left=sw*.65
rects(3).Right=sw*.85
For i=1 To 3
    rects(i).Top=sh*0.2
    rects(i).Bottom=sh*0.8
Next i
```

内嵌代码对象 InitializeDisks 主要通过代码形式添加动态生成的 SlideText 对象：

```
Dim theState As SlideState
Dim collection As SlideStimCollection
Set theState=Stimulus.States("default")
Set collection=theState.Objects
Dim disks As Integer
disks=Val(c.GetAttrib("disks")) '获取当前试次的圆盘数
Dim xs(1 To 3) As Integer,ys(1 To disks) As Integer '存放不同柱子上放置圆盘时的 X,Y 基准点
Dim starttime
starttime=Clock.Read '记录开始时间
steps=0 '记录完成任务时的步数
dh=Fix(sh*(0.3/disks)) '计算每个圆盘的高度
collection.RemoveAll '首先将集合对象中的内容清空
For i=1 To 3
    Set cs(i)=Nothing
Next i
For i=1 To 3
    Set cs(i)=New SlideStimCollection
    xs(i)=sw*i/4
Next i
For i=1 To disks '生成 SlideText 子对象,并将它们添加到集合中(第 1 个柱子上的对象集合)
    ys(i)=sh*.74-(i-1)*dh
    Set st=AddSlideText("Disk" & i,sw/4,sh*.74-(i-1)*dh,sw*(10-i)*0.02,dh,colors(i))
    collection.Add st,"Disk" & i
    cs(1).Add st,"Disk" & i
Next
'添加 3 个柱子和两个文本提示区域
collection.Add AddSlideText("HBar1",sw/2,sh*.75,sw*0.2,sh*.01,"black")
collection.Add AddSlideText("HBar2",sw/4,sh*.75,sw*0.2,sh*.01,"black")
collection.Add AddSlideText("HBar3",sw*3/4,sh*.75,sw*0.2,sh*.01,"black")
collection.Add AddSlideText("VBar1",sw/2,sh*.75,sw*0.01,sh*.4,"black")
collection.Add AddSlideText("VBar2",sw/4,sh*.75,sw*0.01,sh*.4,"black")
collection.Add AddSlideText("VBar3",sw*3/4,sh*.75,sw*0.01,sh*.4,"black")
```

```
collection. Add AddSlideText("LeftTip",sw*.2,sh*.2,sw*0.4,sh*0.1,"white")
collection. Add AddSlideText("RightTip",sw*.8,sh*.2,sw*0.4,sh*0.1,"white")
theState. Draw
```

内嵌代码对象 SelectDisk 主要通过鼠标单击完成圆盘的判断(只有最上面的圆盘才有效):

```
Dim strHit As String
Dim valid As Boolean
valid=False
If Stimulus. InputMasks. Responses. Count>0 Then
    If Stimulus. RESP="2" Then '单击右键时退出实验
        Rte. AbortExperiment 1,"中途退出实验"
    End If
    '获取鼠标反应数据
    Set theMouseResponseData = CMouseResponseData(Stimulus. InputMasks. Responses(1))
    '获取鼠标单击的对象名称
    strHit=theState. HitTest(theMouseResponseData. CursorX,theMouseResponseData. CursorY)

    Dim tmpc As SlideStimCollection
    '依次判断鼠标单击的对象是否是每个柱子上最上面的圆盘,如果是,则将逻辑变量
    valid 置为 True
    For j=1 To 3
        Set tmpc=CSlideStimCollection(cs(j))
        If tmpc. Count>0 Then
            Set st=CSlideText(tmpc(tmpc. Count))
            If strHit=st. Name Then
                collection. BringToFront st
                offsetPt. x=theMouseResponseData. CursorX-st. X
                offsetPt. y=theMouseResponseData. CursorY-st. Y
                index=Val(Right(st. Name,1))
                bar=j
                valid=True
                Exit For
            End If
        End If
    Next j
End If
```

内嵌代码对象 DragDisk 完成圆盘对象的移动处理,只有符合移动规则时才发生真正的移动,否则会在文本提示区域显示提示信息:

```
If valid Then
    Dim ox%,oy%
    ox=st.X
    oy=st.Y
    Do While CollectRelease.InputMasks.IsPending() '只要鼠标没松开
        Mouse.GetCursorPOS ptDrag.X,ptDrag.Y '获取鼠标光标位置
        st.X=ptDrag.x-offsetPt.x
        st.Y=ptDrag.y-offsetPt.y
        Stimulus.Draw '重新绘制 Stimulus 当前激活的状态
        Sleep 2 '暂停 2 毫秒
    Loop
    For i=1 To 3
        If PointInRect(ptDrag,rects(i)) Then
            If cs(i).Count>0 Then
                Set tmpc=CSlideStimCollection(cs(i))
                Set tmpst=CSlideText(tmpc(tmpc.Count))
                Debug.Print tmpst.Name
                If Val(Right(tmpst.Name,1))<Val(Right(st.Name,1)) Then
                    cs(bar).Remove "Disk" & index
                    cs(i).Add st,st.Name
                    st.x=xs(i)
                    st.y=ys(cs(i).Count)
                    steps=steps+1
                    Set tmpst=CSlideText(collection(collection.Count-1))
                    tmpst.Text="移动步数:" & steps
                Else
                    st.X=ox
                    st.Y=oy
                    steps=steps+1
                    Set tmpst=CSlideText(collection(collection.Count-1))
                    tmpst.Text="移动步数:" & steps
                    Set tmpst=CSlideText(collection(collection.Count))
                    tmpst.Text="大的不能放在小的上面"
                    Stimulus.Draw
                    Sleep 1000
                    tmpst.Text=""
                End If
            Else
                cs(bar).Remove "Disk" & index
                cs(i).Add st,st.Name
                st.x=xs(i)
                st.Y=ys(cs(i).Count)
                steps=steps+1
                Set tmpst=CSlideText(collection(collection.Count-1))
```

```
                    tmpst.Text="移动步数:" & steps
                End If
                Exit For
            End If
        Next i
    Else
        Set tmpst=CSlideText(collection(collection.Count))
        tmpst.Text="只能移动最上方的一块"
        Stimulus.Draw
        Sleep 1000
        tmpst.Text=""
        GoTo ReDrag
    End If
```

内嵌代码对象 CheckSatisfied 判断是否已经完成移动任务：

```
If cs(3).Count<>disksThen
    GoTo ReDrag
Else
    Set tmpst=CSlideText(collection(collection.Count))
    c.SetAttrib "Steps",steps '将移动步数记录到数据文件中
    c.SetAttrib "TimeUsed",Clock.Read-starttime '记录任务完成所用时间(毫秒)
    tmpst.Text="移动步数:" & steps & "\n 用时:" & Fix((Clock.Read-starttime)/
    1000+0.5) & "秒"
    Stimulus.Draw
End If
```

9.20.4　示例四：拼图游戏

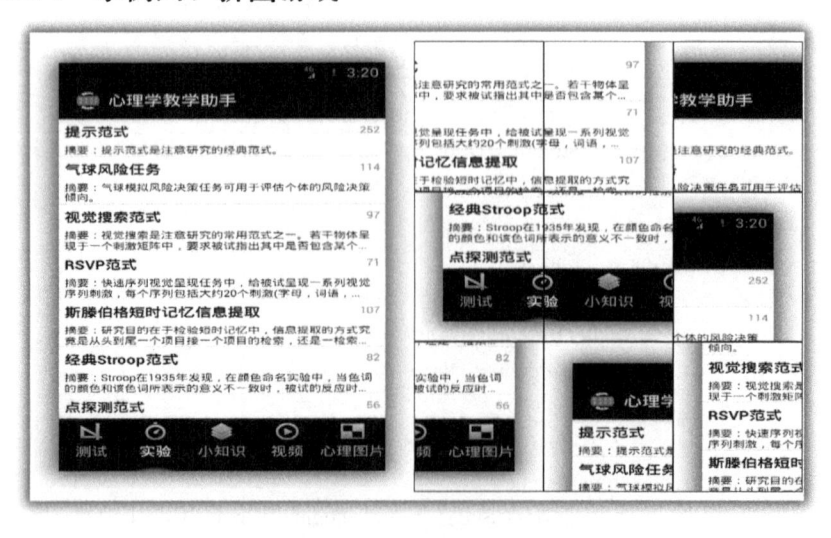

图 9-106　拼图游戏界面

屏幕左侧呈现图片原图，右侧呈现随机拆分后的图块，单击相邻的两个图块可交换其位置，直至将右侧图块复原成左侧图块。

基本思路：因为直接在主画布中加载图片，其位置不可控，所以首先将图片加载到缓冲画布（缓冲画布与图片大小一致），然后将缓冲画布矩形区域拆分成网格，同时将主画布窗口中的某个矩形区域拆分成对应的网格，构建一个索引数组，打乱其顺序后，使用数组索引值将缓冲画布中的内容复制到主画布。当被试单击某个图块时，记录其位置序号，单击第二个图块时，判断是否符合交换规则：左右相邻，上下相邻。每次交换完成后，判断打乱顺序的数组是否按顺序排列。

图 9-107　jigsaw 程序结构及 WaitForResponse 属性对话框

新建一个名为 jigsaw 的程序实验，参照图 9-107 插入相应实验控件并更名，然后设置 WaitForResponse 对象的属性对话框。

在脚本编辑窗口 User 标签下定义全局变量和使用的函数或过程，代码如下：

```
Dim selected(1 To 2) As Integer '用来存储单击的两个图块序号
Dim index As Integer '索引变量
Function Max(a As Variant, b As Variant) As Variant '返回较大值
    If a>b Then
        Max=a
    Else
        Max=b
    End If
End Function
Function Min(a As Variant, b As Variant) As Variant '返回较小值
    If a>b Then
        Min=b
    Else
        Min=a
    End If
End Function
'将矩形区域分成 n 行 m 列的网格,返回的小矩形区域存放在 rects 数组中
Sub SplitRect(rects() As Rect, row As Integer, col As Integer, rect As Rect)
    ReDim rects(1 To row * col) '根据行列值重新定义数组尺寸
    Dim w%, h%, nw%, nh%, x%, y%, i%, j%, index%
```

```
        w=rect.Right-rect.Left '获取矩形宽和高
        h=rect.Bottom-rect.Top
        nw=Fix(w/col) '计算分割后的小矩形的宽度和高度
        nh=Fix(h/row)
        index=0
        For i=1 To row
            For j=1 To col
                x=rect.Left+(j-1)*nw '计算当前矩形的左上角坐标值
                y=rect.Top+(i-1)*nh
                index=index+1
                rects(index).Left=x
                rects(index).Top=y
                rects(index).Right=x+nw
                rects(index).Bottom=y+nh
            Next j
        Next i
End Sub
Function Check(array() As Integer) As Boolean '检验是否已经拼好
Dim i%
Check=True
For i=1 To 16
    If array(i)<>i Then
        Check=False
        Exit For
    End If
Next i
End Function
'判断两个图块是否在同一行内
Function Adjacent(row As Integer,col As Integer,selected() As Integer) As Boolean
    Adjacent=False
    Dim i%
    For i=1 To row
        If Abs(Max(selected(1),selected(2)))<=i*col And _
        Abs(Min(selected(1),selected(2)))>=(i-1)*col+1 Then
            Adjacent=True
            Exit For
        End If
    Next i
End Function
```

双击 Initialize 对象，在其中输入以下代码：

```
Dim offscr As Canvas,oscr As Canvas,cnvs As Canvas
```

```
Dim drect As Rect,srect As Rect
Dim rs1() As Rect,rs2() As Rect
Dim blocks As Integer
Dim col%,row%,i%
Dim scrw As Long,scrh As Long
Set cnvs=Display.Canvas
scrw=564 '图片的宽度
scrh=884 '图片的高度
Set offscr=Display.CreateCanvas(ebCanvasMemoryAny,scrw,scrh)
Set oscr=Display.CreateCanvas
oscr.BackStyle="transparent" '背景透明,以便绘制网格
offscr.LoadImage "ll.png" '加载图像
srect.Left=0
srect.Right=scrw
srect.Top=0
srect.Bottom=scrh
drect.Left=Display.XRes/2
drect.Top=Display.YRes/8
drect.Right=Display.XRes
drect.Bottom=Display.YRes*7/8
row=3 '分割的行数
col=3 '分割的列数
SplitRect rs1,row,col,srect '调用自定义函数分隔源区域
SplitRect rs2,row,col,drect '分割目标区域
blocks=row*col
drect.Left=0
drect.Right=Display.XRes/2
oscr.Copy offscr,srect,drect
Dim array(1 To blocks) As Integer
For i=1 To blocks '初始化数组
    array(i)=i
Next i
RandomizeArray array '随机化数组
For i=1 To blocks
    oscr.Copy offscr,rs1(array(i)),rs2(i) '将缓冲画布中某个区域复制到屏幕上某个区域
    oscr.Rectangle rs2(i).Left,rs2(i).Top,rs2(i).Right-rs2(i).Left,rs2(i).Bottom-rs2(i).Top
Next i
Mouse.ShowCursor True '显示光标
```

双击 SwitchBlock 对象,在其中输入以下代码:

```
Dim valid As Boolean
```

```
Dim ptMouse As Point
Dim whichone As Integer
cnvs. Copy oscr
Do While WaitForResponse. InputMasks. IsPending()
    Mouse. GetCursorPos ptMouse. x, ptMouse. y '获取鼠标光标
Loop
valid=False
whichone=0
For i=1 To blocks '循环判断光标所在图块
    If PointInRect(ptMouse, rs2(i)) Then
        oscr. PenColor=Color. Red
        oscr. Rectangle rs2(i). Left, rs2(i). Top, rs2(i). Right－rs2(i). Left,
        rs2(i). Bottom－rs2(i). Top
        index=index+1
        selected(index)=i
        oscr. PenColor=Color. Black
        Exit For
    Else
        oscr. PenColor=Color. Black '设置画笔颜色
    End If
Next i
Dim trect As Integer
If WaitForResponse. RESP="1" Then '单击右键退出
    If index<2 Then
        GoTo Again
    Else
        If Abs(selected(1)－selected(2))=col Then '如果行间相隔
            trect=array(selected(1))
            array(selected(1))=array(selected(2))
            array(selected(2))=trect
            oscr. PenColor=Color. Black
            For i=1 To blocks
                oscr. Copy offscr, rs1(array(i)), rs2(i)
                oscr. Rectangle rs2(i). Left, rs2(i). Top, rs2(i). Right－rs2(i). Left, rs2
                (i). Bottom－rs2(i). Top
            Next i
            index=0
            If Not Check(array) Then GoTo Again
        ElseIf Abs(selected(1)－selected(2))=1 And Adjacent(row, col, selected) Then '
        如果行内相隔
            trect=array(selected(1))
            array(selected(1))=array(selected(2))
            array(selected(2))=trect
```

```
            oscr.PenColor=Color.Black
            For i=1 To blocks
                oscr.Copy offscr,rs1(array(i)),rs2(i)
                oscr.Rectangle rs2(i).Left,rs2(i).Top,rs2(i).Right－rs2(i).Left,rs2
                (i).Bottom－rs2(i).Top
            Next i
            index=0
            If Not Check(array) Then GoTo Again '如果图片没有拼好
        Else '如果单击对象不复制交换规则
            index=0
            oscr.PenColor=Color.Black
            For i=1 To blocks
                oscr.Rectangle rs2(i).Left,rs2(i).Top,rs2(i).Right－rs2(i).Left,rs2
                (i).Bottom－rs2(i).Top
            Next i
            GoTo Again
        End If
        index=0
    End If
End If
```

9.21　鼠标跟踪

本次实验是跟踪鼠标的运动，并且记录鼠标的按键状态（松开、压下），在屏幕上绘制线条，单击鼠标右键可退出实验。

新建一个名为 DrawLines 的实验程序，首先从 Edit 菜单下选择 Experiment 或直接按 Ctrl＋E，打开实验对象属性对话框（见图 9-108），选择 Mouse 设备，然后单击 Edit 按钮，将 Collection Mode 设置为 Presses And Releases，使系统能够采集按键的压下和松开两个事件。

在 SessionProc 中插入一个名为 Stimulus 的文本对象，参照图 9-109 设置其属性。注意：Allowable 中输入{ANY}{－ANY}，其中{－ANY}表示采集松开事件，否则无法采集，

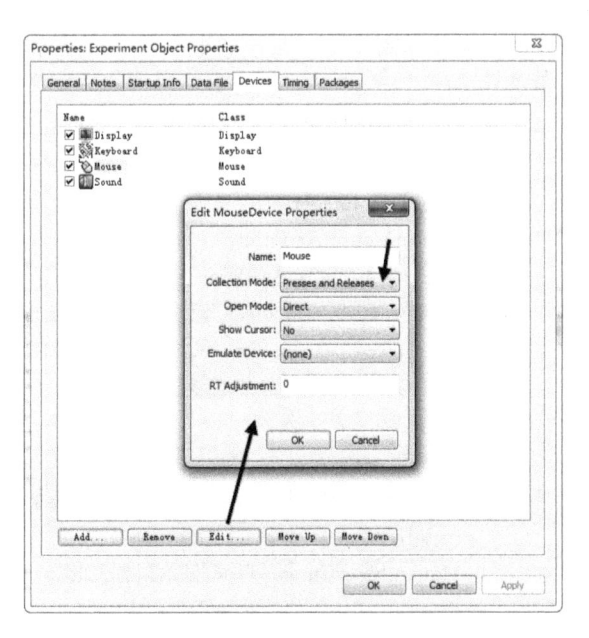

图 9-108　实验对象属性对话框

键盘的松开事件也如此。

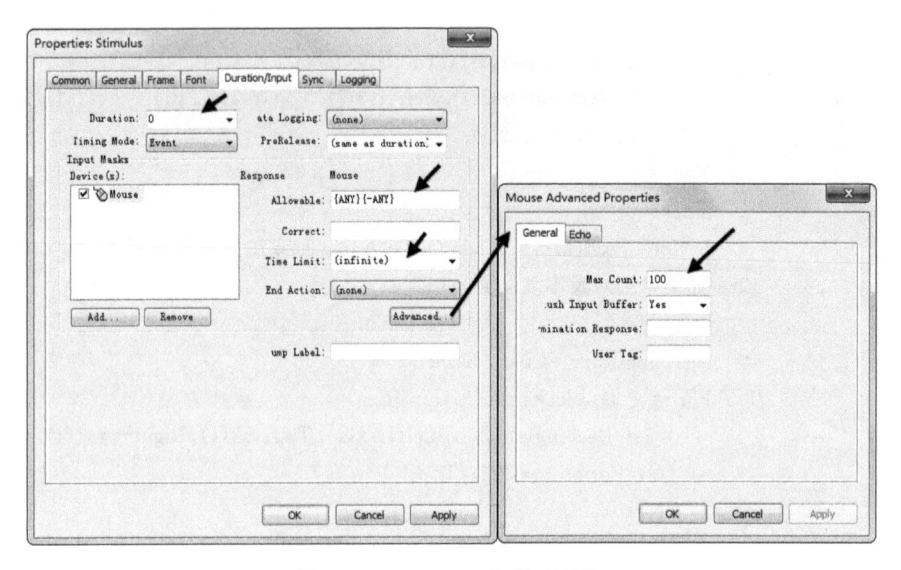

图 9-109 Stimulus 属性对话框

在文本对象 Stimulus 后面插入一个名为 DrawLines 的内嵌代码对象，在其中输入 9.21.1～9.21.5 中的代码进行测试（注：本代码在 E-Prime 2.0.10.X 测试）。

9.21.1 用鼠标画直线

基本思路：首先判断鼠标左键是否按下，如果是首次按下，则记录线条的起始点坐标，当移动鼠标时，只要左键没有松开，在起始点和当前鼠标光标间画线（橡皮筋），当鼠标左键松开时，则绘制最终线条，为了使已有线条不清除，可将完成的线条绘制到缓冲画布中，每次绘制新线条前，将缓冲画布中的内容复制到屏幕上。

```
Dim firstResponse As MouseResponseData '定义鼠标反应数据
Dim offscr As Canvas '定义缓冲画布
Dim x As Integer
Dim ptMouse As Point
Dim pts(1 To 2) As Point '定义两个点
Dim Pressed As Boolean '记录鼠标是否压下
Set offscr=Display.CreateCanvas '创建缓冲画布
Dim rect As Rect '定义矩形
rect.Left=0
rect.Top=0
rect.Right=Display.XRes '指定为全屏尺寸
rect.Bottom=Display.YRes
Mouse.ShowCursor True '显示鼠标光标
Pressed=False '初始化为 False
Do While Stimulus.InputMasks.IsPending() '只要处在接收按键事件状态
    x=Stimulus.InputMasks.Responses.Count
```

```
           If x>=1 Then '大于 1,有按键事件
               '获取鼠标反应数据
               Set firstResponse=CMouseResponseData(Stimulus. InputMasks. Responses(x))
               If firstResponse. IsButton2 Then '如果单击鼠标右键,则退出
                   Exit Do
               End If
           End If
        Mouse. GetCursorPos ptMouse. x,ptMouse. y '获取鼠标光标位置
        If Not firstResponse Is Nothing Then
            If firstResponse. State=ebStatePress And Not Pressed Then '如果为压下事件,且
            Pressed 为假
                pts(1)=ptMouse '将当前光标位置存放到两个点中
                pts(2)=ptMouse
                Pressed=True '鼠标左键压下事件已发生
            ElseIf firstResponse. State=ebStateRelease And Pressed Then '如果左键释放且
            Pressed 为真
                offscr. Copy Display. Canvas,rect,rect '将已经绘制的线条复制到缓冲画布中
                Pressed=False '将 Pressed 重设为 False,以便画下一条线
            ElseIf Pressed Then
                If pts(2). x<>ptMouse. x Or pts(2). y <>ptMouse. y Then '如果鼠标发生
                了移动
                    Display. Canvas. Copy offscr,rect,rect '将缓冲页面中的内容复制过来
                    Display. Canvas. MoveTo pts(1). x,pts(1). y '画线
                    Display. Canvas. LineTo ptMouse. x,ptMouse. y
                    pts(2)=ptMouse '更新第二个点的坐标
                End If
            End If
        End If
    Loop
```

画直线示意图见图 9-110。

9.21.2　用鼠标自由画线

基本思路：当鼠标压下时记录当前坐标点，当鼠标按住不放移动(画线)时，使用 LineTo 函数画线至鼠标光标位置。

图 9-110　画直线示意图

```
Dim firstResponse As MouseResponseData '定义鼠标反应数据
Dim x As Integer
Dim ptMouse As Point
Dim pts(1 To 2) As Point '定义两个点
Dim Pressed As Boolean '记录鼠标是否压下
```

```
Mouse.ShowCursor True '显示鼠标光标
Pressed=False '初始化为 False
Do While Stimulus.InputMasks.IsPending() '只要处在接收按键事件状态
    x=Stimulus.InputMasks.Responses.Count
    If x>=1 Then '大于 1,有按键事件
        '获取鼠标反应数据
        Set firstResponse=CMouseResponseData(Stimulus.InputMasks.Responses(x))
        If firstResponse.IsButton2 Then '如果单击鼠标右键,则退出
            Exit Do
        End If
    End If
    Mouse.GetCursorPos ptMouse.x,ptMouse.y '获取鼠标光标位置
    If Not firstResponse Is Nothing Then
        If firstResponse.State=ebStatePress And Not Pressed Then '如果为压下事件,且 Pressed 为假
            pts(1)=ptMouse '将当前光标位置存放到两个点中
            Display.Canvas.MoveTo pts(1).x,pts(1).y
            pts(2)=ptMouse
            Pressed=True '鼠标左键压下事件已发生
        ElseIf firstResponse.State=ebStateRelease And Pressed Then '如果左键释放且 Pressed 为真
            Pressed=False '将 Pressed 重设为 False,以便画下一条线
        ElseIf Pressed Then
            If pts(2).x<>ptMouse.x Or pts(2).y<>ptMouse.y Then '如果鼠标发生了移动
                Display.Canvas.LineTo ptMouse.x,ptMouse.y
                pts(2)=ptMouse '更新第二个点的坐标
            End If
        End If
    End If
Loop
```

自由画线示意图见图 9-111。

9.21.3 用鼠标画矩形

基本思路:当鼠标压下时,记录当前坐标点(作为矩形左上角坐标),鼠标移动时以鼠标光标位置为矩形右下角坐标来绘制矩形,松开鼠标后,则在缓冲画布绘制最终矩形。

图 9-111 自由画线示意图

```
Dim firstResponse As MouseResponseData '定义鼠标反应数据
Dim offscr As Canvas '定义缓冲画布
Dim x As Integer
```

```
Dim ptMouse As Point
Dim pts(1 To 2) As Point '定义两个点
Dim Pressed As Boolean '记录鼠标是否压下
Set offscr=Display.CreateCanvas '创建缓冲画布
Dim rect As Rect '定义矩形
Dim tmppt As Point
rect.Left=0
rect.Top=0
rect.Right=Display.XRes '指定为全屏尺寸
rect.Bottom=Display.YRes
Mouse.ShowCursor True '显示鼠标光标
Pressed=False '初始化为False
Display.Canvas.BackStyle="transparent"
Do While Stimulus.InputMasks.IsPending() '只要处在接收按键事件状态
    x=Stimulus.InputMasks.Responses.Count
    If x>=1 Then '大于1,有按键事件
        '获取鼠标反应数据
        Set firstResponse=CMouseResponseData(Stimulus.InputMasks.Responses(x))
        If firstResponse.IsButton2 Then '如果单击鼠标右键,则退出
            Exit Do
        End If
    End If
    Mouse.GetCursorPos ptMouse.x,ptMouse.y '获取鼠标光标位置
    If Not firstResponse Is Nothing Then
        If firstResponse.State=ebStatePress And Not Pressed Then '如果为压下事件,且 Pressed 为假
            pts(1)=ptMouse '将当前光标位置存放到两个点中
            pts(2)=ptMouse
            Pressed=True '鼠标左键压下事件已发生
        ElseIf firstResponse.State=ebStateRelease And Pressed Then '如果左键释放且 Pressed 为真
            offscr.Copy Display.Canvas,rect,rect '将已经绘制的线条复制到缓冲画布中
            Pressed=False '将 Pressed 重设为 False,以便画下一条线
        ElseIf Pressed Then
            If pts(2).x<>ptMouse.x And pts(2).y<>ptMouse.y Then '如果鼠标发生了移动
                Display.Canvas.Copy offscr,rect,rect '将缓冲画布中的内容复制过来
                tmppt=pts(1) '保存第 1 个点
                '从右下角向左上角画,交换两个点坐标
                If pts(1).x>ptMouse.x And pts(1).y>ptMouse.y Then
                    pts(2)=pts(1)
                    pts(1)=ptMouse
                ElseIf pts(1).x>ptMouse.x And pts(1).y<ptMouse.y Then '从右上角
```

```
                向左下角画
                    pts(2).x=pts(1).x
                    pts(2).y=ptMouse.y
                    pts(1).x=ptMouse.x
                ElseIf pts(1).x<ptMouse.x And pts(1).y>ptMouse.y Then '从左下角
                向右上角画
                    pts(2).x=ptMouse.x
                    pts(2).y=pts(1).y
                    pts(1).y=ptMouse.y
                Else '从左上角向右下角画
                    pts(2)=ptMouse
                End If
                Display.Canvas.Rectangle pts(1).x,pts(1).y,pts(2).x-pts(1).x,pts
                (2).y-pts(1).y
                pts(2)=ptMouse '更新第二个点的坐标
                pts(1)=tmppt
            End If
        End If
    End If
Loop
```

画矩形示意图见图 9-112。

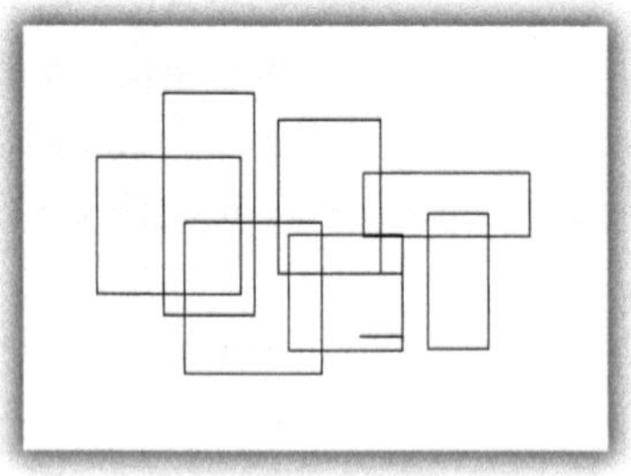

9.21.4 用鼠标画圆

图 9-112 画矩形示意图

基本思路：按下鼠标左键，将当前坐标点作为圆心，移动鼠标时，将鼠标光标位置与圆心的距离作为半径画圆，松开鼠标左键时完成最终圆的绘制。

```
Dim firstResponse As MouseResponseData '定义鼠标反应数据
Dim offscr As Canvas '定义缓冲画布
Dim x As Integer
Dim ptMouse As Point
Dim pts(1 To 2) As Point '定义两个点
Dim Pressed As Boolean '记录鼠标是否压下
Set offscr=Display.CreateCanvas '创建缓冲画布
Dim rect As Rect '定义矩形
Dim tmppt As Point
rect.Left=0
rect.Top=0
rect.Right=Display.XRes '指定为全屏尺寸
rect.Bottom=Display.YRes
Mouse.ShowCursor True '显示鼠标光标
Pressed=False '初始化为 False
```

```
Display.Canvas.BackStyle="transparent"
Do While Stimulus.InputMasks.IsPending()  '只要处在接收按键事件状态
    x=Stimulus.InputMasks.Responses.Count
    If x>=1 Then  '大于1,有按键事件
        '获取鼠标反应数据
        Set firstResponse=CMouseResponseData(Stimulus.InputMasks.Responses(x))
        If firstResponse.IsButton2 Then  '如果单击鼠标右键,则退出
            Exit Do
        End If
    End If
    Mouse.GetCursorPos ptMouse.x,ptMouse.y  '获取鼠标光标位置
    If Not firstResponse Is Nothing Then
        If firstResponse.State=ebStatePress And Not Pressed Then  '如果为压下事件,且Pressed为假
            pts(1)=ptMouse  '将当前光标位置存放到两个点中
            'Display.Canvas.MoveTo pts(1).x,pts(1).y
            pts(2)=ptMouse
            Pressed=True  '鼠标左键压下事件已发生
        ElseIf firstResponse.State=ebStateRelease And Pressed Then  '如果左键释放且Pressed为真
            offscr.Copy Display.Canvas,rect,rect  '将已经绘制的线条复制到缓冲画布中
            Pressed=False  '将Pressed重设为False,以便画下一条线
        ElseIf Pressed Then
            If pts(2).x<>ptMouse.x And pts(2).y<>ptMouse.y Then  '如果鼠标发生了移动
                pts(2)=ptMouse  '更新第二个点的坐标
                Display.Canvas.Copy offscr,rect,rect  '将缓冲画布中的内容复制过来
                Display.Canvas.Circle pts(1).x,pts(1).y,Sqr((pts(2).x-pts(1).x)^2+(pts(2).y-pts(1).y)^2)
            End If
        End If
    End If
Loop
```

画圆示意图见图9-113。

图9-113 画圆示意图

9.21.5 用鼠标画多边形

基本思路:按下鼠标左键后记录多边形第一个点,移动鼠标实时绘制某个边,松开鼠标左键完成某个边的绘制,再次按下鼠标左键时以上次松开鼠标时的位置为起点继续画边,当鼠标移至第一个点附近时,自动吸附,松开鼠标即可封闭多边形。

```
Dim firstResponse As MouseResponseData  '定义鼠标反应数据
```

```
Dim offscr As Canvas '定义缓冲画布
Dim x As Integer
Dim ptMouse As Point
Dim pts(1 To 2) As Point '定义两个点
Dim Pressed As Boolean '记录鼠标是否压下
Set offscr=Display.CreateCanvas '创建缓冲画布
Dim rect As Rect '定义矩形
Dim tmppt As Point
Dim firstpoint As Boolean
firstpoint=True
rect.Left=0
rect.Top=0
rect.Right=Display.XRes '指定为全屏尺寸
rect.Bottom=Display.YRes
Mouse.ShowCursor True '显示鼠标光标
Pressed=False '初始化为False
Display.Canvas.BackStyle="transparent"
Do While Stimulus.InputMasks.IsPending() '只要处在接收按键事件状态
    x=Stimulus.InputMasks.Responses.Count
    If x>=1 Then '大于1,有按键事件
        '获取鼠标反应数据
        Set firstResponse=CMouseResponseData(Stimulus.InputMasks.Responses(x))
        If firstResponse.IsButton2 Then '如果单击鼠标右键,则退出
            Exit Do
        End If
    End If
    Mouse.GetCursorPos ptMouse.x,ptMouse.y '获取鼠标光标位置
    If Not firstResponse Is Nothing Then
        If firstResponse.State=ebStatePress And Not Pressed Then '如果为压下事件,且Pressed为假
            If firstpoint Then '如果是多边形第一个点
                tmppt=ptMouse
                pts(1)=ptMouse
                Display.Canvas.MoveTo pts(1).x,pts(1).y
            End If
            ' pts(2)=ptMouse
            Pressed=True '鼠标左键压下事件已发生
        ElseIf firstResponse.State=ebStateRelease And Pressed Then '如果左键释放且Pressed为真
            offscr.Copy Display.Canvas,rect,rect '将已经绘制的线条复制到缓冲画布中
            pts(1)=pts(2)
            Pressed=False '将Pressed重设为False,以便画下一条线
        ElseIf Pressed Then
```

```
            If pts(2). x<>ptMouse. x And pts(2). y <>ptMouse. y Then '如果鼠标发
生了移动
                Display. Canvas. Copy offscr,rect,rect '将缓冲画布中的内容复制过来
                If Sqr((pts(2). x－tmppt. x)^2＋(pts(2). y－tmppt. y)^2)<20 And Not
firstpoint Then
                    pts(2)＝tmppt '封闭多边形
                    firstpoint＝True
                Else
                    pts(2)＝ptMouse '更新第二个点的坐标
                    firstpoint＝False
                End If
                Display. Canvas. MoveTo pts(1). x,pts(1). y '画线
                Display. Canvas. LineTo pts(2). x,pts(2). y
            End If
        End If
    End If
Loop
```

画多边形示意图见图 9-114。

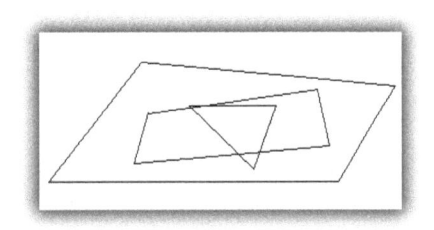

9.21.6 用鼠标拖放

图 9-114 画多边形示意图

本次实验首先呈现以一定顺序排列的色块（2000 毫秒），然后要求被试按照色块呈现顺序进行回忆（回忆的方式是将不同色块拖放到指定顺序位置）。

基本思路：本小节的示例程序主要是通过判断按键的状态 ebStatePress 或 ebStateRelease 来处理鼠标事件的，前面的方法有一个共同点就是设置的 Max Count 总有一个上限值，一旦到达上限，试次就结束了。本示例换用另一种思路，借助等待控件（Wait）实现鼠标压下和松开的单独检测，一组压下、松开事件后再改变程序流程走向，这样就可以实现没有上限的鼠标事件。

新建一个名为 ClickAndDrag 的实验程序，参照图 9-115 插入相应的实验控件并更名，列表对象 TrialList 中使用了 Colon 语法，需要嵌套 ColorList 列表，使三种颜色的顺序是随机的。为两个列表对象增加属性变量并输入相应内容。

幻灯对象 PresentOrder 中包含三个文本对象，其持续时间为 2000 毫秒，三个文本对象的 BackColor 分别引用[StimColor1][StimColor2]和[StimColor3]，显示内容为空。

幻灯对象 Stimulus 的设置如图 9-116 所示。中间三个 SlideText 对象分别命名为 Goal1～Goal3，下面的三个 SlideText 对象分别命名为 DragRed、DragGreen 和 DragBlue，并设置为红色、绿色和蓝色。最下方的文本对象命名为 EndObject。为 Stimulus 添加鼠标输入，允许按键为"1"，呈现时间为 infinite，结束动作为 Terminate。

等待对象 CollectRelease 专门处理鼠标松开事件，其属性设置如图 9-117 所示（注意：为了采集鼠标松开事件，必须在 Edit 菜单下的 Experiment 中将 Collection Mode 设置为 Presses And Releases，参见 9.21）。反馈对象 Feedback 关联到 Stimulus，并

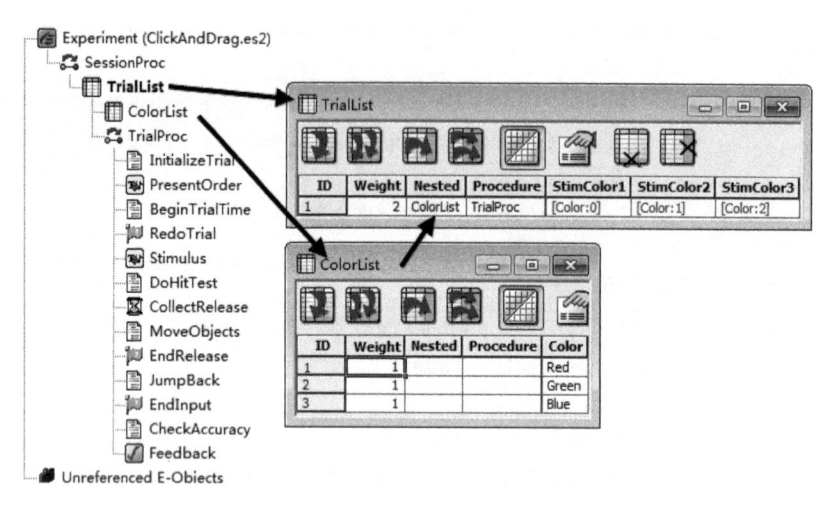

图 9-115 ClickAndDrag 程序结构及列表对象

在显示区域将默认的@RT，更改为[OverallRT]来引用计算出的总反应时。

图 9-116 Stimulus 幻灯对象界面设置

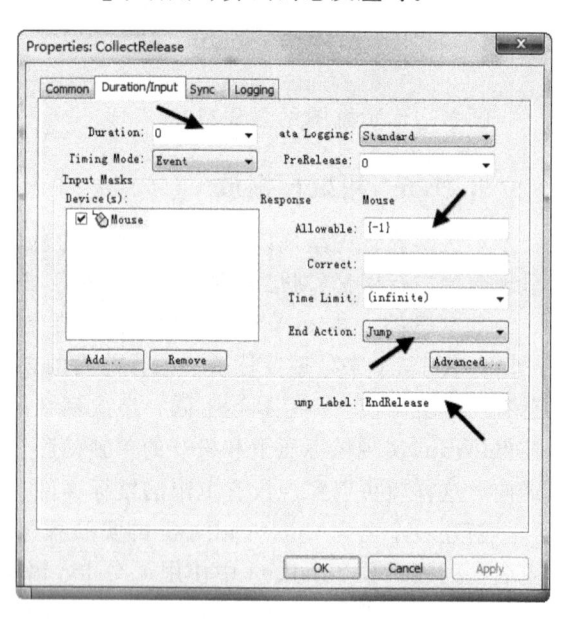

图 9-117 CollectRelease 属性对话框

双击 InitializeTrial，在其中输入以下进行初始化的代码：

```
Const NUM_OBJECTS=3 '定义常量
Dim strDragColor(NUM_OBJECTS) As String '定义三个元素的字符数组,存放颜色名
strDragColor(1)="Red"
strDragColor(2)="Green"
strDragColor(3)="Blue"
Dim offsetPt As Point '存放鼠标单击点与某个色块中心坐标的偏移量
Dim Drag1 As SlideText '定义 SlideText 变量
```

'引用 Stimulus 幻灯对象 Default 状态下的 DragRed 等文本对象
Set Drag1=CSlideText(Stimulus. States. Item("Default"). Objects("Drag" & strDragColor(1)))
Dim Drag2 As SlideText
Set Drag2=CSlideText(Stimulus. States. Item("Default"). Objects("Drag" & strDragColor(2)))
Dim Drag3 As SlideText
Set Drag3=CSlideText(Stimulus. States. Item("Default"). Objects("Drag" & strDragColor(3)))

Drag1. X=Display. XRes/4 '设置三个可移动色块的中心点坐标
Drag1. Y=Display. YRes * 0.65

Drag2. X=Display. XRes/2
Drag2. Y=Display. YRes * 0.65

Drag3. X=Display. XRes * 3/4
Drag3. Y=Display. YRes * 0.65

在 BeginTrialTime 中记录试次开始时间，以便计算反应时：

Dim lnStartTime As Long
lnStartTime=Clock. Read

在 DoHitTest 中输入以下检测鼠标单击事件和单击对象的代码：

Dim theState As SlideState
Set theState=Stimulus. States("Default") '获取幻灯对象名为 Default 的 SlideState 对象
Dim strHit As String
strHit=""
Dim theMouseResponseData As MouseResponseData '定义鼠标反应数据
If Stimulus. InputMasks. Responses. Count>0 Then '如果鼠标压下（因为 Stimulus 采集的是压下事件）
    '获取鼠标反应数据
    Set theMouseResponseData = CMouseResponseData（Stimulus. InputMasks. Responses(1))
    '获取鼠标单击的对象名称
    strHit = theState. HitTest（theMouseResponseData. CursorX，theMouseResponseData. CursorY)
    '如果是 DragRed 等中的某一个，则计算鼠标单击位置与色块中心点的坐标差值
    If strHit="Drag" & strDragColor(1) Then
        offsetPt. x=theMouseResponseData. CursorX－Drag1. X

```
            offsetPt.y=theMouseResponseData.CursorY-Drag1.Y
        ElseIf strHit="Drag" & strDragColor(2) Then
            offsetPt.x=theMouseResponseData.CursorX-Drag2.X
            offsetPt.y=theMouseResponseData.CursorY-Drag2.Y
        ElseIf strHit="Drag" & strDragColor(3) Then
            offsetPt.x=theMouseResponseData.CursorX-Drag3.X
            offsetPt.y=theMouseResponseData.CursorY-Drag3.Y
        End If
        If strHit="EndObject" Then '如果单击的是EndObject(结束)对象,则计算总反应时
            c.SetAttrib "OverallRT",Clock.Read-lnStartTime '将总反应时作为OverallRT
            属性记录下来
            GoTo EndInput '跳转到EndInput标签处,否则继续后面的CollectRelease
        End If
    End If
    Set theMouseResponseData=Nothing '释放资源
    Set theState=Nothing
```

在 MoveObjects 对象中输入以下移动色块的代码:

```
    Dim ptDrag As Point '定义Point变量
    '如果鼠标单击对象不是EndObject,是DragRed等中的一个
    If strHit="Drag" & strDragColor(1) Or strHit="Drag" & strDragColor(2) Or strHit="
Drag" & strDragColor(3) Then
        Do While CollectRelease.InputMasks.IsPending() '只要鼠标没松开
            Mouse.GetCursorPOS ptDrag.X,ptDrag.Y '获取鼠标光标位置
            If strHit="Drag" & strDragColor(1) Then '根据单击的对象重置色块中心点
            坐标
                Drag1.X=ptDrag.x-offsetPt.x
                Drag1.Y=ptDrag.y-offsetPt.y
            ElseIf strhit="Drag" & strDragColor(2) Then
                Drag2.X=ptDrag.x-offsetPt.x
                Drag2.Y=ptDrag.y-offsetPt.y
            ElseIf strhit="Drag" & strDragColor(3) Then
                Drag3.X=ptDrag.x-offsetPt.x
                Drag3.Y=ptDrag.y-offsetPt.y
            End If
            Stimulus.Draw '重新绘制Stimulus当前激活的状态
            Sleep 2 '暂停2毫秒
        Loop
    End If
    c.SetAttrib "Object1XFinal",Drag1.X '记录色块最终位置的中心点坐标
    c.SetAttrib "Object1YFinal",Drag1.Y
```

c. SetAttrib "Object2XFinal",Drag2. X
c. SetAttrib "Object2YFinal",Drag2. Y

c. SetAttrib "Object3XFinal",Drag3. X
c. SetAttrib "Object3YFinal",Drag3. Y

JumpBack 对象中的代码很简单，只有一行跳转到 RedoTrial 标签处的代码：

GoTo RedoTrial

在 CheckAccuracy 中输入以下代码：

Dim GoalRect As SlideText '定义 SlideText 变量
Dim DragRect As SlideText
Dim nCountGoal As Integer,nCountDrag As Integer
Dim strGoal As String,strDrag As String
Dim boolGoal1 As Boolean,boolGoal2 As Boolean,boolGoal3 As Boolean
boolGoal1＝False
boolGoal2＝False
boolGoal3＝False
For nCountGoal＝1 To NUM_OBJECTS '循环遍历三个目标对象（Goal1～Goal3）
    strGoal＝"Goal" & nCountGoal '利用 & 拼接为对象名称
    '引用某个目标对象
    Set GoalRect＝CSlideText(Stimulus. States. Item("Default"). Objects(strGoal))
    For nCountDrag＝1 To NUM_OBJECTS '循环遍历三个色块（DragRed,DragGreen 和 DragBlue）
        strDrag＝"Drag" & strDragColor(nCountDrag)
        '引用某个色块对象
        Set DragRect＝CSlideText(Stimulus. States. Item("Default"). Objects(strDrag))
        If DragRect. Left＞＝GoalRect. Left Then '下面的代码主要用于判断色块是否在某个目标区域内
            If DragRect. Right ＜＝GoalRect. Right Then
                If DragRect. Top＞＝GoalRect. Top Then
                    If DragRect. Bottom ＜＝GoalRect. Bottom Then
                        If nCountGoal＝1 Then
                            '设置某个色块的颜色名（通过 Mid 函数截取对象名称中的颜色信息）
                            c. SetAttrib " Goal1Response ", Mid (strDrag, 5, Len (strDrag)－4)
                            '如果色块颜色与 StimColor1 属性中指定的颜色相同,则表明某个色块的顺序位置正确
                            If c. GetAttrib (" Goal1Response ") ＝ c. GetAttrib ("

```
                                    StimColor1") Then
                                            boolGoal1＝True
                                    End If
                            ElseIf nCountGoal＝2 Then
                                    c.SetAttrib "Goal2Response", Mid（strDrag, 5, Len
                                    （strDrag）－4）
                                    If c.GetAttrib（"Goal2Response"）＝c.GetAttrib（"
                                    StimColor2"）Then
                                            boolGoal2＝True
                                    End If
                            ElseIf nCountGoal＝3 Then
                                    c.SetAttrib "Goal3Response", Mid（strDrag, 5, Len
                                    （strDrag）－4）
                                    If c.GetAttrib("Goal3Response")＝c.GetAttrib
                                    ("StimColor3") Then
                                            boolGoal3＝True
                                    End If
                            End If
                        End If
                    End If
                End If
            End If
        Next
    Next
    If boolGoal1＝True And boolGoal2＝True And boolGoal3＝True Then '如果三个色块都
正确
        Stimulus.ACC＝1 '设置准确性
    Else
        Stimulus.ACC＝0
    End If
    Set Drag1＝Nothing '释放资源
    Set Drag2＝Nothing
    Set Drag3＝Nothing

    Set GoalRect＝Nothing
    Set DragRect＝Nothing
```

本示例程序中使用了三个标签，如果被试压下鼠标左键，则进行 DoHitTest 判断；如果单击的是 EndObject 对象，则跳转到 EndInput 标签处；如果被试没有单击某个可移动的色块，则跳转到 RedoTrial 处；如果被试单击了某个色块，只要鼠标左键没有松开（CollectRelease 没有检测到 Release 事件），就进行色块移动操作，一旦松开鼠标，则跳转到 EndRelease 标签下（不再对色块进行移动）。

实验运行界面如图 9-118 所示。

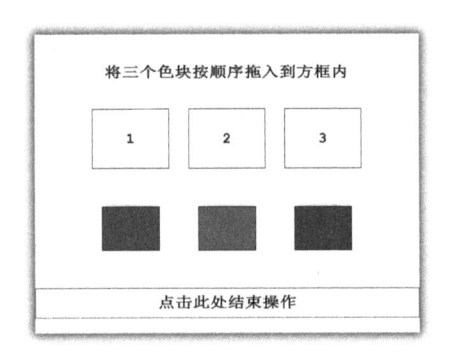

图 9-118　鼠标拖放实验界面

9.22　显示倒计时时钟(区组间休息)

有时需要在区组间或完成一定数量的试次后让被试休息一段时间，在屏幕上显示直观的休息的信息会使程序界面更友好。如果根据试次数来设置休息，则要定义一个全局变量，变量值累加。

9.22.1　文本型

基本思路：当完成的试次数量满足一定要求时(一般使用求模运算符 Mod 来判断)，通过 While…Loop 循环判断当前时间(Clock.Read)是否大于结束时间，如果没有满足结束循环条件，则更新文本时间。

新建一个名为 CountDownClock 的实验程序，参照图 9-119 组织程序结构并更名，文本对象 Stimulus 只是通过引用[Stim]来简单地呈现刺激，其他参数不需要变更。

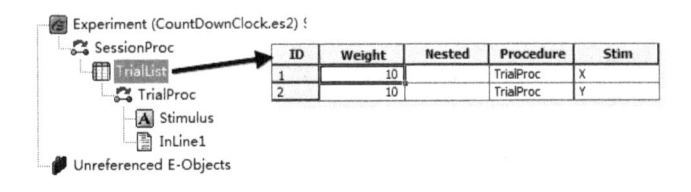

图 9-119　CountDownClock 程序结构及列表对象

双击 InLine1，在其中输入以下代码：

```
Dim endtime As Long
Dim txt As String
Dim nw As Long, nh As Long
Dim x As Long
Dim cnvs As Canvas '定义画布对象
endtime=Clock.Read+5000 '读取时钟,并设置结束时间
Set cnvs=Display.Canvas
```

'如果变量值 trials 能够被 5 整除（每 5 个试次休息一次），并且不是最后一个试次
If c.GetAttrib(c.GetAttrib("Running") & ".Sample") Mod 5＝0 And _
　　c.GetAttrib(c.GetAttrib("Running") & ".Sample")＜TrialList.Deletion.Count Then
　　cnvs.Clear '清除屏幕
　　cnvs.FontSize＝"20" '设置字体大小
　　cnvs.TextColor＝CColor("0,0,255") '设置字体颜色
　　Do While Clock.Read＜＝endtime '如果没有到结束时间
　　　　txt＝"还有" & CStr(Int((endtime－Clock.Read)/1000＋0.5)) & "秒" '计算并转换时间
　　　　cnvs.CalculateTextSize "请休息 5 秒",nw,nh '计算文本的宽度和高度
　　　　x＝(Display.XRes－nw)/2 '计算水平居中后的文本 X 坐标值
　　　　cnvs.Text x,Display.YRes/2－nh,"请休息 5 秒" '在屏幕上绘制文本
　　　　cnvs.CalculateTextSize txt,nw,nh
　　　　x＝(Display.XRes－nw)/2
　　　　cnvs.Text x,Display.YRes/2＋nh,txt
　　　　Sleep(1000) '暂停 1000 毫秒
　　Loop
　　cnvs.Clear
End If

9.22.2　进度型

基本思路：与 9.22.1 相似，只是使用进度条来表示时间进度。

将 CountDownClock.es2 另存为 CountDownClock1.es2，打开 InLine1 内嵌代码对象，输入以下代码：

Dim endtime As Long
Dim txt As String
Dim nw As Long,nh As Long
Dim x As Long,resttime As Long
Dim cnvs As Canvas '定义画布对象
Dim oldcolor As Long
resttime＝5 * 1000
txt＝"请休息" & CStr(resttime/1000) & "秒"
endtime＝Clock.Read＋resttime '读取时钟，并设置结束时间
Set cnvs＝Display.Canvas
'如果变量值 trials 能够被 5 整除（每 5 个试次休息一次），并且不是最后一个试次
If c.GetAttrib(c.GetAttrib("Running") & ".Sample") Mod 5＝0 And _
　　c.GetAttrib(c.GetAttrib("Running") & ".Sample")＜TrialList.Deletion.Count Then
　　cnvs.Clear '清除屏幕
　　oldcolor＝cnvs.FillColor
　　cnvs.FontSize＝"20" '设置字体大小

```
        cnvs.TextColor＝CColor("0,0,255") '设置字体颜色
Do While Clock.Read＜＝endtime '如果没有到结束时间
        cnvs.CalculateTextSize txt,nw,nh '计算文本的宽度和高度
        x＝(Display.XRes－nw)/2 '计算水平居中后的文本 X 坐标值
        cnvs.Text x,Display.YRes/2－nh,txt '在屏幕上绘制文本
        cnvs.FillColor＝CColor("green") '设置填充色为绿色
        '绘制矩形
        cnvs.Rectangle Display.XRes * 0.2,Display.YRes/2＋nh ,Display.XRes * 0.6,
        Display.YRes * 0.05
        cnvs.PenColor＝CColor("red") '设置画笔为红色
        cnvs.FillColor＝CColor("red") '设置填充色为红色
        '根据剩余时间计算矩形宽度,然后绘制矩形
        cnvs.Rectangle Display.XRes * 0.2,_
        Display.YRes/2＋nh ,Display.XRes * 0.6 * (1－(endtime－Clock.Read)/
        resttime),Display.YRes * 0.05
        Sleep(1000) '暂停 1000 毫秒
    Loop
    cnvs.FillColor＝oldcolor '将填充色复原
    cnvs.Clear
End If
```

9.23 API 的使用

9.23.1 示例一：挂起实验启动外部程序

基本思路：使用 Win32 API（外部程序接口）函数来创建外部进程，运行外部程序。

在运行实验的过程中，可以借助于 Win32 API 函数实现更多功能，如果要启动其他程序，可以使用 CreateProcess 来创建一个新的进程和它的主线程，这个新进程运行指定的可执行文件。在 VC 中，CreateProcess 函数的原型为：

```
BOOL CreateProcess
(LPCTSTR lpApplicationName,
    LPTSTR lpCommandLine,
    LPSECURITY_ATTRIBUTES lpProcessAttributes。
    LPSECURITY_ATTRIBUTES lpThreadAttributes,
    BOOL bInheritHandles,
    DWORD dwCreationFlags,
    LPVOID lpEnvironment,
    LPCTSTR lpCurrentDirectory,
    LPSTARTUPINFO lpStartupInfo,
```

LPPROCESS_INFORMATION lpProcessInformation）；

如果在 E-Prime 中使用类似的函数，就需要通过 Declare 语句先声明，由于 C 语言和 Basic 语言使用不同的关键字来表示变量类型，如 LPCTSTR 和 LPTSTR 在 Basic 中用 String 表示字符型，但 Basic 中提供了 Any 这种灵活的类型。

其声明如下（声明时参数顺序要一致）：

```
Declare Function CreateProcess Lib "kernel32" Alias _
    "CreateProcessA" (ByVal lpApplicationName As String,ByVal _
    lpCommandLine As String,lpProcessAttributes As Any,_
    lpThreadAttributes As Any,ByVal bInheritHandles As Long,ByVal _
    dwCreationFlags As Any,lpEnvironment As Any,ByVal _
    lpCurrentDriectory As String,lpStartupInfo As STARTUPINFO,_
    lpProcessInformation As PROCESS_INFORMATION) As Long
```

另外一个获取已中断进程的退出代码的函数定义如下：

```
Declare Function GetExitCodeProcess Lib "kernel32" (ByVal hProcess As Long,_
    lpExitCode As Long) As Long
```

参数中 STARTUPINFO 和 PROCESS_INFORMATION 结构体如下（也需要在代码中定义）：

```
typedef struct _STARTUPINFO
{DWORD cb;
LPTSTR lpReserved;
LPTSTR lpDesktop;
LPTSTR lpTitle;
DWORD dwX;
DWORD dwY;
DWORD dwXSize;
DWORD dwYSize;
DWORD dwXCountChars;
DWORD dwYCountChars;
DWORD dwFillAttribute;
DWORD dwFlags;
WORD wShowWindow;
WORD cbReserved2;
LPBYTE lpReserved2;
HANDLE hStdInput;
HANDLE hStdOutput;
HANDLE hStdError;}
```

```
STARTUPINFO, * LPSTARTUPINFO;
typedef struct _PROCESS_INFORMATION
    {HANDLE hProcess;
    HANDLE hThread;
    DWORD dwProcessId;
    DWORD dwThreadId;}
    PROCESS_INFORMATION;
```

在 Basic 中使用 Type...End Type 来定义数据类型的代码如下：

```
Type STARTUPINFO
        cb As Long
        lpReserved As String
        lpDesktop As String
        lpTitle As String
        dwX As Long
        dwY As Long
        dwXSize As Long
        dwYSize As Long
        dwXCountChars As Long
        dwYCountChars As Long
        dwFillAttribute As Long
        dwFlags As Long
        wShowWindow As Integer
        cbReserved2 As Integer
        nHolder1 As Integer
        nHolder2 As Long
        nHolder3 As Long
        nHolder4 As Long
    End Type
    Type PROCESS_INFORMATION
        hProcess As Long
        hThread As Long
        dwProcessId As Long
        dwThreadId As Long
    End Type
```

假如要进行网页的工效学实验，通过外部程序 iexplore 打开一个本地网页文件，让被试阅读 30 秒，然后让被试回答问题。

新建一个名为 RunExternalApp 的实验程序，参照图 9-120 插入相应的实验控件并更名。为列表对象 TrialList 增加属性变量并输入相应内容。

两个文本对象 Instructions 和 FollowUpInstructions 只是显示一些指导语信息，

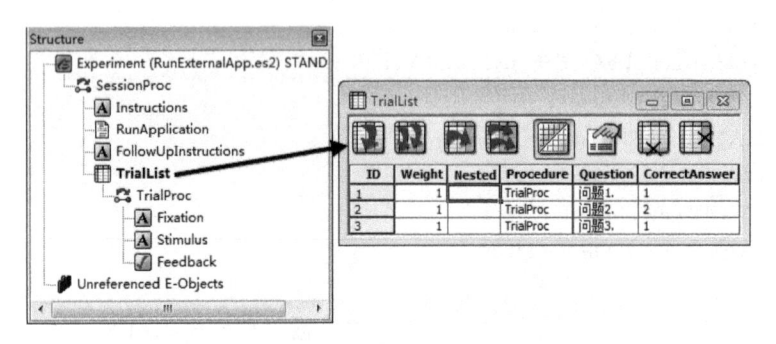

图 9-120 RunExternalApp 程序结构及列表对象

你可以自己设定，只要让被试通过按键反应控制实验进程即可。TrialProc 过程是被试浏览网页 30 秒回答问题的流程，即呈现注视点 1000 毫秒，然后呈现问题，要求被试判断，并给出反馈信息（此处不再列出）。

双击 RunApplication 内嵌代码对象，在其中输入以下代码：

```
Rte.DeviceManager.Suspend '挂起实验程序
Dim strEmpty As String '定义变量
Dim strExe As String
strExe="C:\\Program Files\\Internet Explorer\\iexplore.exe" _
    & "file:///E:/DIPimage/page1.html"
Dim theStartupInfo As STARTUPINFO '定义 STARTUPINFO 类型变量
Dim theProcessInfo As PROCESS_INFORMATION '定义 PROCESS_INFORMATION 类型变量
theStartupInfo.cb=Len(theStartupInfo)-1 '指定 STARTUPINFO 字段内容
Dim nReturn As Long
nReturn = CreateProcess(strEmpty, strExe, ByVal 0&, ByVal 0&, 1&, NORMAL_PRIORITY_CLASS, _
    ByVal 0&, strEmpty, theStartupInfo, theProcessInfo) '创建进程
Dim nStartTime As Long
nStartTime=Clock.Read '记录开始时间,以判断是否到 30 秒
If nReturn<>0 Then '如果返回值有效
    Dim nExitCode As Long
    nReturn=GetExitCodeProcess(theProcessInfo.hProcess,nExitCode) '获取进程退出代码
    While nExitCode=STILL_ACTIVE And (Clock.Read- nStartTime<30000) '如果程序处于活动状态或时间不足 30 秒
        nReturn=GetExitCodeProcess(theProcessInfo.hProcess,nExitCode) '获取进程退出代码
        Sleep 500 '暂停 500 毫秒
        'DoEvents '将控制权交给其他程序
    Wend
End If
Rte.DeviceManager.Resume '恢复实验程序
```

最后不要忘记在脚本编辑窗口的 User 标签下声明 CreateProcess 和 GetExitCodeProcess 函数，以及定义两个结构体 STARTUPINFO 和 PROCESS_INFORMATION，还要定义如下两个常量：

```
Const STILL_ACTIVE=&H103
Const NORMAL_PRIORITY_CLASS=&H20&
```

9.23.2 示例二：放大镜

如图 9-121 所示，当鼠标在屏幕图片上移动时，会放大鼠标所在位置的图像内容。

基本思路：借助 Win32 API 函数将图片加载到设备场景中，通过 StretchBlt 函数来放大某个局部区域。为达到放大镜效果，使用裁剪区来绘制区域内的内容。

新建一个名为 Zoom 的实验程序，在 SessionProc 中插入一名为 WaitForClick 的等待对象，在其后再插入一个名为 ZoomIt 的内嵌代码对象，WaitForClick 对象的属性对话框的设置参见图 9-122。

图 9-121　程序界面

图 9-122　WaitForClick 属性对话框

在使用 Win32 API 之前首先需要声明所使用的应用程序接口函数，在脚本编辑窗口 User 标签下输入以下代码：

Declare Function ClipCursor& Lib "user32" (lpRect As RECT)

Declare Function SelectClipRgn Lib "gdi32" Alias "SelectClipRgn" (ByVal hdc As Long, ByVal hRgn As Long) As Long

Declare Function CreateEllipticRgn Lib "gdi32" Alias "CreateEllipticRgn" (ByVal X1 As Long, ByVal Y1 As Long, ByVal X2 As Long, ByVal Y2 As Long) As Long

Declare Function FillRect Lib "user32" Alias "FillRect" (ByVal hdc As Long, lpRect As RECT, ByVal hBrush As Long) As Long

Declare Function CreateSolidBrush Lib "gdi32" Alias "CreateSolidBrush" (ByVal crColor As Long) As Long

Declare Function Ellipse Lib "gdi32" Alias "Ellipse" (ByVal hdc As Long, ByVal X1 As Long, ByVal Y1 As Long, ByVal X2 As Long, ByVal Y2 As Long) As Long

Declare Function LoadImage Lib "user32" Alias "LoadImageA" (ByVal hInst As Long, ByVal lpsz As String, ByVal un1 As Long, ByVal n1 As Long, ByVal n2 As Long, ByVal un2 As Long) As Long

Declare Function BitBlt Lib "gdi32" (ByVal hDestDC As Long, ByVal x As Long, ByVal Y As Long, ByVal nWidth As Long, ByVal nHeight As Long, ByVal hSrcDC As Long, ByVal xSrc As Long, ByVal ySrc As Long, ByVal dwRop As Long) As Long

Declare Function StretchBlt Lib "gdi32" (ByVal hdc As Long, ByVal x As Long, ByVal Y As Long, ByVal nWidth As Long, ByVal nHeight As Long, ByVal hSrcDC As Long, ByVal xSrc As Long, ByVal ySrc As Long, ByVal nSrcWidth As Long, ByVal nSrcHeight As Long, ByVal dwRop As Long) As Long

Declare Function CreateCompatibleBitmap Lib "gdi32" (ByVal hdc As Long, ByVal nWidth As Long, ByVal nHeight As Long) As Long

Declare Function CreateCompatibleDC Lib "gdi32" (ByVal hdc As Long) As Long

Declare Function GetDC Lib "user32" (ByVal hwnd As Long) As Long

Declare Function DeleteDC Lib "gdi32" (ByVal hdc As Long) As Long

Declare Function DeleteObject Lib "gdi32" (ByVal hObject As Long) As Long

Declare Function SelectObject Lib "gdi32" (ByVal hdc As Long, ByVal hObject As Long) As Long

其中 BitBlt 和 StretchBlt 两个函数的最后一个参数 dwRop 的参数值及含义如下：

BLACKNESS：表示使用与物理调色板的索引 0 相关的色彩来填充目标矩形区域（对缺省的物理调色板而言，该颜色为黑色）。

DSTINVERT：表示使目标矩形区域颜色取反。

MERGECOPY：表示使用布尔型的 AND(与)操作符将源矩形区域的颜色与特定模式组合在一起。

MERGEPAINT：使用布尔型的 OR(或)操作符将反向的源矩形区域的颜色与目标矩形区域的颜色合并。

NOTSRCCOPY：将源矩形区域颜色取反后拷贝到目标矩形区域。

NOTSRCERASE：使用布尔类型的 OR(或)操作符组合源和目标矩形区域的颜

色值，然后将合成的颜色取反。

PATCOPY：将特定的模式拷贝到目标位图上。

PATPAINT：使用布尔类型的 OR(或)操作符将源矩形区域取反后的颜色值与特定模式的颜色合并。然后使用 OR(或)操作符将该操作的结果与目标矩形区域内的颜色合并。

PATINVERT：使用 XOR(异或)操作符将源矩形区域和目标矩形区域内的颜色合并。

SRCAND：使用 AND(与)操作符将源矩形区域和目标矩形区域内的颜色合并。

SRCCOPY：将源矩形区域直接拷贝到目标矩形区域。

SRCERASE：使用 AND(与)操作符将目标矩形区域颜色取反后与源矩形区域的颜色值合并。

SRCINVERT：使用布尔型的 XOR(异或)操作符将源矩形区域和目标矩形区域的颜色合并。

SRCPAINT：使用布尔型的 OR(或)操作符将源矩形区域和目标矩形区域的颜色合并。

WHITENESS：使用与物理调色板中索引 1 有关的颜色填充目标矩形区域(对于缺省物理调色板来说，这个颜色就是白色)。

双击 ZoomIt 在其中输入以下代码：

```
Const SRCCOPY=&HCC0020
Const LR_LOADFROMFILE As Long=&H10
Dim ret& '存放函数调用返回值
Dim mDC&,mDC1&,scrDC& '设备句柄
Dim mBitmap&,mBitmap1&,mBitmap2& '设备相关位图
Dim imgw&,imgh&,left&,top& '存放图像大小和在屏幕上居中的左上角显示位置
Dim rgn& '存放剪裁句柄
Dim ptMouse As Point '存放鼠标光标位置
Dim wpen&,bpen& '存放画笔句柄
Dim rect As Rect,clipMouse As Rect '存放矩形区域

imgw=700
imgh=448
left=(Display.XRes-imgw)/2
top=(Display.YRes-imgh)/2

scrDC=GetDC(Display.Handle) '获取显示器设备句柄

mDC=CreateCompatibleDC(scrDC) '创建设备句柄
mDC1=CreateCompatibleDC(scrDC)
```

```
mBitmap1=CreateCompatibleBitmap(scrDC,imgw,imgh)
mBitmap2=CreateCompatibleBitmap(scrDC,imgw,imgh)
mBitmap=LoadImage(0,"suda.bmp",0,imgw,imgh,LR_LOADFROMFILE)
ret=SelectObject(mDC,mBitmap1)
wpen=CreateSolidBrush(RGB(255,255,255))  '创建白色画刷
bpen=CreateSolidBrush(RGB(0,0,0))  '创建黑色画刷
ret=SelectObject(maskDC,wpen)
rect.Left=0
rect.Right=imgw
rect.Top=0
rect.Bottom=imgh

clipMouse.Left=left
clipMouse.Right=left+imgw
clipMouse.Top=top
clipMouse.Bottom=top+imgh
ret=ClipCursor(clipMouse)  '限制鼠标移动区域
Mouse.ShowCursor True

Do While WaitForClick.InputMasks.IsPending()
    ret=FillRect(maskDC,rect,bpen)  '将掩蔽场景填充为黑色
    Mouse.GetCursorPos ptMouse.x,ptMouse.y  '获取鼠标光标
    ptMouse.x=ptMouse.x-left  '将鼠标光标与(0,0)对齐
    ptMouse.y=ptMouse.y-top
    ret=SelectObject(mDC1,mBitmap)  '设备场景加载位图
    ret=SelectObject(maskDC,mBitmap2)
    ret=Ellipse(maskDC,ptMouse.x-40,ptMouse.y-40,ptMouse.x+40,ptMouse.y+ _
        40)  '掩蔽场景绘制圆
    ret=BitBlt(mDC,0,0,imgw,imgh,mDC1,0,0,SRCCOPY)  '将场景 mDC1 中的图片绘
制到场景 mDC 中
    '根据鼠标位置创建圆形裁剪区
    rgn=CreateEllipticRgn(ptMouse.x-40,ptMouse.y-40,ptMouse.x+40,ptMouse.y+40)
    ret=SelectClipRgn(mDC,rgn)
    '放大鼠标位置处的局部区域
    ret=StretchBlt(mDC,ptMouse.x-40,ptMouse.y-40,80,80,mDC1,ptMouse.x-20,_
        ptMouse.y-20,40,40,SRCCOPY)
    '将场景 mDC 中的内容绘制到屏幕上
    ret=BitBlt(scrDC,left,top,left+imgw,top+imgh,mDC,0,0,SRCCOPY)
    ret=DeleteObject(rgn)  '删除临时裁剪区
Loop
ret=DeleteObject(wpen)  '删除对象
```

ret＝DeleteObject(bpen)
ret＝DeleteDC(maskDC) '删除设备场景
ret＝DeleteObject(mbitmap2)
ret＝DeleteDC(mDC)
ret＝DeleteObject(mBitmap)
ret＝DeleteDC(mDC1)
ret＝DeleteDC(mBitmap1)

9.23.3 示例三：窥视镜

如图 9-123 所示，当鼠标在屏幕上移动时，鼠标位置的图片内容会显示出来，而其他区域则被覆盖。

基本思路：在 Win32 API 的 BitBlt 函数中有一个参数可控制光栅操作，其中 SRCAND 使用 AND(与)操作符将源矩形区域和目标矩形区域内的颜色合并，将源区域中需要显示的区域（鼠标光标位置处）设为白色，而不显示的区域设为黑色，经过 AND(与)操作后，与黑色区域重叠的目标区域不显示，而与白色区域重叠的目标区域内容会显示出来。

图 9-123　实验程序界面

将实验程序 ZoomIt 另存为 EyeLet，内嵌代码对象 ZoomIt 更名为 Scrutinize，然后根据以下内容修改其中的代码：

```
Const SRCAND=&H8800C6
Const SRCCOPY=&HCC0020
Const LR_LOADFROMFILE As Long=&H10
Dim ret& '存放函数调用返回值
Dim mDC&,mDC1&,maskDC&,scrDC& '设备句柄
Dim mBitmap&,mBitmap1&,mBitmap2& '设备相关位图
Dim imgw&,imgh&,left&,top& '存放图像大小和在屏幕上居中的左上角显示位置
Dim ptMouse As Point '存放鼠标光标位置
Dim wpen&,bpen& '存放画笔句柄
Dim rect As Rect,clipMouse As Rect '存放矩形区域

imgw=700
imgh=448
left=(Display.XRes－imgw)/2
top=(Display.YRes－imgh)/2

scrDC=GetDC(Display.Handle) '获取显示器设备句柄
```

```
mDC=CreateCompatibleDC(scrDC)  '创建设备句柄
mDC1=CreateCompatibleDC(scrDC)
maskDC=CreateCompatibleDC(scrDC)
mBitmap1=CreateCompatibleBitmap(scrDC,imgw,imgh)
mBitmap2=CreateCompatibleBitmap(scrDC,imgw,imgh)
mBitmap=LoadImage(0,"suda.bmp",0,imgw,imgh,LR_LOADFROMFILE)
ret=SelectObject(mDC,mBitmap1)
wpen=CreateSolidBrush(RGB(255,255,255))  '创建白色画刷
bpen=CreateSolidBrush(RGB(0,0,0))  '创建黑色画刷
ret=SelectObject(maskDC,wpen)
rect.Left=0
rect.Right=imgw
rect.Top=0
rect.Bottom=imgh

clipMouse.Left=left
clipMouse.Right=left+imgw
clipMouse.Top=top
clipMouse.Bottom=top+imgh
ret=ClipCursor(clipMouse)  '限制鼠标移动区域
Mouse.ShowCursor True

Do While WaitForClick.InputMasks.IsPending()
    ret=FillRect(maskDC,rect,bpen)  '将掩蔽场景填充为黑色
    Mouse.GetCursorPos ptMouse.x,ptMouse.y  '获取鼠标光标
    ptMouse.x=ptMouse.x-left  '将鼠标光标与(0,0)对齐
    ptMouse.y=ptMouse.y-top
    ret=SelectObject(mDC1,mBitmap)  '设备场景加载位图
    ret=SelectObject(maskDC,mBitmap2)
    ret=Ellipse(maskDC,ptMouse.x-40,ptMouse.y-40,ptMouse.x+40,ptMouse.y+40)  '掩蔽场景绘制圆
    ret=BitBlt(mDC,0,0,imgw,imgh,mDC1,0,0,SRCCOPY)  '将场景mDC1中的图片绘制到场景mDC中
    '将掩蔽场景maskDC中的内容绘制到场景mDC中
    ret=BitBlt(mDC,0,0,imgw,imgh,maskDC,0,0,SRCAND)
    '将场景mDC中的内容绘制到屏幕上
    ret=BitBlt(scrDC,left,top,left+imgw,top+imgh,mDC,0,0,SRCCOPY)
Loop
ret=DeleteObject(wpen)  '删除对象
ret=DeleteObject(bpen)
ret=DeleteDC(maskDC)  '删除设备场景
```

ret＝DeleteObject(mbitmap2)
ret＝DeleteDC(mDC)
ret＝DeleteObject(mBitmap)
ret＝DeleteDC(mDC1)
ret＝DeleteDC(mBitmap1)

9.24 问卷调查

E-Prime 3.0 中提供了 SlideChoice 子对象用于设计问卷调查，但 E-Prime 2.0 中需要内嵌代码来实现可视化的问卷调查，这一点没有 Inquisit 软件方便。

E-Prime 中的问卷调查或量表测验一般要求每道题目的选项具有固定格式，如"完全不同意、比较不同意、一般、比较同意、完全同意"或采用利克特量表形式，当然根据需要也可以设计复杂的问卷形式。

由于同一页面上既要呈现题目，又要呈现选项，因此需要使用幻灯对象（Slide）来同时放置多种刺激。另一种思路就是使用 Canvas 画布对象提供的方法来实验，但无论哪种方法都离不开 E-Basic 脚本代码。

9.24.1 方法一：使用幻灯对象

基本思路：在幻灯对象上布局问卷调查文本和选项（SlideText），然后通过 HitTest 函数来判断被试的单击目标。

新建一个名为 Scale 的实验程序，参照图 9-124 插入相应的实验控件并更名，在 TrialList 列表对象中增加 Title 属性，并输入相应的题目内容，在 TrialList 属性对话框的 Selection 选项卡下从 Order 下拉列表中选择 Sequential（按照列表中顺序呈现）。

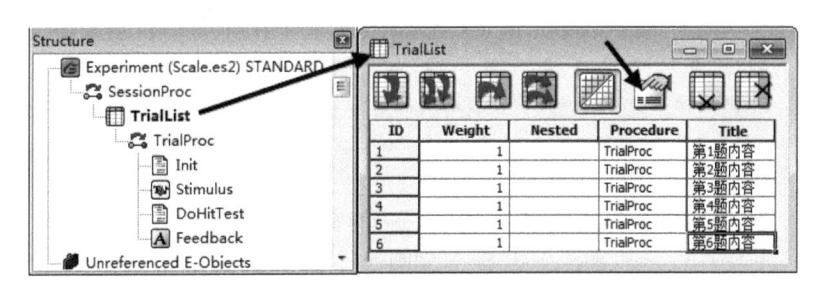

图 9-124 Scale 程序结构及列表对象

双击 Stimulus 幻灯对象，在其中插入一个 SlideText 对象用于呈现题干，取名为 Question，插入 5 个 SlideText 对象分别用于 5 个选项，分别取名为 Text1，Text2，…，Text5，可以通过复制粘贴操作使 5 个选项大小相同。然后将其持续时间设为 infinite，增加鼠标输入（见图 9-125）。

双击 Init 内嵌代码对象，在其中输入一行代码：

    Mouse.ShowCursor TRUE   '显示鼠标光标

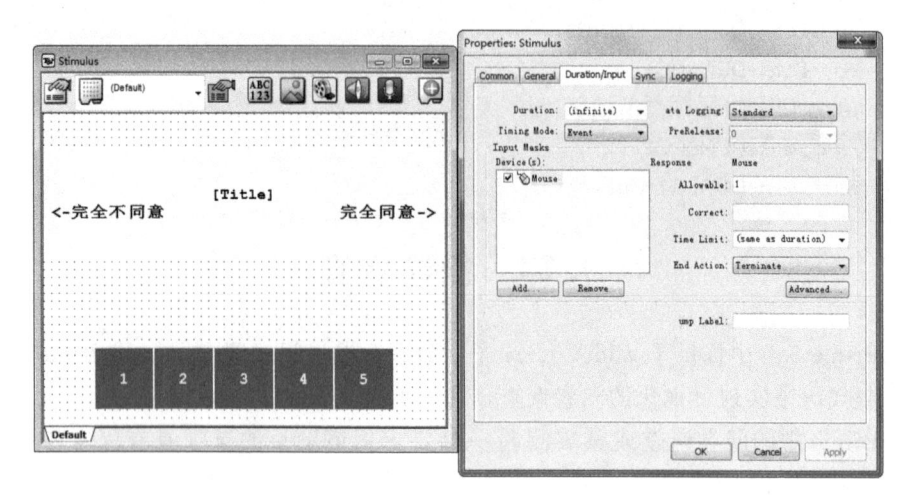

图 9-125　Stimulus 幻灯对象及其属性对话框

双击 DoHitTest 内嵌代码对象,在其中输入以下代码:

Dim theState As SlideState '定义幻灯状态变量
Set theState＝Stimulus.States("Default") '引用 Default 状态
Dim theSlideText As SlideText '定义幻灯文本变量
Dim strHit As String '用于存放鼠标单击的对象名称
Dim intRating As Integer '用于存放选项值
Dim theMouseResponseData As MouseResponseData '定义鼠标反应数据变量
If Stimulus.InputMasks.Responses.Count＞0 Then '如果被试压下鼠标
　'获取幻灯对象第 1 个输入设备反应数据
　Set theMouseResponseData = CMouseResponseData(Stimulus.InputMasks.Responses(1))
　'根据鼠标单击时的光标位置获取对象名称
　strHit = theState.HitTest(theMouseResponseData.CursorX,theMouseResponseData.CursorY)
　'如果鼠标单击的对象不是问题并且不是在空白处单击
　If strHit＜＞"" And strHit＜＞"Question" Then
　　'获取鼠标单击的幻灯文本对象
　　Set theSlideText = CSlideText(Stimulus.States.Item("Default").Objects(strHit))
　　theSlideText.BackColor＝CColor("red") '将幻灯文本对象的背景色设置为红色
　　Stimulus.Draw '绘制
　　'获取选项值,使用 Mid 函数从对象名中截取选项值
　　'5 个选项分别命名为 Text1,Text2,…,Text5
　　intRating＝CInt(Mid(strHit,5,1))
　　c.SetAttrib "Rating",intRating '将选项值记录到属性变量 Rating 中,供反馈对象用

```
            Sleep 1000 '暂停 1 秒钟
            theSlideText.BackColor＝CColor("green") '恢复幻灯文本的背景色为绿色
        Else
            c.SetAttrib "Rating","nothing" '否则设置属性变量 Rating 为 nothing
        End If
    End If
    Set theMouseResponseData＝Nothing '清除引用
    Mouse.ShowCursor False '隐藏鼠标光标
```

双击 Feedback 文本对象，在其中输入"你选择的是：[Rating]"，此处使用了上述代码中创建的属性变量 Rating，将持续时间设为 1000 毫秒。保存实验程序，编译运行。

9.24.2　方法二：利用画布对象

基本思路：直接使用画布对象来绘制选项，使用 PointInRect 函数来判断鼠标单击处于哪个选项中。

新建一个名为 Scale1 的实验程序，参照图 9-126 插入相应的实验控件并更名，其中 TrialList 列表对象的设置与图 9-124 完全相同，Feedback 文本对象也与 9.24.1 中的设置相同，但此处 Stimulus 并没有使用幻灯对象，而是使用了文本对象，在其中仅显示题目内容（注意：使题目显示在屏幕上端，屏幕底端用来绘制选项）。文本对象 Stimulus 的属性对话框 Duration/Input 选项卡的设置参见图 9-125。

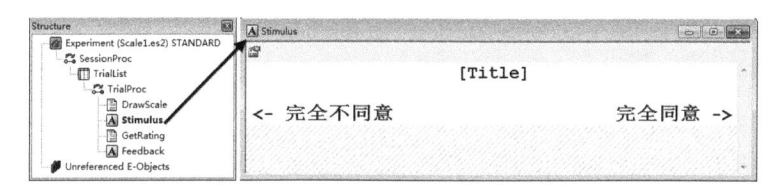

图 9-126　Scale1 程序结构及 Stimulus 文本对象

双击 DrawScale 内嵌代码对象，在其中输入以下代码：

```
Mouse.ShowCursor True '显示鼠标光标
Dim cnvs As Canvas '定义画布变量
Set cnvs＝Display.Canvas '引用显示器画布
Dim i As Integer,x As Integer,y As Integer,xWidth As Integer
Const totalRect As Integer＝5 '指定选项数
Const w As Integer＝100 '每个选项的宽度
Const h As Integer＝100 '每个选项的高度
x＝Display.XRes ＊.5 '设置选项区域的 X 坐标
y＝Display.YRes ＊.75 '设置选项区域的 Y 坐标
xWidth＝(w＊(totalRect)/2) '设置第 1 个选项矩形距离屏幕中心的 X 坐标
cnvs.PenColor＝CColor("white") '将画笔设为白色
cnvs.FillColor＝CColor("green") '将填充色设为绿色
cnvs.FontSize＝18 '设置字体大小
```

```
cnvs.TextColor=CColor("white") '设置文本颜色为白色
For i=1 To totalRect 'For 循环
    cnvs.Rectangle x- xWidth,y,w,h  '绘制矩形
    cnvs.BackStyle="Transparent" '设置透明
    cnvs.Text x- xWidth+(w/2.5),y+(h/3),i '绘制数字 1,2,3,4,5
    cnvs.BackStyle="Opaque" '设置不透明
    xWidth=xWidth- w '调整选项矩形距离屏幕中心的 X 坐标
Next i
```

上面的代码用于在屏幕底端(距离顶端 75%处)绘制 5 个选项。

双击 GetRating 内嵌代码对象,在其中输入以下代码:

```
Dim theMouseResponseData As MouseResponseData '定义鼠标反应数据变量
'引用鼠标输入反应
Set theMouseResponseData=CMouseResponseData(Stimulus.InputMasks.Responses(1))
Dim ptr As Point '定义点数据类型
ptr.x=theMouseResponseData.CursorX '将鼠标光标位置保存在变量 ptr 中
ptr.y=theMouseResponseData.CursorY
xWidth=(w*(totalRect/2)) '设置第 1 个选项矩形距离屏幕中心的 X 坐标
For i=1 To totalRect '循环遍历 5 个选项
    Dim rectRate As Rect '定义矩形变量
    rectRate.Left=x- xWidth '设置矩形参数
    rectRate.Right=x- xWidth+w
    rectRate.Top=y
    rectRate.Bottom=y+h
    If PointInRect(ptr,rectRate) Then '如果光标在某个矩形内
        cnvs.FillColor=CColor("red") '将填充色设为红色
        cnvs.Rectangle x- xWidth,y,w,h '绘制矩形
        cnvs.BackStyle="Transparent" '设置透明
        cnvs.Text x- xWidth+(w/2.5),y+(h/3),i '绘制数字
        cnvs.BackStyle="Opaque" '设置不透明
        
        Sleep 1000 '暂停 1 秒
        c.SetAttrib "Rating",i '将选项值记录到属性变量 Rating 中
        Exit For '跳出 For 循环
    ElseIf i>=totalRect Then '如果鼠标没有在选项矩形区域内单击
        c.SetAttrib "Rating","nothing" '将属性变量设为 nothing
    End If
    xWidth=xWidth-w '调整选项矩形距离屏幕中心的 X 坐标
Next i
Set theMouseResponseData=Nothing '释放对象
Mouse.ShowCursor False '隐藏鼠标光标
```

以上代码在被试单击鼠标后，使用 PointInRect 函数判断光标是否处于某个选项矩形内，然后记录相应的选项值。

保存实验程序，编译运行。

以上两种方法都存在一个问题，即使被试没有选择某个选项，也会退出当前试次，如何解决这个问题呢？可以在条件分支中使用 GoTo 语句使流程跳转到某个标签处，你可以思考下如何解决。

9.24.3 方法三：可变选项的设计

基本思路：使用字符串分隔符将不同选项数目的内容存放在列表对象中，然后通过代码提取问题选项，根据选项数量在屏幕上绘制选项（矩形区域），再使用 PointInRect 函数判断鼠标单击的对象（区域）。

新建一个名为 Scale2 的实验程序，参照图 9-127 插入相应的实验控件并更名。TrialList 列表对象中增加了两个属性变量用于存放题目（Question）和具有不同选项数的选项内容（Options），相邻选项使用"|"分隔。

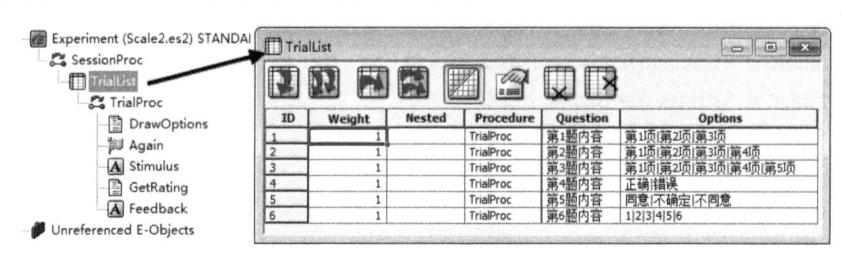

图 9-127　Scale2 程序结构及列表对象

其中文本对象 Stimulus 和 Feedback 参照 9.24.2 中的设置方法，只是在 Stimulus 文本对象中注意引用的属性变量为[Question]。首先要对属性变量 Options 的内容进行拆分，在脚本窗口的 User 标签下输入以下代码：

```
Dim phrases() as String '定义可变长度字符数组用于存放选项文本
Sub SplitOptions(ByVal options as String)
    Dim i,start,start1,phrasecount '定义几个整数变量
    phrasecount=ItemCount(options,"|") '判断 options 字符串中由分隔符"|"分隔为几项
    start=0 '变量初始化
    i=1 '变量初始化
    ReDim phrases(phrasecount) as String '根据选项数重定义字符数组
    Do 'Do...While 循环
        start1=start+1
        start=InStr(start1,options,"|") '获取分隔符的位置
        If start>0 Then '如果找到分隔符
        '截取字符串中由分隔符分隔的某项内容,将其存放到 phrases 字符数组中
            phrases(i)=Mid(options,start1,start-start1)
        Else
            phrases(i)=Mid(options,start1) '如果没有找到,则截取剩余的字符内容
```

```
            End If
            i=i+1
        Loop While start>0
End Sub
```

上面的代码与 9.13 中的代码类似（加黑代码显示了不同之处），主要使用 InStr 和 Mid 函数来截取选项文本。

双击 DrawOptions 内嵌代码对象，在其中输入以下代码：

```
Mouse.ShowCursor True '显示鼠标光标
SplitOptions(c.GetAttrib("Options"))  '拆分选项
Dim cnvs As Canvas '定义画布变量
Set cnvs=Display.Canvas '引用显示器画布
Dim i As Integer,x As Integer,y As Integer,xWidth As Integer
Dim nw As Long,nh As Long
Dim totalRect As Integer
totalRect=UBound(phrases) '获取选项数
Const w As Integer=100 '每个选项的宽度
Const h As Integer=100 '每个选项的高度
x=Display.XRes *.5 '设置选项区域的 X 坐标
y=Display.YRes *.75 '设置选项区域的 Y 坐标
xWidth=(w*(totalRect)/2) '设置第 1 个选项矩形距离屏幕中心的 X 坐标
cnvs.PenColor=CColor("white") '将画笔设为白色
cnvs.FillColor=CColor("green") '将填充色设为绿色
cnvs.FontSize=18 '设置字体大小
cnvs.TextColor=CColor("white") '设置文本颜色为白色
For i=1 To totalRect 'For 循环
    cnvs.Rectangle x- xWidth,y,w,h   '绘制矩形
    cnvs.BackStyle="Transparent" '设置透明
    cnvs.CalculateTextSize phrases(i),nw,nh '计算文本宽度和高度
    cnvs.Text x-xWidth+(w-nw)/2,y+(h/3),phrases(i) '绘制选项文本
    cnvs.BackStyle="Opaque" '设置不透明
    xWidth=xWidth- w '调整选项矩形距离屏幕中心的 X 坐标
Next i
```

上面的代码与 9.24.2 中的代码相似（加黑代码显示了不同之处），只是选项数不固定，它根据拆分出来选项文本数组 phrases，通过 UBound 函数获取选项数后生成多个选项，并且由于选项文本长度不同，需要使用 CalculateTextSize 函数来计算文本显示的宽度，这样才能保证选项文本在矩形内水平居中。

双击 GetRating 内嵌代码对象，在其中输入以下代码：

```
Dim theMouseResponseData As MouseResponseData '定义鼠标反应数据变量
```

```
'引用鼠标输入反应
Set theMouseResponseData=CMouseResponseData(Stimulus.InputMasks.Responses(1))
Dim ptr As Point '定义点数据类型
ptr.x=theMouseResponseData.CursorX '将鼠标光标位置保存在变量 ptr 中
ptr.y=theMouseResponseData.CursorY
xWidth=(w*(totalRect/2)) '设置第 1 个选项矩形距离屏幕中心的 X 坐标
For i=1 To totalRect '循环遍历选项
    Dim rectRate As Rect '定义矩形变量
    rectRate.Left=x-xWidth '设置矩形参数
    rectRate.Right=x-xWidth+w
    rectRate.Top=y
    rectRate.Bottom=y+h
    If PointInRect(ptr,rectRate) Then '如果光标在某个矩形内
        cnvs.FillColor=CColor("red") '将填充色设为红色
        cnvs.Rectangle x- xWidth,y,w,h '绘制矩形
        cnvs.BackStyle="Transparent" '设置透明
        cnvs.CalculateTextSize phrases(i),nw,nh '计算文本宽度和高度
        cnvs.Text x- xWidth+(w-nw)/2,y+(h/3),phrases(i) '绘制选项文本
        cnvs.BackStyle="Opaque" '设置不透明

        Sleep 1000 '暂停 1 秒钟
        c.SetAttrib "Rating",phrases(i) '将选项文本记录到属性变量 Rating 中
        Exit For '跳出 For 循环
    ElseIf i>=totalRect Then '如果鼠标没有在选项矩形区域内单击
        GoTo Again
    End If
    xWidth=xWidth-w '调整选项矩形距离屏幕中心的 X 坐标
Next i
Set theMouseResponseData=Nothing '释放对象
Mouse.ShowCursor False '隐藏鼠标光标
```

上面的代码中同样需要计算文本显示的宽度来使选项文本在矩形内水平居中，并且将选项内容记录到属性变量 Rating 中，而且即使被试单击非选项区域，当前试次也不会退出。

保存实验程序，编译运行。

9.25 单项选择与多项选择

很多时候在不考虑反应快慢的情况下，使用鼠标选择对象会显得比较直观，而且还要允许被试更改自己的选择。

9.25.1 单选题

基本思路：一个题目有多个选项，但只能选择其中一项，如果更改了选项，则先前选项取消。利用 SlideState 对象的 HitTest 函数可以获取鼠标单击位置的子对象名称，通过判断对象名称可知道被试单击的是哪个选项，为了模拟 Windows 界面，可使用 SlideImage 对象来呈现单选框的选中和未选中状态，当被试单击某个选项时，先将所有对象设置为未选中状态，再将单击的选项设置为选中状态（也可以记录下被试先前选中的选项，如果当前选项与先前选项不同，则将先前选中的选项置为未选中状态）。

新建一个名为 SingleSelect 的实验程序，参照图 9-128 插入相应实验控件并更名，列表对象 TrialList 中 Choice1～Choice4 为对应 4 个选项的属性变量，增加属性变量并输入相应内容。

图 9-128　SingleSelect 程序结构及列表对象

两个幻灯对象的内容设置如图 9-129 所示，其中 Stimulus 的 Default 状态下包含 4 个 SlideImage 和 6 个 SlideText 对象，顶端的文本对象引用[Question]，中间的 4 个文本对象分别命名为 MText1～MText4，四个图片对象分别命名为 Check1～Check4，它们引用的图片文件分别为[Check1Image][Check2Image][Check3Image]和[Check4Image]。下方的文本对象设为"继续"，其名称为 Next。为 Stimulus 添加鼠标输入，将其持续时间设为 infinite。FeedbackStats 的 Default 状态下包含 3 个文本对象，中间的对象引用[FeedbackText]，并为 FeedbackStats 添加鼠标输入，其持续时间亦设为 infinite。

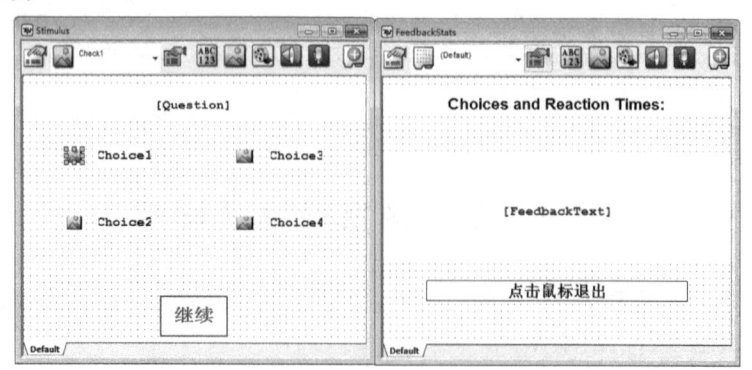

图 9-129　Stimulus 和 FeedbackStats 幻灯对象

在 Initialize 对象中输入以下代码完成某些初始化：

Mouse. ShowCursor True '显示鼠标光标
Dim i As Integer
For i＝1 To 4 '设置 4 个图片对象的引用变量
    c. SetAttrib "Check" & i & "Image","singleempty. bmp"
Next i
Dim nStartTime As Long
nStartTime＝Clock. Read '记录开始时间

双击 DoHitTest，在其中输入以下代码：

Dim theState As SlideState
Set theState＝Stimulus. States("Default") '获取名为 Default 的 SlideState
Dim strHit As String
Dim nCount As Integer
Dim theMouseResponseData As MouseResponseData '定义鼠标反应数据变量
If Stimulus. InputMasks. Responses. Count＞0 Then '如果鼠标单击
    '获取鼠标反应数据
    Set theMouseResponseData ＝ CMouseResponseData (Stimulus. InputMasks. Responses (1))
    '根据单击坐标获取单击对象名称
    strHit ＝ theState. HitTest (theMouseResponseData. CursorX，theMouseResponseData. CursorY)
    If Mid(strHit,1,5)＝"Check" Or Mid(strHit,1,5)＝"MText" Then '判断是否单击了圆圈或文本项
        Dim nCheck As Integer
        '析取单击对象的序号，图片对象和文本对象前面的字符均为 5 个方便代码
        nCheck＝CInt(Mid(strHit,6,1))
        For nCount＝1 To 4 '因为是单选，将所有图片对象设为 singleempty. bmp
            c. SetAttrib "Check" & nCount & "Image","singleempty. bmp"
        Next nCount
        c. SetAttrib "Check" & nCheck & "Image","singlefull. bmp" '单击的对象图片设为 singlfull. bmp
        c. Setattrib "Check" & nCheck & "RT"，theMouseResponseData. RTTime－nStartTime '记录反应时
        c. Setattrib "Check" & nCheck & "RESP"，c. GetAttrib("Choice" & nCheck) '记录选项
    End If
    If strHit＜＞"Next" Then '如果没有单击 Next，则跳转标签处

　　　　　　GoTo ChooseAgain
　　　　End If
　　'设置反馈信息
　　　　c.SetAttrib "FeedbackText",c.GetAttrib("Check" & nCheck & "RESP") & "：" &_
　　　　　　c.GetAttrib("Check" & nCheck & "RT") & "\n"
　　End If

在 HideCursor 中输入一行代码来隐藏鼠标光标：

　　Mouse.ShowCursor False '隐藏鼠标光标

程序运行时的界面如图 9-130 所示。

图 9-130　单选题界面

9.25.2　多选题

基本思路：多选题允许被试选中多个选项，利用 SlideState 对象的 HitTest 函数判断单击的选项，根据该选项当前的状态（选中或未选中）来变换其状态。

新建一个名为 MultiSelect 的实验程序，程序结构与 9.25.1 中的 SingleSelect 完全相同（你也可以将 SingleSelect 另存为 MultiSelect）。只是两个内嵌代码对象中的代码不同。

其中 Initialize 中的代码如下：

```
Mouse.ShowCursor True
c.SetAttrib "Check1RT",""
c.SetAttrib "Check2RT",""
c.SetAttrib "Check3RT",""
c.SetAttrib "Check4RT",""

c.SetAttrib "Check1RESP",""
c.SetAttrib "Check2RESP",""
c.SetAttrib "Check3RESP",""
c.SetAttrib "Check4RESP",""

c.SetAttrib "FeedbackText",""
Dim i As Integer
For i=1 To 4
    c.SetAttrib "Check" & i & "Image","checkempty.bmp"
Next i
Dim nStartTime As Long
```

nStartTime=Clock. Read

DoHitTest 对象中的代码如下：

```
Dim theState As SlideState
Set theState=Stimulus. States("Default")
Dim strHit As String
Dim theMouseResponseData As MouseResponseData
If Stimulus. InputMasks. Responses. Count>0 Then
    Set theMouseResponseData=CMouseResponseData(Stimulus. InputMasks. Responses
    (1))
    strHit = theState. HitTest ( theMouseResponseData. CursorX, theMouseResponseData.
    CursorY)
    If Mid(strHit,1,5)="Check" Or Mid(strHit,1,5)="MText" Then
        Dim nCheck As Integer
        nCheck=CInt(Mid(strHit,6,1))
        If c. GetAttrib("Check" & nCheck & "Image")="checkempty. bmp" Then
            c. SetAttrib "Check" & nCheck & "Image","checkfull. bmp"
            c. Setattrib "Check" & nCheck & "RT",theMouseResponseData. RTTime
              — nStartTime
            c. Setattrib "Check" & nCheck & "RESP",c. GetAttrib("Choice" & nCheck)
        Else
            c. SetAttrib "Check" & nCheck & "Image","checkempty. bmp"
            c. Setattrib "Check" & nCheck & "RESP",""
        End If
    End If
    If strHit<>"Next" Then
        GoTo ChooseAgain
    End If
    Dim nCount As Integer
    For nCount=1 To 4
        Debug. Print c. GetAttrib("Check" & nCount & "RESP") & " " & c. GetAttrib
        ("Check" & nCount & "RT")
        Debug. Print ""
        If c. GetAttrib("Check" & nCount & "RESP")<>"" Then
            c. SetAttrib "FeedbackText",c. Getattrib("FeedbackText") & _
                c. GetAttrib("Check" & nCount & "RESP") & ": " & _
                c. GetAttrib("Check" & nCount & "RT") & "\n"
        End If
    Next
```

End If

程序运行界面如图 9-131 所示。

9.26 多目标追踪

多目标追踪任务中首先在屏幕上呈现多个对象，其中的某些对象标注为目标，然后对象开始运动，一段时间后，对象停止运动，要求被试用鼠标选择目标对象。

图 9-131 多选题界面

9.26.1 方法一：使用 SlideText

基本思路：由于多个目标同时呈现，需要使用 Slide 幻灯对象，由于运动对象的数量也可能是自变量，所以在幻灯对象直接放置 SlideText 对象就不理想，但在 E-Basic 代码中可以使用 New 函数来创建 SlideText 对象，然后将其添加到 SlideStimCollection 集合对象中即可。

本次实验根据列表对象中指定的运动对象数量创建 SlideText，然后根据目标数量标记运动目标，按空格键后（目标颜色恢复），对象开始运动，运动时间由列表对象中属性变量设定，运动结束后，被试用鼠标选择追踪的目标，按鼠标右键确认，然后进入下一试次。

新建一个名为 Mot 的实验程序，参照图 9-132 插入相应实验控件并更名，列表对象 TrialList 的 3 个属性变量 Objects，Targets 和 MovingTime 分别表示对象数、目标数和运动时间（以毫秒为单位）。

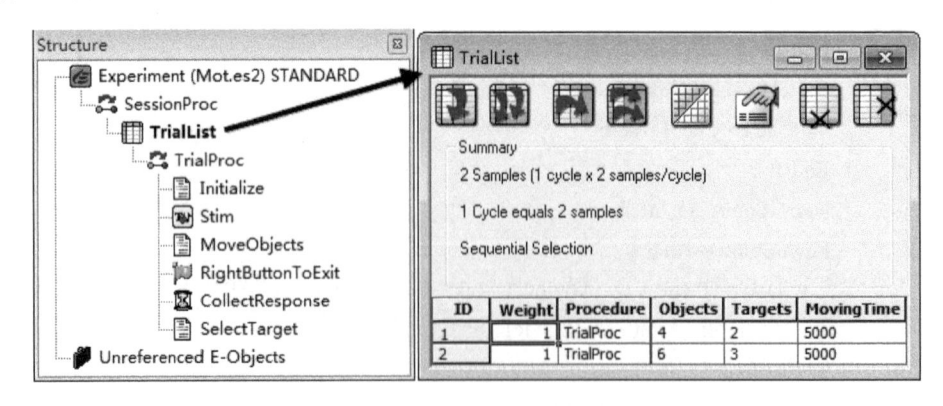

图 9-132 Mot 程序结构及列表对象

幻灯对象 Stim 中没有任何内容，其属性对话框的设置如图 9-133 所示。等待对象 CollectResponse 的设置也类似（见图 9-133）。

为了方便创建 SlideText 和对象运动时改变它们的位置，在脚本编辑窗口 User 标签下定义了两个方法：GenerateSlideText 函数根据颜色、宽度和高度参数来创建

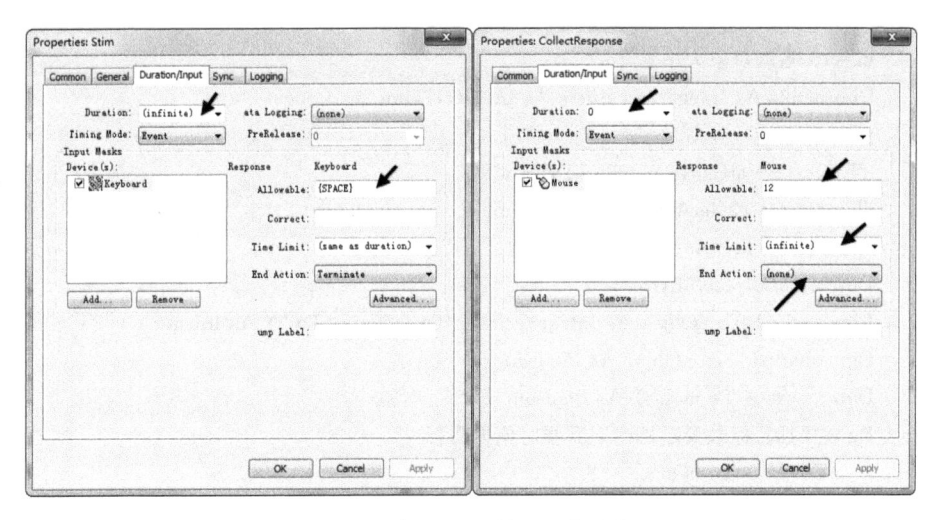

图 9-133　幻灯对象 Stim 和等待对象的属性对话框

SlideText 对象，SetSlideTextPos 过程则设置对象的坐标值。代码如下：

```
Function GenerateSlideText(bcolor As String,nw As Integer,nh As Integer) As SlideText
    Dim st As SlideText
    Set st=New SlideText
    st.Text="" '不显示文本
    st.BackColor=CColor(bcolor) '背景色
    st.Width=nw '宽度
    st.Height=nh '高度
    Set GenerateSlideText=st '返回创建的对象
End Function
Sub SetSlideTextPos(st as SlideText,x as Long,y As Long)
    st.X=x '设置对象的坐标
    st.Y=y
End Sub
```

在 Initialize 中输入以下代码，主要根据对象数量、目标数量完成对象的位置初始化：

```
Dim theSlide As Slide
Dim theSlideState As SlideState
Set theSlide=CSlide(Rte.GetObject("Stim"))
Set theSlideState=theSlide.States("Default")
Dim collection As SlideStimCollection
Set collection=theSlideState.Objects
collection.RemoveAll
Dim backst As SlideText
```

```
Dim bl As Integer
bl=15 '运动对象大小
Dim nObjs As Integer,nTargets As Integer,lTime As Long
nObjs=Val(c.GetAttrib("Objects"))
nTargets=Val(c.GetAttrib("Targets"))
lTime=Val(c.GetAttrib("MovingTime"))
Dim sts(nObjs) As SlideText
Dim i,j,nCorrect,nError
Dim angle(1 To nObjs) As Integer,dirs(1 To nObjs,1 To 2) As Integer
Dim tmarks(1 To nObjs) As Boolean
Dim marks(1 To nObjs) As Boolean
Do    '根据目标数量随机确定哪些对象为目标
    For i=1 To nObjs
        marks(i)=False
        tmarks(i)=False
    Next i
    For i=1 To nTargets
        j=Random(1,nObjs)
        marks(j)=True
    Next
    j=0
    For i=1 To nObjs
        If marks(i) Then j=j+1
    Next i
Loop Until j=nTargets
Dim pts(1 To nObjs) As Point
Do '随机生成对象的初始坐标,确保对象之间不覆盖
    For i=1 To nObjs
        pts(i).x=Random(Display.XRes/4+bl,Display.XRes*3/4－bl) '限定对象的坐标范围
        pts(i).y=Random(Display.YRes/4+bl,Display.YRes*3/4－bl)
    Next i
    Dim overlap As Boolean
    overlap=False
    For i=1 To nObjs－1
        For j=i+1 To nObjs
            If Abs(pts(i).x－pts(j).x)<bl*2 And Abs(pts(i).y－pts(j).y)<bl*2 Then
                overlap=True
            End If
        Next j
    Next i
Loop Until Not overlap
```

```
For i=1 To nObjs '生成指定数量的对象
    angle(i)=Random(0,360)
    dirs(i,1)=1
    dirs(i,2)=1
    If marks(i) Then '根据标记确定是否是目标
        Set sts(i)=GenerateSlideText("red",bl*2,bl*2) '调用自定义函数生成对象,目
    标为红色
    Else
        Set sts(i)=GenerateSlideText("silver",bl*2,bl*2) '非目标为白色
    End If
    SetSlideTextPos sts(i),pts(i).x,pts(i).y '调用自定义函数,更改其位置
    collection.Add sts(i) '将对象添加到集合中
Next i
Set backst=GenerateSlideText("black",Display.XRes/2,Display.YRes/2) '创建一个运动
区域,背景为黑色
collection.Add backst
theSlideState.Draw
Dim theResponseObject As RteRunnableInputObject
Set theResponseObject = CRteRunnableInputObject(Rte.GetObject("Stim")) '引用幻灯
对象
Dim theMouseResponseData As MouseResponseData
Mouse.ShowCursor False '隐藏鼠标
```

MoveObject内嵌代码对象主要控制运动的启动和对象的运动,其代码如下:

```
For i=1 To nObjs
    sts(i).BackColor=CColor("white") '将对象恢复为白色
Next
Dim starttime As Long
starttime=Clock.Read '记录时钟时间
Do While Clock.Read<=starttime+lTime
    For i=1 To nObjs
        sts(i).x=sts(i).x+3*cos(Pi/180*angle(i))*dirs(i,1) '生成对象新的坐标值
        sts(i).y=sts(i).y+3*sin(Pi/180*angle(i))*dirs(i,2)
        '如果对象运动到边界处,则更改其运动方向
        If sts(i).x>Display.XRes*0.75-bl Or sts(i).x<Display.XRes/4+bl Then
            dirs(i,1)=-dirs(i,1)
        If sts(i).y>Display.YRes*0.75-bl Or sts(i).y<Display.YRes/4+bl Then
            dirs(i,2)=-dirs(i,2)
    Next i
    For i=1 To nObjs-1
        For j=i+1 To nObjs
            '如果对象在运动过程中碰撞,则更改运动方向
```

```
            If Abs(sts(i).x－sts(j).x)＜bl * 2 And Abs(sts(i).y－sts(j).y)＜bl *
            2 Then
                angle(i)＝(angle(i)＋90) Mod 360
                angle(j)＝(angle(j)＋90) Mod 360
            End If
        Next j
    Next i
    Sleep 8
    theSlideState.Draw
Loop
Mouse.ShowCursor True '显示鼠标光标,以便被试使用鼠标选择对象
```

最后是选择目标的过程，双击 SelectTargets 内嵌代码对象，输入以下代码：

```
Dim pt As Point,strHit As String
Set theResponseObject＝CRteRunnableInputObject(Rte.GetObject("CollectResponse")) '引
用等待对象
    Do While True
        If theResponseObject.InputMasks.Responses.Count＞0 Then '如果有按键反应
            Set theMouseResponseData＝CMouseResponseData(_
                theResponseObject.InputMasks.Responses(1))
            If Not theMouseResponseData Is Nothing Then
                If theMouseResponseData.RESP＝"2" Then '如果按了右键
                    nCorrect＝0
                    nError＝0
                    For i＝1 To nObjs
                        If marks(i)＝tmarks(i) Then
                            nCorrect＝nCorrect＋1
                        Else
                            nError＝nError＋1
                        End If
                    Next i
                    c.SetAttrib "Corrects",nCorrect '记录结果
                    c.SetAttrib "Errors",nError
                    Exit Do
                ElseIf theMouseResponseData.RESP＝"1" Then '如果按了左键
                    Mouse.GetCursorPOS pt.X,pt.Y '获取鼠标光标位置
                    For i＝1 To nObjs
                        Dim rect As Rect '根据对象参数生成矩形区域
                        rect.Left＝sts(i).Left
                        rect.Top＝sts(i).Top
                        rect.Right＝sts(i).Right
                        rect.Bottom＝sts(i).Bottom
```

```
                    If PointInRect(pt,rect) Then '判断光标是否在某对象内单击
                        If tmarks(i) Then '如果已经标记为目标
                            sts(i).BackColor=CColor("white") '将其设置为白色
                        Else '否则设置为红色
                            sts(i).BackColor=CColor("red")
                        End If
                        tmarks(i)=Not tmarks(i) '更改标记
                        sts(i).Draw '重新绘制单击的对象
                        Exit For
                    End If
                Next
                GoTo RightButtonToExit
            End If
        End If
    End If
Loop
```

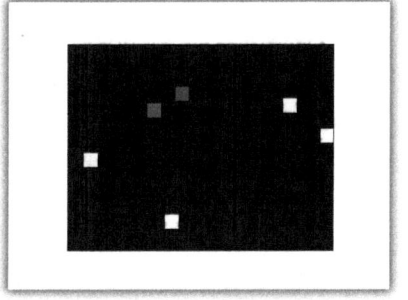

实验运行界面如图 9-134 所示。

图 9-134　多目标追踪实验界面

9.26.2　方法二：使用 Canvas

基本思路：在方法一使用 SlideText 可以实现色块的运动，但对象的形状控制并不灵活（当然你可以使用 SlideImage 来加载图片），但画布（Canvas）对象提供了许多绘图函数，可以绘制矩形、圆角矩形、圆、多边形等。本小节通过直接绘制运动的对象来实现多目标追踪。但要通过判断语句确保运动对象不重叠，且在运动过程中如果两个对象相互"接触"或到达运动边界，需要模拟"碰撞"现象。

新建一个名为 Mot1 的实验程序，参照图 9-135 插入相应的实验控件并更名，列表对象 TrialList 中增加的属性变量含义与方法一的实验程序相同。

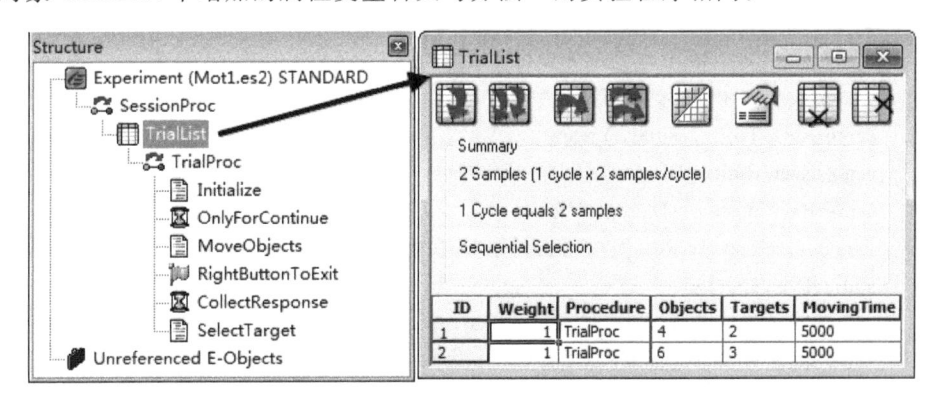

图 9-135　Mot1 程序结构及列表对象

程序中并没有幻灯对象，而是将其替换成了等待对象（OnlyForContinue），只是起到接收被试按空格键继续的作用。另一等待对象 CollectResponse 的设置与 Mot 实

验程序中完全相同。

在脚本编辑窗口 User 标签下的代码如下，其定义了一个画圆的子过程。

```
Dim cnvs As Canvas '定义画布
Dim offscr As Canvas '定义缓冲画布
'自定义画圆函数
Sub DrawCircle(drawer As Canvas,bcolor As String,x as Long,y As Long,r As Integer)
    drawer.FillColor=CColor(bcolor)
    drawer.Circle x,y,r
End Sub
```

双击 Initialize 内嵌代码对象，在其中输入以下代码进行初始化，以指定大小创建缓冲画布，为了避免闪烁，使用双缓冲机制：

```
Set cnvs=Display.Canva
Set offscr=Display.CreateCanvas(ebCanvasMemoryAny,Display.XRes/2,Display.YRes/2)
offscr.FillColor=CColor("black") '将缓冲画布清空为黑色
offscr.Clear
Dim nObjs As Integer,nTargets As Integer,lTime As Long
nObjs=Val(c.GetAttrib("Objects"))
nTargets=Val(c.GetAttrib("Targets"))
lTime=Val(c.GetAttrib("MovingTime"))
Dim i%,j%,nCorrect%,nError%,bl%
bl=10 '圆的半径
Dim pts(1 To nObjs) As Point
Dim angle(1 To nObjs) As Integer,dirs(1 To nObjs,1 To 2) As Integer
Dim tmarks(1 To nObjs) As Boolean
Dim marks(1 To nObjs) As Boolean
Dim centerRect As Rect '定义一个目标区域矩形
centerRect.Left=Display.XRes/4
centerRect.Top=Display.Yres/4
centerRect.Right=Display.XRes*.75
centerRect.Bottom=Display.YRes*.75
Dim sourceRect As Rect '定义源区域矩形，在画布间复制时使用
sourceRect.Left=0
sourceRect.Top=0
sourceRect.Right=Display.XRes/2
sourceRect.Bottom=Display.YRes/2
Do  '根据目标数量随机确定哪些对象为目标
    For i=1 To nObjs
        marks(i)=False
        tmarks(i)=False
```

```
            Next i
            For i=1 To nTargets
                j=Random(1,nObjs)
                marks(j)=True
            Next
            j=0
            For i=1 To nObjs
                If marks(i) Then j=j+1
            Next i
        Loop Until j=nTargets
        Do '随机生成对象的初始坐标,确保对象之间不覆盖
            For i=1 To nObjs
                pts(i).x=Random(bl,Display.XRes/2-bl) '限定对象的坐标范围
                pts(i).y=Random(bl,Display.YRes/2-bl)
            Next i
            Dim overlap As Boolean
            overlap=False
            For i=1 To nObjs-1
                For j=i+1 To nObjs
                    If Abs(pts(i).x-pts(j).x)<bl*2 And Abs(pts(i).y-pts(j).y)<bl*2 Then
                        overlap=True
                    End If
                Next j
            Next i
        Loop Until Not overlap
        For i=1 To nObjs '生成指定数量的对象
            angle(i)=Random(0,360)
            dirs(i,1)=1
            dirs(i,2)=1
            If marks(i) Then '根据标记确定是否是目标
                DrawCircle offscr,"red",pts(i).x,pts(i).y,bl '调用自定义函数生成目标,目标为红色
            Else
                DrawCircle offscr,"white",pts(i).x,pts(i).y,bl '非目标为白色
            End If
        Next i
        cnvs.Copy offscr,sourceRect,centerRect
        Dim theResponseObject As RteRunnableInputObject
        Set theResponseObject=CRteRunnableInputObject(Rte.GetObject("Stim")) '引用幻灯对象
        Dim theMouseResponseData As MouseResponseData
        Mouse.ShowCursor False
```

在 MoveObjects 对象中,输入以下代码:

```
Dim starttime As Long
starttime=Clock.Read '记录时钟时间
Do While Clock.Read<starttime+lTime
    offscr.FillColor=CColor("black")
    offscr.Clear
    For i=1 To nObjs
        pts(i).x=pts(i).x+3*cos(Pi/180*angle(i))*dirs(i,1) '生成对象新的坐标值
        pts(i).y=pts(i).y+3*sin(Pi/180*angle(i))*dirs(i,2)
        DrawCircle offscr,"white",pts(i).x,pts(i).y,bl
        '如果对象运动到边界处,则更改其运动方向
        If pts(i).x>Display.XRes/2-bl Or pts(i).x<bl Then dirs(i,1)=-dirs(i,1)
        If pts(i).y>Display.YRes/2-bl Or pts(i).y<bl Then dirs(i,2)=-dirs(i,2)
    Next i
    For i=1 To nObjs-1
        For j=i+1 To nObjs
            '如果对象在运动过程中碰撞,则更改运动方向
            If Abs(pts(i).x-pts(j).x)<bl*2 And Abs(pts(i).y-pts(j).y)<bl*2 Then
                angle(i)=(angle(i)+90) Mod 360
                angle(j)=(angle(j)+90) Mod 360
            End If
        Next j
    Next i
    Sleep 8
    cnvs.Copy offscr,sourceRect,centerRect
Loop
Mouse.ShowCursor True '显示鼠标光标,以便被试使用鼠标选择对象
```

在 SelectTarget 对象中输入如下代码：

```
Dim pt As Point,strHit As String
Set theResponseObject=CRteRunnableInputObject(Rte.GetObject("CollectResponse")) '引
用等待对象
Do While True
    If theResponseObject.InputMasks.Responses.Count>0 Then '如果有按键反应
        Set theMouseResponseData=CMouseResponseData(_
            theResponseObject.InputMasks.Responses(1))
        If Not theMouseResponseData Is Nothing Then
            If theMouseResponseData.RESP="2" Then '如果按了右键
                nCorrect=0
                nError=0
```

```
            For i=1 To nObjs
                If marks(i)=tmarks(i) Then
                    nCorrect=nCorrect+1
                Else
                    nError=nError+1
                End If
            Next i
            c.SetAttrib "Corrects",nCorrect '记录结果
            c.SetAttrib "Errors",nError
            Exit Do
        ElseIf theMouseResponseData.RESP="1" Then '如果按了左键
            Mouse.GetCursorPOS pt.X,pt.Y '获取鼠标光标位置
            pt.x=pt.x-Display.XRes/4
            pt.Y=pt.Y-Display.YRes/4
            For i=1 To nObjs
                Dim rect As Rect '根据对象参数生成矩形区域
                rect.Left=pts(i).x-bl
                rect.Top=pts(i).y-bl
                rect.Right=pts(i).x+bl
                rect.Bottom=pts(i).y+bl
                If PointInRect(pt,rect) Then '判断光标是否在某对象内单击
                    If tmarks(i) Then '如果已经标记为目标
                        DrawCircle offscr,"white",pts(i).x,pts(i).y,bl
                    Else '否则设置为红色
                        DrawCircle offscr,"red",pts(i).x,pts(i).y,bl
                    End If
                    tmarks(i)=Not tmarks(i) '更改标记
                    cnvs.Copy offscr,sourceRect,centerRect
                    Exit For
                End If
            Next
            GoTo RightButtonToExit
        End If
    End If
End If
Loop
```

实验运行界面如图 9-136 所示。

图 9-136 多目标追踪实验界面

9.27 运动能力测试

如图 9-137 所示，本次实验是编制运动能力测试。屏幕中央有一竖线，左侧为目标色块，上下进行振荡，右侧色块可由鼠标控制其上下运动，要求被试跟随左侧色块的运动移动右侧色块。单击鼠标或运动到一定时间退出。最后计算跟踪准确度指数（Accuracy Index，AI）：

$$AI = 1 - E/A$$

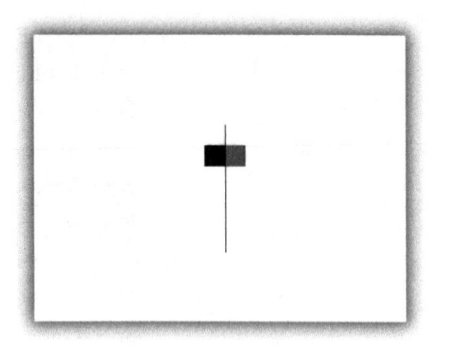

其中 E 表示鼠标（Y 坐标值）偏离目标（Y 坐标值）的均方根，A 表示目标偏离屏幕中心的均方根。如果鼠标保持不动，则 AI 值为 0；如果精确跟踪了目标，则 AI 为 1。

图 9-137 运动能力测试界面

基本思路：根据实验描述可以使用幻灯对象来呈现三个 SlideText 对象，一个表示竖线，将其宽度（Width）设为 1，边框设为 1 即可；两个色块设定其大小为 20×20，左侧为黑色，右侧为红色。左侧上下振荡的色块可考虑改变其 Y 坐标值，为了模拟振荡可使用正弦函数计算 Y 坐标值，右侧色块的位置（Y 坐标）可根据鼠标位置来改变。

新建一个名为 MovingPerformance 的实验程序，参照图 9-138 插入相应控件并更名。

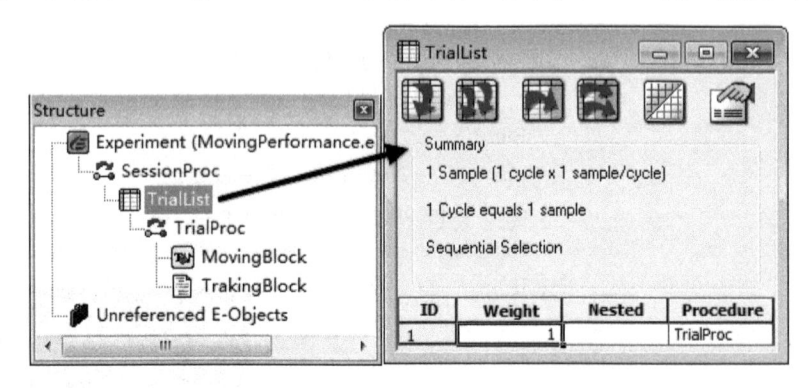

图 9-138 MovingPerformance 程序结构及列表对象

我们来看下幻灯对象的设置（见图 9-139），插入 1 个 SlideText 对象，将其 Width 和 BorderWidth 均设为 1 个像素，居于屏幕的中央。

然后再插入两个 SlideText 对象，分别命名为 Left 和 Right，显示内容置空，属性设置如图 9-140 所示，即 Left 对象的水平对齐方式为 Right，Right 对象的水平对齐方式为 Left，基准点均为 Center（或 50%）。

在 TrackingBlock 中输入以下代码：

```
Dim target As SlideText
Dim cursor As SlideText
```

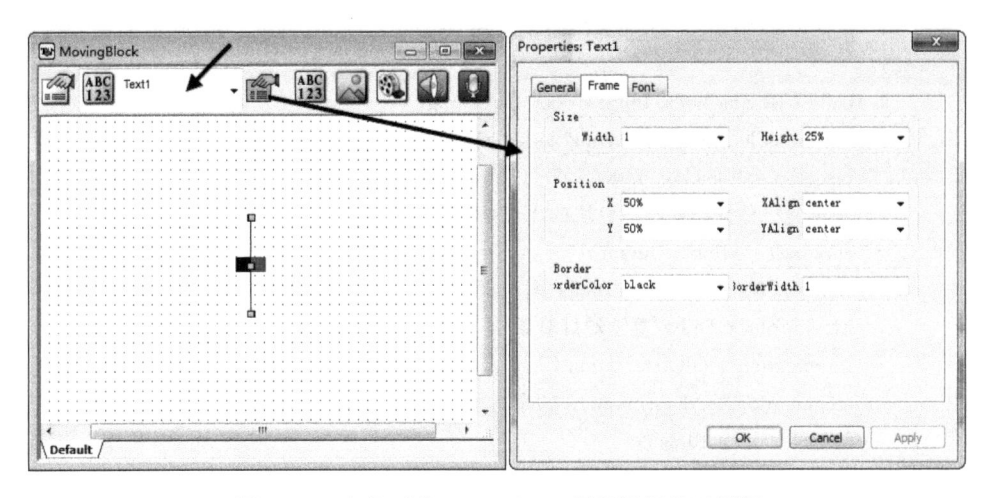

图 9-139　幻灯对象 MovingBlock 界面及属性对话框

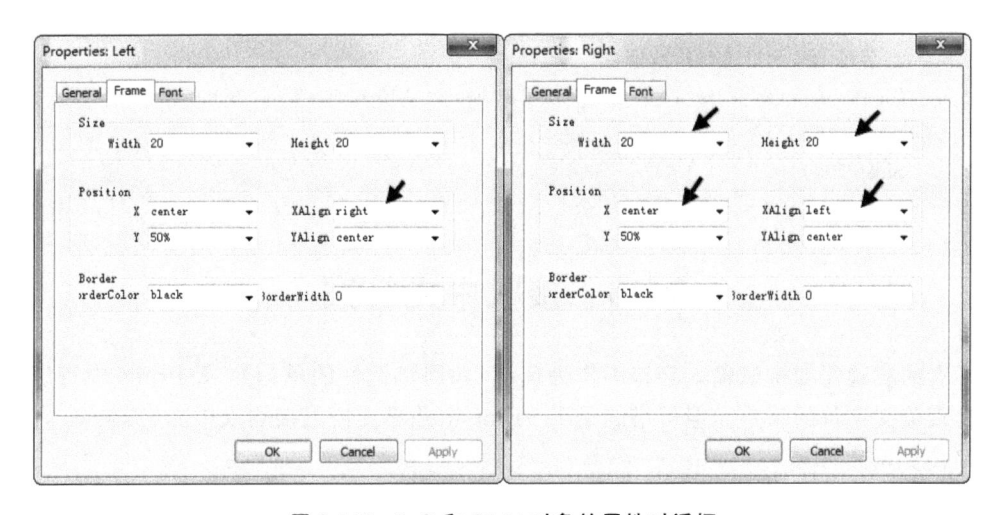

图 9-140　Left 和 Right 对象的属性对话框

Set target=CSlideText(MovingBlock.States("Default").Objects("Left"))
Set cursor=CSlideText(MovingBlock.States("Default").Objects("Right"))
Dim ClockNow As Long
Dim PeriodDur As Single
Dim y As Single
Dim Amplitude As Integer '振幅
Amplitude=40
PeriodDur=2000 '一个周期持续时间
Dim tSummation As Summation '存储运动目标偏离中心点的平方值
Dim eSummation As Summation '存储鼠标偏离目标的平方值(用于计算 RMS)
Set tSummation=New Summation
Set eSummation=New Summation
'限定鼠标移动范围,中间竖线的高度为屏幕高度的 25%
Mouse.SetCursorPos Display.XRes/2,Display.YRes/2

Mouse.SetCursorLimits Display.XRes/2,Display.YRes * .125,Display.XRes/2,Display.YRes * .625

　　Do While (MovingBlock.InputMasks.IsPending())
　　　　y＝Sin((Clock.Read－MovingBlock.OnsetTime)/PeriodDur * 2 * pi) '计算目标 Y 坐标
　　　　target.Y＝(Display.YRes/2)－(Amplitude * y) '设置 Y 坐标
　　　　'根据光标位置设置跟踪色块的 Y 坐标
　　　　cursor.Y＝Mouse.CursorY
　　　　Display.WaitForVerticalBlank '同步刷新
　　　　MovingBlock.Draw '重绘幻灯对象
　　　　tSummation.AddObservation CDbl((Display.YRes/2－target.Y)^2)
　　　　eSummation.AddObservation CDbl((cursor.Y－target.Y)^2)
　　　　Sleep 10 '暂停 10 毫秒
　　Loop
　　'如果鼠标保持在中心不动,则 AI 值为 0
　　c.SetAttrib "AI",CStr(1－Sqr(eSummation.Mean)/Sqr(tSummation.Mean))
　　'在屏幕上显示准确度指数信息
　　Display.Canvas.Text Display.XRes/2,Display.YRes * .75," Accuray Index ＝ " &
c.GetAttrib("AI")
　　Sleep 5000

9.28　接收中文答案

　　有的实验需要被试输入字符串作为反应(如回忆记忆的单词),E-Prime 中可以轻松实现英文字符的采集。但可惜的是 E-Prime 中并不支持直接输入中文(实验中),需要间接实现。

9.28.1　方法一:使用 InputBox $ 或 AskBox $

　　基本思路:E-Prime 所提供的两个对话框函数 InputBox 和 AskBox 可以接收中文输入,在需要被试输入答案时调用其中一个函数就可以。

　　新建一个名为 ChineseInput 的实验程序,参照图 9-141 插入相应实验控件并更名,列表对象 TrialList 中包含几个问题,文本对象 Stimulus 引用属性变量 [Stimulus],持续时间为 2000 毫秒。

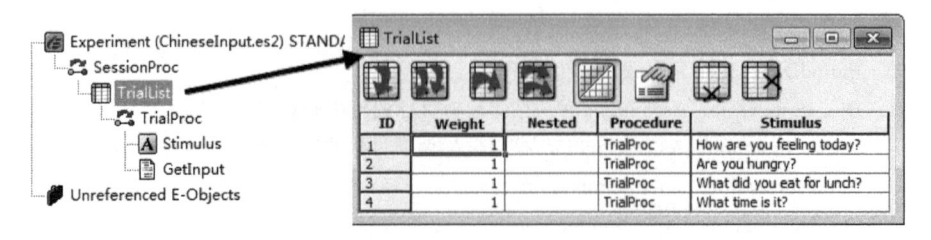

图 9-141　ChineseInput 程序结构及列表对象

双击 GetInput 对象，在其中输入以下代码：

```
Dim ans As String
Do
    ans＝InputBox＄("请输入答案：","答案")
Loop While Len(ans)＜1
c.SetAttrib "Answer",ans '将输入的答案写入文件中
```

如果使用 AskBox＄函数，可以使用以下代码：

```
Dim ans As String
Do
    ans＝AskBox＄("请输入答案：")
Loop While Len(ans)＜1
c.SetAttrib "Answer",ans '将输入的答案写入文件中
```

9.28.2　方法二：使用中文字典（列表字典）

基本思路：使用中文字典就是自行编写一个简易的中文输入法，根据被试输入的字符内容从字典中查找汉字。

本次实验是屏幕上显示一个问题，然后要求被试输入答案。新建一个名为 ChineseInput1 的实验程序，参照图 9-142 插入相应实验控件并更名，其中 Dictionary 为字母列表，存放了汉字对应的拼音（为演示起见，仅输入了 zhong 和 guo 两个内容）。列表对象 TrialList 中增加一个存放问题的属性变量 Stimulus。

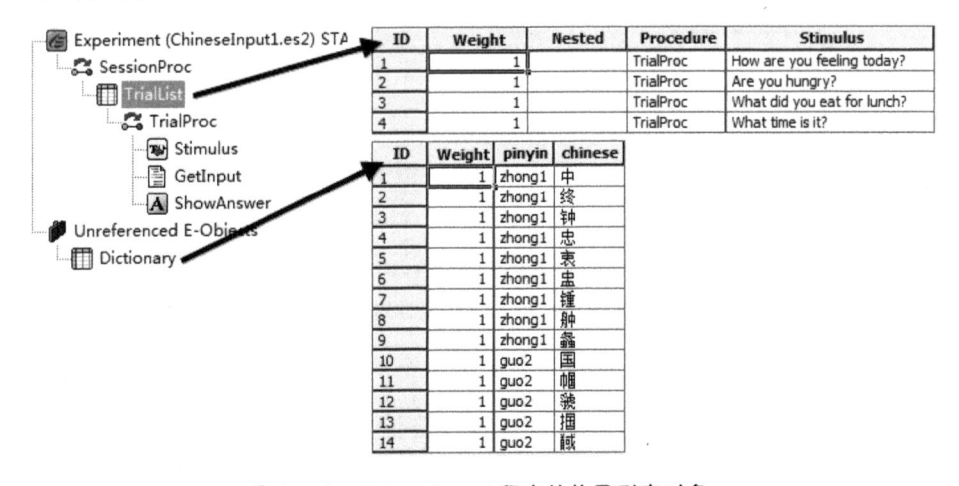

图 9-142　ChineseInput1 程序结构及列表对象

幻灯对象 Stimulus 的设置如图 9-143 所示。其中有三个 SlideText 对象，命名为 Text1～Text3，Text1 的显示内容引用[Stimulus]。文本对象 ShowAnswer 的显示内容引用[Answers]，属性变量 Answers 由代码来生成并记录。为幻灯对象 Stimulus

添加键盘输入，并参照图 9-144 设置相应的属性。

图 9-143　幻灯对象 Stimulus

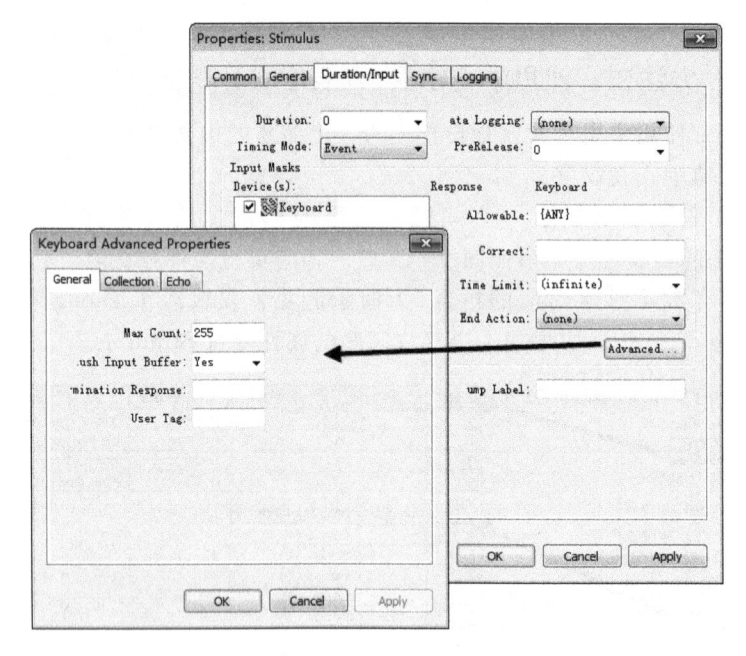

图 9-144　Stimulus 属性对话框

在脚本编辑窗口的 User 标签下，定义一个从字典中根据输入的拼音查找汉字的函数 LookUp，代码如下（查找具有相同读音的汉字，存放在数组 array 中）：

```
Function LoopUp(array() As String,ByVal pinyin As String,List As Factor)
    Dim i ,j
    j=0
    If Len(pinyin)<1 Then '如果拼音字符为空
        LoopUp=0
```

```
        Else '否则查找
            For i=1 To List.Size '循环遍历列表对象 List 中的内容
                If LCase(Left(List.GetAttrib(i,"pinyin"),Len(pinyin)))=pinyin Then
                    j=j+1
                    ReDim Preserve array(j) '重定义数组
                    array(j)=List.GetAttrib(i,"chinese") '将汉字加入数组中
                    If j>=9 Then '最多返回 9 个汉字
                        Exit For
                    End If
                End If
            Next i
            LoopUp=j
        End If
End Function
```

双击 GetInput 内嵌代码对象，在其中输入以下代码：

```
    Dim theResponseObject As RteRunnableInputObject
    Set theResponseObject=CRteRunnableInputObject(Rte.GetObject("Stimulus")) '获取接收
输入对象
    Debug.Assert Not theResponseObject Is Nothing '确保输入对象存在
    Dim ansSlideText As SlideText
    Dim optionSlideText As SlideText
    Dim theSlide As Slide '定义幻灯变量
    Dim theState As SlideState '定义幻灯状态变量
    Set theSlide=CSlide(Rte.GetObject("Stimulus")) '引用幻灯对象 Stimulus
    Set theState=theSlide.States.Item("Default") '引用名为 Default 的状态
    Set ansSlideText=CSlideText(theState.Objects("Text2")) '引用 SlideText 对象 Text2
    Set optionSlideText=CSlideText(theState.Objects("Text3")) '引用 SlideText 对象 Text3
    Dim nResponseCount As Long
    Dim theResponseData As ResponseData '定义反应数据变量
    Dim charstr As String '存放被试输入的字符串
    charstr="" '初始化
    nResponseCount=0
    Dim array() As String '存放相同读音的汉字
    Dim strs As String '类输入法字符串信息
    Dim inputStr As String '存放输入的答案
    inputStr=""
    ansSlideText.Text=""
    ansSlideText.Draw
    Dim i
    Do While True '死循环
        If nResponseCount<>theResponseObject.InputMasks.Responses.Count Then '如果
```

'有按键反应
nResponseCount=nResponseCount+1
'获取按键数据
Set theResponseData=theResponseObject.InputMasks.Responses(nResponseCount)
If Not theResponseData Is Nothing Then
    '如果输入的是字母
    If (theResponseData.Data>15 And theResponseData.Data<26) _
    Or (theResponseData.Data>=30 And theResponseData.Data<=38) _
    Or (theResponseData.Data>=44 And theResponseData.Data<=50) Then
        charstr=charstr & theResponseData.RESP '将字母拼接到变量 charstr 中
        i=LoopUp(array,charstr,Dictionary) '根据当前输入的拼音在字典中查找
        strs=charstr & "\n"
        If i>0 Then
            For i=1 To UBound(array)
                strs=strs & CStr(i) & array(i) & " " '拼接得到类输入法字符串信息
            Next i
        End If
        optionSlideText.Text=strs
        optionSlideText.Draw '绘制汉字选择区文本
    ElseIf theResponseData.Data=14 Then '回格键
        If Len(charstr)>0 Then '删除输入的拼音
            charstr=Left(charstr,Len(charstr)-1)
            i=LoopUp(array,charstr,Dictionary)
            strs=charstr & "\n"
            If i>0 Then
                For i=1 To UBound(array)
                    strs=strs & CStr(i) & array(i) & " "
                Next i
            End If
            optionSlideText.Text=strs
            optionSlideText.Draw
        Else '删除输入中文字符
            If Len(inputStr)>0 Then
                inputStr=Left(inputStr,Len(inputStr)-1)
                ansSlideText.Text=InputStr
                ansSlideText.Draw
            End If
        End If
    '如果输入的数字为 1~9
    ElseIf theResponseData.Data>=2 And theResponseData.Data<=10 Then
        '如果按的数字键小于等于当前可选汉字

```
                    If theResponseData.Data－1＜＝UBound(array) Then
                        inputStr＝inputStr ＆ array(theResponseData.Data－1)
                        ansSlideText.Text＝inputStr
                        charstr＝""
                        strs＝""
                    End If
                    optionSlideText.Text＝strs
                    optionSlideText.Draw
                    ansSlideText.Draw
                ElseIf theResponseData.Data＝39 Or theResponseData.Data＝51 Then '如果输入的为;或,
                    inputStr＝inputStr ＆ Mid(theResponseData.RESP,2,1) '将逗号或分号拼接到答案中
                    ansSlideText.Text＝inputStr
                    ansSlideText.Draw
                ElseIf theResponseData.Data＝57 Then '如果按下空格
                    If LoopUp(array,charstr,Dictionary)＞0 Then '空格键选择第1项
                        inputStr＝inputStr ＆ array(1)
                        ansSlideText.Text＝inputStr
                        charstr＝""
                        strs＝""
                        optionSlideText.Text＝strs
                        optionSlideText.Draw
                        ansSlideText.Draw
                    Else '输入的文本中加入空格
                        inputStr＝inputStr ＆ " "
                        ansSlideText.Text＝inputStr
                        ansSlideText.Draw

                    End If
                ElseIf theResponseData.Data＝28 Then '回车键,输入结束,记录答案
                    c.SetAttrib "Answers",inputStr '通过设置属性来记录答案
                    Exit Do
                End If
            End If
        End If
    Loop
```

程序运行界面如图 9-145 所示。

图 9-145 ChineseInput1 实验运行界面

9.28.3 方法三：使用中文字典(文件字典)

由于常用汉字就有三千多个,如果放置在列表中,会增加实验文件大小,可能导致内存溢出,我们可以使用文件存储的方式(你可以从网络上搜索下载字典文件)。

基本思路:与方法二基本相同,只是在根据被试输入的拼音返回备选汉字时汉字是从文件中进行查找的。

将 ChineseInput1 实验程序另存为 ChineseInput2,删除其中 Unreferenced E-Objects 节点下的 Dictionary 列表对象。字典文件的格式如图 9-146 所示(每行存放一个汉字信息,中间使用制表符分隔)。

在 SessionProc 中的 TrialList 列表对象前插入一个名为 LoadDictionary 的内嵌代码对象,用来从字典文件中加载字典,其代码如下:

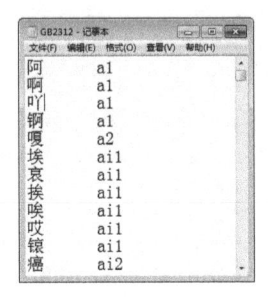

图 9-146　字典文件格式

```
Dim s As String
Dim i as Long
i=1
Open "gb2312.txt" For Input As #1 '只读形式打开字典文件
Do While Not EOF(1) '如果没有到文件尾
    Line Input #1,s '读取一行信息
    ReDim Preserve dics(i)
    dics(i).pinyin=Item$(s,2,2,ebTab) '拆分文本,并存入自定义数据类型中
    dics(i).Chinese=Item$(s,1,1,ebTab)
    i=i+1
Loop
Close #1 '关闭文件
```

其中 dics 数组为自定义的数据类型,在脚本编辑窗口下的 User 标签中进行定义,其代码如下:

```
Type Dictionary '自定义数据类型
    Pinyin As String
    Chinese As String
End Type
Dim dics() As Dictionary '定义数组
'字典查找函数
Function LoopUp(array() As String,ByVal pinyin As String,List() As Dictionary)
    Dim i,j
    j=0
    If Len(pinyin)<1 Then '如果拼音字符为空
        LoopUp=0
    Else '否则查找
        For i=1 To UBound(List) '循环遍历列表对象 List 中的内容
```

```
            If LCase(Left(List(i).Pinyin,Len(pinyin)))=pinyin Then
                j=j+1
                ReDim Preserve array(j) '重定义数组
                array(j)=List(i).Chinese '将汉字加入数组中
            End If
        Next i
        LoopUp=j
    End If
End Function
```

内嵌代码对象 GetInput 中的代码如下，增加了前后翻页功能（+号向后翻页，-号向前翻页）：

```
Dim theResponseObject As RteRunnableInputObject
Set theResponseObject=CRteRunnableInputObject(Rte.GetObject("Stimulus")) '获取接收输入对象
Debug.Assert Not theResponseObject Is Nothing '确保输入对象存在
Dim ansSlideText As SlideText
Dim optionSlideText As SlideText
Dim theSlide As Slide '定义幻灯变量
Dim theState As SlideState '定义幻灯状态变量
Set theSlide=CSlide(Rte.GetObject("Stimulus")) '引用幻灯对象 Stimulus
Set theState=theSlide.States.Item("Default") '引用名为 Default 的状态
Set ansSlideText=CSlideText(theState.Objects("Text2")) '引用 SlideText 对象 Text2
Set optionSlideText=CSlideText(theState.Objects("Text3")) '引用 SlideText 对象 Text3
Dim nResponseCount As Long
Dim theResponseData As ResponseData '定义反应数据变量
Dim charstr As String '存放被试输入的字符串
charstr="" '初始化
nResponseCount=0
Dim array() As String '存放相同读音的汉字
Dim strs As String '类输入法字符串信息
Dim inputStr As String '存放输入的答案
Dim page As Integer
page=1
inputStr=""
ansSlideText.Text=""
ansSlideText.Draw
Dim i
Do While True '死循环
    If nResponseCount<>theResponseObject.InputMasks.Responses.Count Then '如果有按键反应
```

```
            nResponseCount=nResponseCount+1 '
        '获取按键数据
        Set theResponseData=theResponseObject.InputMasks.Responses(nResponseCount)
        If Not theResponseData Is Nothing Then
            '如果输入的是字母
            If (theResponseData.Data>15 And theResponseData.Data<26) _
                Or (theResponseData.Data>=30 And theResponseData.Data<=38) _
                Or (theResponseData.Data>=44 And theResponseData.Data<=50) Then
                charstr=charstr & theResponseData.RESP '将字母拼接到变量 charstr 中
                i=LoopUp(array,charstr,dics) '根据当前输入的拼音在字典中查找
                page=1
                strs=charstr & "\n"
                If i>0 Then
                    If UBound(array)>=page*9 Then
                        For i=1 To 9
                            strs=strs & CStr(i) & array(i) & " " '拼接得到类输入法字
                            符串信息
                        Next i
                    Else
                        For i=(page-1)*9+1 To UBound(array)
                            strs=strs & CStr(i-(page-1)*9) & array((page-1)
                            *9+i) & " "
                        Next
                    End If
                End If
                optionSlideText.Text=strs
                optionSlideText.Draw '绘制汉字选择区文本
            ElseIf theResponseData.Data=14 Then '回格键
                If Len(charstr)>0 Then '删除输入的拼音
                    charstr=Left(charstr,Len(charstr)-1)
                    i=LoopUp(array,charstr,dics)
                    page=1
                    strs=charstr & "\n"
                    If i>0 Then
                        If UBound(array)>=page*9 Then
                            For i=1 To 9
                                strs=strs & CStr(i) & array(i) & " " '拼接得到类输入
                                法字符串信息
                            Next i
                        Else
                            For i=(page-1)*9+1 To UBound(array)
                                strs=strs & CStr(i-(page-1)*9) & array((page
                                -1)*9+i) & " "
```

```
                Next
            End If
        End If
        optionSlideText.Text=strs
        optionSlideText.Draw
Else '删除输入中文字符
        If Len(inputStr)>0 Then
            inputStr=Left(inputStr,Len(inputStr)-1)
            ansSlideText.Text=InputStr
                ansSlideText.Draw
            End If
        End If
'如果输入的数字为1~9
ElseIf theResponseData.Data>=2 And theResponseData.Data<=10 Then
        '如果按的数字键小于等于当前可选汉字
        If theResponseData.Data-1<=UBound(array) Then
            inputStr=inputStr & array(theResponseData.Data-1+(page-1)*9)
            ansSlideText.Text=inputStr
            charstr=""
            strs=""
        End If
        optionSlideText.Text=strs
        optionSlideText.Draw
        ansSlideText.Draw
ElseIf theResponseData.Data=39 Or theResponseData.Data=51 Then '如果输入的为;或,
        inputStr=inputStr & Mid(theResponseData.RESP,2,1) '将逗号或分号拼接到答案中
        ansSlideText.Text=inputStr
        ansSlideText.Draw
ElseIf theResponseData.Data=57 Then '如果按下空格
        If LoopUp(array,charstr,dics)>0 Then '空格键选择第1项
            page=1
            inputStr=inputStr & array(1)
            ansSlideText.Text=inputStr
            charstr=""
            strs=""
            optionSlideText.Text=strs
            optionSlideText.Draw
            ansSlideText.Draw
        Else '输入的文本中加入空格
```

```
                    inputStr=inputStr & " "
                    ansSlideText.Text=inputStr
                    ansSlideText.Draw

                End If
            ElseIf theResponseData.Data=28 Then '回车键,输入结束,记录答案
                c.SetAttrib "Answers",inputStr '通过设置属性来记录答案
                Exit Do
            ElseIf theResponseData.Data=13 Then '+号表示向后翻页
                If UBound(array)/9>page Then '存在下一页
                    strs=charstr & "\n"
                    If UBound(array)>=(page+1)*9 Then
                        For i=1 To 9
                            strs=strs & CStr(i) & array(page*9+i) & " "
                        Next i
                    Else
                        For i=page*9+1 To UBound(array)
                            Debug.Print UBound(array) & " " & i
                            strs=strs & CStr(i-page*9) & array(i) & " "
                        Next
                    End If
                    page=page+1
                    optionSlideText.Text=strs
                    optionSlideText.Draw
                End If
            ElseIf theResponseData.Data=12 Then '一号表示向前翻页
                If page>1 Then
                    page=page-1
                    strs=charstr & "\n"
                    If UBound(array)>=page*9 Then
                        For i=1 To 9
                            strs=strs & CStr(i) & array((page-1)*9+i) & " "
                        Next i
                    End If
                    optionSlideText.Text=strs
                    optionSlideText.Draw
                End If
            End If
        End If
    End If
End If
Loop
```

9.29　利用回显输入答案(数字广度)

本次实验是从 1～9 随机选取 3～20 序列长度的随机数列，每个随机数在屏幕上呈现 1000ms，当序列呈现结束后，要求被试按照呈现顺序或反向顺序回忆数字序列并输入答案。数字长度从 3 位开始，答对则增加 1 位长度，如果连续三次答错，则终止实验。红色数字表示顺序回忆，蓝色数字表示逆序回忆。

基本思路：利用随机函数生成指定长度的数字序列，根据当前条件是否需要逆序回答，设置正确答案。为了向被试提示是正向回忆还是逆向回忆，可通过数字的颜色来表示(红色表示正向回忆，蓝色表示逆向回忆)。

新建一个名为 DigitSpan 的实验程序，参照图 9-147 插入相应实验控件并更名，列表对象 TrialList 中的 Stim 用于存放随机生成的数字串，reversed 标识是否是逆序，answer 用于存放正确答案，showcolor 表示数字的显示颜色。

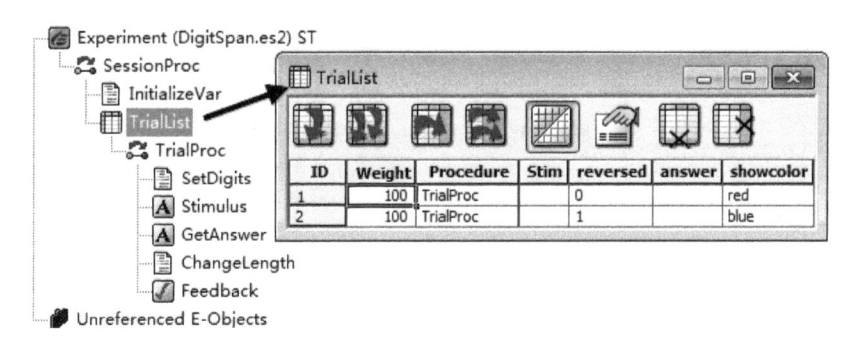

图 9-147　DigitSpan 程序结构及列表对象

文本对象 Stimulus 的显示内容引用[Stim]，其 ForeColor 属性引用[ShowColor]，持续时间为 1000 毫秒，文本对象 GetAnswer 中不显示任何内容，其属性设置如图 9-148 所示。允许的有效按钮设置为"123456789{BACKSPACE}{ENTER}"。

单击图 9-148 右侧对话框中的 Echo 选项卡，根据图 9-149 来设置输入答案时的回显区域。

在脚本编辑窗口 User 标签下，定义全局变量，nCurrentLength 表示当前数字长度，nErrors 用于记录连续错误次数，sDigits1 用于记录正向序列，sDigits2 用于记录逆向序列：

    Dim nCurrentLength%, nErrors%, i%, j%, sDigits1 $, sDigits2 $

在 InitializeVar 对象中输入变量的初始化代码(起始长度为 3 位数)：

    nCurrentLength=3

在 SetDigits 中输入以下代码，填充 TrialList 列表中的空缺项：

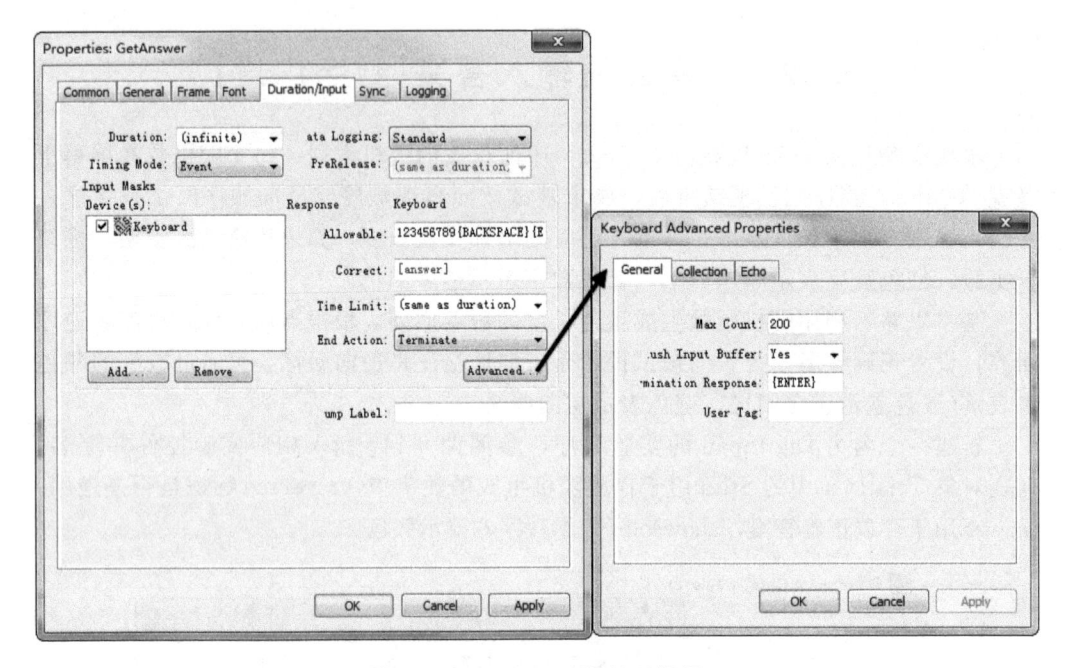

图 9-148　GetAnswer 属性对话框

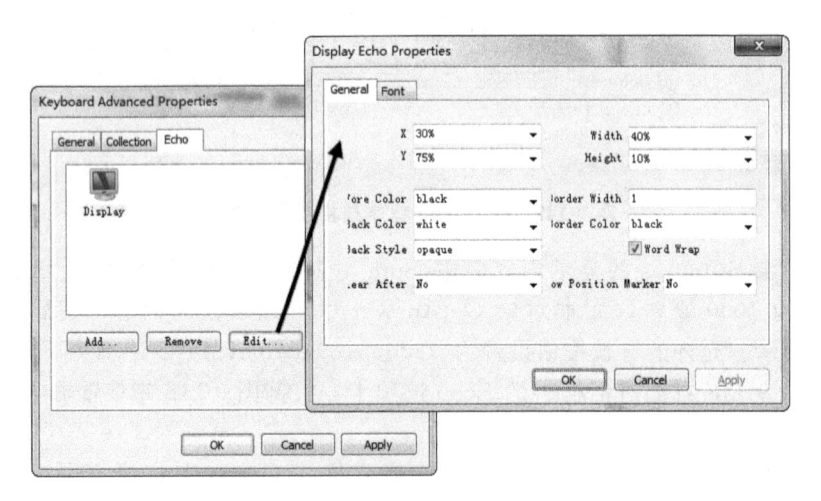

图 9-149　回显区域的设置

```
sDigits1=""
sDigits2=""
For i=1 To nCurrentLength '根据当前长度,生成两种顺序数字
    j=Random(1,9)
    sDigits1=sDigits1 & j
    sDigits2=CStr(j) & sDigits2
Next i
c.SetAttrib "Stim",sDigits1 '设置刺激
'根据是否逆序,生成正确答案
c.SetAttrib "answer",IIf(c.GetAttrib("reversed")="1",sDigits2,sDigits1) & "{ENTER}"
```

在 ChangeLength 对象中输入以下代码，根据被试的反应准确性决定是增加数字长度，还是退出实验：

```
If GetAnswer.ACC＝1 Then '如果反应正确
    nCurrentLength＝nCurrentLength＋1 '长度加 1
    nErrors＝0 '错误数设置为 0
Else
    nErrors＝nErrors＋1 '错误加 1
    '如果错误次数达到 3 次,则终止列表运行
    If nErrors＝3 Then TrialList.Terminate
End If
```

9.30 文本文件的读写

在设计 E-Prime 实验程序时，实验条件既可以直接输入到列表对象中，也可以在列表对象的属性对话框 General 选项卡下以文件形式加载（参见 5.3.4.1）。此处主要使用 E-Basic 代码来实现。

9.30.1 加载文本文件内容到列表

基本思路：使用文件打开（Open）和行读取（Line Input）命令将文本中的内容读取后添加到列表对象中。

新建一个名为 RandomWordRead 的实验程序，参照图 9-150 插入相应的实验控件并更名。列表对象 TrialList 中只设置了 TrialProc 过程对象，且其权重值为 0，目的是组织程序结构。文本对象 Fixation 显示"＋"500 毫秒。

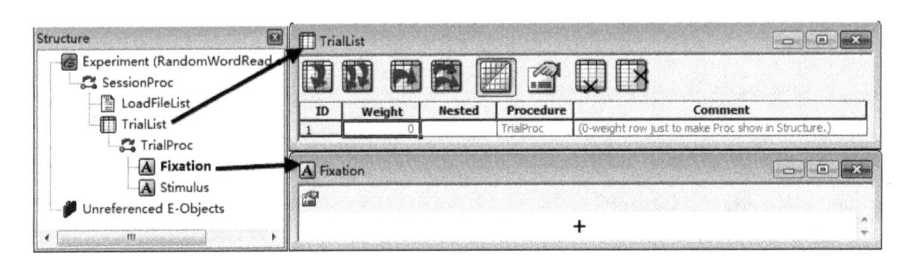

图 9-150　RandomWordRead 程序结构及列表对象

在文本对象 Stimulus 编辑窗口中输入[StimWord]，StimWord 为文本文件中的列变量名，Stimulus 属性窗口 Duration/Input 选项卡的设置如图 9-151 所示，CorrectResponse 也是文本文件中的列变量名。

双击 LoadFileList 内嵌代码对象，在其中输入以下代码：

```
Dim ListFile As String
```

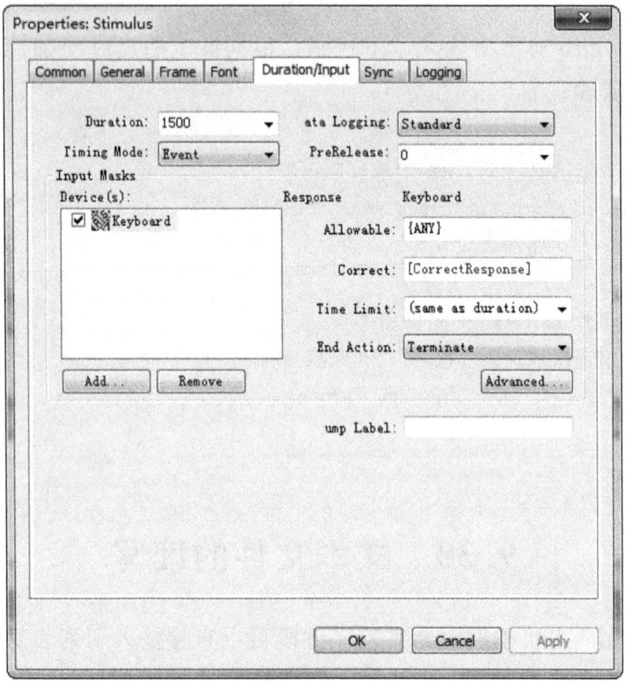

图 9-151 Stimulus 属性对话框

'根据被试编号和周期编号组合文本文件名
　　ListFile="WriteToText"+c.GetAttrib("Subject")+"-"+c.GetAttrib("Session")+".txt"
　　Dim LineCount As Integer
　　Dim s As String
　　Open ListFile For Input As #1 '以只读方式打开文本文件
　　LineCount=-1 '由于文本文件中第一行为变量名,将其初始化为-1,以得到正确的行数
　　Do While Not EOF(1) '如果没有到达文件尾
　　　　LineCount=LineCount+1 '行数加 1
　　　　Line Input #1,s '读取一行
　　Loop
　　Close #1 '关闭文件
　　Dim nSamples As Integer
　　nSamples=LineCount
　　Set TrialList.TerminateCondition=Samples(nSamples) '设置列表对象的终止条件
　　Set TrialList.ResetCondition=Samples(nSamples) '设置列表对象抽样的重置条件
　　' Set TrialList.TerminateCondition=Cycles(1) '可以将上面一行代码换成此行
　　TrialList.LoadMethod=ebLoadMethodFile '设置加载方式为文件
　　TrialList.Filename=ListFile '指定加载的文本文件
　　TrialList.Load '加载文本文件
　　TrialList.Reset '重置列表,使列表生效

上面代码中的 Do...Loop 循环主要用于获取文本文件中的条件数，以便设置列表对象的 TerminateCondition 和 ResetCondition 参数。

文本文件 WriteToText 1-1.txt 的内容如下（注意各项之间用制表符[Tab]分隔）：

Weight	Nested	Procedure	StimWord	CorrectResponse
1	TrialProc	Word4	{SPACE}	
1	TrialProc	Word3		
1	TrialProc	Word10	{SPACE}	
1	TrialProc	Word9		
1	TrialProc	Word8	{SPACE}	

保存实验程序，编译运行。

9.30.2　将列表数据写入到文本文件

基本思路：使用文件打开（Open）和写入（Print）命令将列表中的内容存入文本文件中。

新建一个名为 RandomWordWrite 的实验程序，参照图 9-152 插入相应的实验控件并更名。在列表对象中增加 StimWord 和 CorrectResponse 两个属性变量，并输入相应的内容。

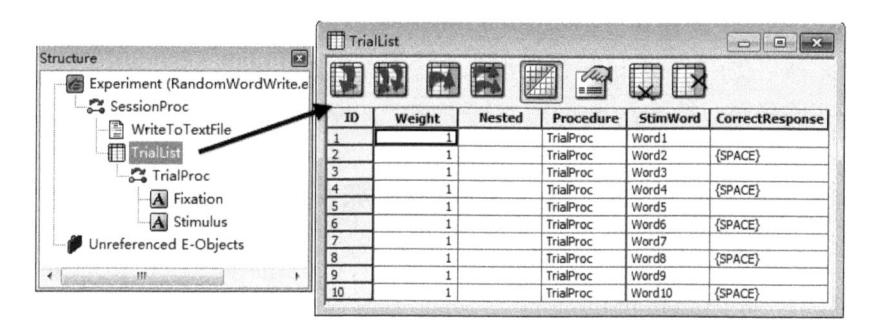

图 9-152　RandomWordWrite 程序结构及列表对象

文本对象 Fixation 和 Stimulus 的设置参见 9.30.1，双击 WriteToTextFile 内嵌代码对象，在其中输入以下代码：

```
Dim arrStim(1 To TrialList.Size) As StimulusData '定义 StimulusData 类型数组
Dim nCount As Integer '计数变量
For nCount=1 To UBound(arrStim) '通过 For 循环读取列表中的属性
    arrStim(nCount).StimWord=TrialList.GetAttrib(nCount,"StimWord")
    arrStim(nCount).CorrectResponse=TrialList.GetAttrib(nCount,"CorrectResponse")
Next nCount
RandomizeArray arrStim,1,UBound(arrStim) '随机化数组
For nCount=1 To UBound(arrStim) '将随机化后的属性值写入列表
    TrialList.SetAttrib nCount,"StimWord",arrStim(nCount).StimWord
```

```
            TrialList.SetAttrib nCount,"CorrectResponse",arrStim(nCount).CorrectResponse
        Next nCount
        Dim nSamples As Integer
        nSamples=(UBound(arrStim)\2) '设置终止样本数
        Set TrialList.TerminateCondition=Samples(nSamples) '设置终止条件
        TrialList.Reset '列表重置
        '以写模式打开文本文件,如果文件不存在,则创建
        Open "WriteToText" & c.GetAttrib("Subject") & "-" & c.GetAttrib("Session") & ".txt" For Output As #1
        '向文件中打印列变量名,使用制表符分隔
        Print #1,"Weight" & ebtab & "Nested" & ebTab & "Procedure" & ebTab & "StimWord" & ebTab & "CorrectResponse"
        '循环输出数组中各项内容(包含权重值和过程对象)
        For nCount=((UBound(arrStim)\2)+1) To UBound(arrStim)
            Print #1,"1" & ebTab & "" & ebTab & "TrialProc" & ebTab & arrStim(nCount).StimWord & ebtab & arrStim(nCount).CorrectResponse
        Next nCount
        Close #1 '关闭文件
```

上面的代码首先使用 GetAttrib 函数将列表中的内容存入 arrStim 数组中,再使用 RandomizeArray 方法将数组随机化并利用 SetAttrib 方法将随机化后的内容回写到列表中,然后使用 Print 语句将数组内容写入文本文件中。

保存实验程序,编译运行。

9.31 按键特殊处理

9.31.1 多正确按键的设置

有时同一刺激可能满足多个反应规则。比如,屏幕上呈现英文单词,如果单词长度为 3 个字母则按 1 键,如果单词词义表示动物则按 2 键。当呈现单词 Cat 时,就符合两个规则,按 1 或 2 都正确。

9.31.1.1 方法一:使用多个输入掩码

基本思路:在刺激对象中添加多个输入设备,并且使不同输入设备的正确按键引用列表对象中不同的属性变量(如[CorrectAnswer1][CorrectAnswer2]),这样便能在列表对象中使用不同属性变量存放多个正确按键。

新建一个名为 MultiCorrectKey 的实验程序,参照图 9-153 插入相应实验控件并更名。在列表对象 TrialList 的属性变量 CorrectKey1 和 CorrectKey2 分别存放刺激对应的正确按键。将反馈对象 Feedback 关联到文本对象 Stimulus 中。

下面我们主要看 Stimulus 的设置,其呈现的文本引用列表对象的[Stim],其属性对话框的设置如图 9-154 所示。

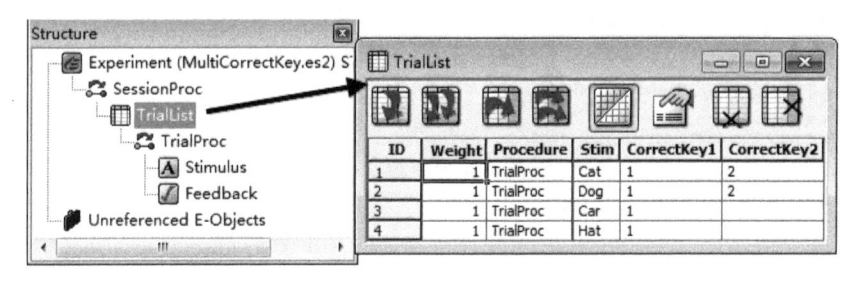

图 9-153　MultiCorrectKey 程序结构及列表对象

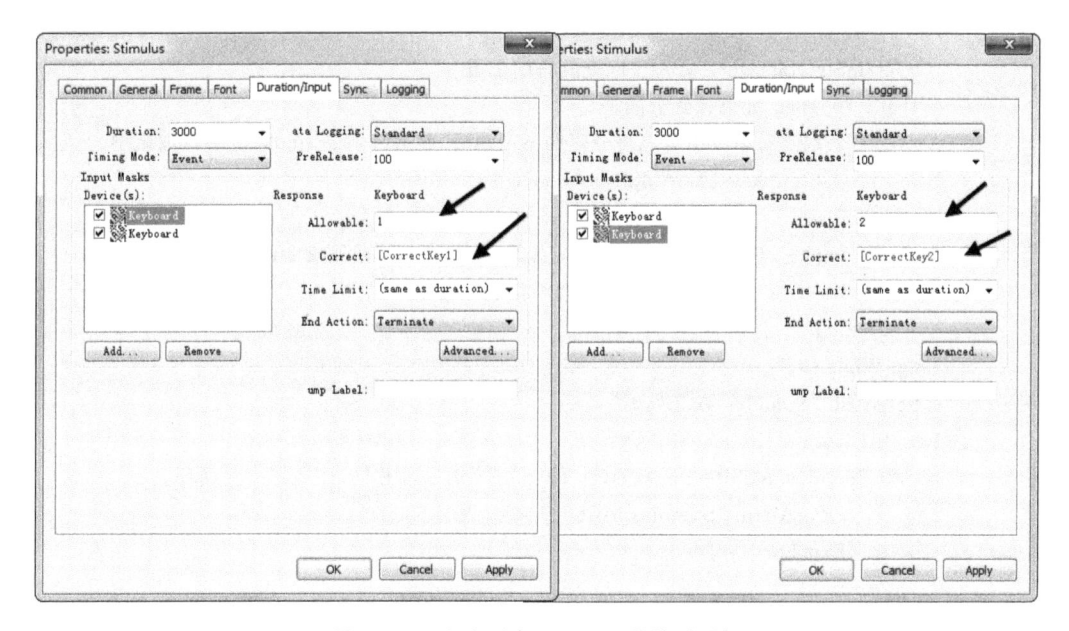

图 9-154　文本对象 Stimulus 属性对话框

9.31.1.2　方法二：使用代码判断

基本思路：将正确按键信息存放在列表对象一列中，不同正确按键之间用逗号分隔，当被试做出按键反应后判断，判断被试的按键是否与其中的正确按键相同。

新建一个名为 MultiCorrectKey1 的实验程序，参照图 9-155 插入相应实验控件并更名。在列表对象 TrialList 中的属性变量 CorrectKey 存放正确按键。在 Stimulus 中添加键盘输入，允许按键为{ANY}或"12"，正确按键引用[CorrectKey]，呈现的文本引用列表对象中的[Stim]属性变量。文本对象 Feedback 使用默认设置。

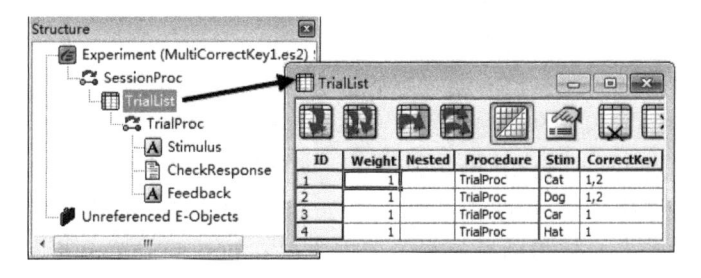

图 9-155　MultiCorrectKey1 程序结构及列表对象

在内嵌代码对象 CheckResponse 中输入以下代码：

```
Dim answer$ ,n%,i%,j%,k%
answer=c.GetAttrib("CorrectKey")
n=ItemCount(answer,",") '获取正确按键数
Dim tmpkeys(1 To n) As String
i=0
k=1
Do 'Do...While 循环
    j=i+1
    i=InStr(j,answer,",") '获取分隔符的位置
    If i>0 Then '如果找到分隔符
        '截取字符串中由分隔符分隔的某项内容,将其存放到 tmpkeys 字符数组中
            tmpkeys(k)=Mid(answer,j,i-j)
        Else
            tmpkeys(k)=Mid(answer,j) '如果没有找到,则截取剩余的字符内容
    End If
    k=k+1
Loop While i>0
c.SetAttrib "Stimulus.ACC",0
For i=1 To n
    If Stimulus.RESP=tmpkeys(i) Then '如果有一项相同,则退出 For 循环
        c.SetAttrib "Stimulus.ACC",1
        Exit For
    End If
Next i
If c.GetAttrib("Stimulus.ACC")=1 Then
    Feedback.Text="正确"
Else
    Feedback.Text="错误"
End If
```

9.31.2 使用 Shift 键和 Alt 键

基本思路：通过获取键盘反应数据，判断按键的键值是否为相应按键。

由于 E-Prime 的键名不区分左、右 Shift、Alt 和 Control 键，左右键的键名都是 {SHIFT}、{ALT}和{CONTROL}。尽管键名相同，但它们对应的键值并不相同（参见附录2），我们可以利用按键键值来区分具体是哪个按键。

新建一个名为 UseShiftAlt 的实验程序，参照图 9-156 插入相应的实验控件并更名。在列表对象 TrialList 中的 CorrectAnswer 存放的是对应按键键值，但在 E-Prime 中进行正确按键设置时使用的是键名，所以需要在被试反应后分析其反应数据进行判断。

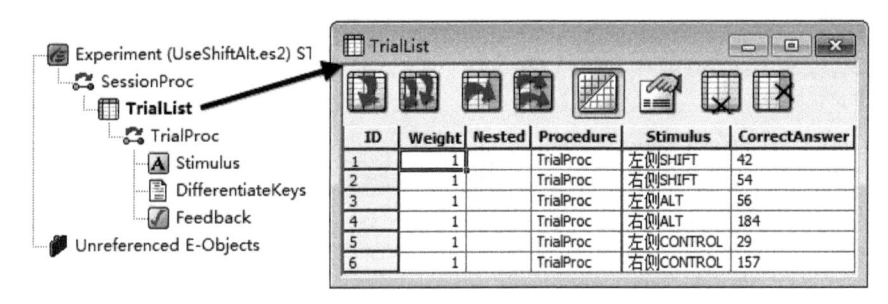

图 9-156　UserShiftAlt 程序结构及列表对象

双击 DifferentiateKeys，在其中输入以下代码：

Dim theResponseObject As RteRunnableInputObject '定义运行时刻输入对象变量
Set theResponseObject＝CRteRunnableInputObject(Rte. GetObject("Stimulus")) '获取指定的刺激对象
Debug. Assert Not theResponseObject Is Nothing '确保对象有效
If theResponseObject. InputMasks. Responses. Count＞0 Then '如果被试做出反应
　　Dim theResponseData As ResponseData '定义反应数据
　　Set theResponseData＝theResponseObject. InputMasks. Responses(1) '获取第 1 个输入设备反应数据
　　theResponseObject. RT＝theResponseData. RT '设置反应时
　　If theResponseData. Data＝42 Then '根据键的键值进行判断
　　　　theResponseObject. RESP＝"LEFT SHIFT"
　　ElseIf theResponseData. Data＝54 Then
　　　　theResponseObject. RESP＝"RIGHT SHIFT"
　　ElseIf theResponseData. Data＝56 Then
　　　　theResponseObject. RESP＝"LEFT ALT"
　　ElseIf theResponseData. Data＝184 Then
　　　　theResponseObject. RESP＝"RIGHT ALT"
　　ElseIf theResponseData. Data＝29 Then
　　　　theResponseObject. RESP＝"LEFT CONTROL"
　　ElseIf theResponseData. Data＝157 Then
　　　　theResponseObject. RESP＝"RIGHT CONTROL"
　　End If
　　'判断按键的键值是否与 CorrectAnswer 属性相同
　　If theResponseData. Data＝c. GetAttrib("CorrectAnswer") Then
　　　　theResponseObject. Acc＝1
　　Else
　　　　theResponseObject. Acc＝0
　　End If
End If

文本对象 Stimulus 的属性对话框及反馈对象 Feedback 的 Incorrect 标签设置如

图 9-157 所示。

图 9-157　Stimulus 属性对话框及 Feedback 设置

9.31.3　使用组合键

为了充分体现 E-Prime 可设计各种类型实验的可能，我们以缪勒-莱尔错觉实验为例：在屏幕上呈现两条水平线，其中一条两端有指向外侧的箭头，一条两端有指向内侧的箭头（见图 9-158）。

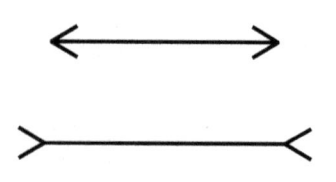

图 9-158　缪勒-莱尔错觉

本次实验是在屏幕上下呈现两条线，被试通过 UPARROW 和 DOWNARROW 使下面的线条增加或缩短 2 个像素，但在按下 CONTROL 键后，再按上下箭头可以变化 20 个像素。按回车键表示确认当前长度一样。

基本思路：E-Prime 的刺激对象（如文本对象、图片对象等）在接收被试的键盘反应时，尽管可以通过在键盘的高级属性设置中将 Max Count 值设置大于 1，可接收多次反应，但并没有提供对组合按键的测试，为了达到组合按键的效果，可检测 RESP 属性，使 CONTRL 键压下将某个变量（controldown）设置为 True，松开时将其设置为 False，如果该变量在为 True 的状态下按了向上或向下的箭头，则线条变化的幅度为 20 个像素。

新建一个名为 muller 的实验程序，参照图 9-159 插入相应实验控件并更名。在列表对象 TrialList 中添加属性变量 arrow1 和 arrow2，用于存放上下两条线箭头的朝向，1 表示朝向内侧，2 表示朝向外侧，length1 和 length2 分别表示上下两条线一半的宽度（也可以表示整个宽度）。

为了使用按键的松开事件，需要在菜单 Edit 下的 Experiment 对话框（Ctrl＋E）中或双击程序结构视图中的 Experiment 对象，将键盘设备的 Collection Mode 设为 Presses And Releases（参见 5.3.2.4）。文本对象 Stimulus 中没有显示内容，但需要将其 BackStyle 设置为 transparent，否则绘制的线条会被其盖住，其属性对话框的设置如图 9-160 所示，在 Allowable 中输入{UPARROW}{DOWNARROW}{-UPARROW}{-DOWNARROW}{CONTROL}{-CONTROL}{ENTER}，表示接收 Control、向上箭头、向下箭头的压下、松开事件以及回车键的压下事件。

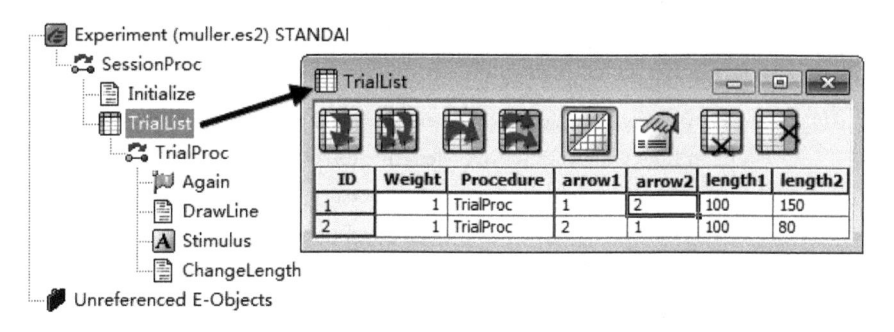

图 9-159　Muller 程序结构及列表对象

图 9-160　Stimulus 属性对话框

在脚本编辑窗口的 User 标签下，输入以下代码（定义全局变量和绘制线条的子线程）：

```
Dim cnvs As Canvas
Dim offscr As Canvas
Dim cx%,cy%,dx%,dy%
Dim len1%,len2%,dir1%,dir2%
Dim controldown As Boolean
```

```
Sub DrawLine(ByVal direction As String,length As Integer,TopLine As Boolean)
    Dim y As Integer
    y=cy+50
    If TopLine Then y=cy-50
    If direction="1" Then
        offscr. Line cx-length,y,cx+length,y
        offscr. Line cx-length,y,cx-length-dx,y-dy
        offscr. Line cx-length,y,cx-length-dx,y+dy
        offscr. Line cx+length,y,cx+length+dx,y-dy
        offscr. Line cx+length,y,cx+length+dx,y+dy
    Else
        offscr. Line cx-length,y,cx+length,y
        offscr. Line cx-length,y,cx-length+dx,y-dy
        offscr. Line cx-length,y,cx-length+dx,y+dy
        offscr. Line cx+length+1,y,cx+length-dx+1,y-dy
        offscr. Line cx+length+1,y,cx+length-dx+1,y+dy
    End If
End Sub
```

在 Initialize 中输入变量初始化的代码：

```
Set cnvs=Display. Canvas
Set offscr=Display. CreateCanvas
cx=Display. XRes/2
cy=Display. YRes/2
dx=10
dy=10
controldown=False
```

在 DrawLine 对象中通过读取列表对象 TrialList 中属性值来绘制线条及箭头：

```
len1=Val(c. GetAttrib("length1"))
len2=Val(c. GetAttrib("length2"))
dir1=c. GetAttrib("arrow1")
dir2=c. GetAttrib("arrow2")
offscr. Clear
DrawLine dir1,len1,True
DrawLine dir2,len2,False
cnvs. Copy offscr
```

最后我们来看下如何使用组合键，在 ChangeLength 对象中输入以下代码：

```
Select Case Stimulus.RESP
Case "{UPARROW}","{-UPARROW}"
    If controldown Then
        c.SetAttrib "length2",IIf(len2+10>cx,len2,len2+10)
    Else
        c.SetAttrib "length2",IIf(len2+1>cx,len2,len2+1)
    End If
    GoTo Again
Case "{DOWNARROW}","{-DOWNARROW}"
    If controldown Then
        c.SetAttrib "length2",IIf(len2-10<10,len2,len2-10)
    Else
        c.SetAttrib "length2",IIf(len2-1<10,len2,len2-1)
    End If
    GoTo Again
Case "{CONTROL}"
    controldown=True
    GoTo Again
Case "{-CONTROL}"
    controldown=False
    GoTo Again
Case "{ENTER}"
    controldown=False
    c.SetAttrib "EndLength",len2
Case Else
    GoTo Again
End Select
```

9.32 阶梯法

阶梯法又称上下法或极限法的变式。贝塞克最早将这种方法用于听力测量，故又称贝塞克听力测量法(Bekesy Audiomentric Method)。根据被试的反应来增加或减小刺激强度，常用的规则为1上1下、2上1下或3上1下。比如，在相对阈限的测定中，在判断比较刺激与标准刺激的强度时，如果被试的判断连续正确3次，则减小比较刺激与标准刺激的强度差，如果错误一次，则增大差值。如果转换点达到一定次数，则终止实验，将转换点处的阈值平均即可得出差别阈限值。

基本思路：根据反应规则如3上1下以及被试的反应动态改变刺激的强度值，当反应变换(转换)达到一定次数后终止实验。

本次实验：以听力测验为例，每次播放声音刺激(控制其音量大小)，要求被试判断有无听到，根据被试的反应调整音量大小。

新建一个名为 Staircase 的实验程序，参照图 9-161 插入相应实验控件并更名。列表对象 TrialList 非常简单，建立过程对象 TrialProc 并增加一个属性变量 v，用于声音刺激的音量控制。

文本对象 Fixation 呈现注视点"＋"1000 毫秒，幻灯对象 Stimulus 呈现声音刺激，指定一个音频文件并打开音量控制开关，音量引用列表对象中的属性值[v]。为幻灯对象增加键盘反应，允许反应键为"yn"，y 表示听到声音，n 表示没有听到声音，持续时间为 infinite。

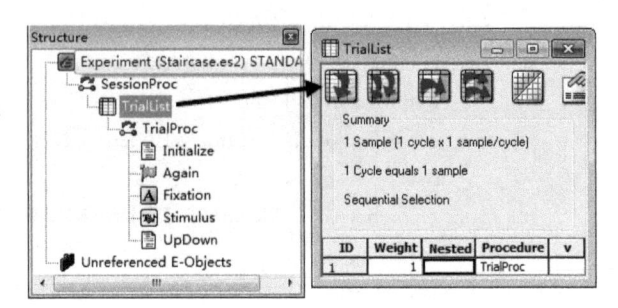

图 9-161 Staircase 程序结构及列表对象

在脚本编辑窗口 User 标签下定义如下全局变量：

```
Dim ntotal As Integer '转换次数
Dim nc As Integer '连续次数
Dim currentVolume As Integer '当前音量大小
Dim steps As Integer '步幅值
Dim first As Boolean '是否首次翻转
Dim up As Boolean '是否上升序列
Dim thresholds As Summation
```

在内嵌代码对象 Initialize 中输入以下初始化代码：

```
ntotal＝0
nc＝0
currentVolume＝－8000
steps＝100
first＝True
up＝True
Set thresholds＝New Summation
c.SetAttrib "v",currentVolume '使用这一句可以在列表对象中不定义属性变量 v
```

双击 UpDown 对象，在其中输入以下代码调整音量大小，以实现阶梯法：

```
If Stimulus.RESP＝"y" Then '如果听到声音刺激
    If first Then '如果是首次,则将步幅值调整为 10
        steps＝10
        first＝False
    Else
        If up Then '如果是在增加音量的序列中,则发生转折
            up＝Not up
```

                    ntotal＝ntotal＋1
                    thresholds. AddObservation currentVolume '记录当前音量值
                End If
            End If
            currentVolume＝currentVolume－steps '听到就减小音量
        Else
            If Not up Then '如果不是在增加音量的序列中,表示发生转折
                up＝Not up
                ntotal＝ntotal＋1
                thresholds. AddObservation currentVolume
            End If
            nc＝nc＋1 '记录连续次数
            If nc＝2 Then
                currentVolume＝currentVolume＋steps '连续两次,则增加音量
                nc＝0
            End If

        End If
        c. SetAttrib "v",currentVolume '替换属性值
    If ntotal＜6 Then GoTo Again '如果转折次数小于6,则继续
    c. SetAttrib "Threshold",thresholds. Mean '记录最后的平均阈限值

9.33　特殊刺激

9.33.1　条形光栅

9.33.1.1　方法一：使用 SlideState 切换

基本思路：将颜色交替变化的 SlideText 对象并排排列，然后复制为不同的 SlideState 对象，再对颜色进行调整（相邻颜色进行位移），通过列表对象的多次循环实现运动的光栅。

新建一个名为 Grating 的实验程序，参照图 9-162 插入实验控件并更名。在列表对象 TrialList 中增加一个属性变量 State，在其中存放幻灯对象 Grating 中 SlideState 对象的名称。在其属性对话框的 Reset/Exit 选项卡下将 Exit List 条件设置为 After 12 cycles（见图 9-163）。

在幻灯对象 Grating 中拖放

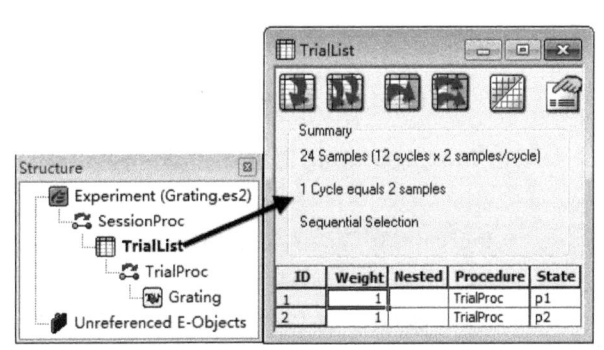

图 9-162　Grating 程序结构及列表对象

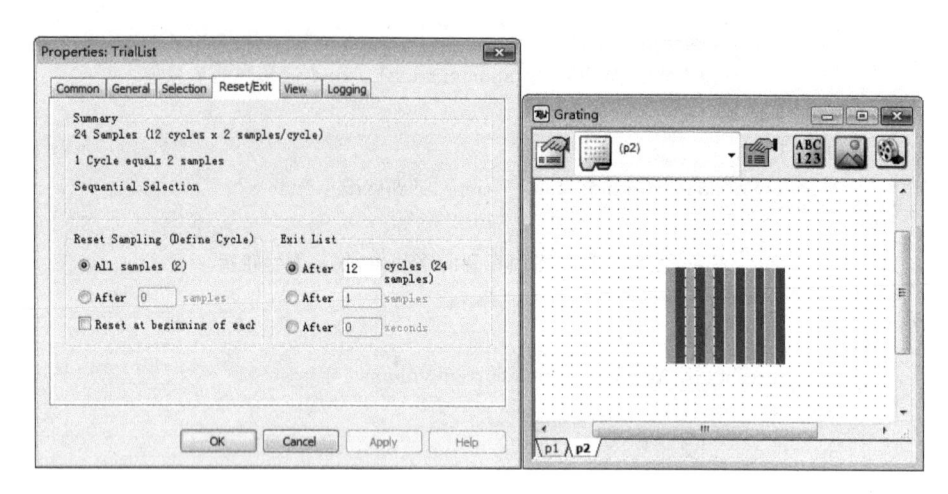

图 9-163　TrialList 对象属性及 Grating 对象界面布局

几个红绿颜色交换变化的 SlideText 对象（见图 9-163），然后将状态名由 Default 改为 P1，再克隆得到 SlideState 对象 P2，使 P2 中 SlideText 对象的颜色排列与 P1 中相反（红和绿对调）。Grating 对象的持续时间为 100 毫秒，在其属性对话框 ActiveState 中引用[State]。

9.33.1.2　方法二：直接绘制

基本思路：首先使用 Canvas 方法将光栅绘制到缓冲画布中，再使用 Canvas.Copy 方法将缓冲画布中的内容复制到屏幕上，如图 9-164 所示，假如光栅的宽度为 W，当向左滚动了 x，那么在复制时，先复制 y(W－x)到屏幕上，再紧接着复制 x 部分到屏幕上，变化 x，就可以实现光栅的滚动。

新建一个名为 Grating1 的实验程序，参照图 9-165 插入实验控件并更名，等待对象 OnlyForClick 的持续时间设为 0，添加鼠标输入，将 Time Limit 设为 infinite，该对象只是用于单击鼠标后退出光栅运动。

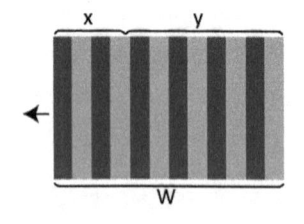

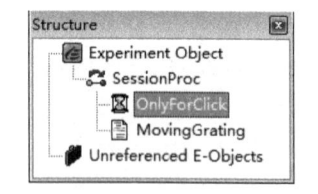

图 9-164　运动光栅示意图　　图 9-165　Grating1 程序结构

双击 MovingGrating 对象，在其中输入以下代码：

```
Dim cnvs As Canvas '定义画布变量
Dim offscr As Canvas
Set cnvs=Display.Canvas '引用屏幕画布
Set offscr=Display.CreateCanvas '创建缓冲画布
Dim colors(1) As String,w%,h%,x% '定义变量
```

```
colors(0)="red"
colors(1)="lime"
Dim rects(1) As Rect '定义矩形,共 2 个元素
w=10 '每个 Bar 的宽度
h=100 '光栅的高度
Dim i As Integer,offset As Integer
i=0
offset=0
For x=Display.XRes/2-w*5+offset To Display.XRes/2+w*4 Step w
    offscr.PenColor=CColor(colors(i Mod 2))
    offscr.FillColor=CColor(colors(i Mod 2))
    offscr.Rectangle x,Display.YRes/2-h/2,w,h '根据当前的颜色画实心矩形
    i=i+1
Next x

Do While OnlyForClick.InputMasks.IsPending()
    For x=0 To w*4
        rects(0).Left=Display.XRes/2-w*5+x '根据 x 值设置源矩形 Y 部分
        rects(0).Top=Display.YRes/2-h/2
        rects(0).Right=Display.XRes/2+w*5
        rects(0).Bottom=Display.YRes/2+h/2
        rects(1).Left=Display.XRes/2-w*5 '设置目标矩形
        rects(1).Top=Display.YRes/2-h/2
        rects(1).Right=Display.XRes/2+w*5-x
        rects(1).Bottom=Display.YRes/2+h/2
        cnvs.Copy offscr,rects(0),rects(1)
        Sleep 20
        rects(0).Left=Display.XRes/2-w*5 '设置源矩形 X 部分
        rects(0).Top=Display.YRes/2-h/2
        rects(0).Right=Display.XRes/2-w*5+x
        rects(0).Bottom=Display.YRes/2+h/2
        rects(1).Left=Display.XRes/2+w*5-x
        rects(1).Top=Display.YRes/2-h/2
        rects(1).Right=Display.XRes/2+w*5
        rects(1).Bottom=Display.YRes/2+h/2
        If rects(1).Right-rects(1).Left<>0 Then '如果矩形宽度不为 0
            cnvs.Copy offscr,rects(0),rects(1)
        End If
        Sleep 20
    Next x
Loop
```

对比方法一和方法二,你会发现方法二中的光栅运动更平滑。

9.33.2 棋盘格（Checkerboard）

基本思路：如图 9-166 所示，根据棋盘格的行列数来变换填充颜色，如果为奇数行，则奇数列为白色，偶数列为黑色；如果为偶数行，则奇数列为黑色，偶数列为白色。还可以设置一个开关变量切换左上角第一个格子的颜色。

图 9-166　棋盘格

新建一个名为 Checkerboard 的实验程序，在 SessionProc 中插入一个名为 SwitchChecker 内嵌代码对象，首先在脚本编辑窗口 User 标签下定义绘制棋盘格的子过程 DrawCheckerboard，代码如下：

```
Sub DrawCheckerboard(cnvs As Canvas, nrow As Integer, ncol As Integer, nSize As Integer, bSwitch As Boolean)
    'nrow 为行数
    'ncol 为列数
    'nSize 为格子边长
    'bSwitch 为是否变换起始格子的颜色
    Dim nw,nh
    nw=Display.XRes '获取屏幕宽度
    nh=Display.YRes '获取屏幕高度
    Dim x,y
    Dim i%,j As Integer '定义两个循环变量
    Dim colors(1) As String '存放颜色名的字符数组
    colors(0)="black"
    colors(1)="White"
    y=cy-nSize*nrow/2 '根据行数和格子的大小设置列起始 Y 坐标
    For i=1 To nrow
        x=cx-nSize*ncol/2 '根据列数和格子的大小设置行起始 X 坐标
        For j=1 To nCol
            cnvs.PenColor=CColor(colors((i+j+bSwitch) Mod 2)) '设置画笔颜色
            cnvs.FillColor=CColor(colors((i+j+bSwitch) Mod 2)) '设置填充颜色
            cnvs.Rectangle x,y,nSize,nSize '画矩形
            x=x+nSize '绘制完一个格式，变化坐标值
        Next j
        y=y+nSize '绘制完一行，变化坐标值
    Next j
End Sub
```

双击 DrawCheckerboard 内嵌代码对象，在其中输入以下代码：

```
Dim offscr(1) As Canvas '定义两个元素的画布数组变量
```

```
Set offscr(0)=Display.CreateCanvas '创建缓冲画布
Set offscr(1)=Display.CreateCanvas
DrawCheckerboard offscr(0),8,8,10,True '使用自定义过程画棋盘格到缓冲画布中
DrawCheckerboard offscr(1),8,8,10,False
Dim i%
For i=1 To 30
    Display.Canvas.Copy offscr(i Mod 2) '根据当前循环变量的奇偶复制不同的缓冲画布
    Sleep 50
Next i
```

9.33.3 圆形棋盘格

基本思路：E-Prime 提供了画扇形的方法 Pie，先从半径最大的扇形画起，交叉变换颜色，即可绘制出一个区段内的棋盘格，然后变换扇形角度绘出圆形棋盘格（见图 9-167）。

新建一个名为 CircularCheckerboard 的实验程序，在 SessionProc 中插入一个名为 RotatingCheckerboard 的内嵌代码对象，为了方便绘制，在脚本编辑窗口 User 标签下定义 DrawCircularCheckerboard 过程，代码如下：

图 9-167 圆形棋盘格

```
Sub DrawCircularCheckerboard(cnvs As Canvas,Byref cx As Integer,ByRef cy As Integer,_
    maxr As Integer,nseg As Integer,ByRef startangle As Integer,delta As Integer)
'cx,cy 为圆形棋盘格的中心坐标
'maxr 为最大半径
'nseg 为分段数
'startangle 为起始角度
'delta 为角度变化值,能被 360 整除
Dim rs(nseg-1) As Integer
Dim i,j,k
k=0
Dim colors(1) As String '定义颜色名称字符数组
colors(0)="white"
colors(1)="black"
For i=0 To nseg-1 '计算各半径
    rs(i)=maxr-i*maxr/nseg
Next i
For i=startangle To 360+startangle Step delta '循环递增角度
    For j=0 To nseg-1 '绘制各段
        cnvs.FillColor=CColor(colors((k+j) Mod 2)) '设置填充色
```

```
            cnvs.Pie cx,cy,rs(j),i,i+delta '画扇形
        Next j
        k=k+1
    Next i
    End Sub
```

再在 RotatingCheckerboard 内嵌代码对象中,输入以下代码:

```
Dim cnvs As Canvas
Dim offscr As Canvas
Set cnvs=Display.Canvas
Set offscr=Display.CreateCanvas '创建缓冲画布
Dim cx%,cy%
cx=Display.XRes/2 '获取屏幕中心坐标
cy=Display.YRes/2
Dim i%
For i=0 To 360 '旋转360度
    '调用自定义方法绘制圆形棋盘格
    DrawCircularCheckerboard offscr,cx-120,cy,100,5,i,60
    DrawCircularCheckerboard offscr,cx+120,cy,100,5,i,45
    cnvs.Copy offscr
Next i
SLeep 3000
```

9.33.4 正弦光栅

基本思路:E-Prime 不像 Matlab 提供了强大的图像处理功能,但仍可以变通地利用 E-Prime 的绘制函数,通过改变画笔的颜色绘制线条,就可以得到想要的正弦光栅(见图 9-168)。

新建一个 SinwaveGrating 的实验程序,在 SessionProc 中插入一个名为 MovingSinwave 的内嵌代码对象,首先在脚本编辑窗口 User 标签下定义绘制正弦光栅的函数,代码如下:

图 9-168 正弦光栅

```
Sub DrawSinwaveGrating(cnvs As Canvas,cx As Integer,cy As Integer,w As Integer,_
    h As Integer,ncycles As Integer,nstart As Integer,horizontal As Boolean)
'cx,cy 为光栅所在位置的中心点
'w,h 为光栅的宽和高
'ncycles 为周期数
```

```
'nstart 为起始值（动画目的）
'horizontal 为逻辑型变量，标识是否水平
Dim x%,y%,tmp%
Dim delta As Integer
If horizontal Then '水平方向
    delta=Fix(h/ncycles)
    For y=－h/2 To h/2
        '根据一个周期宽度利用正弦函数计算颜色分量
        tmp=Fix(Abs(Sin(((y＋nstart) Mod delta)/delta * 2 * pi)) * 255)
        '设置画笔颜色
        cnvs. PenColor=CColor(CStr(tmp) & "," & CStr(tmp) & "," & CStr(tmp))
        '绘制线条
        cnvs. Line cx－w/2,cy＋y,cx＋w/2,cy＋y
    Next y
Else '垂直方向
    delta=Fix(w/ncycles)
    For x=－w/2 To w/2
        tmp=Fix(Abs(Sin(((nstart＋x) Mod delta)/delta * 2 * pi)) * 255)
        cnvs. PenColor=CColor(CStr(tmp) & "," & CStr(tmp) & "," & CStr(tmp))
        cnvs. Line cx＋x,cy－h/2,cx＋x,cy＋h/2
    Next x
End If
End Sub
```

在 MovingSinwave 对象中，输入以下代码：

```
Dim cnvs As Canvas
Dim offscr As Canvas
Set cnvs=Display. Canvas
Set offscr=Display. CreateCanvas
Dim cx%,cy%
cx=Display. XRes/2
cy=Display. YRes/2
Dim i%
For i=0 To 100
    DrawSinwaveGrating offscr,cx－100,cy,100,100,2,i,True
    DrawSinwaveGrating offscr,cx＋100,cy,100,100,2,i,False
    cnvs. Copy offscr
Next i
Sleep 3000
```

9.33.5 掩蔽刺激

基本思路：利用随机函数可以生成颜色，然后使用 Rectangle 方法就可以绘制出掩蔽刺激（见图 9-169）。

代码如下：

```
Dim cnvs As Canvas
Dim offscr As Canvas
Set cnvs=Display.Canvas
Set offscr=Display.CreateCanvas
Dim cx%,cy%
cx=Display.XRes/2
cy=Display.YRes/2
DrawMask offscr,cx－100,cy,100,100,2,True
DrawMask offscr,cx＋100,cy,100,100,2,False
cnvs.Copy offscr
Sleep 3000
```

图 9-169　掩蔽刺激

其中 DrawMask 为在脚本编辑窗口 User 标签下定义的过程，其代码如下：

```
Sub DrawMask(cnvs As Canvas,cx As Integer,cy As Integer,w As Integer,h As Integer,_
 nsize As Integer,colorful As Boolean)
'cx,cy 为掩蔽刺激所在位置的中心点
'w,h 为掩蔽的宽和高
'nSize 为掩蔽刺激随机块大小
'colorful 为逻辑型变量，标识是否是彩色刺激
Dim x%,y%,tmp%
Dim delta As Integer
If colorful Then '彩色
    For y=－h/2 To h/2 Step nSize
        For x=－w/2 To w/2 Step nSize
            '设置画笔颜色
            cnvs.PenColor=CColor(CStr(Random(0,255)) & "," & CStr(Random(0,255)) _
             & "," & CStr(Random(0,255)))
            cnvs.FillColor=CColor(CStr(Random(0,255)) & "," & CStr(Random(0,255)) _
             & "," & CStr(Random(0,255)))
            '绘制线条
            cnvs.Rectangle cx＋x,cy＋y,nSize,nSize
        Next x
    Next y
```

```
            Else '灰度
                For y=-h/2 To h/2 Step nSize
                    For x=-w/2 To w/2 Step nSize
                        tmp=Random(0,255)
                        cnvs.PenColor=CColor(CStr(tmp) & "," & CStr(tmp) & "," & CStr(tmp))
                        cnvs.FillColor=CColor(CStr(tmp) & "," & CStr(tmp) & "," & CStr(tmp))
                        cnvs.Rectangle cx+x,cy+y,nSize,nSize
                    Next x
                Next y
            End If
        End Sub
```

9.33.6　圆形正弦

基本思路：同样利用正弦函数根据半径设置颜色，然后通过画圆函数 Circle 来绘制半径变化的圆（见图 9-170）。

绘图函数代码如下：

```
        Sub DrawCircularSinwave(cnvs As Canvas,cx As Integer,cy As Integer,r As Integer,_
            nwave As Integer,nstart As Integer)
            'cx,cy 为圆的中心点坐标
            'r 为圆半径
            'nwave 为周期值
            'nstart 为起始值（动画用）
            Dim i%,j%,tmp%
            Dim delta As Integer
            delta=Fix(r/nwave)
            For i=r To 0 Step-1
                tmp=Fix(Abs(Sin(((i+nstart) Mod delta)/delta * pi)) * 255)
                cnvs.PenColor=CColor(CStr(tmp) & "," & CStr(tmp) & "," & CStr(tmp))
                cnvs.FillColor=CColor(CStr(tmp) & "," & CStr(tmp) & "," & CStr(tmp))
                cnvs.Circle cx,cy,i
            Next i
        End Sub
```

图 9-170　圆形正弦光斑

演示代码如下：

```
        Dim cnvs As Canvas
        Dim offscr As Canvas
        Set cnvs=Display.Canvas
```

```
Set offscr=Display.CreateCanvas
Dim cx%,cy%
cx=Display.XRes/2
cy=Display.YRes/2
Dim i%
For i=0 To 100
    DrawCircularSinwave offscr,cx－120,cy,100,2,i*2
    DrawCircularSinwave offscr,cx＋120,cy,100,1,i*2
    cnvs.Copy offscr
Next i
Sleep 3000
```

9.33.7　Gabor 刺激

基本思路：尽管 E-Prime 没有 Matlab 那样强大的图像处理能力，但通过数学运算和画点函数仍然可以计算出每个点的颜色，使用 SetPixel 方法就可以绘制出复杂的图像（见图 9-171）。

新建一个名为 GaborPatch 的实验程序，在 SessionProc 中插入一个名为 MultiGabors 的内嵌代码对象，首先在脚本编辑窗口 User 标签下定义绘制 Gabor 刺激的函数 DrawGabor，代码如下：

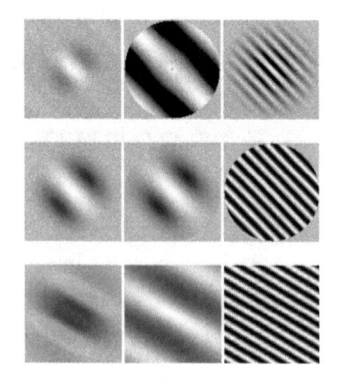

图 9-171　Gabor 刺激

```
Sub DrawGabor(cnvs As Canvas,cx As Integer,cy As Integer,orient As Single,size As Single,env As String,_
    std As Single,freq As Single,phase As Integer,color0() As Integer,color1() As Integer,color2() as integer)
    'cx,cy 为 Gabor 所在位置的中心点
    'orient 为倾斜角度
    'size 为 Gabor 的大小（像素）
    'env 为 envelop 使用的方法
    'std 为标准差
    'freq 为每个像素的周期
    'phase 为相位，取值为 0～1
    'color1 和 color2 为颜色三元色(R,G,B)
    Dim x%,y%,tmp%,rx%,ry%
    Dim delta As Integer
    Dim ssize As Single
    ssize=size
    size=size/std
    Dim dx,dy,t,r,amp,f,g,b
    orient=orient*Pi/180
```

```
For rx=0 To std * size
    For ry=0 To std * size
        '计算距离中心的偏离量
        dx=rx-0.5 * std * size
        dy=ry-0.5 * std * size
        '计算像素的角度
        If dx=0 Then
            t=Pi/2+orient
        Else
            t=Atn(dy/dx)+orient
        End If
        '计算像素距离中心的距离
        r=Sqr(dx * dx+dy * dy)
        '未旋转时的坐标值
        x=r * Cos(t)
        y=r * Sin(t)
        '幅度
        amp=0.5+0.5 * Cos(2 * Pi * (x * freq+phase))
        Select Case LCase(env) '根据不同方法计算像素的亮度
        Case "gaussian"
            f=Exp(-0.5 * (x/std)^2-0.5 * (y/std)^2)
        Case "linear"
            f=(0.5 * std * size-r)/(0.5 * std * size)
            If f<0 Then f=0
        Case "cos"
            If r>ssize/2 Then
                f=0
            Else
                If r=0 Then
                    f=0
                Else
                    f=Cos(Pi * (r+ssize/r)/(ssize-1)-Pi/2)
                End if
            End If
        Case "hann"
            If r>ssize/2 Then
                f=0
            Else
                f=0.5 * (1-Cos((2 * Pi * (r+ssize/2))/(ssize-1)))
            End If
        Case "hamming"
```

```
            If r>ssize/2 Then
                f=0
            Else
                f=0.54-0.46*Cos((2*Pi*(r+ssize/2))/(ssize-1))
            End If
        Case "circle"
            If r>0.5*std*size Then
                f=0
            Else
                f=1
            End If
        Case Else
            f=1
        End Select

        r=color1(0)*amp+color2(0)*(1-amp)
        g=color1(1)*amp+color2(1)*(1-amp)
        b=color1(2)*amp+color2(2)*(1-amp)

        r=Fix(r*f+color0(0)*(1-f))
        g=Fix(g*f+color0(1)*(1-f))
        b=Fix(b*f+color0(2)*(1-f))
        '根据颜色绘制像素
        cnvs.SetPixel rx+cx-ssize/2,ry+cy-ssize/2,CColor(CStr(r) & "," & CStr(g) & "," & CStr(b))
      Next ry
    Next rx
End Sub
```

在内嵌代码对象 MultiGabors 中输入以下代码：

```
Dim cnvs As Canvas
Dim offscr As Canvas
Set cnvs=Display.Canvas
Set offscr=Display.CreateCanvas
Dim cx%,cy%
cx=Display.XRes/2
cy=Display.YRes/2
Dim i%
Dim c1(2) As Integer '存放颜色的 R,G,B 分量
Dim c2(2) As Integer
```

```
    Dim c3(2) As Integer
    Dim c4(2) As Integer
    Dim c5(2) As Integer
    for i=0 to 2 '初始化
        c1(i)=192
        c2(i)=255
        c3(i)=0
        c4(i)=0
        c5(i)=0
    next
    c4(0)=255
    c5(1)=255
    DrawGabor offscr,cx-100,cy-120,45,96,"gaussian",12,0.02,0,c1,c2,c3
    DrawGabor offscr,cx+100,cy-120,45,96,"linear",12,0.1,0,c1,c2,c3
    DrawGabor offscr,cx,cy-120,45,96,"cos",12,0.02,1,c1,c2,c3
    DrawGabor offscr,cx-100,cy,45,96,"hann",12,0.02,0,c1,c2,c3
    DrawGabor offscr,cx,cy,45,96,"hamming",12,0.02,1,c1,c2,c3
    DrawGabor offscr,cx+100,cy,45,96,"circle",12,0.1,0,c1,c2,c3
    DrawGabor offscr,cx-100,cy+120,60,96,"gaussian",24,0.02,0,c1,c4,c5
    DrawGabor offscr,cx,cy+120,60,96,"gaussian",48,0.02,0,c1,c2,c4
    DrawGabor offscr,cx+100,cy+120,60,96,"other",12,0.1,0,c1,c2,c3
    cnvs.Copy offscr
    Sleep 3000
```

由于 Gabor 刺激是使用 SetPixel 方法对逐个像素进行绘制的，所以比较慢，如果要实现动画动态绘制并不理想，在内存允许的情况下，可以考虑事先在缓冲画布中绘制好，然后再将缓冲画布中的内容复制到屏幕上。

9.34 拉丁方实验

拉丁方是平衡实验顺序效应的常用技术。按照下面方法首先构建第一行的顺序(见表 9-3)：

1, 2, n, 3, n-1, 4, n-2…

然后每一列在纵向上依次加 1，直到形成拉丁方(注意：奇偶数不同，最终拉丁方的处理不同)。

表 9-3　4 阶拉丁方示例

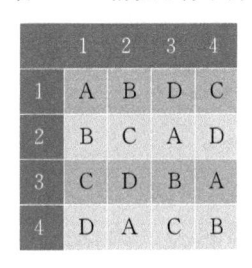

	1	2	3	4
1	A	B	D	C
2	B	C	A	D
3	C	D	B	A
4	D	A	C	B

9.34.1　方法一：单列表试次拉丁方

基本思路：根据被试编号使用 ExplicitOrder 方法明确试次顺序。

新建一个名 LatinSquare 的实验程序(见图 9-172)，以 4 个条件的顺序平衡为例，在需要平衡的列表对象之间插入一个内嵌代码对象 Initialize，在其中输入以下代码：

```
Select Case Val(c.GetAttrib("Subject")) Mod 4
Case 1
    Set TrialList.Order=ExplicitOrder("1 2 4 3")
Case 2
    Set TrialList.Order=ExplicitOrder("2 3 1 4")
Case 3
    Set TrialList.Order=ExplicitOrder("3 4 2 1")
Case 0
    Set TrialList.Order=ExplicitOrder("4 1 3 2")
End Select
TrialList.Reset
```

图 9-172　LatinSquare 程序结构

9.34.2　方法二：多列表试次拉丁方

基本思路：使用多个列表对象，每个列表对象均按序排列（按照拉丁方顺序）并使用顺序抽样，再结合上层列表对象的平衡抽样来实现。

新建一个 LatinSquare1 的实验程序，参照图 9-173 建立程序结构，将 Block1～Block4 中刺激的顺序按照拉丁方顺序设置并使用顺序抽样，在 BlockList 列表对象中使用平衡抽样。

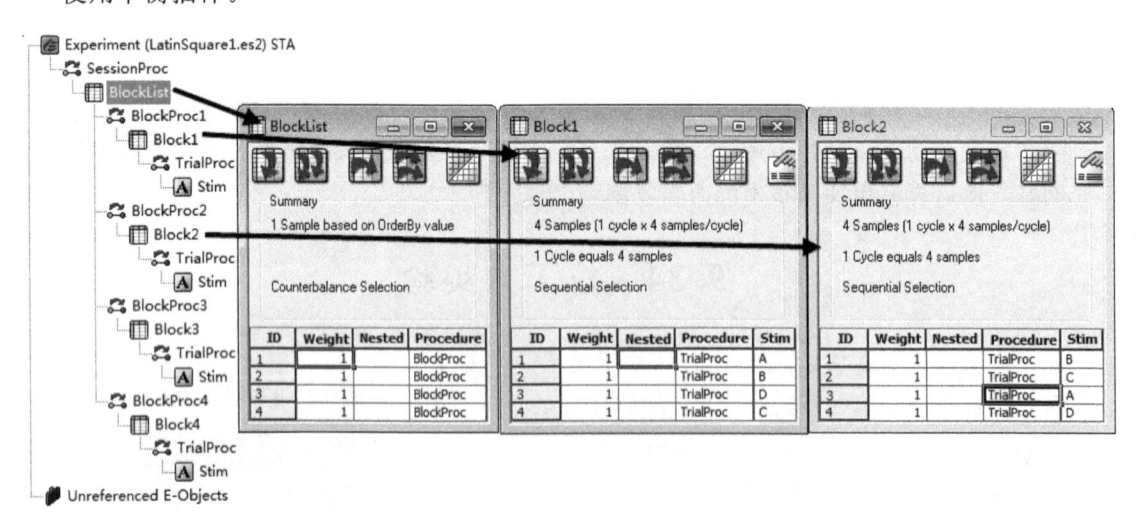

图 9-173　LatinSquare1 程序结构及列表对象

9.34.3　方法三：单列表区组拉丁方

基本思路：与方法一相似。

新建一个名为 LatinSquare2 的实验程序，参照图 9-174 建立程序结构。

在内嵌代码对象 Initialize 中输入以下设置顺序的代码：

```
Select Case Val(c.GetAttrib("Subject")) Mod 4
Case 1
    Set BlockList.Order=ExplicitOrder("1 2 4 3")
Case 2
    Set BlockList.Order=ExplicitOrder("2 3 1 4")
Case 3
    Set BlockList.Order=ExplicitOrder("3 4 2 1")
Case 0
    Set BlockList.Order=ExplicitOrder("4 1 3 2")
End Select
BlockList.Reset
```

图 9-174　LatinSquare2 实验结构

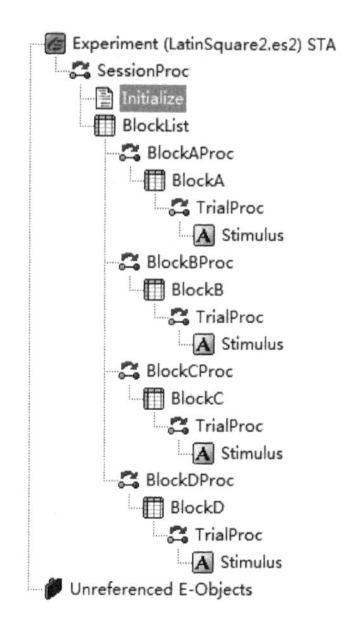

9.34.4　方法四：多列表区组拉丁方

基本思路：与方法二相似。

新建一个名为 LatinSquare3 的实验程序，参照图 9-175 建立程序结构，列表对象 BlockA～BlockD 结构相似，只是过程对象顺序不同。

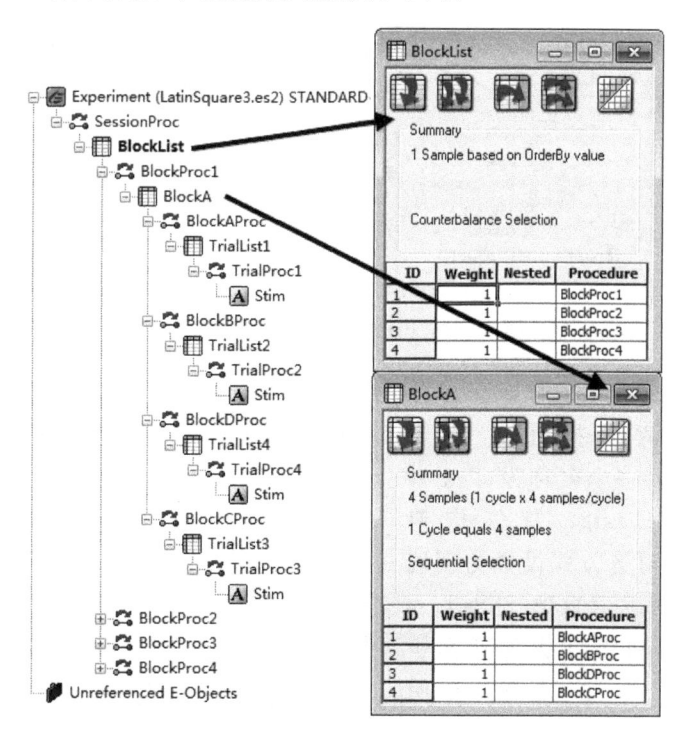

图 9-175　LatinSquare3 程序结构及列表对象

9.35　鼠标控制的图像缩放

9.35.1　示例一：气球冒险实验

气球冒险任务（BART）是一款用计算机模拟吹气球的风险决策任务，是近些年开发的一款更接近真实生活情景的风险决策认知任务（见图 9-176）。

基本思路：为更好模拟气球打气效果，可考虑使用直接在屏幕上绘制气球，当单击"打气"按钮时，给气球充气并伴有打气声音，超过一定次数时气球爆炸，在气球爆炸前如果单击"收钱"按钮，则结束当前试次并累加收益。

图 9-176　气球冒险任务

新建一个名为 Bart 的实验程序，参照图 9-177 插入相应实验控件并更名。列表对象 TrialList 中的属性变量 uplimit 存放气球爆炸的上限值（充气次数上限），属性变量 height 存放气球的初始高度值。将 TrialProc 的 GeneratePreRun 属性设为 BeforeObjectRun 以便内嵌代码对象中的代码起作用。

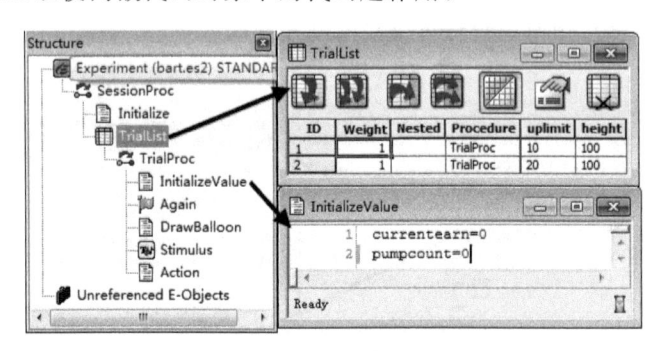

图 9-177　Bart 程序结构及列表对象

幻灯对象 Stimulus 的界面如图 9-178 所示，两个按钮使用了 SlideText 表示，一个名称为 Text1，一个名称为 Text2，打气按钮（Text1）的垂直对齐方式设置为顶端对齐（Top）。提示信息的 SlideText 名称为 Text3，将幻灯状态 Default 的 BackStyle 属性设为透明（Transparent）。另外，注意将 TrialProc 的 GeneratePreRun 设置为 BeforeObjectRun。

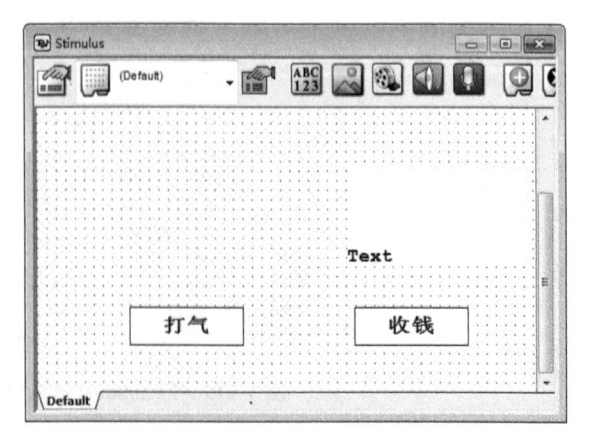

图 9-178　幻灯对象 Stimulus 界面

参照图 9-179 设置幻灯对象 Stimulus 的属性，将其持续时间设为 Infinite，允许按键设为"1"。

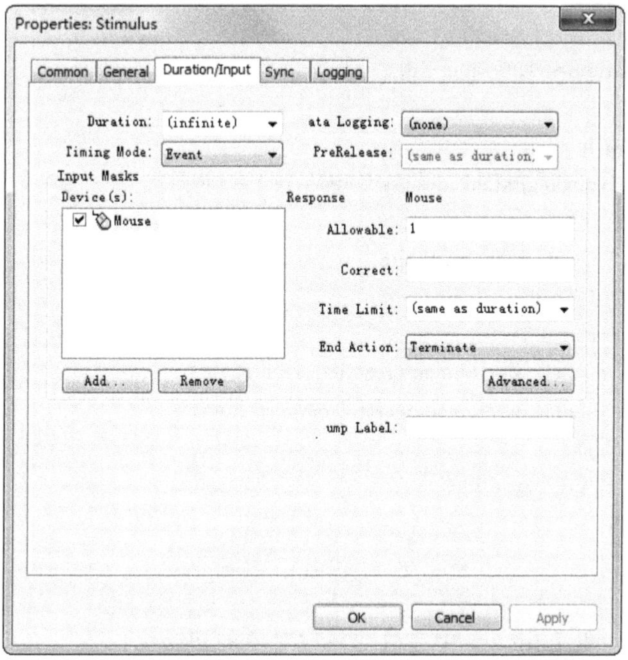

图 9-179　Stimulus 属性对话框

首先在脚本编辑窗口 User 标签下定义全局变量和子过程，代码如下：

　　Dim currentearn As Single '存放当前收益
　　Dim totalearn As Single '存放总收益
　　Dim offscr As Canvas,cnvs As Canvas '定义画布变量
　　Dim pumpcount As Integer '存放充气次数
　　Dim NewBuffer As SoundBuffer '定义音频缓冲
　　Dim GenericSoundBufferInfo As SoundBufferInfo '定义音频缓冲结构
　　Dim state As SlideState
　　Dim t1 As SlideText
　　Dim t2 As SlideText
　　Dim t3 As SlideText
　　Sub CenterRectOnPoint(ByRef r1 As Rect,pt As Point) '将矩形居中到某个点
　　　　Dim tmpr As Rect
　　　　tmpr.Left＝pt.X－(r1.Right－r1.Left)/2
　　　　tmpr.Right＝pt.X＋(r1.Right－r1.Left)/2
　　　　tmpr.Top＝pt.Y－(r1.Bottom－r1.Top)/2
　　　　tmpr.Bottom＝pt.Y＋(r1.Bottom－r1.Top)/2
　　　　r1＝tmpr
　　End Sub
　　'矩形平移

```
Sub OffsetRect(ByRef r1 As Rect,dx As Integer,dy As Integer)
    r1.Left=r1.Left+dx
    r1.Right=r1.Right+dx
    r1.Top=r1.Top+dy
    r1.Bottom=r1.Bottom+dy
End Sub
'绘制爆炸碎片
Sub drawExplodingPatch(cnvs As Canvas,rect As Rect)
    Dim P(6) as Point,i,j
    cnvs.PenColor=Color.White
    For j=1 To 4
        For i=0 To 6
            P(i).x=Random(rect.left,rect.Right)
            P(i).y=Random(rect.Top,rect.Bottom)
        Next i
        cnvs.Polygon P,6
    Next j
End Sub
```

在内嵌代码对象 Initialize 中完成变量或对象的初始化：

```
Mouse.ShowCursorTrue
totalearn=0
Set cnvs=Display.Canvas
Set offscr=Display.CreateCanvas(ebCanvasMemoryAny,377,498) '根据气球图片大小创建缓冲画布
offscr.SourceColorKey=CColor("white") '设置源颜色键
GenericSoundBufferInfo.MaxLength=5000
GenericSoundBufferInfo.VolumeControl=CLogical("no")
GenericSoundBufferInfo.PanControl=CLogical("no")
Set NewBuffer=Sound.CreateBuffer(GenericSoundBufferInfo) '创建音频缓冲
Set state=Stimulus.States("default") '获取幻灯对象的状态
Set t1=CSlideText(state.Objects("text1")) '获取幻灯对象中的文本对象
Set t2=CSlideText(state.Objects("text2"))
Set t3=CSlideText(state.Objects("text3"))
```

在 InitializeValue 对象中包含两行初始化收益的代码：

```
currentearn=0
pumpcount=0
```

双击 DrawBalloon 对象，在其中输入以下代码，根据打气次数绘制气球：

```
Dim pt As Point
pt.y=Fix(Val(t1.Y) * Display.YRes/100) '获取打气按钮的坐标
pt.x=Fix(Val(t1.X) * Display.XRes/100)
Dim srect As Rect,drect As Rect
srect.Left=0
srect.Top=0
srect.Right=377
srect.Bottom=498
drect.Left=0
drect.Top=0
drect.Bottom=Val(c.GetAttrib("height"))
drect.Right=drect.Bottom * 377/498 '气球等比例
CenterRectOnPoint drect,pt
'设置提示信息
t3.Text="当前收入:" & Format $(currentearn,"Fixed") & "\n 总收入:" & Format $(totalearn,"Fixed")
OffsetRect drect,0,-(Val(c.GetAttrib("height"))/2+5)
offscr.Clear
cnvs.Copy offscr,srect,drect,ebEffectSourceColorKey
'加载气球图片
offscr.LoadImage"redballoon.png"
cnvs.Copy offscr,srect,drect,ebEffectSourceColorKey
```

内嵌代码对象 Action 主要完成单击按钮后的动作，代码如下：

```
Dim mPt As Point
Mouse.GetCursorPos mPt.X,mPt.Y
Dim strHit As String
strHit=state.HitTest(mPt.x,mPt.y)
If strHit="Text1" Then
    c.SetAttrib"height",Val(c.GetAttrib("height")) * 1.01
    currentearn=currentearn+0.05
    pumpcount=pumpcount+1
    NewBuffer.Filename="inflate.wav" '加载打气声音文件
    NewBuffer.Load
    NewBuffer.Play
    If pumpcount<=Val(c.GetAttrib("uplimit")) Then '如果未到爆炸次数,则继续
        GoTo Again
    Else
        c.SetAttrib "Exploded",1 '记录爆炸
        c.SetAttrib "currentearn",0 '爆炸后的当前收益为 0
```

```
            c. SetAttrib "totalearn",totalearn '记录总收益
            NewBuffer. Filename= "explosion. wav" '加载爆炸声音
            NewBuffer. Load
            NewBuffer. Play
            drawExplodingPatch offscr,srect
            cnvs. Copy offscr,srect,drect
            Sleep(1000)
            offscr. Clear
            cnvs. Copy offscr,srect,drect
        End If
    ElseIf strHit="Text2" Then
        NewBuffer. Filename= "casino. wav" '加载收钱声音
        NewBuffer. Load
        NewBuffer. Play
        offscr. Clear
        cnvs. Copy offscr,srect,drect
        totalearn=totalearn+currentearn '
        c. SetAttrib"Exploded",0 '记录未爆炸信息
        c. SetAttrib"currentearn",currentearn '记录当前收益
        c. SetAttrib"totalearn",totalearn '记录总收益
    Else '如果未在按钮上单击鼠标,则提示被试
        MsgBox "请单击【打气】或【收钱】按钮!",ebOKOnly+ebSystemModal ,"提示"
        GoTo Again
    End If
```

9.35.2　示例二：趋避任务

研究者根据手臂动作来定义趋避反应，手臂弯曲代表趋近，而手臂伸展代表回避，这样就可以研究被试的动机。例如，研究酒精依赖者对酒精饮品和一般饮品的趋避行为。研究人员设计了推拉杆任务，当向前推游戏杆时缩小图片刺激，表示回避，当向后（近身）拉游戏杆时放大图片刺激，表示趋近。

基本思路：如果直接使用图片控件（ImageDisplay 或 SlideImage）无法很好地控制图片的缩放，使用缓冲画布结合画布的操作方法可以实现图片的缩放而不会产生闪烁现象。

本实验任务是让被试根据图片的方向（横向或纵向）进行鼠标的快速移动，如果是横向图片，则向屏幕上方移动鼠标，如果是纵向图片，则向屏幕下方移动鼠标直至边缘。

新建一个名为 AAT 的实验程序，参照图 9-180 插入相应实验控件并更名。列表对象 TrialList 中的属性变量 picname 存放图片名称，pictype 存放图片类型，width 和 height 分别表示图片的宽度和高度。将 TrialProc 的 GeneratePreRun 属性设为 BeforeObjectRun 以便内嵌代码对象中的代码起作用。

第 9 章　E-Prime 实验设计示例 | 465

幻灯对象 Fixation 的界面如图 9-181 所示，屏幕中央呈现一红色字母"X"，为其添加鼠标输入，持续时间设为 infinite，允许按键设为"1"。

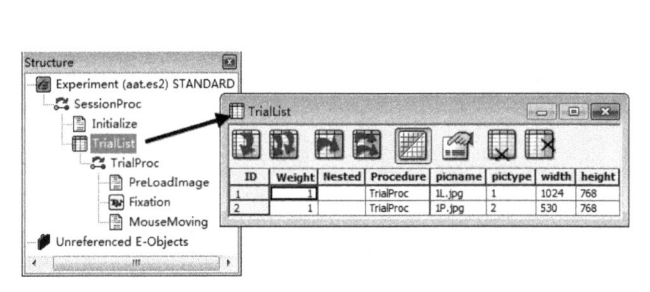

图 9-180　AAT 程序结构及列表对象　　　　图 9-181　幻灯对象界面布局

在脚本编辑窗口 User 标签下定义全局变量和两个用于居中矩形和缩放矩形的子过程，代码如下：

```
Dim rects(1 To 2) As Rect
Dim rect As Rect,wrect As Rect,drect As Rect
Dim scale As Single '记录缩放因子
Dim direction As Integer '记录图片的类型
Dim w As Long,h As Long '记录图片的宽和高
Dim mPt As Point,pt As Point '记录鼠标的光标位置
Dim oscr As Canvas,cnvs As Canvas,offscr As Canvas
'将矩形 R1 在矩形 R2 中居中
Sub CenterRect(ByRef r1 As Rect,r2 As Rect)
    Dim w1&,h1&,w2&,h2&
    w1=r1.Right－r1.Left '计算 r1 的宽度
    h1=r1.Bottom－r1.Top '计算 r1 的高度
    w2=r2.Right－r2.Left
    h2=r2.Bottom－r2.Top
    r1.Left=Abs(w2－w1)/2
    r1.Right=r1.Left+w1
    r1.Top=Abs(h2－h1)/2
    r1.Bottom=r1.Top+h1
End Sub
'将矩形 rect 进行缩放，其中 xs 为宽度缩放系数,ys 为高度缩放系数
Sub ScaleRect(ByRef rect As Rect,xs As Single,ys As Single)
    Dim r As Rect
    r=rect
    r.Right=r.Left+xs＊(rect.Right－rect.Left)
    r.Bottom=r.Top+ys＊(rect.Bottom－rect.Top)
    CenterRect r,wrect
    rect=r
```

End Sub

双击 Initialize，在其中输入以下代码：

```
Set cnvs=Display.Canvas
Mouse.ShowCursor True '显示鼠标光标
'定义屏幕大小的矩形
wrect.Left=0
wrect.Right=Display.XRes
wrect.Top=0
wrect.Bottom=Display.YRes
'初始化光标位置
pt.x=Display.XRes/2
pt.y=Display.YRes/2
```

PreLoadimage 对象中的代码如下，根据列表对象中当前试次图片名称加载图片文件：

```
w=Val(c.GetAttrib("width")) '从列表对象中获取图片宽度
h=Val(c.GetAttrib("height")) '从列表对象中获取图片高度
'初始化图片显示区域
rects(1).Left=0
rects(1).Right=Display.XRes * 0.5
rects(1).Top=0
rects(1).Bottom=rects(1).Right * h/w
rects(2).Top=0
rects(2).Bottom=Display.YRes * 0.5
rects(2).Left=0
rects(2).Right=rects(2).Bottom * w/h
'将矩形在屏幕上居中
CenterRect rects(1),wrect
CenterRect rects(2),wrect
'创建两个缓冲画布
Set offscr=Display.CreateCanvas(ebCanvasMemoryAny,w,h)
Set oscr=Display.CreateCanvas(ebCanvasMemoryAny,w,h)
'创建缓冲画布的矩形区域
rect.Left=0
rect.Top=0
rect.Right=w
rect.Bottom=h
direction=Val(c.GetAttrib("pictype")) '获取图片类型
offscr.LoadImage c.GetAttrib("picname") '加载图片
```

drect＝rects(direction) '根据图片类型选用显示区域
Mouse. SetCursorPos Display. XRes/2,Display. YRes/2 '设置光标位置

双击 MouseMoving 对象，在其中输入以下处理鼠标移动和图片缩放的代码：

```
oscr. Clear '清除缓冲画布
oscr. Copy offscr,rect,drect '复制图片至缓冲画布以防闪烁
cnvs. Copy oscr '复制图片
Do While True
    Mouse. GetCursorPos mPt. x,mPt. y '获取光标坐标
    If mPt. Y<>0 And mPt. Y<>Display. YRes－1 Then '如果光标没有在屏幕顶端边缘或底端边缘
        If pt. y<>mPt. y Then '如果鼠标发生了移动
            '计算缩放系数
            scale＝(1+(mPt. y－Display. YRes/2)/(Display. YRes/2))
            drect＝rects(direction)
            '对目标区域进行缩放
            ScaleRect drect,scale,scale
            pt＝mPt
            oscr. Clear '清除缓冲画布
            oscr. Copy offscr,rect,drect '复制图片至缓冲画布以防闪烁
            cnvs. Copy oscr '复制图片
        End If
    Else
        '鼠标已经移到屏幕上\下边缘,则判断移动方向是否正确
        if (direction＝1 And mPt. y<Display. YRes/2) Or (direction＝2 And mPt. y>Display. YRes/2) Then
            c. SetAttrib "Correct",1 '记录准确性
        Else
            c. SetAttrib "Correct",0
        End If
        '记录反应时
        c. SetAttrib "RT",Clock. Read－Fixation. OffsetTime
        '退出 Do 循环
        Exit Do
    End If
Loop
```

实验程序界面如图 9-182 所示。

图 9-182 AAT 实验界面

9.36　反馈学习

本次实验如图 9-183 所示，首先呈现注视点"＋"500 毫秒，随后屏幕左右各呈现一组色块（其中红色色块数量表示钱币出现在某侧的概率），被试单击鼠标左键或右键选择某侧色块猜测钱币所在位置，然后显示鼠标单击侧的色块 500 毫秒，接下来空屏 500 毫秒，最后显示钱币实际位置作为反馈。其规则为钱币出现在某侧的概率由各侧右边一列红色色块的数量决定，图 9-183 显示钱币出现在左侧的概率为 1/4，出现在右侧的概率为 3/4，实验中概率组合为 1/4 vs1/4，1/4 vs3/4 和 3/4 vs1/4。

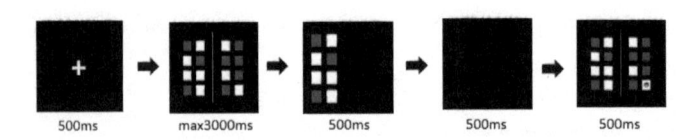

图 9-183　实验流程示意图

基本思路：由于呈现多个对象（色块），所以使用幻灯对象来呈现刺激，色块可以用 SlideText 对象来表示，只要符合概率要求，色块出现的位置可不同，如果要直接在列表对象给出每个色块颜色的组合将非常复杂，借助于随机函数可使用 E-Basic 代码来实现。只需在列表对象中设置不同概率组合的条件即可。

新建一个名为 feedbacklearning 的实验程序，参照图 9-184 插入相应实验控件并更名。在列表对象 TrialList 中增加图中属性变量，其中 lleft 表示左侧色块左边一列红色色块数量，rleft 表示左侧色块右边一列红色色块数量，lright 表示右侧色块左边一列红色色块数量，rright 表示右侧色块右边一列红色色块数量，condition 为 3 种概率组合的标记码，CorrectKey 为正确按键。根据相应的概率条件设置权重值。

图 9-184　feedbacklearning 程序结构及列表对象

将文本对象 Fixation 和 Blank 的背景色（BackColor）设为黑色，前景色（ForeColor）设为白色，持续时间设为 500 毫秒。在 Fixation 对象中输入注视点"＋"。幻灯对象 Stimulus 的布局如图 9-185 所示，Default 的背景色为黑色，宽度和高度值均设为 100%。Text 在屏幕中央放置 16 个 SlideText 对象，从上至下、从左至右依次命名为 Text1～16，每个文本对象的背景色（BackColor）分别引用[c1][c2]…[c16]。为幻灯对象 Stimulus 添加鼠标输入，持续时间设为 3000 毫秒，正确按键为引用[CorrectKey]，允许按键设为"12"。

构建好幻灯对象 Stimulus 后，将其复制粘贴为另外两个幻灯对象 ShowSide 和 ShowPos。但删除它们的输入设备，并将持续时间设置为 500 毫秒。

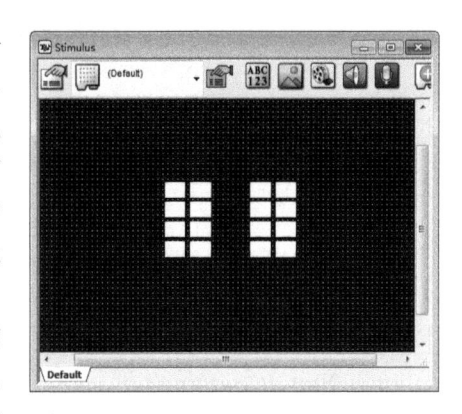

图 9-185　Stimulus 界面布局

双击 SetColor 内嵌代码对象，在其中输入以下代码（主要功能是根据列表对象中参数信息随机设置色块的颜色）：

```
Dim onetofour(1 To 16) As Integer '定义 16 个元素的整数型数组
Dim i%
For i=1 To 16 '将数组值设置为序号值
    onetofour(i)=i
Next i
For i=1 To 16 '先将表示颜色的属性变量 c1,c2...c16 设置为白色
    c.SetAttrib "c" & CStr(i),"white"
Next i
RandomizeArray onetofour,1,4 '对数组进行随机化
RandomizeArray onetofour,5,8
RandomizeArray onetofour,9,12
RandomizeArray onetofour,13,16
For i=1 To Val(c.GetAttrib("lleft")) '根据每列色块中红色色块数量
    c.SetAttrib "c" & CStr(onetofour(i)),"red" '随机选取色块将其颜色设为红色
Next
For i=1 To Val(c.GetAttrib("rleft"))
    c.SetAttrib "c" & CStr(onetofour(i+4)),"red"
Next
For i=1 To Val(c.GetAttrib("lright"))
    c.SetAttrib "c" & CStr(onetofour(8+i)),"red"
Next
For i=1 To Val(c.GetAttrib("rright"))
    c.SetAttrib "c" & CStr(onetofour(12+i)),"red"
Next
```

双击 SetColor1，在其中输入以下代码（只显示被试鼠标单击的一侧的色块）：

```
For i=1 To 16 '先将所有色块设置为黑色(与背景色相同)
    c.SetAttrib "c" & CStr(i),"black"
Next i
If Stimulus.RESP="1" Then '然后根据被试单击的是鼠标左键还是右键仅显示某侧色块
    For i=1 To 8
        c.SetAttrib "c" & CStr(i),"white" '先将某侧色块均设为白色
    Next i
    For i=1 To Val(c.GetAttrib("lleft")) '再根据列表对象中的属性值更改为红色
        c.SetAttrib "c" & CStr(onetofour(i)),"red"
    Next
    For i=1 To Val(c.GetAttrib("rleft"))
        c.SetAttrib "c" & CStr(onetofour(i+4)),"red"
    Next
Else
    For i=9 To 16
        c.SetAttrib "c" & CStr(i),"white"
    Next i
    For i=1 To Val(c.GetAttrib("lright"))
        c.SetAttrib "c" & CStr(onetofour(8+i)),"red"
    Next
    For i=1 To Val(c.GetAttrib("rright"))
        c.SetAttrib "c" & CStr(onetofour(12+i)),"red"
    Next
End If
```

双击 SetPos 对象，在其中输入以下代码(主要作用是根据被试反应判断是否准确，根据规则随机显示钱币位置)：

```
Dim st As SlideText
For i=1 To 16 '先将 16 个文本对象引用的颜色属性设为白色
    c.SetAttrib "c" & CStr(i),"white"
Next i
For i=1 To Val(c.GetAttrib("lleft")) '根据列表对象属性值修改为红色
    c.SetAttrib "c" & CStr(onetofour(i)),"red"
Next
For i=1 To Val(c.GetAttrib("rleft"))
    c.SetAttrib "c" & CStr(onetofour(i+4)),"red"
Next
For i=1 To Val(c.GetAttrib("lright"))
    c.SetAttrib "c" & CStr(onetofour(8+i)),"red"
Next
For i=1 To Val(c.GetAttrib("rright"))
```

c.SetAttrib "c" & CStr(onetofour(12+i)),"red"
Next
Dim whichone As Integer
If Stimulus.RESP="1" And Stimulus.ACC=1 Then '根据被试的反应情况
    whichone=Random(5,8) '生成钱币所在位置的序号
Else
    whichone=Random(13,16)
End If
'由位置信息获取相应的 SlideText 对象
Set st=CSlideText(ShowPos.States("default").Objects("Text" & CStr(whichone)))
Dim collection As SlideStimCollection
Set collection=ShowPos.States("default").Objects '获取对象集合

Dim si As SlideImage '定义一个 SlideImage 变量
Set si=New SlideImage
si.Stretch=CLogical("Yes") '设置 SlideImage 对象的属性(见图片缩放)
si.FileName="yes.png" '表示钱币的图片文件名
si.BackColor=CColor(c.GetAttrib("c" & CStr(whichone))) '背景色为选中对象的背景色
si.SourceColorKey=Color.Black '源颜色键
si.UseSourceColorKey=CLogical("Yes") '使用源颜色
si.Load '加载图片
'设置图片对象的宽度、高度和 X,Y 坐标值
si.Width = CStr (Fix (Val (Left $ (st.Width, Len (st.Width) − 1)) * .8/100 * Display.XRes)) '
si.Height = CStr (Fix (Val (Left $ (st.Height, Len (st.Height) − 1)) * .8/100 * Display.YRes))
si.X=CStr(Fix(Val(Left $ (st.X,Len(st.x)−1))/100 * Display.XRes))
si.Y=CStr(Fix(Val(Left $ (st.Y,Len(st.Y)−1))/100 * Display.YRes))
collection.Add si,"tmpsi",1 '将图片对象添加到对象集合中(注意添加位置是否被遮挡)
```

RemoveItem 对象中的代码很简单,只有一行,就是把在 SetPos 中添加的 SlideImage 对象 tmpsi 从对象集合中移除:

collection.Remove"tmpsi"

最后,注意在实验对象(Ctrl+E)属性对话框的 Device 选项卡下,修改显示器(Display)的属性,将其 Default Background Color 设为黑色(Black),否则由于 E-Prime2.0 版本中刺激对象的默认尺寸为屏幕的 75%,本实验中显示文本对象时会在屏幕上留下白边。
```

第 10 章 常用的 E-Objects 对象

本章主要介绍除实验控件外，其他在 E-Basic 中会用到的 E-Objects 对象。

10.1 画布对象

画布对象（Canvas）相当于一个绘图板，它包含许多可以直接绘图的方法，如画点、画线、画圆和绘制文本等，可以设置画笔的颜色、字体式样等（参见 7.9.3）。在使用画布对象时，Display.Canvas 表示主画布，可以把它理解为计算机屏幕，即直接在屏幕上输出内容，常用以下语句来引用：

```
Dim cnvs As Canvas
Set cnvs=Display.Canvas
```

除主画布外，E-Prime 采用双缓冲机制，还可以创建缓冲画布，缓冲画布是看不到的，但你可以将缓冲画布中的内容（区域）复制到主画布中，也就是你先在缓冲画布中完成一些绘制操作，然后将绘制结果一次性复制到计算机屏幕上，常使用以下语句：

```
Dim offscr As Canvas
Set offscr=Display.CreateCanvas
Display.Canvas.Copy offscr
```

画布对象还具有以下属性：
①BackStyle(背景模式)：字符型，透明(transparent)或不透明(opaque)。
②FillColor(填充颜色)：使用 CColor 函数或 Color 对象的属性。
③FontBold(粗体)：逻辑型，使用 CLogical 函数进行 Yes 或 No 转换。
④FontItalic(斜体)：逻辑型，使用 CLogical 函数进行 Yes 或 No 转换。
⑤FontName(字体)：字符型。
⑥FontSize(字体大小)：数值型。
⑦FontStrikeout(删除线)：逻辑型，使用 CLogical 函数进行 Yes 或 No 转换。
⑧FontUnderline(下划线)：逻辑型，使用 CLogical 函数进行 Yes 或 No 转换。
⑨PenColor(画笔颜色)：使用 CColor 函数或 Color 对象的属性。
⑩PenWidth(线宽)：数值型。

⑪ROPMode(绘制操作模式)：复制(ebROPModeCopy)或合并(ebROPModeMerge)。
⑫SourceColorKey(源颜色键)：颜色，使用 CColor 函数或 Color 对象的属性。
⑬TextBackColor(文本背景颜色)：使用 CColor 函数或 Color 对象的属性。
⑭TextColor(文本颜色)：使用 CColor 函数或 Color 对象的属性。

10.2 颜色对象

颜色对象或颜色常量(Color)是一个 RteColor 的集合。在获取某种颜色时，既可以使用索引值，也可以使用颜色名称，或者使用其属性引用的方式(.Property)。下面的代码具有同样效果：

```
Stimulus.BackColor=Color.AliceBlue
Stimulus.BackColor=Color(1)
Stimulus.BackColor=Color("AliceBlue")
Stimulus.BackColor= CColor(Color.AliceBlue.Red & "," & Color.AliceBlue.Green & "," & Color.AliceBlue.Blue)
```

具体颜色的名称及 RGB 分量值参见附录3：Color 对象颜色名称及 RGB 分量值。

10.3 时钟对象

时钟对象(Clock)在使用时不需要引用或定义变量，直接使用即可，常用的函数有 Clock.Read，读取当前时钟的时刻值(返回实验程序运行后的时间)。一般用于记录某个事件的开始时间或者读取当前时间来计算时间差值。

10.4 循环对象

循环对象(Cycles)用于设置列表对象(因子对象)的结束或重置条件。例如，

```
Set TrialList.TerminateCondtion=Cycles(1)
TrialList.Reset
```

上面的代码将列表对象 TrialList 的退出条件设置为1个循环周期。

10.5 调试对象

调试对象(Debug)封装了用于调试的一些功能，常用其 Print 方法向输出窗口输出一些实验信息，以方便实验开发人员查看实验过程中的关键信息。例如，

Debug. Print Clock. Read

另一个有用的功能是 Assert 方法，用来确保满足某些条件。例如，

Debug. Assert Stimulus. RT＜500

10.6　显示对象

显示对象（Display）也是经常使用的对象，一般使用其获取屏幕当前的分辨率。例如，

Width＝Display. XRes
Height＝Display. YRes

也可以使用 GetRect 方法获取屏幕矩形区域：

Dim fullrect As Rect
Display. GetRect fullrect

使显示对象等待刷新同步（Display. WaitForVerticalBlank）以及前面讲到的引用显示设备主画布（Display. Canvas）或创建缓冲画布（Display. CreateCanvas）都是其常用的方法。

10.7　回显对象

显示设备回显客户端继承自 EchoClient 对象，用于设置回显被试反应，可用它来模拟打字，使用 Display. EchoClients. CreateEchoClient 函数来创建对象，对象使用结束后，要调用 Detach 方法来释放资源。例如，

Set theEchoClient＝Display. EchoClients. CreateEchoClient("0","0","75％","25％")
theEchoClient. Enabled＝True
theEchoClient. AddEchoData "D"
Sleep 500
theEchoClient. AddEchoData "O"
Sleep 500
theEchoClient. AddEchoData "G"
Sleep 500
theEchoClient. Detach

10.8　固定序列

固定序列（ExplicitOrder）用于指定列表对象的固定顺序。例如，

  Set TrialList.Order＝ExplicitOrder("3 1 2")
  TrialList.Reset

10.9　列表对象

列表对象（List）继承自 Factor 对象，可以向列表中添加新的水平，获取或设置某个水平的属性值等。例如，

  TrialList.AddLevel 7
  TrialList.SetWeight "7","1"
  TrialList.SetProc "7","TrialProc"
  TrialList.SetAttrib "7","Stimulus","Z"
  TrialList.SetAttrib "7","CorrectAnswer","1"
  Set TrialList.TerminateCondition＝Cycles(1)
  Set TrialList.ResetCondition＝Samples(7)
  TrialList.Reset

10.10　输入掩码

输入掩码（InputMask）继承自 RteObject，可用来获取输入掩码的属性或处理输入反应。例如，

  Dim keyboardMask As InputMask
  Dim timeLimit As Long
  Set keyboardMask＝TextStimulus.InputMasks(1)
  timeLimit＝keyboardMask.TimeLimit
  Debug.Print "\n\nNEW TRIAL"
  Debug.Print "\n\tKeyboard：TimeLimit＝" & timeLimit

10.11　键盘反应数据

借助于该对象获取键盘反应数据（CKeyboardResponseData），使用前首先需要定

义该对象类型变量，然后使用 CKeyboardResponseData 函数将反应输入进行转换。例如，

```
Dim keyboardResponse As KeyboardResponseData
'获取第 1 个输入设备的反应数据
Set keyboardResponse＝CKeyboardResponseData(StimDisplay.InputMasks.Item(1).Responses(1))
Set keyboardResponse＝CKeyboardResponseData(StimDisplay.InputMasks(1).Responses(1))
Set keyboardResponse＝CKeyboardResponseData(StimDisplay.InputMasks.Responses(1))
'获取第 2 个输入设备的反应数据
Set keyboardResponse＝CKeyboardResponseData(StimDisplay.InputMasks.Item(2).Responses(1))
Set keyboardResponse＝CKeyboardResponseData(StimDisplay.InputMasks(2).Responses(1))
```

在键盘反应数据中，RESP 字段存放按键的名称，如空格键返回{SPACE}，Data 字段存放按键的键值。

10.12　鼠标反应数据

该对象用于获取鼠标反应数据(CMouseResponseData)，在使用时首先定义该对象类型变量，然后使用 CMouseResponseData 函数将反应输入进行转换。例如，

```
Dim mouseResponse As MouseResponseData
Set mouseResponse＝CMouseResponseData(StimDisplay.InputMasks(2).Responses(1))
```

在鼠标反应数据中，RESP 字段存放鼠标按钮值，左键对应 1，右键对应 2，中间键对应 3，如果是松开事件，则对应值分别为{－1}{－2}和{－3}。Data 字段中存放反应按钮的键值，如左键为 49，右键为 50。

10.13　偏移对象

由于交互式方式无法设置列表偏移抽样时的偏移量，可使用偏移对象（OffsetOrder）来设置。例如，

```
Set TrialList.Order＝OffsetOrder(2)
TrialList.Reset
```

10.14　顺序对象

顺序对象（Order）是继承自 RteObject 的一个虚类，一般使用它来获取列表对象

中剩余的样本数(权重值会起作用)。例如,

  Dim nCount as Integer
  nCount=TrialList.Order.Count

如果要获取列表的水平数,可使用 TriaList.Size;如果要获取所有样本数,则可以使用 TrialList.Deletion.Count。

10.15 样本对象

样本对象(Samples)用于在代码中设置列表对象抽样结束或重置的条件,即抽取多少个样本后结束。例如,

  Set TrialList.ResetCondition=Samples(1)
  TrialList.Reset

10.16 时间抽样

用于在代码中设置列表对象抽样结束的条件,即多长时间后结束。例如,

  Set TrialList.TerminateCondition=TimedMinutes(25)
  TrialList.Reset

TimedSeconds 的参数以秒为单位,TimedMSecs 的参数以毫秒为单位。

10.17 E-Prime 中常用的对象继承关系

如图 10-1 所示,虚线表示的对象为抽象类,不可以实例化;实线表示的对象为具体类,可以实例化。箭头表示对象间的继承关系。例如,Order 继承自 RteObject 抽象类,RteObject 称为 Order 类的父类,Order 类称为 RteObject 的子类,而 Order 类又是 SequentialOrder 类的父类。子类继承父类的所有属性(特点),但可以包含父类没有的属性。图中实例对象是可以直接使用而不需要定义的对象,如 Debug 和 Clock。

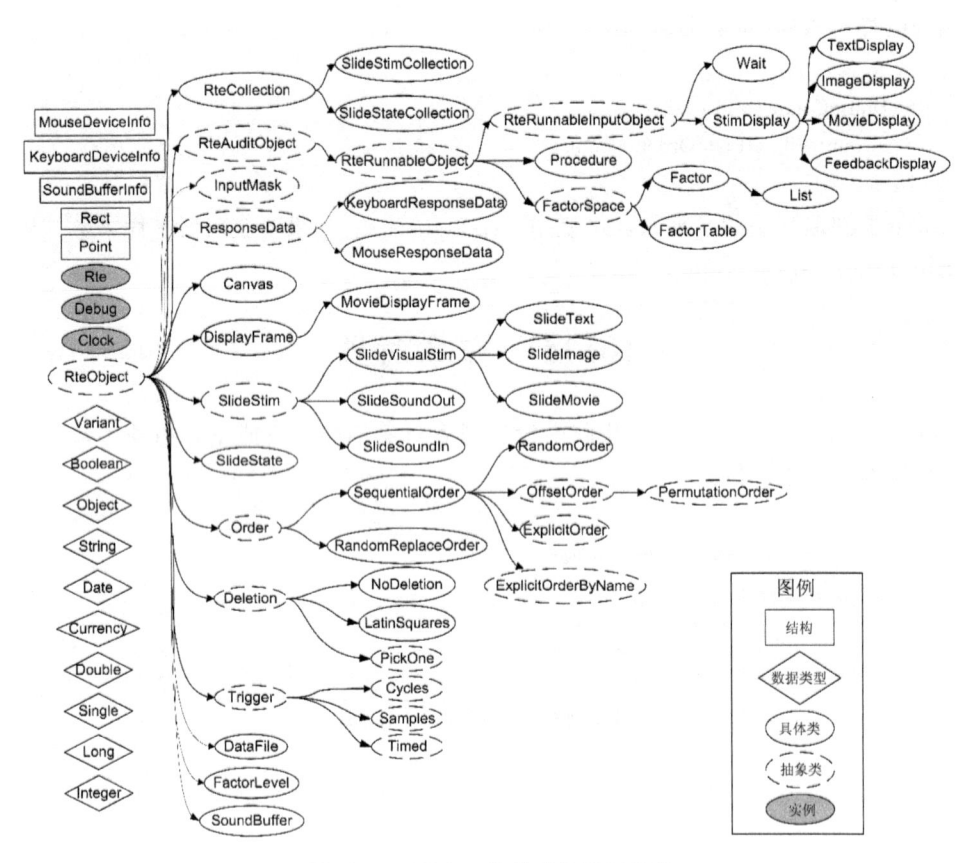

图 10-1 E-Prime 常用对象继承关系

第 11 章 常见问题

11.1 如何设置刷新频率

显示装置的刷新频率对实验设计有重要影响，如果刺激持续时间不是刷新频率的整数倍，刺激的延迟会累积，这有可能影响实验结果。因此在设计实验时将刷新频率设置为 100Hz 比较理想，因为每帧的刷新时间为 10 毫秒，而如果是 60Hz 的刷新频率，则每帧的刷新时间约为 16.67 毫秒，会增加计算机的处理时间。

方法一：选择开始→控制面板→调整屏幕分辨率→高级设置→监视器→屏幕刷新频率。

方法二：在桌面上直接单击鼠标右键→屏幕分辨率。

方法三：在 E-Studio 中选择菜单 Edit→Experiment(Ctrl＋E，打开对话框图 11-1)→Devices→Display→Edit...（见图 11-1）。

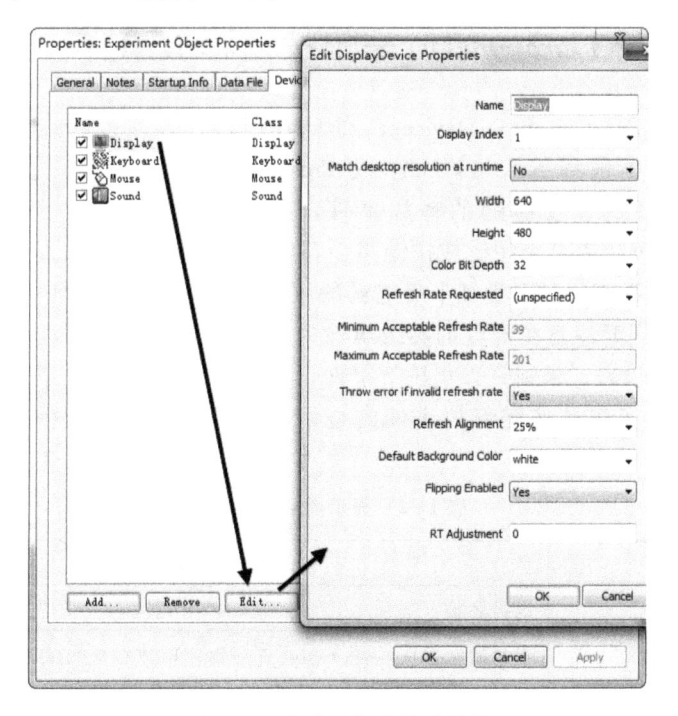

图 11-1 实验对象属性对话框

表 11-1 列举了刷新频率的显示器属性设置。

表 11-1　显示器属性设置

项目	含义
Name	显示器名称
Display Index	显示器索引号
Match desktop resolution at runtime	与桌面分辨率匹配（使用桌面分辨率）
Width	屏幕宽度（像素单位）
Height	屏幕高度（像素单位）
Color Bit Depth	颜色位数（16 位、24 位、32 位真彩色），位数越大，颜色越丰富
Refresh Rate Requested	刷新频率
Minimum Acceptable Refresh Rate	可使用的最小刷新率
Maximum Acceptable Refresh Rate	可使用的最大刷新率
Throw error if invalid refresh rate	如刷新率无效抛出错误
Refresh Alignment	刷新对齐方式
Default Background Color	默认背景颜色
Flipping Enabled	是否支持翻转

11.2　如何采集按键释放事件

选择 Edit→Experiment→Devices，在 Collection Mode 中根据需要选择 Releases Only 或 Presses and Releases（见图 11-2）。反应键的释放事件，要写为 {−key}，其中 key 代表某个按键或按键集合，如{−z} {−ANY}等。如果要同时采集某个反应键的压下和松开（释放）事件，还要注意在键盘的高级属性中使 Max Count＞1（见图 9-44），否则只采集压下事件。

表 11-2 列举了采集按键释放事件的显示器属性设置。

图 11-2　键盘属性

表 11-2　显示器属性设置

项目	含义
Name	键盘名称
Collection Mode	采集模式：Presses Only(只采集压下事件)、Releases Only(只采集松开事件)、Presses and Releases(采集压下和松开事件)
Caps Lock	锁定大写：Off(否)、On(是)
Num Lock	锁定数字小键盘：Off(否)、On(是)

续表

项目	含义
Emulate Device	仿真设备，允许将输入事件发布至另一设备输入缓存中。默认值为none，可以将其设为 Mouse(鼠标)或 Port(端口)，一旦将某设备设置为仿真模式，则无法对其进行输入掩码设置

11.3　如何中断一个实验

在 E-Run 程序中同时按键盘上的 Ctrl＋Alt＋Shift 可以终止 E-Run 程序，同时程序会出现一个确认对话框(见图 11-3)，单击"是"即可终止。如果是在 E-Studio 程序中，则显示一个错误对话框，呈现信息为：Experiment terminated by user。也可以参照 2.3.6 中的方法通过 E-Basic 代码中断实验。

图 11-3　中断实验提示对话框

11.4　如何对小数进行四舍五入

在 E-Basic 中没有提供与 Basic 语言类似的 round 函数以便实现对小数的四舍五入，在 E-Prime 中当将小数转换为整数(Integer 或 Long)时，会自动进行四舍五入，其规则如下：

如果小数部分小于 0.5，则舍掉小数，如果小数部分大于 0.5，则进位；如果小数部分等于 0.5，当整数部分是奇数时进位，当整数部分是偶数时舍弃小数。例如，

```
Debug.Print CInt(2.1) '2
Debug.Print CInt(4.6) '5
Debug.Print CInt(2.5) '2
Debug.Print CInt(3.5) '4
```

11.5　如何在实验中获取被试反应数据

当被试对某个刺激对象的反应结束后，可以在其后插入 InLine 对象，假如刺激对象是名为 Stimulus 的文本对象或图片对象，则可以通过以下代码获取相应信息。

```
Stimulus.ACC '反应准确性
Stimulus.RESP '反应按键
Stimulus.RT '反应时
Stimulus.InputMasks(1).ACC '第 1 个输入设备的反应准确性
Stimulus.InputMasks(1).RESP '第 1 个输入设备的反应按键
```

Stimulus.InputMasks(1).RT '第 1 个输入设备的反应时
Stimulus.InputMasks.Responses.Count '如果被试反应,则返回值大于 0

11.6　如何在实验中将信息记录到数据文件

使用 Context.SetAttrib strAttribName，strAttribValue 可将属性值写入数据文件中。如果属性变量 strAttribName 在当前上下文列表中不存在，则创建，如

'如果当前上下文列表对象中有名为 Stimulus 的属性变量,则设置其属性值为 Boy
c.SetAttrib "Stimulus","Boy"

11.7　如何将实验结果写入文本文件

首先在实验开始前使用 Open 命令打开文件，在实验过程中使用 Print 语句将信息写入文件中，实验结束后使用 Close 语句关闭文件。程序结构见图 11-4。

其中打开文件代码如下：

'打开文件
Open "WriteToText" & c.GetAttrib("Subject") & "—" & c.GetAttrib("Session") & ".txt" For Output As #1
'写入文件头
Print #1,"Stimulus" & ebTab & "RT" & ebtab & "RESP" & ebTab & "ACC"
'写数据
Print #1,c.GetAttrib("Stimulus") & ebTab & Stimulus.RT & ebtab & Stimulus.RESP & ebTab & Stimulus.ACC
'关闭文件
Close #1

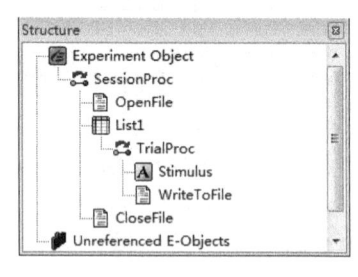

图 11-4　写文件程序结构示意图

11.8　如何让被试输入字符串

对于 E-Prime 中每个接收键盘输入的对象，在添加键盘输入后，单击 Advanced 按钮(见图 11-5)，在键盘高级属性对话框中将 Max Count 设置为可容纳的最大字符数，并且设置结束反应键，如{ENTER}，在 Echo 选项卡下添加回显设备(见图 11-6)。

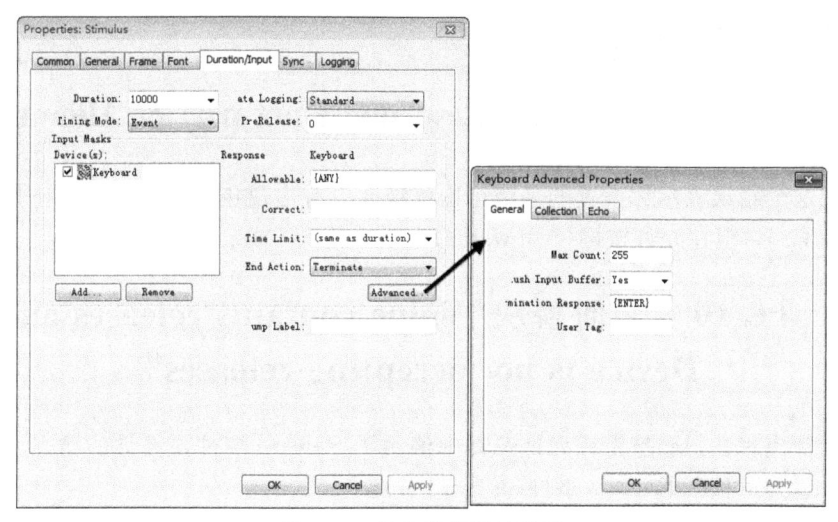

图 11-5　键盘高级属性设置

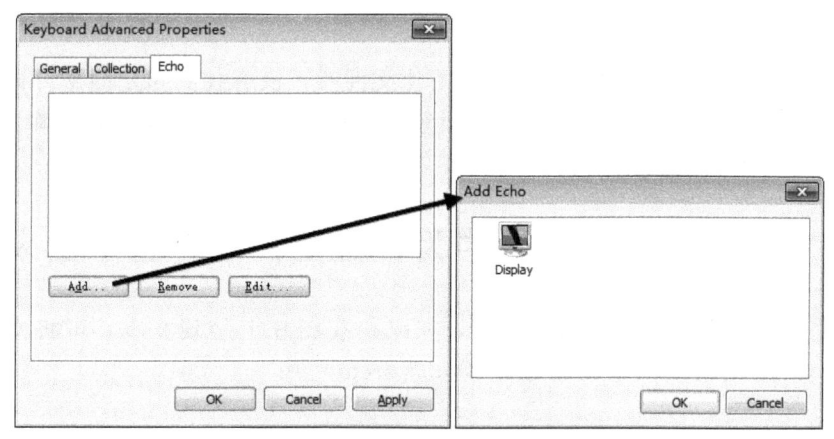

图 11-6　回显选项卡下添加回显设备

添加完成后，回显选项卡下会显示添加的回显设备，选中 Display 对象，单击 Edit 按钮，在回显设备属性对话框中设置回显区域的大小、位置和颜色等，选中 Word Wrap 项可使文本自动换行（见图 11-7），在 Font 选项卡下可设置字符参数。

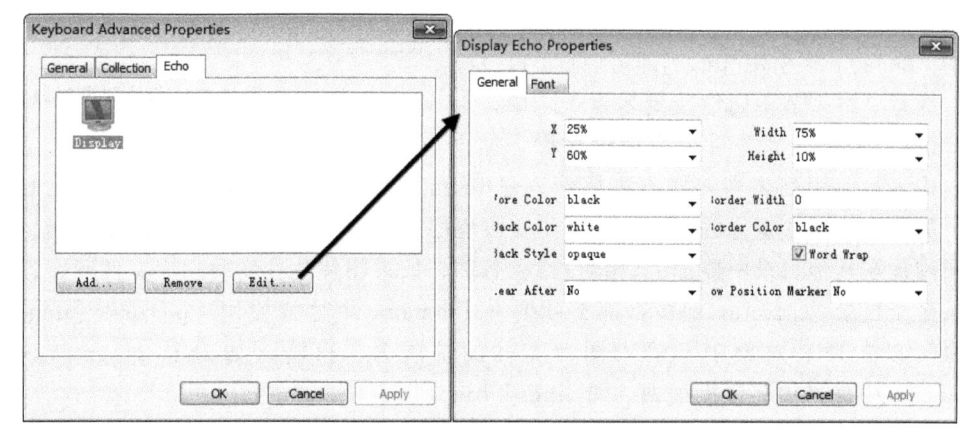

图 11-7　回显设备参数设置

如果需要被试输入中文，参见 9.28。

11.9 如何解决"Correct Response is not part of Allowable"

出现这个错误表示你设置的某个正确按键并没有出现在允许按键中。比如，正确按键使用 f，j，但在允许按键(Allowable)中没有输入 f 或 j。

11.10 如何解决"Value contains releases and Device is not accepting releases"

此问题出现在正确按键或允许按键中使用了 Release 事件，但你的输入设置目前并没有设置为可检测 Release 事件（参见 11.2）。

11.11 如何解决"Cannot load Bitmap file...Invalid file"

此错误往往是由于在加载某个外部图片文件时，没有找到指定的文件或文件损坏，请检查实验程序在使用外部文件时设置的路径或相对路径设置是否正确。类似的错误还会发生在加载音频和视频文件时，如视频文件格式不正确等。

11.12 在幻灯对象中为什么图片没有显示出来

可能是图片被其他对象遮挡住了，如果要在图片上呈现文本，可将文本对象(SlideText)的 BackStyle 设置为透明(Transparent)。

11.13 如何引用图片

假如你在一个列表对象中设置了图片文件名（见图 11-8），那么在 ImageDisplay 或幻灯对象 SlideImage 的属性对话框的 General 选项卡中 Filename 栏引用[imgs]即可（见图 11-9）。

ID	Weight	Nested	Procedure	imgs
1	1		TrialProc	red.bmp
2	1		TrialProc	green.bmp
3	1		TrialProc	blue.bmp
4	1		TrialProc	yellow.bmp

图 11-8 含有图片文件名的列表对象

注意要将列表中属性变量名置于[ ]中，否则 imgs 就会被认为是一个图片的名称，加入到[ ]中表示使用列表当前样本中属性变量 imgs 的属性值，即 red.bmp，green.bmp 等。另外，还要注意你的图片文件要与实验程序放在同一个目录下，否则会出错。如果图片放在其他目录中要加上（相对）路径名称。如果图片放在实验程序文件所在目录的某个子目录（如 pictures）中，那么就要在 Filename 中这样使用：pictures/[imgs]。你也可以在列表对象中不输入图片文件的扩展名，只输入如 red，green 等，在 Filename 中把扩展名拼接进去，如[imgs].bmp。

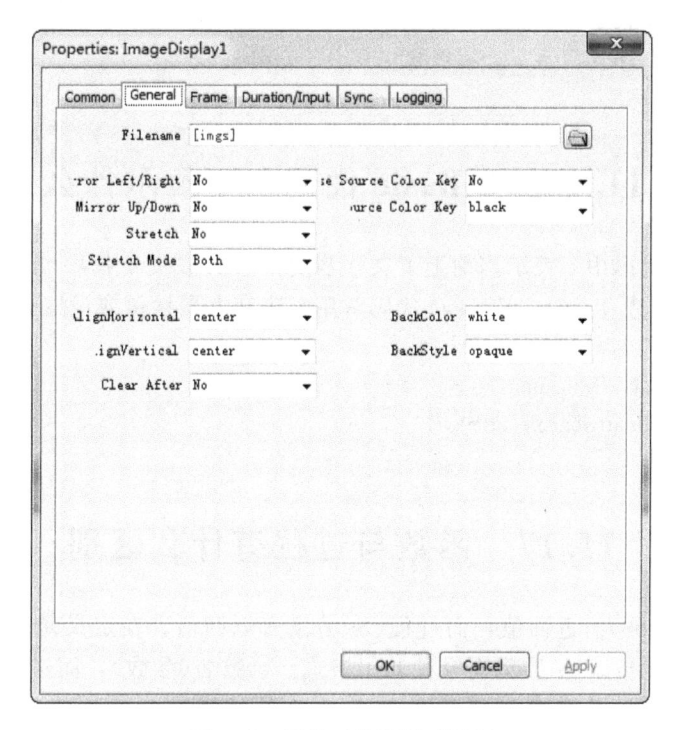

图 11-9　图片对象属性对话框

11.14　如何理解双缓冲机制

如图 11-10 所示，主画布上所绘制的星形和多边形我们能够看得见，但在缓冲画布上绘制的圆和三角形，我们无法直接看见，通过 cnvs. Copy offscr, sourceRect, destRect 命令可以将缓冲画布 offscr 中由 sourceRect 指定区域中的内容，复制到主画布的 destRect 区域内。

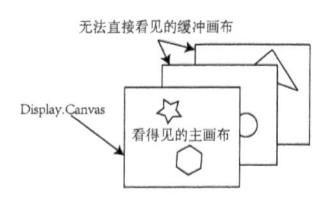

图 11-10　主画布与缓冲画布

11.15　赋值语句 Set 和"＝"号有什么区别

Set 语句用于对象的引用，而"＝"号用于常用的赋值，如数值赋值、字符赋值等。对于 E-Prime 中定义的 E-Objects，在使用时需要使用 Set 来引用（赋值）。另外，常用赋值也可以使用 Let 关键字。例如，

```
Dim salary As Integer
Dim collection As Summation '对象
Salary＝8000 '合法
Let salary＝8000 '合法
Set salary＝8000 '不合法
```

```
Set collection=New Summation '合法
Collection=New Summation '错误
```

11.16　E-Basic 代码中 c 表示什么

在 E-Basic 代码中 c 表示当前上下文，当前上下文取决于程序流程中的层级水平（Session，Block 或 Trial）。E-Basic 代码常用它来获取属性值或设置属性值：

```
c.GetAttrib attribname
c.SetAttrib attribname,attribval
```

11.17　函数与过程有什么区别

函数(Function)有返回值，而过程(Sub)没有返回值。在定义函数或过程时都能带参数，但在调用时，函数只有一种调用格式：函数名(参数)，而过程可以有两种格式：①过程名 参数；②Call 过程名(参数)。例如，定义一个过程：

```
Sub plus(a As Integer,b As Integer)
    Debug.Print a+b
End Sub
```

可使用下面两种方式调用：

```
plus 5,6
Call plus(5,6)
```

对于有返回值的函数在使用时还必须将返回值赋值给某个变量或直接使用。例如，

```
Function plus(a As Integer,b As Integer)
    plus=a+b
End Function
```

如果直接使用，plus(5，6)则程序会报错，必须使用如下形式：

```
Dim ret As Integer
ret=plus(5,6)
ret=plus(5,6)+100
```

11.18　如何获取试次序号

假如实验程序中有个名为 TrialList 的列表对象，数据文件中会有一列名为 TrialList.Sample 的数据，其中记录的即 TrialList 运行时的试次序号，序号值与列表层级有关。

使用 c.GetAttrib("TrialList.Sample")或 c.GetAttrib(c.GetAttrib("Running") & ".Sample")即可获取某个序号字符。

11.19　如何在实验前检测系统运行的程序

在实验开始前，检测系统正在运行的程序，如果运行的其他程序过多，或有某个特定程序忘记关闭，可以提醒实验者，以确保计算机的计时精度。

首先获取系统运行的程序数：

```
Dim Apps() As String
AppList Apps
```

然后使用 Debug.Assert 语句，当运行的程序数大于某个临界值时，显示错误信息。例如，

```
Debug.Assert UBound(Apps)<4
```

或者使用以下类似条件语句：

```
If Ubound(apps)>4 Then
    MsgBox "运行程序太多,请先关闭其他程序"
    BlockList.Terminate
End If
```

11.20　如何表示日期值

将日期值置于♯♯中间即可。例如：♯1/31/2017♯。

11.21　如何在幻灯对象中画线

将 SlideText 对象的边框宽度设为 1，将宽度设为 1 或将高度设为 1，或者使用 BackColor 属性，对象边框宽度仍为 0，但将宽度或高度设为 2，就可以使文本对象显示为水平线或垂直线（见图 11-11）。

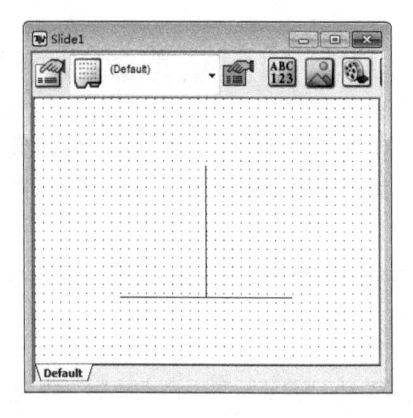

图 11-11 将 SlideText 变换为线条

11.22 如何记录更多的被试信息

在 E-Studio 中双击程序结构视图中的 Experiment Object 对象或从菜单 Edit 菜单下选择 Experiment(Ctrl+E)打开属性对话框，在 Startup Info 选项卡下，选中需要的项，也可以根据需要进行编辑提示信息或单击 Add... 按钮来添加更多项（见图 11-12）。

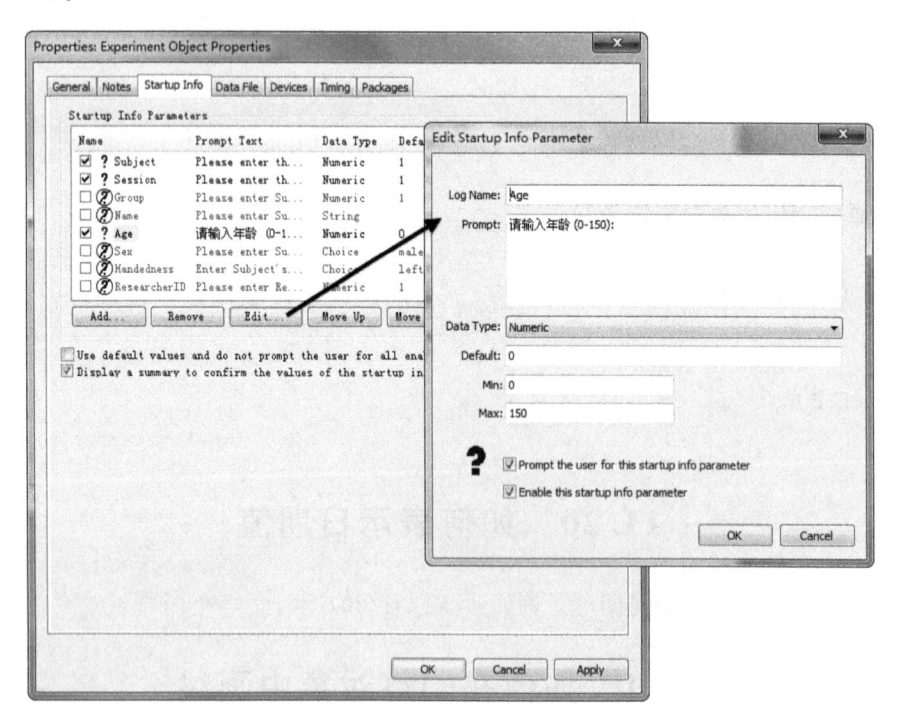

图 11-12 实验启动信息属性设置

11.23 E-Basic 代码会影响实验吗

答案是肯定的。我们所要做的就是尽可能减少代码的影响。例如，在多目标追踪实验(参见 9.26.2)和视觉搜索实验(参见 9.16.2)中，为了得到刺激不相互覆盖的坐标位置，使用了两种编码思路：

思路一：先生成所有点坐标，然后进行两两比较，确定是否符合条件，只有都不相互覆盖时，才得到所有的坐标值。

```
Do '随机生成对象的初始坐标,确保对象之间不覆盖
    For i=1 To nObjs
        pts(i).x=Random(bl,Display.XRes/2-bl) '限定对象的坐标范围
        pts(i).y=Random(bl,Display.YRes/2-bl)
    Next i
    Dim overlap As Boolean
    overlap=False
    For i=1 To nObjs-1
        For j=i+1 To nObjs
            If Abs(pts(i).x-pts(j).x)<bl*2 And Abs(pts(i).y-pts(j).y)<bl*2 Then
                overlap=True
            End If
        Next j
    Next i
Loop Until Not overlap
```

思路二：先生成一个坐标，然后逐渐添加满足条件的坐标，直到坐标个数与要求相符。

```
Dim k%
k=0
'先随机生成第一个字符显示坐标点
pts(k).x=Random(minx,maxx)
pts(k).y=Random(miny,maxy)
offscr.Text pts(k).x,pts(k).y,chars(k)
Do While k<Val(c.GetAttrib("Ds"))
    Do
        '生成一个临时坐标
        x=Random(minx,maxx)
        y=Random(miny,maxy)
        overlap=False
        '循环检查临时坐标是否与已有的坐标值重叠(要求两个字母间有四个字符的间距)
```

```
            For i=0 To k
                If Abs(pts(i).x-x)<sw*4 And Abs(pts(i).y-y)<sh*4 Then
                    overlap=True
                    Exit For
                End If
            Next i
        Loop Until Not overlap '直至生成满足条件的坐标
        k=k+1
        pts(k).x=x
        pts(k).y=y
    Loop
```

对比两种思路，你就会发现，后面一种思路要好，第一种思路中先随机生成所有坐标值，然后两两比较，在数量较多时，很难保证其中没有两个对象相互覆盖，所需要的时间可能长达几秒或几分；而第二种思路每次只随机一个点，检查与已有点坐标是否重叠，就可以大大降低重叠的风险，但仍可能有几毫秒或几百毫秒的影响。因此代码的效率会影响实验的时间参数，一定不要忽视这个问题。

那么有没有办法降低类似代码对实验时间的影响呢？有！解决的方法就是在实验的核心过程中不要使用代码来生成刺激（或所需要的属性），而是在整个实验前完成所需信息的初始化，事先将由代码计算出的信息添加到实验核心过程中的列表对象的属性中（参见 9.11）。

另外，哪怕是在实验过程中进行变量定义、数组定义，也会使系统为分配内存而耗用时间，所以合理使用代码，了解代码的运行机制至关重要。（注意：本书中并没有严格按照消除代码影响的思路来设计实验程序，而着重于讲解主要环节。）

11.24 直接绘制和缓冲绘制有区别吗

在使用画布对象进行绘制时，既可以使用 Display.Canvas 直接向屏幕上输出绘制结果，也可以使用缓冲画布，再使用 Display.Canvas.Copy 方法将缓冲画布中的内容复制到屏幕上。两种方式有时会有明显区别：直接绘制可能导致屏幕"撕裂"现象，特别是在动画设计时，直接绘制会出现明显的闪烁现象。

如果直接在屏幕上绘制 26 个字母，使用下面的代码，你会明显知觉到字母的绘制过程：

```
Dim cnvs As Canvas,i%
Set cnvs=Display.Canvas
For i=65 To 90
    cnvs.Text Random(0,Display.XRes),Random(0,Display.YRes),Chr(i)
Next i
Sleep 5000
```

而使用缓冲绘制，26 个字母是一次性绘制完成的：

```
Dim cnvs As Canvas,i%
Dim offscr As Canvas
Set cnvs=Display.Canvas
Set offscr=Display.CreateCanvas
For i=65 To 90
    offscr.Text Random(0,Display.XRes),Random(0,Display.YRes),Chr(i)
Next i
Display.WaitForVerticalBlank
cnvs.Copy offscr
Sleep 5000
```

再比如，下面的代码能够很平滑在屏幕上显示红色圆：

```
Dim cnvs As Canvas,i%
Dim offscr As Canvas
Set cnvs=Display.Canvas
Set offscr=Display.CreateCanvas
Dim starttime As Long
starttime=Clock.Read
Do While Clock.Read<starttime+4000
    offscr.FillColor=CColor("white")
    offscr.Clear
    offscr.FillColor=CColor("red")
    For i=1 To 10
        offscr.Circle Random(0,Display.XRes),Random(0,Display.YRes),10
    Next
    Display.WaitForVerticalBlank
    cnvs.Copy offscr
    Sleep 8
Loop
```

而下面同样功能的代码，你会发现在绘制红色圆时有闪烁，并且有迟滞感。

```
Dim cnvs As Canvas,i%
Set cnvs=Display.Canvas
Dim starttime As Long
starttime=Clock.Read
Do While Clock.Read<starttime+4000
    cnvs.FillColor=CColor("white")
    cnvs.Clear
```

```
        cnvs.FillColor=CColor("red")
        For i=1 To 10
            cnvs.Circle Random(0,Display.XRes),Random(0,Display.YRes),10
        Next
        Sleep 8
    Loop
```

运行上述代码，只需新建一个实验程序，在 SessionProc 中插入一个 InLine 对象，然后将代码输入即可。

11.25 为什么使用 SetAttrib 设置属性引用无效果

在 E-Prime 2.0 的过程对象加入了两个新的属性设置 GeneratePreRun 和 GeneratePostRun 用来控制脚本的生成（见图 11-13）。

GeneratePreRun 的选项有 TopOfProcedure 和 BeforeObjectRun。TopOfProcedure 是指事先生成脚本，这样如果你在过程内使用 SetAttrib 语句设置或变更某个属性，试图引用该属性来显示时就无法显示出来，因为系统已经事先将刺激加载完成；BeforeObjectRun 是指过程中的某个对象在运行前才加载相应的内容（如声音文件、视频文件等），这样就会使用更改后的属性值。GeneratePostRun 也有两个选项，EndOfProcedure 和 AfterObjectRun，目前

图 11-13 过程属性窗口

E-Prime 系统只是设置了 GeneratePreRun 的对应项，还没有任何用途。对于过程对象，其中还有一个选项 Inherit，表示继承过程对象的设置。

11.26 如何快捷创建过程对象

每个实验程序中至少包含一个实验过程，SessionProc 对象是固定的，是不可删除的，其他过程对象都要在列表对象中指定，直接在某个列表对象的 Procedure 属性栏中输入过程名称即可（见图 11-14）。

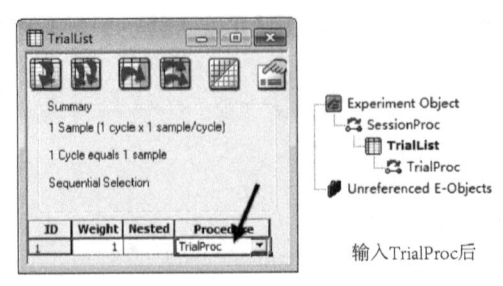

输入 TrialProct 前　　　　　　　　　　　　　　输入 TrialProct 后

图 11-14 过程对象的创建

还可以从工具栏中用鼠标将 Procedure 控件拖到列表对象的 Procedure 属性栏（见图 11-15）。

拖入 Procedure 控件前　　　　拖入 Procedure 控件后

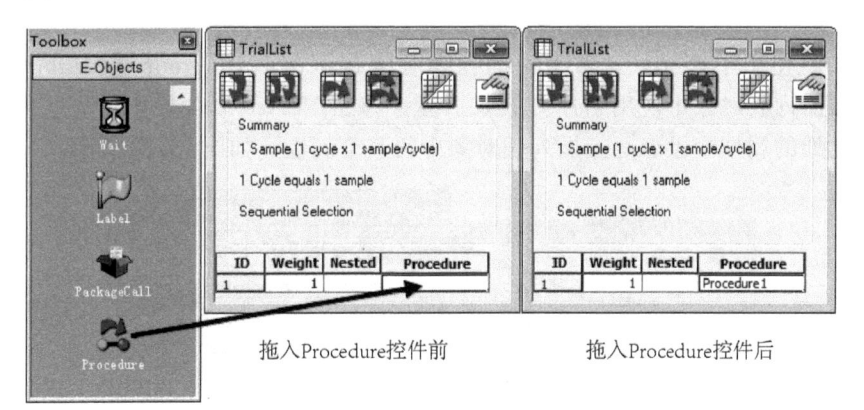

图 11-15　使用鼠标拖放来创建过程对象

11.27　如何快捷创建嵌套列表

首先确定好嵌套列表的名称，然后在某个列表对象的 Nested 属性栏中输入嵌套列表的名称，如果同时嵌套多个列表，则使用逗号（英文状态下）分隔，假如在列表对象 TrialList 中嵌套名为 NumberList 和 CharacterList 的列对象，如图 11-16 所示，在 TrialList 的 Nested 属性栏中输入嵌套列表名称后，当出现询问是否创建列表对象时选择"是"即可快捷创建嵌套列表 NumberList 和 CharacterList。

输入 NumberList,CharacterList 前　　　　输入 NumberList,CharacterList 后

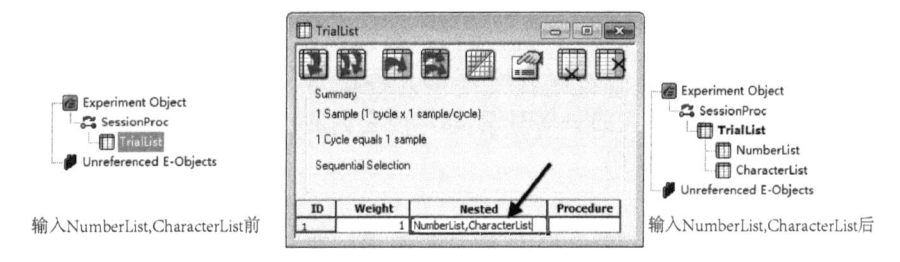

图 11-16　嵌套列表事后创建

或者先在 Unreferenced E-Objects 节点下创建 NumberList 和 CharacterList 列表，然后再在 TrialList 的 Nested 属性栏中输入 NumberList 和 CharacterList（见图 11-17）。

输入 NumberList,CharacterList 前　　　　输入 NumberList,CharacterList 后

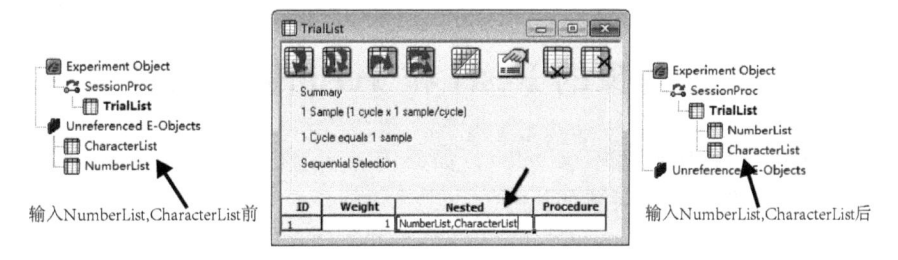

图 11-17　嵌套列表事先创建

11.28 如何创建平衡模式

如果要使用平衡模式，被平衡的列表对象必须在 Unreferenced E-Objects 节点下，在当前列表对象中使用引用方式来嵌套，即在 Nested 属性栏中输入"[属性变量名]"，此处的属性变量名是上层列表对象中的某个属性，如图 11-18 所示。

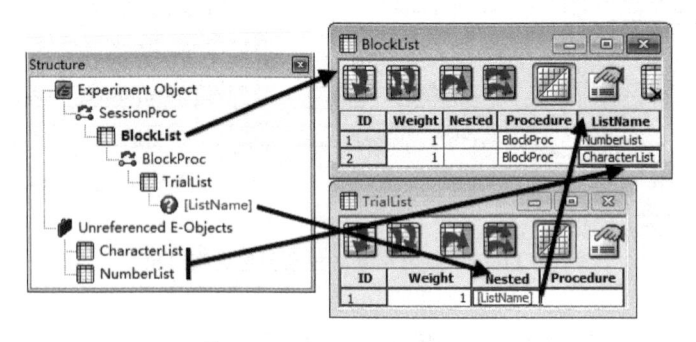

图 11-18 平衡模式典型结构

11.29 键盘按键键值与字符 ASCII 码相同吗

字符的 ASCII 码与按键对应的键值并不相同。在 E-Prime 中键盘上每个按键对应的键值是唯一的(参见附录 2)，但不同字符在键盘上可能由同一个按键来表示。例如，冒号和分号使用相同的按键(冒号需要按住 Shift 键)，键值并不区分。ASCII 码却不同，每个可打印字符的 ASCII 码并不同，如冒号对应的 ASCII 码为 58，分号对应的 ASCII 码为 59，但它们的键值均为 39。再比如，大键盘上的数字 1 对应的 ASCII 为 49，！(感叹号)对应的 ASCII 为 33，但它们的键值均为 2，使用 Chr[$]函数可获取某个字符的 ASCII 码。

11.30 如何计算数学表达式的结果

Val 函数的参数既可以是字符型参数，也可以是数值型参数。如果是字符型参数，则将其中的第一项字符数转换为数值；如果是数学表达式，则先计算数学表达式，再返回表达式结果的字符内容。

11.31 列表对象的 Reset 和 Terminate 有什么区别

Reset 只是结束当前循环(Cycle)，如果有多个循环则进入下一个循环，而 Terminate 是结束整个列表对象的执行。

11.32 什么情况下使用 Reset at beginning of each Run

如果刺激有多个，但只从中随机抽取刺激，可使用 Reset at beginning of each Run，这样可以确保每个循环都从整个样本中抽取，否则下一个循环会延续上一次循环余下未抽中的样本。

11.33 键名区分大小写吗

区分！在 E-Prime 不论是正确有效按键还是正确按键都只能使用字母键的小写形式即使用 f，j，而不是 F，J，否则即使在允许的有效按键中输入 FJ，也无法反应。另外，置于{}中的键名只能使用大写形式。

11.34 如何获取某个列表的行数(水平数)

假设列表对象名称为 TrialList，使用 TrialList.Size 可以得到其中的行数(只包含权重值大于等于 1 的行，且权重值不起作用)。

11.35 如何获取某个列表的试次数

假设列表对象名称为 TrialList，使用 TrialList.Deletion.Count 可以得到列表运行时所有试次数(只包含权重值大于等于 1 的行，权重值起作用)。在列表运行前通过 TrialList.Order.Count 也可以获取列表的试次数，但如果在列表运行中使用 TrialList.Order.Count 则返回余下可供抽样的样本数。

新建一个实验程序，其程序结构如图 11-19 所示，插入相应实验控件并建立列表对象 TrialList。

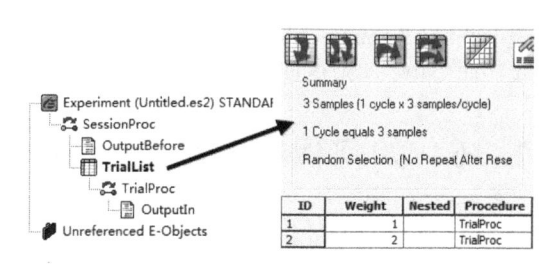

图 11-19 程序结构及列表对象

内嵌代码对象 OutputBefore 中的代码如下：

```
Debug.Print TrialList.Size & " Size[Before]"
Debug.Print TrialList.Order.Count & " Order[Before]"
Debug.Print TrialList.Deletion.Count &" Deletion[Before]"
Debug.Print "——————————————"
```

在内嵌代码对象 OutputIn 中输入以下代码：

```
Debug.Print TrialList.Size & " Size"
Debug.Print TrialList.Order.Count & " Order"
Debug.Print TrialList.Deletion.Count & " Deletion"
Debug.Print c.GetAttrib("TrialList.Sample") & " Sample"
```

运行实验程序，在输出窗口中显示内容如下：

```
2 Size[Before]
3 Order[Before]
3 Deletion[Before]
—————————————
2 Size
2 Order
3 Deletion
1 Sample
2 Size
1 Order
3 Deletion
2 Sample
2 Size
0 Order
3 Deletion
3 Sample
```

从输出结果可以看出，Size 和 Deletion.Count 不论在列表运行前还是运行中，返回值都不变，而 Order.Count 和 Sample 的属性则发生变化。其中 Order.Count 返回余下可供抽样的样本数，而 Sample 则返回当前的样本序号。

11.36　如何保存某个实验界面

使用 Canvas 对象的 SaveImage 即可将当前界面中的内容保存到图片文件中，如使用 Display.Canvas.SaveImage "mypicture.bmp"，则将当前屏幕上显示的内容保存到 mypicture.bmp 图形文件中。

11.37　如何在中断实验时不显示提示对话框

在实验运行过程中，如果按下 Ctrl＋Alt＋Shift 组合键，则系统会显示确认对话框（见图 11-3），如果不想显示此对话框，直接中断实验，则可以在内嵌代码对象中输入下面一行代码：

Rte.SystemAbortPromptEnabled=False

11.38　ByRef 和 ByVal 有什么区别

ByVal 是把内存数值拷贝给程序，所以改变的只是拷贝，内存原来的值是不会改变的。用在函数或过程中时表示该参数是按值方式传递的。你在函数中修改此参数的值不会造成调用这个函数的变量值发生改变。

ByRef 是把内存地址告诉程序，所以改变的直接就是内存中的数值，E-Basic 中默认的参数传递方式是 ByRef。用在函数或过程中时表示该参数是按引用方式传递的。在函数中修改此参数的值会造成实际参数的值发生改变。

假如使用 ByVal 和 ByRef 定义两个功能一样的函数，代码如下：

```
Function Fun1(ByVal n As Integer) As Integer
    n=n^2
    Fun1=n
End Function

Function Fun2(ByRef n As Integer) As Integer
    n=n^2
    Fun2=n
End Function
```

如果使用以下代码调用函数：

```
Dim n As Integer
n=5
Debug.Print n
Debug.Print Fun1(n)
Debug.Print n
Debug.Print Fun2(n)
Debug.Print n
```

输出结果为：

5
25
5
25

25

你看到调用函数 Fun1 后，变量 n 的值没有变化，但调用函数 Fun2 后，变量 n 的值发生了变化（被更改）。另外，如果使用 ByRef，但传递的参数类型为可变型（Variant），则程序会提示类型不匹配的错误，但使用 ByVal 就没有问题，因为此时传递的是变量的值。

11.39 如何设置实验运行的优先级

在多任务操作系统环境下，不同的程序具有不同的优先级，级别越高越优先拥有对 CPU 的使用权，为了使 E-Prime(E-Run)在实验运行时具有较高的优先级，从而降低其他程序的影响，可以通过以下方法设置优先级：

SetOSThreadPriority nPriority

其中 nPriority 的取值为 0~3，其中 0 表示最高优先级，3 表示正常优先级。

11.40 为什么实验只运行了 1 个试次

可能是先前在列表对象的属性对话框 Selection 选项卡下将抽样方式设置为 Counterbalance（平衡抽样），随后又将其更改为其他抽样方式（如 Random 等），但没有修改 Reset/Exit 选项卡下的设置内容。因为选择 Counterbalance 后，抽样重置和列表退出条件均设为一个样本（见图 11-20），需要根据情况对其重新设置。

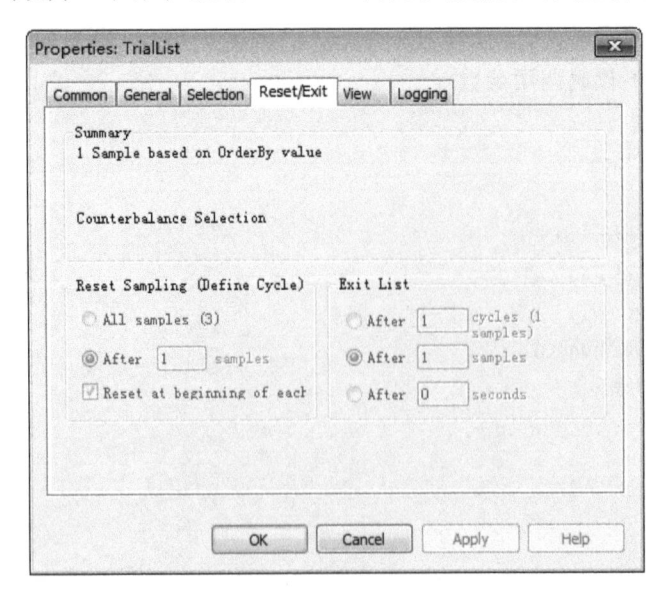

图 11-20 Counterbalance 抽样方式下的 Reset/Exit 属性

11.41 方法调用时如何省略某个参数

如果要省略某个可省略的参数且需要省略的参数位置在中间，只需把相应位置的参数留空即可；如果需要省略的参数在末尾，则不写任何内容。例如，AnswerBox 函数的使用格式为：

AnswerBox(prompt [,[button1] [,[button2] [,[button3] [,[title] [,helpfile, context]]]]])

除第一个参数 prompt 不可省略外，后面的参数都可以省略。在使用 AnswerBox 函数时，下面的代码中省略了第二个参数，第四个参数以后的参数都没有指定，不用书写任何内容：

```
Dim r%
r% = AnswerBox("Copy files?",,"Restore","Cancel")
Select Case r%
    Case 1
        MsgBox "Files will be saved."
    Case 2
        MsgBox "Files will be restored."
    Case Else
        MsgBox "Operation canceled."
End Select
```

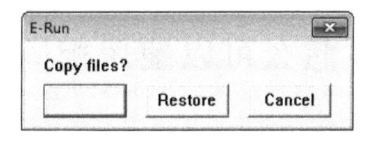

显示结果如图 11-21 所示。

图 11-21 省略参数的对话框

11.42 Public，Private，Global 有什么区别

Public 表示公有的，Private 表示私有的，Global 表示全局（等同于 Public）。在使用这些关键字来定义变量时，必须在脚本编辑窗口的 User 标签下使用，而不能在 InLine 对象中使用。例如，

```
Public a As Integer
Private b As Long
Global c1 As String
```

没有使用这些关键字而使用 Dim 定义的变量均被视为全局变量。Public 和 Private 还可以用来定义函数或子过程，表示函数的访问域。如果使用了 Public 关键字，则其他脚本中也可以使用所定义的函数或过程；如果使用了 Private 关键字，那么其他脚本中无法使用所定义的函数或过程。省略关键字的函数或过程被视为公有函数或方法。

11.43　如何理解变量的作用域

在 E-Prime 中，变量的作用域与变量定义时所在层级有关，在同一层级内定义的变量可以访问，但在不同层级定义的变量不可以访问。如图 11-22 左图所示，如果在 InLine1 中定义变量 a，那么可以在 InLine3 中访问，但不可以在 InLine2 中访问。

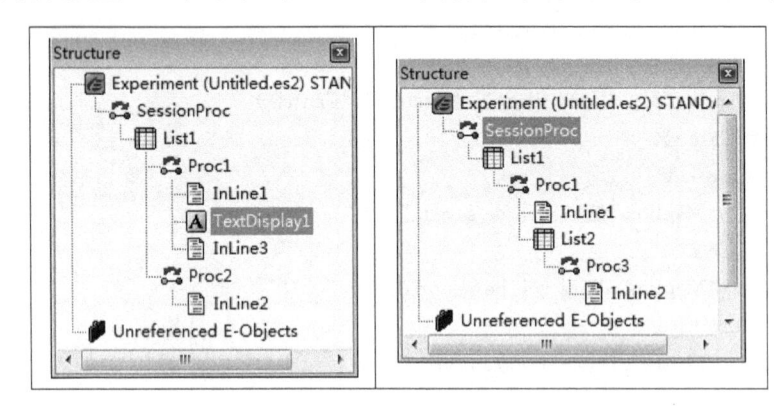

图 11-22　变量层级关系

在脚本编辑窗口 User 标签下定义的变量，整个实验程序都可以访问。

11.44　怎么可以使用相同的名称

有时实验程序的结构中某个对象的名称与列表对象中的属性的名称相同，如图 11-23 所示，程序结构中有个 Stimulus 文本对象，列表对象中有个 Stimulus 属性变量，文本对象的显示内容中还有个[Stimulus]，它们之间有什么关系呢？

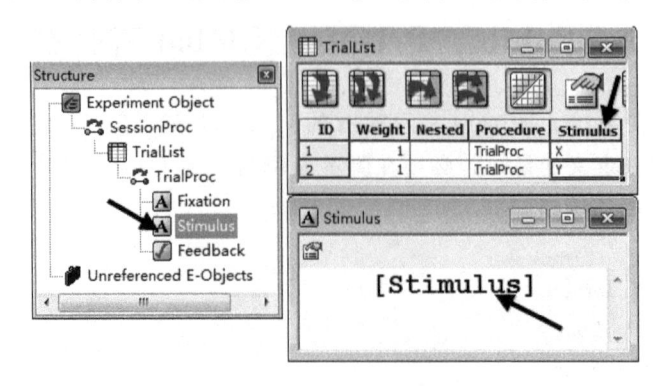

图 11-23　对象与属性

程序结构中的 Stimulus 与列表对象中的属性变量 Stimulus 没有任何关系，之所以可以使用相同的名称，是因为它们属性不同，程序结构中的 Stimulus 属于对象，而列表对象中的 Stimulus 属于对象属性，不同类别的名称可以相同，至于文本对象 Stimulus 中的显示内容[Stimulus]是引用列表对象中属性变量的属性值，即根据列表对象某行的 Stimulus 值来显示相应内容。

11.45　文献中如何引用 E-Prime

Schneider, W., Eschman, A., & Zuccolotto, A.（2001）.E-Prime User's Guide.Pittsburgh：Psychology Software Tools，Inc.

Schneider, W., Eschman, A., & Zuccolotto, A.（2001）.E-Prime Reference Guide.Pittsburgh：Psychology Software Tools，Inc.

第 12 章　E-Prime 3.0 预览

E-Prime 3.0 的启动界面焕然一新,更接近商业化软件的风格(见图 12-1)。

图 12-1　E-Studio 启动界面

E-Prime 3.0 的 E-Studio 界面发生了显著变化(见图 12-2),所有图标重新进行了设计,界面风格与 Windows 操作系统更趋一致,对实验设计界面进行了优化处理。本章主要介绍一下 E-Prime 3.0 中的新功能和新特性。

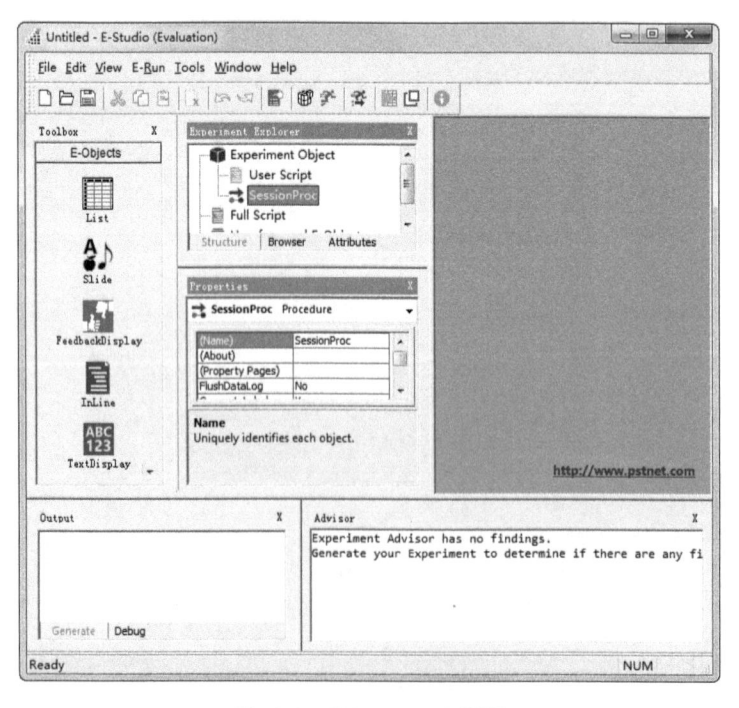

图 12-2　E-Studio 3.0 界面

12.1 界面变化

12.1.1 界面集成度更高

E-Prime 2.0 版本中的程序结构窗口、属性变量窗口和对象浏览窗口在 E-Prime 3.0 中整合为实验浏览窗口(Experiment Explorer)，并且在程序结构中加入 E-Prime 2.0 版本中的脚本编辑节点 User Script 和 Full Script(见图 12-3)。

在实验浏览窗口底部有三个标签：Structure，Browser 和 Attributes，分别表示原版本中的程序结构窗口、对象浏览窗口以及属性变量窗口。较 E-Prime 2.0 版本，新版本的程序结构中对象的提示信息更多(见图 12-4)。

图 12-3　实验浏览窗口　　　　　图 12-4　对象提示信息

12.1.2 定制默认属性

工具箱(ToolBox)也加入一项新变化，在工具箱上单击鼠标右键，从弹出的快捷菜单(见图 12-5)中选择 Toolbox Defaults 选项，可以实现实验控件的默认属性进行定制。

图 12-5　实验控件默认属性的定制

比如，我们将文本对象(TextDisplay)的默认宽度和高度均设为 50%，然后保存。以后如果使用文本对象，其属性对话框的宽度和高度自动默认为 50%(见图 12-6)。

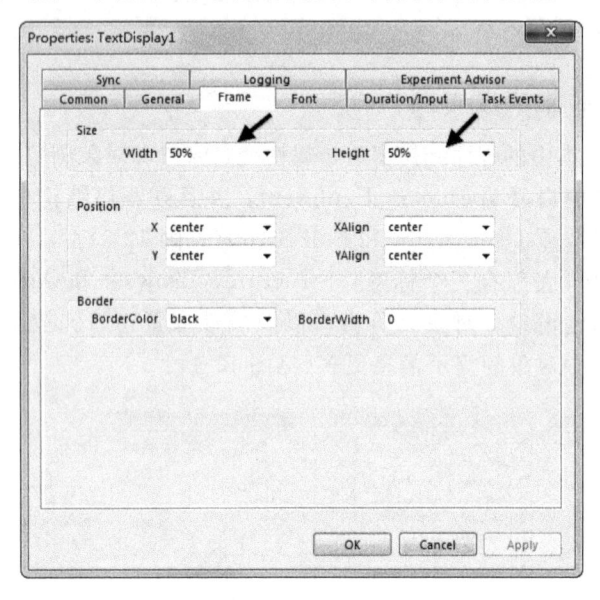

图 12-6　默认属性的效果

12.1.3　窗口切换更便捷

在 E-Prime 3.0 新版本中打开的对象窗口默认最大化地显示在工作空间中，且显示窗口标签(见图 12-7)。如果在不同窗口内切换，直接单击相应的窗口标签即可，使用窗口中的 ◀ 和 ▶ 按钮也可以前后切换窗口内容，而按钮 ▼ 则表示展开窗口列表。

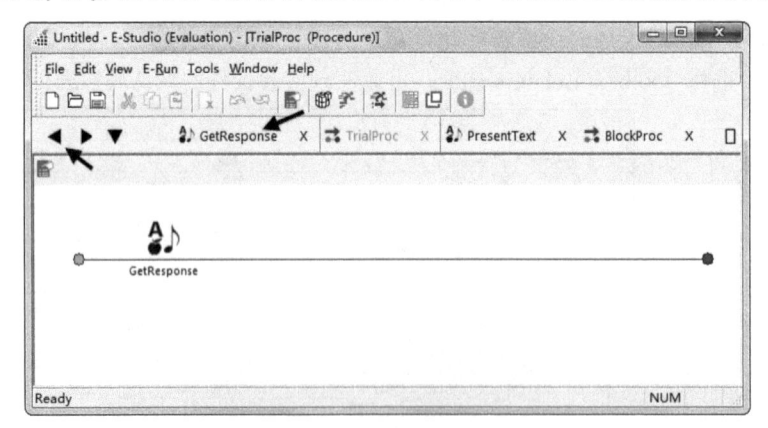

图 12-7　多窗口标签

12.1.4　新模板提高效率

E-Prime 3.0 提供了新的模板(见图 12-8)，提高了心理学实验程序的开发效率，包括 Basic，BlockCounterBalanced，NestedList 和 OpenResponse 四种模板，它们分别对应的程序结构如图 12-9 所示。

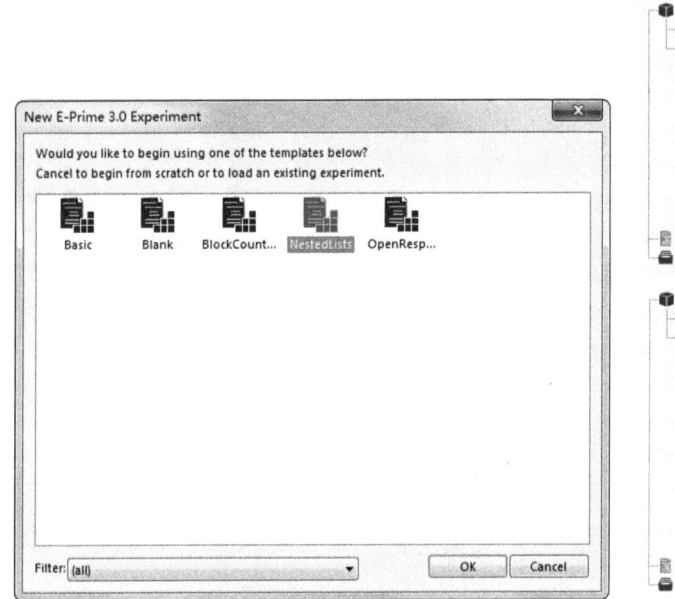

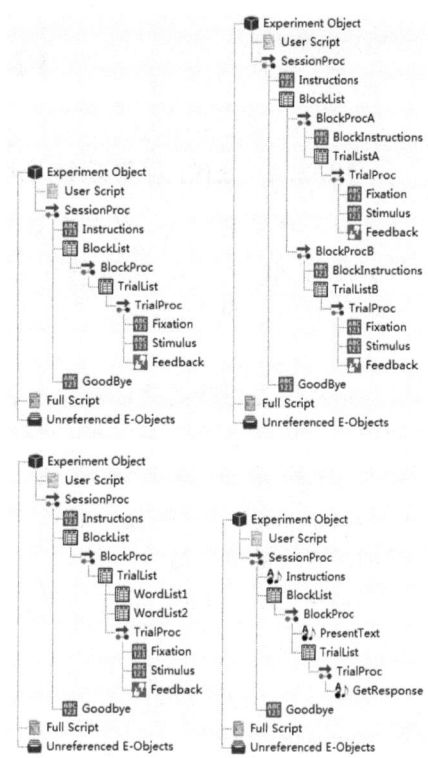

图 12-8　新的实验模板　　　　　　　　图 12-9　四种实验程序模板结构

12.1.5　打开实验数据更便捷

在 E-Prime 3.0 中，实验程序运行完后，会在输出窗口中显示实验输出的文件链接，只需用鼠标单击相应的链接就可直接打开相应的数据文件（见图 12-10）。

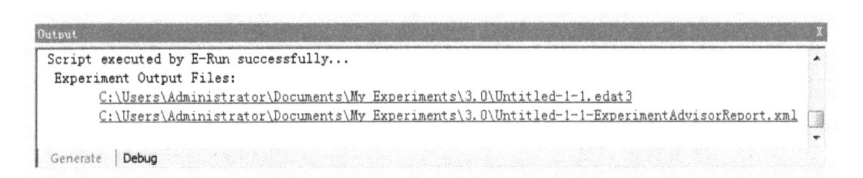

图 12-10　实验输出文件链接

12.1.6　在线帮助系统

E-Prime 3.0 中的帮助系统采用的是在线帮助，便于用户及时获得最新的和修正后的帮助内容（见图 12-11）。

图 12-11　帮助菜单

12.2 功能变化

12.2.1 幻灯对象功能增强

为了增强 E-Prime 的问题调查功能，在幻灯对象中增加了 3 个新的子控件，分别是 SlideButton，SlideChoice 和 SlideSlider（见图 12-12）。

而且更为便捷的是，新版本提供了多达 24 种模板，包括多项选项、评价量表和常用实验刺激布局形式等多种风格。例如，选择 Onscreen Keyboard 模板，则得到如图 12-13 所示的屏幕软键盘布局。

选择 Circle Layout 自动得到环形布局（见图 12-14）。

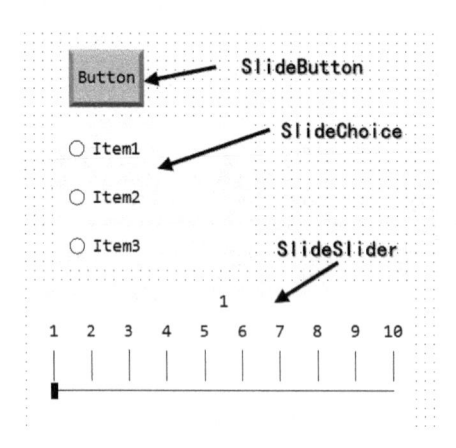

图 12-12　幻灯对象的新控件

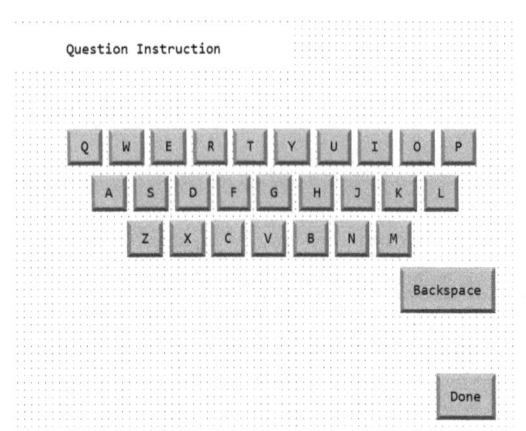

图 12-13　屏幕键盘模板

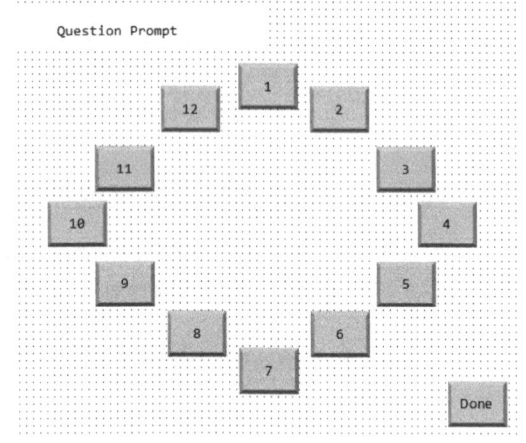

图 12-14　环形布局模板

12.2.2 自动测试功能增强

新版本中加入了与 Inquisit 类似的自动测试实验程序的功能，通过对话框（见图 12-15)可设置输入设备在自动测试时的属性，如反应窗口大小、正确率大小等。

新版本还可以设置自动测试时的测试速度：是否以窗口模式测试实验程序以及窗口是否可以调整大小，甚至还可以只测试整个实验程序的某个部分（见图 12-16），为实验程序开发人员提供了极大的方便，这样实验人员可以很容易地检查采集的数据和时间参数是否有误。

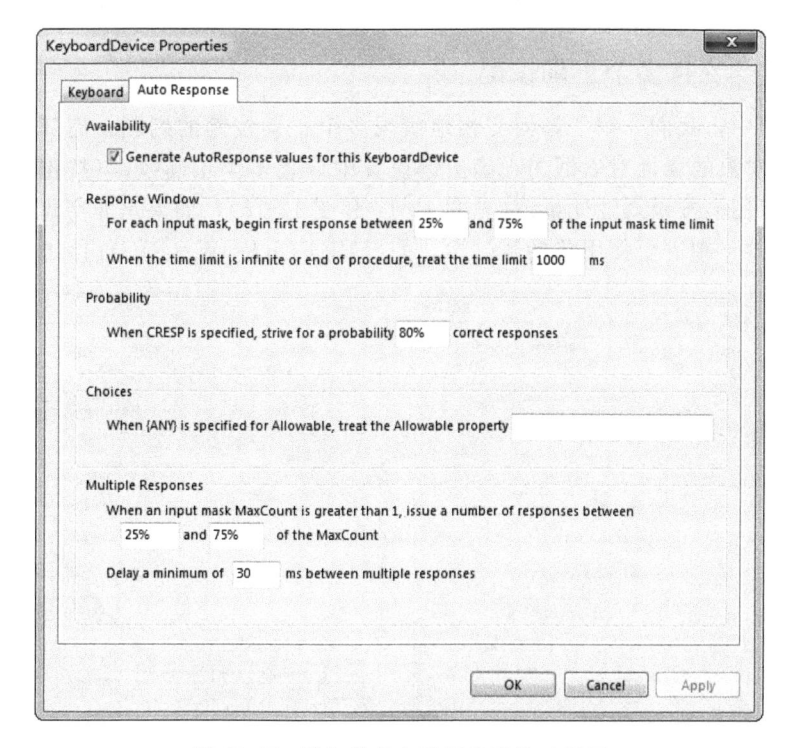

图 12-15　输入设备自动反应属性对话框

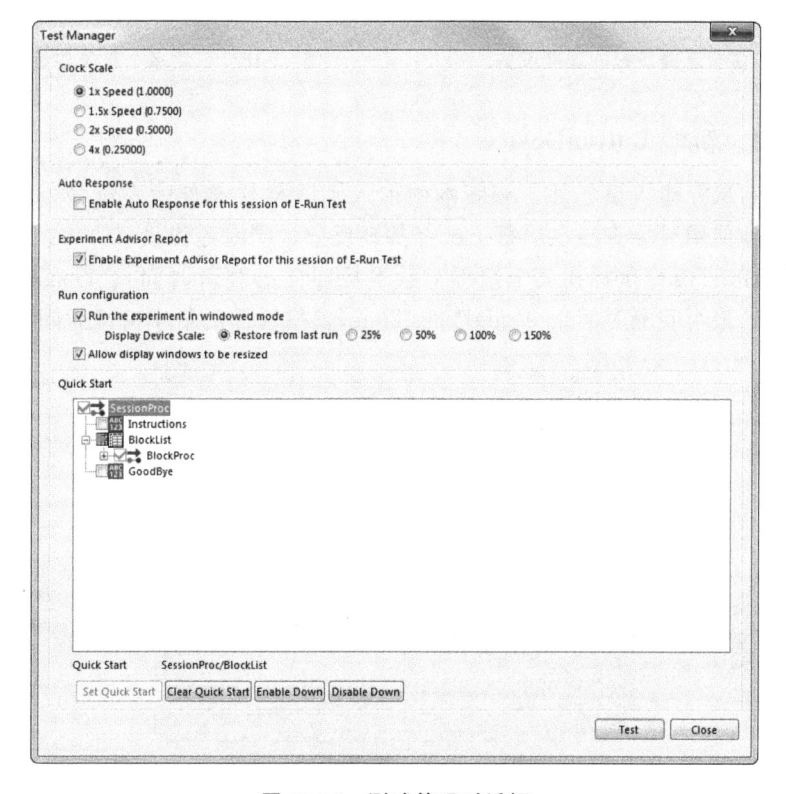

图 12-16　测试管理对话框

12.2.3 支持多个正确按键

在 9.31 中，我们介绍了如何变相地实现多个正确按键的判断，但新版本中直接可以在刺激对象的属性对话框的正确按键设置中设置多个正确按键（按键之间使用逗号分隔）或引用多按键属性变量值（见图 12-17 和图 12-18），如果是非字母数字键或按键的松开事件，则需要使用花括号（{}），如{LEFTARROW}{RIGHTARROW}。

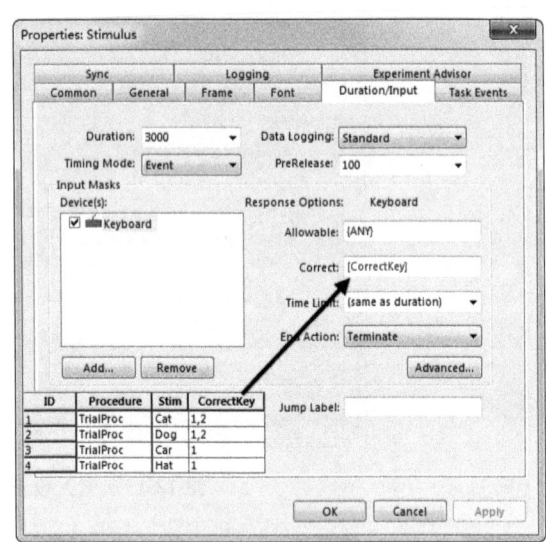

图 12-17　多个正确按键的直接设置　　　　图 12-18　引用多个正确按键的属性变量

12.2.4 新增 ButtonDevice

除键盘和鼠标输入设备外，新版本中加入了屏幕软键盘输入设备（见图 12-19），可以很方便地使用鼠标直接在屏幕上选择按键反应，同时还提供了许多新事件参数信息，如 FixationTime（鼠标在某个按键上触发反应前的驻留时间）、DblClickTime（双击按键动作的最小间隔时间）、LongPressTime（长按动作的最小持续时间）等。

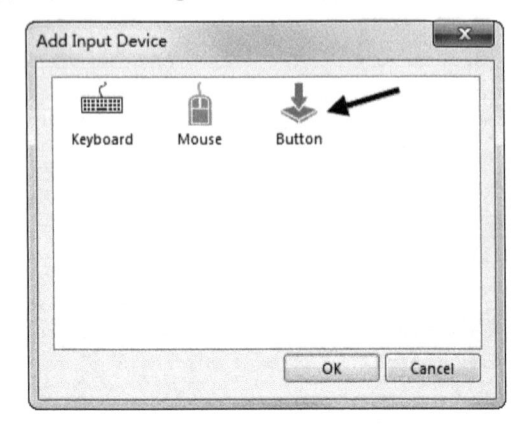

图 12-19　Button 输入设备

Button 输入设备与键盘和鼠标等其他输入设备一样，在使用前需要将其添加到系统中，通过其属性对话框可设置相应的参数和采集的反应类型（见图 12-20）。

图 12-20　Button 输入设备的属性对话框

新版本通过主题编辑器（见图 12-21），可以修改按钮（SlideButton，SlideChoice 和 SlideSlider）的属性，如可以设置按钮的图像、图标和背景参数。

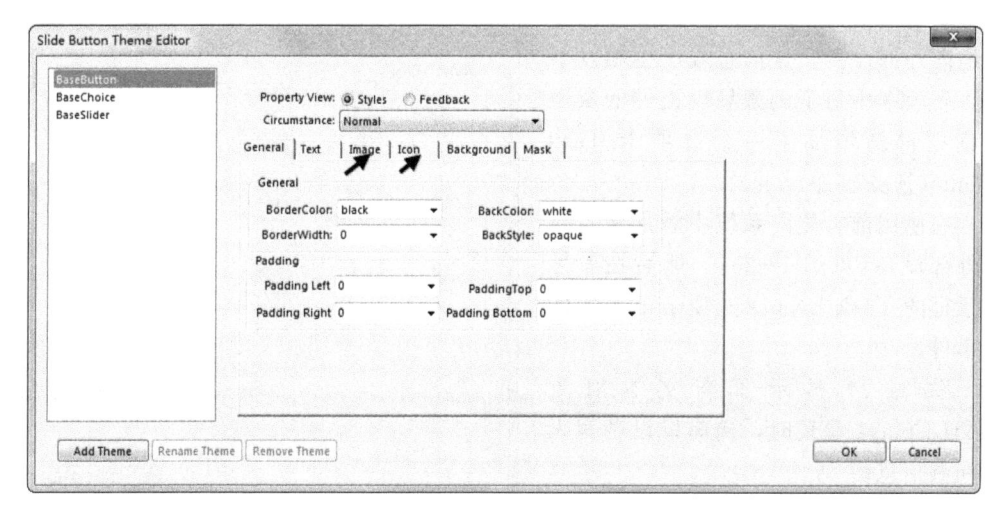

图 12-21　主题编辑器

在设置 Button 输入设备的有效按键参数时，单个字母或数字按键集合的设置使

用花括号（{}），多个按键间的分隔使用"|"，如{A|B|C|D}，而非逗号分隔符（单个字母按键允许大小写）。

对于 SlideButton 对象，其属性对话框对应的按键默认使用对象名称（注意大小写）作为按键反应，也可以通过 Response 来设置对应按键（见图 12-22）。

图 12-22　按钮属性设置

12.2.5　新增 Task Events

新版本借助于 Task Events 可以方便地向外部设备发送信息或产生触发事件，新版本中每个刺激呈现控件的属性对话框都新增加了一个选项卡 Task Events（任务事件）。

在使用前首先向系统中添加所需要的外部设备（见图 12-23），然后在属性对话框的 Task Events 选项卡下设置任务事件。

图 12-24 显示了当文本对象 TextDisplay1 呈现时，向串口设备写入时间戳信息。

图 12-23　添加设备

图 12-24　添加 Task Events

12.2.6　扩大查找替换范围

新版本在查找/替换窗口中增加了 All Script Windows 选项（见图 12-25），允许在整个实验程序范围内查找某项内容，而不再限于当前的脚本对象。

图 12-25　查找/替换窗口

12.2.7　支持交互式选择运行试次

新版本中列表对象的抽样方式增加了 Interactive 选项（见图 12-26），允许交互式地选择一个或某些试次来运行，方便程序开发人员对实验程序的调试。

使用交互式抽样方式后，系统在运行实验程序中会让实验者选择运行的试次（见图 12-27），还可以对选中的试次进行随机（单击 Shuffle 按钮）或设置运行的样本数等，而且允许实验者中途退出实验程序（单击 Abort 按钮）。

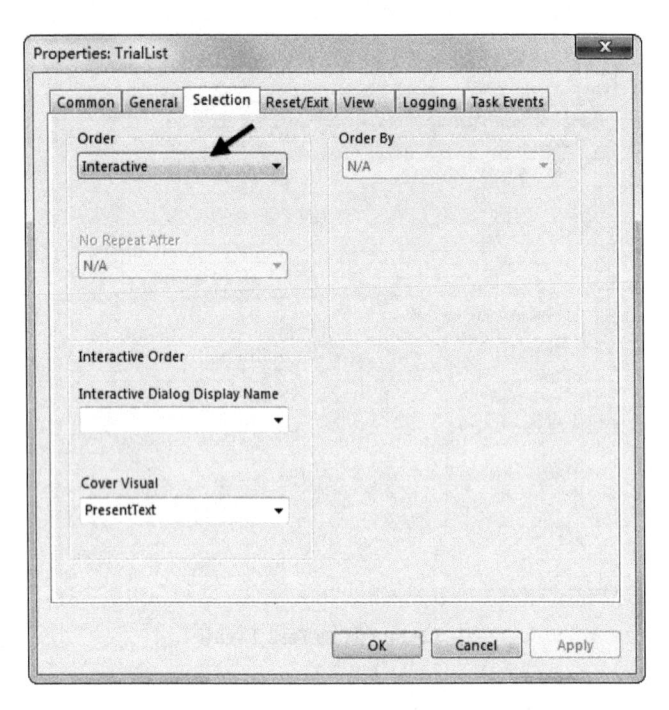

图 12-26　列表对象的新抽样方式

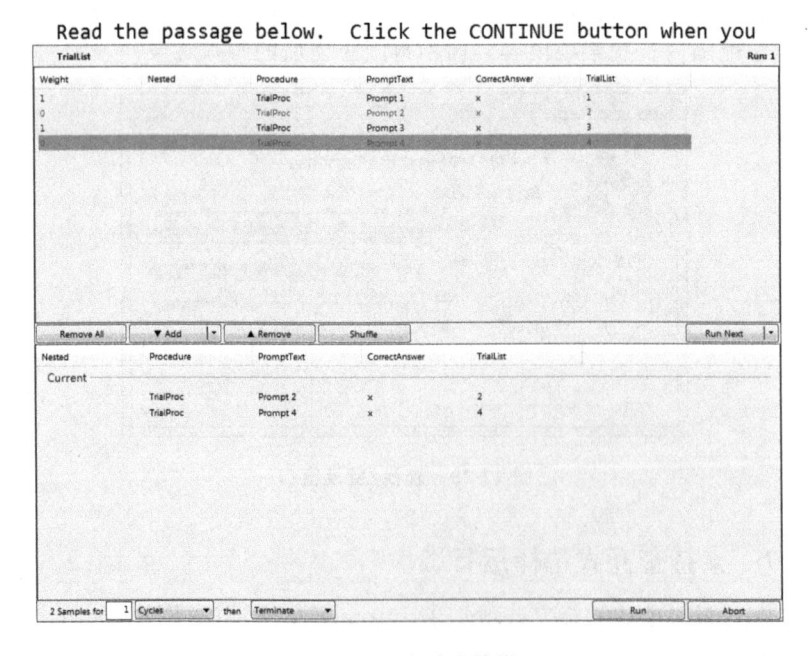

图 12-27　交互式抽样

12.2.8　真正支持代码提示

当使用 E-Basic 脚本输入对象名称后，再输入引用符"."，会弹出自动弹出成员选项（包括属性和方法）。这既免去实验设计人员记忆大量的属性名称和成员方法，也提高了代码的编写效率。只要输入方法或属性的首(几)个字母，系统就会自动定位到以首字母开头的选项，然后按空格键或回车键直接输入相应选项(见图 12-28)。

图 12-28　对象成员提示框

12.2.9　实验指导报告

新版本在编译实验程序和运行结束后可以提供实验指导报告，在实验对象的属性对话框中增加了一个新选项卡 Experiment Advisor(见图 12-29)，你可以在其中设置 E-Prime 系统监测的内容。

在控件对象的属性对话框中也有一个 Experiment Advisor 选项卡，可以定制相关的统计信息(见图 12-30)。

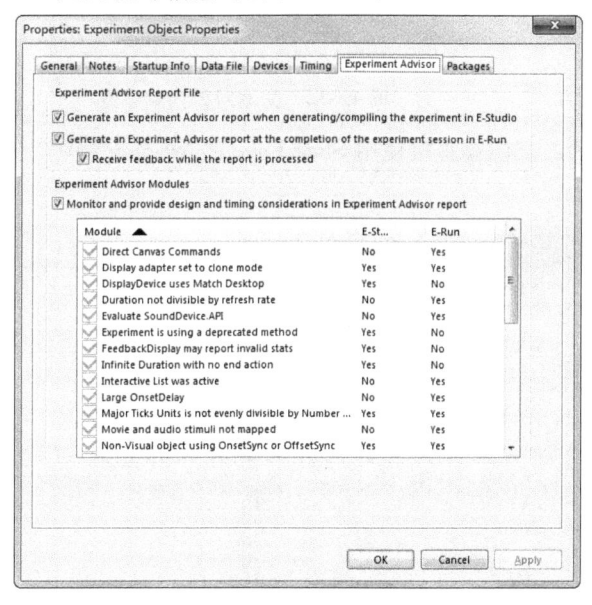

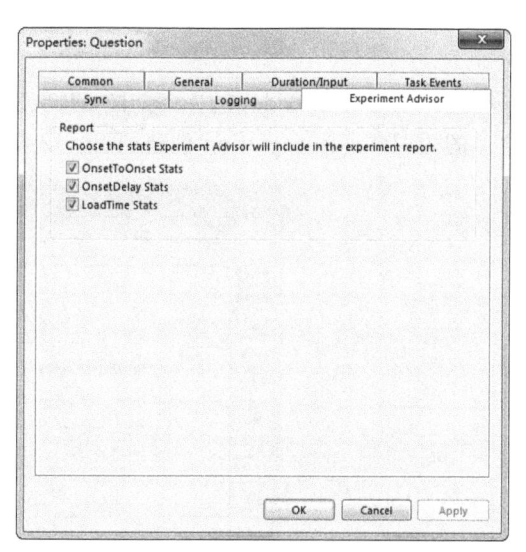

图 12-29　Experiment Advisor 属性对话框　　　图 12-30　控件对象的 Experiment Advisor 选项卡

生成的报告为结构化的 xml 文件，其中包括实验信息(Experiment Info)、控件对象中记录的统计信息、时钟信息、设备信息、当前系统运行的应用程序列表、操作系统信息、BIOS 信息等。

12.3 新功能程序示例

12.3.1 单词再认

本示例程序首先在屏幕上呈现需要被试记忆的单词（每个单词呈现 1000 毫秒），然后屏幕上呈现一组单词，要求被试从中选择先前呈现的单词。

基本思路：使用新版本中的 SlideChoice 呈现单词，让被试用鼠标选择相应目标单词。

新建一个名为 Recognition 的实验程序，参照图 12-31 插入相应实验控件并更名。列表对象 TrialList 中的属性变量 Words 存放要求被试记忆的单词。

文本对象 Stimulus 中呈现的内容引用属性变量[Words]（见图 12-32）。

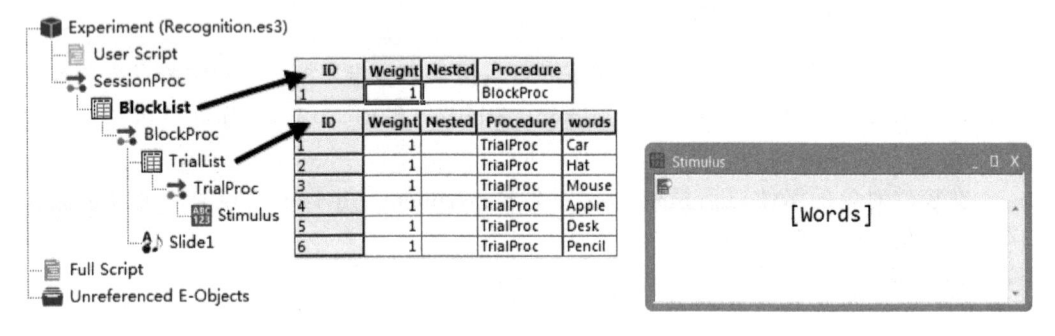

图 12-31　Recognition 程序结构及列表对象　　　　图 12-32　文本对象内容设置

幻灯对象 Slide1 的界面如图 12-33 所示，其内容直接使用 Slide Layout Templates 中的 10-Item Recognition 创建（见图 12-34）。

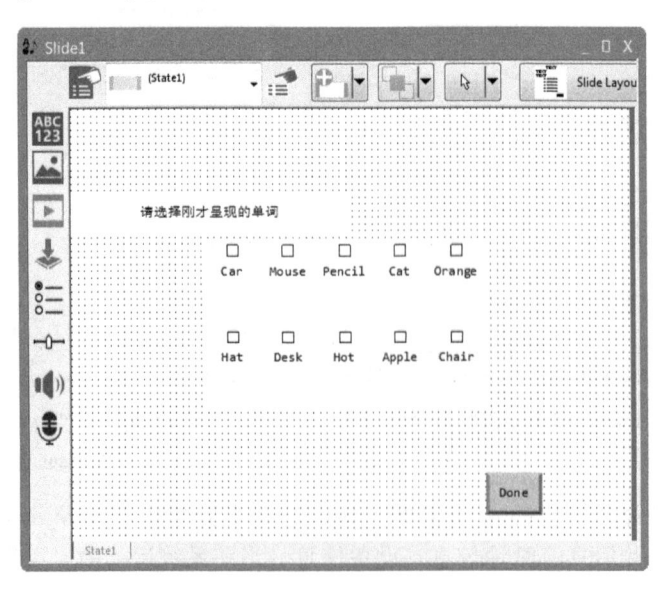

图 12-33　幻灯对象 Slide1 界面

然后修改 SlideChoice 对象的属性（见图 12-35），将项目列表中的 Label 列设置为

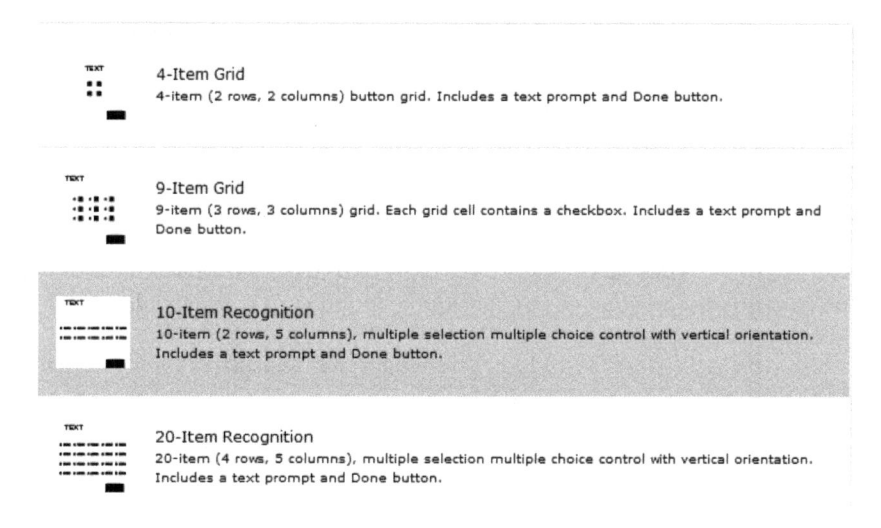

4-Item Grid
4-item (2 rows, 2 columns) button grid. Includes a text prompt and Done button.

9-Item Grid
9-item (3 rows, 3 columns) grid. Each grid cell contains a checkbox. Includes a text prompt and Done button.

10-Item Recognition
10-item (2 rows, 5 columns), multiple selection multiple choice control with vertical orientation. Includes a text prompt and Done button.

20-Item Recognition
20-item (4 rows, 5 columns), multiple selection multiple choice control with vertical orientation. Includes a text prompt and Done button.

图 12-34　选择幻灯布局模板

需要被试再认的单词列表即可。

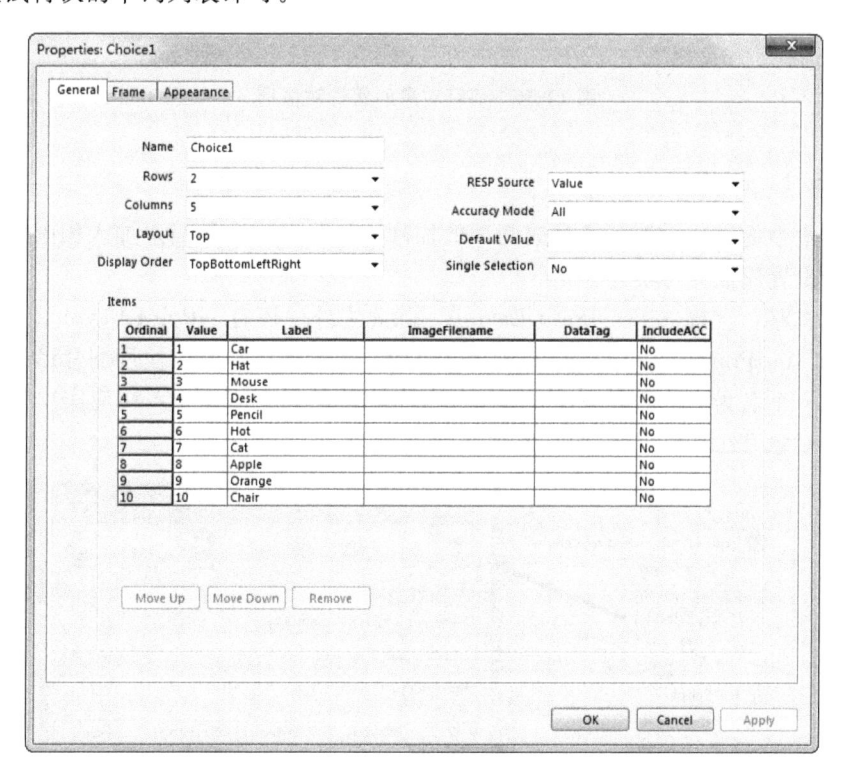

图 12-35　SlideChoice 对象的属性对话框

使用模板时，E-Prime 也会自动为幻灯对象添加相应的输入设备（见图 12-36），几乎不需要任何额外设置。

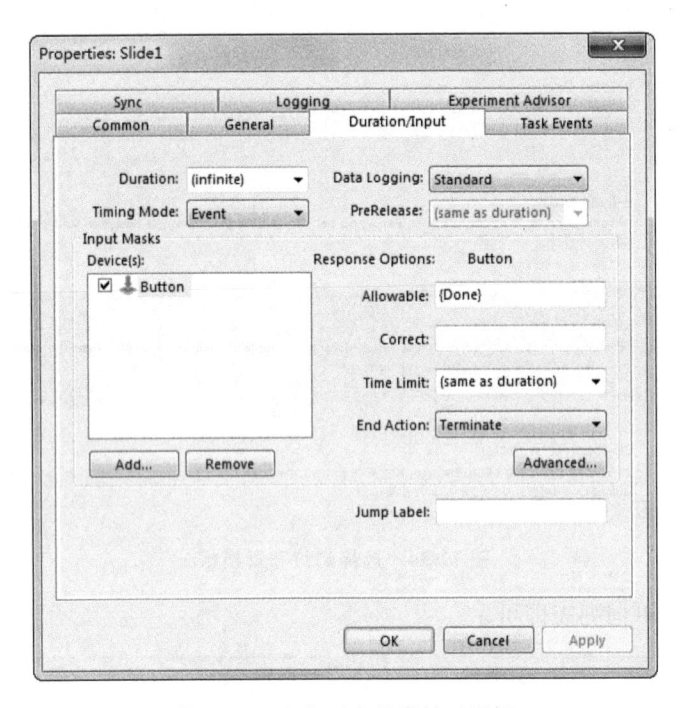

516 | E-Prime 从入门到精通

图 12-36　幻灯对象的属性对话框

12.3.2　5 点量表

新版本中提供了方便开发量表测试的控件模板，只需在页面中加入相应的布局模板，然后设置属性即可实现。

基本思路：直接选用 5-Point Layout，除此之外，还有 7-Point Layout、10-Point Layout 和 100-Point Layout，标签既可以使用文本形式，也可以使用图片形式。

新建一个名为 FivePointScale 的实验程序，参照图 12-37 插入相应实验控件并更名，列表对象 TrialList 包含题目属性变量。

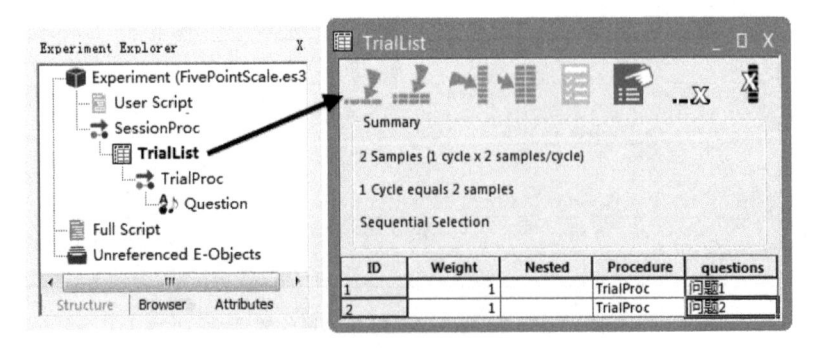

图 12-37　FivePointScale 程序结构及列表对象

在幻灯对象 Question 中从模板中选择 5-Point，EndPoint Labels，Text Prompt 模板，然后修改子对象的属性，此处引用列表对象中的变量[Questions]（见图 12-38）。

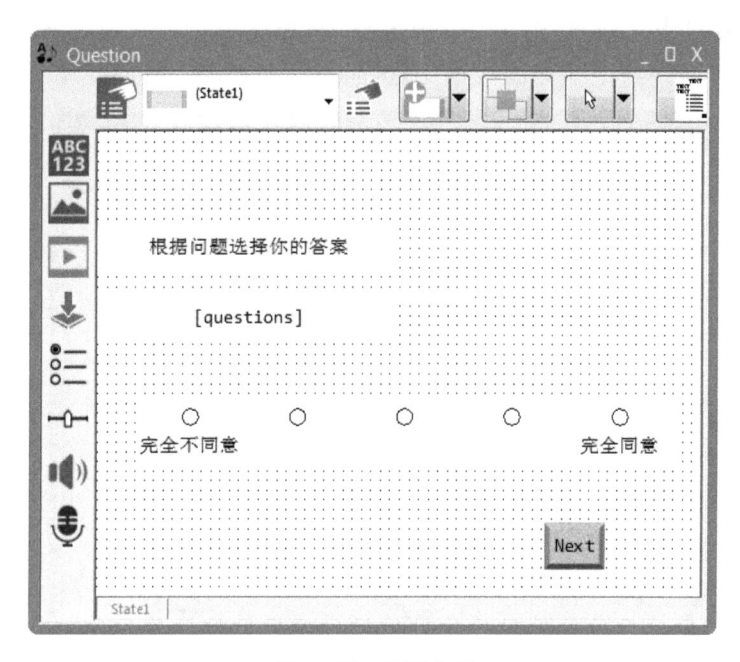

图 12-38　界面布局

12.3.3　瑞文推理测验

瑞文推理测验(见图 12-39)：在屏幕上呈现图片，要求被试选择某个选项，然后进入下一题。

基本思路：使用幻灯布局模板 5-Point, All Labels, Image Prompt 直接创建测试界面。

新建一个名为 Raven 的实验程序，参照图 12-40 插入相应实验控件并更名，列表对象 TrialList 中的属性变量 MainImage 存放每个测试题目的图片内容，供幻灯对象 Question 引用。

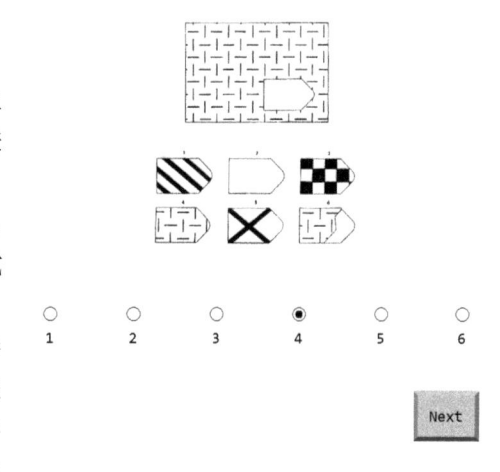

图 12-39　瑞文推理测验界面

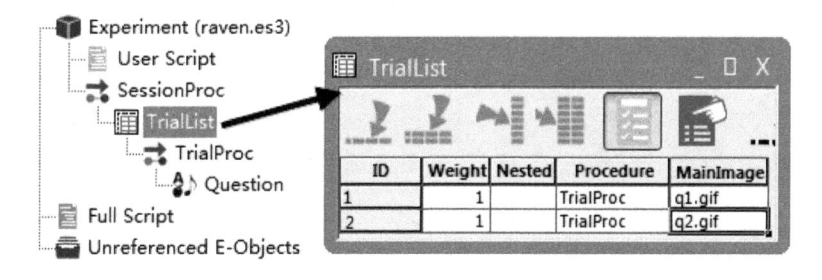

图 12-40　Raven 程序结构及列表对象

在幻灯对象中直接使用幻灯布局模板（见图 12-41），在子对象（SlideImage）Image1 的 FileName 属性中引用列表对象中的属性变量[MainImage]。

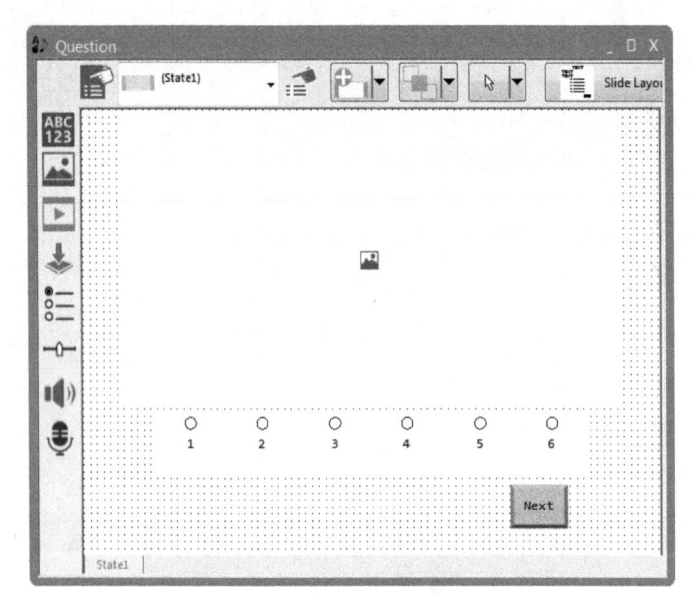

图 12-41　幻灯对象界面布局

12.3.4　生活事件量表

基本思路：使用幻灯布局模板中的 Slider Scale Layout。

新建一个名为 LifeEvent 的实验程序，参照图 12-42 插入相应实验控件并更名，列表对象 TrialList 很简单，属性变量 questions 存放测试题目。

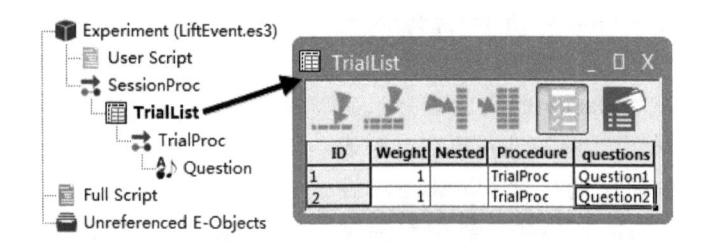

图 12-42　LifeEvent 程序结构及列表对象

幻灯对象 Question 中使用 Slider 布局模板（见图 12-43），文本对象引用属性变量中的[Questions]，尽管使用模板来布局，你仍可以根据自己的需要来调整子对象的位置。

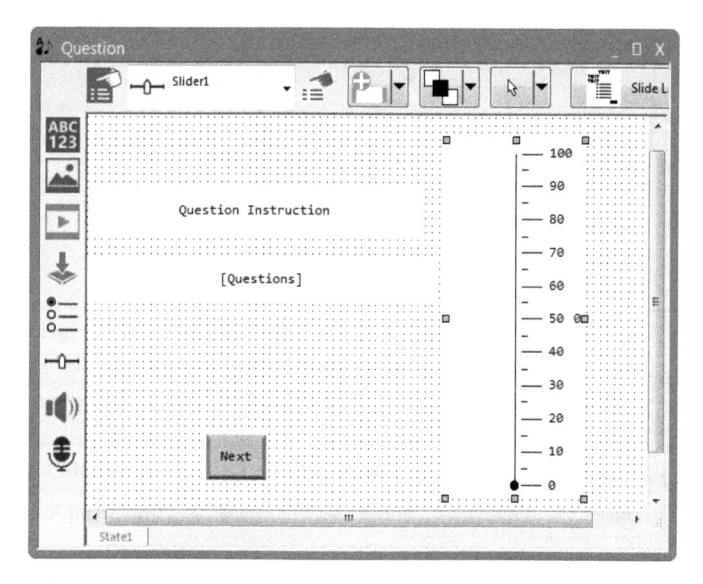

图 12-43　幻灯对象界面布局

附录1 E-Basic 中的关键字

And	Any	Append	As	Base	Begin	Binary
Boolean	ByRef	ByVal	Call	CancelButton	Case	Cdecl
CheckBox	Chr	ChrB	ChrW	Close	ComboBox	Const
CStrings	Currency	Date	Declare	Default	DefBool	DefCur
DefDate	DefDbl	DefInt	DefLng	DefObj	DefSng	DefStr
DefVar	Dialog	Dim	Do	Double	DropListBox	Else
ElseIf	End	Eqv	Error	Exit	Explicit	For
Function	Get	Global	GoSub	Goto	GroupBox	HelpButton
If	Imp	Inline	Input	InputB	Integer	Is
Len	Let	Lib	Like	Line	ListBox	Lock
Long	Loop	LSet	Mid	MidB	Mod	Name
New	Next	Not	Nothing	Object	Off	OKButton
On	Open	Option	Optional	OptionButton	OptionGroup	Or
Output	ParamArray	Pascal	Picture	PictureButton	Preserve	Print
Private	Public	PushButton	Put	Random	Read	ReDim
Rem	Resume	Return	RSet	Seek	Select	Set
Shared	Single	Spc	Static	StdCall	Step	Stop
String	Sub	System	Tab	Text	TextBox	Then
Time	To	Type	Unlock	Until	Variant	Wend
While	Width	Write	Xor			

附录 2　键盘按键键值

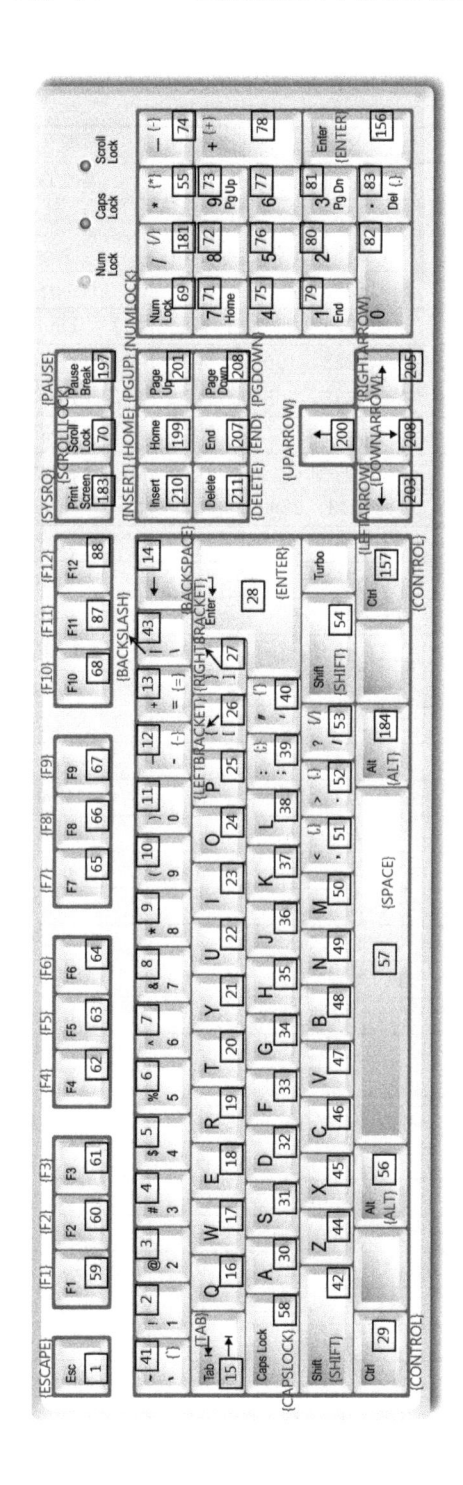

附录3 Color 对象颜色名称及 RGB 分量值

索引值	颜色名称	RGB	索引值	颜色名称	RGB
1	AliceBlue	240，248，255	36	DarkTurquoise	0，206，209
2	AntiqueWhite	250，235，215	37	DarkViolet	148，0，211
3	Aqua	0，255，255	38	DeepPink	255，20，147
4	Azure	240，255，255	39	DeepSkyBlue	0，191，255
5	Beige	245，245，220	40	DimGray	105，105，105
6	Bisque	255，228，196	41	DodgerBlue	30，144，255
7	BlanchedAlmond	255，235，205	42	Firebrick	178，34，34
8	Black	0，0，0	43	FloralWhite	255，250，240
9	Blue	0，0，255	44	ForestGreen	34，139，34
10	BlueViolet	138，43，226	45	Fuchsia	255，0，255
11	Brown	165，42，42	46	Gainsboro	220，220，220
12	Burlywood	222，184，135	47	GhostWhite	248，248，255
13	CadetBlue	95，158，160	48	Gold	255，215，0
14	Chartreuse	127，255，0	49	Goldenrod	218，165，32
15	Chocolate	210，105，30	50	Gray	128，128，128
16	Coral	255，127，80	51	Green	0，128，0
17	CornflowerBlue	100，149，237	52	GreenYellow	173，255，47
18	Cornsilk	255，248，220	53	Honeydew	240，255，240
19	Crimson	220，20，60	54	HotPink	255，105，180
20	Cyan	0，255，255	55	IndianRed	205，92，92
21	DarkBlue	0，0，139	56	Indigo	75，0，130
22	DarkCyan	0，139，139	57	Ivory	255，255，240
23	DarkGoldenrod	184，134，11	58	Khaki	240，230，140
24	DarkGray	169，169，169	59	Lavender	230，230，250
25	DarkGreen	0，100，0	60	LavenderBlush	255，240，245
26	DarkKhaki	189，183，107	61	LawnGreen	124，252，0
27	DarkMagenta	139，0，139	62	LemonChiffon	255，250，205
28	DarkRed	139，0，0	63	LightBlue	173，216，230
29	DarkOliveGreen	85，107，47	64	LightCoral	240，128，128
30	DarkOrange	255，140，0	65	LightCyan	224，255，255
31	DarkOrchid	153，50，204	66	LightGoldenrodYellow	250，250，210
32	DarkSalmon	233，150，122	67	LightGreen	144，238，144
33	DarkSeaGreen	143，188，139	68	LightGrey	211，211，211
34	DarkSlateBlue	72，61，139	69	LightPink	255，182，193
35	DarkSlateGray	47，79，79	70	LightSalmon	255，160，122

续表

索引值	颜色名称	RGB	索引值	颜色名称	RGB
71	LightSeaGreen	32, 178, 170	106	PapayaWhip	255, 239, 213
72	LightSkyBlue	135, 206, 250	107	PeachPuff	255, 218, 185
73	LightSlateGray	119, 136, 153	108	Peru	205, 133, 63
74	LightSteelBlue	176, 196, 222	109	Pink	255, 192, 203
75	LightYellow	255, 255, 224	110	Plum	221, 160, 221
76	Lime	0, 255, 0	111	PowderBlue	176, 224, 230
77	LimeGreen	50, 205, 50	112	Purple	128, 0, 128
78	Linen	250, 240, 230	113	Red	255, 0, 0
79	Magenta	255, 0, 255	114	RosyBrown	188, 143, 143
80	Maroon	128, 0, 0	115	RoyalBlue	65, 105, 225
81	MediumAquamarine	102, 205, 170	116	SaddleBrown	139, 69, 19
82	MediumBlue	0, 0, 205	117	Salmon	250, 128, 114
83	MediumOrchid	186, 85, 211	118	SandyBrown	244, 164, 96
84	MediumPurple	147, 112, 219	119	SeaGreen	46, 139, 87
85	MediumSeaGreen	60, 179, 113	120	SeaShell	255, 245, 238
86	MediumSlateBlue	123, 104, 238	121	Sienna	160, 82, 45
87	MediumSpringGreen	0, 250, 154	122	Silver	192, 192, 192
88	MediumTurquoise	72, 209, 204	123	SkyBlue	135, 206, 235
89	MediumVioletRed	199, 21, 133	124	SlateBlue	106, 90, 205
90	MidnightBlue	25, 25, 112	125	SlateGray	112, 128, 144
91	MintCream	245, 255, 250	126	Snow	255, 250, 250
92	MistyRose	255, 228, 225	127	SpringGreen	0, 255, 127
93	Moccasin	255, 228, 181	128	SteelBlue	70, 130, 180
94	NavajoWhite	255, 222, 173	129	Tan	210, 180, 140
95	Navy	0, 0, 128	130	Teal	0, 128, 128
96	OldLace	253, 245, 230	131	Thistle	216, 191, 216
97	Olive	128, 128, 0	132	Tomato	255, 99, 71
98	OliveDrab	107, 142, 35	133	Turquoise	64, 224, 208
99	Orange	255, 165, 0	134	Violet	238, 130, 238
100	OrangeRed	255, 69, 0	135	Wheat	245, 222, 179
101	Orchid	218, 112, 214	136	White	255, 255, 255
102	PaleGoldenrod	238, 232, 170	137	WhiteSmoke	245, 245, 245
103	PaleGreen	152, 251, 152	138	Yellow	255, 255, 0
104	PaleTurquoise	175, 238, 238	139	YellowGreen	154, 205, 50
105	PaleVioletRed	219, 112, 147			

附录4　错误代码

错误代码	错误信息	错误描述
10000	The allowable response was unrecognized：<response> <response> = string value that was not recognized	无法识别所设置的有效反应键
10001	The allowable response cannot be empty	Allowable 不能为空
10002	Cannot have duplicate response	不能包含重复的反应键
10004	Experiment terminated by user	用户中断了实验，检测到 Ctrl＋Alt＋Shift
10005	Experiment abnormally terminated	实验非正常中断
10006	Assertion Failed	Debug.Assert 抛出异常
10007	Cannot call. Run when DeviceManger is suspended	设备管理器挂起时无法调用 RteRunnableObject.Run
10008	Port value out of range	端口值超出范围
10010	Invalid Context	无效上下文
10011	Cannot call Suspend when already Suspended	已经挂起时不能再次挂起
10012	Cannot call Resume without first calling Suspend	系统没有挂起时不能调用 Resume
10013	CreateInputMask not allowed when device is emulating	当输入设备模拟另一个设备时，不能设置输入掩码
10014	MaxCount specified is too large	最大值超出范围
10015	Invalid EchoClients Parameter	回显客户端无效
10016	Invalid EndResponseAction	无效的结束动作
10017	Invalid Termination Response	无效的结束反应
10018	Correct Response is not part of Allowable	正确反应键不在允许的有效按键中
10019	Termination Response is not part of Allowable	结束反应键不在允许的有效按键中
10020	Unknown Custom Option：'<options>'	无法识别所设置的 CustomOptions 参数
10022	Cannot terminate a mask that is not armed	当没有接收输入时，不能终止输入掩码

续表

错误代码	错误信息	错误描述
10023	Invalid Echo Client Found	无效的回显客户端
10024	Mask does not support reserved object	输入掩码不支持保留对象
10025	Unavailable Owner	对象不可用
10026	Cannot specify both before and after index	当添加对象时不能同时指定 Before 和 After 索引
10027	Invalid after index	无效的 after 参数
10028	Invalid before index	无效的 before 参数
10029	Cannot add null to a collection	不能添加无效的对象
10030	Add functionality for this collection is not supported	不支持添加功能
10031	Remove functionality for this collection is not supported	不支持移除功能
10032	RemoveAll functionality for this collection is not supported	不支持移除所有对象功能
10033	This key is already associated with an element of this collection	键值已经与集合中元素关联
10034	Invalid before and after index	无效的 before 和 after 参数
10035	Unable to add item to collection	添加对象不成功
10036	Unable to remove item from collection	移除对象不成功
10037	Internal Error: Cannot find before key	内部错误，before 参数无效
10038	Internal Error: Cannot find after key	内部错误，after 参数无效
10039	The value for the KEY parameter is either invalid or cannot be found in this collection	KEY 值无效或未找到
10041	The value for the INDEX parameter is either invalid or is not within range for this collection	INDEX 值无效或未找到
10042	Name can only be set once	Name 属性只能设置一次（不能重命名）
10043	Name cannot be empty	Name 属性不能为空
10044	The name cannot be longer than 80 characters	名称长度不能超过 80 个字符
10045	Name must begin with a letter	名称必须以字母开头
10046	Name contains an invalid character	名称中包含无效字符
10048	A parameter passed to the method/function is invalid	传递的参数无效

续表

错误代码	错误信息	错误描述
10049	The InputMask cannot be added to this InputMaskManager because it already has been previously added to another InputMaskManager	无法添加 InputMask
10050	The version is read only	Version 对象只读，不可更改
10051	An error occurred while attempting to open the device：<error>	尝试打开设备时出错
10052	Emulation Device is invalid or not open. The order in which the devices load may need to be changed	模拟设备无效或未打开，需要改变设备加载顺序
10053	The device must be open prior to calling this method	在调用设备的方法前，必须先打开设备
10054	The operation invoked is currently not supported	当前操作不支持
11000	Cannot set source color key：<error>	不支持所设置的源颜色键
11001	Invalid Source Canvas	在执行 Canvas.Copy 时，指定的 SourceCanvas 无效
11006	Invalid Source Rect	Canvas.Copy 时，源区域无效
11007	Invalid Destination Rect	Canvas.Copy 时，目标区域无效
11008	SaveImage Failed	调用 SaveImage 方法失败
11016	Cannot load bitmap file<file> <error>	无效加载位图文件
11017	Invalid ActiveState	无效的 ActiveState
11020	Collection only supports SlideState objects	SlideStateCollection 添加的对象不是 SlideState 对象
11021	Collection only supports up to ten SlideState objects	最多添加 10 个 SlideState 对象，超出最大值
11022	Collection only supports SlideStim objects	SlideStimCollection 添加的对象不是 SlideStim 对象
16000	Invalid Address	端口设备地址无效
16001	Invalid Size	端口设备参数无效
17000	Invalid Port Number	串口设备地址无效
18000	Error setting Pan Value：<error>	音频对象的 Pan 参数错误，取值为 －10000～10000
18001	Error Setting Volume Value：<error>	音量参数无效，取值为 －10000～0

续表

错误代码	错误信息	错误描述
18002	Collection only supports SoundBuffer objects	SoundBufferCollection 只能添加 SoundBuffer 对象
18004	Cannot create sound buffer：<error>	无法创建 SoundBuffer
18005	Cannot load sound file<file> <error>	不能加载音频文件
18006	Invalid Active Buffer	参数 ActiveBuffer 无效
18007	Invalid Buffer Index	无效的缓冲区索引
18008	Cannot set the current position unless the sound buffer is playing	只有当 SoundBuffer 播放时，才能设置 SoundBuffer.CurrentPosition
18009	The value for CurrentPosition must be between start and stop offset	CurrentPosition 的值必须介于开始点和结束点之间
18010	The value for MaxLength is invalid	SoundBufferInfo 的属性 MaxLength 无效
18011	The value for BitsPerSample is invalid	SoundBufferInfo 的属性 BitsPerSample 无效
18012	The value for Channels is invalid	SoundBufferInfo 的属性 Channels 无效，1 表示单声道，2 表示双声道
18013	The value for SamplesPerSecond is invalid	SoundBufferInfo 的属性 SamplesPerSecond 无效，常用值为 11025，22050，44100
19001	Invalid Port Number	SRBoxDeviceInfo 的属性 Port 无效
19002	Invalid Lamp Mode	无效的信号灯模式，有效值为："Normal"，"Toggle"和"Sticky"
19005	Invalid Voice Key Trip Level Value	VoiceKeyTripLevel 参数无效，取值 0~31
19006	Invalid Key Bank Value	KeyBank 参数无效，0 或 1
19007	Invalid Lamp Bank Value	LampBank 参数无效，0 或 1

参考文献

1. Schneider, W., Eschman, A., & Zuccolotto, A. *E-Prime User's Guide*[M]. Pittsburgh:Psychology Software Tools,Inc.,2001.
2. 朱滢. 实验心理学[M]. 北京:北京大学出版社,2000.
3. 郭秀艳. 实验心理学[M]. 北京:人民教育出版社,2004.
4. 曾祥炎,陈军. E-Prime 实验设计技术[M]. 广州:暨南大学出版社,2009.
5. 冯成志,贾凤芹. 社会科学统计软件 SPSS 教程[M]. 北京:清华大学出版社,2009.
6. 冯成志. 心理学实验软件 Inquisit 教程[M]. 北京:北京大学出版社,2009.
7. 冯成志. 眼动人机交互[M]. 苏州:苏州大学出版社,2010.
8. 冯成志. PSYCHTOOLBOX 工具箱及 MATLAB 编程实例[M]. 北京:电子工业出版社,2013.
9. [美]Evangelos Petroutsos. Visual Basic 5:从入门到精通[M]. 邱仲潘,等,译. 北京:电子工业出版社,1997.
10. 汪向东. 心理卫生评定量表手册(增订版)[M]. 北京:中国心理卫生杂志社,1999.

作者简介

冯成志，苏州大学教育学院院长、教授。主要研究方向为视觉认知与工效学、人才素质测评与心理测量、人机交互。主持参与并完成省部级以上课题十余项，曾为江苏省"青蓝工程"青年骨干教师培养对象、苏州市优秀教育工作者，多次获苏州市政府和苏州大学科研奖励。先后在《心理学报》《心理科学》《心理科学进展》《航天医学与工程》《计算机工程》《计算机应用》《计算机仿真》"Journal of Vision""Advances in Mathematical and Computational Methods"《应用心理学》《中国心理卫生杂志》《实验室研究与探索》《教育科学文摘》《中国人民大学教育学刊》等期刊上发表论文数篇。主要出版著作有《社会科学统计软件 SPSS 教程》《心理学实验软件 Inquisit 教程》《眼动人机交互》《PSYCHTOOLBOX 工具箱及 MATLAB 编程实例》。